cv003 Foto: pr

Pitt Reitmaier, Lucete Fortes
Cabo Verde

Salziges Gedicht

Am Ende des Strandes bin ich geboren,
und so trag ich in mir
alle Meere der Welt.

Meine Post sind die Wellen,
sie bringen und nehmen mit sich
Gruß und Geheimnis.

Meine Briefe
(meine winzigen Briefchen der Sehnsucht)
sind salzige Seufzer,
von Nixen gepflückt
vom Kamme der Wellen.

In den Schneckenhäusern und Muscheln
aller Meere der Welt
sind sie verschlossen,
meine Liebeslieder.

Denn am Ende des Strandes bin ich geboren,
und so trag ich in mir
alle Meere der Welt

Ovídio Martins, 1928

Impressum

Pitt Reitmaier, Lucete Fortes
Cabo Verde, Kapverdische Inseln

erschienen im
Reise Know-How Verlag Peter Rump GmbH
Osnabrückerstraße 79
33649 Bielefeld

5., neu bearbeitete und komplett aktualisierte Auflage 2009

Gestaltung:
Umschlag: G. Pawlak, P. Rump (Layout); M. Luck (Realisierung)
Inhalt: G. Pawlak (Layout); M. Luck (Realisierung)
Karten: P. Reitmaier/L. Fortes; der Verlag
Fotos: P. Reitmaier (pr)
Titelfoto: P. Reitmaier (Weiter Sandstrand bei São Pedro/São Vicente)

Lektorat: M. Luck

Druck und Bindung: Wilhelm & Adam, Heusenstamm

ISBN 978-3-8317-1771-2
Printed In Germany

Dieses Buch ist erhältlich in jeder Buchhandlung Deutschlands, Österreichs, der Niederlande, Belgiens und der Schweiz. Bitte informieren Sie Ihren Buchhändler über folgende Bezugsadressen:

Deutschland
Prolit Verlagsauslieferung GmbH, Siemensstr. 16, D-35461 Fernwald (Annerod)
sowie alle Barsortimente

Schweiz
AVA/Buch 2000
Postfach, CH-8910 Affoltern a.A.

Österreich
Mohr-Morawa Buchvertrieb GmbH
Sulzengasse 2, A-1230 Wien

Niederlande, Belgien
Willems Adventure
www.willemsadventure.nl

Wer im Buchhandel trotzdem kein Glück hat, bekommt unsere Bücher auch über unseren **Büchershop im Internet: www.reise-know-how.de**

Wir freuen uns über Kritik, Kommentare und Verbesserungsvorschläge.

Alle Informationen in diesem Buch sind von den AutorInnen mit größter Sorgfalt gesammelt und vom Lektorat des Verlages gewissenhaft bearbeitet und überprüft worden.

Da inhaltliche und sachliche Fehler nicht ausgeschlossen werden können, erklärt der Verlag, dass alle Angaben im Sinne der Produkthaftung ohne Garantie erfolgen und dass Verlag wie AutorInnen keinerlei Verantwortung und Haftung für inhaltliche und sachliche Fehler übernehmen.

Die Nennung von Firmen und ihren Produkten und ihre Reihenfolge sind als Beispiel ohne Wertung gegenüber anderen anzusehen. Qualitäts- und Quantitätsangaben sind rein subjektive Einschätzungen der AutorInnen und dienen keinesfalls der Bewerbung von Firmen oder Produkten.

cv163 Foto: pr

Vorwort

Cabo Verde ist ein reiches Land. Reich an Musikern, an Poeten, an transnationaler Lebenserfahrung und Toleranz im Umgang mit Fremdem. Reich an faszinierenden Landschaften, an Bergen und Schluchten, Wüsten und grünen Tälern, weiten Stränden und kleinen Buchten. Auf und unter dem Meer setzt sich der Reiz des kleinen Landes ins Unendliche fort.

Cabo Verde ist anders. Es hat seine eigene Geschichte und Kultur, seine eigenen Probleme und Lösungen. Wo sonst auf der Welt haben drei Kontinente, vom Übergang des Mittelalters zur Neuzeit und von der industriellen Revolution zur modernen Globalisierung, ihre Geschichte(n) an einem gemeinsamen Ort geschrieben? Aus der Begegnung der Kulturen rund um den Atlantischen Ozean erwuchs eine neue, eine **kreolische Kultur,** so stark wie das Meer und so vielfältig wie die Landschaften.

Cabo Verde ist eine Muschel, klein und unscheinbar, der Glanz von Algen verdeckt, die Perlen tief im Inneren versteckt, eine Muschel, die schwer zu öffnen ist. Der Reisende muss sich die Inseln selbst erschließen, muss aktiv werden, um die Armut zu verstehen und den Reichtum zu erkennen. Muss lesen und forschen, um Kultur und Geschichte einordnen zu lernen, muss aufhorchen und die inneren Saiten spannen, um Gefühle und Musik aufzunehmen und mitzuschwingen in der fremden Kultur.

Mit diesem Buch möchten wir unsere Leserinnen und Leser auf ihrer Reise in die faszinierende „Cultura Cabo Verdeana" begleiten. Wir möchten Ursprünge und Zusammenhänge, Wesen und Schein, Probleme und Lösungen zum Thema machen und so die Grundlage schaffen für Begegnungen und Austausch.

Die **kosmopolitische Offenheit** der Kapverdianer, ihr Charme und der beständige Wechsel zwischen tiefem Ernst und spielerischer Leichtigkeit sind aus dem Text nicht zu erfahren. Sie werden Ihnen dennoch nicht entgehen, wenn Sie der Kommunikationsstärke der Kapverdianer eigene Offenheit entgegenbringen.

P.S.: Kreolische Kulturen zeichnen sich aus durch **beständigen Wechsel und rasche Veränderung.** Einflüsse aus der ganzen Welt werden schnell aufgegriffen, eingebunden, vermischt und farbenfroh belebt an die Welt zurückgegeben. So auch im Tourismus, wo Probleme und Lösungen jeden Tag neu erscheinen. Jede Auflage dieses Buches bedarf schon zum Zeitpunkt des Erscheinens erneuter Aktualisierung. Wir bitten Sie, die Leserinnen und Leser, um konstruktive Kritik und Mithilfe. Beachten Sie die Aktualisierungen auf unserer Webseite und schreiben Sie uns: www.bela-vista.net.

Pitt Reitmaier und *Lucete Fortes*

Inhalt

Fogo

Brava

São Vicente

Santo Antão

São Nicolau

Ilhas Desertas

Anhang

Karten

Hinweise: In den Kopfzeilen wird auf die jeweils passende Karte verwiesen. Rª steht für Ribeira.

Exkurse

Hinweis: Die **Internet- und E-Mail-Adressen** im Buch können – bedingt durch den Zeilenumbruch – so getrennt werden, dass ein Trennstrich erscheint, der nicht zur Adresse gehören muss!

Einleitung

Jede der Inseln ist eine kleine Welt für sich und bietet einige Möglichkeiten perfekt und schließt andere aus. Es ist unabdingbar, sich die zu den Urlaubs-Erwartungen **„passenden Inseln“** auszusuchen. Wer sich gut informiert und „seine“ Insel(n) bewusst gewählt hat, kehrt zumeist begeistert aus dem Urlaub zurück. Wer die Reiseroute eher zufällig wählt, mag bitter enttäuscht werden, wenn er auf den „falschen“ Inseln landet.

Reisen im Land kostet sehr viel Zeit. Für eine individuell geplante **Inselrundreise** empfiehlt sich:

- mindestens **zwei, besser drei Wochen** einzuplanen;
- nur eine, **maximal zwei Inseln pro Woche** zu besuchen;
- sich auf **maximal zwei Inselgruppen** zu beschränken, die untereinander leichter zu erreichen sind: Sal, São Vicente, Santo Antão; Sal, São Nicolau; Sal, Boa Vista; Santiago, Fogo, Brava; Santiago, Maio.
- Das famose **„Islandhopping“** mit kurzem Aufenthalt auf vielen Inseln führt zu hohen Kosten und tiefem Frust, weil man seinen Urlaub vorwiegend mit Warten in den Büros der Fluggesellschaften und auf den Flughäfen verbringt.

Santo Antão (SA)

Die faszinierende Bergwelt der im Nordwesten dauerhaft grünen Insel macht sie zur **Wanderinsel**. Der landschaftliche Reichtum reicht von tropischen Tälern bis zu vulkanischen Mondlandschaften, und entsprechend reicht das Spektrum der Wege von einfachen Spaziergängen im Tal über Wanderungen auf gepflasterten Maultierwegen bis zu hochanspruchsvollen Mehrtagestouren im Hochgebirge. Ländliche Infrastruktur, familiäre Quartiere und bezaubernde Dörfer an steil aufragenden Küsten begeistern jeden Naturfreund. Mountainbiking, Canyoning und Tauchen sind in den letzten Jahren hinzugekommen.

São Vicente (SV)

An der größten und schönsten Hafenbucht des Landes, dem Porto Grande, liegt **Mindelo,** die **zweitgrößte Stadt des Archipels,** ein wirtschaftlicher und kultureller Mittelpunkt. Die britisch und mediterran geprägte historische Altstadt im Kolonialstil des 19. Jahrhunderts bietet interessante Baudenkmäler, Restaurants, Geschäfte und Bars. Die weiten Strände werden zunehmend erschlossen. Der Strand von Baia das Gatas ist ganzjährig auch für Kinder geeignet. Das Inselinnere ist vorwiegend trocken und bietet doch einige interessante Tagestouren für Wanderer. Den Hausberg Monte Verde mit seinem einmaligen Panorama sollte man nicht auslassen.

São Nicolau (SN)

Noch kommen wenige Reisende, um den **beschaulichen Charme** São Nicolaus zu entdecken, nicht zuletzt, weil die Flugverbindungen spärlich sind. Die Bergwanderungen sind ähnlich schön, aber weniger spektakulär und deutlich weniger anstrengend als auf Santo

Antão. Große Sandstrände, einsame Badebuchten und rekordverdächtige Reviere für Sportfischer verwöhnen die Freunde des Meeres. Das weitläufige Netz kleiner Straßen und großer Maultierwege wartet darauf, von Mountainbikern entdeckt zu werden.

Sal (SL)

(dt. Salz) **Sonne, Sand und Meer** kennzeichnen die flache Badeinsel. Sal bietet sich für alle Arten von Wassersport an. Surfer und Taucher finden optimale Bedingungen an kilometerlangen, wüstenhaften Sandstränden und moderne Einrichtungen vor. Moderne Hotels, kleine Pensionen und Restaurants in der **Tourismusstadt Santa Maria** empfangen die Sonnenanbeter. Die stillgelegten Salinen, der Hafenort Palmeira und die Flughafengemeinde Espargos locken zu kleinen Ausflügen.

Boa Vista (BV)

(dt. schöner Anblick) Hauptort **Vila Sal Rei.** Die Insel mit ihren hellgelben Sanddünen ist ein kleines „Insel-Sahel". Mehrere, bis über 20 km lange, gleißende Sandstrände, stetiger Wind und eine reiche Unterwasserfauna sind das ideale Umfeld zum **Baden, Surfen und Tauchen.** Das weite Innere lockt aber auch Streckenwanderer, Radsportler, Ultra-Marathonläufer und Wüstenfans.

Welche Insel bietet was?

(Stand: Mai 2009)

mehr [gelb] [hellgrün] [graugrün] [blau] weniger	SL	BV	MA	ST	FG	BR	SV	SA	SN
Badebetrieb mit Strandleben	gelb	gelb	blau	graugrün	blau	blau	hellgrün	blau	blau
Baden an einsamen Stränden	blau	hellgrün	gelb	hellgrün	graugrün	blau	hellgrün	graugrün	gelb
Windsurfen	gelb	gelb	graugrün	graugrün	blau	blau	blau	blau	blau
Wellenreiten	gelb	hellgrün	blau	blau	blau	blau	blau	blau	blau
Tauchen	gelb	hellgrün	blau	hellgrün	blau	blau	graugrün	graugrün	blau
Segeln	graugrün	blau	blau	blau	blau	blau	gelb	blau	blau
Sportfischen	graugrün	blau	blau	blau	hellgrün	blau	gelb	blau	graugrün
Wandern, hochgebirgsmäßig	blau	blau	blau	hellgrün	gelb	graugrün	graugrün	gelb	hellgrün
Wandern, mittelgebirgsmäßig	blau	blau	blau	gelb	gelb	gelb	hellgrün	gelb	gelb
Wandern in der Ebene	blau	gelb	hellgrün	hellgrün	blau	blau	graugrün	blau	blau
Mehrtägige Wanderungen (Trekking)	blau	blau	blau	hellgrün	graugrün	blau	blau	hellgrün	blau
MTB (mit eigenem Bike)	blau	hellgrün	graugrün	gelb	gelb	hellgrün	blau	gelb	gelb
MTB (Verleih)	graugrün	graugrün	blau	graugrün	blau	blau	blau	gelb	blau
Historische Monumente und Museen	blau	hellgrün	blau	gelb	gelb	gelb	gelb	hellgrün	hellgrün
Kapverdianische Kulturveranstaltungen	graugrün	graugrün	graugrün	gelb	hellgrün	graugrün	gelb	graugrün	graugrün
Clubhotels all inclusive	gelb	gelb	blau	blau	blau	blau	blau	blau	blau
Moderne Großhotels	gelb	gelb	blau	hellgrün	graugrün	blau	hellgrün	blau	blau
Moderne kleine Hotels / Pensionen	gelb	gelb	hellgrün	gelb	gelb	blau	hellgrün	gelb	graugrün
Traditionsunterkünfte	blau	graugrün	hellgrün	gelb	gelb	hellgrün	hellgrün	gelb	gelb

Maio (MA)

(dt. Monat Mai) Die flache und trockene Insel mit ausgedehnten feinsandigen Stränden ist bisher schwerer erreichbar als die beiden anderen flachen Inseln und fand somit weniger Beachtung. Kleine Pensionen, ein Bungalowhotel und private Feriendomizile in oder nahe **Vila do Maio** bilden die touristische Infrastruktur. Wer **Baden und Wandern** an einsamen Stränden liebt und die völlige Ruhe abseits der Touristenzentren sucht, wird Maio schätzen.

Santiago (ST)

Die **größte,** mittelgebirgige **Insel** war immer Sitz der **Hauptstadt Praia** (120.000 Ew.). In **Cidade da Rª Grande de Santiago** (früher Cidade Velha) geht der Besucher auf Tuchfühlung mit der Geschichte. Hier machten die großen Entdecker Station, hier nahm der transatlantische Sklavenhandel seinen Anfang. Große und kleine Strände mit zunehmend besser entwickelter Infrastruktur bieten sich zum Baden, Surfen und Tauchen an. Dank des neuen internationalen Flughafens beschleunigt sich die Entwicklung des Tourismus. Schöne Wanderungen und Mountainbikefahrten machen Santiago zur Insel mit den vielfältigsten Möglichkeiten für aktiven Urlaub.

Fogo (FG)

(dt. Feuer) Der 2829 Meter einsam aus dem Meer ragende **aktive Vulkan** zeigt bizarre Mondlandschaften schwarzer Lava und Aschen. Die weiten Wälder, hoch gelegene Hangwiesen mit reicher endemischer Vegetation sowie abwechslungsreiche Kulturlandschaften finden dagegen noch lange nicht die gleiche Aufmerksamkeit bei den Wanderern. Fogo ist eine Insel für **Bergwanderer.** Während die Besteigung des Vulkans mehr Kondition als alpinistische Erfahrung verlangt, bleibt der neu eröffnete Klettersteig über die Bordeira den alpinistisch Erfahrenen vorbehalten! Baden ist eher schwierig. Beim Bummeln durch die historische Altstadt von **São Filipe** genauso wie auf Wanderungen durch 500 Jahre alte Kulturlandschaften begegnen Kultur- und Geschichtsbegeisterte einer breiten Palette historischer Gebäude, jedes mit seiner eigenen Geschichte.

Brava (BR)

(dt. die Wilde, oder besser die Tapfere?) Die kleinste der bewohnten Inseln ist **kühler und grüner** als ihre Nachbarinnen und bietet interessante Mittelgebirgswanderungen (bis zu einer Woche). Die kleine Stadt **Vila Nova Sintra** liegt hoch über dem Meer, in ihrer architektonischen Substanz seit der Kolonialzeit weitgehend unverändert. Nur abgelegene Strände erlauben sicheres Schwimmen. Noch ist die Anreise mit unregelmäßig verkehrenden Fähren schwierig, sodass man einen Aufenthalt auf Brava am besten als nicht sicher datierbaren mehrtägigen Abstecher von Fogo aus plant. Ein Zeitpuffer von einer knappen Woche bis zum Rückflug nach Europa ist sinnvoll.

cv005 Foto: pr

Praktische Tipps A–Z

cv019 Foto: pr

cv006 Foto: pr

Internationaler Flughafen Praia

Cabo Verde Escudos (CVE)

An Bord des Fährschiffs „Mar d'Canal"

Als Gast in Cabo Verde

Die Zeiten, in denen man in Reisebüros gefragt wurde: „Cabo Verde? Wo liegt das denn?", sind vorüber. Wer die Illustrierten beim Zahnarzt durchblättert, dem springen immer häufiger die immer gleichen Argumente „letztes Paradies", „Traumstrände", „zweites La Gomera" und „300 Tage Sonne – 5 Flugstunden von Europa" entgegen. Trotzdem weiß man in Europa noch wenig, viel zu wenig, über die faszinierende **Gruppe kreolischer Kulturen und Sprachen,** deren ältestes Mitglied Cabo Verde ist.

Findet der Finger auf der Landkarte zehn bräunlich vertrocknete Fleckchen mitten im Atlantik, dann beginnt die spannende Entdeckungsreise in eine eigenständige Kultur, für Europäer so schwer zu verstehen wie für Afrikaner.

Mit den braunen Fleckchen im Meer ist so wenig beschrieben wie durch den Blick auf den Körper eines Schmetterlings. Doch ist es schwieriger als beim Schmetterling, die Flügel zu entdecken. Nach dem ersten Schock, der den Reisenden überfällt, wenn er beim Anflug auf Sal nur lebensfeindliche Wüste erblickt, gilt es, sich zu öffnen, auf Kleinigkeiten zu achten, um größere Zusammenhänge zu erfassen. Das bunte Gemisch der Hautfarben fällt als erstes auf, danach eine ungebremste Lebenslust, Offenheit und farbenfrohe Vielfalt.

Einer der bunten Flügel Cabo Verdes kommt aus der **Vergangenheit** und überspannt die westliche Hälfte des Atlantik. Versklavte Bauern von der afrikanischen Küste, jüdische Händler aus Marokko, portugiesische Seeleute, Gefangene, Adelige, Bauernsöhne aus Madeira, Piraten aus Frankreich, Spanien, Holland und Dänemark, englische Kohlenhändler, *ship chandlers* und Telegrafiefachleute, indische Beamtenfamilien aus Goa, Fischer aus Korea und Japan, sie alle sind hier verewigt, kulturell und genetisch.

Der andere, nicht weniger bunte Flügel zieht hinaus in die Zukunft, in die **Emigration.** Ganze Dörfer, Freie und Sklaven, mussten sich in Hungerjahren an begierige Sklavenhändler verkaufen und landeten in Brasilien und der Karibik. Geschickte Walfänger fanden ihren Weg in die USA. In den Städten Boston, New Bedford und Providence leben heute fast doppelt so viele Kapverdianer wie auf den Inseln. Zwangsweise und freiwillig wurden Hunderttausende auf die Plantagen nach São Tomé und Angola verfrachtet. Von ihnen glitten viele nach 1974 ab in die Slums Portugals. Die USA, Frankreich, Holland, Luxemburg und Italien sind heute bevorzugte Emigrationsländer.

Der Schmetterling flattert im Bauch eines jeden Kapverdianers. Er spürt die Geschichte in sich, nicht brav nach Jahreszahlen gespeichert, sondern alltäglich. Komplizierte transnationale Familienkonstruktionen, das Kommen und Gehen der Schiffe, die Erzählungen eines Onkels aus Wilhelmshaven, Rotterdam, Leixões oder Boston geben allem einen Ursprung und ein Ziel in der Weite des Atlantik. 60% der Familien erhalten ökonomische Unterstützung durch Angehörige im Ausland. 45% der Jugendlichen Mindelos würden gerne im Ausland arbeiten. Nachrichten aus aller Welt werden aufmerksam verfolgt. Die Fremde ist Teil des eigenen Familienlebens und vielleicht, eines Tages …

So wundert es nicht, dass die Unwissenheit der Europäer bezüglich Cabo Verde einseitig ist. Die Kapverdianer kennen Europa, Amerika und Afrika zumeist aus der Perspektive eines harten Arbeitslebens. Sie wissen Bescheid über die Schwächen und Stärken anderer Kulturen, und sie können vergleichen und bewerten.

Geschaffen aus so verschiedenen Menschen, Kulturen und Nationen, war Cabo Verde immer im Umschwung, wollte oder musste sich allen Strömungen und Einflüssen öffnen und blieb doch immer, was es war: eine **atlantische Nation,** mit einem Standbein auf den Inseln und vielen Spielbeinen in der ganzen Welt.

Kapverdianer sind offen und kontaktfreudig, und leicht ergeben sich Gespräche aus einem freundlichen Gruß. Wer ankommt, grüßt zuerst. So nimmt man den ersten Kontakt am leichtesten mit dem **Gruß in Landessprache** auf: **„Bom dia. Tá bom?“** Und als Antwort folgt: „Bom dia. Tud' drett!“, was so viel heißt wie: „Guten Tag. Alles in Ordnung!“

Kapverdianer sind herzliche und unkomplizierte Gastgeber, **immer respektvoll.** Das distanzlose und schnell geäußerte „bô“ (Du) durch kontaktfreudige Jungs und Mädchen am Strand, bei den Segelbooten oder in Kneipen und Discos ist nicht typisch kapverdianisch, sondern Anmache und ein Produkt des Tourismus. Seriöse Leute lernt man langsamer kennen.

Man grüßt per Handschlag, erst die Älteren, dann die Damen und schließlich die Herren. Kinder werden im Omnibus noch aufgefordert, der älteren Dame ihren Platz zu überlassen. So formal dies klingen mag, es ist es nicht, denn es ist zumeist von herzlichem Lachen begleitet. Einem Studenten-Pärchen mag es seltsam vorkommen, sofort nach seinen Kindern gefragt zu werden, doch erstens fragt man in Cabo Verde sofort nach der Begrüßung nach dem Wohlergehen der ganzen Familie, und zweitens haben Kapverdianer im Studentenalter häufig Kinder.

Ein wesentliches Hindernis im Reisealltag ist die **Sprache.** Nur wenige Reisende sprechen **Portugiesisch,** noch weniger **Kreol.** Neben Kreol und Portugiesisch lernen die Kinder auf den Inseln heute mehr Englisch als Französisch in den weiterführenden Schulen. Ein kleiner Sprachführer findet sich im Anhang.

So sehr **bettelnde Kinder** das Herz der Besucher rühren mögen, es ist schlicht falsch, den Kindern direkt etwas zukommen zu lassen. *Gerhard* und *Sibylle Schellmann* berichten: „Ein Führer und eine Touristin sind zu Fuß unterwegs. Kinder umringen sie, woraufhin sie, von Mitleid gepackt, Bonbons ver-

Buchtipp – Praxis-Ratgeber:
- Harald A. Friedl

Respektvoll reisen
(Reise Know-How)

teilt. Wie durch ein Lauffeuer spricht sich dies herum und aus allen Ecken kommen mehr Kinder angerannt. Als die Bonbons aufgebraucht sind, beginnt die Dame, Münzen zu verteilen. Der Führer versucht ihr zu erklären, dass sie mit ein paar Geldstücken die Armut nicht beseitigen kann, zumal sie nicht täglich kommen wird. Wenige Tage später kommt eine andere Wanderergruppe in das Dorf und wird sofort mit nachdrücklichen Wünschen empfangen. Sie bekommen eine deutlich kleinere Runde Bonbons, was zu Streitereien führt. Als auf der dritten Tour den Forderungen der Kinder nach Bonbons und Geld nicht nachgekommen wird, fliegen Steine." Bettelnde Kinder sind ein **Produkt des Tourismus.** In den 1980er Jahren, unter ökonomisch wesentlich härteren Bedingungen, gab es sie nicht. Betteln schafft nicht nur ein Bild vom reichen, aber unwissenden, weil sprachlosen Touristen, sondern es stört den Aufbau einer selbstbewussten Identität. Es sorgt nur kurzfristig für Erleichterung von einer wachsenden Frustration und Aggression.

Was typischerweise gegeben wird, Münzen und Kugelschreiber, sind Kleinigkeiten ohne Einfluss auf die Armut. So nutzt das Geben vorwiegend dem Gebenden, der damit seine Hilflosigkeit bemäntelt. Zusammengeklaubte Medikamente ohne portugiesischsprachige Beipackzettel gehören in die gleiche

cv008 Foto: pr

cv007 Foto: pr

Kategorie und sind schlicht gesundheitsgefährdend.

Es gibt sinnvolle Alternativen: Die Kinder sind kontaktfreudig, und es macht Spaß, sich mit ihnen über Schule und Geschwister zu unterhalten oder ein Lied zu singen. Ergibt sich eine Pause, ist es nicht falsch, ihnen etwas vom eigenen Proviant anzubieten, einen halben Apfel – Proviant, wie man ihn selbst isst. Sind die Kinder arm, nehmen sie dies gern entgegen, und im Gegensatz zu Bonbons zerstört es nicht das Gebiss von Kindern, die eventuell noch nicht einmal eine Zahnbürste besitzen.

Neues Schulmaterial, direkt an den Direktor einer Schule gegeben oder Spenden an lokale oder internationale Hilfsorganisationen, die beispielsweise Kindergärten, Jugend- und Altenarbeit unterstützen, dienen gezielt armen Familien.

Wir empfehlen, **lokale Organisationen** zu unterstützen, mit denen wir seit Jahrzehnten gut zusammenarbeiten:

- **Conta Solidariedade – Promoção Social**
Rª Grande, Santo Antão,
(Sozialamt) Konto: Banco Comercial
do Atlântico Nr. 4547238.

Spenden werden je nach Bedarf für Altenzentren, Kindergärten oder Grundschulen eingesetzt.

- **medico international**
Burgstraße 16, 60389 Frankfurt,
Konto: 1800 Stadtsparkasse Frankfurt,
BLZ 500 502 01; Verwendungszweck:
Kleinprojekte Kap Verde.

Medico international nimmt Spenden für die Kleinprojekte entgegen, stellt steuerbegünstigende Spendenquittungen entsprechend der in Deutschland korrekterweise engmaschigen Überwachung von Hilfsorganisationen aus. Und das alles ohne Verwaltungskosten zu berechnen. Danke!

Bild links: Schülerinnen am Kapokbaum von Boa Entrada (Santiago); rechts: Vater und Sohn

Zu taktvollem Auftreten gehört, die **Privatsphäre zu respektieren,** nicht ungefragt in Gärten oder Häuser zu treten oder über Mauern zu schauen.

Zum **Fotografieren** holt man die Erlaubnis seines Gegenübers ein und vermeidet Situationen, die den Fotografierten beschämen könnten, die Moral verletzen oder Armut zur Schau stellen.

Als Latinos dürfen junge Kapverdianer extrovertiert sein, die modischsten Jeans, knappsten Bikinis und gagigsten Rucksäckchen vorführen. Dennoch gilt, wie in der lateinischen Welt anderswo, eine klare **Kleiderordnung.** In der Kirche trägt man Beine und Arme bedeckt. Mit kurzen Hosen darf man Ämter nicht betreten. Abseits der Strandbars steht den Gästen ein Hemdchen gut an. Nachlässige und schmutzige Kleidung wird als Zeichen extremer Armut oder Geistesgestörtheit verstanden. Die Trennlinie zwischen Armut in Würde und entwürdigendem materiellem oder moralischem Elend macht sich am Benutzen eines Bügeleisens fest.

Nacktbaden ist nicht üblich. Oben ohne wird nur an den Stränden der flachen Inseln geduldet.

Frauen, die sich auf flüchtige **sexuelle Beziehungen mit Touristen** einlassen, werden als *Menininhas de vida,* sprich: Prostituierte, angesehen. Und hier sei ein ernstes Wort eingeflochten: Der

Strandtourismus hat **Sextouristen** beiderlei Geschlechts und eine neue Gruppe Prostituierter vom afrikanischen Festland angelockt. Dass Kondome vor AIDS schützen, dürfte den Lesern bekannt sein. Polizei und Gerichte üben keine Nachsicht gegenüber Pädophilen, und sie sitzen ihre Strafen vollständig und ohne Air Condition ab.

Abseits der Inseln Sal und Boa Vista ist Cabo Verde noch nicht für den Massentourismus aufbereitet. Zu Stränden und Ausgangspunkten von Wanderungen fährt kein Linienbus. Man fragt, wartet auf ein Sammeltaxi oder geht zu Fuß. Die nötige Zeit und Ruhe findet nur, wer sie in seiner Reiseplanung vorgesehen hat. Auf **stundenlange Wartezeiten** am Hafen oder Flughafen, auf kurzfristige Änderungen der Fahr- und Flugpläne muss man vorbereitet sein und ein Buch im Rucksack haben.

Zum **Schutz der Umwelt** kann der Reisende beitragen, indem er Müll vermeidet. Es gibt kaum ein Stück Müll, das in Cabo Verde produziert ist. Wie man umweltfreundlich und sicher für sein **Trinkwasser** sorgen kann und dabei Plastikmüll vermeidet, wird im Kapitel „Ausrüstung" erläutert.

Cabo Verde ist **kein Billigreiseland** und bietet wenig günstige Konsumgelegenheiten. Da fast alle Waren und 90% der Lebensmittel importiert werden müssen und das Wasser in den Städten aus industrieller Meerwasserentsalzung stammt, liegt das Preisniveau ähnlich hoch wie in Europa. Industriewaren sind teurer, Dienstleistungen billiger.

Es sind zwei Typen von Cabo-Verde-Liebhabern entstanden. Die einen lassen sich mit Luxus und perfekt organisiertem „all inclusive" verwöhnen, das so gut wie nichts mit kapverdianischer Kultur gemein hat aber unter strahlend blauem Himmel stattfindet. Die anderen lieben das ruhige Mitschwimmen im Strom der Zeit. Man sitzt am Hafen, blickt auf die einlaufenden Boote, schlendert zum Fischmarkt und beobachtet das Treiben, zieht gemächlich durch kopfsteingepflasterte Gassen mit kleinen Läden und Werkstätten, isst seine Bananen unter einem Mangobaum und schaut den Männern beim Oril-Spiel zu. Wer seine Ruhe hat, wird in Ruhe gelassen. Wer offen ist für spontane Begegnungen, findet sie in unverdorbener Herzlichkeit. Zu keiner Sekunde kann man sich dem Kulturvergleich entziehen, wird mitgerissen von der Fröhlichkeit und dem verschmitzten Ernst von Menschen, die gelernt haben, unter den schwierigsten Bedingungen zu überleben. Man zweifelt an der ökonomistischen Doktrin unserer modernen westlichen Gesellschaft und beginnt, menschliche Werte neu zu ordnen. Man lässt den Alltag zurück und kommt näher zu sich selbst.

Anreise

Flugverbindungen Europa – Cabo Verde

Die Pforten Cabo Verdes nach Übersee haben sich weiter geöffnet. Zum internationalen Airport Sal (SID) sind Praia (RAI), Boa Vista (BVC) und São Vicente (VXE) hinzugekommen.

Die **Fluggesellschaften** und die **Abflughäfen,** die den deutschsprachigen Raum mit den Kapverden verbinden, wechseln im Rhythmus der Halbjahresflugpläne. Die Flugdauer ab Mitteleuropa beträgt zwischen 5 und 6 Stunden, von Lissabon knapp 4 Stunden.

- **TUIfly** fliegt ab Hannover, Düsseldorf, Frankfurt und München nach Sal und Boa Vista.
- **TAP** fliegt von Hamburg, Frankfurt, München und Zürich über Lissabon nach Sal und Praia, teilweise zwischen Lissabon und Kap Verde im code-sharing mit der TACV.
- **TACV** hat seine Flüge von deutschen und schweizerischen Flughäfen eingestellt. Nur für West- und Norddeutschland ist die Strecke Amsterdam – Praia eine Alternative.
- **NEOSAIR** bedient mit günstigen Charterflügen die Strecke Mailand – Malpensa – Sal und damit den Zugang für die Schweiz und Norditalien.
- **LIVINGSTON AIR** fliegt Boa Vista von England aus an.

Die **Preise** sind höher als zu Regionen mit größerem Verkehrsaufkommen und liegen meist im Bereich zwischen 400 und 1000 Euro für Hin- und Rückflug. Frühbucher finden Sonderangebote, teils um 200 Euro, während Last-Minute-Angebote selten sind.

Das **Gepäcklimit** von 20 kg wird von allen Gesellschaften ähnlich strikt gehandhabt.

Surfboards, Tauch- und Sportgepäck und jedes andere Übergepäck müssen bei Buchung angemeldet und bestätigt werden. Nicht angemeldetes Übergepäck ist unverhältnismäßig teurer. Bei Online-Buchung bei der TUIFly kann man die Anmeldung des Übergepäcks selbst erledigen. Während angemeldetes Tauch- und Sportgepäck bis 15 kg mitunter frei ist, gelten Sondertarife für Surfboards zwischen etwa 80 und 180 Euro in Abhängigkeit vom

Für Sie oder Ihr Reisebüro mag es schwierig sein, Flugverbindungen nach Cabo Verde zu finden. Die Ortsnamen sind uneinheitlich und wenig bekannt. Versuchen Sie es mit den internationalen **Dreibuchstaben-Abkürzungen der Flughäfen:**

- **BVC** Boa Vista, Aeroporto Internacional de Rabil
- **MMO** Maio, Aeroporto de Maio
- **RAI** Praia, Aeroporto Internacional da Praia
- **SFL** Fogo, Aeroporto de São Filipe
- **SID** Sal, Ilha do, Aeroporto Internacional Amílcar Cabral
- **SNE** São Nicolau, Aeroporto da Preguiça
- **VXE** São Vicente, Aeroporto Internacional de São Pedro

Gewicht. Für 10 kg angemeldetes Übergepäck werden zwischen 40 und 120 Euro fällig. Wer mit Sport- oder Übergepäck reist, tut gut daran, sich aktuell bei den in Frage kommenden Linien zu erkundigen.

Da die Frachträume der Maschinen im Inlandsverkehr vergleichsweise klein sind, kann für den Transport zwischen den Inseln nicht garantiert werden, dass sperriges Gepäck wie Fahrräder mit der gleichen Maschine befördert werden.

Anschlussflüge von Sal und Praia zu den anderen Flughäfen gehen täglich, sodass man nur noch ausnahmsweise zwischenübernachten muss. Wenn Sie nachts ankommen und frühmorgens auf andere Inseln weiterfliegen, lohnt sich ein kurzer Abstecher in die Abflughalle, um zu schauen, ob eine Abfertigung läuft. Wenn ja, können Sie einchecken und die Bordkarte für den nächsten Morgen erhalten. Dies erlaubt, erst 45 Minuten vor dem Abflug am Flughafen erscheinen zu müssen.

Gepäck durchchecken ist bei TAP oder TACV möglich, wenn der Anschlussflug am gleichen oder folgenden Tag erfolgt. Die kleinen Flughäfen ohne Zoll – Fogo, São Nicolau und Maio – sind davon ausgenommen.

Zollkontrollen verlaufen unkompliziert und zügig, so lange keine Drogen vermutet werden.

Linienflüge zwischen den Inseln werden im Kapitel „Reisen im Land" dargestellt.

TACV Cabo Verde Airlines

Die nationale Fluggesellschaft (www.tacv.de) musste der Übermacht großer Chartergesellschaften auf dem deut-

Mini-„Flug-Know-how"

Nicht vergessen: Ohne einen **gültigen Reisepass** kommt man nicht an Bord eines Flugzeuges nach Cabo Verde.

In der Economy-Class darf man in der Regel nur **Gepäck bis zu 20 kg pro Person** einchecken (steht auf dem Flugticket) und zusätzlich ein Handgepäck von 7 kg in die Kabine mitnehmen, welches eine Größe von 55 x 40 x 23 cm nicht überschreiten darf. In der Business Class sind es meist 30 kg pro Person und zwei Handgepäckstücke, die insgesamt nicht mehr als 12 kg wiegen dürfen. Man sollte sich beim Kauf des Tickets über die Bestimmungen der Airline informieren.

Aus Sicherheitsgründen dürfen **Taschenmesser, Nagelfeilen, Nagelscheren,** sonstige Scheren und Ähnliches **nicht** mehr **im Handgepäck** untergebracht werden. Diese sollte man unbedingt im aufzugebenden Gepäck verstauen, sonst werden diese Gegenstände bei der Sicherheitskontrolle einfach weggeworfen. Darüber hinaus gilt, dass Feuerwerke, leicht entzündliche Gase (in Sprühdosen, Campinggas), entflammbare Stoffe (in Benzinfeuerzeugen, Feuerzeugfüllung) etc. nichts im Passagiergepäck zu suchen haben.

Seit November 2006 dürfen auch **Flüssigkeiten** oder vergleichbare Gegenstände in ähnlicher Konsistenz (z.B. Getränke, Gels, Sprays, Shampoos, Cremes, Zahnpasta, Suppen) nur noch in der Höchstmenge von 0,1 Liter als Handgepäck mit ins Flugzeug genommen werden. Da sich diese Regelungen derzeit ständig ändern, wird hier nicht auf weitere Details eingegangen.

schen Markt weichen und konzentriert sich auf die **Migrationsschwerpunkte** Amsterdam, Boston, Lissabon und Paris sowie den aufsteigenden Tourismusmarkt in England und Skandinavien. Interessant für einen Teil Deutschlands bleibt Amsterdam als Abflughafen. Das TACV-Büro in Rotterdam ist der bestinformierte Ansprechpartner. Online-Buchungen sind noch nicht allgemeiner Standard. Bei Umbuchungen wird eine Gebühr von 2000 CVE fällig. Bei Stornos unter 72 Stunden vor dem Abflug erfolgt keine Rückerstattung. Bei längerfristigen Stornos erfolgt eine Gutschrift unter Abzug von 4000 CVE mit einjähriger Gültigkeitsdauer.

Für Reisende, die mehrere Inseln besuchen wollen, wird ein **Cabo Verde Airpass** angeboten. Er kostet für zwei Coupons 110 Euro und für jede weitere Strecke zusätzlich 60 Euro. Hinzu kommen Steuern, Gebühren und Fuelcharge. Ein Airpass kann nur von Kunden erworben werden, die ihren internationalen Flug mit TACV gebucht haben, und für die gebuchten Flüge gelten folgende Einschränkungen: feste Flugbuchungen, keine Umbuchungen, keine Wartelistenplätze, keine Rückerstattung nicht genutzter Buchungen.

TACV-Vertretungen:

- **München/Deutschland**
c/o AVIAOPS – Airline Managment Group AG, Landsberger Straße 155
80687 München, Tel. 089/55253333
Fax 089/54506855, www.TACV.de
- **Wien/Österreich**
Aviareps Airline Center, Opernring 1/e/7
1010 Wien, Tel. 0043/1/581892280
Fax 0043/1/585363088
vienna@aviareps.com
- **Zürich/Schweiz**
Airlinecenter Airline Management GmbH
Schanzeggstraße 1, 8002 Zürich
Tel. 0041/1/2869911, Fax 0041/1/2869919
CaboVerdeAirlines@zrh.airlinecenter.ch
- **Rotterdam/Niederlande**
TACV, Weena 95–97, 3013 Rotterdam
Tel. 0031/10-4115411
Fax 0031/10-4124998
CMonteiro@TACV.aero

TAP Transportos Aéreos de Portugal

Die portugiesische Airline (www.flytap.com) fliegt täglich mindestens eine der Strecken **Lissabon – Sal – Lissabon** oder **Lissabon – Praia – Lissabon,** teilweise im code-sharing mit TACV. Anschlussflüge von allen größeren Flughäfen deutschsprachiger Länder stehen täglich zur Verfügung. Knapp kalkulierte Umsteigezeiten in Lissabon sind risikoreich, sodass wir es vorziehen, einen halben Tag für einen Stadtbummel in Lissabon einzuplanen. Gabelflüge sind möglich und Online-Buchungen problemlos. Für Zusatzleistungen muss man noch auf Telefon oder Fax zurückgreifen.

- **Frankfurt/Deutschland**
Baseler Straße 48, 60329 Frankfurt
Tel. 0049/1803-000341
Fax 0049/1803-000440
Schweiz/Callcenter, Tel. 0041/448009652

Buchtipps – Praxis-Ratgeber:
- Frank Littek
Fliegen ohne Angst
- Erich Witschi
Clever buchen, besser fliegen
(beide Bände REISE KNOW-HOW)

- **Lisboa/Portugal**
Loja Gare do Oriente
Edifício Estação do Oriente
Avenida de Berlim
Tel. 00351/707205700
Fax 00351/218416540

TUIfly Hapag-Lloyd Express

Die Fluggesellschaft (www.tuifly.com) fliegt ab Hannover, Düsseldorf, Frankfurt und München die **Inseln Sal und Boa Vista** an. Am Ende der Saison, wenn die Gästezahlen abnehmen, erfolgt ein Zwischenstopp auf den Kanarischen Inseln. So lange auf Boa Vista die Flugzeuge nicht betankt werden können, muss in Sal zwischengelandet werden.

Der **Flugplan** folgt der Auslastung der großen TUI-Hotels, sodass die Maschinen meist gut besetzt sind. Die höhere Effizienz der Charterlinie kommt durch Sonderangebote auch Individualreisenden zugute.

Das System der **Online-Buchung** ist perfekt und erlaubt, Über- und Sondergepäck sowie den Sitzplatz selbst zu buchen. Auch ist die TUI in allen Reisebüros vertreten oder kann direkt telefonisch kontaktiert werden:

• Deutschland:	01805/757510
• Niederlande:	0900/2021447
• Österreich:	0820/82003
• Schweiz:	0848/00271

Flugverbindungen von Cabo Verde nach Afrika, Nord- und Lateinamerika

TACV fliegt wöchentlich nach Bissau, Dakar, Banjul, Conakry, Bamako und Abidjan. Die TAP fliegt über Sal nach São Tomé, die angolanische TAAG nach São Tomé und Luanda.

Zurzeit bedient nur TACV die Strecke von Cabo Verde nach Lateinamerika mit einem wöchentlichen Flug nach **Fortalezza (Brasilien).**

Die TACV hat einen Flug pro Woche nach Nordamerika, z.Z. ab **Praia** nach **Boston.**

Die US-amerikanische Delta-Air plant ab Sommer 2009 einen Zwischenstopp auf der Strecke Atlanta – Freetown (Liberia) in Sal und ersetzt damit teilweise die Flüge der Southafrican Airways, die nicht mehr in Kap Verde vertreten ist.

Wichtige Hinweise

Alle TACV-Flüge müssen rückbestätigt werden! Außerhalb Europas wird in den meisten Ländern, so auch in Cabo Verde, verlangt, dass der Passagier seine weiteren Flüge rückbestätigen lässt. Tut er dies nicht, verfällt das Recht auf Beförderung. Die Rückbestätigung erfolgt in den Büros der TACV und in Reisebüros (dort gegen Gebühr).

Praktischerweise lässt der Reisende bereits **am Tag der Ankunft alle weiteren Flüge rückbestätigen.** Am Tag vor jedem einzelnen Flug ist eine weitere Rückbestätigung einzuholen. Unterkunft und Telefonnummer ins System eintragen zu lassen, schafft weitere Sicherheit. Man darf sich jedoch nicht darauf verlassen, in jedem Fall benachrichtigt zu werden.

Flugplanänderungen sind häufig. Die komplizierte Logik der Flugplanänderungen, die Flughäfen ohne Nachtbeleuchtung, internationale Anschluss-

cv002 Foto: pr

International Airport São Vicente

flüge und vieles mehr zu berücksichtigen hat, ist für die Mitarbeiterinnen am Counter genauso wenig zu erfassen wie für die Passagiere. Letztere können sich jedoch darauf verlassen, dass die TACV ungeplante Übernachtungen und das Verpassen internationaler Flüge möglichst ersparen will.

Overbooking und Streichungen von OKs kennt jeder Afrikareisende, doch in Cabo Verde sind sie selten. Als unvermeidbar muss man anerkennen, wenn aus einer Maschine Sitze ausgebaut werden, um den Liegendtransport eines Notfallpatienten zu ermöglichen.

Der **Check-In** erfolgt zwei, mindestens 1½ Stunden vor der angegebenen Abflugzeit. Dies ist auch auf den kleinen Flughäfen unvermeidbar, da die Gepäckverladung abgeschlossen sein muss, bevor die Maschine eintrifft.

Reiserouten sollte man so planen, dass man den letzten Tag bereits auf der Flughafeninsel verbringt. Damit kann man Verspätungen abpuffern und verpasst seinen Rückflug nicht.

Auch bei den Charter-Gesellschaften ist eine Rückbestätigung am Tag vor der Rückreise angemessen. **Nicht selten werden die Routen und Abflugzeiten kurzfristig geändert!**

Mit dem Schiff

Auch wenn in den Wintermonaten fast täglich ein Kreuzfahrtschiff in São Vicente einläuft, so ist für Reisende, die länger als nur ein paar Stunden in Cabo Verde bleiben, die Anreise mit dem Schiff ungewöhnlich.

Es gibt **keine Passagierschiffe oder Fähren,** weder von Europa noch vom afrikanischen Kontinent aus. Eine Reise auf dem Frachter ist ein individuelles Abenteuer, das nur in Verhandlung mit der Schiffsagentur und dem Kapitän erreicht werden kann und nicht billiger wird als die Anreise mit dem Flugzeug.

Frachtschiffe aus/nach Cabo Verde findet man mit einiger Regelmäßigkeit in den Häfen von Lissabon und Rotterdam. Die Schiffe laufen meist sowohl São Vicente als auch Praia an. Eine zuverlässige kapverdische Frachtlinie ist:

- **Cabolux Travel & Shipping**
Mathenesserweg 205
3027 HV Rotterdam/Niederlande
Tel. 0031/10-4846591/4860044
Fax 0031/10-4859677
caboluxcargo@cabolux.nl

Mit dem Segelboot

Cabo Verde ist ein **wenig erschlossenes Segelrevier für Könner.** Ab Oktober füllen sich die Häfen mit Yachten, die bis Februar zum Sprung über den Atlantik ansetzen. Als erster Hafen muss zur Zollkontrolle Sal (am Flughafen), São Vicente (Mindelo) oder Praia angelaufen werden. Ein gültiges Visum wird vorausgesetzt.

Für einen Zwischenstopp mit Verproviantierung sind nur Praia, São Vicente und Palmeira auf Sal geeignet. Die Preise sind etwas höher als in Europa. In Mindelo gibt es gute Reparaturmöglichkeiten, doch ist Geduld angesagt, da Ersatzteile häufig aus Europa eingeflogen werden müssen.

Zu Ankerplätzen, Häfen und Versorgungsmöglichkeiten siehe die Kapitel zu den Inseln. Zu nautischer Information und Chartermöglichkeiten siehe Kapitel „Sport und Freizeit – Segeln".

Buchtipp – Praxis-Ratgeber:
- Wilfried Krusekopf
Küstensegeln
(Reise Know-How)

Auskünfte und Adressen

Auskünfte und Informationen zu verschiedenen Belangen, u.a. Einreise, diplomatische Vertretungen u.v.a.m.

Auswärtige Ämter

- **Deutsches Auswärtiges Amt**
Werderscher Markt 1, D-10117 **Berlin**
Postanschrift: 11013 Berlin
Tel. 01888/17-0, Fax 17-3402
www.auswaertiges-amt.de
- **Bundesministerium für auswärtige Angelegenheiten, Bürgerservice**
Minoritenplatz 8, A-1014 **Wien**
Tel. 05/01150-4411, www.bmaa.gv.at
- **Eidg. Departement für auswärtige Angelegenheiten (EDA), Reisehinweise**
Bundesgasse 32, CH-3003 **Bern**
Tel. 031/3238484
www.eda.admin.ch/reisehinweise

Auskünfte über Tourismus, Handel und Investitionen

- **Direcção General do Turismo, Indústria e Comércio**
Ministério do Comércio, Indústria e Energia
Avenida Amílcar Cabral, P.O. Box 145
Praia, Ilha de Santiago
Tel. 2611753, Fax 2613659

Entwicklungszusammenarbeit

- **GTZ (Gesellschaft für technische Zusammenarbeit)**
Dag-Hammarskjöld-Weg 1–5
Postfach 5180, D-65760 **Eschborn**
Tel. 06196/79-0, Fax 791115
www.gtz.de/

Interessierte finden ausführliche Informationen und vollständige Publikationen, wenn Sie auf der Webseite der GTZ, www.gtz.de, unter dem Begriff „Kap Verde" suchen.

Verschiedene Adressen

- **Amílcar-Cabral-Gesellschaft e.V.**
c/o *Renate Hess,* Plönniesstr. 18
D-64289 **Darmstadt**
Tel. 06151/79680, Fax 813020
Öffentlichkeitsarbeit im Bereich Guinea-Bissau und Cabo Verde, Seminare im entwicklungspolitischen Bildungsbereich, Unterstützung von Kleinprojekten, Veröffentlichungen (Liste anfordern)
- **Deutsche Gesellschaft für die afrikanischen Staaten portugiesischer Sprache e.V.**
c/o *Wilhelm Wess,* Mailänder Str. 23
D-60598 **Frankfurt,** Tel./Fax 069/682510
Mehrere Publikationen jährlich zu den betreffenden Staaten Afrikas, Informationen zu Politik, Kultur, Wirtschaft etc.
- **Europäisch-Kapverdischer Freundeskreis e.V.**
c/o Gymnasium Farmsen
Swebenhöhe 50, D-22159 **Hamburg**
Tel./Fax 040/67379076
www.Kapverde-Journal.de

Internationale Organisationen in Cabo Verde

- **African Development Foundation**
Tel. 2614560
- **Bornefonden** (Dänische Hilfsorganisation)
Tel. 2211475
- **Caritas Caboverdiana,** Tel. 2611707
- **União Europeia (EU)**
C.P. 122, Praia, Tel. 2621392, Fax 2621391
- **UNDP**
C.P. 62, Praia, Tel. 2621401, Fax 2621352
- **UNFP**
C.P. 62, Praia, Tel. 2621319, Fax 2621193
- **UNICEF** (Weltkinderhilfsorganisation)
Praia, Tel. 2621525
- **SOS-Kinderdorf International**
Tel. 2651168
- **WHO** (Weltgesundheitsorganisation)
C.P. 266, Praia, Tel. 2621400, Fax 2621408

Ausrüstung

Gepäck, Ausrüstung und Kleidung

Packen Sie wie für einen Sommerurlaub in Südeuropa. Baumwollkleidung, bequeme Schuhe und Sandalen und für die Abende ein Pullover oder leichter Anorak genügen. Bei der intensiven Sonneneinstrahlung sind lange Ärmel und dünne lange Hosen ideal. Starker, kühler Wind mit Nebel bringen einen nicht weniger zum Frieren als Minusgrade in gemäßigten Breiten. Um sich hiergegen zu schützen, nimmt man auf Wandertouren **einen leichten Pullover und einen leichten, winddichten Anorak** mit. Die Kombination erlaubt, auf alle Variationen von Wind, Nebel und Temperatur vorbereitet zu sein. Eine

Kopfbedeckung, die auch starkem Wind widersteht, ist unverzichtbar. An Schuhwerk empfehlen sich **feste Sandalen und Schuhe,** denn schlechte Wegstrecken sind fast nirgends zu vermeiden.

Individualreisende wissen, dass es besser ist, **so wenig Gepäck wie möglich** mitzunehmen. Eine robuste Reisetasche oder ein Rucksack plus eine kleinere Umhängetasche oder ein Tagesrucksack für Foto, Dokumente, Reiseführer, Karte und Kleinkram garantieren die auf Inselrundreisen gewünschte Mobilität.

Für **Hotel- und Badereisen** sind Koffer die beste Wahl. Gepäckstücke müssen mit Adressen versehen und fest verschlossen sein.

cv001 Foto: pr

Gute Bergstiefel: Voraussetzung für Trekking auf den Inseln

Kleidungs-Checkliste

- Lange Hosen bzw. Röcke, evtl. leichtes Sommerkleid
- Weite T-Shirts, Baumwollhemden, Blusen (mit langem Arm)
- Sweat-Shirt, leichter Wollpullover oder Fleece-Jacke
- Badekleidung, Shorts
- Winddichte Jacke, Bluse oder Anorak
- Unterwäsche und Socken (Baumwolle)
- Hals- bzw. Kopftuch (gegen Sonne, Staub, Erkältung, auch als Dreieckstuch oder Verbandszeug zu verwenden). Ideal ist ein großes, dünnes Tuch, das als Kopfschutz auch Hals- und Schulterbereich vor Sonne schützt
- Geschlossene Schuhe, Sandalen, Badeschuhe

Ausrüstungs-Checkliste

- Rucksack, Reisetasche oder Koffer
- Tagesrucksack, Umhängetasche oder Bordcase
- Bargeld, Reiseschecks, VISA Card (die MasterCard wird noch nicht überall anerkannt, die Maestro-/EC-Karte spielt keine Rolle)
- Fotoausrüstung
- Reiseapotheke
- Sonnenbrille sowie Sonnenhut oder -tuch, welches Gesicht und Nacken überschattet
- Sonnenschutzmittel (ab Faktor 12)
- Lippenschutz
- Badesachen
- Ersatzbrille (1)
- Toilettenartikel (Scheren, Nagelfeilen etc., nicht im Handgepäck)
- Stofftaschentücher
- Reisewaschmittel
- Taschenlampe, Kerzen (2)
- Taschenmesser (nicht im Handgepäck)
- Handtuch
- Mittel zur Trinkwasserdesinfektion und Trinkwasserbehälter (3)
- Nähzeug, Sicherheitsnadeln

- Reisewecker
- Schreibzeug, Notizheft oder Block
- Gastgeschenke (4)
- Beutel für Schmutzwäsche und Müll (5)
- Die **Mitnahme eines Adapters ist nicht notwendig.**

Erläuterungen:

1. Kontaktlinsenträger sollten wegen des Staubes auch eine Brille mitnehmen.

2. Batterien der Größen AAA, AA/Mignon und D/Mono sind überall zu bekommen, während nur am Flughafen in Sal auch Batterien für Fotoapparate erhältlich sind.

3. Mikropur® oder Ähnliches ist notwendig zur **Wasserdesinfektion.** Ein Tropffläschchen für Chlorbleichlauge erfüllt den gleichen Zweck.

4. Wann immer man eingeladen ist, ist es gut, kleine und nützliche **Gastgeschenke** zu haben. Taschenlampen, Schulmaterial, Baseballmützen und intelligentes Spielzeug rufen Freude hervor. Zahnbürsten sind besser als Bonbons. Lassen Sie sich nicht durch „Mitleid" zum „Verteilen" animieren, sondern schenken Sie nur dort, wo sie „Gast" waren und Gegenseitigkeit besteht. Geben Sie nur im Haus und nie vor Dritten.

5. Problemmüll bitte mit zurück nach Hause nehmen!

Zusätzliche Ausrüstung für Trekkingtouren

- **Eingelaufene Bergstiefel:** Wanderer bringen nach Santo Antão die Stiefel mit, die sie in Europa im Hochgebirge verwenden. Die Steigungen sind gewaltig und die Wege steinig. Wir bevorzugen Bergstiefel der Kategorie „bedingt steigeisenfest", weil nur diese fest genug sind, um Bergabstrecken rasch gehen zu können. Das Minimum sind überknöchelhohe Trekkingschuhe.
- **Kompass, Wanderführer und -karten, evtl. GPS** mit Daten, Batterien und Ladegerät. Wander- und Freizeitkarten bekommen Sie in europäischen Buchhandlungen, vor Ort oder über www.bela-vista.net.
- Pullover, Jacke; mehrere leichte Schichten.
- ZIP-Trekkinghosen.
- Funktions- oder Baumwollunterwäsche.
- Apotheke, Erste-Hilfe-Päckchen und **elastische Binden,** die es in Kap Verde nicht gibt (siehe Kapitel „Gesundheit").
- Evtl. Teleskop-Wanderstöcke.

Campingplätze gibt es in Cabo Verde bisher nicht, und freies Zelten ist nicht erlaubt, auch wenn es am Strand geduldet wird. Jeder grüne Fleck ist Privatbesitz, sodass man nur mitten in der Wüste zelten könnte. Ein unbewohntes Zelt wird zudem als „Strandgut" betrachtet und verschwindet schnell.

Auf Trekkingtouren können ein ganz leichter **Schlafsack** und eine **Isomatte** sinnvoll sein.

Ein **30- bis 40-Liter-Rucksack** genügt für mehrtägige Touren selbst für zwei Personen, da alles so schnell trocknet, dass man es abends wäscht und morgens trocken vorfindet. Für die großen Tagestouren kalkulieren Sie Platz und Kraft für bis 3 bis 5 Liter Trinkwasserreserve pro Person ein!

Ausrüstung für Mountainbiker

Widerstandsfähige, selbst zu reparierende Hardtail-Bikes sind geeigneter. Ersatzteile gibt es nur an wenigen Orten in bescheidener Auswahl, sodass Sie diese mitbringen müssen. Ein größerer Daypack mit 3-Liter-Trinkwasserblase plus einer oder zwei 1,5 Liter Flaschen entspricht den Bedingungen.

Diplomatische Vertretungen

In Deutschland

- **Botschaft der Republik Cabo Verde**
  Stavanger Straße 16, 10439 **Berlin**
  Tel. 030/20450955, Fax 20450966
  www.embassy-capeverde.de
  (Konsularabt. für alle Bundesländer)
- **Baden-Württemberg und Bayern**
  Honorarkonsul der Republik Cabo Verde
  Azenbergstraße 31, 70174 **Stuttgart**
  Tel. 0711/6071558, Fax 0711/60661030

•Hamburg, Bremen, Niedersachsen und Schleswig-Holstein
Honorarkonsul der Republik Cabo Verde
Deichstraße 9, 20459 **Hamburg**
Tel. 040/37857833
Fax 040/37857841

•Hessen und Rheinland-Pfalz
Honorarkonsulat der Republik Cabo Verde
Oberortstraße 29, 65760 **Eschborn**
Tel. 06196/5240960
Fax 06196/5240961

•Saarland
Honorarkonsul der Republik Cabo Verde
Saargemünder Straße 136
66119 **Saarbrücken**
Tel. 0681/398098
Fax 0681/3905060

•Sachsen, Brandenburg, Mecklenburg-Vorpommern, Sachsen-Anhalt und Thüringen
Honorarkonsul der Republik Cabo Verde
Königstraße 5, 01097 **Dresden**
Tel. 0351/8192700
Fax 0351/8192699

In Österreich

•Botschaft der Republik Cabo Verde
Schwindgasse 20/2, A-1040 **Wien**
Tel. 0043/1/5038727
Fax 0043/1/5038729
embcviena@nnweb.at

•Honorarkonsulat der Republik Cabo Verde
Linke Wienzeile 4, A-1060 **Wien**
Tel. 0043/1/58796160

In der Schweiz

•Botschaft der Republik Cabo Verde
Av. Blanc 47, CH-1202 **Genf**
Tel. 0041/22/7313336
Fax 0041/22/7313540

•Honorarkonsulat der Republik Cabo Verde
Rümelinplatz 14, CH-4001 **Basel**
Tel. 0041/61/2698095
Fax 0041/61/2698050
awg@bluewin.ch

Weitere Vertretungen

•Embassy of the Republic of Cabo Verde
Vilae Giosué Carducci,4/1, Interno 3
I-00187 Roma, **Italien**
Tel. 0039/6/4744678, Fax 4744643
eliof@hotmail.com

•Embassade de la République Cabo Verde
46, Rue Goethel, L-1636 **Luxembourg**
Tel. 0035/26480948, Fax 26480949

•Embassy of the Republic of Cabo Verde
Burgemeester Patijnlaan 1930
NL-2585 CB Den Haag, **Niederlande**
Tel. 0031/70/3553651, Fax 3553568
Embcvned@worldnline.nl

•Consulate of the Republic of Cabo Verde
Mathenensselaan 326
NL-3021 HX Rotterdam, **Niederlande**
Tel. 0031/10/4778977, Fax 4774553

In Cabo Verde

Deutschland

Deutschland ist in Cabo Verde durch die **Botschaft im Senegal** und ein **Honorarkonsulat in Praia** vertreten:

•Botschaft der Bundesrepublik Deutschland
Ambassade de la République Fédérale d'Allemagne, B.P. 21 00, **Dakar, Senegal**
Dakar, 20, Avenue Pasteur
Angle Rue Mermoz, Tel. 00221/8894884
und in Notfällen 00221/6386441
Fax 00221/8225299, www.dakar.diplo.de

•Honorarkonsul der Bundesrepublik Deutschland
Consulado Honorário da Alemanha
Av. da OUA, 1° Andar, Achado Sto. António
Praia, Tel. 2623100, 2623102
Fax 8494370, dakar-ob@bmaa.gv.at

Weitere europäische Länder

•Österreich
Ambassade de l'Autriche
18, Rue Emile Zola, **Dakar, Senegal**
Tel. 00221/8494000
Fax 00221/8210309

- **Schweiz**

Ambassade de Suisse, Rue René N'Diaye
Angle Rue Seydou Nourou Tall
B.P. 1772, **Dakar, Senegal**
Tel. 00221/8230590, Fax 00221/8223657
vertretung@dak.rep.admin.ch

- **Niederlande**

37, Rue Kleber, B.P. 3262, **Dakar, Senegal**
Tel. (aus Cabo Verde) 0221/8239483
Fax 0221/8239610

- **Belgien**

Route de la Patite Corniche Est
B.P. 524, **Dakar, Senegal**
Tel. (aus Cabo Verde) 0221/8212524
Fax 0221/8216345

- **Italien**

Rue E.H. Seyydou Nourou Tall
B.P. 348, **Dakar, Senegal**
Tel. (aus Cabo Verde) 0221/8226253
Fax 0221/8217580
(Konsulat: Praia, Santiago, Tel. 2613280)

Einkaufen

Läden und Geschäfte

Die kleinen **Gemischtwarenläden (Mercearias)** ziehen sich in die Vorstädte zurück und machen Platz für moderne Lebensmittel- und Haushaltswaren-Selbstbedienungsläden in den Zentren. **Bekleidung, Schuhe, Elektronik, Batterien** und Industriekleinwaren der Preisklasse, die sich auch die Ärmeren leisten können, sind fast nur noch „beim Chinesen" zu kaufen. Kapverdische Boutiquen führen schickere – und teurere – Textilien. **Frischen Fisch** erhält man auf dem Fischmarkt und bei Straßenhändlerinnen. **Frisches Obst und Gemüse** werden auf dem Markt und von Straßenhändlerinnen angeboten, während die Auswahl an importiertem Gemüse und Obst in speziellen Gemüsegeschäften breiter ist als in den Selbstbedienungsläden. **Frischfleisch** kauft man in Mindelo, Praia oder auf Sal wie gewohnt beim Metzger. In den ländlichen Gemeinden hingegen wird Fleisch unter wenig einladenden Bedingungen aus großen Schüsseln verkauft.

Die Städte verfügen über zwei Typen von Märkten: **Mercado oder Plurim** – auf diesen Lebensmittelmärkten haben die kapverdianischen Frauen das Sagen; **Sucupira** – ein periodisch oder dauerhaft eingerichteter Markt für Non-Food-Ware ohne jede Beschränkung. Vom Hosenknopf bis zum Betonmischer findet sich hier alles. Männer vom afrikanischen Kontinent, unendlich fantasiebegabt im Einstudieren immer neuer Formen der Kontaktaufnahme und Preisverhandlung mit dem Kunden, bestimmen die Szene. Kleider, Schuhe, Haushalts-, Töpfer- und Metallwaren, Werkzeug, Kosmetika und Maschinenteile kommen aus aller Herren Länder, teils als abenteuerliche Nachahmungen bekannter Marken. Für die Reisenden werden **Souvenirs und Kleinkunst** vom afrikanischen Festland **ohne jeden Bezug zur Kultur Kap Verdes** angepriesen. Nicht wenige der Händler haben eine gute Schulbildung, sprechen literarisches Englisch und Französisch und pendeln zwischen ihren von Bürgerkrieg und Rezession gebeutelten Heimatländern und Cabo Verde, um ihre Familien zu ernähren.

In **Praia (Sucupira)** und **São Vicente (Praça Estrela)** sind die Märkte solide gebaut und öffnen täglich. In **Assomada** auf Santiago findet zweimal wöchentlich der größte Sucupira statt, ein gefundenes Fressen für Fotoamateure.

Bäckereien sind in unscheinbaren Gebäuden ohne Beschriftung untergebracht, sodass man sich zur *Padaria* durchfragen muss. Festes, schweres Weizenbrot und ebensolche Brötchen sind meist die einzigen Produkte. In Praia und Mindelo hingegen werden in der Boulangerie Française auch Baguettes gebacken. Auf Santiago haben sich die Padaria Boca Doce und Pão Quente (Rua Andrade Corvo) und in Santa Maria auf Sal die Padaria-Pastelaria Dado mit leckeren Kuchen und Kleinteilen etabliert.

Souvenirs

Westafrikanische Souvenirhändler mit Schnitzereien, Modeschmuck, Tüchern und T-Shirts, speziell für den Tourismus hergestellte Massenwaren, finden sich, wo immer Touristen vermutet werden. **Typisch Kapverdianisches** hingegen muss man suchen. Zum Sortieren von gestampftem Mais dienende flache Korbschalen *(bandeja)*, durchlöcherte Terrakotta *(binto)*, in denen *Cuz-cuz* gedämpft wird, Tontöpfe *(pôte)* als Wasservorratsbehälter, mit Fleiß und Geschick aus alten Büchsen gebaute Spielzeugautos *(carrinhos)* und das Brettspiel Oril sind beliebte Alltagsgegenstände.

Im Souvenirhandel werden zunehmend auch die in traditionellen Mustern fein gewebten schwarzweißen **Baumwolltücher** angeboten, die zur Zeit der Segelschiffe eine große Rolle gespielt haben *(panos de Santiago)*. Die Motive dieser historischen Tuchweberkunst prägen bis heute das Dekor von aus polierten Kokosnüssen hergestellten Schmuckgegenständen, Vasen, Schalen und Geschirr. In São Vicente werden faszinierende **Wandteppiche** mit bunten Alltagsmotiven gewoben (www.bela-vista.net/da-Luz/).

Neben kapverdianischer **Musik,** über die sich in Europa fast jeder freut, eignen sich auch Thunfisch in Dosen, Ziegenkäse, *Piri-Piri* (Malagueta-Schoten zum Einlegen für das gute, sehr scharfe Gewürz), Wein und Kaffee aus Fogo, *Grogue* und *Pontche* aus Santo Antão als **landestypische Mitbringsel.**

Einreiseformalitäten

Für die Einreise nach Cabo Verde benötigen europäische Staatsbürger ein **Visum.** Bei Pauschalreisen besorgt es zumeist der Reiseveranstalter. Ansonsten erfolgt die Visabeantragung über die Botschaften oder Konsulate. Der **Reisepass** muss noch mindestens sechs Monate über das Rückreisedatum hinaus gültig sein. Das Touristenvisum berechtigt zu einer einmaligen Einreise und hat eine Gültigkeit von 120 Tagen nach Ausstellung. Verlängerungen wer-

Hinweis: Da sich die **Einreisebedingungen kurzfristig ändern** können, raten wir, sich kurz vor der Abreise beim Auswärtigen Amt (www.auswaertiges-amt.de bzw. www.bmaa.gv.at oder www.eda.admin.ch) oder der jeweiligen Botschaft zu informieren.

den von den zuständigen Behörden in Cabo Verde (Polizeistellen, Einreisebehörde) erteilt.

Das **Antragsformular** erhalten Sie per Post oder Fax vom Honorarkonsulat. Sie könne es auch aus dem Internet unter www.embassy-capeverde.de herunterladen. Auf den Begleitschreiben bzw. auf der Website der Botschaft in Berlin werden die einzusendenden Dokumente genau benannt.

Die **Visagebühr** beträgt z.Z. 45 Euro oder 63 SFr pro Person.

Die Öffnungszeiten der **Honorarkonsulate** sind, da diese nicht hauptberuflich betrieben werden, limitiert und von Ort zu Ort verschieden. Sie bekommen vom Anrufbeantworter die gültigen Zeiten mitgeteilt.

Bei Ankunft ohne Visum wird **an den internationalen Flughäfen** ein **vorläufiges Visum** für 25 Euro ausgestellt, das binnen einer Woche bei der örtlichen Polizei verlängert werden muss. In der Praxis wird – so lange erkennbar ist, dass der Aufenthalt touristischer Natur war – bei Überschreitung der Gültigkeitsdauer bis zu drei Wochen keine Strafe verhängt.

Reisedokumente-Checkliste

- Reisepass, mindestens 6 Monate gültig
- Flugscheine
- Vouchers, Hotelgutscheine oder Reservierungsbestätigungen
- Impfpass
- Kreditkarte
- Reiseschecks
- Internationaler Führerschein (auch wenn der nationale i.d.R. anerkannt wird)
- Fotokopien wichtiger Versicherungspolicen (Reise- und Rückholversicherung)
- Telefonliste

Fotokopieren Sie Pass, Visum, Flugscheine, Führerschein, Impfausweis, Versicherungspolicen und alle anderen wichtigen Reisedokumente zweimal. Einen Satz lassen Sie bei Kontakt-/Vertrauenspersonen zu Hause, den anderen tragen Sie bei sich. Während der Reise lassen Sie die Originale zusammen mit ihren Wertsachen im Hotelsafe, sodass Sie nur die Kopien verlieren können.

Impfausweise werden zur Einreise nicht verlangt, sind aber zusammen mit dem Blutgruppenausweis wichtige Notfalldokumente, die man immer mit sich führt.

Essen und Trinken

Allgemeines

In allen größeren Orten gibt es **Restaurants und Snackbars.** Die Preise für ein Hauptgericht bewegen sich zwischen 500 und 1000 CVE. Bessere Restaurants und Hotels bieten internationale und kapverdianische Küche zu Preisen zwischen 800 und 2000 CVE. Pizzerias und italienische Restaurants führen die landesspezifischen Restaurants an, doch auch portugiesische, senegalesische, französische und chinesische Küche sind vertreten.

Zum Erlebnis einer Reise nach Cabo Verde gehört es, sich mit der lokalen Küche vertraut zu machen (siehe weiter unten). Diese herzhafte **kapverdianische Küche,** z.B. das Nationalgericht *Cachupa* oder eine *Feijoada,* findet man in kleinen, schlichten Gaststätten, wo der äußere Eindruck wenig über die Qualität des Essens aussagt. In kleinen Lokalen erkundigt man sich nach den Tagesgerichten *(prato do dia)* und bekommt eine Auswahl von zwei bis drei

Speisen genannt. Abgelegene Lokale und Privatpensionen kochen nur auf Vorbestellung. Die Ausstattung der Lokale ist meist einfach, manchmal sitzt man im Freien in Hinterhöfen.

Fischgerichte sind häufig die bessere Wahl und spezielle Fischrestaurants meist sehr gut. Für Vegetarier ist die Auswahl klein und beschränkt sich auf Wurzelgemüse, Suppen, Reis und Eiergerichte.

Snack- und Fast-Food-Restaurants gehören nicht zu Franchise-Gruppen, sodass die Speisekarte weniger standardisiert ist. Nicht selten bieten sie eine ähnliche Auswahl wie die Bars und Restaurants.

Falls man von einer Familie **zum Essen eingeladen** werden sollte, entspricht es der Gastfreundschaft, an der gebotenen Mahlzeit teilzunehmen. Als kleine Regel der Höflichkeit gilt, dass man niemals den letzten Rest aus der Servierschüssel nimmt, auch nicht beim Reis, da dies ein Hinweis für die Köchin wäre, dass die Menge nicht ausreichend war.

Wasser aus dem Wasserhahn ist in Cabo Verde so gut wie nie als Trinkwasser geeignet, auch nicht zum Zähneputzen. Der Wassermangel auf den Inseln bringt es mit sich, dass Wasser in Zisternen oder Hochbehältern gesammelt wird und konstant infiziert ist. Un-

cv079 Foto: pr

cv080 Foto: pr

bedenklich sind abgekochtes Wasser als Tee oder Kaffee, Industrieabfüllungen mit Kohlensäure wie Cola, Tonic, Fanta oder Bier. Auch Fruchtsäfte in Dosen oder Tetrapacks sind sicher.

Abgefülltes Wasser ohne Kohlensäure bietet kaum höhere Sicherheit. Durch unachtsame Herstellung, wochenlange Lagerung in sonnenbeschienenen Containern und durch Wiederbefüllung sind die Wässer ähnlich kontaminiert wie das Leitungswasser. In der Literatur wurden derartige Wässer aus Nordamerika und Europa immer wieder als fragwürdig beurteilt. Es ist nicht anzunehmen, dass Abfüllung und Lagerung in Entwicklungsländern besser sind.

Abgefülltes Wasser mit Kohlensäure gilt als sicher. Liebhaber stiller Wässer vermindern den Kohlesäuregehalt durch mehrmaliges Ablassen und Aufschütteln.

Weine, sowohl billige Tisch- als auch gute Flaschenweine, kommen hauptsächlich aus Portugal. Bessere Restaurants haben meist auch Wein aus Fogo im Keller.

Kaffee wird zum Frühstück getrunken. **Tee** wird, sofern es sich nicht um importierte Teebeutel handelt, aus lokalen Kräutern zubereitet, z.B. Zitronenmelisse, Minze, Eisenkraut.

Fisch und Mais – Grundbestandteile der kapverdianischen Küche

Die Küche Cabo Verdes

Cabo Verdes Küche wurzelt in **Afrika und Europa** und wird gepägt von der kargen Natur der Inseln.

Beliebt sind allerlei **Eintopfgerichte.** Als Basis dienen Mais, Bohnen und Wurzelgemüse wie Yams, Kartoffeln, Süßkartoffeln, Maniok oder Brotfrucht.

Fisch und Meeresfrüchte gibt es in Hülle und Fülle. Angeboten werden neben herzhaftem Thunfisch (als Steak gegrillt oder mariniert im Ofen gedünstet) auch Fischarten wie zarte *Garoupa, Serra,* Schwertfisch oder schmackhafte Makrelen, Tintenfisch *(polvo),* Napfschnecken *(lapa),* Muscheln *(buzio)* und gebratene Muränenstücke. Langusten, die auch hier ihren Preis haben, sowie Fischsuppen runden den Kochtopf der Meeresspezialitäten ab.

Fleisch ist relativ teuer und qualitativ meist nicht so gut wie Fisch. In Touristenrestaurants finden sich immer Fleischgerichte auf der Speisekarte.

Einheimische Früchte, Papayas, Mangos, Bananen, Äpfel, Guaven *(goiabas),* Quitten *(marmelos),* Tambarinas und Kokosnüsse bieten eine willkommene Abwechslung zu den immer gleichen Importfrüchten aus Portugal und Südafrika.

Das **Nationalgericht** ist die **Cachupa,** ein deftiger Eintopf aus gestampftem Mais *(midj cutchid)* und Bohnen mit variablen Zutaten. *Cachupa* ist das fast ausschließliche Gericht der Armen. Abends als suppiger Eintopf, morgens angeröstet und, wer es sich leisten kann, mit einem Spiegelei gekrönt. Die „reichere" Version, *Cachupa Rica,* wird mit Yams, Maniok, Süßkartoffeln, Blatt-

Rezepte aus Cabo Verde

Nicht alles, was Cabo Verdes Küche zu bieten hat, kann hierzulande nachgekocht werden. Es fehlen meist die typischen Zutaten. Gestampfter Mais für die Cachupa ist Teil der Küche andere Länder, Surinams und Südost-Asiens, sodass man in den entsprechenden Läden nachfragen kann.

Cachupa

Cachupa gehört wie die Morna-Musik zur Seele Cabo Verdes: Sie ist ein Stück Heimat, Tradition, Alltag und Lebensgefühl, Familie, Gemeinschaft und Gastfreundschaft. Kapverdianer in der Emigration treffen sich auf eine *Cachupada*. Es ist mehr als nur ein gemeinsames Essen, es ist ein sozialer Akt zum Austausch von Geschichten, Erinnerungen und gemeinsamer Kultur.

Viele Kapverdianer beginnen und beenden ihren Tag mit Cachupa und werden ihrer nicht überdrüssig. Das Gericht aus Mais und Bohnen ist eine **gesunde Vollwertkost** mit Kohlehydraten, Eiweiß und Fett. Was wäre ein Tag auf dem Feld ohne die herzhafte Cachupa. Schon morgens hört man die großen Holzmörser *pilão*, in denen der Mais gestampft wird. Die Hüllen werden entfernt aber das Korn bleibt erhalten. Cachupa benötigt drei bis vier Stunden auf dem Feuer.

Europäern schmeckt die frische Cachupa zum Mittag- oder Abendessen zumeist, während die aufgebratene Version zum Frühstück wohl etwas längere Gewöhnung voraussetzt.

• Zutaten:
Cachupa pobre: Frisch gestampfter Mais *(midj cutchid)*, gemischte Bohnen (Trockenbohnen am Vortag einweichen), je nach Geschmack Knoblauch, Lorbeerblätter, Zwiebeln, grüne Bananen, Kartoffeln, Süßkartoffeln, Maniok, Yams, Kürbis, Tomaten, evtl. Kohl, Speck, Suppenbrühwürfel, Olivenöl und Piment.

Für **Cachupa rica,** die „reiche" Version des Gerichtes, fügt man außerdem nach Geschmack Salzfleisch, Blutwurst, geräucherte Wurst *(chourico, linguica)*, Hühnchen, Schweinefleisch oder Rind hinzu oder aber seine Lieblingssorte Fisch *(Cachupa di peixe)*.

• Zubereitung:
Bohnen und Mais sowie das Gemüse waschen. In einem großen Topf den Mais ca. zehn Minuten kochen. Bohnen, zwei Lorbeerblätter und etwas Olivenöl hinzufügen, aufkochen lassen. Bei kleiner Hitze Salzfleisch hineingeben und zugedeckt weiterköcheln. Immer darauf achten, dass die Flüssigkeit den Topfinhalt bedeckt. Nach etwa einer Stunde Wurst oder Fleisch *(Cachupa rica)* hinzugeben. Wiederum etwa eineinhalb Stunden kochen lassen. In einer Pfanne die Zwiebeln mit Öl, Knoblauch, geschälten Tomaten (oder Tomatenmark) anbraten und zur Cachupa geben. Mit Salz, Pfeffer oder Piment abschmecken. Je nach Kochzeit des Gemüses nun die einzelnen geschälten und geschnittenen Gemüse- und Kartoffelsorten zugeben und fertig kochen, bis die gewünschte Konsistenz erreicht ist (drei bis vier Stunden Gesamtkochzeit).

Nachdem man die Cachupa vom Herd genommen hat, lässt man sie noch etwa eine halbe Stunde „setzen" oder ziehen. Den Eintopf in einer Schüssel servieren, das Gemüse auf einer Platte getrennt reichen. Mit Piri-Piri wird individuell gewürzt.

cv009 Foto: pr

Cachupa, das Nationalgericht der Inseln – mehr als nur ein Essen

Der Rest der Cachupa vom Vorabend ergibt ein gutes, üppiges Frühstück: **Cachupa guisada.** Schon am Abend wird vom restlichen Gericht die dicke Suppe abgeschöpft. Morgens wird der trockene Eintopf dann zusammen mit Zwiebeln in der Pfanne angeröstet. Wer es sich leisten kann, wird auf die geröstete Cachupa ein Spiegelei geben: **Cachupa ku ovo stralado.**

Canja de galinha (Reissuppe mit Huhn)

• Zutaten:
- ½ zerteiltes Huhn
- 1 Löffel Olivenöl
- 1 Lorbeerblatt
- Knoblauchzehen nach Belieben, gehackt
- 2 mittelgroße Zwiebeln, geschnitten
- etwas Piment und Salz
- 2 geschälte Tomaten
- 1–2 Würfel Hühnerbrühe
- Reis

• Zubereitung:
Das Huhn waschen und zerteilen. In eine Marinade aus Öl, Lorbeer, Zwiebel, Knoblauch und Salz einlegen und über Nacht ziehen lassen. Tags darauf in einem Topf anbraten, ausreichend Wasser und Brühwürfel hinzufügen. Kurz bevor das Wasser kocht, Reis und Tomaten hinzugeben und aufkochen lassen. Auf kleiner Hitze etwa 30 Minuten köcheln lassen.

Caldo de peixe (Fischsuppe)

Fischsuppe ist sehr beliebt in Cabo Verde, und jeder hat seinen besonderen Lieblingsfisch, den er für die Zubereitung verwendet.

● **Zutaten:**
- Meeresfisch nach Belieben
- 1 Zwiebel
- 2 geschälte Tomaten
- 2 Knoblauchzehen
- 1 Lorbeerblatt
- Paprika nach Belieben
- 500 g Maniok
- je 500 g Kartoffeln und Süßkartoffeln
- 500 g Yam
- 500 g grüne Bananen
- 500 g Kürbis
- Piment
- Öl nach Belieben

Die Menge und Art des Gemüses richtet sich nach dem saisonalen Angebot.

● **Zubereitung:**
Fisch mit Knoblauch, Öl, Salz, Lorbeer und etwas Piment marinieren. Gehackte Zwiebel, Knoblauch, Lorbeer, Paprika und geschälte Tomaten anbraten. Geschnittene Kartoffeln, Bananen, Maniok, Yam und Kürbis zugeben und kochen. Wenn das Gemüse fast gar ist, den Fisch hinzugeben und fertig kochen. Als Beilage wird gewöhnlich Reis serviert.

Weitere Gerichte

● **Feijoada:** herzhafter Bohneneintopf mit Gemüse, Speck und evtl. Fleisch
● **Lapas** (geschmorte Napfschnecken): in Wasser gekocht, dann in Öl, Zwiebel und Paprika gedünstet
● **Polvo:** Tintenfisch geschmort mit Knoblauch, Zwiebeln und Tomaten
● **Trockenfisch:** eingeweicht und mit Knoblauch, Zwiebeln, Lorbeer und Öl gedünstet, dazu Gemüse
● **Thunfisch-Steak (Beaf de Atum):** mit Zwiebeln, Knoblauch, evtl. Tomaten und Paprika im Ofen gegart, als Beilage z.B. gekochter Maniok
● **Thunfisch-Braten:** mit Knoblauch, Paprika und Öl mariniert, dann angebraten und gekocht, mit Kartoffeln oder Maniok serviert
● **Maniok:** in Öl frittiert, schmeckt ausgezeichnet knusprig
● **Carne guisado:** geschmortes Fleisch; in Knoblauch und Essig mariniertes Fleisch wird zusammen mit Kartoffeln, grünen Bananen, Maniok und/oder Yams als Eintopf geschmort

Süße Desserts

Süßspeisen ergänzen und bereichern die kapverdianische Küche. Hausgemachte Desserts und Naschsachen aus lokalen Produkten wie Papayas, Kokosnuss, Süßkartoffen und Bananen, Ziegenkäse und Milch gehören zum Festmenü und finden sich auch in größeren Restaurants.

Pudim de Queijo (Käsepudding)

● **Zutaten:**
- 500 g frischer Ziegenkäse
- 500 g Zucker
- 2 Tassen Wasser
- 12 Eidotter
- 4 Eiweiß

● **Zubereitung:**
Käse zerkleinern. Zucker in Wasser zu einem dicken Sirup kochen. Den Käse hinzufügen und gut vermischen. Die Masse vom Herd nehmen und mit den verrührten Eidottern vermischen, dann das geschlagene Eiweiß unterheben.

Den Boden eines kleinen Kochgefäßes mit Zucker karamelisieren, die Mischung hineinfügen und das Gefäß dann in einen Topf mit Wasser stellen. So lange kochen, bis die Mischung sich verfestigt. Käsepudding aus der Form stürzen.

Kaffee-Pudding (Fogo)

● **Zutaten:**
- 1 große Tasse Milch
- 1 große Tasse sehr starken Kaffee
- 500 g Zucker
- 12 Eigelb
- 1 Teelöffel Speisestärke

● **Zubereitung:**
Den Kaffee mit Zucker erhitzen und gut verrühren. Das verquirlte Eigelb, die Milch und die Speisestärke hinzufügen und im Wasserbad kochen. Wenn die Konsistenz dicklich ist, vom Herd nehmen und abkühlen lassen.

Doce de Papaya (Gelierte Papayas)

● **Zutaten:**
- Papaya-Früchte, geschält und entkernt
- das gleiche Gewicht an Zucker
- Zitrone

● **Zubereitung:**
Unterschiedlich in der Zubereitung werden entweder grüne Papaya verwendet und in Streifen geschnitten oder reife Papaya in Stücken wie Marmelade gekocht.

Früchte, Zucker und Zitronenschale im Topf bei kleinem Feuer erhitzen, bis der Zucker schmilzt. Verwendet man reife Früchte, kocht man die Masse unter ständigem Rühren, bis sie die nötige Konsistenz oder Dicke erreicht und geliert. Erkalten lassen und z.B. zusammen mit Ziegenkäse servieren.

Bei grünen Papayas lässt man die Masse nach zehn Kochminuten eine halbe Stunde ruhen, um sie dann auf etwas größerer Flamme zu kristallisieren. Noch heiß formt man mit zwei Löffeln kleine „Plätzchen" und lässt sie erkalten.

Grüne Papaya kann auch mit Honig erwärmt und mit einem Feigenblatt aromatisiert werden.

Doce de Coco

•Zutaten:

- Kokosnussmark und Zucker zu gleichen Teilen
- etwas brauner Zucker oder Melasse
- Zitronenschale

•Zubereitung:

Den Zucker langsam karamelisieren, die Kokosnussmasse und etwas Wasser hinzufügen und aufkochen, mit der Zitronenschale vermischen. Von der Hitze nehmen und etwa fünf Minuten rühren. Die Masse auf einer gefetteten Unterlage ausbreiten und in Stücke schneiden. Auskühlen und erhärten lassen.

Getränke

Aus dem Zuckerrohrschnaps *Grogue* und der Melasse *Mel* lassen sich ausgezeichnete Getränke mit unzähligen Variationen bereiten:

Orangen-Grogue

Unbehandelte Orangenschalen an der Sonne trocknen und in eine Flasche *Grogue* geben. Einige Tage/Wochen ziehen lassen.

Zitronenscheiben, Zitronengras, Minze, Rosmarin sind weitere Variationen.

Pontche

Grogue und Zuckerrohrmelasse im Verhältnis 2 zu 1 mischen, je nach Geschmack mit Zitronenscheiben, Orangenschale und ein paar Nelken verfeinern. Die Mischung einige Tage/Wochen ziehen lassen.

Hervorragend schmeckt auch ein Pontche, der mit Kokosnussmark verfeinert ist *(Pontche de Coco).*

Kochbücher:

•Cozinha de Cabo Verde, *Maria de Lourdes Chantre;* Lissabon, Presença, 1989
•Cozinha e doçaria do Ultramar Português
Hrsg. von M.A.M. Lissabon; Agência do Ultramar, 1969
•Cuisine des Îles du Cap Vert, *Virginia Vieira Silva;* Paris, L'Harmattan, 1989
(zu bestellen im Internet: www.editions-harmattan.fr/commandes.html)

gemüsen und Ziegenfleisch, Schweinefleisch oder Fisch verfeinert.

Als **Desserts** kommen süße Delikatessen auf den Tisch. Etwas ungewohnt, aber besonders lecker ist die Kombination aus Streifen frischen **Ziegenkäses** mit verschiedenen **Doçes.** Diese sind ein verführerisches Mittelding zwischen Konfitüre und kandierten Früchten. Als *Doçe de Papaya, Doçe de Batata* (Süßkartoffel) oder *Doçe de Coco* (Kokosnuss) finden sie sich auf den Speisekarten. Nicht weniger verlockend gesellen sich zwei Sorten **Pudding** hinzu: *Pudim de leite,* Vanillepudding mit Karamellsoße, und der festere *Pudim de queijo* mit herberem Geschmack dank des verwendeten Ziegenkäses.

Feiertage und Feste

- **1. Januar: Neujahrsfest**
- **15. Januar:** Gemeindefest in Tarrafal Santo Amaro (Insel Santiago)
- **17. Januar:** Gemeindefest in Cidade Velha (Insel Santiago); Bezirksfest von Rª Grande (Santo Antão)
- **20. Januar: Tag der Nationalhelden**
- **22. Januar:** Stadtfest in Mindelo (São Vicente)
- **25. Januar:** St. Amaro – Bezirksfest von Tarrafal (Santiago)
- **Februar:** Karneval, ursprünglich ein kirchliches Fest, wird auf der ganzen Welt am gleichen Tag gefeiert; Sambagruppen und Umzüge sind in allen Städten geboten, großer Umzug am Faschingsdienstag in Mindelo (São Vicente)
- **8. März: Muttertag** (Tag der Frau)
- **März/April:** Osterfest (wie in Europa)
- **1. Mai: Tag der Arbeit;** Festas de São Filipe (Insel Fogo)
- **3. Mai:** Feiertag in Santa Cruz (São Vicente)
- **13. Mai:** Nossa Senhora de Fatima, Bezirksfest von Assomada, St. Catarina (Santiago), Dorffest von Rª do Paúl (Santo Antão)
- **19. Mai:** Gemeindefest in allen Gemeindehauptstädten, Stadtfest von Praia (Santiago)
- **1. Juni: Tag der Jugend** (Tag des Kindes)
- **13. Juni:** Bezirksfest von Paul (Santo Antão), Dorffest in Santo António (São Vicente)
- **14. Juni:** Porto-Novo-Gemeindefest (Santo Antão), São-João-Fest auf Boa Vista
- **24. Juni:** São João, Inselfest von Brava, Stadtfest von Porto Novo (Santo Antão)
- **25. Juni:** Festtag Nho Santiago Maior in Santa Cruz und Pedro Badejo (Santiago)
- **26. Juni:** Feiertag in São João (São Vicente)
- **29. Juni:** Feiertag in São Pedro (São Vicente)
- **4. Juli:** Gemeindefest auf Boa Vista
- **5. Juli: Fest der Unabhängigkeit**
- **25. Juli:** Fest zu Ehren des Heiligen Laurentius in der Gemeinde Santa Cruz und Pedra Badejo (Santiago)
- **10. August:** Fest von São Lourenço (Fogo)
- **15. August:** Festtag Nossa Senhora da Graça, Fest in Praia und Calheta (Santiago); Dorffest in Janela (Santo Antão)
- **August, erstes Wochenende nach Vollmond:** Musikfestival Baia das Gatas (São Vicente)
- **12. September: Nationalfeiertag** (Todestag von *Amílcar Cabral*)
- **15. September:** Inselfest auf der Insel Sal
- **29. September:** Gemeindefest in Calheta
- **25. November:** Gemeindefest zu Ehren der Heiligen Katharina und des Heiligen Salvador in den Gemeinden Santa Catarina und Assomada (Santiago)
- **6. Dezember:** Bezirksfest von Rª Brava (São Nicolau)
- **16. Dezember:** Bezirksfest von São Filipe (Fogo)
- **25. Dezember: Weihnachtsfest**
- **31. Dezember:** Silvesterfest

An den Feiertagen und während des Karnevals sind die Geschäfte, Büros und Läden geschlossen, außerdem lokal auf den verschiedenen Inseln zu speziellen Inselfesten. Am 31. Dezember (Silvester) haben die Geschäfte morgens geöffnet.

Finanzen und Geld

Geldumtausch

Landeswährung ist der **Cabo Verde Escudo, CVE.** Er wurde am 1. Juli 1977 als eigenständige Währung eingeführt und löste damit zwei Jahre nach der Unabhängigkeit den portugiesischen Escudo ab. Am 13. März 1999 wurde in Praia ein historisches Währungsabkommen unterzeichnet, das die Konvertierbarkeit des CVE mit festem Wechselkurs zum Euro gewährleistet. Ein- und Ausfuhr sind verboten, um den CVE vor Fälschung zu schützen.

cv011 Foto: pr

Sammeltaxi – preiswerte Mobilität

Im Umlauf sind Münzen zu 1, 5, 10, 20, 50, 100 und 200 CVE und Noten zu 200, 500, 1000, 2000 und 5000 CVE. Umgangssprachlich werden 1000 CVE als **Conto** bezeichnet. 20.000 CVE entsprechen somit 20 Contos. Der Wechselkurs liegt fest bei **1 Euro = 110,265 CVE,** 1 SFr = 72,845 CVE.

Ein erster **Geldumtausch** sollte gleich **nach der Ankunft am internationalen Flughafen** vorgenommen werden, denn dann sind Bankschalter und Wechselstuben geöffnet. Auf den kleinen Flughäfen gibt es keine Wechselschalter.

In allen Landkreisen finden Sie mindestens eine, meistens mehrere **Banken,** die von 8–15 Uhr geöffnet sind. Wechselstuben wenden den amtlichen Wechselkurs an, während in Läden und Taxis ein Kurs von 1 Euro = 100 CVE praktiziert wird. Größere Banknoten können im Alltag oft nicht gewechselt werden. Versorgen Sie sich mit ausreichend **kleinen Scheinen.**

VISA-Kreditkarten werden in größeren Hotels und von internationalen Autovermietern akzeptiert, die MasterCard noch nicht überall.

Geldautomaten gibt es in allen Landkreisen in mehrfacher Ausführung. Neben der einheimischen vinti4-Karte werden die VISA-Kreditkarte und zunehmend auch die MasterCard akzeptiert, **nicht** aber die **Maestro-/EC-Karte!** Der Maximalbetrag ist limitiert (VISA: 20.000 CVE pro Tag). Sollte der Automat nicht funktionieren oder Ihnen der

Mut fehlen, ihm ihr wertvolles Kärtchen zu überantworten, dann können Sie mit der Kreditkarte am Bankschalter abheben, wobei eine Gebühr von rund 10 Euro anfällt.

Reiseschecks werden zunehmend durch Kreditkarten abgelöst, sind aber nach wie vor eine der sichersten Arten, um das Urlaubsgeld nach Cabo Verde zu bringen. Sie werden von allen Banken eingelöst. Ideal sind größere Werte, da für jeden Reisescheck eine Gebühr (ca. 300 CVE) anfällt. Wenn Sie Reiseschecks mit fortlaufender Nummer haben, wird nur eine Gebühr pro Vorgang berechnet.

Die **Einfuhr von Devisen** ist unbeschränkt möglich.

Am besten nimmt man für die ersten Tage Euros mit und „tankt" dann über VISA-Kreditkarte oder Travellerschecks nach. Montags und vor Feiertagen sind die Banken überfüllt, und es entstehen lange Wartezeiten.

Währungsrechner im Internet: www.bela-vista.net/Escudo-Euro-d.aspx.

Preise

Die Preise entsprechen **mitteleuropäischem Standard.** 90% der Lebensmittel und „Non-Food-Artikel" müssen importiert werden.

Zimmer in kleinen Pensionen kosten 20 bis 45 Euro. In den größeren Pensionen, die man in Europa als Hotel Garni bezeichnen könnte, reichen die Preise bis 60 Euro. Hotelzimmer liegen zwischen 25 und 150 Euro, wobei die teuren nicht unbedingt die angenehmeren sein müssen. Von Ausländern geführte Hotels und Pensionen sind zumeist teurer, auch wenn kein Qualitätsvorsprung erkennbar ist.

Für eine einfache **Mahlzeit** im (nichttouristischen) Restaurant bezahlt man 6 bis 12 Euro, in besseren Restaurants 10 bis 20 Euro. Bier und Softdrinks kosten 1 bis 2 Euro.

Die **Transportkosten** während eines Cabo-Verde-Urlaubs werden durch die Flüge zwischen den Inseln in die Höhe getrieben. Günstig sind Sammeltaxis *(Aluguer)*. Findet man kein Aluguer zur rechten Zeit am rechten Ort und möchte eines mieten, dann muss man mit dem Zehnfachen des einfachen Fahrpreises rechnen. Mietwagen 50 bis 160 Euro je nach Größe und Ort.

Auch wenn Cabo Verde kein Billigreiseland ist, kann man bei bescheidenen Ansprüchen schöne Ferien verbringen, ohne sich kasteien zu müssen.

Restgeld

Die **Ausfuhr des Escudo ist nicht erlaubt.** Lassen Sie sich **Geldumtausch quittieren,** und bewahren Sie die Quittungen auf. Beim Rücktausch werden diese mitunter verlangt.

Wenn Sie mit einem Teil Ihres Restgeldes Kindergärten oder Altenheime für **die Ärmsten der Armen unterstützen** möchten, dann empfehlen wir zuverlässige lokale Organisationen, mit denen wir seit Jahrzehnten zusammenarbeiten: Conta Solidariedade – Promoção Social Rª Grande, Santo Antão, und medico international, Frankfurt (nähere Angaben im Kapitel „Als Gast in Cabo Verde").

Geldnot/Verlust von Geld

Mit Kreditkarte darf man pro Woche nur einen eingeschränkten Höchstbetrag bar abheben (sehr unterschiedlich je nach Karte). Bei der untersten Kategorie sind es üblicherweise 1000 US-Dollar pro Woche. Damit kommt man im echten Notfall nicht weit. Wer wegen eines Unfalles oder Ähnlichem dringend eine größere Summe ins Ausland überweisen lassen muss, kann sich weltweit über **Western Union** Geld schicken lassen. Da jeder, der im Besitz des dem Einzahlenden mitgeteilten Codes und eines Ausweises ist, das transferierte Geld auch entgegennehmen kann, sind Western-Union-Überweisungen nicht geeignet als Ersatz für Überweisungen an Dritte, schon gar nicht für Immobiliengeschäfte.

Der Verlust von **Reiseschecks** ist weniger schlimm, denn sie werden nach einer Meldung bei den Notfall-Servicestellen der Ausstellerfirma binnen 24 Stunden kostenlos ersetzt. Wichtig ist, dass man die Nummern der verlorengegangenen Schecks nennen kann. Das setzt voraus, dass man sich die der bereits eingetauschten notiert und separat aufbewahrt hat oder dass man deren Wechselquittungen (mit den Schecknummern) besitzt.

Beim **Verlust der Geldkarte** ist diese so schnell wie möglich zu sperren, um Missbrauch zu verhindern. In Deutschland gibt es einen **Sperrnotruf** (Tel. 0049-116 116) für alle Bank-, Kredit-, Handykarten, Mitarbeiterausweise oder Kundenkarten.

Fotografieren

Generell gibt es in Cabo Verde **kaum Probleme beim Fotografieren und Filmen.** Oft kommen Kinder von sich aus gelaufen und rufen „Foto, Foto!" in deutscher Aussprache, sobald sie eine Kamera sehen. Zumeist ist dies Neugier, manchmal der geschicktere Einstieg zum Betteln.

Kameras müssen mit **Diskretion** eingesetzt werden, um Menschen zu fotografieren. Fragen Sie um Erlaubnis. Alltagssituationen und Porträts aufzunehmen, setzt **Feingefühl** voraus. **Respekt vor der Privatsphäre** ist wichtiger als der Wunsch, „exotische" Bilder mit nach Hause zu bringen.

Der Weg zur Porträtaufnahme führt über das **Gespräch:** Höflichkeit, Humor, Lächeln und ein Gruß in der Landessprache sind Trumpf. Nehmen Sie sich Zeit, bedanken Sie sich und respektieren Sie Absagen. Wird Geld verlangt, sollten Sie auf das Motiv verzichten, um weitere Probleme zu vemeiden.

Häufig wird der Wunsch nach einem Abzug des Bildes geäußert. Die Freude beim Empfänger ist groß, die Enttäuschung nicht weniger, wenn das Versprechen nicht eingelöst wird.

Öffentliche Gebäude dürfen fotografiert werden, nur Fotos vom Präsidentenpalast in Praia sind unerwünscht.

Fotoausrüstung

In Cabo Verde gibt es, mit Ausnahme des Flughafens in Sal, **keine modernen Fotogeschäfte,** wo man Ausrüstungsgegenstände, frische Filme oder Speicherkarten ergänzen könnte. Diese muss man, in großzügig kalkulierter Menge, mitbringen. Auf die Minimal-Checklist gehören Ladegerät, Ersatzakku, Datenkabel, Linsenpapier, Fotopinsel und nicht zu kleine Mikrofasertücher.

Die **örtlichen Fotoläden** entwickeln Farb-Negativfilme und fertigen Vergrößerungen an. Es können Digitalaufnahmen ausgedruckt werden. Im Flughafen von Sal, in Praia (im Markt Sucipira und auf dem Plateau in der Rua Serpa Pinto bei Luis Foto Reporter) werden Digitalbilder ausbelichtet. Die Preise liegen um ein Vielfaches höher als in der EU.

Bei der **Wahl der Ausrüstung** sollte man größten Wert auf den Schutz gegen den feinen roten **Sahara-Staub** und die Salzluft legen. Wasserdichte und spritzwassergeschützte Kameras können doppelt trumpfen, denn der warme Wind bläst Staub und Salzgischt nahezu ungehindert in handelsübliche **Kamerataschen.** Kompaktkameras bedanken sich durch ungestörte Funktion, wenn sie in ein Mikrofasertuch eingewickelt zwischen Textilien verstaut werden. Für größere Kameras verwenden wir **wasser- und luftdichte Kamerataschen,** wie sie von Ortlieb® für Wassersportler angeboten werden.

Buchtipps – Praxis-Ratgeber:
- Helmut Hermann
Reisefotografie
- Volker Heinrich
Reisefotografie digital
(beide Bände REISE KNOW-HOW)

cv081 Foto: pr

Um Sand und Staub von Glasflächen zu entfernen, tritt zuerst der Pinsel in Aktion, um die Vergütung nicht zu zerschmirgeln. Schutzfilter sind bei wertvollen Objektiven sinnvoll.

Kompaktkameras, leicht und unauffällig, werden als wenig bedrohlich erlebt und erlauben mehr als hübsche Schnappschüsse.

Bridgecameras mit Zoomfaktor von 10+ erschließen Details und ermöglichen Porträt- und Tierfotografie. Der vielfach schwenkbarer Monitor ist eine große Hilfe.

Die alte Salzverladestation in Pedra de Lume auf Sal

Eine **ausgeprägte Weitwinkelbrennweite** (28 mm oder weniger im KB-Äquivalent) ist wünschenswert, um eindrucksvolle Aufnahmen der Berglandschaften und Aufnahmen auf engem Raum zu garantieren.

Digitale Spiegelreflexkameras eröffnen alle Möglichkeiten, haben aber den Nachteil des bei Wind, Staub und Schüttelfahrten unvermeidlichen Verschmutzens des Sensors, nicht nur beim Objektivwechsel. Ultraschall-Selbstreinigung löst das Problem nicht vollständig. Nur wer die Spiegelreflex als Systemkamera mit verschiedenen Objektiven, Filtern, Suchern, Blitz, Softbox und Stativ nutzt, bringt erkennbar bessere Bilder nach Hause. Andernfalls kommt man mit Kompaktkameras zu ähnlichen Ergebnissen, ohne sich unnötig zu belasten.

Vibrationsreduktion (VR) hat sich als wertvolle Hilfe erwiesen.

Dreibein-Stative hingegen kommen mit dem Wind schwer zurecht und nur superstabile Modelle erfüllen ihren Zweck. Ein Trekkingstock mit Stativgewinde und Neigerkopf – die eine Faust am Griff, die andere an der Kamera – dämpft windbedingte Schwingungen besser.

Ein **Bohnensäckchen** ist ein sehr guter Ersatz für Ministative für Kompaktkameras.

Gesundheit

Reisegesundheitsinformationen
zu Cabo Verde auch im Anhang.

Das trockenwarme Klima, kaum Mücken und eine relativ gute Hygiene in Unterkünften und Restaurants bilden die Grundlage dafür, dass in Cabo Verde **geringere Gesundheitsrisiken** als bei einem Aufenthalt auf dem afrikanischen Kontinent bestehen.

Impfungen

Cabo Verde ist eines der wenigen Länder Afrikas, das für Reisende aus Europa **keine Pflichtimpfung** vorschreibt. Nur wer direkt aus Gelbfieberinfektionsgebieten einreist, benötigt einen Impfnachweis.

Somit sind freiwillige Impfempfehlungen für Reisen in arme Länder gültig:

- **Tetanus** (Wundstarrkrampf) bekämpft ein weltweites Risiko, das nur durch die Impfung zu kontrollieren ist. Jeder Mensch braucht den Impfschutz lebenslang.
- **Polio** (Kinderlähmung) ist in Cabo Verde zuletzt 2000 epidemieartig aufgetreten. Nicht geimpfte Erwachsene infizieren sich genauso wie Kinder, erkranken aber häufiger und schwerer. Also ist **auch für Erwachsene** das Auffrischen der **Impfung unabdingbar.**
- **Typhus und Cholera** sind normalerweise an schlechte hygienische Bedingungen gebunden und für Hoteltouristen wenig wahrscheinlich. Cabo Verde hatte Mitte der 1990er eine verheerende Choleraepidemie. Die aktuellen Impfstoffe sind zuverlässig.
- **Hepatitis A und B** sind, im internationalen Vergleich, häufig. Die gefährlichere Hepatitis B wird nicht nur über Spritzen, sondern auch

über Schmierinfektion und Sexualkontakte übertragen. Für Reisende, die bevölkerungsnahe reisen und für alle Langzeitreisenden sind die Impfungen dringlich zu empfehlen.

- **Gelbfieber** ist eine zumeist tödlich verlaufende Viruserkrankung, die in Cabo Verde nicht heimisch ist, obwohl die Überträgermücke vorkommt. Bei Einreise aus Gelbfieber-Endemiegebieten (afrikanischer Kontinent) wird die Impfung verlangt.
- Außer der Gelbfieberimpfung können alle Impfungen beim Hausarzt erledigt werden, sodass für eine Cabo-Verde-Reise kein Besuch bei einem Tropenarzt notwendig ist.

Besondere Risiken

Durchfall und Wasserhygiene

Die häufigsten Gesundheitsstörungen werden durch Infektionen des Magen-Darm-Trakts verursacht, zumeist begleitet von heftigem Durchfall. Da man auf Reisen Keimen ausgesetzt ist, denen man zuvor nicht begegnet ist, hat sich der wenig glückliche Begriff „Reisediarrhoe" eingebürgert.

In der Regel kommt der Durchfall nach einigen Stunden oder Tagen zum Stillstand und ist vergessen. Die Lässigkeit im Umgang mit dem Problem ist die Ursache schwerwiegender Probleme. Wer auf Reisen Durchfall bekommt, beweist, dass er nicht in der Lage ist, sich vor anderen Infektionen des Magen-Darm-Trakts zu schützen. Er kann jederzeit **Cholera** oder **Poliomyelitis** bekommen, um nur zwei schwere Krankheiten zu nennen.

Wie kann man sich auf Reisen vor diesen Infektionen schützen? So unappetitlich es klingt, muss man sich bewusst sein, dass es sich um faeco-orale Infektionen handelt. Spuren von Fäkalien einer anderen Person (oder Tieres) gelangen in den Mund des Betroffenen. Die Übertragungswege gehen zu 80% über menschliche **Hände,** die eigenen, die eines Verkäufers oder eines Kochs. Die restlichen 20% finden über das **Trinkwasser** und das **Essen** ihren Weg. Fliegen sind mehr Indikator als Ursache.

Die eigenen Hände lassen sich durch Waschen noch kontrollieren, doch was ist mit den Händen anderer? Man muss vermeiden, dass verunreinigte Speisen oder Gegenstände in den eigenen Mund kommen.

„Cook it, peel it or forget it!" sagten die kolonialen Engländer und meinten, was nicht gekocht oder geschält ist, sei zu vergessen. Hinzuzufügen wäre heute **„... or desinfect it"**.

- **Cook it:** Die einheimischen Gerichte sind gut durchgekocht einschließlich dem Gemüse. Wer sich diese Gerichte bestellt, ist besser beraten als mit den oft hilflosen Versuchen, unter subtropischen Bedingungen europäische Küche verwirklichen zu wollen.

Alle vorgenommenen **Impfungen** sollte man unbedingt **in den Impfpass eintragen** lassen. Dieser ist bei Impfanstalten, Tropenärzten/-instituten und auch im Reisebüro erhältlich.

Hinweis: Alle im Gesundheitskapitel genannten Informationen können die aktuelle persönliche Beratung durch einen Arzt oder in einem Tropeninstitut nicht ersetzen! Besondere Beachtung sollte auch Impfungen von Kindern, allergischen Reaktionen auf Impfungen und den Belangen von Schwangeren geschenkt werden.

- **Peel it:** Schälobst par excellence sind Bananen, Papayas, Mangos und Sternfrüchte. In Cabo Verde findet man auch Birnen und Äpfel. Das Schälen hat seine Grenzen, wenn die Früchte weich und saftig sind. Dann sollten sie vor dem Schälen, einschließlich der Hände, gründlich gewaschen werden.
- **Forget it:** Es gibt so einiges, was sich unter einfachen Bedingungen nicht hygienisch zubereiten lässt. Hat man die Zubereitung nicht unter vollständiger, eigener Kontrolle, dann ist es besser, darauf zu verzichten: Blattsalat, Eiswürfel, unverpacktes Speiseeis, kalt zubereitete Nachtische, Tiramisu, Obstsalat, Eiersalat, aufgewärmte Speisen vom Vortag, Tiefkühlkost an Orten mit Stromausfällen.

Hinweis für Eltern kleiner Kinder: Trinkfläschchen, Nuckelringe und Ähnliches kommen unter einfachen Bedingungen in warmen Ländern schnell mit vorgebrüteten und damit hochagressiven Krankheitserregern in Kontakt. Säuglinge bis zu 6 Monaten sollten ausschließlich gestillt werden! Muttermilchersatz wird mit dem großen Suppenlöffel aus dem Inox-Becher gefüttert. **Fläschchen sind gefährlich und völlig zu meiden!**

- **Desinfect it:** Waschen von Salat und Früchten muss mit einer Desinfektion verbunden werden, weil die meisten Wässer belastet sind. Wasserdesinfektion ist oberste Vorbedingung für eine hygienische Küche und ein sicheres Säuglings-Bad.

Wasserdesinfektion:

- Mit Ausnahme von Mineralwasser mit Kohlensäure sollte man Trinkwasser und das Badewasser für Kleinkinder desinfizieren.
- **Abkochen** des Trinkwassers ist ein bewährtes Verfahren, ist aber auf Reisen schwer zu realisieren, und spätestens wenn das abgekochte Wasser in die Flasche vom Vortag gluckert, ist der hygienische Gewinn dahin.
- **Mikrofilter** sind die Standardlösung im Dritte-Welt-Haushalt. Für Reisende werden kleine Handfilter angeboten, doch, genauso wie beim Abkochen, bleibt das Problem verunreinigter Flaschen ungelöst.
- **Silbersalze** sind die von der Outdoor-Industrie favorisierte, vergleichsweise teure und geschmackfreie Methode. Sie wird als Mikropur® von Katadyn® und unter anderen Firmennamen in Tablettenform angeboten. Da sie bei Wässern mit Ton-Beimengungen versagt, wird auch die wirksamere Chlorbleichlauge unter dem Namen Mikropur-Forte® kombiniert mit Silberionen angeboten. **Chlorbleichlauge** ist die mit Abstand wirksamste, billigste und im Gebrauch einfachste Form der Wasserdesinfektion. In jedem Gemischtwarenladen in Cabo Verde wird sie als **Lixivia** verkauft. Auf Wanderungen und Schiffsreisen nehmen wir einen 5 Liter-Plastikkanister und ein Tropffläschchen mit Lixivia mit. Der Kanister wird aus dem Wasserhahn oder mit Quellwasser gefüllt, und pro Liter werden 2 Tropfen Lixivia dazugegeben. Wenn das Wasser ganz leicht nach Chlor riecht, genügt dies, um selbst Amöbencysten in 20 Minuten abzutöten. Zum Gemüse- und Früchtewaschen verdoppelt man die Dosierung auf 4 Tropfen pro Liter.

Ziel einer **Durchfallbehandlung** ist nicht, den Durchfall sofort zum Stehen zu bekommen, sondern Wasserhaushalt und Kräftezustand ausgeglichen zu halten! Dies ist nur durch **orale Rehydratation** und **möglichst geringe Unterbrechung der Ernährung** zu erreichen! Medikamente gegen akute Durchfälle sind in ihrer Wirkung wenig überzeugend und teilweise auch nebenwirkungsreich.

Mittel, welche die Darmbewegungen lähmen, sind bei Examensdurchfällen sinnvoll, doch bei Infektionen in armen Ländern behindern sie die Selbstreinigung des Darmes. Dies kann als Komplikation einer Salmonelleninfektion bis zum Durchbruch der Darmwand führen. Die Mittel sind deshalb in Europa für Säuglinge und Kleinkinder nicht zulassungsfähig – in armen Ländern werden sie dennoch munter verkauft.

Desinfizierende oder antibiotische Substanzen ohne vorangegangene

Hightech-Stuhluntersuchung, wie es sie in Cabo Verde nicht gibt, sind von so zweifelhafter Wirksamkeit, dass es nicht lohnt, die Gefahr von Resistenzen und Allergien auf sich zu nehmen.

Kohletabletten und sogenannte **adstringierende Mittel** besitzen keine nachgewiesene Wirksamkeit, welche über die eines geriebenen Äpfelchens hinausginge.

Hefepräparate versprechen, eindringende oder sich vermehrende Durchfallkeime zu verdrängen, bieten letztlich aber keinen nennenswerten Schutz.

Sofortige und anhaltende Zufuhr von Wasser und Mineralien ist hingegen immer **richtig und wichtig,** da nur so eine Austrockung (Dehydratation) vermieden bzw. aufgehoben wird.

Rehydrationssalze (port.: *Oralite*) sind in Apotheken und Gesundheitseinrichtungen erhältlich und werden mit kaltem Wasser angerührt.

Reiswasser ist in der Wirkung etwas besser als die Industriezubereitungen, aber umständlich in der Zubereitung. Ein großer Suppenlöffel Bruchreis mit einem Liter Wasser und einem gestrichenen Teelöffel Salz werden eine Stunde gekocht. Das trübe Wasser nimmt man in großen Mengen zu sich. Bereiten Sie gleich 2 bis 3 Liter vor, um über die Nacht zu kommen! Ihre Pensionswirtin weiß in aller Regel auch, wie es geht. Das berühmte Coca-Cola mit Salzletten ist nur für Erwachsene geeignet, doch auch diese sollten noch zusätzlich Tee oder Wasser trinken.

Durchfalldiäten sind eher hinderlich als nützlich, denn sie erreichen nur einen Rückgang der Stuhlfrequenz nach dem Prinzip, dass unten weniger aus einem Rohr kommt, wenn man oben weniger hineinschüttet. Daneben entsprechen sie auch einer „Stuhlkosmetik", indem der Stuhl durch aufquellende Substanzen etwas fester erscheint. Der Aktivurlauber, der seine Leistungsfähigkeit möglichst erhalten will, soll **häufige kalorienreiche Mahlzeiten auch während des Durchfalls** zulassen, insbesondere Süßes, denn Fettes wird er kaum mögen. „A little malabsorption of a little food is better than no malabsorption of no food"!

Bei akutem Durchfall: Sofort und viel Rehydratationsflüssigkeit zu sich nehmen! Bei chronischen Durchfällen (mehr als 3–4 Tage) oder bei Durchfällen mit Blutbeimengungen (Dysenterie) ist ein Arzt hinzuzuziehen! Diese Art von Durchfällen muss gezielt medikamentös behandelt werden. Nach Rückkehr ist eine **Nachuntersuchung bei einem Tropenarzt** angezeigt.

Malaria

Malaria war eines der schwersten Gesundheitsprobleme Cabo Verdes bis in die 1960er Jahre. Auch heute wird sie noch ständig vom Kontinent importiert, ist aber **nur im Süden von Santiago** heimisch (Praia-Stadt und Santa Cruz), und Neuerkrankungen sind sehr selten. Dies lässt sich dadurch erklären, dass sich die Lebensbedingungen für die Überträgermücken durch die Sahel-Dürre verändert haben und in diesem Gebiet Mücken leben, die zwar Malaria übertragen, aber viel lieber Tierblut als Menschenblut zu sich nehmen. Dadurch ist es unwahrscheinlich, dass eine Mücke zweimal hintereinander Menschen sticht und dabei den Parasiten überträgt.

Der in Cabo Verde heimische Parasit ist ein hochresistenter Stamm von *Plasmodium falciparum,* der unbehandelt binnen Tagen zum Tode führen kann.

Bei dem minimalen Risiko ist eine allgemeine Empfehlung zur **Malariaprophylaxe nicht gerechtfertigt.**

Reisende, die Santiago besucht haben oder einen Zwischenstopp auf dem afrikanischen Kontinent hatten (Dakar, Banjul), müssen wissen, dass sie sich in einem **Malariagebiet** aufgehalten haben, und wenn sie nach der Reise plötzlich hochfieberhaft erkranken, dies **dem behandelnden Arzt mitteilen!**

AIDS

Der Anteil infizierter Personen ist geringer als auf dem Kontinent, doch schreitet die Epidemie fort. Dies ist kein Grund, Ängste zu entwickeln, denn **im Alltag,** ohne sexuelle Kontakte mit unbekannten Partnern, besteht kein Infektionsrisiko, auch wenn man eng mit Infizierten zusammenleben sollte. **Blutkonserven** werden kontrolliert und sind sicher. Das gleiche gilt für **Notfalloperationen.**

Die Zahl männlicher und weiblicher **Sextouristen** in Cabo Verde – ob diese es sich selbst eingestehen oder nicht – steigt und schafft zusätzliche Gefährdungen. Die Durchseuchung der erkennbaren Prostituierten mit HIV/Aids und anderen sexuell übertragbaren Krankheiten ist hoch. Auch die netten

cv012 Foto: pr

Jugendgerechte AIDS-Aufklärung

Mädchen und Jungs, die freundlich und kommunikationsfreudig die Bekanntschaft der Touristen am Strand, am Hafen, bei den Segelbooten und in der Disco suchen, haben nicht weniger Probleme. **Kontakte zwischen Fernreisenden** sind gefährlicher als im europäischen Durchschnitt. Letztlich führen alle Risikoabwägungen nur zu trügerischen Illusionen. Die vernünftige Konsequenz ist, keine Kontakte aufzunehmen oder konsequent Kondome zu verwenden. Verzichten Sie auf Praktiken mit direktem Schleimhautkontakt!

Kondome (crioulo: *camisinha*) sind in den Apotheken *(farmácia),* bei den staatlichen Gesundheitsdiensten und bei VerdeFam zu bekommen.

Allgemeine Empfehlungen

Zahngesundheit

Wenn ein **Check beim Zahnarzt** oder Arzt ansteht, legen Sie diesen lieber vor als nach den Urlaub. Überraschungen sind unter den Bedingungen eines armen Landes und der Sprachbarriere doppelt unangenehm.

Sonnenschutz

Im Gebirge wie am Strand holt man sich leicht einen heftigen Sonnenbrand. Die trockenen Regionen Cabo Verdes gehören weltweit zu den Spitzenreitern der jährlichen Sonnenschutzdauer, und es gibt fast keinen Schatten.

Es empfiehlt sich, **Sonnencreme** mit hohem Schutzfaktor (ab 20) in ausreichender Menge mitzubringen, da nur selten in Cabo Verde in den Läden zu finden. Gesonderte **Lippenschutzstifte** (etwa 40) verhindern bei Wanderungen das Aufplatzen der Lippen.

Eine **Kopfbedeckung** mit großem Schild über dem Gesicht und evtl. einem weißen Tuch im Nacken, die auch heftigem Wind widerstehen, ist unabdingbar!

Tage mit bedecktem Himmel sind gefährlicher als Sonnentage, weil die frischen Temperaturen und die geringe spürbare Wärmestrahlung einen dazu verleitet, weniger Sonnenschutz zu betreiben. Die UV-Strahlen durchdringen eine einzelne Wolkenschicht nahezu ungehindert.

Unfallvermeidung

Die Konsequenzen eines Sport- oder Verkehrsunfalls, beides nicht unwahrscheinlich bei Aktivurlaubern, können weitaus schwerer sein als in Europa, weil es keine Berg- oder Wasserwacht gibt, die den Verletzten fachgerecht bergen würde, und an den wenigsten Orten ein Krankenwagen mit geschultem Personal und Notfallausrüstung bereitsteht. Um zu einem operierenden Krankenhaus zu kommen, kann der Transport per Boot oder Flugzeug notwendig sein. Fragen Sie Ihren Tauchlehrer nach der nächsten funktionierenden Druckkammer, bevor sie anspruchsvollere Tauchgänge unternehmen.

Risikosportarten wie Klettern und Downhill-Mountainbiking sollten deshalb nur unter bester Führung und mit den nötigen Sicherheitsvorkehrungen betrieben werden.

Auch **Verkehrsunfälle** mit Personenschäden sind in armen Ländern nicht seltener, sondern **häufiger und die Fol-**

gen unvergleichlich schwerer! In Cabo Verde sind dies typischerweise Kleinbusunfälle mit bis zu zehn Toten. Wenn Sie selbst fahren, tun Sie dies besonders vorsichtig, vermeiden Sie unter allen Umständen Alkoholfahrten, und steigen Sie sofort aus, wenn Sie den Eindruck haben, einen alkoholisierten oder dümmlich-risikobereiten Fahrer am Steuer zu haben.

Gesundheitseinrichtungen vor Ort

Das Gesundheitswesen besteht aus staatlichen und privaten Einrichtungen. Aus einer Vielzahl kleiner Privatpraxen, die neben einer Tätigkeit im staatlichen Dienst am Abend geöffnet werden, sind in Praia, Sal und Mindelo erste ganztägig geöffnete private **Gesundheitszentren** hervorgegangen. Im Vergleich mit den Ländern der westafrikanischen Region sind Versorgung und Gesundheitszustand der Bevölkerung gut, im Vergleich mit Europa liegen sie noch deutlich zurück.

Jeder Landkreis hat mindestens ein Gesundheitszentrum mit Arzt, 24-Stunden-Notdienst und einer Bettenstation. Zu den operierenden **Zentralkrankenhäusern** von Praia und São Vicente sind Regionalkrankenhäuser in Assomada (Santiago Norte), Santo Antão und

Reiseapotheke

Die Reiseapotheke ist um ihre persönlichen Medikamente zu erweitern.

- Heftpflaster (Wundschnellverband)
- Pflaster 2,5 cm breit von der Spule
- Elastische Binden (8 cm und 10 cm, neu!)
- Verbandspäckchen (mindestens 3 Stück)
- Wunddesinfektionsmittel (z.B. Betaisodona®)
- Nagelschere und -feile
- feine Pinzette
- Fieberthermometer
- Schmerz und Fieber senkende Mittel (z.B. AAS, Paracetamol)
- Augentropfen
- Verhütungsmittel (Ihre Pille, Kondome)
- Insektenschutz (z.B. Authan®)
- Sonnencreme mit hohem Schutzfaktor, eventuell besondere Creme für die Lippen
- Sonnenbrille, die das Auge auch seitlich abdeckt
- Haftcreme und Reinigungsset für Zahnprothesenträger
- Pflegemittel für Kontaktlinsen (der feine Sahelstaub kann stören und das Infektionsrisiko erhöhen, sodass eine Ersatzbrille sinnvoll sein kann!)
- Ersatzbrille für Brillenträger
- Mittel zur Wasserentkeimung
- Anleitung zur Zubereitung einer Lösung zur Durchfallbehandlung

Fogo hinzugekommen. Auf Sal bestehen eingeschränkte Möglichkeiten zum Kaiserschnitt oder für Notfalloperationen. Auf den Dörfern sorgen **Pflegeposten** *(Posto sanitário)* oder **Basisgesundheitsposten** *(Unidade Sanitária de Base)* für wohnortnahe Versorgung. Letztere haben vorwiegend beratende und organisatorische Aufgaben, sodass nicht sichergestellt ist, dass man abseits der Distriktstädte Verbandsmaterial oder Medikamente bekommt.

Höher spezialisierte Abteilungen wie Neurochirurgie, Hämodialyse, Verbrennungszentrum oder Radiotherapie sind noch nicht vorhanden.

Apotheken

Die private **Reiseapotheke** kann klein gehalten werden, denn Cabo Verde besitzt ein dichtes Netz von Apotheken und Verkaufsstellen für Medikamente *(Posto de Venda EMPROFAC)* in den Städten. Auf dem Land, etwa in den Orten, in denen man auf Mehrtageswanderungen übernachtet, kann man nicht erwarten, eine Apotheke vorzufinden.

Die Apotheken führen nicht unbedingt das im Heimatland des Reisenden bekannte Präparat einer bestimmten Marke. Mit Beratung durch Arzt und Apotheker findet sich aber in 99% der Fälle ein Medikament anderen Namens mit gleichem oder gleichwertigem Inhaltsstoff. Die Rezeptpflicht wird ähnlich wie in Europa gehandhabt.

Für chronisch Kranke empfiehlt es sich, **alle dauerhaft benötigte Medikamente in ausreichender Menge** mitzubringen.

Krankheitskosten

Unter Mitarbeit von *Elfi H. Gilissen*

Die Kosten für eine Behandlung in Cabo Verde werden von den gesetzlichen Krankenversicherungen in Europa nicht übernommen, daher ist der **Abschluss einer privaten Auslandskrankenversicherung unverzichtbar.** Bei den großen Airlines kann man sie mit dem Ticket buchen.

Bei Abschluss der Versicherung – die es mit bis zu einem Jahr Gültigkeit gibt – sollte auf einige Punkte geachtet werden. Zunächst sollte ein **Vollschutz ohne Summenbeschränkung** bestehen, im Falle einer schweren Krankheit oder eines Unfalls sollte auch der **Rücktransport** übernommen werden. Diese Zusatzversicherung bietet sich auch über einen **Automobilclub** an, vor allem wenn man bereits Mitglied ist. Diese Versicherung bietet den Vorteil billiger Rückholleistungen (Helikopter, Flugzeug) in extremen Notfällen.

Wichtig ist auch, dass im Krankheitsfall der **Versicherungsschutz über die vorher festgelegte Zeit hinaus** automatisch verlängert wird, wenn die Rückreise nicht möglich ist.

Schweizer sollten bei ihrer Krankenversicherungsgesellschaft nachfragen, ob die Auslandsdeckung auch für Cabo Verde gilt. Sofern man keine Auslandsdeckung hat, kann man sich kostenlos bei Soliswiss (Gutenbergstrasse 6, 3011 Bern, Tel. 031/3810494, www.soliswiss.ch) über mögliche Krankenversicherer informieren.

Zur Erstattung der Kosten benötigt man ausführliche **Quittungen** (mit Datum, Namen, Bericht über Art und Umfang der Behandlung, Kosten der Behandlung und Medikamente).

Der Abschluss einer **Jahresversicherung** ist in der Regel kostengünstiger als mehrere Einzelversicherungen. Günstiger ist auch die **Versicherung als Familie** statt als Einzelpersonen. Hier sollte man nur die Definition von „Familie" genau prüfen.

Informationen im Internet

- **www.bela-vista.net/gesundheit.aspx**
Aktuelle Gesundheitshinweise für Cabo-Verde-Reisende, Wanderer, Kinder, Schwangere
- **www.fit-for-travel.de/**
Reisemedizinische Seiten des Tropeninstituts München
- **www.katadyn.com**
Sehr hübsch gemachte und informative Wasserfibel

Centrum für Reisemedizin

- Oberrather Str. 10, D-40472 **Düsseldorf,** Tel. 0211/904290, **www.travelmed.de.**

Nach telefonischer Anforderung wird gegen eine Gebühr ein individueller „Reise-Gesundheitsbrief" zusammengestellt und zugeschickt, der genau auf die geplante Reise und die zu besuchenden Regionen im Zielland eingeht. Es wird der jeweils neueste Stand bezüglich Malariaprophylaxe, Impfempfehlungen, medizinischer Vorortsituation und Zusammenstellung einer Reiseapotheke genannt (siehe auch im Anhang).

Kostenfreie Notfallnummern in allen kapverdischen Landkreisen:
- **Klinik: Tel. 130**
- **Feuerwehr: Tel. 131**
- **Polizei: Tel. 132**
- **E-Werk: Tel. 133**

Notfall

Bei Krankheit oder Unfall wenden Sie sich an das nächste Gesundheitszentrum oder Hospital. In abgelegenen Gegenden sollten Sie den nächstmöglichen Transport nutzen und nicht auf einen Krankenwagen warten.

Bei Diebstahl, Überfall oder wenn sie anderweitig Opfer oder Zeuge eines Verbrechens wurden, wenden Sie sich unverzüglich an die örtliche Polizei. Cabo Verde ist ein Rechtsstaat, und die Polizei handelt nach dem Recht.

Falls Ihnen ein versicherter Gegenstand gestohlen wurde, lassen Sie sich eine Kopie der Anzeige aushändigen, um diese bei der Versicherung einreichen zu können.

Bei Verlust von Dokumenten, im Falle eines Unfalls, wenn Ihre Sicherheit allgemein gefährdet ist oder in sonstigen ernsthaften Notfällen können Sie sich auch an Ihre **Botschaft** wenden.

Die Botschaft kann:
- bei Passverlust einen Reiseausweis für die Rückkehr ausstellen;
- Ihnen bei Geldverlust Kontaktmöglichkeiten mit Verwandten oder Freunden zu Hause vermitteln;
- Ihnen schnelle Überweisungswege aufzeigen (Blitzgiro, telegrafische Postüberweisung); Ihnen bis zum Eingang der Geldüberweisung aus der Heimat, gegen Rückzahlungsverpflichtung, ein Überbrückungsgeld auszahlen;
- wenn alle eigenen Hilfsmöglichkeiten erfolglos ausgeschöpft wurden, Ihnen eine rückzahlbare Hilfe zur Rückkehr nach Deutschland gewähren;
- im Falle von Problemen mit Behörden des Urlaubslandes für Sie vermitteln;

- Ihnen bei Bedarf einen vertrauenswürdigen Anwalt vor Ort benennen; dies gilt auch für Übersetzer, Ärzte und Fachärzte;
- im Falle einer Festnahme auf Wunsch die anwaltliche Vertretung sicherstellen und Ihre Angehörigen zu Hause unterrichten;
- beim Tod eines Reisenden die Benachrichtigung der Hinterbliebenen veranlassen und bei der Erledigung der Formalitäten vor Ort behilflich sein.

Die Botschaft kann nicht:

- Führerscheinersatzpapiere oder Personalausweise ausstellen;
- Ihre Hotelschulden bezahlen;
- Ihnen bei Geldverlust die Fortsetzung des Urlaubs finanzieren;
- in laufende Gerichtsverfahren für Sie eingreifen oder örtlichen Behörden Weisungen erteilen;
- für Sie anwaltliche Tätigkeiten wahrnehmen oder Sie vor Gerichten vertreten;
- als Filiale von Reisebüros, Krankenkassen oder Banken tätig werden;
- die extrem hohen Kosten einer Such- und Rettungsaktion übernehmen.

(Quelle: u.a. Auswärtiges Amt)

Vor Reiseantritt Vorsorge treffen

- Machen Sie zwei Kopien aller Reisedokumente. Eine lassen Sie bei einer Kontaktperson zu Hause zurück. Die andere nehmen Sie mit, getrennt von den Originalen.
- Notieren Sie Konto-, Kreditkarten- und Reiseschecknummern sowie die Telefonnummern Ihrer Bank und Kreditkartenbüros, damit Sie bei Verlust oder Diebstahl sofort eine Sperrung veranlassen können.
- Bewahren Sie die Kopien und Nummern getrennt von den Originalen auf.
- Denken Sie an ausreichenden Krankenversicherungsschutz.
- Ein Rettungsflug nach Deutschland kann sehr teuer werden. Eine Rücktransportversicherung deckt diese Kosten ab (siehe „Reiseversicherungen“)
- Lassen Sie kostbaren Schmuck lieber zu Hause.
- Nehmen Sie Medikamente mit, die Sie auch zu Hause benötigen (z.B. Diabetiker); ein Impfpass mit eingetragener Blutgruppe (auch wenn keine Impfungen vorgeschrieben sind) kann von Vorteil sein.
- Notieren Sie Seriennummern wertvoller Kameras. Sie können sich damit als Besitzer ausweisen, falls Diebesgut sichergestellt wird.

Öffnungszeiten

Geschäfte sind an Werktagen und samstags geöffnet, an Sonntagen und allen Feiertagen (auch inselspezifischen) geschlossen: Mo bis Fr 8/8.30–12/12.30, 14/15–18/19, Sa 8.30/9–12/13 Uhr.

Postämter sind werktags von 8–12.30 und 14.30–17.30 Uhr geöffnet, in den Großstädten auch durchgehend.

Banken sind Mo bis Fr von 8–15 Uhr geöffnet.

Bürozeiten: Mo bis Fr 8–12.30 und 14.30–18 Uhr, teils auch 8–15 Uhr.

Restaurants: Kleinere Restaurants auf dem Land bieten tagsüber Snacks; Mittagessen nur auf Vorbestellung. Manche Restaurants sind erst ab 18/19 Uhr abends geöffnet. Einige Hotelrestaurants sind durchgehend in Betrieb.

Diskotheken füllen sich meist erst ab Mitternacht, vor 23 Uhr lohnt ein Besuch nicht.

Grundsätzlich sind Öffnungszeiten **Richtwerte** und können, auch von Insel zu Insel, variieren. So haben die meisten Läden eine Mittagspause, einige größere Geschäfte sind aber auch durchgängig geöffnet.

Reisen im Land

Mit dem Flugzeug

Hauptverkehrsmittel **zwischen den Inseln** ist das Flugzeug. Nur Brava und Santo Antão sind vollständig auf Fähren angewiesen. Alle anderen Inseln werden mit Turboprop-Maschinen angeflogen. Das Fliegen in kleineren Maschinen ist weitaus anregender als in den großen Jets, viel unmittelbarer, weil man tiefer fliegt, mehr sieht und die Turbulenzen im Anflug stärker spürt.

Verbindungen: Praia, Sal, Boa Vista, São Vicente und Fogo werden täglich angeflogen; São Nicolau und Maio mindestens zweimal wöchentlich. São Nicolau ist nur via Sal zu erreichen, Maio und Fogo nur von Praia aus.

Flugzeiten (in Min.)

zwischen den Inseln:

• Sal - São Vicente	ca. 50
• Sal - Santiago	ca. 50
• Sal - São Nicolau	ca. 40
• Santiago - Fogo	ca. 30
• Santiago - Maio	ca. 20
• Sal - Boa Vista	ca. 30

Entfernungen der Inseln

untereinander (Luftlinie, **in km**):

• Santo Antão - São Vicente	20
• São Vicente - São Nicolau	50
• São Nicolau - Sal	110
• Sal - Boa Vista	40
• Brava - Fogo	20
• Fogo - Santiago	55
• Santiago - Maio	25
• Maio - Boa Vista	80
• Sal - Santiago	210

Fluggesellschaften

- **TACV,** Cabo Verde Airlines, ist auf allen Flughäfen im Land vertreten und aktiv nach Linien-Flugplan.
- **Halcyon Air,** Cabo Verde Airways, eine junge Gesellschaft mit einer Turboprop-Maschine auf Linien-Flugplan zwischen Sal - Boavista und Praia - Sal - São Vicente und Praia - Maio. Die Preise sind etwas günstiger als bei der TACV.
- **Cabo Verde Express** transportiert vorwiegend Tagesausflügler von Sal und Boa Vista zu den anderen Inseln und übernimmt private Charterflüge zwischen den Inseln und zum Festland. Kein Liniendienst, aber Ticketverkauf für freie Plätze.

Nachfolgend einige **Tipps,** die Ihnen bei Reisen zwischen den Inseln u.U. viel Zeit und Ärger ersparen:

- Stellen Sie sich Ihre Inselkombination nach dem aktuellen Flugplan zusammen. Auf Cabo Verde spezialisierte Reisebüros und die Niederlassungen der TACV (www.tacv.de, Adressen s.u. „Anreise") helfen dabei.
- Buchen Sie rechtzeitig! Die Flüge zwischen den Inseln sind in den Ferienzeiten, zum Karneval und zu den Musikfestivals früh ausgebucht.
- **Bestätigen Sie Ihre Weiterflüge** spätestens am Tag vor dem jeweiligen Flug (obligatorisch, sonst wird der Fluggast gestrichen, auch wenn ein „Okay" im Ticket steht). Die Rückbestätigung kann telefonisch oder persönlich erfolgen.
- Erfragen Sie am Vortag nochmals die exakte Zeit. Änderungen können bis in letzter Minute erfolgen.
- Der Check muss spätestens 1½ Stunden vor Abflug erfolgen.
- Planen Sie einen Puffertag auf der Insel ein, von der aus sie den internationalen Rückflug antreten.

cv014 Foto: pr

cv015 Foto: pr

Reguläre Inlandsflugpreise (one way, zzgl. Steuern, Änderungen vorbehalten):

- Je 100 US$ für die Strecken Sal – Praia, Sal – São Vicente, Praia – São Vicente, Praia – São Nicolau.
- Je 75 US$ für die Strecken Sal – São Nicolau, Praia – Boa Vista.
- Je 50 US$ für die Strecken Sal – Boa Vista, Praia – Fogo, Praia – Maio, São Vicente – São Nicolau, São Vicente – Santo Antão.
- Nicht abgeflogene Strecken können rückerstattet werden, wenn die Stornierung 72 Stunden vor Abflug erfolgt. Eine Bearbeitungsgebühr wird berechnet.

Das **Gepäck** (20 kg) kann auf Inlandsflügen auch verspätet (z.B. am nächsten Tag) ankommen, da die kleinen Maschinen nur über einen begrenzten Frachtraum verfügen. Wichtige Fracht wie Ausstattungen für Impfkampagnen hat Vorrang vor persönlichem Gepäck, normales Gepäck hat Vorrang vor Sperrgepäck. Das gilt auch für Fahrräder und Surfboards. Daher sollten Sie auf Zwischenflügen immer Wäsche für zwei Tage im Handgepäck haben. Beim Einchecken Ihres Gepäcks sollten Sie am Schalter den Endpunkt Ihres Fluges angeben, damit das Gepäck direkt auf diese Insel durchgecheckt wird (nicht immer möglich, Auskunft einholen).

TACV in Cabo Verde

- **TACV Head Office**
  C.P. 1, Av. Amílcar Cabral
  Praia, Santiago, Cabo Verde
  Tel. 2608200, Fax 2613585

Hauptverkehrsmittel zwischen den Inseln ist das Flugzeug

Telefonnummern der TACV auf den Inseln:

- **Sal:** Tel. 2411268 bzw. 2411386
- **Santiago/Praia:** Tel. 2608200
- **São Vicente/Mindelo:** Tel. 2321524 bzw. 2321528
- **São Nicolau:** Tel. 2351161
- **Boa Vista:** Tel. 2511186
- **Maio:** Tel. 2551256
- **Fogo:** Tel. 2811228

Halcyon Air in Cabo Verde

- **Aeroporto Internacional Amílcar Cabral**
Concourse Hall, 1° andar
CP 142 Espargos, Sal, Cabo Verde
Tel. 2412324, Fax 2412362
www.halcyonair.com

Telefonnummern der Halcyon Air auf den Inseln:

- **Sal:** Tel. 2412324
- **Santiago/Praia:** Tel. 2634823
- **São Vicente/Mindelo:** Tel. 2322960
- **Boa Vista:** Tel. 2511982

Mit dem Schiff

Zwischen São Vicente und Santo Antão läuft der Fährverkehr regelmäßig und pünktlich.

Auf allen anderen Strecken folgt die **Logik des Fahrplans** mehr dem Frachtaufkommen. Die Zahl der Passagiere zu den kleineren Inseln ist zu gering und das touristische Passagieraufkommen zu stark saisongebunden für einen rentablen und pünktlichen Betrieb moderner Personenfähren. Immer wieder angekündigte „Schnellfähren" gehören zum politischen Alltag und sorgen für etwas Turbulenz in Presse und Internetforen, doch letztlich hat sich keine länger als ein paar Wochen auf dem Atlantik gehalten. Subventionen durch den Staat konnten das Problem bisher nur dämpfen, aber nicht dauerhaft lösen. So sind Änderungen der Routen und Abfahrtszeiten an der Tagesordnung. Wir listen deshalb nur Schiffe auf, die zumindest den Anspruch haben, einen längerfristigen Fahrplan einzuhalten.

Um tagelange **Verspätungen** abpuffern zu können, empfehlen wir, die entsprechenden Fahrten auf den Anfang eines Urlaubs zu legen.

Vorbuchungen sind nicht üblich, und nur zwischen Santo Antão und São Vicente werden Rückfahrkarten verkauft.

Verbindungen

- **São Vicente (Mindelo) – Santo Antão (Porto Novo)**
Zweimal täglich, pünktlich, manchmal überpünktlich; Fahrzeit 1 Std., Tickets in São Vicente am Fährhafen, in Porto Novo oberhalb des Hafens nahe der Informação Turística.
– Reederei ARMAS
Moderne RoRo-Fähre „Mar d' Canal" für 400 Passagiere und 60 Fahrzeuge.
– Reederei Silva & Silva
Einmal täglich, älterer Inselverbinder „Ribeira de Paúl" norwegischen Ursprungs, Tel. 2311642.
- **São Vicente – São Nicolau – Santiago**
Einmal wöchentlich, Fahrplan phasenweise stabil, Fahrzeit 16 bis 24 Std., Tickets bei den Agenturen.
– Reederei STM
Ältere RoRo-Fähre „Tarrafal", 700 Passagiere, 200 Pkw. São Vicente, Av. 5 de Julho/neben Aparthotel Avenida, Tel. 2321179; São Nicolau, am Hafen, Tel. 2361183; Praia, Rua Andrade Corvo, Plateau, bei der UNI-CV, Tel. 2612564. Keine Passagierkabinen, Schlafsessel extra.
- **Santiago – Fogo**
– Reederei STM
Zweimal wöchentlich, phasenweise stabiler Fahrplan. RoRo-Fähre „Sal Rei". Fogo, São Filipe, Agência Agenavs, Tel. 2814114.

- **Fogo – Brava**
  Fünfmal wöchentlich verkehrt ein Fischkutter mit Zulassung für 24 Fahrgäste, phasenweise stabiler Fahrplan.
- **Santiago – Boa Vista**
  Einmal wöchentlich, phasenweise stabiler Fahrplan.

– **Reederei STM**
RoRo-Fähre „Sal Rei". Boa Vista, Tel. 2511730.

Aktuelle Fahrpläne, soweit möglich, im Internet: www.bela-vista.net/Faehre.aspx.

Mit dem Sammeltaxi (Aluguer)

Das Sammeltaxi, in Cabo Verde *Aluguer* (dt. „zu mieten") genannt, ist das **gebräuchlichste Verkehrsmittel.** Eingesetzt werden Kleinbusse und Pickups, ausnahmslos mit einem Schild „Aluguer" und der maximal zulässigen Passagierzahl gekennzeichnet. Kinder bis ins Schulalter werden nicht mitgezählt. Aluguers unterliegen der technischen Überwachung.

Zwei Varianten der Beförderung stehen zur Wahl: **Passagem** bezeichnet den Sammelverkehr, d.h. das Fahrzeug fährt, wenn es voll ist. Die Preise sind fest und günstig. Jeder Fahrer verfügt über eine offizielle Preisliste *(lista)*, die er auf Verlangen vorzeigt. Für Gepäck kann ein Aufpreis erhoben werden.

Frête (dt. Fracht) bedeutet, dass man Wagen und Fahrer anmietet. Dies kostet etwa den zehnfachen Preis der Einzelfahrt. Vorteil: Ausgangspunkt, Abholung, Ort und Zeit können festgelegt werden, der Fahrer hält, wo man will. Rückfahrt (Ort, Zeit) unbedingt vereinbaren. Oft wird unwissenden Touristen eine Frête angeboten, obwohl es Sammelverkehr gibt. Wenn Sie es nicht eilig haben, heißt das Zauberwort: „Espero passagem" (Ich warte auf den Sammelverkehr).

Aluguers halten überall auf Verlangen der Passagiere. In großen Städten gibt es feste **Endhaltestellen.** Während auf großen Strecken fast ständig Fahrzeuge pendeln, werden kleine Dörfer meist nur zweimal am Tag bedient, zu Beginn und zum Ende der weiterführenden Schulen oder zu den Ankunftszeiten der Fähren.

Fahrten im Aluguer gehören zum Reiseerlebnis Cabo Verde. In drangvoller Enge wird alles befördert, einschließlich lebenden Hühnern und Ziegen. Leicht ergibt sich ein Gespräch mit den anderen Passagieren, falls das Radio nicht alles übertönt.

Preisbeispiele

- **Auf Santo Antão:** Porto Novo (Hafen) – Rª Grande 400 CVE; Ribeira Grande – Ponta do Sol 100 CVE.
- **Auf Santiago:** Praia – Cidade Velha 150 CVE, Praia – Tarrafal (Strand) 600 CVE.

Mit dem Taxi

Durch die Städte wuseln die Taxis, in einheitlicher, aber **auf jeder Insel anderer Lackierung.** In São Vicente sind sie weiß wie im modernen Portugal, auf Sal hellblau wie Himmel und Meer und im amerikanisch geprägten Fogo knallgelb wie in Manhattan. Auf den gebirgigen Inseln und in Mindelo verkehren auch TAXI-Geländelimousinen.

Taxameter bleiben abgeschaltet, weil nach Festpreis abgerechnet wird. **Fragen Sie nach dem Preis,** insbesondere in Praia, bevor Sie einsteigen. Lassen Sie sich von einem Taxifahrer, mit dem sie zufrieden waren, dessen Handynummer geben.

Preisbeispiele

- Flughafen Praia – Praia: 500–700 CVE
- Flughafen Praia – Tarrafal de Santiago: 6000 CVE
- Flughafen Sal – Espargos: 300 CVE
- Flughafen Sal – Santa Maria: 800 CVE, nachts 1000 CVE
- Flughafen São Vicente – Stadt: 900 CVE, nachts 1100 CVE
- Innerhalb São Vicentes: Stadtmitte bis Vorort 170 CVE, von einem Ende der Stadt zum anderen 200 CVE, nachts 200–250 CVE
- Taxi ganztags für Inselrundfahrten etc: 6000–9000 CVE
- Nachtzuschläge: innerstädtisch ca. 50 CVE; zum Flughafen 100% des Fahrpreises

Mit dem Stadtbus

In **Mindelo** und **Praia** verkehren Stadtbusse in alle Vororte für ca. 40 CVE.

Mit dem Mietwagen

Auf allen Inseln mit Ausnahme Bravas werden Mietwagen angeboten, vom Kleinwagen bis zu topmodernen Gelände-Cruisern. Vom Anmieten privater Fahrzeuge ist eher abzuraten, weil Versicherungsschutz und klare Rechtsverhältnisse im Schadensfall fehlen.

Die Entscheidung für einen Mietwagen hat ihre **Vor- und Nachteile.** Nach unserer Erfahrung ist der Gewinn an

cv013 Foto: pr

Freiheit eher bescheiden. Bevor es losgeht, muss man den Vertrag sehr genau lesen, einen größeren Betrag als **Kaution** hinterlegen, sich mit Beulen, Kratzern, Tankfüllung, Reserverad und Werkzeug beschäftigen. Auch wenn die Beschilderung der Straßen begonnen hat, ist die Orientierung nicht einfach und verlangt zumindest eine exakte Karte. Mit der Ankunft am Ziel tauchen weitere Problemchen auf. Man kann das Fahrzeug nicht am einsamen Straßenrand parken und sich zum Strand oder in die Berge aufmachen. Parkt man in Dörfern, findet man bei der Rückkehr den von Kindern umringten Wagen stickig-heiß vor.

Einen **Wagen mit Fahrer** zu mieten, kostet nicht mehr als ein Mietwagen. Der administrative Vorgang bleibt einem erspart, man hat einen lokal vertrauten Führer und Begleiter, sieht mehr von der Landschaft und hat respektvollen Kontakt zur Bevölkerung. Schließlich findet man immer ein durchlüftetes Fahrzeug vor. Im Falle eines Schadens oder Unfalls bleibt man neutral.

Tipps/Regeln bei der Anmietung

- Melden Sie sich am Vortag an, denn zumeist verfügen die Vermieter nur über wenige Wagen. Internationale Vermieter bieten auch Online-Buchung an.
- Führerscheine der EU werden akzeptiert (in Verbindung mit dem Pass).
- Bei den internationalen Firmen werden nur (VISA-)Kreditkarten als Kaution akzeptiert, während bei nationalen hohe Bar-Kautionen üblich sind (40.000–100.000 CVE).
- Bei Ankunft am Flughafen in der Nacht, insbesondere in Praia, ist es für Ortsunkundige unabdingbar, bei der nächtlichen Fahrt bis zu ihrer Unterkunft einen ortskundigen Begleiter zu haben. Die Vermietstationen am Flughafen in Praia schicken nachts ein Begleitfahrzeug mit in die Stadt.
- Sie übernehmen das Fahrzeug voll getankt, was Sie überprüfen sollten, genauso wie Ölfüllung, Werkzeug und ein prall gefülltes Reserverad. Nehmen Sie das Prüfen des Zustands des Fahrzeugs vor Fahrtantritt ernst, und lassen Sie auch die kleinste Beule im Vertrag vermerken.
- Fahren Sie auch mit Geländewagen nur abseits der Straßen, wenn Geländebetrieb ausdrücklich im Vertrag vorgesehen ist.
- Sie geben das Fahrzeug pünktlichst und voll getankt zurück.

Autofahren in Cabo Verde ist anders als in Mitteleuropa. Jederzeit können Kinder, Ziegen, Schlaglöcher, Steinschläge oder abgrundtiefe, ungesicherte Baugruben vor der Motorhaube erscheinen. An unübersichtlichen Kurven im Gebirge ist anhaltendes Hupen üblich. Als langsamerer und umsichtiger Fahrer fahren Sie kurz rechts ran, wenn Sie jemand überholen will. Von Nachtfahrten ist wie überall in armen Ländern abzuraten. Tankstellen gibt es in den Distriktstädten.

Genaue **Karten** von den meisten Inseln können Sie sowohl in Cabo Verde als auch schon vor Antritt der Reise in Europa kaufen (siehe www.bela-vista.net/buch-order-d.aspx).

Unterwegs mit dem Sammeltaxi (Aluguer)

Buchtipp – Praxis-Ratgeber:
- Erich Witschi
Unterkunft und Mietwagen clever buchen
(REISE KNOW-HOW)

Straßenverkehr

Es herrscht **Rechtsverkehr. Überlandstraßen sind gepflastert und zunehmend asphaltiert,** sodass die Straßen etwa die Hälfte der in Europa üblichen Durchschnittsgeschwindigkeiten erlauben. Mit Sammeltaxis im Überlandverkehr kommt man auf etwa 30 km/h. Fahrspuren in Flussbetten, Staub- und Schotterstraßen ergänzen das Netz. Seltene tropische Platzregen können zu Unterbrechungen führen.

Schwere **Unfälle** kosten, wie in allen armen Ländern, unverhältnismäßig viele Menschenleben. Steigen Sie sofort aus, wenn ein Fahrer betrunken oder übermäßig risikobereit sein sollte!

Fahrrad-, Motorroller und Quadverleih

Insbesondere auf **Sal und Boa Vista** tummeln sich in der Nähe der großen Hotels Verleiher von einfachen Fahrrädern, Motorrollern und Quads. Wer sein eigenes Fahrrad mitbringt, kann u.U. Transportprobleme auf den Flügen zwischen den Inseln haben, da der Frachtraum der Maschinen begrenzt ist. Auf **Santo Antão** vermieten das Sant Antao Resort Hotel in Porto Novo und ein Tourismusunternehmen in Ponta do Sol Mountainbikes (www.cabo-verde-bikes.com).

Organisierte Rundreisen

Reisebüros auf den Inseln und die großen Hotels (s.u. „Reiseveranstalter" und bei den jeweiligen Inseln) organisieren Ausflüge und individuelle Rundreisen von wenigen Stunden bis zu einigen Tagen. Sie kümmern sich um Flüge, Transfers, Quartiere, Transporte (oder Mietwagen), Fähren etc., für Einzelreisende und Gruppen, ggf. mit mehrsprachigen Reisebegleitern.

Reiseplanung

Cabo Verde ist **kein Low-Budget-Ziel:** Inlandsflüge, kein Camping, aufwendige Transporte und vergleichsweise hohe Lebensmittelpreise treiben die Kosten in die Höhe.

Die Reiseplanung und die Entscheidung, ob man die Inseln auf eigene Faust erkundet oder sich einer organisierten Reise anschließt, hängen von verschiedenen Überlegungen ab.

Die Vorteile eines **Reiseveranstalters** liegen auf der Hand:

- **Beratung** erspart Vorbereitungszeit.
- **Betreuung** auf den Inseln.
- Geregelte **Logistik** (beispielsweise Abstimmung der Inselrundreise auf den Flugplan, Zwischen- und Gepäcktransporte auf Trekkingtouren etc.).
- **Zeitersparnis** bei Transport und Quartiersuche.
- **Reiseveranstalter vor Ort** sind flexibler, bieten aber weniger Rechtssicherheit. Ideal sind Veranstalter, die in Europa und auch in Cabo Verde als Firmen registriert sind.

Wer es vorzieht, seine Reise frei und ungebunden **auf eigene Faust** zu organisieren, Kontakte zu knüpfen und unterwegs seine Pläne zu ändern, der kann dies in Cabo Verde tun und findet zunehmend bessere Informationen in der Reiseliteratur und im Internet.

Folgende Faktoren sollten Sie dabei berücksichtigen:

- Detaillierte **Informationen einholen** (Reiselektüre, Karten aber auch Romane, Filme oder Bildbände, um sich einzustimmen).
- **Größeren Zeitrahmen einplanen**, der Orientierung vor Ort, Quartiersuche, Pannen und Verspätungen berücksichtigt.
- **Vorausbuchung der Flüge** spart Geld und Zeit.
- **Vorausbuchung der Unterkünfte** ist zumindest während der Saison und zu besonderen Ereignissen sowie für die erste Nacht nach Ankunft und die Nacht vor dem Abflug zu empfehlen.
- **Basissprachkenntnisse** in Portugiesisch, Französisch und Spanisch sind von Vorteil. Auf Boa Vista und Sal ist Italienisch üblich, Englisch gewinnt im Tourismus rasch an Bedeutung.

Reisezeit

In Cabo Verde ist **rund ums Jahr Reisezeit.** Zur Freude der Gäste und zum Nachteil der Bewohner scheint die Sonne genauso häufig wie in der Wüste von Arizona. Von Oktober bis Juli weht der Passat, und das Wetter entspricht mit wenigen Ausnahmen einem schönen sonnigen Junitag in Europa. Im Sommer werden 30°C nur selten überschritten, doch da der Wind nachlässt, erscheint es einem heißer.

Während der **Sommer- und Weihnachtsferien** nimmt der Strom der Reisenden deutlich zu, und Flüge müssen längerfristig reserviert werden. Es steigt sowohl die Zahl der Gäste als auch die der Emigranten.

Am Karneval-Wochenende und zum Festival in Baía das Gatas im August gibt es einen Rush auf São Vicente, und eine Woche vorher sind kein Flug und keine Pension mehr zu bekommen.

Reiseveranstalter

Cabo Verde hat Eingang gefunden in das Netzwerk der Reiseveranstalter, die alle auf das gleiche lokale Angebot zurückgreifen. Wir listen die auf, bei denen uns aufgefallen ist, dass sie einen besonderen Schwerpunkt auf Cabo Verde legen. Die Ordnung erfolgt alphabetisch und ohne Wertung.

Reiseveranstalter in Deutschland

- **Cabo Verde Direkt**
  Wrangelstraße 52, 24105 **Kiel**
  Tel. 0431/2395615, Fax 0431/2395569
  caboverde.direkt@t-online.de
- **Kapverden Reisebüro Schellmann (Reiseträume)**
  Bühlstraße 22, 72458 **Albstadt**
  Tel. 07431/763168
  www.reisetraeume.de/kapverden/
  Sybille und *Gerhard Schellmann* wohnen in Kap Verde: C.P. 36, Pizara, Calheta de São Miguel, Santiago, Tel. 2731121. Individuelle Reisen auf den Inseln mit Schwerpunkt Santiago.
- **Kopp Tours**
  Unterortstr. 30, 65760 **Eschborn**
  Tel. 06196/9200920, Fax 06196/9200925
  www.kapverdenonline.de
  Mit eigener Agentur in Kap Verde: **CiTS.**
- **M + M Inselreisen**
  Saargemünder Straße 136
  66119 **Saarbrücken**
  Tel. 0681/31125, Fax 0681/3905060
  www.centertours.de

Strandferien, Tauchen, Surfen, Wandern und Segeln.

- **Olimar Reisen GmbH**
Unter Goldschmied 6, 50667 **Köln**
Tel. 0221/20590-0, Fax 0221/251591
www.olimar.de
Badehotels, Inselrundreisen, Sportreisen.

- **One World – Reisen mit Sinnen**
Roseggerstraße 59, 44137 **Dortmund**
Tel. 0231/5897920, Fax 0231/164480
www.kapverdischeinseln.de
Gruppen-, Individual-, Wanderreisen, Segeln, mit eigener Agentur in Kap Verde: **Vista Verde.**

- **Sea Breeze Travel GmbH**
Franz-Kobinger-Straße 3, 86157 **Augsburg**
Tel. 0821/2278370,
Fax 0821/2278322
www.seabreezetravel.de
Gruppen-, Individual-, Wanderreisen.

- **Studiosus Reisen München GmbH**
Riesstraße 25, 80992 **München**
Tel. 089/50060-0,
Fax 089/50060-100
www.studiosus.de
Wanderstudienreisen, Inselrundreisen.

- Außerdem kann es sich lohnen, die Angebote der **großen Reiseveranstalter,** insbesondere für reinen Strandurlaub und Rundreisen, einzusehen.

Hochseefischen – Spezialveranstalter vor Ort

- **Billfish-Club Cabo Verde**
C.P. 427, Mindelo, **São Vicente**
Tel./Fax 2315326
Handy 9915748
www.capeverde-fishing.com
Berno Niebuhr ist IGFA-Repräsentant in Cabo Verde. Mit zwei hochseetüchtigen, voll ausgestatteten Hochseemotorbooten besucht er die besten Reviere für Marline und andere Großfische. Eine dreiköpfige, Englisch sprechende Crew unterstützt die maximal 4 (10-m-Boot) oder 6 (11-m-Boot) Gäste. Schwert tragende Fische werden nur getötet, wenn es sich um einen Rekordfang handelt, ansonsten werden sie für die Forschung markiert und gehen zurück ins Meer.

- **Centro de Pesca Deportiva do Mindelo**
Alto Fortim CP. 701, **São Vicente**
Handy 9951546, Fax 2326936
www.capeverdemarlin.com
Didier Jeanne betreibt neben dem professionellen Sportfischerzentrum auch eine sehr schöne Pension hoch über der Stadt. Zwei vollausgerüstete 33′ und 44′ Hochseemotorboote und die intime Kenntnis der besten Marlinreviere im Barlavento schaffen die Voraussetzungen für erfolgreiche Fischzüge. Die Crew spricht Französisch, Portugiesisch und Englisch.

- **Fogo Seafishing**
Pesca Desportiva & Lodge
Rua da Câmara Municipal, São Filipe, **Fogo**
Handy 9914566, Fax 2811331
www.zebratravel.net
Dona Luísa organisert die Anreise und Unterkunft im eigenen Reisebüro und in einem der schönsten historischen Gebäude der Stadt. Ihr Mann *Morten,* erfahrener Seebär aus Dänemark, kümmert sich um das professionelle Sportfischerzentrum mit voll ausgerüsteten 33′ Stuart- und 45′ Hateras-Booten. Die Crew spricht Dänisch, Deutsch, Holländisch, Englisch und Kreol.

- **Fischerman**
Im gleichnamigen Restaurant am Ortseingang, Santa Maria, **Sal,** Handy 9917600
Kleines Big Game Fishing auf Wahoo, Thunfisch, Dourada, Sailfish etc. vom 5,50-m-Sportboot aus mit max. 3 Personen. Zubereitung des Fangs.

- **Sport Fishing Sal**
Beim Pontão, der Landungsbrücke in **Sal**
Handy 9991062
www.salsportfishing.com
Halbtages- und Ganztagestouren mit 10-m-Boot, Big Game, portugiesisches Management.

Segeln – Spezialveranstalter

- **Luzmar Lda**
Lutz Meyer-Scheel
c\ *Krastins;* Ottostraße 8, 50823 **Köln**
Tel. 0171/5513500
in Cabo Verde: Handy 9972322
www.luzmar.com

Ganzjährig *bare boat* und *crewed charter;* Spezialität: Segeln und Wandern.

- **Trend Travel Yachting**
Salzburgerstraße 14, A-6300 **Wörgl**
Tel. 05332/73080, Fax 05332/73080-20
travel@trend-travel-yachting.com

Surfen – Spezialveranstalter

- **Happy Surf/Sun & Fun Sportreisen**
Franz-Josef-Straße, 80801 **München**,
Tel. 089/338833, Fax 089/346644
www.happy-surf.de
Im Internet guter Reise- und Revierbericht, u.a. Surf-Kreuzfahrten auf der „Itoma".
- **Haider & Co. (ITOMA)**
Friedhofgasse 43, A-7121 **Weiden am See**
Tel. 21677950, Fax 216740105
www.itoma.at
23-m-Motorkatamaran für 16 Gäste, ab São Vicente einwöchige Fahrten zu den Tauchrevieren (Juni bis Nov.) und Windsurf-Spots (Dez. bis Mai) zwischen São Nicolau und Santo Antão.
- **Sun+fun Österreich**
Conrad v. Hötzendorferstraße 37a
A-8010 **Graz,** Tel. 0316/815415
Fax 0316/81781750, www.sunandfun.de
- **Surf & Action Company Touristik GmbH**
Kolpingring 4, 82041 **Oberhaching**
Tel. 089/6281670, Fax 089/62816710
www.surf-action.com
Informative Homepage mit ausführlichem Revierbericht.
- **TraWell Reisen**
Apfelgasse 6, A-1040 **Wien**
Tel. 01/5050457, Fax 01/5051224
www.surfreisen.at
Einschließlich Kreuzfahrten auf der Windsurf-Yacht „Itoma".

Tauchen – Spezialveranstalter

- **Eden Roc Reisen GmbH**
Hörder Str. 382, 58454 **Witten**
Tel. 02302/47902, 47957, Fax 02302/48824
www.eden-roc.de
Anbieter von Tauchreisen und Tauchkreuzfahrten.
- **SAM Reisen**
Gutenbergstr. 30, 56564 **Neuwied**
Tel. 02631/955050, Fax 02631/955085
www.sam-reisen.de

Wandern – Spezialveranstalter

- **avenTOURa GmbH**
Rehlingstr. 17, 79100 **Freiburg**
Tel. 0761/211699-0, Fax 0761/211699-9
www.aventoura.de
- **DAV – Summit Club GmbH**
Bergsteigerschule des Deutschen Alpenvereins
Am Perlacher Forst 186, 81545 **München**
Tel. 089/642400, Fax 089/64240100
- **Hauser Exkursionen International GmbH**
Marienstraße 17, 80331 **München**
Tel. 089/235006-0, Fax 089/2913714
www.hauser-exkursionen.de
Wander- und Trekkingreisen.
- **Ikarus Tours**
Postfach 1220, 61452 **Königstein**
Tel. 06174/29020, Fax 06174/22952
www.ikarus.com
Wanderreisen.
- **ONE WORLD – Reisen mit Sinnen**
Roseggerstraße 59, 44137 **Dortmund**
Tel. 0231/5897920, Fax 0231/164480
www.kapverdischeinseln.de
Wander- und Rundreisen in kleinen Gruppen; auch Wandern und Segeln in Zusammenarbeit mit Luzmar (siehe „Segeln"). Die lokale Agentur des gleichen Veranstalters ist Vista Verde.
- **Trekkingreisen.de**
Sandstraße 1a, 90443 **Nürnberg**
Tel. 0911/20787, Fax 0911/20799
www.trekkingreisen.de

Reiseveranstalter in Cabo Verde

- **Alsatour**
Paúl, Sto. Antão, C.P. 33
Tel. 2231213, Fax 2231520, www.alsatour.de
- **aventura**
C.P. 740, São Vicente, Handy 9944386
Fax 2316609, www.aventura-turismo.com

- **Cabetur**
  - Praia, Santiago, R. Serpa Pinto 4, C.P. 318
  Tel. 2615551, 2611737, Fax 2615553
  - Aeroporto Sal
  Tel. 2411545, 2411087, Fax 2411098
  - Mindelo, São Vicente
  R. Senador Vera Cruz 57, C.P. 421
  Tel. 2313847, 2313859, Fax 2313842
  cabetur@mail.cvtelecom.cv
- **CiTS – Reisebüro Kopp – Cabo Verde Touristic**
  Internationaler Flughafen Amílcar Cabral, Sal
  Tel. 2418097, Fax 2412838
- **Kapverden Reisebüro Schellmann (Reiseträume)**
  C.P. 36 Pizara, Calheta de São Miguel
  Santiago, Handy 9967930, Tel. 2732078
  www.reisetraeume.de/kapverden
- **Praiatur Lda**
  100, Avenida Amílcar Cabral
  C.P. 470, Praia, Santiago
  Tel. 2615746, Fax 2614500
- **Qualitur, Viagens e Turismo Lda.**
  Rua do Hospital, Achada Pato
  Cidade de São Filipe, Ilha do Fogo
  Tel. 2811089, Fax 2813415
- **Sol Antlântico,** Praia, Tel. 612589
- **Tropictur**
  - Mindelo, São Vicente, Rua Lisboa
  Tel. 2314188, Fax 2312617
  - C.P. 2, Praia, Santiago, Rua 5 de Julho
  Tel. 2611240, Fax 2611253
- **Verdeantours**
  Praia, Santiago, R. Serpa Pinto
  Tel. 2613869, 2613940, Fax 2613879
- **Vista Verde Tours**
  C.P. 83, São Filipe, Fogo, Handy 9930788
  Fax 2812380, www.vista-verde.com

Reiseversicherungen

Unter Mitarbeit von *Elfi H. Gilissen*

Sowohl bei organisierten Reisen als auch bei Individualreisen empfiehlt es sich, die Risiken nach eigener Einschätzung zu versichern. Einzelversicherungen und Rund-um-Pakete erhalten Sie in jedem Reisebüro.

Egal, welche Versicherungen man abschließt, hier ein Tipp: Für alle sollte man die **Notfallnummern** notieren und mit der **Policenummer** gut aufheben! Bei Eintreten eines Notfalles sollte die Versicherungsgesellschaft sofort telefonisch verständigt werden!

Dringend anzuraten ist der Abschluss einer **Auslandskrankenversicherung** (siehe Kapitel „Gesundheit").

Ob es sich lohnt, **weitere Versicherungen** abzuschließen wie eine Reiserücktritts-, Reisegepäck-, Reisehaftpflicht- oder Reiseunfallversicherung, ist individuell abzuklären. Gerade diese Versicherungen enthalten sehr viele **Ausschlussklauseln,** sodass sie nicht immer Sinn machen.

Die **Reiserücktrittsversicherung** für 35–80 Euro lohnt sich nur für teure Reisen und für den Fall, dass man vor der Abreise einen schweren Unfall hat, schwer erkrankt, schwanger wird, gekündigt wird oder nach Arbeitslosigkeit einen neuen Arbeitsplatz bekommt, die Wohnung abgebrannt ist u.Ä. Nicht gelten hingegen: Terroranschlag, Streik, Naturkatastrophe etc.

Die **Reisegepäckversicherung** lohnt sich seltener, da z.B. bei Flugreisen verlorenes Gepäck oft nur nach Kilopreis und auch sonst nur der Zeitwert nach Vorlage der Rechnung ersetzt wird. Wurde eine Wertsache nicht im Safe aufbewahrt, gibt es bei Diebstahl auch keinen Ersatz; Kameraausrüstung und Laptop dürfen beim Flug nicht als Gepäck aufgegeben worden sein; Gepäck im unbeaufsichtigt abgestellten

Fahrzeug ist ebenfalls nicht versichert – die Liste der Ausschlussgründe ist endlos ... Überdies deckt häufig die Hausratsversicherung schon Einbruch, Raub und Beschädigung von Eigentum auch im Ausland. Für den Fall, dass etwas passiert ist, muss der Versicherung als Schadensnachweis ein Polizeiprotokoll vorgelegt werden.

Eine **Privathaftpflichtversicherung** hat man in der Regel schon. Hat man eine **Unfallversicherung,** sollte man prüfen, ob diese im Falle plötzlicher Arbeitsunfähigkeit aufgrund eines Unfalls im Urlaub zahlt. Auch durch manche (Gold-)**Kreditkarten** ist man für bestimmte Fälle schon versichert. Die Versicherung über die Kreditkarte gilt allerdings meist nur für den Karteninhaber!

Versicherungspakete

Alle oben genannten Versicherungen werden zusammengefasst auch als Paket angeboten. Je nachdem, wie Sie sich versichern wollen, kann dies **preiswerter** sein als die Summe der Einzelversicherungen. Das Original des Versicherungsscheines bleibt zu Hause. Sie reisen mit einer Fotokopie. Im Schadensfall sollten Sie sich umgehend mit der Notrufzentrale Ihrer Versicherung in Verbindung setzen, um den Fall zu melden und notwendige Instruktionen zu erhalten. Alle Auslagen erfolgen vor Ort durch den Versicherten und werden nach Rückkehr bei der Versicherung (mit Belegen, Bestätigungen) vorgelegt.

Versicherungsträger sind z.B. Elvia, Europäische Reiseversicherung u.a.m.

Tipp: Vergleiche der Versicherungen und Leistungen lohnen. Falls Sie Ihre Reise mit **Kreditkarte** bezahlen, kann über die Kreditkartenorganisation die Reiseversicherung eingeschlossen sein mit einer in Leistungen und Bedingungen wechselnden Abdeckung. Lesen Sie das Kleingedruckte, und nehmen Sie die Notrufnummer der Versicherung mit!

Veranstalter: Pleite!

Jeder, der eine **Rund-** oder **Pauschalreise** bucht, hat das Recht darauf, sich zu vergewissern, dass der Veranstalter für den Fall der Insolvenz versichert ist. Spätestens bei der ersten (An-)Zahlung sollte der Veranstalter bzw. das Reisebüro dem Kunden deshalb einen **Sicherungsschein** aushändigen. Wenn das nicht passiert, muss man annehmen, dass der Veranstalter nicht versichert ist und der Kunde bereits bezahlte Reiseleistungen wie den Rückflug im Falle der Insolvenz nicht erhält!

Sicherheit und Kriminalität

Politische und soziale Sicherheit haben einen hohen Stellenwert in Cabo Verde, weshalb das Land zu den drei stabilsten Ländern in Afrika zählt. Es gibt keine organisierten Gruppen politischer oder religiöser Fanatiker, Konflikte werden mit rechtsstaatlichen Mitteln gelöst. Es ist eine durch und durch friedliebende Demokratie.

Das **organisierte Verbrechen** (transkontinentaler Drogenhandel, Menschenhandel, Geldwäsche und Korruption) berührt die Urlaubsreisenden wenig.

Individuelles Fehlverhalten und Kriminalität machen deshalb keinen Bogen um den Archipel. Seit der Tourismus zunimmt, liest man Berichte von Diebstählen und Überfällen auf Reisende. Wie an anderen Touristenorten auch, konzentrieren sich die Täter vorwiegend auf Strände und Städte.

Aus **Boa Vista, Sal** und **Santiago** wird berichtet, dass Touristen an abgelegenen Plätzen oder nachts beraubt werden. Professionalität und Schwere der Überfälle haben mit dem Tourismusboom deutlich zugenommen.

In **São Vicente** kommen Gruppen sogenannter Straßenkinder hinzu, die auch tagsüber aktiv sind. Die Situation hat sich für die Reisenden verbessert, seitdem die Polizei deutlich mehr Druck auf die Banden ausübt.

Hoteliers wissen von **Beischlafdiebstählen** durch Gelegenheitsprostituierte. Die doppelt erleichterten Sextouristen beschweren sich nur selten bei der Polizei und nie öffentlich.

Von den **Seglern** geht die Mär, dass sie sich gegenseitig genauso heftig beackern, wie sie von außen bedrängt werden. Unbewachte Yachten werden schnell entdeckt und ausgeräumt.

Wenn wir die Kriminalität in Entwicklungsländern im Allgemeinen und in Cabo Verde im Besonderen bewerten wollen, kommen wir mit dem bestenfalls blauäugigen Argument, es sei doch „alles so schön" und „Mir ist bisher nie etwas passiert" so wenig weiter wie mit emotionalisierten Einzelfallbeschreibungen. Als **übliches Maß** krimineller Aggression in einer Gesellschaft werden die Morde pro Jahr pro 100.000 Einwohner gesehen. Morde werden recht zuverlässig erfasst und gehen erfahrungsgemäß parallel zur Häufigkeit von Körperverletzung, Raub und schwerem Diebstahl, sodass dieser Indikator Sinn macht. In Cabo Verde steht die Mordrate bei etwa 5 Fällen pro 100.000 Ew./Jahr, was dem Weltdurchschnitt entspricht. Den Finnen (0,6), Deutschen (1,2), Österreichern (2,1) und Amerikanern im ländlichen Vermont (0,7) erscheint das hoch. Den US-Amerikanern im Allgemeinen (6,7), Bürgern von New York (13) ist ein Gefährdungspotenzial wie in Cabo Verde bekannt, Bürger des ehemaligen Ostblocks (30) und Lateinamerikaner (30) fühlen sich zu Recht viel sicherer als zu Hause.

Urlaubsreisende verhalten sich nicht selten kritikschwach und vertrauensselig bis zur völligen Fahrlässigkeit. Dem liegt ein Wunschdenken zugrunde. Ein schöner Aspekt der Urlaubsfernreise liegt darin, in unbekannte Landschaften und Gesellschaften zu führen. Der Mangel an Zeit rechtfertigt, dass man Örtlichkeiten und Kultur nicht wirklich kennen lernen muss – insbesondere nicht die negativen Seiten. Man erlaubt sich, durch einen mitgebrachten Traum zu reisen, abzuschalten von den Sorgen zu hause und die Pro-

Buchtipps – Praxis-Ratgeber:
- Birgit Adam
Als Frau allein unterwegs
- Matthias Faermann
Schutz vor Gewalt und Kriminalität unterwegs
(beide Bände Reise Know-How)

bleme und Nöte rings um einen her nur oberflächlich wahrzunehmen. Sagen wir, das sei gut so, weil es erholsam ist. Der **gewollte Realitätsverlust** darf aber nicht so weit gehen, dass der Reisende nicht mehr wahrnimmt, dass mangelnde Orts-, Sprach- und Kulturkenntnis ihn zusätzlich gefährden.

Man muss auf Reisen bewusster auf sich aufpassen als zu Hause!

Die Statistiken stimmen mit unseren persönlichen Eindrücken aus Reisen in Afrika und Europa und mit daraus abgeleiteten Verhaltensregeln gut überein. In einsamen Berglandschaften des Allgäus genauso wie in Santo Antão hegt man keinen Grundverdacht – ohne dabei dümmlich distanzlos zu werden. Im städtischen Umfeld Cabo Verdes, einschließlich Sal und vor allem nachts, muss man ähnlich vorsichtig sein wie in einer europäischen Großstadt.

Etwas Umsicht ist angesagt, und es empfiehlt sich:

- nicht durch auffälligen Schmuck oder offen getragene Kameras Begehrlichkeiten zu wecken;
- gegenüber sich rasch aufdrängenden „Freunden", auch Europäern, Vorsicht walten zu lassen;
- einsame Plätze in und um Praia, Mindelo und Sal sowie in den nördlichen Landkreisen Santiagos nicht ohne kapverdianische Begleiter zu besuchen;
- nach einem Disco- oder Restaurantbesuch auch kurze Strecken mit dem Taxi zu fahren;
- Fotokopien von Pass und Reisedokumenten mit sich zu führen und die Originale im Hotel zu deponieren;
- Geld nur portionsweise von der Bank zu holen, im Hotelsafe zu deponieren und in der Geldbörse nur kleine Beträge zu haben;
- als Segler sich unverzüglich beim Hafenmeister anzumelden und das Boot nie unbewacht zu lassen;
- sich bei größeren Käufen (Immobilien) durch einen Rechtsanwalt vertreten zu lassen.

Viele Kapverdianer sind zur Ehrlichkeit erzogen, couragiert und hilfsbereit. Sollte man in Gefahr geraten, ist es völlig richtig, lautstark auf seine Not aufmerksam zu machen.

Als Frau allein hat man keine überhöhten Risiken zu befürchten und wird mit Hilfsbereitschaft, Würde und Respekt behandelt. Vergewaltigungen und der Missbrauch Jugendlicher werden als schwere Delikte angesehen und von Polizei und Gerichten konsequent verfolgt.

cv120 Foto: pr

Jesusfigur mit Naturhaarperücke

Sport und Freizeit

Wassersport

Cabo Verde mit seinen weiten Stränden und ganzjährig sonnigem Klima eignet sich hervorragend für Aktivitäten im und am Wasser: Surfen, Tauchen, Segeln und Schwimmen.

Das ganze Jahr über ist der Atlantik angenehm warm (22°C im Februar/März, 27°C im Sept./Okt.). In den Wintermonaten von Dezember bis März kann es zu heftigem Wind, Brandung und Strömungen und dadurch bedingten Beeinträchtigungen kommen.

Badesaison ist das ganze Jahr über, aber abseits von Sal, Boa Vista und Maio ist Cabo Verde **keine reine Badedestination** und auch auf den flachen Inseln eher ein Wassersport-Eldorado! Zwar gibt es immer mehr Strandhotels, doch die Infrastruktur rund um die Unterkünfte entwickelt sich weniger stürmisch, und mancher Gast sucht vergeblich nach den typischen Strandklischees wie schattige Palmen, Strandliegen, Snackbars und Eisdielen. Mitunter sind wir Badetouristen begegnet, deren Erwartungen enttäuscht wurden. Der Tenor der Klagen: Man verliere sich gelangweilt in der Isolation der Hotels, der Strand sei windig und ohne Schatten, und das Ausgehen am Abend beschränke sich auf lokale Kneipen. Gut informierte Reisende, die einen nicht zu „umtriebigen" und lauten Urlaub wünschen, genauso wie Aktivurlauber (Tauchen, Surfen, Segeln, Hochseefischen, Wandern etc.) finden hervorragende Bedingungen vor und kehren zufrieden nach Hause zurück.

Ideal für aktive Strandurlauber sind **Sal, Boa Vista** und **Maio,** wo Hotels und Pensionen an kilometerlange Sandstrände anschließen. Auf **Santiago** sind der quirlige Strand von **Tarrafal** und die einsamen Strände von **São Francisco** und **Praia Baixo** auch für ruhigere Naturen geeignet.

In **São Vicente,** am breiten Strand von **São Pedro,** erwartet das Hotel Foya Branca Strandgäste. Der Familienstrand von **Baía das Gatas** besitzt eine angenehme kleine Pension und auch **Calhau** hat eine komfortable französische Pension. Die Segler und Hochseefischer bleiben in **Mindelo.**

In **Santo Antão** hat sich **Tarrafal de Monte Trigo** mit der Pension Mar Tranquilidade für einige Tage Entspannung am Wasser qualifiziert. Alle anderen großen Strände sind schwer zugänglich und durchaus gefährlich.

São Nicolau besitzt weite Strände bei Tarrafal, die man in 20 Min. zu Fuß erreicht. Der schönste Strand, **Praia debaixo da Rocha,** liegt für die Lauffaulen zu weit ab, wird aber in folksfestartiger Stimmung an Wochenenden mit Fischerbooten besucht.

Grundsätzlich sollte man sich an den Stränden vor **heftiger Brandung** oder **Strömungen** in Acht nehmen. Der Gezeitenunterschied ist gering, aber die gezeitenabhängigen Strömungen sind

Tauchunterricht in Tarrafal de Santiago

kräftig. Der Fischreichtum bringt es mit sich, dass sich in den Gewässern **Haie** (Hammer-, Tiger-, Ammen- und Weiße Haie) aufhalten. Sie finden genügend Nahrung und sind nicht aggressiv. Gewöhnlich kommen sie nur an Steilküsten und Hafenmolen in unmittelbare Nähe des Landes.

Nacktbaden ist **vollkommen unüblich.** Es entspricht nicht den Moralvorstellungen der Bevölkerung. Selbst wenn Sie sich an einem einsamen Strandabschnitt wähnen, kommen ab und an Fischer vorbei.

Die **Sonne ist enorm stark,** und es gibt kaum natürlichen Schatten, sodass sich ausreichender Schutz empfiehlt und lange Sonnenbäder vermieden werden sollten.

Tauchen

Schon *Jacques-Yves Cousteau* beschrieb in seinem 1948 entstandenen Buch „Die schweigende Welt" das Tauchen rund um Cabo Verde als ein „überwältigendes Erlebnis". Die gebirgige Oberflächenstruktur der Inseln setzt sich unter der Meeresoberfläche mit **abwechslungsreichen Tauchgebieten in allen Tiefen** fort: steile Felswände, die von gelben Röhrenkorallen bewachsen sind, massive Felsformationen mit hohen Wänden und riesigen Blöcken, Höhlen, Grotten, Tunnels, Spalten und Riffe, schräg abfallende Lavageröllhalden. In einigen Gebieten, z.B. im Westen der Insel Boa Vista, dominiert reiner Sandboden. Ausgedehnte Korallenriffe gibt

Praktische Tipps A–Z

cv017 Foto: pr

es weder hier noch an der westafrikanischen Küste aber kleinere Gebiete mit reichem, teils saisonalem Vorkommen an Korallen in Höhlen und Grotten.

Das saubere Wasser hat eine **vielfältige und fischreiche Unterwasserfauna und -flora** begünstigt. Die Tauchgründe sind nicht ganz so bunt wie in reinen Tropengewässern, doch wurden mehr als 100 verschiedene Fischarten und unzählige Krebs-, Schnecken-, Muschel- und Schwammarten gesichtet. Als Besonderheit gilt das Vorkommen von Kaltwasser- und Tropenfischen am gleichen Ort. Kapitale Einzelexemplare und beeindruckende Schwärme können auch nahe der Küste beobachtet werden, doch sollte man sich davor hüten, den „Erfolg" der Tauchgänge ausschließlich an der Zahl der gesichteten Großfische zu messen. Es sind die Vielfalt der Arten, Formen und Farben und der gebirgigen Unterwasserlandschaften, das Tauchen in Cabo Verde besonders attraktiv machen.

Wracktauchen an archäologisch interessanten Stellen unterliegt strengen Bestimmungen und darf nur mit behördlicher Genehmigung erfolgen. In 560 Jahren sind viele Schiffe in kapverdischen Gewässern, die als archäologisch herausragende Grabungs- und Fundstätten gelten, gesunken. Das **Museu De Arqueologia** vermittelt einen bleibenden Eindruck der gehobenen, ungehobenen und geraubten Werte und sollte beim Besuch der Insel Santiago nicht unbeachtet bleiben.

Bei den leicht erreichbaren Wracks handelt es sich zumeist um kleinere Fischereischiffe und Frachter ohne historische Bedeutung.

Die **beste Tauchsaison** ist **zwischen April und November,** wenn der Nordostpassat weniger Wellen und Strömungen und auch weniger Trübungen im Wasser schafft. Die Strömungen wechseln mit der Tide und dem Wind, sodass Tauchausflüge kurzfristig entschieden werden müssen. Die Wassertemperaturen bis in 40 m Tiefe liegen recht konstant zwischen 18°C und 27°C.

Die Unterwasserwelt der Inseln bietet Taucherlebnisse für **alle Könnerstufen** – so man die Verhältnisse kennt. Tauchanfänger müssen sich unbedingt auf die Empfehlungen lokal erfahrener Tauchbasen verlassen, die sie zu strömungsarmen Plätzen für interessante Tauchgänge begleiten. Auch erfahrene Taucher sollten von unbegleiteten Tauchgängen Abstand nehmen.

In den 1990ern haben ausländische Taucher das Image des Tauchens durch Diebstahl an historischen Fundstätten und durch Harpunieren beschädigt, sodass Küstenwache und Zoll sich gezwungen sehen, regelmäßige Kontrollen vorzunehmen. In der Konsequenz bewertet der „Strategische Entwick-

Buchtipps – Praxis-Ratgeber:

Zu vielen sportlichen und Freizeitaktivitäten hält Reise Know-How nützliche Praxis-Ratgeber bereit, z.B.:

- Klaus Becker
Tauchen in warmen Gewässern
- Klaus Becker
Wracktauchen weltweit
- Gunter Schramm
Trekking-Handbuch

lungsplan Tourismus" das touristische Tauchen als umweltschädlich und rät von weiterer Entwicklung ab. Es liegt an den tauchenden Gästen, dieses Urteil zu entkräften, indem sie die **marine Lebenswelt achten und schützen.** Harpunieren ist verboten, und Lizenzen zum Langustentauchen erhalten nur Einheimische. Wenn Ihnen nachgewiesen wird, dass Sie etwas mitnehmen, auch wenn es nur kleinste Erinnerungsstücke sind, gibt es erhebliche Probleme. Nehmen Sie lediglich Fotos mit, und hinterlassen Sie ausschließlich Luftblasen!

Tauchreviere

Als herausragende Tauchreviere werden empfohlen:

Sal:

- **Baía da Murdeira:** Leicht zu erreichendes, attraktives Revier mit Felsblöcken, -spalten und spannenden Abschnitten für Schnorchler.
- **Choclassa:** Herrliches Tiefseeriff mit vielen Spalten, bedeckt von gelben Polypen. Außergewöhnliche Unterwasserwelt inkl. Thunfischen, Papagaien-, Trompetenfischen, Barrakudas, Stachelrochen. Herrlicher Tauchgrund für Fortschrittene.
- **Bero Preto:** Vorgelagertes Riffplateau mit Überhängen, Felsblöcken und -spalten. Viele Schwarmfische, Sandböden, guter Querschnitt durch Unterwasserfauna und -flora.
- **Lost Anchor:** Riffabfall mit Canyon, bewachsene Überhänge, Spalten und Blöcke.
- **Vienna Reef:** Außenriff mit großem korallenbewachsenen Block, sehr fischreich.
- **Grotten bei Palmeira:** In sich geschlossenes Grottensystem mit vier Eingängen, großen Hallen und Gängen mit Sandboden in mittlerer Tiefe mit vielen Krustentieren und schlafenden Rochen.
- **Buracona-Höhle:** Große Höhle, die sich in einem sonnendurchfluteten Raum mit spektakulärem Licht fortsetzt.
- **Trés grutas:** Geschlossene Grotten, relativ einfach zu betauchen mit ungewöhnlich großem Reichtum an Schwarmfischen, Langusten, Rochen und eventuell Schildkröten.

Boa Vista:

- **Ilhéu de Sal:** große Felsformationen und kleine Schluchten. Inmitten des Tauchplatzes ein kreisrunder Sandplatz, wo häufig Stachelrochen und Caretta-Caretta Schildkröten anzutreffen sind. An den Felswänden Schwärme von Rotaugenbarschen und Stachelmakrelen, meist auf der Flucht vor Thunfischen.
- **Baixa de Rincão:** Tauchplatz für Anfänger und Profis. Große Felsformationen, Kofferfische, Muränen, Langusten und riesige Schwärme begleiten den Taucher bis er inmitten eines Kraters abtaucht und durch einen Bogen in das tiefe Blau hinaufschaut.
- **Possom:** Riff, ideales Revier für Makrofotografen, Nacktschnecken in allen Variationen.
- **Atlántida:** Riesige Felsformationen auf einem Plateau mit Schwarmfischen. Begegnungen mit Großfischen sind keine Seltenheit. Muränen in allen Farben und Größen.
- **Estançinha:** Höhlen und Grotten, Langusten, Conger, Muränen warten in der Strömung auf ihre Beute. Aufgrund des felsigen Untergrundes herrscht hier meist gute Sichtweite.

- **Santiago** bietet hervorragende Tauchgründe, vor allem bei Tarrafal und Cidade Velha.

Tauchzentren

Nachstehend einige **Tauchbasen auf den Inseln.** Alle Basen sind eigenständig und nicht nur Hotelgästen zugänglich. Spezialveranstalter für Tauchreisen finden Sie weiter vorn im Kapitel „Reiseveranstalter".

Eine moderne **Druckkammer** zur Behandlung der Taucherkrankheit steht in Murdeira auf Sal, ist aber leider nicht zuverlässig in Betrieb.

- **Haider & Co. (ITOMA)**
Siehe im Kapitel „Reiseveranstalter".

● **King Bay – Dive Center Santiago**
Tarrafal, Santiago

Der Sportwissenschaftler *Emanuel Charles d'Oliveira (Monaya)* hat in Zusammenarbeit mit seinem Kollegen *Georg Bachschmid* im Aparthotel King Fisher (siehe „Unterkunft" in Tarrafal de Santiago) eine kleine, aber sehr feine, nach PADI-OWST lizensierte Tauchbasis auf der Ponta Atum eingerichtet. Gearbeitet wird intensiv mit kleinen Gruppen. *Monayas* Publikationen zur Geschichte der Seefahrt und des enormen archäologischen Reichtums der kapverdischen Unterwasserwelt weisen ihn als den erfahrensten Kenner und Verteidiger der subaquatischen Kulturgüter Kap Verdes aus.
Handy 9936407 (*Georg*, Sprachen: Portugiesisch, Deutsch, Englisch), Handy 9923050 (*Monaya*, Sprachen: Portugiesisch, Englisch, Französisch, Italienisch und Spanisch), Fax 2662260
www.divecenter-santiago.de

cv121 Foto: pr

● **Tauchzentrum Dunas do Sal**
Santa Maria, Sal, modernes Tauchzentrum beim gleichnamigen Hotel; Exkursionen zu nahezu allen Tauchplätzen der Insel.
Handy 9822645
www.hoteldunasdesal.com

● **Manta Diving Center**
Beim Hotel Belorizonte, Santa Maria, Sal, unter portugiesischer Leitung.
Sprachen: Portugiesisch, Französisch, Italienisch, Spanisch
Tel. 2421540, Fax 2421550
www.mantadivingcenter.com

● **Orca Diveclub Kapverden**
Beim Hotel Sab Sab Sal, unter deutscher Leitung, Schulung und Prüfungen nach PADI.
Sprachen: Deutsch, Englisch, Französisch, Spanisch, Italienisch
Tel. 2421302
www.orca-diveclub-caboverde.com

● **Pro Atlantic Dive Center**
Beim Hotel Sab Sab, Sal, zusammen mit Planet-Windsurf, unter deutscher Leitung, Schulung und Prüfungen nach PADI.
Sprachen: Deutsch, Englisch, Portugiesisch
Handy 9912914
www.cabo-verde.de

● **Cabo Verde Divers**
Beim Hotel Dajdsal, Santa Maria, Sal, unter erfahrener italienischer Leitung.
Sprachen: Italienisch und Englisch
Schulung und Prüfungen nach PADI.
Handy 9978824
caboverdediving@cvtelecom.cv

● **Scuba Caribe**
Das nach PADI ausbildende Tauch-Großunternehmen betreibt als offizieller Partner der RIU Hotels die größten Stationen auf Sal und Boa Vista. Umfangreiche Ausstattung, reichlich Personal und mehrere Boote erlauben Zeitpläne und Besuche bei verschiedenen Tauchplätzen, um auf diese Weise den Wünschen der Kunden entgegenzukommen. Bootsausflüge, Schnorcheln mit Begleitung, Moto-Quad Verleih.
PADI Gold Palm*****
Handy 9815335
www.scubacaribe.com

● **Scubateam**
Beim Hotel Morabeza, Sal, Santa Maria, unter italienisch-kapverdischer Leitung.

Sprachen: Portugiesisch, Französisch, Englisch, Spanisch, Italienisch
Schulungen und Prüfungen nach PADI.
Tel. 2421020, Fax 2421021
scubateam@wanadoo.fr

- **Submarine Dive and Kite Surf Center**
Sal Rei, Boa Vista, von *Rose* und *Atila Amaro.* Sehr kompetente und intensive Betreuung durch Instruktoren, die auf allen Meeren Erfahrungen gesammelt haben, Gruppengröße maximal 5 Personen.
Sprachen: Portugiesisch, Italienisch und Englisch
Handy 9924865

Wichtige Hinweise

Ein ärztliches Tauchsporttauglichkeits-Attest (nicht älter als ein Jahr), Krankenrücktransportversicherung und eine Haftpflichtversicherung (die Tauchen abdeckt) werden von den Tauchstationen verlangt.

Literaturempfehlungen

- *Debelius, Helmut*
Fischführer Mittelmeer und Atlantik
Hamburg 1998
- *Emanuel Charles d'Oliveira (Monaya)*
Cabo Verde na rota dos naufrág os
193 Seiten, reich bebildert, mit DVD. 2005; erhältlich im kapverdischen Buchhandel

Schnorcheln

In der Zeit von **April bis Oktober** gibt es genügend windarme Tage, um die Unterwasserwelt schnorchelnd zu erkunden. Doch auch an Tagen mit stärkerem Seegang finden sich von vorgelagerten Riffen und Inseln geschützte Buchten, beispielsweise Baía das Gatas auf São Vicente, Praia de Estoril und Praia das Gatas (Boa Vista), Ponta Preta (Maio), Tarrafal de Santiago, Salinas (Fogo) und Piscina (Brava), um nur einige zu nennen.

Windsurfen

Cabo Verde steht mit an der Spitze der **Weltklasse-Surfreviere für Fortgeschrittene** und Weltmeisterschaften. Winterreviere wie dieses mit Flachwasser, Wind und Superwellen gibt es nur wenige – und in fünf Flugstunden ab Europa kein weiteres.

Die Inseln bieten für die diversen Könnerstufen von allem alles: beständigen Wind, hohe Windstärken, traumhafte Flachwasserbedingungen, Speedpisten und Sideshores, zugleich schöne Dünungswellen, individuelle Brandungsreviere, glasklares, sauberes warmes Wasser, viel Sonne, lange feine Sandstrände. Aber: Wer zum Surfen nach Cabo Verde kommt, sollte zumindest schon mal auf einem Brett gestanden haben und einen Wasserstart beherrschen, um Spaß zu haben. Auch den Schotstart sowie das Halsen und Wenden sollte man können. Die Inseln sind **nur eingeschränkt zu empfehlen für absolute Anfänger.** Die Wellen von Sal haben selbst den aus Hawaii stammenden Windsurf-Profi *Josh Angulo* dazu verführt, sich hier niederzulassen und seither für Kap Verde zu starten. Im Februar 2009 wurde er an der Ponta Preta erneut Sieger dieser Etappe zur Weltmeisterschaft. Die wirklichen Gewinner dieser Weltmeisterschaft waren jedoch seine kapverdianischen Freunde, die Amateure *Mitú Monteiro, Titik Lopes* und *Djô Silva,* die zur Weltspitze der Profis aufschließen konnten. Von November bis Mai kommen die Freaks voll auf ihre Kosten: Der **Nordostpassat** weht mit bis zu 4–5 Beaufort und dreht auch gerne mal auf bis zu 8 Beaufort. Im Sommer und Spätsommer geht der Wind dann zurück, und es kann Flautetage geben. Das Beste am kapverdischen Wind ist weniger seine Stärke als seine hohe Beständigkeit.

Dem Zug der Zeit folgend, hat auch hier das **Kite-Surfen** das Windsurfen in der Beliebtheit bei den Kunden überholt. Wellenreiten wird von fast allen Zentren angeboten.

Die **Surfinseln** sind Sal und Boa Vista. Auch São Vicente bietet meisterliche Bedingungen, hat aber bisher keine Zentren mit Ausnahme des Verleihs beim Hotel Foya Branca in São Pedro und der schwimmenden Basis Itoma.

Die besten Surfreviere

- Das Hauptrevier liegt in der Bucht von **Santa Maria** im Süden der **Insel Sal.** Am kilometerlangen feinsandigen Strand liegen mehrere Surfstationen vor den Hotels. Der Passatwind kommt schräg ablandig von links und sorgt für perfekte Slalom/Wave-Slalom-Bedingungen. Vom Strand aus startet man in ein Freerider-Revier, in Strandnähe mit Glattwasser, weiter draußen mit kleinen Windwellen. Die lang gestreckte Bucht gibt ein sicheres Gefühl, und wer nicht zu weit hinaussurft, kommt bei Problemen schnell wieder an Land. Ab und zu erschwert eine Strandwelle Anfängern den Einstieg. Vor dem Belorizonte und Djadsal hat man freieren Wind als am Morabeza. Mit zwei Schlägen hart am Wind erreicht man den südöstlichsten Zipfel der Insel, hinter dem sich ein perfekter Speedstrip eröffnet. Wegen des Steinstrands kann man hier nicht anlanden.
- Ein weiteres gutes Surfrevier an der Südwestküste von Sal ist **Ponta Preta** (dt. Schwarzes Kap). Diesen Pointbreak (die Wellen biegen um eine Landnase herum) nennen Kenner einen der besten der Welt. Nur Profis sollten sich hier versuchen, denn wer von der Welle stürzt oder ins Weißwasser gerät, wird auf scharfe Felsen gespült. Ponta Preta ist erst ab 2,5 m Wellenhöhe fahrbar, da die Wellen sonst zu nahe an den Felsen brechen.
- Die **Bucht von Rife** ist für Welleneinsteiger die Alternative zu Ponta Preta. Man startet von einem Sandstrand ins Flachwasser der kleinen Bucht, die in Luv und Lee von Felsen gesäumt ist. Die Wellen, meist 1 m kleiner als in Ponta Preta, brechen nur an der rechten Spitze der Bucht. Hier kann man sich seinen persönlichen Schwierigkeitsgrad aussuchen. An beiden Wellenrevieren gibt es keine Infrastruktur.
- Auch **Boa Vista** hat herrliche Surfspots. An der **Praia Carlota** nahe Sal Rei liegt ein Revier, das für Anfänger und Wellenprofis gleichermaßen geeignet ist. Vor Surfstationen gibt es ein stehtiefes Anfängerrevier. Viel Glattwasser in der großen Bucht und die vorgelagerten Inseln bringen bei ablandigem Wind Sicherheit. Vom Strand an der Station erreicht man auch die Welle an der Hafeneinfahrt zum Abreiten und Springen. Links der Surfschulen läuft meist eine kleine Welle, auf der man perfekt das Wellenabreiten lernen kann. Etwas weiter in der Bucht, vor der italienischen Ferienanlage, liegt das Italian Reef für etwas erfahrenere Wellenfreaks. Etwa 2 km weiter draußen bricht die wohl höchste Welle Cabo Verdes. Achtung: Nur mit Begleitboot!
- Nördlich von Sal Rei an der **Praia de Cabral** bricht 300 m vor dem Ufer eine Rechtswelle. Sie klatscht in Luv auf ein trockenes Riff – bei Nordwestwind bis zu masthoch. Sie läuft erst ab 1,5 m Höhe und bricht dann hohl.
- Die Surfreviere **Ponta Antonia, Praia das Gatas, Oasis** liegen an der Nord- und Ostküste, die man mit ortskundigem Fahrer in ca. 1 Stunde Fahrt erreicht. Erstere sind starke Wellenreviere und nur Experten zu empfehlen. An der Oase ist ohne Wellengang das Surfen auch für Freerider interessant und es gibt hübsche Palmen am Strand.

Wenn Sie ein eigenes Brett mit nach Boa Vista nehmen wollen, so erkundigen Sie sich vorher bei Ihrer Fluglinie!

- Die Bucht von **São Pedro** auf **São Vicente** ist bekannt als Hochgeschwindigkeits-Revier. Hier wurde bereits eine Weltmeisterschaft in dieser Disziplin ausgetragen. Der Strand von **Topin** war Austragungsort eines europäischen Wettkampfs im Body-Surfen.

Surfstationen auf Cabo Verde

Sal:

• Josh Angulo
Surf Station und Surf Shop
Den Surf-Superstar *Josh Angulo* hat es von Hawaii nach Santa Maria verschlagen. Beim Hotel RIU betreibt er eine bestens ausgestattete Surfstation für Kite-Surf, Windsurf und Wellenreiten. Star- und Anguloboard mit *Ezzy Riggs*. Beim Hotel Sab Sab Sal ist eine zweite Station untergebracht. Mit *Josh* arbeiten die bestqualifizierten kapverdianischen Surf-Profis als Instruktoren. In der Rua 1 de Junho, mitten in Stª Maria, findet sich *Josh Angulos* Laden für Surfausstattung, Reparaturen und allem, was ein surfverliebtes Herz benötigt und schick ist.
Tel. 2429060-8235
www.angulocaboverde.com

• Club Mistral
Am Strand beim Hotel Belorizonte verschafft diese Station, wie die anderen Stationen von Santa Maria, unmittelbaren Zugang zur langen Flachwasserpiste (links schräg ablandig) der Bucht. Wen es nach mehr Welle gelüstet, der kann mit Speed hinausziehen zur Ponta do Leme Bedje. Ganzjährig geöffnet. Die komplette Palette an Mistral boards mit North-Star-Segeln steht zur Verfügung, und man kann die Ausrüstung wechseln.
Tel. mobil 9934799, www.club-mistral.com

• Club Natalie Simon Windsurfing Center
Bietet Neilpryde-Segel und Bretter von AHD, Bic und Tabou sowie Kite-Material von Takoon. Ausflüge zu anderen Spots mit eigenem Pick-up. Ganzjährig geöffnet. Unterkunft für einen Teil der Gäste in der Ferienwohnung „Villa Azul".
Santa Maria, Ilha do Sal,
Tel./Fax 2421592, Handy 9967706
www.windcaboverde.com

• Fun System – Viva Surf
Die ganzjährig geöffnete Station hat sich dem Hotel Sab Sab Sal angelehnt im Osten des Orts. JP und Nash boards und Neilpride Riggs, alle mit Carbonmast und die Nähe zu den Pisten der Ponta do Léme Bedje sind die besonderen Vorzüge der Station.
www.fun-systems.com

• Planet Windsurfing
Station beim Hotel Sab Sab Sal. Mit Fanatic und Goya boards, North-Segel und North-Kites liegt die Station im Wettbewerb um die beste Ausstattung gut im Rennen. Ausflüge zu anderen Spots werden organisiert. Wellenreiten, Boogie boards und, last but not least, die Sonnenliegen und Sonnenschirme sorgen für Abwechslung.
Tel. 0881/927710 (in Deutschland)
www.planetwindsurfing.de
www.surfreisen.de

• Surf Zone
Offizieller Partner der RIU Hotels in Santa Maria in Nachbarschaft des Ponta-Preta-Reviers. Die zweite Station liegt beim Strandrestaurant des Hotels Morabeza und gehört dem Beach-Club Morabeza an. Ganzjährig in Betrieb, perfekter Startpunkt auch für weniger Geübte.
Handy 9978804, 9827910
www.surfcaboverde.com

Boa Vista:

• Anguloshop
Surf-Shop am Flughafen.
www.angulocaboverde.com

• Boa Vista Wind Club
Surfen, Windsurfen, Kayak, Katamaran; an der Praia de Estoril. Ex-Surfprofi *François Guy* führt mit slowenischen Kollegen die gut ausgestattete Station. Mit Strandrestaurant. Ausflüge und Surfsafaris mit Übernachtung im Zelt.
Tel./Fax 2511036,
Handy 9953657
www.Boavistawindclub.com

• Fruits of Cabo Verde
Surf-Shop beim Boa Vista Wind Club und Restaurant Alisios.
Handy 9983514
www.fruitsofcaboverde.com

• Planet Windsurfing
Station beim Strandrestaurant Tortuga Beach an der Praia de Estoril, auch für Anfänger geeignet. Fanatic und Goya boards, North-Segel und North-Kites, Wellenreiten, Boogie boards. Sonnenliegen und Sonnenschirme

sind für Gäste frei und für Gäste der Hotels Cá Nicola und Estoril Beach Hotel günstiger.
Handy 9929386
www.planetwindsurfing.de
www.surfreisen.de

- **Surf Zone**
Offizieller Partner der RIU Karamboa Hotels an der Praia de Chave. Ganzjährig in Betrieb, Fanatic boards und North-Segel der jüngsten Generation
Handy 9978804, 9827910
www.surfcaboverde.com

- Von Mitteleuropa aus angebotene Surfreisen siehe im Kapitel „Reiseveranstalter".

Hochseefischen und Angeln

Cabo Verde ist eines der besten Reviere für Atlantic Blue Marlin; der größte Fang wog gute 550 kg. Außerdem fängt man hier den Weißen Marlin, große Wahoo, Gelbflossen- und Großaugenthun sowie Sailfische, Longbill- und Shortbill-Speerfische, Goldmakrelen, Schwertfische, Bonito, Dorade sowie als Beifang Tiger-, Hammer- und Riffhaie. Mit Ausnahme von Rekordfängen werden Schwert tragende Fische für die Forschung markiert und dann frei gelassen.

Die **Hauptsaison** für Hochseefischen ist von **Mai bis November.** Da die Fanggebiete sich jahreszeitlich verschieben können, sind teilweise Mehrtagestouren erforderlich.

Auf der Insel Sal gibt es eine hervorragende Wahoo-Fischerei weniger als 20 Minuten Bootsfahrt vom Dock in Santa Maria (beste Fangzeit von Juli bis Oktober). Erkundigen Sie sich in den Hotels.

cv018 Foto: pr

Sie können auch **lokale Fischer** fragen, ob und gegen welchen Unkostenbeitrag sie mit auf Fang gehen können. Machen Sie sich aber auf einiges gefasst, denn kapverdianische Fischersleute sind gut gegen hohen Seegang abgehärtet und die Boote winzig und voll. Oder beobachten Sie die Leute, die von der Küste oder Mole aus angeln, und versuchen Sie Ihr Glück wie diese mit Schnur und Haken.

Veranstalter

- Siehe im Kapitel „Reiseveranstalter".

Segeln

Nur langsam entdecken die deutschen Segler die Inselwelt Cabo Verdes. Segler schwärmen von den Gewässern des Archipels, von sternenklaren Nächten, einsamen Robinson-Buchten, in denen man tagelang alleine ist, und den vielen zu erkundenden Revieren. Der offene Atlantik zwischen den Inseln bietet angenehm kurze wie auch anspruchsvolle lange Distanzen. Meteorologisch herrschen gute Bedingungen im Nord-Ost-Passat.

Die Region ist **kein Gebiet für Anfänger,** denn es gibt Kreuzsee, manch stürmischen Wind und kaum Infrastruktur. Durch die Lage im Passatwindgürtel kommen 85% der **Winde** aus nordöstlicher Richtung mit Stärke 3 bis 5 Beaufort. Durch den Düseneffekt kann es zwischen den Inseln kräftig blasen. Den meisten Wind bis Windstärken über 9 Beaufort gibt es von November bis März. Die Sommermonate sind im Prinzip friedlicher, doch nicht frei von Überraschungen. Im Winter muss mit Harmattan gerechnet werden. Er bringt Sandstaub mit und kann die Sicht drastisch einschränken. Im Februar/März kann es auf dem Wasser kühl werden, sodass leichtes Ölzeug und Pullover benötigt werden.

Surfstation auf Boa Vista

Beim Segeln in Cabo Verde wird einiges an Können, **Pioniergeist und Improvisationstalent** verlangt. Der auch bei „schönem" Wetter dauerhaft starke Wind und Seegang, heftige Strömungen zwischen den Inseln, Sichtbehinderungen durch den Harmattan *(bruma seca),* eine Missweisung um die 13% West und wie Donner in die Segel schlagende Böen haben unvorsichtige Segler nicht nur Schot und Mast, sondern ihr Schiff gekostet. **Seemännische Vorsicht** ist geboten, um das große Segelerlebnis gefahrlos zu meistern.

Ältere Karten sind ungenau, insbesondere was die geografische Länge betrifft, weshalb die Navigation nach GPS (WGS84) ständig überprüft werden muss.

Von den fast 1000 Booten, die den Zentralatlantik von Ost nach West pro Jahr überqueren, starten immer mehr von Cabo Verde.

São Vicente war schon immer der meistfrequentierte Hafen. An den renovierten Landungsbrücken vor dem historischen Zollgebäude in **Mindelo** schließt sich auch die **einzige Marina mit 150 Liegeplätzen** an.

Ansonsten bleibt es dem Geschick der Skipper überlassen, sich Ankerbuchten zu wählen. Dies erfordert gute Vorkenntnisse und exaktes Studium der nautischen Informationen. Fast immer ist Ausborden erforderlich. Die **Versorgungslage** in São Vicente ist gut, doch für Törns zu den anderen Inseln sollte man für mehrere Tage Proviant, Wasser und Treibstoff an Bord zu haben.

Veranstalter

- **Luzmar Lda.**
Lutz Meyer-Scheel
- c\ *Krastins,* Ottostraße 8, 50823 Köln
Tel. 0171/5513500
- In Kap Verde: Handy 9972322
www.luzmar.com
Perfekt ausgerüstete Yachten für *bare boat* und *crewed charter* mit Rundum-Service von der Ankunft bis zum Abflug.
- **Trend Travel Yachting**
Salzburgerstraße 14, A-6300 Wörgl
Tel. 05332/3080, Fax 05332/73080-20
travel@trend-travel-yachting.com
- **BoatCV**
Mindelo, Handy 9915878
info@boat.cv
Kai Brossmann vertritt die in Mindelo aktiven Charterunternehmen, betreibt einen vollständigen Boots- und Yachtservice und bildet zum Yacht-Servicetechniker aus.

Karten und Revierbeschreibungen

- **Karten:** Engl. Seekarten BA 366, 367, 369. Alternativ: Imray-Sportbootkarten, portugiesische und deutsche Kartensätze. Handbuch: „Atlantic Islands", R. C. C. Pilotage Foundation by Imray Laurie Norie & Wilson. Bundesamt für Seeschifffahrt: vollständiger Kartensatz.
- **Bücher:** *André Mégroz, Kai Brossmann,* Kapverdische Inseln – Aktueller Nautischer Törnführer – mit GPS-Wegpunkten, 240 Seiten, 44 Ankerplätze und Häfen. Auch als gekürzte „Light-Version" in Deutsch, Englisch, Französisch und Italienisch. Eigenverlag.
www.segeln-kapverden.ch

Tennis

Tennisplätze, ausschließlich Hartplätze, finden sich in **großen Touristenhotels.** Anspruchsvollere Spieler bringen Schläger und Bälle mit. Der Wind erschwert das Spiel.

Golf

Auf Boa Vista und Santiago werden in den nächsten Jahren große Golfanlagen entstehen. Bis dahin werden sich die Golfer noch mit einfachen und wenig attraktiven 9-Loch-Golfplätzen auf Sandboden bescheiden müssen (Santiago und São Vicente).

Wandern

Die **gebirgigen Inseln Fogo, Santiago, Brava, São Nicolau** und besonders **Santo Antão** sind für den Wanderurlaub wie geschaffen. Die Berge sind von einem Netz traditioneller, teilweise kopfsteingepflasterter Maultierwege *(Caminhos vicinais)* überzogen, die bis vor wenigen Jahren die einzige Verbindung zu abgelegeneren Orten waren und auch heute noch mit Eseln und Maultieren begangen werden.

Die **Orientierung** kann durch die im Zenit stehende Sonne, ein Gewirr von Ziegenpfaden oder plötzlich aufkommenden Nebel schwierig werden, sodass man in jedem Fall einen exakten **Wanderführer,** dazu passende **-karten** und einen **Kompass** benötigt.

GPS (Global Positioning System) erleichtert die Orientierung, macht aber ohne Text und Karte keinen Sinn

cv019 Foto: pr

und ist als alleiniges Orientierungssystem zu verletzlich. Es ist die elegante Kür, keinesfalls die Pflicht der Orientierung. GPS-Wegepunkte zu unseren Wanderführern und -karten sind auf CD verfügbar, zusammen mit einem guten GPS-Programm (siehe im Anhang).

Wo es schwierig wird, beispielsweise auf der westlichen Hochebene von Santo Antão um den Tope de Coroa, auf der östlichen Halbinsel von São Nicolau oder zum Pico von Fogo, muss man auf einen **lokalen Führer** zurückgreifen. Mit Führer zu gehen bietet auch auf einfacheren Strecken den Vorteil, sich um weniger selbst kümmern zu müssen, Versorgungsmöglichkeiten mit unfehlbarer Sicherheit zu finden, Wissenswertes zu erfahren und per Handy ein Fahrzeug zur Abholung anfordern zu können.

Einzelwanderer, die dicht besiedeltes Gebiet verlassen wollen, sollten nach Begleitung oder einem Führer suchen, sonst könnte aus einem verstauchten Knöchel eine Katastrophe werden.

Noch sind die **Versorgungsmöglichkeiten eingeschränkt.** In abgelegenen Orten gibt es Läden mit dem Allernötigsten. So sollte man sich gut mit Proviant rüsten und **ausreichend Wasser mitnehmen.** In meinen Zeiten als Distriktsarzt auf Santo Antão habe ich jedes Jahr mindestens die Leiche eines

Dreimaster vor dem Monte Cara

Verdursteten aus dem Gebiet um den Tope de Coroa geholt. Die Berge in Cabo Verde sind wunderschön und technisch einfach für gut vorbereitete Bergwanderer, aber ohne jedes Verzeihen für fahrlässige Hüpfer. Zu den **Gefahren des Hochgebirges** kommen die **Gefahren der Wüste!**

Die Szenerie ändert sich ständig, nicht nur durch die Kontraste von Graten, Kämmen und Tälern, sondern auch mit der Tageszeit und Lichteinstrahlung. Vulkanologen, Geologen, Botaniker und alle Naturliebhaber kommen auf ihre Kosten. Es gibt **Touren in allen Schwierigkeitsgraden.** Bringen Sie angemessene Stiefel (siehe Kapitel „Ausrüstung“) und sehr viel Zeit mit. Die besten Wege sind gleichzeitig schön und anstrengend. Bei großzügiger Zeitplanung kommen der sportliche Ehrgeiz, Muße und Beschaulichkeit gleichermaßen zu ihrem Recht, und am Abend fällt man zufrieden in einen erholsamen Schlaf.

Santo Antão erscheint auf der Karte wie ein Zwerg, ist aber wegen der gewaltigen Taleinschnitte ein nur in mehreren Wochen zu bezwingender Goliath. Mehrtägige Touren sind für Gruppen ab fünf Personen nur über einen Veranstalter, für kleine Gruppen auch in individueller Planung, mit und ohne Führer möglich. In einigen Dörfern gibt es Pensionen, die denen in den Distriktstädten nicht nachstehen. Weiter in der Peripherie kommt man bei Familien unter einfachsten Bedingungen unter. Bevor ein Wanderer in die Nacht gerät, wird ihm immer und überall ein Bett angeboten, doch sollte man diese aus sozialer Verantwortung gebotene Gastfreundschaft nicht missbrauchen – oder sie wird verschwinden. In Pensionen oder bei Familien, die in den Wanderführern als Übernachtungsstellen für Gäste benannt sind, fragt man am besten am Vorabend nach dem Preis. Und man fragt die Hausherrin und nicht den Hausherrn, der häufig auch der traditionelle Chef der Gegend ist und für den es unangenehm ist, für seine Gastfreundschaft Geld zu nehmen. Dann zeigen Sie Ihre Dankbarkeit am nächsten Morgen, indem sie darauf bestehen, einen Beitrag leisten zu dürfen. Der Hinweis auf Schulmaterial überzeugt sofort. Auf der ganzen Welt haben Eltern den Eindruck, irrsinnig viel Geld für die Ausbildung ihrer Kinder zu zahlen,

Einige besonders lohnende Wanderungen (Zeiten ohne Anfahrt):

- **Abstieg von der Caldeira der Cova de Paúl in das Vale do Paúl** (Santo Antão, halber Tag, mittelschwer)
- **Küstenwanderung von Cha d'Igreja über Fontainhas nach Ponta do Sol** (Santo Antão, halber Tag, mittelschwer)
- **Weg von Ponta do Sol nach Fontainhas** und zurück (Santo Antão, 2 Stunden, leicht)
- **Aufstieg auf den Pico do Fogo** und zurück (Insel Fogo, halber Tag, anspruchsvoll)

Mit Anfahrt rechnen sie für alle diese Touren jeweils einen ganzen Tag ein.

Serpentinen an der Bordeira de Norte/Santo Antão

während sie das Geld für Alkohol und Zigaretten schneller vergessen. Geben Sie etwas weniger, als Sie in einer Pension gezahlt hätten.

Häufig schlafen die Gäste im Ehebett, die Eltern in den Kinderbetten und die Kinder auf der Strohmatte. Lassen Sie sich dadurch nicht beschämen. In Oberstdorf war das zu Beginn des Fremdenverkehrs auch nicht anders und Teil einer von beiden Seiten akzeptierten Strategie zur Entwicklung der ländlichen Ökonomie.

Freies Zelten ist zum einen nicht erlaubt, zum anderen unpraktisch in einem Land mit wenig Vegetation und ohne Oberflächenwasser.

Bitte achten Sie auf Natur und Umwelt! Entnehmen Sie keine Pflanzen oder Tiere und vermeiden Sie Müll.

Klettern und Canyoning

Reiseveranstalter, Sportkletterer und alpine Bergwanderer, die vor einem Klettersteig nicht zurückschrecken, müssen sich bewusst sein, dass **Risikosport** in einer Region ohne organisiertes Such- und Rettungssystem nur in sehr disziplinierten und geübten Gruppen unter qualifizierter Leitung verantwortbar ist. Hinzu kommt, dass der junge vulkanische Fels mit seinen weichen Tuffen und brüchigen Porphyren und Molas-

cv020 Foto: pr

sen nur an wenigen Stellen zum Klettern geeignet ist.

Fogo

Durch den Bau des **Klettersteigs über die Bordeira de Fogo** hat der Bergsport in Cabo Verde neue Impulse bekommen, und wir erwarten, dass der Naturpark von Fogo in kurzer Zeit zu einer Topdestination für Klettersteiggeher und Sportkletterer werden wird.

Die Profis von **blocSyndicate Aachen** haben gut 100 Sportkletterrouten und Boulder fürs „sommerliche Genussklettern in allen Schwierigkeitsgraden, rund ums Jahr" erschlossen und gesichert (www.blocsyndicate.com).

Auch der Einstieg in die 200 m lange **Eruptionshöhle am Monte Preto,** zuvor nur möglich durch Abseilen in eine allseits überhängende Kammer, wurde durch Seilleitern gesichert und vereinfacht (siehe im Kapitel zu Fogo).

Santo Antão

Canyoning und Klettern ist hier die Domäne des spanischen Bergführers *Eduardo Gómez* und seiner Agentur **CaboverdeNoLimits** (Ponta do Sol, Tel. 2251031, Handy 9979039, www.caboverdenolimits.com). Das Angebot umfasst geführte Bergwanderungen, Canyoning, Klettern, Quad-Verleih, Ausflüge im Geländewagen, eine Tauchbasis und Ausflüge mit Fischerbooten.

Mountainbiking

Die kleinen, in Wanderkarten üblicherweise grau oder gelb eingezeichneten Sträßchen, Wüstenpisten und Strandwege laden zum Mountainbikefahren ein, und es macht großen Spaß, weil man ähnlich direkten Kontakt zu Landschaft und Bevölkerung hält wie beim Wandern, aber munterer vorankommt. Schwieriger wird es auf den verkehrsreichen Verbindungsstraßen. Entweder gewöhnt man sich daran – wie jeder Radfahrer in Afrika –, vor heranbrausenden Autos beherzt in den Graben zu springen oder sein Bike auf das Dach eines Sammeltaxis zu verfrachten. Letzteres ist der bessere Kompromiss, weil man sich Zeit, Anstrengungen und Stress erspart zugunsten des Genussstrampelns an schönen Ecken.

Santo Antão ist die bisher einzige Insel mit einem professionellen Mountainbike-Verleiher. Der Umfang der möglichen Strecken reicht vom Ausflug auf Staubstraßen im Tal bis zur Fahrt von Porto Novo nach Tarrafal. Die bleibt jenen vorbehalten, denen 2000 Höhenmeter im Steinbruch noch immer ein Vergnügen bereiten. Downhill-Experten haben bereits spektakuläre Bilder von Hochrisikoabfahrten über steile Serpentinenwege veröffentlicht. Wessen Ego auch ohne dies in der Senkrechten bleibt, braucht auf Santo Antão nicht aufs Mountainbiken zu verzichten und findet in den kleinen Staubstraßen faszinierende Strecken.

Santiago ist ein spannendes und großes Revier, durchzogen von einer Vielzahl kleiner Straßen und Forstwege, das durch unsere neue Wanderkarte auch für selbstständig planende Wanderer erschlossen wird. Auf dieser Insel ist besondere Vorsicht mit Blick auf den Autoverkehr geboten!

Maio und **Boa Vista** bieten interessante Strecken, doch gibt es im Inselinneren kaum Übernachtungsmöglichkeiten für mehrtägige Touren.

São Nicolau ist von den geografischen Bedingungen mit seiner Mischung aus Gebirgs- und Flachstrecken die am besten geeignete Insel, ist aber wegen der seltenen Flugverbindungen noch unerschlossen.

Das **eigene Rad** mitzunehmen bedeutet, die gesamte Ausrüstung mitbringen zu müssen! Ein einfaches, stabiles und eigenhändig reparierbares Rad ist besser geeignet als ein superleichtes und kompliziertes! Problematisch ist auch der Transport, da Sperrgepäck im Flugzeug nicht immer gleichzeitig ankommt (siehe auch im Kapitel „Ausrüstung").

Auch Mountainbiker sollten nicht ohne ausreichende **Wasserreserve** für mindestens eine ungeplante Nacht losziehen. Auf Boa Vista, in völlig flachem Gelände, wurde bereits ein verdursteter Radler gefunden, sodass hiermit nicht zu spaßen ist!

Verleiher

- **Cabo Verde Bikes**
Ponta do Sol, Santo Antão, Tel. 2251526, Handy 9825059, www.cabo-verde-bikes.com. Leihfahrräder, Ersatzteile, Reparaturdienste und organisierte Touren.

Auf den flachen Inseln, in der Nähe der großen Hotels, gibt es Fahrräder für Ausflüge zu leihen, die aber höher gesteckten Ansprüchen nur selten genügen.

Strom

Stromspannung und Steckdosenform entsprechen der deutschen Norm mit 220 V, 50 Hz und Schuko-Steckdosen. Die Mitnahme eines Adapters ist nicht erforderlich.

Inzwischen sind fast alle Ortschaften am Netz. Die vielen Insellösungen mit kleinen dieselbetriebenen Stromgeneratoren auf den Dörfern werden zunehmend durch zentrale Kraftwerke ersetzt. Die Städte haben üblicherweise Strom rund um die Uhr, während auf den Dörfern um 23 Uhr oder Mitternacht abgeschaltet wird. **Stromausfälle sind häufig.**

Telefon und Post

Post

Postämter gibt es **auf allen Inseln und in allen größeren Orten Cabo Verdes.** Öffnungszeiten: werktags 8–12.30 und 14.30–17.30 Uhr.

Die **Beförderung** der Post ist **zuverlässig,** sowohl national als auch international. Ein Brief nach Europa benötigt eine bis zwei Wochen. Innerhalb der Inseln kann ein Brief je nach Insel zwischen zwei und acht Tagen unterwegs sein. Alle Post läuft über Praia.

Briefe gibt man **direkt auf den Postämtern** ab. Dort laufen sie durch die Frankiermaschine. Wenn Sie auf gestempelte Marken Wert legen, müssen sie diese kaufen und selbst kleben.

Die **Gebühren** nach Deutschland betragen für einen Luftpostbrief 80 CVE, für eine Postkarte 60 CVE.

Da die Post in Cabo Verde nicht ausgetragen, sondern von **Postfächern** abgeholt wird, muss jede Adresse in Kap Verde das Postfach (*Caixa Postal,* C.P.) vermerken.

Telefon

Die **Cabo Verde Telecom** ist in portugiesischem Besitz und unterhält ein **flächendeckendes Netz** bis ins letzte Dorf. So lange sich kein Tintenfisch in eines der Unterseekabel verliebt, sind auch Ferngespräche dank digitaler Technik glasklar.

Hotels verlangen wie in Europa Aufschläge auf den Minutenpreis. Auf den Postämtern werden mindestens drei Minuten abgerechnet. **Telefonzellen mit Kartentelefon** sind für Ferngespräche freigeschaltet, es wird im Sekundentakt abgerechnet. In alle Welt kostet die Minute bei der CV-Telecom 90 Cent, in Cybercafés und Telefonbuden werden Telefonate über das Internet für etwa 30 Cent angeboten.

Von Europa entgeht man den nicht weniger „herausragenden" Preisen der Telecom durch **Billig-Vorwahl-Dienste** ab ca. 0,18 Euro ab Deutschland und 0,23 Euro ab Österreich.

Bedenken Sie den **Zeitunterschied** von 3, im Winter 2 Stunden.

Kleine Kunstwerke

Für den **Briefmarkenfreund** ist Cabo Verde ein schönes Sammlerland. Die erste Marke der Republik Cabo Verde war die Ausgabe **„Independencia"** (Unabhängigkeit) am 19. Dezember 1975. Die Marke war ein Überdruck des Wertes 1 Escudo der Serie „500. Geburtstag von Pedro Alvarez Cabral", die Cabo Verde als portugiesische Überseeprovinz am 22. April 1968 ausgegeben hatte. *Cabral* war portugiesischer Seefahrer und gilt als der europäische Entdecker Brasiliens.

1973 besuchte der international renommierte österreichische Künstler **Friedensreich Hundertwasser** die Inseln. Seine Liebe zu Cabo Verde fand ihren Niederschlag in der Schaffung der Briefmarke „Vapor" (Dampfer). Im Rahmen der österreichischen Entwicklungshilfe für Cabo Verde wurde die Hundertwasser-Briefmarke von der Österreichischen Staatsdruckerei im hochwertigen Raster- und Stichtiefdruck produziert. *Wolfgang Seidel,* der schon alle anderen Hundertwasser-Marken gestochen hat, fertigte auch diesmal den Stahlstich. Die Vapor hat den Nennwert 30 Escudos (als Überdruck) und wurde in zwei Farbvariationen herausgegeben. Zusätzlich ist die Marke im Block zu 4 x 50 Escudos erschienen. Auch viele andere kapverdeanische Marken wurden in Österreich gedruckt.

Cabo Verde legt regelmäßig neue Serien auf mit Motiven aus Fauna, Flora, Geschichte, Politik und Sport. Philatelisten finden diese und Sondermarken am Sonderschalter „Filatelia" auf den Postämtern von São Vicente und Praia. Die Masse der Briefe und Postkarten läuft heute durch Freistempelmaschinen, doch auf Wunsch bekommt man auf jeder Post und an den Kiosken der Touristeninformation auch Marken.

- **Internet:** www.caboverde.com/images/cv-stamp.htm

Im Gebrauch von **Handys** zeigt die kapverdianische Kultur ihre romanischen Wurzeln. Wie in Italien klingelt und piepst es in jedem Café und in jeder Arbeitssitzung – und keinen stört es. Besitzer eines D2-, e-plus- oder Swisscom-Vertrages dürfen sich dank ihrer Roaming-Verträge, an denen sich weitere Gesellschaften wie Orange und Sunrise beteiligen, dem Treiben anschließen. Für aus Europa empfangene Gespräche fallen etwa 0,70 Euro pro Minute an, Gespräche nach Europa kosten rund 5 Euro/Min.

Günstig erreichbar bleiben

Die mit Abstand praktischste und günstigste Methode ist, ein preiswertes Mobiltelefon (Dual-Band oder GSM 900 MHz) mitzunehmen und in Cabo Verde eine **Prepaid-SIM-Karte** zu kaufen, wie sie an jedem Kiosk, an Tankstellen und in Gemischtwarenläden zu Preisen ab 200 CVE angeboten werden. Das Guthaben wird über *Cartões de Recarga* erneuert. Aus dem Ausland empfangene Gespräche verursachen keine weiteren Kosten, und über die Weitergabe der Telefonnummer (per SMS) bestimmt man selbst, wer einen anrufen kann und wer nicht. Sollte das alte Handy unerwartet einem neuen Besitzer „zulaufen", hält sich der Verlust in Grenzen.

Buchtipp – Praxis-Ratgeber:
- Volker Heinrich
Handy global
(REISE KNOW-HOW)

Trinkgeld

In Restaurants, Cafés und Bars wird Trinkgeld gehandhabt wie in Europa. Es sind **etwa 10%** üblich, und je nach Zufriedenheit dürfen es mehr oder weniger sein. Wir geben immer etwas Trinkgeld, auch wenn es einen handfesten Grund zur Beschwerde geben sollte. In diesem Fall bitten wir um das Beschwerdebuch *(Livro de reclamações)* oder sprechen mit dem Besitzer. Es geht nicht an, das schwächste Glied der Ket-

Vorwahlen:
- **von Cabo Verde nach**

Deutschland:	0049
Österreich:	0043
Schweiz:	0041
Niederlande:	0031
Frankreich:	0033

- **von Europa nach Cabo Verde: 00238**

Innerhalb Cabo Verdes gibt es **keine speziellen Vorwahlen** für Inseln oder Städte, diese sind bereits in der siebenstelligen Telefonnummer enthalten. So beginnen (mit einigen Ausnahmen) die **Telefonnummern der Insel** mit:

Boa Vista	251, 252
Brava	285
Fogo	281, 282, 283
Maio	255
Sal	241, 242
Santiago	260, 264, 265, 266, 267, 268, 269, 271, 273
Santo Antão	221, 222, 223
São Nicolau	235, 236
São Vicente	230, 232

- **Handy-Nummern beginnen mit einer „9".**

te abzustrafen; leider drücken sich nicht wenige Unternehmer vor den Sozialabgaben, und Trinkgelder sind die einzige Einnahme der unversicherten Mitarbeiter(innen).

Unterkunft

Hotels der Oberklasse in den vom Tourismus bevorzugten Orten werden in ihrer Ausstattung internationalen Standards gerecht. Bei den **Strandhotels** handelt es sich meist um Bungalowanlagen mit Meer- oder Süßwasserswimmingpool und Sportanlagen. Das lokale Sternesystem ist nicht mit internationalen Systemen vergleichbar.

Pensionen (*Pensão* oder *Residencial*) sind wesentlich preiswerter, auch wenn einige den Komfort von Hotels erreichen. Die letzten kleinen Pensionen aus der Kolonialzeit mit Bad und Toilette außerhalb des Zimmers *(Casa de banho comun)* und Frühstück in der Wohnstube sind kurz davor, ins Museum abzuwandern. Überall entstehen neue, wo eigene Duschen und WC *(Casa de banho privativo)* mit Warm- und Kaltwasser zum Standard zählen.

Privatzimmer sind preiswert, schlicht eingerichtet und in der Regel sehr sauber. Sie bieten oft das bessere Frühstück, während man ein kapverdianisches Abendessen nur auf Vorbestellung bekommt. Wer auf familiäre Atmosphäre Wert legt, wird hier besondere Herzlichkeit und Gastfreundschaft erleben.

Frühstück ist meist im Preis eingeschlossen. Wanderer, die frühmorgens losgehen wollen und Gäste, die lieber ein Frühstück auswählen, als das zu essen, was für den Wirt am billigsten ist, ziehen das gesondert zu bestellende Frühstück vor.

Wasser ist ein wertvolles und rares Gut auf Cabo Verde. Wassersparen ist oberstes Gebot für den Gast! Überprüfen Sie beim Besichtigen von Zimmern, ob Wasser aus dem Hahn kommt, und schließen Sie ihn wieder fest, damit nicht wenig später die Überschwemmung einsetzt.

Insekten, Mücken, Kakerlaken oder **Spinnen** sind seltene Mitbewohner, denen man nicht mit Hysterie begegnen sollte. In einem wenig hygienischen Umfeld ist auch ein reinlicher Haushalt nicht völlig vor Kakerlaken gefeit. Wenn Sie sich selbst nicht trauen, bitten Sie die Vermieter, das Tierchen hinaus zu befördern. Ein **Gecko** im Zimmer ist begrüßenswert, da er Fliegen frisst.

Übernachtungspreise für Einzelzimmer *(Quarto de solteiro)* liegen 15% bis 30% unter denen von Doppelzimmern *(Quarto duplo)*. Die in diesem Buch angegebenen Preise sind Preise pro Zimmer und nicht pro Person.

Instrumentenbauer Luis Baptista in seiner Werkstatt in Monte Sossego (Mindelo/São Vicente)

cv119 Foto: pr

Reservierungen sind für die Insel Sal immer zu empfehlen. Andernorts wird es zu den Ferienzeiten, zu den traditionellen Festen und zum Karneval eng. Auch sollte man für den Ankunftstag und den Tag der Abreise ein Zimmer vorreservieren, da die Termine festliegen und die Zimmersuche mitten in der Nacht schwierig und teuer ist.

Dauergäste, die mehrere Wochen oder Monate an einem Ort bleiben werden, können versuchen, eine leer stehende Wohnung von Emigranten zu mieten. Einige Pensionen räumen Sonderpreise ein.

Camping ist in Cabo Verde **nicht möglich.** Jedes Stück Land, und sei es scheinbar ungenutzt, hat seinen Besitzer. Wer frei campt, steht auf fremdem Eigentum, wer im Grünen campt, tut das vermutlich in der Saat des nächsten Bauern.

Wäsche waschen zu lassen ist unproblematisch, denn jede Rezeption hat entweder jemanden aus dem eigenen Personal oder in der Nachbarschaft, der dies gerne übernimmt. Wäschereien in Praia und Mindelo sind eher auf Großkunden ausgerichtet.

Unsere **aktuelle Unterkunftsliste** im Internet unter www.bela-vista.net/Hotel-Kapverde.aspx und bei den Ortsbeschreibungen in diesem Buch.

Zeitunterschied

Winterzeit in Europa

November bis März: Stellen Sie bei Ankunft Ihre Uhr um 2 Stunden zurück.

Sommerzeit in Europa

April bis Oktober: Stellen Sie bei Ankunft Ihre Uhr um 3 Stunden zurück.

Zoll

Unter Mitarbeit von *Elfi H. Gilissen*

Zollfrei eingeführt werden dürfen: 200 Zigaretten oder 250 Gramm Tabak, 100 Zigarillos oder 50 Zigarren, 1 Liter Wein oder 2 Liter Bier, ¼ Liter Spirituosen.

Gegenstände, die **für den persönlichen Bedarf** des Reisenden bestimmt sind, wie Kleidung, Wäsche, Schuhe, Toilettenartikel, Fotoapparate und/oder Videokamera mit Filmen oder Leerkassetten, Sportgeräte usw., können ebenso zollfrei eingeführt werden.

Lebende Tiere: Es ist ein amtstierärztliches Gesundheitszeugnis erforderlich. Hunde müssen mit Chip identifizierbar sein und ein aktuelles Tollwutimpfzeugnis (englisch) vorweisen. Die Regeln genau zu beachten erspart beim Wiedereintritt in die EU Stress für Hund und Herr und erhebliche Kosten.

Blumen und Pflanzen sowie (unversiegeltes) Saatgut dürfen nur mit schriftlicher Genehmigung eingeführt werden. Diese Maßnahme soll verhindern, dass weitere Pflanzenschädlinge nach Cabo Verde eingeschleppt werden.

Ausfuhr: Souvenirs und Artikel ohne kommerziellen Wert dürfen in unbegrenzter Menge ausgeführt werden. Die Einfuhr von Souvenirs aus Schildplatt oder anderen geschützten Arten ist in Kap Verde und Europa strafbar (Artenschutzabkommen).

Die Ein- und Ausfuhr der Landeswährung Escudo ist nicht gestattet. Devisen unterliegen keiner Beschränkung.

Bei der Rückeinreise müssen **auf europäischer Seite Freigrenzen, Verbote und Einschränkungen** beachtet werden, um eine böse Überraschung am Zoll zu vermeiden. Folgende **Freimengen** darf man zollfrei einführen:

- **Tabakwaren** (über 17-Jährige in EU-Länder und in die Schweiz): 200 Zigaretten oder 100 Zigarillos oder 50 Zigarren oder 250 g Tabak.
- **Alkohol** (über 17-Jährige in EU-Länder): 1 l über 22 Vol.-% oder 2 l bis 22 Vol.-% und zusätzlich 4 l nicht-schäumende Weine und 16 l Bier; (in die Schweiz): 2 l (bis 15 Vol.-%) und 1 l (über 15 Vol.-%)
- **Andere Waren für den persönlichen Gebrauch** (über 15-Jährige): nach Deutschland 500 g Kaffee, nach Österreich zusätzl. 100 g Tee, (ohne Altersbeschränkung): 50 g Parfüm und 0,25 l Eau de Toilette sowie Waren bis zu 430 Euro. In die Schweiz Waren bis zu einem Gesamtwert von 300 SFr pro Person.

Wird der Warenwert von 430 Euro bzw. 300 SFr überschritten, sind **Einfuhrabgaben** auf den Gesamtwert der Ware zu zahlen und nicht nur auf den die Freigrenze übersteigenden Anteil. Die Berechnung erfolgt entweder pauschal oder nach dem Tarif jeder einzelnen Ware zuzüglich sonstiger Steuern.

Einfuhrbeschränkungen bestehen u.a. für Tiere, Pflanzen, Arzneimittel, Betäubungsmittel, Feuerwerkskörper, Lebensmittel, Raubkopien, verfassungswidrige Schriften, Pornografie, Waffen und Munition; in Österreich auch für Rohgold und in der Schweiz auch für CB-Funkgeräte.

Nähere Informationen:

- **Deutschland:** www.zoll.de oder beim Zoll-Infocenter, Tel. 069/469976-00
- **Österreich:** www.bmf.gv.at oder beim Zollamt Villach, Tel. 04242/33233
- **Schweiz:** www.ezv.admin.ch oder bei der Zollkreisdirektion in Basel, Tel. 061/2871111

cv082 Foto: pr

Land und Leute

cv083 Foto: pr

cv021 Foto: pr

Rui Vaz, Santiago:
Rückkehr von der Quelle

In der Markthalle von Mindelo

Käsen in Lagoa (Santo Antão)

Geografie

Der Archipel umfasst zehn größere Inseln, von denen neun bewohnt sind. Hinzu kommen fünf kleinere, unbewohnte Inseln. Die **Gesamtfläche von 4033 km²** ist kleiner als die des Ruhrgebiets (4973 km²), immerhin größer als Mallorca (3411 km²), aber nahezu verschwindend in der Weite des Atlantiks (106.570.000 km²).

Geografisch gehören die Inseln zu Afrika und mit den Azoren, Madeira und den Kanaren zur **Inselgemeinschaft Makkaronesien** (deutsch: Inseln der Glückseligkeit).

Das Gebiet liegt zwischen 14°48′ und 17°12′ nördlicher Breite sowie zwischen 22°41′ und 25°22′ westlicher Länge im Atlantik. Zum Vergleich: Der 16. nördliche Breitengrad läuft auf seinem Weg um die Weltkugel auch durch Guadeloupe (Karibik), Acapulco (Mexiko), Hawaii und Goa (Indien).

Die **Entfernung der Inseln von Deutschland** beträgt rund **5000 km,** sie liegen ca. 1700 km südlich der Kanarischen Inseln und etwa 3600 km östlich der karibischen Inseln. Die kürzeste Entfernung zum afrikanischen Kontinent beträgt 460 km von Boa Vista zum senegalesischen Cap Vert (grünes Kap). Der Name **Ilhas de Cabo Verde** für die wüstenhaften Inseln war seit jeher verwirrend. Er beruht darauf, dass sie „vor dem grünen Kap" angetroffen wurden.

Die Inseln formen ein nach Westen offenes **Hufeisen** mit Santo Antão im extremen Norden und Brava im Süden. Romantischere Naturen sprechen von einer zerrissenen Halskette. Der Bogen umspannt ein Gebiet von rund 300 km Nord-Süd- und 250 km West-Ost-Aus-

Insel/Fläche (in km²)/höchste Erhebung (in m)

Santiago	991	Pico d'Antonio (1392)
Santo Antão	779	Tope de Cora (1979)
Boa Vista	620	Monte Estançia (390)
Fogo	476	Pico de Fogo (2829)
São Nicolau	349	Monte Gordo (1304)
Maio	269	Monte Penoso (436)
São Vicente	227	Monte Verde (750)
Sal	216	Monte Grande (406)
Brava	64	Monte Fontainha (976)
Santa Luzia	29	Monte Grande (395)
Razo	7	164
Branco	3	Tope de Verca (327)
Grande	2	Monte Grande (96)
Cima	1,15	Monte do Ilheu de Cima (77)
Luis Carneiro	0,22	

dehnung. Die Größe der bewohnten Inseln differiert zwischen 991 km² (Santiago) und 64 km² (Brava). Die **höchste Erhebung des Archipels** bildet der **Pico de Fogo** mit **2829 m.**

Bezogen auf den **Nordostpassat** werden die „Inseln über dem Winde", Barlavento, und die „Inseln unter dem Winde", Sotavento, unterschieden. **Barlavento:** Santo Antão, São Vicente, São Nicolau, Sal, Boa Vista, sowie die unbewohnten Inseln Santa Luzia, Branco und Razo; **Sotavento:** Maio, Santiago, Fogo, Brava, sowie die unbewohnten Inseln Ilhéu Grande und Ilhéu de Cima.

Entstehungsgeschichte

Die Entstehung Cabo Verdes ist, wie die der anderen Archipele Makkaronesiens, durch das **Auseinanderweichen der Kontinentalplatten** zu verstehen. Noch heute driften die Amerikanische und die Afrikanische Platte mit einer Geschwindigkeit von etwa 2,5 cm pro Jahr auseinander. In den entstehenden Spalt fließt aus dem Erdinneren beständig glühendes Magma ein. Es gleicht den frei werdenden Raum mehr als nur aus und wirft einen **mittelozeanischen Rücken** auf. Der in Nord-Süd-Richtung verlaufende mittelatlantische Rücken besitzt einen Ausläufer nach Osten, die Kapverdenschwelle. Sie unterteilt den rund 5000 m tiefen Meeresboden. Im Norden liegt das Kanarische, im Süden das Kapverdische Becken.

Der zähplastische, etwa 400 km dicke Erdmantel ist von Magmakanälen durchzogen und bildet an schwachen Stellen oberflächennahe Magmakammern *(Plumes)*. Wenn Gasansammlungen in diesen, unter gewaltigem Druck stehenden Kammern die darüberliegenden Schichten aufbrechen, festes und flüssiges Gestein mit sich reißen, dann beobachten wir unterseeische oder auch überseeische **Vulkanausbrüche,** wie zuletzt auf Fogo im Jahr 1995.

Vulkankegel, die die Meeresoberfläche nicht erreichen, werden als **Seamounts** bezeichnet. **Riffe** liegen knapp unter oder auf Meereshöhe und setzen sich unter Wasser in respektablen 4000–5000 m hohen Gebirgen fort. Vulkaninseln wie Fogo, könnte man die unterseeischen Anteile sehen, erreichen Himalaya-Dimensionen mit Höhen von 7000–8000 m über dem Kapverdischen Becken.

Cabo Verde stützt sich auf **drei größere Sockel:** Der Seamount Nola und die Inseln Santo Antão, São Vicente, Santa Luzia und São Nicolau stehen auf dem nördlichen Sockel, Sal, Boa Vista, Seamount Boa Vista, das Riff João Valente, Maio und Santiago auf einem östlichen Sockel, dem sich noch der Seamount Senghor im Nordosten vorlagert. Brava und Fogo teilen sich einen kleineren Sockel mit dem Seamount Cadamosto. Es erstaunt nicht, wenn vulkanische Aktivitäten auf Fogo als Erdbeben auf Brava miterlebt werden.

Die Kapverden haben sich vor etwa 135 Mio. Jahren aus dem Meer erhoben, weitaus früher, als die in ihrer Entstehungsgeschichte ähnlichen Kanarischen Inseln (32 Mio. Jahre). Dies war der Beginn der Kreidezeit, und über dem vulkanischen Meeresgrund im Bereich der Inseln lagerte sich **fossilien-**

haltiger Kalk ab, für fossilienbegeisterte Geologen ein reich gedeckter Tisch.

Vor rund 26 Mio. Jahren, im Jungtertiär, folgte eine weitere Phase heftiger Vulkanaktivitäten. Sie hoben die Inseln an, durchstießen die Kalkschicht und bauten Schildvulkane mit imposanten Basaltschichten über ihnen auf. Danach kamen die östlichen Inseln Sal, Boa Vista und Maio zur Ruhe. Sie hatten den Ausgangspunkt ihrer heutigen Gestalt erreicht und wurden seither fast nur noch duch Erosion verändert.

Die westlichen, gebirgigen Inseln hingegen blieben **vulkanisch aktiv,** und die Phasen der Erosion durch Wasser und Wind konnten die Produkte der Eruptionsphasen und aufbauenden Kräfte nur zum Teil abbauen. Auch die leichtesten Tuffe und Schlacken finden sich weitgehend unverändert an der Oberfläche.

Geologie, Vulkanismus und Oberflächenstruktu

Östliche, flache Inseln

Auf den ältesten Inseln **Sal, Boa Vista und Maio** ragen Hügel bis rund 400 m Höhe auf. Dazwischen liegen flache Trockentäler. Die Berge sind nicht hoch genug, um den Passatwolken Niederschläge abzuringen, ihre Vegetation ist äußerst spärlich. Der Harmattan weht gelben Sand aus der Sahara herüber und überzieht die Küstenlinien mit langen feinsandigen **Stränden.** Der Nord-Ost-Passat lässt **Dünen** quer über die Inseln wandern, die im Satellitenbild als von Nordost nach Südwest verlaufende helle Streifen die Inseln durchziehen.

Westliche, gebirgige Inseln

Santo Antão, Santiago, São Vicente, São Nicolau, Fogo und Brava weisen Höhen zwischen 1000 und 3000 m mit teilweise extrem hochgebirgigem Oberflächenrelief auf.

Aus der Entfernung ist der **Pico de Fogo** als einzeln stehender, kreisrunder Kegelvulkan die imposanteste Erscheinung. Halbmondförmig stehen die Felsen der **Bordeira** über der **Chã das Caldeiras,** einem Kessel von gut 9 km Durchmesser. In ihr baut sich wie ein Vulkan auf dem Vulkan der grauschwarze Pico auf, mit **2829 m** nur wenig höher als die Bordeira und die höchste Erhebung des Archipels.

Die anderen gebirgigen Inseln sind durch das **Nebeneinander von jungen Vulkankegeln** und tiefen Tälern mit hohen Felswänden gekennzeichnet. Auf Santo Antao ist die Landschaft streng in schluchtartige Täler und die Hochebenen gekammert, die den Straßenbauern Meisterleistungen abverlangen, um sie zugänglich zu machen. Auf Santiago ist die Landschaft eher mittelgebirgig, weniger abweisend, felsig und durchlässiger für Wege und Straßen.

Calderen (port. *caldeiras vulcánicas*), kreisrunde oder leicht elyptische Kessel vulkanischen Ursprungs, finden sich auf allen bewohnten Inseln und werden gerne von Reisenden besucht, wie Pedra de Lume auf Sal und die Cova de Paúl auf Santo Antão. Auch der große Naturhafen von São Vicente, der Porto Grande, befindet sich in einer Caldeira, deren Boden unter dem Meeresspiegel liegt. Die Einsturzcalderen sind meist deutlich größer und tiefer als der trichterförmige Krater, aus denen sie entstanden. Hohlräume im Zentrum des Vulkangebäudes, eine entleerte oberflächennahe Magmablase, Eruptionskanäle und poröses Gestein ließen den Kraterboden dieser Einsturzcalderen absacken.

Lavatunnel entstehen, wenn die oberen Schichten eines Lavastroms abkühlen und erstarren, während die Lava im Inneren flüssig bleibt und weiterfließt.

Eruptionshöhlen im Vulkangebäude sind dann anzutreffen, wenn Eruptionskanäle nicht mit Magma gefüllt zurückblieben. Sie verlaufen teils senkrecht wie Schächte, teils nahezu waagerecht, wenn ein Kanal seinen Ausgang zur Flanke eines Vulkankegels fand. Ähnlich wie in Besucherhöhlen der Kalkgebirge folgen auch in vulkanischen Höhlen weite Säle auf enge Gänge und hohe Dome. Am Pico pequeno und am Monte Preto in der Chã das Caldeiras auf Fogo ist der Einstieg durch Leitern erleichtert worden.

Vulkanische Gänge (port. *filões*) erheben sich wie von Menschenhand geformte bizarre Mauern aus dem Boden. Sie entstehen, wenn vulkanische Kräfte die Oberfläche anheben und aufbrechen. In die Bruchspalten schießt flüssiges Magma ein, das unter Luftabschluss langsam zu hartem Gestein abkühlt. Die umgebenden weichen Tuffe und Schlacken werden schneller abgetragen, während die filões stehen bleiben.

Die Flanken der großen Schichtvulkane Cabo Verdes sind ungewöhnlich steil und dadurch instabil. Teile der Hänge gerieten als **Rutschungen** in Bewegung. Die gesamte Nord-Ost-Flanke des Urvulkans Fogos, einschließlich des Gipfels, ging als gigantischer Bergrutsch nieder.

Ribeiras, Trockentäler in ganz verschiedener Form von extrem engen V-Schluchten bis hin zu breiten U-Tälern mit ausgeprägter Hangschulter, ziehen in einen häufig breiteren Mündungsbereich aus Geröll und grobem Schotter und wenig Sand. Nur ausnahmsweise erhält sich ein ganzjähriges kleines Rinnsal wie in der Rª da Torre und der Rª de Paúl auf Santo Antão. Dennoch kann sich auf der Luvseite der gebirgigen Inseln bewässerte Landwirtschaft halten und aus Quellen und dem Grundwasser in den Ribeiras speisen. Wo große Trockentäler ins Meer münden, haben sich zumeist Ortschaften angesiedelt.

Kesseltäler erreichen in der wilden Berglandschaft Santo Antãos beeindruckende Tiefen. Teils sollen sie von großen Einsturzcalderen ausgegangen sein wie die Rª das Patas oder die Rª de Paúl.

Achadas (Sotavento) oder **Chãs** (Barlavento), Hochebenen mit flacher oder nur leicht geneigter Oberfläche, auf der sich mehrere Schichten vulkanischen Gesteins übereinandergelegt haben, sind die beherrschende Landschaftsform auf Santiago, wo sie als breitflächige Tafelberge oder Ebenen zwischen den Gebirgen erscheinen. Tiefe Ribeiras zerschneiden sie und schaffen steile Begrenzungen. Teilweise werden auch marine Terrassen, wo der Kalk erstaunlich waagerecht aus den Tiefen des Meeres gehoben wurde, als

Achadas bezeichnet. Die bekanntesten Beispiele hierfür sind das Plateau der Altstadt von Praia und der Sockel, auf dem sich Vila do Maio über den Strand erhebt.

Fajãs bezeichnen gleichmäßig zum Meer ziehende breite ehemalige Laväflüsse, steiler als die Achadas und häufig fruchtbar wie die Fajã von São Nicolau oder die Fajã d'Água auf Brava.

Canyons von mehreren hundert Metern Tiefe schneiden sich durch Meeresmolassen. Diese enthalten, fest eingebettet, kleine Kiesel und riesige Felsbrocken, allesamt rundgeschliffen in der Brandung und unter hohem Druck miteinander betonartig verbacken. Nachdem sie wieder angehoben wurden, begannen das fließende Wasser und der Wind ihr Werk. Eingesprengte vulkanische Schichten zeigen die wechselnden Folgen von Vulkanismus und Erosion in der Gestaltung der Geomorphologie. Die schönsten Beispiele von Canyons finden sich im Unterlauf der Rª de Garça, der Rª do Alto Mira und der gewaltigen Rª da Água Margosa auf Santo Antão. Ähnlich „aufschlussreich" ist ein Spaziergang auf der Fahrstraße von NS do Monte nach Fajã d'Água auf Brava.

Dünenfelder beherrschen nicht nur die Landschaft der flachen Inseln. Der Wind trägt den feinen Staub der Sahara auch bis zu den westlichen Inseln und wirft ihn an die Ostküste, wo er sich mit zu Sand zermahlenen jungen und fossilen Muscheln und Schnecken zum lose fließenden Badesand unterschiedlicher Korngröße vermischt, ganz zur Freude der Strandbegeisterten. Im Satellitenbild erkennt man, dass er nicht an den Westküsten verharrt, sondern als Dünen, vom Nord-Ost-Passat getrieben, quer über die Inseln wandert, bis er an den Stränden des Südwestens wieder im Meer verschwindet.

Strände erscheinen unerschöpflich in ihren Variationen zwischen tiefschwarzem Lavasand und gleißend hellem Kalksand, durchsetzt mit feinem Saharastaub. Sie durchbrechen die Steilküsten in Form winziger Badebuchten und erstrecken sich andernorts über viele Kilometer.

Doch der gewaltige **Materialhunger der Bauindustrie** hat Strände und Dünen vielerorts zur Unkenntlichkeit dezimiert. Einige Gemeinden beleuchten ihre Strände, um nächtliche Sanddiebe zu vertreiben. Besonders hart hat es die Praia da Nossa Senhora de Encarnação, den südlichen Abschnitt des schwarzen Strandes unterhalb der Stadt São Filipe, auf Fogo getroffen. Fischer an der bereits unterhöhlten Kooperative berichten, wie sich die Strömung verändert hat, nachdem ein Teil des Strandes auf Lkws in die Stadt verschwunden war und binnen weniger Wochen Zehntausende von Tonnen Sand ins Meer gerissen wurden. Mit dem Import von Bausand aus Mauretanien soll nun verhindert werden, dass der touristische Wirtschaftsboom weitere „paradiesisch unberührte" Strände in Beton verwandelt.

Die **Küsten** der östlichen Inseln laufen meist flach und sandig zum Meer aus, mitunter begleitet von einem nur wenige Meter über dem Meeresspiegel liegenden Kalksockel. Auf den gebirgigen Inseln hingegen beherrschen bis zu

800 Meter hohe, senkrecht ins Meer abfallende Felswände das Bild, die von den Buchten der Talmündungen durchbrochen sind. Zumeist ist auf Meereshöhe kein Durchkommen, sodass Straßen und Wege mehrmals hohe Felsrippen überwinden müssen. Die Landschaft im Nordwesten Santo Antãos und São Nicolaus ist hierdurch in teilweise bis heute ohne Straßenverbindung bleibende Täler gekammert. Auf den westlichen Inseln gibt es nur wenige fossile Sedimente und einige Wurzel-Versteinerungen wie bei Cruzinha auf Santo Antão.

Die **Meerestiefen** rund um die Inseln sind gewaltig. Fährt man von São Vicente nach Fogo durch das Zentrum des Inselbogens, hat man 4500 m Wasser unter dem Kiel, und selbst zwischen Santiago und Maio sind es über 700 m. So schön schaudervoll sich das für Landratten anhört, so unerfreulich ist es für die Fischerei, weil es die für den handwerklichen Fischfang nützlichen flachen Meeresteile auf einen schmalen Ring um jede Insel begrenzt.

Klima

Verde Esperança
Esses campos verdes
Que começam a florir
No teu chão
São o verde permanente
Da esperança
Que te fecunda
E amortece a violência
Desta seca teimosa
Que te persegue
Cabo Verde

Grün der Hoffnung
Diese grünen Felder
Die zu blühen beginnen
Auf Deinem Boden
Sind das Immergrün
Der Hoffnung
Die Dich befruchtet
Und die gewaltsam
Halsstarrige Dürre erlöscht
Die dich verfolgt
Grünes Kap

David Hoppfer Almada,
„Poesia", Praia 1988

Sonne an 350 Tagen und Temperaturen zwischen 20°C und 30°C das ganze Jahr über, der warme Atlantik mit rund 22–27°C, Luftfeuchtigkeit um die 40–60% und stets eine Meeresbrise, das sind die Klimadaten für Cabo Verde. Wolken ziehen in der Regel vorbei. Für Touristen klingt dies wie das Paradies, wenn da nicht die Kehrseite wäre. Die Landwirtschaft liegt weitgehend still, der Boden wird vom Wind weggetragen, und Lebensmittel müssen importiert werden.

Cabo Verde liegt **auf der geografischen Breite der afrikanischen Sahelzone** und bildet deren westliche Verlängerung im Atlantik. Die Inseln liegen im Bereich der Tropen auf 14° bis 17° nördlicher Breite zwischen Äquator und nördlichem Wendekreis. So steht die Sonne hier zweimal jährlich senkrecht im Zenit: am 22. Mai und am 20. Juli.

Die **Jahreszeiten** folgen nicht dem Vierer-Rhtythmus der gemäßigten Zonen, sondern dem der Wendekreise, und man unterscheidet **zwei Jahreszeiten: Tempo das Brisas** („Jahreszeit der Winde") und **Tempo das Chuvas** („Regenzeit"). Von Oktober bis Mitte Juli (Jahreszeit der Winde) scheint die Sonne fast jeden Tag, die Lufttemperaturen auf Meereshöhe liegen zwischen 22 und 28 °C, und es weht ein trockener Nordostpassat, in dem man die Hitze weniger spürt. Man fühlt sich wie an einem besonders schönen Junitag in Europa. Der beständige Nordostpassat ist das Paradies der Surfer und Segler. In der Regenzeit von Mitte Juli bis Ende September lassen die Winde nach und Tropengewitter setzen ein. Leider stimmt das nicht in jedem Jahr, und oft genug zeugt nur die von Süden einlaufende Dünung von entfernten Stürmen. Wenn es regnet, dann zumeist gewaltig und gefährlich.

Die **Temperaturen** liegen im Jahresmittel auf Meereshöhe bei etwa 25 °C und schwanken im Jahresverlauf um nicht mehr als 10 °C nach oben und unten. Am „kühlsten" ist es im Jan./Feb. mit rund 21 °C (Extremwert 16 °C), am wärmsten im September/Oktober mit rund 27 °C (Extremwert 36 °C). Der vom Meer kommende Wind bringt ständig Kühlung. Auch die Tag-Nacht-schwankungen sind minimal (+/-5 °C), sodass man die Abende im Freien genießen kann. Im **Barlavento** ist es durchschnittlich etwas kühler als im **Sotavento,** und im September auf Fogo und Santiago kann es so richtig heiß werden. Stärker als die Abweichungen zwischen den Inseln sind die Unterschiede auf den Inseln selbst. Zum einen spielt die **Höhe** ihre Rolle, und auf den Höhen kann es kühl werden. Am Pico da Cruz weiß man von dünnen Eisschichten auf den Wassereimern zu berichten. In der Caldeira von Fogo auf 1600 m liegt das Jahresmittel bei 16 °C. Für Bergwanderungen und Winterabende benötigt man eine Jacke. Der **Luv-Lee-Effekt** bringt die größten Unterschiede. Während im Nordosten unter Passatwolken kühler Nieselregen niedergeht, herrscht, keine 15 km entfernt, auf der Südseite Föhnwetterlage mit über 30 °C. Die Orte in Lee mit besonderer Hitze und Föhn heißen allesamt Tarrafal: Tarrafal de Monte Trigo, Tarrafal de São Nicolau und Tarrafal de Santiago, nach dem trockenresistenten Buschwerk der Tamariske *(tamarix senegalensis),* das in früheren Jahrhunderten die Küstenwüsten überzog. Eine Ausnahme gilt für Porto Novo, dem der Name auch gut anstünde, aber bereits für Tarrafal de Monte Trigo belegt war.

Die **Wassertemperaturen** liegen im Februar und März bei etwa 21 °C, zwischen Juli und Oktober bei rund 26 °C.

Luv-Lee-Effekt nach Winterregen
bei Pico da Cruz (Santo Antão)

Niederschläge als Regen gibt es nur selten. Doch wenn der so sehnlich erwartete Regen eintrifft, dann mit einer unglaublichen Heftigkeit und in gewaltigen Mengen. Die Hälfte der Jahresniederschläge kommt binnen 24 Stunden und im Extremfall mit bis zu 300 mm (!) in nur einem Tag. Wo das ganze Jahr die Straße durch ein trockenes Flussbett zieht, wälzt sich plötzlich eine meterhohe braune Flutwelle, bringt riesige Steine, Feldfrüchte und ertrunkene Tiere mit sich. Straßen brechen ab, und über gewaltige Wasserfälle rauschen die Wassermassen ins Meer. Die Leute gehen „Fluss schauen", Kinder baden in den über Nacht entstandenen Teichen, und alle Welt freut sich, trotz der entstandenen Schäden.

Die Unregelmäßigkeit und das Ausbleiben des Regens auf Jahre ist charakteristisch und macht den Begriff Regenzeit *(as águas)* häufiger zur Illusion als zur Wirklichkeit. Für jede Art von Vegetation sind dies denkbar schlechte Voraussetzungen.

Die südlichen Inseln werden häufiger von der innertropischen Konvergenz erfasst und bekommen häufiger Regen ab. Höhe und Luv-Lee-Effekt erklären weitere Unterschiede. Sal und Boa Vista registrieren mit 95 mm die geringste, Fogo mit 320 mm die höchste Jahresniederschlagsmenge. Doch auch auf Fogo hat die Generation der heute 70-Jährigen eine gewaltige Zunahme der Trockenheit erlebt. Als sie Kinder waren, lagen die Niederschlagsmengen

cv022 Foto: pr

cv084 Foto: pr

Wassertransport in Chupadeirão/Fogo

noch mehr als doppelt so hoch. Santo Antão und São Nicolau können im Winter mitunter eine kleine Sonderration Regen aus dem Klimasystem der gemäßigten Zonen abzweigen, wenn sie von Ausläufern nördlicher Zyklone gestreift werden und **Winterregen** *(ibernadas)* erhalten. Nach wenigen Tagen gelingt es dem Passat, die Eindringlinge zu vertreiben, und er verteidigt sein Revier mit neuer Trockenheit.

Die Berge einiger Inseln sind hoch genug, um **Steigungsregen** aus den Passatwolken, die sich in der Regel zwischen 750 und 950 m halten, zu provozieren. Zusätzlich spielen **insensible Niederschläge** aus den Wolken in Luvlagen auf Höhen über 800 m eine große Rolle. Der Passat treibt die gegen die Nord-Ost-Hänge anbrandende Wolkendecke mit Kraft durch halbfeuchte **Nebelwälder,** wie sie auch im Atlas in Marokko, den Gebirgen des Libanon oder den Usambara-Bergen vorkommen. Einheimische und importierte Bäume haben sich darauf spezialisiert, mit feinen Blättern oder Nadeln Tau aus dem Nebel zu sammeln und das Wasser nicht nur auf ihre Sprossorgane zu lenken, sondern auch weiter den Stamm hinunter zu ihren Wurzeln. Sie melken die Wolken. Am Pico da Cruz in Santo Antão macht man sich das nicht nur für die Aufforstung, sondern auch zur Wassergewinnung zunutze: Ein um einen schräg stehenden Baumstamm geschlungenes Seil fängt den Wasserstrom ab und lässt ihn in ein Fass tropfen. So lassen sich über 200 Liter Wasser an einem Tag sammeln, was den schlagenden Beweis liefert, weshalb die Aufforstung in diesen Höhen die Schüttung weit tiefer liegender Quellen verbessert. Versuche, den Vorgang technisch zu imitieren, ließen an vielen Stellen kleine längliche Betonbecken zurück. Von Unwissenden werden sie als „Viehtränken" beschrieben, sie sind aber die Reste von Sammelbecken, die unter großen Nylonnetzen den Niederschlag auffangen sollten. Der heftige Wind ließ das nirgends lange mit sich machen. Bodentau tritt erst ab 1000 m in nennenswerter Menge auf und ist schnell wieder verdunstet.

Winde wehen fast rund ums Jahr und zumeist kräftig. Im „Tempo das Brisas", von Oktober bis Juli, weht ein konstanter **Nordostpassat** mit 4–8 m/sec Geschwindigkeit. Zu flachen Bögen verformte, zerzauste Bäume zeugen von seiner Kraft und Ausdauer.

Der **trockene Nebel** *(bruma seca)* oder **Harmattan** ist ein interessantes, aber wenig begeisterndes Phänomen, das für einige Tage zwischen November und März die Inseln wie unter einem grauen Kissen ersticken kann. Feinster Steinstaub kriecht in Mund und Nase, in die Kleidung, unter Kontaktlinsen – einfach überall hin. Die Luft ist extrem trocken und elektrisch geladen. Flug- und Funkverbindungen, selbst der Schiffsverkehr werden bis zum Stillstand gestört. In den Warteräumen der TACV sitzen aufgeregte Emigranten, die um ihren Arbeitsplatz fürchten, weil ihnen kein Arbeitgeber in New England glaubt, dass sie wegen trockenen Nebels zu spät aus den Ferien kommen. Tausende Kilometer entfernte, in der Sahara tobende Sandstürme sind die Ursache. Nicht nur auf Satellitenbildern, sondern auch aus der Farbe des Staubs kann man den Ursprung erkennen. Kommt der Sturm aus dem Norden der Sahara, ist er weiß-grau, kommt er aus dem Süden, hat er einen Stich ins Orange-Violette.

Die **relative Luftfeuchte** ist gering (50–60%), und da es so wenig Vegetation gibt und die Winde weit übers Meer ziehen, ist die Luft wenig belastet, sodass **Allergiker** gezielt nach Sal und Boa Vista kommen zum befreiten **Aufatmen.**

Flora

Cabo Verde war nie mit dem Kontinent durch eine Landbrücke verbunden und nach dem Auftauchen der Vulkane völlig steril. Alle Pflanzen sind anschließend **eingewandert.** Bis zur Entdeckung waren es gut 250 Arten gewesen, und die Inseln besaßen viel Busch- und Strauchwerk. Auch wenn es keine botanischen Studien aus den ersten Zeiten gibt, so lassen die Beschreibungen in *Christoph Kolumbus'* und anderer Reiseberichte schließen, dass es damals keine Hochwälder gab und einige Inseln wie Sal und São Vicente über weite Strecken trocken und vegetationsarm waren. Dennoch waren die Inseln weitaus feuchter. Nach den Ortsnamen steht zu schließen, dass große Flächen, die heute von der Winderosion völlig freigelegt sind, von dichtem Strauchwerk oder von vom Menschen gepflanzten Wäldern überwuchert waren. *Friedländer* studierte 1912 die Wassersituation der Inseln sehr eingehend und berichtet von zahlreichen ganzjährig Wasser führenden Flüsschen und Bächen und Quellen, die zur Bewässerung tauglich seien.

Einige der Arten hatten genügend Zeit, sich an die lokalen Bedingungen anzupassen und von ihren Ursprüngen so weit zu entfernen, dass sie eigene, neue Arten bildeten. Wenn sie nie die Chance hatten, sich in anderen Regionen anzusiedeln und nur an einem Ort vorkommen, spricht man von **endemischen Arten.** Cabo Verde besitzt davon rund 90.

cv023 Foto: pr

Der **Ursprung** der ohne Zutun des Menschen, mit den Strömungen des Meeres, mit Treibgut, an den Füßen und im Kot von Seevögeln eingewanderten Samen und Pflanzen liegt in Westafrika, im Mittelmeerraum und auf den anderen Inseln Makkaronesiens.

Mit den Schiffen der Entdecker und ersten Siedler wurde eine Vielzahl neuer Pflanzen, absichtsvoll oder eher zufällig, nach Cabo Verde verfrachtet. Die heimische Vegetation wurde durch Land- und Weidewirtschaft sowie Brenn- und Bauholzbedarf grundlegend verändert oder zerstört. Unabhängig davon änderte sich die Flora aufgrund fortschreitender Desertifikation.

Floresta Clotilde (Boa Vista): Palmenhain in Dünenlandschaft

Bis heute stieg die Gesamtzahl der Pflanzenarten auf rund 850 an. Nur in einigen abgelegenen Hochlagen oder landwirtschaftlich unbedeutenden Trockenzonen kann man das einstige Ökosystem noch erkennen. Verglichen mit Lebensräumen auf anderen mittelatlantischen Inseln wie den Kanaren oder Madeira ist die Pflanzenwelt Cabo Verdes artenarm.

Viele **landwirtschaftliche Kulturpflanzen** (s.u. „Landwirtschaft") kamen aus Europa, Afrika und Lateinamerika. Als eine der ersten Nutzpflanzen wurde der Baumwollstrauch importiert.

1772 kamen an Bord der Expedition von *James Cook* zwei deutsche **Natur-**

forscher auf die Inseln. Weitere Berichte über die Pflanzenwelt folgten von *Charles Darwin,* der 1832 auf Cabo Verde Pflanzen und Tiere bestimmte, und von dem Portugiesen *Barbosa,* der in Cabo Verde lebte. Eine umfassende biologische Erforschung begann vor etwa 35 Jahren, die vor allem *Dr. Wolfram Lobin* vom Frankfurter Senckenberg-Museum schriftlich zusammenfasste. Er wurde federführend in Arbeiten über Flora und Fauna Cabo Verdes (s.u. „Literatur" im Anhang).

Zu den **endemischen Pflanzenarten** gehören die in Hochlagen, z.B. auf Santo Antão und São Nicolau, häufig vorkommende, Laub abwerfende Kapverden-Wolfsmilch *Euphorbia tuckeyana,* der in der Caldeira am Fogovulkan wachsende Kreuzblütlerstrauch *Erysimum kapverdianum,* der auf den Südinseln zu findende Natternkopf *Echium hypertropicum* und die wilde, dichtbuschige Palme *Phoenix atlantica.*

Die Flora Cabo Verdes beeinflussen vor allem **klimatische Faktoren;** die geringe Niederschlags- und Feuchtigkeitsmenge ist der wichtigste Faktor für unterschiedliche Wuchsformen und Pflanzenarten. Durch die geografische Lage am Rande der Sahelzone ist ein Großteil der Pflanzen angepasst an die kargen Bedingungen und übersteht anhaltenden Wassermangel und starken Wind. Nach einem der seltenen, dann aber heftigen Regenfälle erwacht die Natur schlagartig, und Samen, die lange in der Erde geschlummert haben, drängen durch den steinigen Boden ans Licht. Ein frisches Grün überzieht das Land, bis es aufs Neue verdorrt.

Durch die unterschiedlich geprägten Oberflächenformationen der einzelnen Inseln ist auch ihre **Vegetation sehr verschieden.** So weisen die flachen und wüstenhaften Ostinseln sehr trockenresistente Pflanzen auf, es dominieren Gräser und Arten aus dem Sahel. Gehölze wachsen nur vereinzelt und an windgeschützten, feuchteren Stellen. Die gebirgigen Inseln dagegen haben im Einflussbereich des Passatnebels ein breiteres Spektrum an Vegetationszonen bis hin zum Nebelwald.

Die Flora **entlang der Küste** erinnert an die Sahara und erlaubt keine landwirtschaftliche Nutzung. Salztolerantes, niedriges, holziges Buschwerk, oft Dorngehölz, bestimmt das Bild. Dazwischen treten Akazien *(Acacia albida)* oder Gruppen von Phoenix-Palmen auf. Auf den Dünen wachsen Gräser, darunter ein endemisches Zyperngras *(Zyperus cadamosti).* Die Vulkangesteine sind von Flechten überzogen.

Im Mündungsbereich der **Trockentäler,** in denen sich die Feuchtigkeit eher speichert, wachsen Feigen, Akazien, Lorbeergewächse, Kokos- und Dattelpalmen sowie Tamariskenbüsche *(Tamarix senegalensis),* die sich auch bis weit in die Täler hineinziehen.

In den feuchteren, ganzjährig **grünen Tälern,** besonders auf den Gebirgsinseln, fühlt man sich in die Tropen versetzt. Dichter Pflanzenreichtum wächst neben dem meist ausgetrockneten, steinigen Flussbett hoch hinauf an den Steilwänden, und jeder Fleck bebaubaren Bodens wird zur Terrassenkultur genutzt. Zwischen Bananen, Mango- und Zitrusbäumen und weiten Zuckerrohrpflanzungen leuchten die roten Blüten der Cana, vereinzelte blau blühende Jacarandabäume oder die Bougainvillea-Sträucher in verschiedenen kräftigen Farben. Agavenähnliche Pflanzen mit hohen, antennenartigen Blütenständen wachsen an den steilsten Felsen. Der zunehmende, flächendeckende Wildwuchs der Agaven sowie der ebenfalls aus Südamerika stammenden gelb-roten Wandelröschen wird unter ökologischen Gesichtspunkten als kritisch betrachtet.

Auf den **mittleren Höhenlagen** zwischen 600 und 700 m an feuchteren, luvseitigen Hanglagen der Gebirgstäler wachsen verholzende Stauden und Buschwerk aus Lavandula- und Artemisia-Arten, die man wegen ihrem rosettigen Blattwerk auch **Federbuschvegetation** nennt. Auch sie können Feuchtigkeit aus dem Nebel gewinnen. Leider sind sie eines der Hauptopfer zunehmender Trockenheit und in Extremlagen vorstoßender Holzsammler.

Daneben gibt es an den unter dem Einfluss der Passatwolken liegenden Hängen und Berggipfeln eine Reihe von Endemiten wie die Kapverden-Wolfsmilch oder die Kapverden-Hauswurz, Rosmarin, Lavendel und mandelblättrige Kugelblumen. Auch Natterkopf, Eisenholzbaum, die gelbe Gänsedistel und der Drachenbaum finden hier ihren Lebensraum. Die **Hauswurz** *(Aeonium gorgoneum)* bildet Rosetten aus löffelförmigen, zur Mitte hin kleiner werdenden, eng geschichteten Blättern, die während der Monate April bis Juni einen aufrechten Blütentrieb mit gelblichen Blüten ausbilden. Sie findet sich besonders in den hochgelegenen Steilhängen der Talschlüsse der Rª da Torre und Rª do Paúl auf Santo Antão.

Drachenbäume *(Dracaeno draco)* begegnet man auf Brava, Santo Antão und São Nicolau in schönen Exemplaren. Seltsamerweise kommen sie nur auf den mittelatlantischen Inseln und am östlichen Extrem von Afrika, auf dem Socotra-Archipel (Yemen) und in Nordsomalia, vor. Im Tertiär gab es auch in Frankreich Drachenbäume, denn die Pflanze stammt aus dem Mittelmeerraum, hat aber dort die Eiszeiten nicht überlebt. Der Drachenbaum ist eine botanische Sensation, das einzige einkeimblättrige Gewächs mit echtem Dickenwachstum und Verholzung. Dadurch kann er ein Alter von 500 Jahren und bis zu 20 m Höhe erreichen. Jede Verzweigung entspricht einem Zeitraum von 15 bis 20 Jahren, sodass man das Alter recht gut abschätzen kann. Die farblose, harzige Ausscheidung, die bei Verletzung des Stammes austritt, färbt sich an der Luft dunkelrot. Dieses „Drachenblut" *(sangue d'orgueiro)* gab dem Baum seinen Namen und wurde als Allheilmittel eingesetzt. Der größte Feind des Drachenbaums ist der Ziegenverbiss, der junge Pflanzen nicht mehr aufkommen lässt. Man sieht aber da und dort schon junge Exemplare im geschützten Hausgarten. Die kugeligen Samen keimen nach etwa drei Wochen. Sie sind ein nettes

Drachenbaum in Paúl auf Santo Antão

Souvenir, am besten leicht getrocknet, nachdem man sie zwei Wochen im Rucksack vergessen hatte, und gedeihen hervorragend auf europäischen Fensterbänken. Grogue-Spezialisten wissen, wie dank der Samen ein wasserklarer Grogue in Sekunden um Jahrzehnte altert zu einem samten braun gefärbten *grogue velha* (alter Rum). Wanderer begegnen großen Exemplaren in Paúl (Cabo da Rª, Chã de Padre, Ribeirãozinho) und auf São Nicolau überall in Fajã. In Brava hält der Aluguer direkt unter einem besonders schönen Drachenbaum wenig oberhalb von Vila de Nova Sintra.

Die endemische **Kapverdische Glockenblume** *(Campanula Jacobaea)* blüht blau-violett an Felshängen in höheren Lagen, häufig direkt an den Wanderwegen. Sie ist die **Nationalblume Cabo Verdes.**

In Trockenzonen findet man die **Bombadeira** *(Calotropis procera),* einen ca. 3 m hohen Strauch mit weiß-violetten Blüten, dessen große, runde Früchte seidige Samen beinhalten, die sich zum Füllen von Kissen eignen.

Auffällig sind die **knorrigen Rizinus-Sträucher** mit ihren leuchtend roten Blüten und jungen Ästen, deren Samen zur Herstellung von medizinischem Öl

cv085 Foto: pr

oder Schmieröl verwendet wurden. Die Bauern kennen mehrere Unterarten je nach Farbe der Blüten *(mamona branca, vermelho, preto, cinzento)* mit unterschiedlicher Eignung des Blattwerks als Tierfutter. Die starke Selbstausbreitung der Sträucher bedroht einige endemische Sträucher.

Purgiernüsse, kreol: *purgeira (Jatropha curcas)*, wachsen an einem bis 3 m hohen Ölsamenstrauch. Gegenüber Trockenheit und kargem Boden ist der Strauch extrem widerstandsfähig. Bis zum Siegeszug der Mineralöle wurde er in großen Plantagen als Exportkultur angebaut. Das aus den mandelartigen Früchten gepresste Öl (kreol: *ol' de pulga)* diente in Portugal zur Straßenbeleuchtung und in England, in der Zeit der Dampfmaschinen, als Schmier- und Reinigungsöl. In Cabo Verde wurde es bis in die 1960er Jahre zur lokalen Herstellung von Seifen und Kerzen verwendet. Inzwischen wird Purgieröl nur noch in kleinen Mengen gepresst und findet Verwendung in der traditionellen Medizin für Einreibungen bei Gelenkschmerzen und Blutergüssen. Auf den Verdauungstrakt hat es eine ähnlich durchschlagende Wirkung wie Rizinus. Vergiftungen kommen vor, wenn Kinder die Kerne mit essbaren Nüssen verwechseln. Auf Santo Antão und Santiago entdeckt man auf fast jeder Wanderung einige der selten gewordenen Sträucher. In den Höhenlagen Fogos und Bravas begleiten Purgiernusssträucher die Wanderwege über weite Strecken.

Gefiltert und gereinigt taugt **Purgieröl als Bio-Diesel,** und im Gegensatz zu Raps oder Weizen als Energiepflanzen wächst *Jatropha* an Standorten, wo sie nur selten mit der Nahrungsmittelproduktion in Konkurrenz tritt. In Cabo Verde sind die Produktionskosten jedoch bisher viel zu hoch, um einen wirtschaftlich gangbaren Weg zu bieten. Mehr versprechen sich Fachleute von der Zucht und Produktion von *Jatropha*-Saatgut auf den Inseln, um es in anderen Ländern einzusetzen.

Die getrockneten Blätter der **Agavenart Fourerea,** die zum Teil Straßen begrenzt und sich wild wachsend über steilen Hängen ausbreitet, dienen auch heute noch als Brennmaterial und für Flechtarbeiten.

Aloe vera

Straßen und Wege sind nicht selten von einer rotbräunlichen Pflanze mit 20 bis 40 cm langen, agavenähnlichen Blättern begleitet. Nach dem Regen reckt sie eine strahlend gelbe Blütenkerze empor. Es ist die Aloe Vera, ein **sukkulentes Liliengewächs,** das dank seiner Trockenresistenz und des festen Wurzelwerks zum Erosionsschutz gepflanzt wird. Sie enthält einige das Immunsystem stimulierende Alkaloide und wird in der **traditionellen Medizin** auf allen Kontinenten verwendet. Die Kosmetikindustrie bewirbt Aloe-Produkte mit schwelgenden Versprechungen auf Schönheit, ewige Sanftmut und Jugend. Die Leute im Inselinneren sind da weniger esoterisch. Sie verwenden Aloe als Schuppenshampoo und Wurmmittel. Der fürchterlich bittere Saft, auf die Brustwarze geschmiert, überzeugt auch den trinkfreudigsten Säugling, dass es Zeit sei abzustillen.

In der traditionellen Medizin Cabo Verdes spielen aus Pflanzen zubereitete Tees, Packungen, Bäder, und Rauchkammern eine große Rolle. Viele von ihnen sind hochwirksam – und damit nicht nebenwirkungsfrei, andere wirken eher dadurch, dass sie glatt in ein traditionelles Erklärungsmodell passen und Patient und Familie daran glauben. Nach mehreren Jahren als Arzt im ländlichen Porto Novo und einigen Studien bin ich sicher, dass über der Hälfte aller vorkommenden Pflanzen, wahrscheinlich fast allen eine mehr oder weniger klar definierte Heilwirkung zugeschrieben wird.

Einige mit **kontrollierbarer Wirkung** verwenden wir bis heute in der ärztlichen Praxis. Kopfdampfbäder mit Eukalyptusblättern bei grippalen Infekten, Papayamilch statt Zugsalbe bei Furunkeln und Papayasamen zur Behandlung bei Wurminfektionen sind gute Beispiele. Vor anderen haben wir das Fürchten gelernt. So war es auf dem Land üblich, die Wehen mit traditionellen Tees anzuregen. Als die Frauen in der Stadt sich daran gewöhnten, im Krankenhaus zu entbinden und der moderne Glaube ans „Viel nützt viel" eingesetzt hatte, nahmen sie kurz vor dem Weg ins Krankenhaus eine massive Überdosis. In der Folge kamen nicht wenige Kinder nach einer vernichtenden Dauerkontraktion im Taxi oder in der Notaufahme tot zur Welt.

Andere Pflanzen schmecken gut als Tee wie Minze *(Hortalã)*, Eisenkraut *(Lúcialima)* oder Zitronengras *(Gingipe)*.

Die **Wiederaufforstung** wurde bereits vor der Unabhängigkeit begonnen und genoss danach hohe politische Priorität. Im **Hochland** und in den Gebirgsregionen oberhalb der Wolkengrenze glaubt man sich in mediterrane Zonen versetzt. Mit der Pflanzung von Sträuchern und Bäumen in Trockenzonen und Hochlagen soll zum einen die Bodenerosion gemindert und zum anderen der Wasserhaushalt der Inseln verbessert werden. Bevorzugt verwendet man für die höheren Regionen Baumarten wie die Kanarenkiefer *(Pinus canariensis)*, Mimosen *(Prosopis juliflora)*, Parkinsonien, Zypressen, Akazien und stellenweise den schnellwachsenden Eukalyptus. Viele der Bäume und Federbuschpflanzen sind auf das Leben in Nebelwäldern spezialisiert.

In den **tieferen Lagen** eignen sich trockenresistente Sträucher und Bäume, die ein Abtragen des sandigen Bodens durch Wind und heftige Regengüsse verhindern sollen. Im Nordwesten von Boa Vista wurden sie zur Befestigung von Wanderdünen gepflanzt.

Allein in den 1980er Jahren wurden fast 3 Mio. Bäume und Sträucher rund 50 verschiedener Arten auf den Inseln gepflanzt; bis heute ist das Ausmaß der Aufforstungsaktionen enorm. Auf Maio wird das Köhlern wieder praktiziert, und auch Inseln wie São Vicente können ihre Bäckereien wieder mit eigenem Brennholz versorgen.

Einige Pflanzenarten haben die Geschichte Cabo Verdes bestimmt:

Färberflechten, kreol: *urzela (Rocella tinctoria)*, hatten vom Altertum bis zum Ende des 19. Jahrhunderts enormen Wert. Die unscheinbare Flechte wächst

cv118 Foto: pr

auf von der Salzgischt befeuchteten Felsen, wo sie in abenteuerlicher Kletterei geerntet wurde. Die Flechten wurden in einer stinkenden Brühe zusammen mit Ziegenurin in Erdgruben vergoren und anschließend zu bläulich-schwarzen Klumpen eingetrocknet. Einer der daraus gewonnenen Farbstoffe ist das jedem Schüler bekannte Lackmus. Das europäische Zentrum des Handels mit Flechten-Farbstoff war Marseille, wovon sich der Name des Inhaltsstoffes, des **Orcein** ableitet, auf dem alle Farbvarianten letztlich basieren. Wie vom Lackmus bekannt, erscheinen die Farbstoffe rot oder blau, je nach dem pH-Wert bzw. der Art der Verarbeitung im Färbeprozess. Von Marseille ging die **Orseille-Paste** nach Lyon, wo Handwerker die sündhaft teure, dem Adel vorbehaltene leuchtend rote Orseille-Seide herstellten. Rote Stoffe strahlten Reichtum und Macht aus – nicht zuletzt ein Grund, weshalb sich die Kirchen dem Brauch anschlossen und die Tradition an die kommunistischen Parteien weitergaben. Die Blaufärber verwendeten für Arbeits- und Haushaltstextilien neben Färberweid auch Flechtenfarbstoffe.

Paternostererbsen sind hochgiftig

Färberflechten kommen an allen Meeren vor, doch die besonders ergiebige *Rocella tinctoria* ist auf die makkaronesischen Inseln, Azoren, Madeira, Kanaren und Cabo Verde beschränkt.

So nimmt es nicht Wunder, dass wenige Jahre nach der Entdeckung Händler von den Kanaren Exportverträge schlossen und die Inseln nach Flechten absuchten. Mitte des 19. Jahrhunderts waren die Bestände durch Übersammeln dezimiert. Nach einer kurzen Phase der Konkurrenz verdrängten die synthetischen Anilin-Farbstoffe von Bayer um 1910 die Färberflechte endgültig vom Markt.

Eine hübsch bebilderte **Broschüre mit Zeichnungen** zu den endemischen Pflanzen Cabo Verdes ist im Internet zu finden unter www.iwoe.de/pflanzenweltweit/kapverdeframe.html.

Fotos aus der Natur finden sich unter den jeweiligen Suchbegriffen bei www.cabo-verde-foto.com.

Fauna

Zwischen den Inseln und dem afrikanischen Festland gab es **niemals eine Landbrücke.** So konnten sich nur diejenigen Tierarten entwickeln, die ihren Weg über das Wasser oder die Luft nach Cabo Verde fanden, also vor allem Vögel und Insekten. Derart isolierte Inseln sind extrem artenarm.

Außer Fledermäusen gibt es keine einheimischen **Säugetiere.** Es heißt, dass nur eine Fledermausart, das Graue Großohr, ein natürliches Vorkommen auf den Inseln hat. Hingegen wurde die Grüne Meerkatze *(Cercopithecus aethiops sabaeus)*, die nur auf Santiago in kleiner Zahl vertreten ist, aus Westafrika eingeführt. Sie fand bereits in Dokumenten aus dem 18. Jahrhundert Erwähnung, und man findet sie bis heute wild am Monte Graçiosa bei Tarrafal de Santiago. Außerdem leben wilde Kaninchen auf den Inseln, und natürlich wurden mit den Schiffsladungen auch Mäuse und Ratten eingeschleppt.

Reptilien kommen in Kap Verde in einer bemerkenswerten Artenvielfalt vor, allerdings keine Schlangen. Das trockenheiße Klima und die steinige Landschaft bieten einer Vielzahl von kleineren, teils bunten **Echsen** Heimat, die im felsigen Gelände zu beobachten sind. Vielleicht haben Sie in ihrem Quartier auch das Glück, einen der scheuen kleinen **Geckos** an der Wand zu sehen oder zumindest seine hellen Ruftöne zu hören. Geckos ernähren sich von Insekten wie Fliegen und Spinnen und sind gern gesehene Mitbewohner.

An saisonalen Wasserläufen und in Sumpfbereichen oder an Wasserzister-

Gefährliche Tiere

Als kleine Inselökologie kann Cabo Verde keine Schlangen haben. **Skorpione** *(lagrão)* gibt es auf Santiago. **Physalis physalis** (engl.: *Portuguese Man of War* oder *Bluebottle*, kreol: *água viva*), ein stark nesselndes Meerestier, kann die Badenden im Frühjahr ärgern. Auch die Begegnung mit einem **Hundertfüßler** *(centopeia)* an Land kann schmerzhaft sein. Letztlich ist nach der Häufigkeit der Verletzungen, die man als Arzt zu sehen bekommt, der **Seeigel** das gefährlichste Tier. Es gibt nur wenige davon, aber viele Menschen, die barfuß in den Pfützen am Meer herumstrauchen.

nen hört man nachts das laute Quaken der **Frösche.** Früher wurden an Wasserspeichern auch Kröten und kleine Fische *(Guppies; Gambusia)* zur Dezimierung der Mücken eingesetzt, durch oberflächliche Abschließung der Brunnen ist deren Bestand jedoch zurückgegangen.

Zu den schönsten **Insekten** der Inseln zählen die vielen Arten der Schmetterlinge, darunter Ritterfalter *(Papilionidae),* Schwalbenschwänze, Monarchen *(Danaidae),* Bläulinge *(Lycaenidae),* Weißlinge *(Pieridae),* Augenfalter *(Satyridae)* sowie der auch bei uns beheimatete Distelfalter. Mit etwas Beobachtungsgabe sieht man zur Blütezeit teilweise handtellergroße Exemplare herumschwirren. An Wasser- und Sumpfstellen wird man leicht bunt gefärbte, rote und blaue **Großlibellen** entdecken.

Anophelen, die Überträgermücken der Malaria, sind in Cabo Verde größtenteils zoophil. Die Weibchen nehmen ihre Blutmahlzeit lieber an Tieren als an Menschen, weshalb die endemische Malaria nur noch im Süden von Santiago in kleinen Fallzahlen vorkommt. Überträgermücken für Dengue-Fieber und Gelbfieber sind ständig vorhanden, doch kam es seit dem Eintritt der Saheldürre nicht mehr zu Epidemien. Insgesamt sind die Mückenpopulationen sehr von der Dürre bedrängt, sodass man selten von Mücken geärgert wird, und sie für die öffentliche Gesundheitspflege in ihrer Bedeutung zurückgegangen sind.

Ungeheuer vielfältig ist die Welt der **Gliedertiere, Käfer und Spinnen.** Der Spinnenforscher Prof. *Günter Schmidt* zählt Cabo Verde zu den weltweit interessantesten Spinnenreservaten. So kennt man bereits über 100 verschiedene Arten, von denen fast die Hälfte endemisch ist. Santo Antão ist die artenreichste Insel. Die auffälligste Art ist die Zebraspinne *(Argiope),* die mehrere Meter große Netze spannt. Sehr schön gelb-schwarz gezeichnet ist die relativ große Bananenspinne. Die meisten dieser Spinnenarten sind so scheu, dass man sie nie zu sehen bekommt. Auch die seltenen und in kleiner Zahl vorkommenden giftigen Arten, darunter die Braune Witwe, können dem Menschen nicht gefährlich werden.

Auch die **Käferfauna** mit rund 500 Arten, davon ein Drittel endemisch, ist bemerkenswert.

Ein besonders auffälliger **Gliederfüßler,** der bis zu 20 cm lange Skolopender (Hundertfüßler), kann für den Menschen unangenehm werden. In der Regel verkriecht sich das schnelle, scheue Tier unter Steinen oder in Abflussrohren, sodass man einem lebenden Exemplar äußerst selten begegnet. Fühlt sich der Skolopender bedroht, dann sticht er mit seinen Giftklauen zu, was starke Schmerzen verursacht.

Die Vögel Cabo Verdes

von *Sabine Hille*

Auch wenn es ein erster Blick über die karge Landschaft nicht vermuten lässt, kann man viele verschiedene Vögel entdecken. Bislang konnten um die **160 Vogelarten** auf dem Archipel beobachtet werden. Man muss aber schon ein wenig Geduld aufbringen, bevor man mit faszinierenden Beobachtungen belohnt wird. Interessanterweise sind die meisten Arten **Zug- und Gastvögel** aus fernen Ländern. Sind diese auf der Durchreise und auf dem Weg zwischen südlichen Überwinterungsplätzen und nördlichen Brutgebieten, halten sie sich meist nur kurze Zeit, also Tage bis Monate zwischen September und April auf dem Archipel auf. Der Nordostpassat begünstigt das Abdriften mancher Zugvögel von ihren Zugrouten entlang des afrikanischen Kontinents und erklärt das Auftreten mancher Festlandarten auf dem abseits der Routen liegenden Archipel. Im Gegensatz dazu stehen einige, nur Nahrung suchende, **Meeresvögel** und 48 Arten, die auf den Kapverden brüten und als Standvögel nie wegziehen und daher ganzjährig anzutreffen sind. Inseln wie auch die Kapverden sind Zentren der Artbildung und gelten daher als „hotspots" der Biodiversität. Daher findet man endemische Arten, also Formen, deren Vorkommen weltweit nur auf das Archipel oder gar auf einzelne Inseln beschränkt ist. Zu diesen Endemiten zählen vier Arten: der Kapverdenrohrsänger *(Acrocephalus brevipennis)*, die Razolerche *(Alauda razae)*, der Alexandersegler *(Apus alexandri)* und der Kapverdensperling *(Passer iagoensis)*. Daneben findet man zehn endemische Unterarten, wie z.B. den Kapverdenpurpurreiher *(Ardea purpurea bournei)*, die Kapverdenschleiereule *(Tyto alba detorta)* oder die zwei Turmfalkenunterarten *(Falco tinnunculus alexandri* und *Falco tinnunculus neglectus)*.

Brutvögel

Wir unterscheiden bei den Brutvögeln zwischen den Land- und Meeresvögeln. Den verschiedenen Lebensräumen des Archipels entsprechend finden wir unter den **Landvögeln** Arten, die an trockenere Lebensräume wie Wüste oder Dornbuschsavanne angepasst sind, so z.B. der Rennvogel *(Cursorius cursor)*, vier Lerchenarten und der Wüstenrabe *(Corvus ruficollis)*. Dagegen leben in den feuchteren Gebieten des Trockenfeldbaus und der Bewässerungsplantagen der Graukopfliest *(Halycon leucocephala)*, der Wellenastrild *(Estrilda astrild)*, die melodisch singende Mönchsgrasmücke *(Sylvia atricapilla)*, und der endemische Kapverdenrohrsänger *(Acrocephalus brevipennis)*. Die **Brutzeit** der meisten Vogelarten setzt in der Regel direkt nach den ersten Regenfällen im Herbst ein. Wenn die Niederschläge ausreichen, sind Zweitbruten keine Ausnahme. Fällt die Regenzeit jedoch aus, so kann es zum Brutausfall kommen, was auch mehrere Jahre hintereinander auftreten kann. „Passarinha" nennen die Einheimischen den **Graukopfliest** auf Santiago, jenen auffallenden blauen Verwandten des Eisvogels, dessen langer roter Schnabel kontrastvoll leuchtet. Er ernährt sich von Skinken, also kleinen Reptilien, Mäusen und Grashüpfern, die er von einer Ansitzwarte aus im pfeilschnellen Flug mit dem Schnabel am Boden fängt. *Charles Darwin* hatte den Graukopfliest auf seiner Expedition im Jahre 1832 bereits als häufigen Vogel auf Santiago beschrieben. Auf dem Archipel ist er heute auf die Inseln Brava, Fogo und Santiago beschränkt. Sein nächstes Verbreitungsgebiet liegt, wie auch das der Lerchen und des auf allen Inseln auffälligen Wüstenraben, auf dem afrikanischen Kontinent.

Zu den typischen Kulturfolgern zählen die **Spatzen.** Beim genaueren Hinsehen kann man den Kapverdensperling *(Passer iagoensis)*, die kleine endemische Art mit dem weißen Streifen über dem Auge, von dem eingeschleppten Weiden- *(Passer hispaniolensis)* und Haussperling *(Passer domesticus)* unterscheiden. In den letzten Jahren sind einige weitere Arten neu auf den Inseln eingebürgert worden *(Neozoa)*. Dazu zählen z.B. der Dorfweber *(Ploceus cucullatus)* auf São Vicente und Santiago und der Halsbandsittich *(Psittacula krameri)* auf Santiago.

cv086 Foto: pr

Der **Kapverdenrohrsänger** ist auf Santiago mit 200 bis 300 Brutpaaren zu finden. Jüngst wurden erfreulicherweise auf Fogo eine ähnlich große und auf São Nicolau eine dritte, aber sehr kleine Population entdeckt.

Greifvögel haben ihren Verbreitungsschwerpunkt nur noch auf Santo Antão und Santiago, wo Mäusebussard und Wanderfalke noch in abgelegenen Bergregionen brüten. Auch Fischadler und Schmutzgeier sind nur auf einzelnen Inseln vertreten. Wogegen die zwei kleinen endemischen Turmfalkenunterarten, die hauptsächlich Reptilien jagen, auf allen Inseln anzutreffen sind. Die Fischadler haben die besten Nachwuchsraten auf den nördlichen Inseln, insbesondere auf den unbewohnten Inseln, denn Ei- und Jungvogelentnahme sowie indirekte Störungen der Gelege durch den Menschen sind hier noch gering. Der Kapverdenmilan *(Milvus milus fasciicauda)* wird mittlerweile von der Autorin als ausgestorben klassifiziert. Seine letzten Brutvorkommen wurden vor Jahrzehnten und die letzten Individuen im Jahr 2000 auf Santo Antão nachgewiesen. Dieser Vogel steht als trauriges Sinnbild für die Gefährdung der seltenen, endemischen Inselformen. Mit viel Glück kann man aber auf Boa Vista, Maio und selten auch im Hafenbereich von Praia auf Santiago oder in Mindelho auf São Vicente einen Milan sehen, der nach molekulargenetischer Analyse als naher Verwandter des europäischen Schwarzmilans *(Milvus m.*

Graukopfliest

migrans) einzustufen ist. Dieser Milan unterscheidet sich bereits stark im Verhalten und in der Gestalt von den europäischen Schwarzmilanen und bildet daher eine eigene kapverdische Form. Aber auch er ist mit wenigen überlebenden Tieren vom Aussterben bedroht. Für den Schutz dieses kapverdischen Milans werden Bestandsentwicklung und Überlebensstrategien erforscht. Alle Beobachtungen von Milanen sind für das Artenschutzprogramm wesentliche Datenpunkte und können der Autorin gemeldet werden (sabine.hille@boku.ac.at).

Die meisten **Meeresvögel** brüten in Kolonien in den seezugewandten Kliffs der bewohnten und unbewohnten Inseln, so z.B. vier Sturmtaucher- und zwei Sturmvogelarten, der langschwänzige Rotschnabeltropikvogel *(Phaethon aethereus),* der Brauntölpel *(Sula leucogaster)* und der Prachtfregattvogel *(Fregata magnificens).* Aber auch im Gebirge des Binnenlandes, z.B. in der Kraterregion Fogos, finden Sturmtaucher noch sichere Bruthöhlen. Mancherorts in den Steilhängen der vulkanischen Gebirge kann man im Frühjahr nachts ihre eigenartigen Schreie hören. Diese Laute geben sie während der Paarungszeit beim Ein- und Ausfliegen aus ihren Höhlen von sich. Tagsüber jagen sie weit draußen auf dem Meer nach Fischen. Sturmtaucher, Sturmvogel und Brauntölpel erscheinen dann aus der Entfernung als wendige abwechselnd schwarz-weiß wirkende Vögel, die dicht über dem Wasser fliegen. Am besten lassen sie sich vom Schiff aus beobachten. Auffällig erscheint das Fehlen der für Küstenregionen des Festlandes sonst typischen Brutkolonien von Möwen und Seeschwalben. Auf der unbewohnten Insel Santa Lucia verhindert die große Anzahl verwilderter Hauskatzen, die Etablierung von offen bodenbrütenden Seevögeln.

Die kapverdische Population des größeren seltenen Prachtfregattvogels besteht aus weniger als fünf Brutpaaren. Bei den alten Männchen kann man eine rote Kehle erkennen, diese wird zum Balzen sackförmig aufgeblasen. Das nächste Verbreitungsgebiet dieses eleganten Meeresvogels sind die tropischen und subtropischen Atlantik- und Pazifikküsten Amerikas.

Zugvögel

Zugvögel kann man hervorragend an Salinen wie z.B. bei Pedra da Lume (Sal) und anderen Stillgewässern wie z.B. am Ribeira do Rabil (Boa Vista) oder an der Kläranlage nahe Mindelho (São Vicente) und am Stausee der Talsperre Poilão in der Rª Seca (Santiago) beobachten. Die meist langbeinigen **Wattvögel** wie Stelzenläufer *(Himantopus himantopus),* Löffler *(Platalea leucorodia),* Flussuferläufer *(Actitis hypoleucos)* sowie verschiedene **Regenpfeifer, Reiher- und Strandläuferarten** suchen hier im feuchten Substrat nach Nahrung und bauen so Fettreserven auf, die sie für den langen Zugweg von und zu den fernen Brutgebieten benötigen. Als seltene Gäste kann man z.B. den von Amerika kommenden Amerikanischen Goldregenpfeifer *(Pluvialis dominica)* oder den aus Afrika stammenden Zimtroller *(Eurystomus glaucurus)* entdecken.

Im Küstenbereich und über Brackwasserflächen tauchen Seeschwalben im Sturzflug kopfüber ins Wasser. Vier Arten sind regelmäßig auf dem **Durchzug** oder als Überwinterer zu sehen. Steinwälzer *(Arenaria interpres)*, Regenbrachvogel *(Numenius phaeopus)* wie auch Seidenreiher *(Egretta garzetta)* gehen an den vom Meer regelmäßig überspülten Felsen der Nahrungssuche nach. Am Strand dagegen huschen Sanderlinge *(Calidris alba)* im Trippelschritt hinter den zurücklaufenden Wellen. Dort picken sie nach freigespülten Kleininsekten. Manchmal verirren sich auch junge Dreizehenmöwen *(Larus tridactyla)* oder Lachmöwen *(Larus ridibunda)* über den Atlantik auf die Kapverdischen Inseln. Mehrere hundert **Kuhreiher** *(Bubulcus ibis)* versammeln sich abends regelmäßig in traditionellen Schlafbäumen. Ein Spaziergang in der Abenddämmerung in São Filipe (Fogo) und in Praia in Hafennähe (Santiago) kann daher zum besonderen Erlebnis werden. In den Büschen findet man die bei uns heimischen Singvögel, wie z.B. Trauschnäpper *(Ficedula hypoleuca)*, Schafstelze *(Motacilla flava)* oder Steinschmätzer *(Oenanthe oenanthe)*. Das geschulte Auge kann im Binnenland der Inseln weitere europäische Gäste entdecken, wie z.B. den Wiedehopf *(Upupa epops)* oder den Bienenfresser *(Merops apiaster)*. Im Frühjahr wird man sich über vereinzelte **Rauch- und Mehlschwalben** *(Hirundo rustica, Delichon urbica)* freuen, die als Vorboten des europäischen Sommers wenig später auch im entfernten Europa ihre Nester bauen werden.

Gefährdung

Seit der Besiedlung des Archipels durch den Menschen werden die Vogelbestände durch die **Entnahme von Eiern und Jungvögeln** aus den Brutkolonien dezimiert. Folglich sind die heutigen Standorte der Seevogelkolonien nur noch auf schwer zugängliche Küstenbereiche beschränkt, zu denen sich die Fischer dennoch vom Meer aus Zugang verschaffen. Mit der wachsenden Bevölkerung geht daher eine besorgniserregende, starke Abnahme der Seevögel einher. Bei systematischen Zählungen der Seevogelkolonien durch Mitarbeiter des Biodiversitätszentrums auf Boa Vista wurde festgestellt, dass einige Kolonien nur geringen bis keinen Nachwuchs haben, da Küken bzw. Eier vollständig von Einheimischen aus den Kolonien entwendet werden. Auf Cural Velho z.B. sind **Prachtfregattvogel, Brauntölpel und Sturmtaucher** von der massiven Eliminierung betroffen. Der Fortbestand der Seevogelkolonien wird ohne den Schutz der Brutplätze vor dem Menschen langfristig nicht gewährleistet sein, da die Populationen mit geringem Nachwuchs überaltern werden. Der Rückgang betrifft aber nicht nur die Seevogelarten. Nach der Roten Liste gelten **fast 50% der Vögel Kapverdes als gefährdet.**

Auch die drastische Entwicklung beim Kapverdenmilan ist u.a. auf die direkte Verfolgung durch den Menschen zurückzuführen, der ihn als Hühnerdieb nicht wertschätzt. Da geeignete Beutetiere in der Landschaft immer schwerer zugänglich sind, erbeuten Milane wie auch Turmfalken gelegentlich auch

Hühnerküken, wenn sie im Freiland gehalten werden. Aber auch Giftköder zur Eliminierung von wildlebenden Hunden und Katzen haben fatale Folgen für aasfressende Greifvögel. Der stetige Rückgang des Schmutzgeiers ist ein weiteres Warnsignal.

Die **Razolerche** brütet nach neuesten Untersuchungen mit nur noch ca. hundert Individuen auf der unbewohnten Insel Razo, ihrem einzigen Brutplatz auf der Welt. Mit ihrem langen Schnabel, den sie verwendet, um unterirdische Knollen freizugraben, ist sie an Wasser- und Nahrungsknappheit außergewöhnlich angepasst. Die Insel Razo unterliegt daher einem hohen Schutzstatus und darf nicht betreten werden.

Der seltene endemische **Kapverdenpurpurreiher** ist einzig auf der dicht bevölkerten Insel Santiago anzutreffen. Wegen direkter Verfolgung und dem Fällen seiner Brutbäume sind nur mehr je nach Niederschlagsmenge 10 bis 20 Paare existent. Die Brutpaare verteilen sich auf einem Kapokbaum *(Ceiba pentandra)* nahe Assomada.

Ein erster Schritt zum Schutz der Rasolerche und der Seevogelkolonien ist durch die Erklärung von **Schutzzonen,** die die unbewohnten Inseln umfassen, bereits gemacht. Der jüngst errichtete Nationalpark berücksichtigt neben den Gebieten der seltenen und gefährdeten Vogelarten auch andere Tiergruppen sowie botanische Aspekte. Die Überwachung der Kolonien kann so entsprechend intensiviert werden, damit das endgültige Verschwinden einiger Arten auf den Kapverden vielleicht noch verhindert werden kann.

Der **Urlauber** auf den Kapverden kann täglich sehr viele Eindrücke sammeln, und er kann sich bewusst sein, dass das Beobachten der seltenen Inselformen und Gastvögel zu den besonders wertvollen Erlebnissen auf den Kapverden zählt.

Jedes **menschliche Verhalten,** das eine Störung der Brutgebiete und einzelnen Neststandorte darstellen könnte, ist daher im Hinblick auf die so hohe Gefährdung, insbesondere der endemischen und bodenbrütenden Arten, absolut zu unterlassen. Das Betreten der geschützten, unbewohnten Inseln wie z.B. Cural Velho oder Razo ist zudem behördlich verboten und daher in keinem Fall zulässig.

Ein Heft über die Vögel der Kapverden in portugiesischer Sprache mit für ihre Bestimmung geeigneten Abbildungen kann in der INIDA in São Jorge dos Orgãos auf Santiago erworben werden.

Weiterführende Literatur

- *Bannerman, D. A. & Bannerman W. M.* (1968): History of the birds of the Cape Verde Islands. Edinburgh, Oliver & Boyd.
- *Donald, P. F., de Ponte, M., Pitta Groz, M. J., Taylor, R., Wells C., Marlow, T. & Hille, S. M.* (2004): Status of the Cape Verde Cane Warbler Acrocephalus brevipennis on São Nicolau, with notes on song, breeding behaviour and threats. Malimbus 2004, 26: 34–37.
- *Donald, P. F., de L. Brooke, M., Bolton M. R., Taylor R., Wells, C., Marlow T. & Hille, S.* (2005): Status of Raso Lark Alauda razae in 2003, with further notes on behaviour and conservation. Bird Conservation International.
- *Donald, P. F., de L. Brooke* (2006): An unlikely survivor: The peculiar natural history of the Raso Lark British Birds, 99: 420–430.
- *Hazevoet, C. J.* (1995): The Birds of the Cape Verde Islands. B.O.U. Checklist No. 13. B.O.U., Tring.

- *Hille, S.* (1998): Zur Situation der Milane Milvus milvus fasciicauda (Hartert, 1914) auf den Kapverdischen Inseln, Journal für Ornithologie 139: 73–75.
- *Hille, S. & Thiollay, J. M.* (2000): The imminent extinction of the Kites Milvus milvus fasciicauda and Milvus m. migrans on the Cape Verde islands. Bird Conservation International 10: 361–369.
- *Hille, S. M., Nesje, M. & Segelbacher, G.* (2003): Genetic structure of kestrel populations and colonization of the Cape Verde archipelago. Molecular Ecology (2003) 12: 2145–2151.
- *Hille, S. & Winkler H.* (2000): Ecomorphology of island populations of the Kestrel Falco tinnunculus on Cape Verde. Raptors at Risk. Proceedings of the fifth World Conference on Birds of Prey and Owls in Midrand, Hancock Wildlife Nature Books, Blaine (WA), 729–736.
- *Leyens, T. & Lobin W.* (1996): „Primeira Lista Vermelha de Cabo Verde". Courier Forschungsinstitut Senckenberg 193: 140.

Landwirtschaftliche Nutztiere

Siedler brachten Nutztiere mit, allen voran die **Ziegen,** die sich zur Weidung auf den vegetationsarmen Flächen am besten eignen. Die genügsamen Tiere leben nach einem Regen auf Monate ohne zu trinken, und auch in extremer Trockenheit am Tope de Coroa suchen sie nur zweimal wöchentlich eine Quelle auf. Dennoch lässt sich mit ihnen Milch, Käse und Fleisch produzieren. Groteskerweise war es ein Entwicklungsprojekt zur „Verbesserung lokaler Rassen", das die Ziegen von Santo Antão durch importierte Tiere aus Spanien mit Bruzellose infiziert hat.

Schafe stellen höhere Ansprüche an die Weideflächen, weshalb sie im Barlavento ähnlich selten sind wie **Rinder,** die aus portugiesisch-holländisch-senegalesischen Kreuzungen entstanden. In jüngerer Zeit kamen englische und nordamerikanische Rassen hinzu.

Noch sieht man viele der kleinen schwarzen lokalen **Schweine,** teils mit schweinchenrosa Flecken aus der Kreuzung mit modernen Hochleistungsrassen. Wenn Schweine noch frei durch die Vororte streunen, dann tun sie dies illegal. Stallhaltung ist Pflicht, aber nicht leicht zu kontrollieren, wo sich die Bevölkerung nicht beschwert. Am Ortsrand stehen reihenweise gemauerte Schweineboxen und häufig sieht man Frauen mit Eimern voll häuslicher Abfälle auf dem Kopf zur Fütterung gehen. Die Armen in der Stadt verkaufen ihre Schweine zur Schlachtung und behalten nur wenig für die Familie zurück. Bei der Landbevölkerung ist die Hausschlachtung ein wichtiger Teil des sozialen Netzwerks. Man gibt den Familienmitgliedern, Freunden und Nachbarn einen Teil ab und erwartet ein Gegengeschenk, wenn sie schlachten. Der Austausch von Lebensmitteln bestätigt die gegenseitige Unterstützung – eine Art informeller Sozialversicherung.

An **Geflügel** werden vorwiegend Hühner, die auf keinem Gehöft fehlen, aber auch Enten, Gänse und Truthühner gehalten. Auf Santiago und São Vicente gibt es auch moderne Massentierhaltung von Schweinen und Hühnern.

Esel und Maultiere übernehmen den Transport abseits der Straßen. Pferdenarren halten sich schöne kleine **Araberpferde** und messen bei jeder traditionellen Kirchweih ihre Kräfte im Galopprennen.

cv117 Foto: pr

Land und Leute

In der **Hunde- und Katzenhaltung** zeigt sich die enorme Breite der Lebensumstände ihrer Besitzer Die Skala reicht vom frisch schampoonierten Schoßhündchen über stramme Rottweiler bis zu sterbenskranken reudigen Streunern. Die vorherrschende Hunderasse sind mittelgroße schlanke Glatthaarhunde mit einem unendlichen Vertrauen in den Menschen. Die Gefahren durch streunende Hunde zu begrenzen, ist Aufgabe der Stadtverwaltungen.

Die marinen Lebensräume

Die Lebensräume im Meer rund um Cabo Verde sind gekennzeichnet von **Arten- und Fischreichtum.** Das kühlere Wasser des Kanarenstroms mischt sich mit dem im Sommer herangeführten warmen Wasser des äquatorialen Guinea-Golfs, sodass die Meeresfauna eine einzigartige **Koexistenz von Kalt- und Warmwassertieren** darstellt. Eine weitere Besonderheit ist, dass die Fische in diesen Gewässern außerordentlich groß werden können. Der Reichtum an Fischen und Meerestieren dient den Bewohnern als wichtige Nahrungs- und Einkommensquelle, und zahlreiche Projekte befassen sich mit der Förderung der Fischereimaßnahmen. Für Touristen bieten sich hervorragende Reviere zum Sporttauchen und -fischen.

Fogo: Eruptionshöhle am Monte Preto

Eine gute und reichhaltige **Nahrungsquelle** bieten Thunfische, die in Schwärmen saisonal die kapverdianischen Gewässer durchziehen, aber auch Brassen, Makrelen, Muränen (in allen Farben und Größen), Tintenfische, Krebse und zahlreiche Schnecken- und Muschelarten. Immer noch gibt es sehr viele Langusten rund um die Inseln, darunter den endemischen Tiefwasserlobster *(Palinurus charlestoni).* Sie sind vor allem nachts aktiv, während sie sich tagsüber unter Überhängen oder in Felsspalten zurückziehen. Fischereiprojekte versuchen, den Abfang der Tiere zu regeln, und es gibt Schutzzeiten für Langusten.

Reich an Formen und Farben sind **tropische Fischarten:** Papageienfische, Schnapper, Husarenfische, Pfeilhechte, Spitzkopfkugelfische, Igelfische, Drückerfische, Husarenfische, Drachenköpfe, Schweinsfische, Lippfische, Pfeifenfische, Korallenfische (Chaetodon-Arten), Falterfische, Westafrikanische Kaiserfische oder die herrlich blauen Ostatlantischen Doktorfische. Schwärme von metallisch schimmernden Sardinen und gelb gestreiften Brassen, silbrige und rote Trompetenfische durchziehen das Meer, und feuerrote Soldatenfische halten sich in Spalten und Grotten auf. Unter den Barscharten gibt es Zacken-, Juwelen- und Riffbarsche, Großaugenbarsche und Kardinalbarsche. Unübersehbar sind die Aktivitäten der fliegenden Fische, die manchmal auch an Bord von kleineren Schiffen springen. Daneben gibt es Goldbrassen, Rötlinge, Meeräschen und Seehechte.

Marine Kleintiere wie Krebse (rund 150 Arten), Krabben, bunte Seesterne, Seegurken, Seeigel und eine Vielzahl an Muscheln und Schnecken bevölkern Felsen und sandigen Grund. Auf Felsen wachsen Kolonien schwarzer Korallen, auch Feuerkorallen, Schwämme und leuchtend gelbe Krustenanemonen.

Der Atlantik rund um die Inseln ist auch reich an **Hochseefischen** wie Barrakudas, Segelfischen, Yellowfin-Thunfischen, Stachelmakrelen, Blue Marlins, großen Stachel- oder Teufelsrochen (Manta) bis zu 3 m Spannweite, Delfinen und verschiedenen Haiarten wie Tiger-, Hammer- und Grauhai. Diese großen Arten sind vor allem im tiefen Gewässer oder auch vor Steilküsten (z.B. rund um Fogo) zu sichten. In der Meeresstraße zwischen São Vicente und Santo Antão kann man mit etwas Glück von der Fähre aus Delfine beobachten.

Wale ziehen regelmäßig durch kapverdianische Gewässer, darunter Buckel-, Schwert-, Pott- und Grauwale. Die gigantischen Buckelwale haben sich bis ins 20. Jahrhundert in kapverdianischen Gewässern fleißig vermehrt, weshalb amerikanische und europäische Walflotten regelmäßig hierher kamen. In jüngerer Zeit weiß man wenig über ihre Häufigkeit, ihr Verhalten und ihre Probleme in diesem Raum.

Meeresschildkröten sind besonders bedroht und damit ein wichtiges Thema des Naturschutzes. Vor allem auf den Inseln Boa Vista und Maio legen die grünen Meeresschildkröten, darunter die Spezies der Unechten Karettschildkröte *(Caretta caretta),* ihre Eier ab.

Naturschutz

Natürliche Ökosysteme kleiner arider Inseln sind äußerst verletzlich. Schon in den ersten Jahrzehnten der Besiedlung sind zahlreiche Arten und lokale Systeme verdrängt worden durch den Eingriff des Menschen, unterstützt von importierten Nutztieren, Schädlingen und Pflanzenarten. Es entstanden neue **Humanökosysteme,** die in der kurzen Nutzungszeit von nur 500 Jahren, im Norden gar nur 250 Jahren, nie wirklich stabil geworden sind und die natürlichen Reserven, Wasser, Boden, Vegetationsdecke, rasch erschöpften. Wie in fast allen Kolonien trugen ferngelenkte Entscheidungen aus mit grandioser Unwissenheit über sozial-ökologische Zusammenhänge geschlagenen Ministerien bei zu **ökologieschädlichen Nutzungsformen.** Der intelligenten Anpassung einer agrarischen Gesellschaft auf sich ändernde Bedingungen waren im Kolonialsystem enge Grenzen gesetzt, da nicht die Interessen der Bevölkerung, sondern die der Aufkäufer von Exportprodukten im Vordergrund standen. So waren auch die Kapverdischen Inseln der ökologischen Zerstörung ausgesetzt durch ausgedehnte **Monokulturen** an ungeeigneten Standorten (s.a. Geschichte der Weinmonokultur von Santo Antão im 18. Jh.) und einer importierten Agrarverfassung. Wind- und Wassererosion, Überweidung, Bearbeitung extremer Hanglagen und die nicht nachhaltige Entnahme von Brennholz sind die bedauerlichen Erscheinungsformen.

Die extreme **Trockenheit** seit 1968 verschärfte die Situation weiter, ließ die helfende Hand der Bauern vermissen und führte zur raschen Verstädterung und einer wachsenden Flut von Müll aus Importprodukten.

Die Folgen sind u.a. **Gefährdung endemischer Pflanzen- und Tierarten.** Viele Arten stehen auf der Roten Liste und verfügen nur noch über kleine Populationen und Verbreitungsgebiete. In großen Gebieten wurde die Vegetationsdecke zerstört, und die Wind- und Wassererosion ließ steinige Flächen zurück, fast ohne Boden. Am eindrucksvollsten sind die seit den 1940er Jahren nahezu brachliegenden Höhenlagen der östlichen Halbinsel von São Nicolau. Breite Maultierwege und dicht an dicht stehende Ruinen zeugen von intensiver landwirtschaftlicher Nutzung vor weniger als 100 Jahren, wo heute nur noch Staub und Geröll vorzufinden sind. Am besten studiert sind die Ökosysteme höher liegenden Zonen von Fogo und die Auswirkungen ihrer Zerstörung auf tiefer liegende landwirtschaftliche Flächen. Die Natur selbst hat keine ernst zu nehmende Regenerationskraft mehr. Im Langzeitversuch auf eingezäunten Flächen kehren weder alte Arten zurück, noch lässt die Degradation des Bodens nach.

Selbst die neu geschaffenen, für das Auge so erfreulichen Wälder der **Wiederaufforstung** sind ökologisch nicht unbedenklich. Bis vor wenigen Jahren wurde mit importierten Arten gearbeitet, wodurch einheimische Arten und von ihnen abhängige Pflanzen und Tiere verdrängt wurden. Einheimische Arten in nachhaltigen Ökosystemen zu fördern, ist ein noch recht junges Ziel.

Die größte Gefahr für Strände und Dünen ist die boomende **Bauwirtschaft.** Der Sand großer Strände wird – wenn er nicht geschützt wird - binnen weniger Monate auf die Baustellen gefahren. Seit Ende 2006 wird deshalb Bausand aus Mauretanien importiert.

Aspekte des Natur- und Umweltschutzes gewannen mit der Unabhängigkeit zunehmende Bedeutung in den Programmen der Regierungen. Per Gesetz wurden Grundlagen einer nationalen Umweltpolitik festgelegt, die Artenschutzerklärungen, Wasser- und Bodenschutz und Instrumente der Umweltpolitik etc. umfassen. **Höhen-Naturparks** sind das sichtbare Ergebnis für den Reisenden: **Parque Natural do Fogo** (2003), **Parque Natural Monte Gordo** auf São Nicolau (2006), **Parque Natural Serra da Malagueta** (2008) auf Santiago. Weitere Höhen-Naturparks auf Santiago (Rui Vaz und Pico da Antónia), auf Santo Antão (Maroços, Tope de Coroa, Pico da Cruz) und auf São Vicente (Monte Verde) befinden sich in fortgeschrittener, teils umsetzungsreifer Planung.

Die Ziele sind, die weitere Degradation der natürlichen Ressourcen zu verhindern, die Biodiversität und Nachhaltigkeit der Ökosysteme zu fördern und damit zum globalen Umweltschutz beizutragen. Die lokale Bevölkerung, ihre Lebensbedingungen, ihre unmittelbaren und langfristigen Bedürfnisse werden dabei nicht aus den Augen verloren und ein großer Teil der Arbeitszeit des Parkpersonals für Bildungs- und Aufklärungsarbeit eingesetzt. Den Berg- und Ökotourismus mit interessanten Angeboten zu entwickeln und ihn mit klaren, kontrollierten Regeln in ökologisch und ökonomisch nachhaltige Bahnen zu lenken, ist nicht weniger wichtig.

Als **geschlossene Naturreservate** gelten die unbewohnten Inseln Santa Luzia, Branco, Razo, Ilhéus Rombos, Ilhéu do Curral Velho und das Ilhéu do Baluarte. Auf den flachen Ostinseln wurden weitere **Schutzgebiete im Küstenbereich** ausgewiesen. Dies ist das Ergebnis des von der Europäischen Union finanzierten Programms „NATURA 2000".

Beschlossene aber noch nicht erhobene **Umweltsteuern,** speziell auf Plastik- und Glasprodukte, sowie die in den Landkreisen zumeist ungenutzten Abfallglas-Mühlen zeigen die Grenzen des Managements auch in diesem Sektor.

Der zunehmende **Tourismus** verschärft bestehende Probleme und schafft neue. Raumordnungs- und Nutzungskonflikte entstehen zwischen dem Erholungs- und Bewegungsbedürfnis der Touristen, den wirtschaftlichen Interessen ausländischer und einheimischer Unternehmer und dem Schutz der Natur.

Meeresschildkröten sind zum Symboltier des Naturschutzes in Cabo Verde geworden. Fleisch und Eier sind von den Speisekarten der Restaurants vollständig und aus privaten Küchen fast vollständig verschwunden. Nationale Schutzzonen zur Eiablage sind ausgewiesen, und durch das Bewachen der Strände sinkt das Risiko für die frisch geschlüpften Jungen.

Als **geschmacklose Souvenirs** lassen sich Schildkrötenpanzer, Haifischzähne, Muschel- und Schneckenschalen sowie Schwefel- und Gesteinsbrocken aus dem Vulkan verkaufen. Beim Anblick der vor 25 Jahren in São Vicente angebotenen Haigebisse überfiel den Betrachter Schaudern in der Vorstellung, mühelos darin verschwinden zu können. Heute erreicht die Massenware in den Auslagen der Souvenirgeschäfte kaum mehr als eine Handspanne im Durchmesser. Doch so lange das Haifisch-Baby-Zähnchen am Halsband und ein Schildkrötenpanzer überm Sofa untrennbar zum Image des besonders kecken Package-Abenteurers gehören, wird es schwierig bleiben, den ökologischen Druck auf Souvenirjäger zu verstärken.

Der **Zoll in Europa** kontrolliert aus Cabo Verde kommende Reisende gezielt auf Trophäen und Produkte bedrohter Arten.

Die teilweise auch in Englisch verfügbare Internetseite der Naturparks (www.areasprotegidas.cv) informiert detailliert und aktuell.

Geschichte

Cabo Verde ist entstanden und wurde über 500 Jahre **gefördert, genutzt, missbraucht und vernachlässigt** im Interesse anderer Nationen. Die Geschicke des kleines Landes waren nie zu trennen von der Geschichte dreier Kontinente und des Atlantiks, der sie verbindet. Über die Jahrhunderte waren die Inseln Zentrum des Jahrtausend-Verbrechens des transatlantischen Sklavenhandels, Versteck und Opfer von Piraten wie *Sir Francis Drake* und *Jacques Cassart,* Exil für politische Häftlinge aus Portugal und den Kolonien, Unterschlupf für Juden und andere Verfolgte, Kohlebunkerstation und Relaisstation von Transatlantikkabeln des British Empire, trauriger Schauplatz von Dürre, Hungersnöten und Armut.

Entscheidend für Entwicklung und Besiedlung war die **günstige geostrategische Lage,** ökonomisch und militärisch: ein Trampolin für den großen Sprung zu weltweiter Macht und globalem Reichtum, mitten im Atlantik an dessen schmalster Stelle, auf halbem Weg zwischen Europa und Südamerika und auf dem Weg zum Indischen Ozean, ein Drehkreuz der Schifffahrts- und Fluglinien.

Hinter all den Ereignissen der großen atlantischen Geschichte geraten die historischen Leistungen Cabo Verdes leicht ins Abseits: die Geburt einer völlig neuen, **kreolischen Kultur,** Sprache und Musik, eines Volks mit enormem Überlebenswillen und Schaffenskraft auf den Inseln und in hunderttausendfacher Emigration; Vorreiter in der blockfreien Bewegung zur Unabhängigkeit Afrikas und geistige Väter einer der modernsten Verfassungen in einer der wenigen stabilen pluralistischen Demokratien der Region.

Nach der Entdeckungsgeschichte gehen wir im Folgenden ein auf die Sklaverei und den **Sklavenhandel** als Motoren der frühen Entwicklung von Santiago, Fogo und Maio. Einige Sätze zur Geschichte der **Landwirtschaft** müssen eingeflochten werden, da landwirtschaftliche Exporte die Entwicklung der Inseln São Nicolau und Santo Antão geprägt haben und in ihnen die Sklaverei nie eine nennenswerte wirtschaftshistorische Rolle spielte.

Abschließend versuchen wir, Vorgänge zu durchleuchten, die zur **Unabhängigkeit** und zur heutigen Realität Cabo Verdes als demokratischem Rechtsstaat geführt haben.

Den Sonderfall der auf der industriellen Revolution Englands basierenden **Geschichte São Vicentes** handeln wir nicht hier, sondern im Kapitel zu dieser Insel ab.

Frühe Zeit

Von den ersten europäischen Entdeckern wurde Cabo Verde als völlig unbewohnt beschrieben. Es gibt weder archäologische Funde noch Berichte oder Beweise über eine Besiedlung vor Ankunft der Portugiesen im Jahr 1456. Auf São Nicolau finden sich auffällige Muster an einem Fels namens **Rocha scribida,** von denen manche meinen, es handle sich um frühhistorische Schriftzeichen. Wer Winderosionen in Südfrankreich kennt, bezweifelt diese Annahme ... Artefakte an einem Felsbrocken bei Janela auf Santo Antão gleichen schon eher Schriftzeichen, die aber genauso wenig entschlüsselt oder datiert sind.

Phönizier sind im Altertum nach Madeira und zu den Azoren gesegelt. Warum nicht bis Cabo Verde? **Westafrikanische Seefahrer** waren den Europäern im Mittelalter technologisch ebenbürtig und konnten weite Reisen entlang der Guineaküste unternehmen. Wenn Stürme und Strömungen regelmäßig Kokosnüsse, ganze Dattelpalmen und Einbäume, Zugvögel und schließlich ein Schiffchen voll europäischer „Entdecker“ an die Strände Cabo Verdes geworfen haben, warum nicht auch die geschickten westafrikanischen Seeleute? Haben Sie vielleicht schon regelmäßig Salz in Pedra de Lume geerntet?

Auf den Inseln selbst gibt es bis heute weder den Nachweis für das Vorkommen von Menschen auf Cabo Verde vor 1456, noch ist die Abwesenheit eines Beweises ein Beweis für Abwesenheit. Als Artefakte, die dafür sprechen, dass die Inseln westafrikanischen Seefahrern nicht nur bekannt waren, sondern zur Salzgewinnung angefahren wurden, werden Karten aus der Universität Timbuktu aus dem 11. Jahrhundert genannt, auf denen westlich der afrikanischen Atlantikküste „Salzinseln“ verzeichnet sind. Die Literaturangaben sind aber nicht nachvollziehbar. Somit ist alles Spekulation, die zu historischer Forschung wie zu munteren Stammtischdiskussionen anregt.

Die Zeit der Entdeckungen

Aufbruch entlang der Küsten Westafrikas

Das **15. Jahrhundert** war die Zeit der großen Entdeckungsreisen. Das Abendland machte sich auf zu neuen Ufern, den Handel auszuweiten und seine naturwissenschaftlichen und geografischen Erkenntnisse zu erweitern. Die Interessen erstreckten sich gleichzeitig nach Süden und nach Osten. Bis zur Entdeckung Amerikas stammte der größte Teil des in Europa zirkulierenden Goldes aus Westafrika, insbesondere aus dem Mali- und später dem Songhai-Reich. Islamische Händler kontrollierten den Transsahara-Handel von Gold und Sklaven nach Norden und Salz nach Süden. Auch aus dem Indienhandel mit Gewürzen und Stoffen erhoffte man sich astronomische Gewinne, doch die Türken waren im Besitz des Landwegs am östlichen Mittelmeer, und die arabischen Zölle waren hoch. Ein eigener, christlich kontrollierter Zugang zu Gold, Sklaven und Gewürzen, ein Seeweg nach Westafrika und Indien sollte gefunden werden.

Vorreiter dieser Bestrebungen war **Heinrich der Seefahrer** (1394–1460), Pionier der portugiesischen Entdeckungsfahrten und damit der kolonialen Tradition Portugals. Seit 1416 koordinierte Prinz *Infante Dom Afonso Henrique* Eroberungszüge und Handelsreisen, nahm aber an keiner der Entdeckungsfahrten selbst teil. Er war Begründer des Mitte des 15. Jahrhunderts in Lissabon eingerichteten Lehrstuhls für Astronavigation und Kartografie und errichtete die berühmte Seefahrtsschule und Sternwarte von Sagres. Seine Interessen galten dem Handel mit Gold und Pfeffer, der Seefahrt, Wissenschaft und Kultur und der Zurückdrängung des Islam in genau diesen Bereichen. Sie standen in unmittelbarem Einklang mit den Interessen des Königshauses, insbesondere seines Bruders, *Infante D. Pedro,* König von Portugal von 1439–1446, und den verbündeten „Katholischen Königen“, die Eroberungsfeldzüge gegen das islamische Maurenreich in Spanien führten.

Heinrichs Karriere begann mit der Eroberung der nordafrikanischen, islamischen Stadt Ceuta (1415). Weitere Entdeckungsfahrten führten nach Madeira (1418), auf die Azoren (1431) und zum Kap Bojador in Mauretanien (1434). Ab 1441 dehnten sich die ausgesandten Reisen an die westafrikanische Küste bis zum Golf von Guinea aus. 1444 war das „Grüne Kap“ (port.: Cabo Verde) beim heutigen Dakar in Senegal erreicht. Prinz *Heinrich* war dem Ziel, zu den Goldbergwerken der „Goldküste“ vorzudringen und das arabische Handelsmonopol durch die Sahara zu brechen, einen entscheidenden Schritt näher gekommen. Um den Rhythmus der Machtausweitung zu beschleunigen, wurden Kapitäne anderer Länder, vorwiegend Spanier, Venezianer und Genuesen, unter Vertrag genommen.

Die Entdeckung Cabo Verdes

Die Geschichte ersten Sichtens und Betretens der Inseln kennt verschiedene Versionen, während der Ablauf der Inbesitzname und Besiedlung kaum

Zweifel aufwirft. Der Venezianer **Aloísio Cadamosto,** der im Jahre **1456** im Auftrag *Heinrichs des Seefahrers* aufbrach, um den Gambia-Fluss zu erkunden, schreibt in seinem Buch „Navigazioni", er sei durch einen Sturm auf die offene See getrieben worden, wo die Besatzung am dritten Tag, dem 25. Juli 1456, eine Insel erblickte. Diese Insel sei völlig unbewohnt gewesen, und die Seeleute hätten sie mit dem Ruf „Buena Vista" begrüßt. Das schrieb er 1463, reichlich spät, nachdem bereits 1460 die Entdeckung Cabo Verdes dem Genueser Kapitän **António Da Noli** urkundlich zugesprochen worden war. Er hatte die flache große Insel nach dem Schutzheiligen der Genueser Seefahrer *Sam Cristovão* „Buena Vista" genannt.

Cadamosto beschreibt auch die Inseln Sal und Maio, an denen er vorbeigesegelt sei, bevor er auf dem heutigen Santiago an Land ging, das er nach dem Tagesheiligen Isola de San Iacomo (Hl. Jakob) benannte. Hier nahmen seine Schiffe Salz, Wasser, Fisch und Schildkröten an Bord, um nach Gambia weiter zu reisen. Bei seiner Rückkehr habe er **Prinz Heinrich** von seiner Zufallsbegegnung mit den Inseln, die auf keiner Karte verzeichnet waren, berichtet. Dennoch gibt es erhebliche Unstimmigkeiten in den verspäteten Berichten *Cadamostos,* und sie erfüllen kaum die Kriterien einer „descoberta" im Sinne *Heinrichs* (kartografisch erfassen, betreten, beschreiben, Artefakte hinterlassen, berichten, fähig sein wiederzukehren und in Besitz nehmen).

Der Genueser Kapitän **António Da Noli** und sein Bruder *Bartolomeo* erreichten mit ihren Schiffen am **1. Mai 1460** die Insel Maio, die sie Mayaes nannten. Außerdem betraten sie als erste Europäer Fogo, benannten sie Sam Jacobe e Felipe, sowie Sal, Boa Vista und Santiago. Im Auftrag *Heinrichs* fahrend, beanspruchte *Da Noli* die Inseln für die portugiesische Krone. Als er seinem Auftraggeber Bericht erstatten wollte, war Prinz *Heinrich* verstorben, und die fünf Inseln wurden Prinz *Ferdinand* von Portugal mit allen Rechten und Einkünften übereignet. In diesem Bericht aus dem Jahr **1460** fanden die Inseln Cabo Verdes **erstmals schriftliche Erwähnung.**

Diogo Gomes berichtet, wenige Tage vor *Da Noli* den Archipel erstmals gesichtet und betreten zu haben. Auf der Rückreise sei er zu den Azoren abgetrieben worden und habe deshalb erst nach *Da Noli* Bericht erstatten können. Da er der einzige portugiesische Kapitän unter den Entdeckern war, Kleinadliger *(fidalgo)* in gehobener Stellung des Zoll- und Finanzsystems *Heinrichs,* gab es Phasen der portugiesischen Geschichtsschreibung, die den Disput um die Entdeckung gerne zu seinen Gunsten beendet hätten.

Nach dessen Tod führte **D. Fernando,** Prinz *Ferdinand* von Portugal, das Erbe *Heinrichs des Seefahrers* fort.

Diogo Afonso aus Sintra war mit *Da Noli* gereist und folgte mit diesem dem Auftrag zur Suche weiterer Inseln. Er entdeckte in rascher Folge Brava (Da-

Blick auf Cidade da Rª Grande do Santiago

cv024 Foto: pr

Große Entdeckungs- und Forschungsreisende

Bartolomeu Dias (1450–1500)

Bartolomeu Dias stammte aus einer Familie von Seefahrern von der Algarve. Einer seiner Vorfahren, **João Dias,** hatte 1434 mit **Gil Eanes** das Kap Bojador (heute West-Sahara) umschifft, und **Deniz Dias** war 1444 bis zum Cabo Verde (heute Senegal) vorgestoßen. Auch sein Bruder **Diogo Dias** nahm an mehreren Reisen teil.

1481 nahm *Bartalomeu* als Offizier an der großen Expedition des **Diogo de Azambuja** mit 600 Reisenden teil, die das portugiesische Handelsfort **São Jorge da Mina** (heute Elmina in Ghana) gründeten und den Markt für Gold, Sklaven und Landwirtschaftsprodukte öffneten.

1486 erhielt er vom portugiesischen König den geheimen Auftrag, die Südspitze Afrikas zu entdecken und einen Seeweg nach Indien zu finden. Im Sommer 1487 stach er mit drei Schiffen in See, unter anderem begleitet von sechs Afrikanern, deren Aufgabe es war, Verhandlungen mit den örtlichen Fürsten zu führen.

In der Walfischbucht (heute Namibia) ließ er sein Versorgungsschiff zurück, bevor der Nordwind die Schiffe weit in den subarktischen Atlantik trieb. Auf nordöstlichem Kurs kehrte er zurück an die Südküste Afrikas und folgte ihr nach Osten bis zur Mündung des Groot Vis River (heute bei Port Elizabeth), um sicher zu wissen, dass er den Kontinent umschifft hat. Seine von Skorbut geplagte Mannschaft zwang ihn, die Indien-Pläne aufzugeben und zurückzukehren. Unter Sicht umschifften sie die Südspitze Afrikas, das Cabo Agulhas und das Kap der Guten Hoffnung von Ost nach West. Letzteres benannte *Bartolomeu Dias* in Cabo Tormentoso (Kap der Stürme). Am 1. Mai 1488 errichteten sie einen letzten Wappenpfeiler bei Kapstadt.

König *Johann II.* machte ihn zum Statthalter der Casa de Guiné e Mina.

Unter dem nachfolgenden König *Manuel I.* war es seine Aufgabe, die Schiffe für die große Expedition **Vasco da Gamas** vorzubereiten, doch er begleitete diesen nur bis auf die Kapverden und reiste weiter nach Elmina.

Auf der zweiten großen Indien-Expedition kam er mit **Pedro Alvaro Cabral** erneut nach Kap Verde. So wurde er zu einem der Entdecker Brasiliens. Von dort setzte er über nach Süd-Afrika. Weitgereist und erfahren wie kein anderer seiner Zeit, wurde ihm sein **Cabo Tormentoso** zum Schicksal. Am 29. Mai 1500 verschwand dort sein Schiff im Sturm.

Christoph Kolumbus (1450–1506)

Für eine Reise über den Atlantik und die Entdeckung des Seeweges nach Indien in westlicher Richtung konnten sich die Herrscher des 15. Jahrhunderts keinen besseren Kapitän wünschen, als den in Portugal **Cristovão Colombo** genannten Genuesen. Mit 14 Jahren fuhr er bereits zur See und hatte Kartografie und Astrologie vermutlich als Autodidakt studiert. Er hatte auf italienischen Schiffen gearbeitet, die durch den Handel mit den islamischen Reichen bis nach Palästina und ins Schwarze Meer vordrangen, um arabische und indische Waren umzuschlagen.

Zusammen mit seinem Bruder *Bartolomeu* hatte er seit 1477 in **Lissabon** gelebt, wo sie Karten für die Seefahrt zeichneten. Und schließlich hatte sich sein Lebensweg mit *Bartlomew Perestello,* einem älteren italienischen Adligen in portugiesischen Diensten, gekreuzt. Der hatte die Erschließung von Madeira mit vorangetrieben und es zum Hafenkapitän der, bei Madeira liegenden, kleineren Insel Porto Santo gebracht. Und er hatte eine Tochter, **Felipa Perestello e Moniz,** für die sich *Christoph Kolumbus* interessierte die er 1479 heiratete und der er nach **Porto Santo** folgte. Dort zeichnete er weiter Karten und studierte das Archiv seines inzwischen verstorbenen Schwiegervaters. So kannte *Kolumbus* die „imago mundi" von *Pierre d'Ailly* (1350–1420), nach der Indien über den Atlantik erreicht werden kann, hatte die Geschichten der Atlantiküberquerungen der Wikinger und des irischen Mönchs *Brendan* gelesen, wusste von indianisch aussehenden Leichenfunden und fremden Pflanzen, die von West nach Ost nach Madeira getrieben wurden. Er hatte den Atlantik an einer seiner wildesten Stellen im Kanal von Porto Santo jeden Tag vor Augen und hatte gelernt, ihn mit Schiffen zu bezwingen.

Er wusste, dass er im Westen Land zu erwarten hatte und war sich sicher, dass er es mit seiner Schiffstechnik erreichen konnte. Getäuscht hat er sich in der Abschätzung der Entfernungen und wähnte Japan im Abstand von nur 4500 km – statt 20.000 km. Dies war einer der Gründe, weshalb der portugiesische Hof seinen Antrag auf Förderung einer Expedition 1484 ablehnte. So verhandelte er mit verschiedenen Königshäusern Europas. Für den Plan entschieden sich die „Katholischen Könige" *Isabela* und *Ferdianand* von Kastilien. Sie luden Kolumbus in die Belagerungsanlagen vor Granada ein, des letzten islamisch-maurischen Sultanats auf der Iberischen Halbinsel, dessen Kapitulation und den Beginn der Vertreibungen *Kolumbus* am 2. Januar 1492 miterlebte.

Die auf den ersten beiden Reisen (1492–93 und 1493–96) besuchten karibischen Inseln hielt er für Indien vorgelagerte Inseln, und auch nachdem die Mündung des Orinoco auf der dritten Reise gesichtet und Kap Honduras auf der vierten betreten waren, meinte er weiterhin, in Indien gelandet zu sein.

Auf der dritten Reise, am 27. Juni 1498, legte Kolumbus mit einem Teil der 1000 Mann und 30 „Christenfrauen" im Hafen des heutigen Sal Rei auf **Boa Vista** an und wurde von **Diogo Afonso** begrüßt. Drei Tage später reisten sie weiter nach Ribeira Grande (Cidade Velha) auf Santiago, doch *Kolumbus* erlaubte keinen Aufenthalt, da die Insel völlig ausgedörrt war und ihm die Bewohner krank erschienen. Der Weg über Kap Verde hatte sich für ihn nicht bewährt, und so segelte er bei der vierten Reise (1502–04) wieder bei den Kanaren in den Atlantik hinaus.

Die vierte und letzte Reise von *Kolumbus* endete im Desaster. Nicht nur, dass neun seiner Schiffe vom Schiffsbohrwurm in Wracks verwandelt wurden; Kolumbus wurde krank, und von den Kariben und Indianern konnten nicht die erhofften Mengen Gold erpresst werden. So erschien Kolumbus als Versager, und er fiel im nachfolgenden Streit um die Pfründe der Entdeckung weit zurück. Er starb am 20. Mai 1506 in Valladolid.

- **Literatur:** *Klaus Brinkbäumer, Clemens Höge,* Die letzte Reise: Der Fall Christoph Columbus.

Vasco da Gama (1460–1524)

König *Manuel I.* betraute nicht den Seebären *Bartolomeu Dias* mit der ersten großen Indien-Expedition Portugals, sondern **Dom Vasco da Gama,** Graf von Vidigueira und Präsident der Handelskammer von Lissabon. *Bartolomeu Dias* Mitwirken beschränkte sich auf die Vorbereitung der Schiffe und die Ausarbeitung der Route. Bei dieser Reise ging es in erster Linie um knallharte Handelspolitik mit diplomatischen und kriegerischen Mitteln, wofür *da Gama* der bessere Kandidat war. *Manuel I.* hatte auch das Cabo Tormentoso in der zuversichtlichen Hoffnung auf reiche Handelsgewinne in **Cabo da Boa Esperança** (Kap der Guten Hoffnung) umbenennen lassen.

Am 8. Juli 1497 verließen drei Naus und ein Transportschiff den Hafen Rastello bei Lissabon und trafen bereits am 22. Juli in Sal und am 27. Juli in Santiago ein. Mit frischem Proviant und nach einigen Reparaturen stießen sie am 3. August 1497 wieder in See. Da die Küste Afrikas in den vorangegangenen 80 Jahren zuverlässig kartiert worden war, musste die Expedition *da Gamas* nicht mehr der Küstenlinie folgen. Erstmals beschrieb ihr Kurs weite Bögen auf dem offenen Atlantik. Der Erfahrung von *Bartolomeu Dias* folgend, umfuhren sie auch das Kap der guten Hoffnung in weitem Abstand und gingen erst an der **Mosselbai** wieder an Land. Ihre weitere Fahrt entlang der Ostküste des heutigen Südafrika in den Weihnachtstagen gab der Provinz Natal ihren Namen.

Die Expedition folgte der ostafrikanischen Küste, wo sie auf weitaus größere arabo-swahilische Handelsschiffe mit Mannschaften trafen, denen, wie indischen und chinesischen Flotten auch, die Küsten des indischen Ozeans und der Handel zwischen Moçambique über die arabische See, den persischen Golf und den Golf von Bengalen nicht neu waren. Waren doch chinesische Flotten unter dem islamischen Kapitän **Zheng He** von Calicut (Süd-Indien) aus bereits 1421 bis Borneo vorgedrungen.

In **Mombasa** (heute Kenia) fürchtete die arabo-swahilische Konkurrenz um ihren Einfluss und wollte der Flotte die Weiterfahrt verbieten. Doch der Sultan von **Malindi** (heute Kenia) meinte seine Konkurrenten aus Mombasa übertrumpfen zu können, indem er mit *da Gama* paktierte und ihm einen auf der Route erfahrenen Navigator beiordnete. So gelangte die Flotte am 20. Mai 1498 nach **Calicut** (heute Bundesstaat Kerala im südlichen Indien). *Da Gama* schloss einen Handelsvertrag und kehrte im Triumphzug mit randvoll gefüllten Laderäumen nach Lissabon zurück.

Nachdem die zweite und dritte Indien-Expedition anderen übertragen worden waren, kehrte *Vasco da Gama* 1502 mit 21 schwerst bewaffneten Schiffen in den indischen Ozean zurück und verstärkte die Perlenkette der Handelsforts entlang der ostafrikanischen und an der indischen **Malabarküste.** Gnadenlos nutzte er seine überlegene Feuerkraft gegenüber arabischen Handelsschiffen und -stationen und nötigte die indischen Fürsten zu Exklusivverträgen, die Portugal ein Monopol im indisch-europäischen Gewürzhandel sicherten. 1524 wurde er als Vizekönig erneut nach Indien entsandt und verstarb kurz nach der Ankunft.

Pedro Alvares Cabral (1467–1526)

Er war studierter Navigator und Geograf aus adligem Hause und leitete die zweite große portugiesische Indien-Expedition. Auf die seemännische Erfahrung der Gebrüder **Bartolomeu** und **Diogo Dias** als Offiziere an Bord konnte auch er nicht verzichten und integrierte sie zusammen mit Offizieren, die mit *da Gama* in Indien gewesen waren, auf den 13 Schiffen, die am 9. März 1500 in Lissabon ablegten.

Die Reise begann mit Problemen, und bei Kap Verde verlor die Flotte ein erstes Schiff. In **Preguiça** auf São Nicolau berichtet ein Denkmal von einem Versorgungsstopp, um Wasser aufzunehmen.

Danach verfolgte auch *Cabral* die Navigations-Strategie der weiten Bögen im offenen Atlantik, um den unsicheren Windverhältnissen entlang der afrikanischen Küste zu entgehen. So sei er „zufällig" nach **Brasilien** gelangt, das er für Portugal in Besitz nahm. Das „zufällig" stellen einige Historiker in Anführungsstriche, nachdem **Vincente Yáñez Pinzón,** einer der Schiffskapitäne von *Kolumbus* auf dessen erster Reise, bereits vor ihm, zwischen Sommer 1499 und Frühjahr 1500 die Ostküste Südamerikas bis zum Amazonas befahren hatte. Es gibt sogar Hinweise darauf, dass das portugiesische Königshaus schon vor den Verträgen von Tordesilhas um die Existenz großer Ländereien in dieser Region wusste und sich die Option hierauf vorbehielt.

Cabrals Flotte setzte nach der Aneignung Brasiliens die Fahrt nach Indien mit elf Schiffen fort, indem sie den südlichen Atlantik in der Westwinddrift querte. Doch das seemännische Pech setzte sich fort, und sie verloren vier Schiffe am Kap der Guten Hoffnung, darunter das Schiff des *Bartolomeu Dias.* Das Schiff von *Diogo Dias* verlor den Kontakt und kehrte zurück nach Portugal.

Auf dem Weg von **Sofala** (Moçambique), jetzt mit sechs Schiffen, brachte die Flotte ein arabisches Handelsschiff auf, auf dem sich ein Onkel des Sultans von Malindi befand, mit dem *da Gama* paktiert hatte. So erhielt auch *Cabral* zwei Piloten zur Verfügung gestellt und erreichte Calicut. Dort jedoch spitzte sich der Konkurrenzkampf mit den arabischen Händlern zu, und *Cabral* ließ 15 arabische Schiffe durch Brand vernichten und die Stadt mit Kanonen beschießen. In Cochin, einer südlich von Calicut gelegenen und mit Calicut verfeindeten Stadt, konnte er jedoch seine Einkäufe verwirklichen und kehrte am 23. Juni 1501 mit nur noch vier Schiffen – und dennoch als reicher Mann – nach Lissabon zurück.

Charles Darwin (1809–1882)

Der namhafte Biologe, Evolutionsforscher und Autor des Buchs „The Origin of Species" (1859) besuchte Cabo Verde auf seiner Weltreise mit dem Schiff *Beagle*. Er machte sich am 27. Dezember 1831 von England aus auf den Weg und kehrte erst 1836 nach Plymouth zurück. Sein Ziel war das Studium geologischer Formationen sowie die Sammlung und Aufzeichnung verschiedener Arten aus Flora und Fauna, die ihn schließlich zu seiner berühmten Evolutionstheorie veranlassten. Nach einem kurzen Stop auf den Kanarischen Inseln segelte er weiter nach Cabo Verde und erreichte am 15. Januar 1832 die Insel Santiago. Sein erster Eindruck in seinen Tagebuchaufzeichnungen: „Santiago ist ein so miserabler Ort, dass meine erste Ankunft in einem tropischen Land nichts mit dem gemein hat, was andere als Schönheiten der Tropen beschrieben". Charles Darwin studierte 23 Tage lang die Vogel- und Pflanzenwelt der Insel, die geologischen Strukturen und das marine Leben. Als er Santiago am 8. Februar 1832 wieder verließ, war er gemäß seinem Tagebuch restlos begeistert von dem, was er dort vorgefunden hatte.

Cabo Verde war demnach die erste Station auf dieser historischen Reise Charles Darwins, wo er auch auf dem Rückweg im Jahr 1836 noch einmal kurze Zwischenstation machte.

● **Literatur:** *Darwin, Charles* u.a., The Voyage of the Beagle: Charles Darwin's Journal of Researches. Penguin Books 2003.

tum unsicher), São Nicolau (6. Dezember 1461), Santa Luzia (13. Dezember 1461), Santo António (17. Januar 1462), São Vicente (22. Januar 1462) und die Inselchen Razo und Branco.

Am **19. September 1462** stellt *D. Fernando* einen Lehensbrief aus, in dem bereits alle Inseln erwähnt sind. Das Datum gilt somit als **Gründungsdatum der Nation.** Er setzt für die *capitania* von Rª Grande de Santiago *António Da Noli* ein, der dort bis zu seinem Tod lebte. In Alcatraz beim heutigen Praia Baixo erhält *Diogo Afonso* die zweite *capitania* für den Norden Santiagos. Er bleibt nicht dauerhaft auf der Insel und Alcatraz verfällt wieder.

Der gesamte Kapverden-Archipel wurde **1468 erstmals auf einer Landkarte abgebildet.**

Tordesilhas: Neuordnung der Welt

Mit der Entdeckung Amerikas begannen eindringliche diplomatische Bemühungen in Europa. Die **Kontrahenten Spanien und Portugal** steckten, unter Vermittlung des Papstes, ihre Reviere ab. Zuvor sollten die Kanaren den Spaniern und alles, was südlich davon entdeckt werden sollte, den Portugiesen gehören.

Ferdinand von Aragon und Isabella von Kastilien verfügten in den 1480er und 1490er Jahren über **enorme Geldmittel,** um ihre kolonialen Pläne umzusetzen. Erfolgreich führten sie Krieg gegen die muselmanischen Mauren von Córdoba, Granada und Malaga und übernahmen deren wissenschaftliche Ergebnisse wie das vom Mathematiker und Astronomen **Abu'l-Maslama** erfundene **Astrolabium,** das die große Seefahrt und moderne Kartografie erst ermöglichte.

1492, im Jahr der „Entdeckung" Amerikas, musste der letzte Maurenkönig von Granada ins Exil nach Marokko fliehen. Die vom Papst als „Los Reyes Católicos" geadelte Dynastie führte die **Inquisition** ein und errichtete einen fundamentalistischen Gottesstaat nicht gekannter Brutalität. Erst brannten Hunderttausende arabischer Bücher jedweden Inhalts, dann die Menschen. Auch Portugal bereicherte sich an den Flüchtlingen, die massenhaft über die Grenze kamen. Den vertriebenen Juden war Religions- und Siedlungsfreiheit versprochen worden, doch als sie im Land waren, wandte auch Portugal die Inquisition mit voller Härte an und bedrohte jeden Nicht-Christen mit dem Tod. Muslime und Juden wurden als „Neu-Christen" beim geringsten Verdacht enteignet und zu Staatssklaven erklärt.

Im **Vertrag von Tordesilhas (1494)** vereinbarten Spanien, Portugal und der Papst eine neue Grenzlinie. Diese zieht „370 léguas" (Seemeilen) westlich von Cabo Verde vom Nordpol zum Südpol durch den Atlantik und Lateinamerika. Was westlich davon liegt, sollte den Spaniern gehören, während östlich davon der Einflussbereich der Portugiesen lag. Die Linie erlangte immense historische Bedeutung, indem die afrikanischen Küsten und Brasilien portugiesisch und die anderen Regionen Mittel- und Südamerikas spanisch kolonisiert wurden.

Im Jahre **1497** lief **Vasco da Gama** auf seiner Reise nach Indien die Insel

Santiago an. Begleitet wurde er von den Schiffen des **Bartolomeu Dias',** dem ersten Europäer, der das Kap der Guten Hoffnung umrundete. Der Portugiese **Pedro Alvares Cabral** wollte 1500 wie seine Vorgänger den Weg um das Kap der Guten Hoffnung nehmen, ankerte vor Cabo Verde und traf dann aber am 22. April unverhofft auf die Küste Brasiliens. Im Jahre 1519 brach der Portugiese *Fernando de Magalhaes* (deutsch: **Magellan**) im Dienste Spaniens zu einer ersten Weltumsegelung auf. Er bereiste Patagonien, die nach ihm benannte Magellanstraße und die Philippinen, wo er den Tod fand. Eines seiner Schiffe setzte die Weltumsegelung fort und erreichte 1522 Santiago.

Berühmt wie kaum ein anderer wurde Kapitän **James Cook,** der auf seiner zweiten Reise mit dem Schiff „Resolution" im Jahre 1772 im Hafen von Praia ankerte, um sich mit Proviant zu versorgen. Diese Reise führte ihn in die Antarktis, nach Neuseeland und in den Pazifischen Ozean.

Frühe Besiedlung

Als **erste Siedlung** ist die winzige Garnison von einem Dutzend Soldaten anzusehen, die beim zweiten Besuch *Da Nolis* im Jahre 1461 auf Santiago zurückgelassen wurden. Drei Jahre später, in denen sie keiner weiteren Menschenseele begegnet, aber alle noch am Leben waren, folgten die ersten Zivilpersonen. Sie dürfen sich auf ihre Fahne schreiben, die **erste europäische Überseekolonie** und dauerhaft besiedelte Ansiedlung im subsaharischen Afrika gewesen zu sein. Vergleichsweise rasch folgten Siedlungen auf den anderen Inseln. Die zweite Insel muss **Maio** gewesen sein. Dorthin schickte man halbnomadische Hirtensklaven, um Ziegen, Rinder und Esel zu züchten. Sie haben dort spätestens ab 1490 permanent gelebt, wie aus der 1504 verabschiedeten Steuergesetzgebung für die Tierzucht auf Maio zu schließen ist. Die dritte besiedelte Insel wird **Boa Vista** gewesen sein, wo *Columbus* 1498 eine Leprasiedlung beschrieb.

Die offizielle Geschichtsschreibung sieht das anders und versteht die Ansiedlung dieser Menschen als nicht erwähnenswert. Sie nennt **Fogo** als zweite besiedelte Insel, wohin im Jahr 1500 freie Bürger mit Rang und Namen zogen. **Brava** folgte erst 1573 und war im Gegensatz zu Santiago, Fogo und Maio nie in den Sklavenhandel oder dessen Zulieferfunktionen involviert.

Aus der ersten kleinen Garnison mit einem Dutzend Soldaten in **Rª Grande,** dem heutigen Cidade Velha auf Santiago, entstand ein Dörfchen. 1472 erhielten die Bürger das Recht, Sklaven zu halten. 1510 wurden 160 Siedler und 30 Sklaven auf Santiago gezählt. Für ein Jahrhundert sollte der Sklavenhandel zum Motor spektakulärer Entwicklung Santiagos und des portugiesischen Weltreichs werden. 1533 erhielt Rª Grande Stadtrecht und hatte 1550 bereits 500 feste Häuser. 1564 sicherte sich der König direkten Zugriff auf die Pfründe, indem er Santiago seiner unmittelbaren Verwaltung unterstellte. Bis 1580 verschob sich das Bevölkerungsverhältnis auf 2000 Freie zu 14.000

Relation Journalière – Duplessis 1699

M. de Beauchesne-Gouin, Handels- und Kriegskapitän, hatte sich mit mehreren französischen Schiffen im Dezember 1698 aufgemacht, Handelsmöglichkeiten in Südamerika zu erkunden. Nach den ersten Wochen freier Fahrt über den Atlantik hatten die Kapitäne vereinbart, sich in der unbewohnten Bucht von São Vicente zu treffen, um gemeinsam in den Nordosten Brasiliens überzusetzen.

Doch nachdem Beauchesne-Gouin am 18. Januar 1699 Santo Antão gesichtet hatte, nahm ihm Saharastaub die Sicht, und Passat und Strömung trugen ihn so rasch durch den Kanal von São Vicente, dass er die Hafeneinfahrt verpasste und die Reise fortsetzen musste.

Die 180 Männer des nachfolgenden, mit 50 Kanonen bestückten *Le Compte de Maurepas* kreuzten fünf Wochen quer durch Kap Verde auf der Suche nach ihren Schwesterschiffen, bevor sie nach Brasilien übersetzten.

Über 300 Jahre lag das **Reisetagebuch des Ingenieurs Duplessis,** der als wissenschaftlicher Begleiter und Berichterstatter auf dem Schiff mit von der Partie war, in Einzelmanuskripte verteilt in verschiedenen Bibliotheken, bevor *François* und *Jean-Michel Massa* es in mühevoller Archivarbeit wieder vollständig zusammenführten. Dank der minutiösen Beobachtungsgabe des Ingenieurs, von der nicht nur seine Texte, sondern auch seine Karten, Inselprofile und naturwissenschaftlichen Aquarelle zeugen, wurde sein Buch zur herausragenden Neuerscheinung über Kap Verde im Jahr 2005 – geschrieben und gezeichnet im Jahr 1699!

- **Duplessis, Relation Journalière d'un voyage fait en 1699 aux Isles du Cap Vert**
  François et Jean-Michel Massa (Hrsg.), Patrimoine Lusographe Africain, Rennes 2004

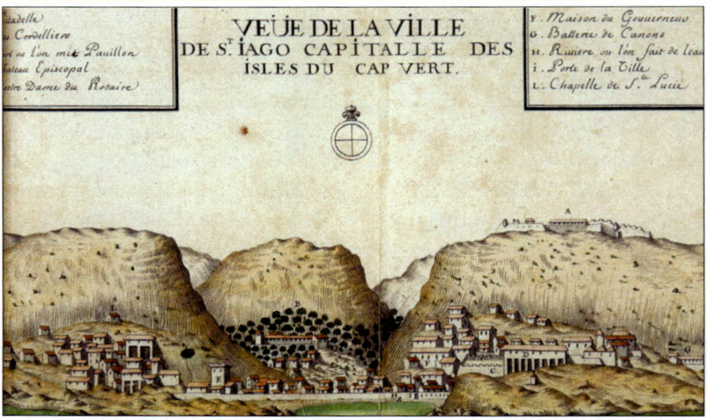

cv025 Foto: pr

Beschreibung der Stadt und der Insel Santiago (Auszug) (vgl. **Bild links unten**):

„Die Ländereien sind trocken und voller hoher, völlig trockener Berge. Diese Insel ist von Portugiesen bewohnt und einer großen Zahl Schwarzer, von denen die meisten frei sind.

Im Osten findet sich die Stadt am Meer, wo der Bischof und der Gouverneur für alle Inseln wohnen. Außerdem gibt es verschiedene Dörfer und Weiler über das Inselinnere verteilt. (...)

Obwohl sie sich uns gegenüber freundlich verhielten, fürchteten sich die armen Leute derart vor uns und hatten solche Angst, daß sie unserem Kapitän keinesfalls ein Zimmer vermieten wollten, der krank war und für seine Genesung Landluft haben sollte.

Es gibt auch mehrere Wachstationen in- und außerhalb der Stadt mit einer mir nicht bekannten Zahl von Kanonen; auch auf der Zitadelle, von der ich glaube, daß sie verlassen ist, die aber dort belassen werden, um die Piraten einzuschüchtern.

Die wenigen weißen Frauen auf dieser Insel sind Portugiesinnen und gehören zu einem Volk, das (die Frauen) wegschließt, von morgens bis in die Nacht, in einem abgelegenen Zimmer, wo Fremde und selbst die besten Freunde keine Zugang haben. Nur im Morgengrauen verlassen sie das Haus und gehen zur Messe, begleitet von einer oder zwei Sklavinnen, von Kopf bis Fuss in eine Decke gehüllt, wie in Spanien.

Die schwarzen Frauen tragen einen Rock und ein Tuch über die Schultern, um die Brust zu bedecken. (...) Alle haben schöne Körper, aber nur wenige sind nicht häßlich."

Bild rechts unten:

„Ein Vogel, den sie den Blöden nennen, weil er den Menschen so nahe kommt, daß sie ihn auf einigen Inseln mit Stockhieben töten. Wir haben einen auf São Vicente mit dem Gewehr erlegt. Diese Vögel leben nur von Fischen, auf die sie sich aus großer Höhe mit höchster Geschwindigkeit stürzen wie ein Habicht auf seine Beute. Sie sind so groß wie eine Gans, sehr fett und haben einen Geschmack nach fauligem Wasser."

cv026 Foto: pr

Land und Leute

Sklaven, von denen die meisten schnell weiter über den Atlantik verschleppt wurden. 1587 wurde der erste Gouverneur ins Land geschickt.

Eine besondere Rolle spielten die **Degredados, Exilportugiesen,** die für ihre Strafzeit auf die Inseln deportiert wurden. Diebe, Kirchenräuber, Mörder, Alkoholiker, Desertierte, Landstreicher, Prostituierte, vor allem aber politisch und religiös Unerwünschte kamen so ins Land. Das kolonialistische Portugal entledigte sich auf diese Art ungeliebter Bürger bis 1974, schickte sie zur Zwangsarbeit, in Gefängnisse und später in das Konzentrationslager von Tarrafal auf Santiago. Im 17. Jahrhundert wurden auch weibliche Degredados geschickt mit dem dezidierten Auftrag, die portugiesischen Gene zu stärken.

Für **politisch und religiös Verfolgte** war Cabo Verde sowohl Exil als auch Ort der Verbannung. **Juden** haben eine lange Geschichte in Cabo Verde und nahmen prägenden Einfluss. Schon in den ersten Jahren, nachdem 1476 durch die Heirat des portugiesischen Königs mit einer spanischen Prinzessin die Judenverfolgung auf Portugal ausgeweitet wurde und die Juden zu „Neuen Christen" gemacht wurden, flohen viele vor der Inquisition auf die Inseln und fanden Mittel und Wege zur Ansiedlung. Nicht wenige wurden von der Inquisition hierher verbannt und von den Behörden von Rª Grande (Santiago) in ein Ghetto gesteckt. Ihren Glauben konnten sie bis ins 17. Jahrhundert nicht offen ausüben. Um 1820 flohen portugiesische und französische Juden

cv027 Foto: pr

nach Santo Antão und spielten teilweise als Kaufleute und Grundbesitzer eine bedeutende Rolle. Das große grüne Handelshaus „Casa Marçal" in Rª Grande befindet sich seit dieser Zeit im Besitz der Familie *Marçal* als beeindruckendstes Baudenkmal. Zwischen 1850 und 1880 folgten Juden aus Marokko. Sie siedelten sich vorwiegend in Boa Vista an, worauf wir im entsprechenden Inselkapitel eingehen.

Heute gibt es keine jüdische Kongregation mehr. In Praia und Cidade Velha auf Brava, auf Boa Vista und auf Santo Antão findet man Gräber mit jüdischen Namen, teilweise in Hebräisch beschriftet: *Benros, Ben O'Liel, Cohen, Lobo, Lopes, Marçal, Mendez, Cardoso, Levy* u.a. Ein Dorf auf Santo Antão trägt noch den Namen Sinagoga.

Die Zeit des Sklavenhandels

Das Sklavenschiff

Sechshundert Neger tauschte ich ein
Spottwohlfeil am Senegalflusse.
Das Fleisch ist hart, die Sehnen sind stramm
Wie Eisen vom besten Gusse.
Ich hab zum Tausche Branntwein
Glasperlen und Stahlzeug gegeben;
Gewinne daran achthundert Prozent,
Bleibt mir die Hälfte am Leben.
Bleiben mir Neger dreihundert nur
Im Hafen von Rio Janeiro,
Zahlt dort mir hundert Dukaten per Stück
Das Haus Gonzales Perreiro
Verschone ihr Leben um Christi Will'n,
Der für uns alle gestorben!
Denn bleiben mir nicht dreihundert Stück,
So ist mein Geschäft verdorben.

Heinrich Heine

Rua Banana in
Cidade da Rª Grande do Santiago

Cabo Verde war von den Kolonia isten dazu auserkoren, ein **feudales, Sklaven haltendes Pflanzersystem** zu errichten und neben seiner Funktion als Relaisstation für die Schifffahrt **vor allem Rohrzucker** und daraus hergestellten **Rum** zu exportieren. Um das Jahrtausendverbrechen der **Versklavung afrikanischer Bevölkerungen** nicht als Verfehlung skrupelloser Kapitäne und Siedler misszuverstehen, sondern es als planmäßiges Ergebnis staatlicher und religiöser Politik zu erkennen, ist ein Abstecher in die Geschichte des Zuckers unausweichlich (siehe Exkurs).

Schon 1466 hatte sich Portugal das ausschließliche Recht zur Vermarktung von Sklaven an der Küste von Senegambia bis Guinea vorbehalten. In den ersten 50 Jahren sollte der Strom der Sklaven ein tröpfelndes Rinnsal bleiben im Vergleich mit dem reißenden Strom, der in den nachfolgenden Jahrhunderten über Cabo Verde nach Süd- und Nordamerika führte. Ein Jahrzehnt nach der Entdeckung Amerikas schwoll der Zug der Geschundenen auf Zigtausende pro Monat an und sollte **Ribeira Grande** für ein Jahrhundert zum wichtigsten Zwischenhandelshafen im Sklavengeschäft machen. Der portugiesische Finanzminister durfte sich freuen: In der Rangliste der Steuereinnahmen folgte Rª Grande auf Platz 2 unmittelbar nach Lissabon und füllte die Tresore – Lissabon war zu dieser Zeit die reichste Stadt Europas.

Die Sklaven wurden in drei Hauptkategorien unterteilt:

1. Bocais (was etwa als Unwissende oder Sprachlose zu übersetzen ist)

Eine kurze Geschichte des Zuckers

Aus Papua-Neuguinea kommend, fand das Zuckerrohr über Ost-Asien, Indien und Persien um das Jahr 700 seinen Weg an die Ost- und Südküsten des Mittelmeers. Europäische Kreuzfahrer lernten es um 1100 erstmals in **Tripolis** kennen. Der Export nach Europa begann, wo Zucker als in Apotheken verkauftes Medikament maximale Gewinne brachte. Auf **Zypern,** später in **Sizilien,** wurden große Pflanzungen mit schwarzen Sklaven betrieben, die von nordafrikanischen Sklavenhändlern herangeschafft wurden. *Heinrich der Seefahrer* sandte eine Delegation nach Sizilien, um das einträgliche Geschäft zu studieren und führte es danach in der Algarve ein. Zur Zeit der Entdeckung Cabo Verdes waren rund 10% der Bevölkerung der Algarve afrikanische Sklaven.

Nach **Cabo Verde** war **Brasilien** die nächste, unvergleichlich größere Station des **feudalen, Sklaven haltenden Pflanzersystems.** Die Sklavenhaltung auf Zuckerplantagen zeichnete sich durch besondere Brutalität aus, mit der wenige Aufseher eine große Zahl von Sklaven zu schwerster körperlicher Arbeit presste. In den frühen agro-industriellen Komplexen erfolgten die Bestellung der Felder und der Transport der Rohrbündel nur ausnahmsweise mit Tieranspannung. Selbst Zuckerpressen wurden manuell betrieben.

Sklaven von Afrika nach Lateinamerika, Zucker aus Lateinamerika nach Europa und Waffen, Schnaps und Industriekleinwaren von Europa nach Afrika waren die Hauptumschlagsgüter im **„Dreieckshandel".**

Um sich die Dimensionen der Rohrzuckerproduktion in seiner Verquickung mit der Sklaverei zu verdeutlichen, führe man sich vor Augen, dass alleine auf **Jamaika** über 200.000 Sklaven auf Zuckerplantagen arbeiteten. In **Brasilien** waren es Millionen, auf einen Weißen kamen bis zu 2000 schwarze Sklaven. Die brasilianische Zuckerproduktion stand unter vorwiegend holländischer Kontrolle.

Alleine von **Liverpool** aus waren gut 1000 Sklavenschiffe unterwegs. Während Liverpool heute ein großes, hervorragend organisiertes Sklaverei-Museum besitzt, ist sich Europa seiner historischen Verantwortung in Cidade da Ribeira Grande de Santiago bis heute nicht wirklich bewusst geworden.

Um 1800 wandelte sich das Bild. Der Apotheker *Sigismund Marggraf* hatte den Zucker in der Rübe schon 50 Jahre früher als gleichwertig beschrieben, doch erst 1806 tauchte ein politisches Motiv zur massiven Unterstützung der Rübenzuckerproduktion auf. **Napoleon** blockierte Importe aus dem britischen und britisch kontrollierten Kolonialreich mit der Kontinentalsperre. Die Länder Mitteleuropas wurden, bei rasch steigendem Konsum, binnen weniger Jahrzehnte zu Exporteuren von Zucker. Preisverfall, Rückgang der Exporte und die Mechanisierung der Landwirtschaft führen zur Beendigung der Sklaverei und zur Verelendung in den Anbaugebieten von Rohrzucker.

Aus der Schutzzollpolitik europäischer Länder hat sich bis heute kein gleichberechtigtes Verhältnis zwischen Rohr und Rübe, Nord und Süd entwickelt. Die **Zuckermarktordnung der EU** fördert einige, vorwiegend kleine AKP-Staaten und benachteiligt dabei insgesamt das Rohr. Die gültige Zuckermarktordnung stützt den Export von Rübenzucker aus der EU durch Subventionen von jährlich 800 Millionen Euro (Schätzung Oxfam, 2004). Für Länder wie Brasilien bedeutet dies entgangenes Einkommen in Milliardenhöhe, und die armen Länder des Südens erhoffen sich von der im Juli 2006 in Kraft getretenen EU-Regelung fairere Bedingungen am Weltmarkt. Um zu verhindern, dass die Reform nur wenigen Großproduzenten nutzt, und um weiterhin die kleinen AKP-Staaten fördern zu können, schafft die EU die Schutzzölle nicht völlig ab.

hießen die frisch Importierten, die sich noch nicht in Kreol mitteilen konnten.

2. Ladinos, mit den Pflichten, ihrer Rechtlosigkeit und den häufigsten Arbeiten vertraute Menschen, die Kreol sprachen.

3. Naturais, in Cabo Verde geborene Sklaven. Diese wurden nur in Hungerszeiten in den internationalen Handel gegeben, da sie zumeist anspruchsvollere Arbeiten wie das Weben erlernt hatten.

Im 16. Jahrhundert waren die Freien Cabo Verdes fast alle in irgendeiner Weise mit dem Sklavenhandel beschäftigt. Die Landwirtschaft Santiagos produzierte Schiffsproviant und Baumwolle. Die Baumwolle wurde in für damalige Zeiten sehr feine Fäden gesponnen und aufwendig zu den traditionellen Tüchern von Santiago verarbeitet. Aus Maio kamen Ziegen, Kühe und Esel in großer Zahl. Santiago wurde zu einem belebten Verproviantierungs- und Umschlagplatz jedweder Art von Waren.

Die **Herrschaft der spanischen Könige (1580–1640)** traf Cidade da Ribeira Grande zu einer Zeit, als die vorherrschende Stellung im Sklavenhandel bereits zu bröckeln begonnen hatte. Als letzter des **Königshauses Aviz** war König *Heinrich I.* von Portugal (1512–1580) ohne männlichen Erben gestorben und hatte den Habsburger **König Philipp II.** von Spanien zum Nachfolger bestimmt. Nach abenteuerlichem Protest auf den Azoren und einem kurzen Bürgerkrieg auf dem Festland herrschte er als **Rei Filipe I. von Portugal** über beide Weltreiche. Um die Auswirkungen der spanischen Annexion Portugals auf Cabo Verde einordnen zu können, sei an einige Bezugspunkte aus europäischer Perspektive erinnert, an einige nach Jahreszahlen zu benennende Stationen des Machtwechsels. Wie heftig und nachhaltig die Epoche an den Grundwerten gerüttelt hat, zeigt sich in ihrer Bearbeitung als Thema der klassischen Literatur, z.B. in *Goethes* „Egmont" und *Schillers* „Don Karlos" und „Maria Stuart".

Die Unabhängigkeitserklärung der spanischen Besitzungen in Holland als **Republik der Sieben Vereinigten Niederlande** (1581) war nicht mehr rückgängig zu machen. Der Härte der von

cv028 Foto: pr

Pelourinho (Pranger) in Cidade da Rª Grande do Santiago

Philipp II. wieder eingeführten Spanischen Inquisition gegen das Gedankengut der Aufklärung und dem religiösen Eifer calvinistischer Bilderstürmer hatten die Holländer die Religions- und Versammlungsfreiheit entgegengesetzt und wussten, die gewachsenen **Rechte für Staat und Bürger** in weltwirtschaftlichen Erfolg umzumünzen. *Piet Heyn* kaperte 1628 bei Havanna die Galeonen, die im Konvoi segelnd jährlich etwa 2000 Tonnen Silber von Lateinamerika nach Spanien brachten. Die niederländische Handelsgesellschaft West-Indische Compagnie besetzte 1630 Pernambuco im Nordosten Brasiliens. 1637 eroberten sie das portugiesische Forte El Mina (heute Ghana), womit der Weg geebnet war ins **holländische Kolonialreich** in Nord- und Südamerika, Südafrika und Asien.

Als 1588 die „Grande e Feliçisima Armada“, wie *Philipp II.* seine Kriegsflotte nannte, England besetzen sollte, diente ihm die Hinrichtung *Maria Stuarts* als Kriegsgrund. **Queen Elisabeth I.,** Bündnispartnerin der Vereinigten Niederlande, setzte auf Kaperfahrten „geschulte“ Kapitäne wie *Sir Francis Drake* an die Spitze ihrer Geschwader. Mit leichteren Schiffen schlugen sie die aus 130, vorwiegend schweren Schiffen zusammengesetzte Armada im Ärmelkanal. Was ihnen entging, übernahmen die stürmische Irische See und Schottlands Strandräuber.

In Gibraltar, 1607, als die Holländer die spanische Kriegsflotte erneut schlugen, hatten sie es mit nur zehn spanischen Schiffen aufzunehmen. Im gleichen Jahr nahm England seine erste außereuropäische Kolonie in Besitz und Kurs auf die eigene Expansion zum **British Empire.** Die Vereinigten Niederlande und England übernahmen die Rolle der Spitzenreiter im Handel mit Sklaven, Rum und Zucker.

Cabo Verde erlebte die **Neuordnung der globalen Machtverhältnisse** als andauernde Krise und Bedrohung. Die spanische Krone hatte bald weder die personellen noch die finanziellen Mittel, um ihr ausgedehntes Imperium zu halten. Im Rückgriff auf höhere Steuern und Zölle überspannte sie den Bogen derart, dass es interessant wurde, den Atlantik mit schnelleren Schiffen ohne Zwischenstopp zu überqueren. Die Beamtenschaft in Cidade da Rª Grande ging zu einer Art „Dienst nach Vorschrift“ über. Auch dirigierte sie einen Teil der Sklavenschiffe gegen private Beteiligungen am „spanischen“ Zoll vorbei.

Dennoch war die Insel noch immer reich genug, um die Begehrlichkeiten von **Piraten und Freibeutern** zu schüren, die in kurzen Abständen die Kolonie überfielen und ihre Existenz bedrohten. Gelang es den gut bewaffneten Korsaren, die Städte zu überraschen, veranstalteten sie Orgien der Gewalt und Metzeleien, die auch Frauen und Kinder nicht schonten. Aus der langen Reihe der **Plünderungen** ragen zwei heraus:

Die Plünderung Rª Grandes durch **Manuel Serradas** (1583) blieb als einer der blutigsten Überfälle in Erinnerung. Der Admiral aus Madeira stand im Dienst *Dom António Prior do Cratos* an der Spitze französischer und portugiesischer Söldner und hoffte, neben einer guten Rendite die Anerkennung des im Erbfolgestreits gegen *Philipp* unterlegenen *D. António* zu gewinnen. Als Obrigkeit und Bischof in Santiago die Anerkennung zurückwiesen, rächte er sich an der Stadt.

Der zweite Überfall durch **Sir Francis Drake** 1585 erreichte sein strategisches Ziel ohne Blutverlust, weil die Bewohner ihm keine Gelegenheit zur Schlacht gegeben hatten. Für Cidade da Rª Grande und Santiago leiteten die Plünderungen und Brandschatzungen der drei wichtigsten Siedlungen den Niedergang bis zum Ende der philippinischen Dynastie in Portugal ein.

Das überdehnte Weltreich konnte nur halbherzig in die Verteidigungsanlagen investieren und weitere Überfälle in Kap Verde und das Ende seiner Herrschaft nicht mehr verhindern.

1640 beendete eine **Verschwörung portugiesischer Adliger** die Herrschaft der spanischen Habsburger, stellte die Unabhängigkeit Portugals wieder her und rief den Herzog von Bragança als König *Johann IV.* aus – das **Königshaus Bragança** nahm seinen Anfang.

Santiago konnte nach der **Restauração** die führende Rolle im Sklavenhandel nicht wiedergewinnen, obwohl die Könige von Bragança erfolgreich agierten, die an die Niederlande verlorenen Forts und Handelsstationen in São Tomé, Angola und Pernambuco zurückeroberten und Lissabon zu neuer Blüte verhalfen.

Im 18. und 19. Jahrhundert setzte sich der **wirtschaftliche und machtpolitische Niedergang** fort. Den Tiefpunkt des Leidens der Bevölkerung unter Piratenüberfällen markierte 1712 der Angriff des französischen Freibeuters *Jaques Cassart*. Im selben Jahr folgte eine weitere Renovierung der seese tigen Bollwerke und der Festung. Kalkmörtel und behauene Steine gaben ihr den bis heute erkennbaren Grundriss, bis die Hauptstadt 1731 endgültig nach Praia verlegt wurde.

Kriege in Europa und Amerika brachten einen **Handelsrückgang** mit sich. König *Johann V. von Portugal* (1706–1750) konzentrierte sich weitgehend auf Brasilien, während Cabo Verde seine Bedeutung für die Kolonialregierung verlor. Der einstige Reichtum der Inseln, der so viele Piraten angelockt hatte, reichte nicht mehr aus, um die Bewohner zu ernähren. 1815 verbot das post-napoleonische Europa auf dem Wiener Kongress den Sklavenhandel auf der nördlichen Halbkugel. Französischer, preußischer und österreichischer Rübenzucker hatte die Schlacht gegen den Rohrzucker gewonnen, die Sklaven auf den Zuckerplantagen waren im Wert gefallen. Das verelendete Portugal hatte dafür, dass es von Napoleon besetzt worden war, Reparationsleistungen in Form von Alkohol an England zu zahlen (die Geburtsstunde des Portweins) und konnte sein Kolonialreich kaum mehr selbst kontrollieren. Das zur Wirtschaftsmacht heranreifende Brasilien nutzte die Chance des post-napoleonischen Machtvakuums und wurde 1822 als Königreich unabhängig.

Die **Kontrolle des Sklavenhandels** durch englische Kriegsschiffe erhöhte die Preise an der westafrikanischen Küs-

cv030 Foto: pr

Historisches Zollgebäude in Mindelo auf São Vicente (heute ein Kulturzentrum)

te, ganz zur Freude korrupter Engländer in Sierra Leone, die weiterhin um die 10.000 Sklaven jährlich über Kuba nach Brasilien exportierten. Erst 1872 beendeten die Engländer endgültig den Sklavenhandel in ihrem Einflussbereich.

Historiker schätzen die **Zahl der aus Afrika verschleppten Menschen** während der 350-jährigen Geschichte des transatlantischen Sklavenhandels auf **30 bis 40 Millionen,** von denen mehr als ein Drittel den Transport nicht überlebte. Die Aufzeichnungen der Kapitäne von Sklavenschiffen, Ladelisten und Volkszählungen auf Sklaven haltenden Inseln bieten eine erstaunlich präzise Grundlage für solche Schätzungen. Wenig bekannt ist, dass die Zahl der in das heutige Staatsgebiet der USA verschleppten Sklaven im Vergleich zu Mittel- und Südamerika klein war. Der Anteil lag sicher nicht über 5%. Bei aller Brutalität waren die Bedingungen in einem Punkt fundamental verschieden. Die nordamerikanischen Sklavenbesitzer förderten den Kinderreichtum ihrer Sklavinnen. „Good Breeders" brachten bessere Preise, sodass die Nachfrage nach wenigen Generationen hauptsächlich mit im Land geborenen Sklaven befriedigt wurde. In Lateinamerika hingegen waren die Arbeits- und Lebensbedingungen derart schlecht, dass

Kinder kaum überlebten, und zu Tode geschundene Sklaven durch Nachschub aus Afrika ersetzt wurden.

Sklaverei in Cabo Verde

Die Sklaverei in der ältesten kreolischen Kultur, Cabo Verde, unterschied sich erheblich von der in Nord- und Südamerika. Durch die Kreolisierung der frühen Zeit waren Familien aus Freien und Sklaven entstanden in einer gemeinsamen Kultur. Hierdurch wurde die **Sklaverei in sich selbst limitierend.** Die wichtigsten Faktoren hierfür mögen folgende gewesen sein:

- **Zyklische Subsistenzkrisen**
In den Dürrekatastrophen wurden die Sklaven von den Besitzern an Sklavenschiffe verkauft oder sie verhungerten.
- **Generationenfolge**
Der Status der Kinder richtete sich nach dem Status der Mutter. War sie Sklavin, dann waren alle ihre Kinder auch Sklaven. Somit hatten freie Männer mit ihrer/ihren Sklavenfrau/en nur versklavte Kinder. Nur durch die Freilassung war die Fortsetzung des landwirtschaftlichen oder sonstigen Familienbetriebes möglich.
- **Maurische Tradition**
Einflussreiche Neubürger waren „Neue Christen" oder anderweitig Verfolgte aus den maurischen Gebieten. Sie kamen aus einem vergleichsweise toleranten Staat mit geregeltem Zusammenleben ethnischer und religiöser Minderheiten und kannten Sklaverei in anderer Form, in welcher der Sklave niemals völlig entrechtet war und nach der Freilassung auch in hohe Ämter aufsteigen konnte. Im Islam der damaligen Zeit war die Freilassung eines Sklaven eine ehrende Tat.
- **Jesuiten**
Die Jesuiten als einzige nennenswerte religiöse Gruppierung, welche die Sklaverei konsequent abgelehnt hat, unterstützten ab 1650 den Brauch der Besitzer, die Familie testamentarisch freizugeben.
- **Flucht und Widerstand**
Mit jeder Katastrophe, ob Piratenüberfall, Brand oder Dürre, flohen die Bewohner in die Serra de Malagueta. Sklaven und Häftlinge hatten nicht das geringste Motiv, zurückzukehren und gründeten verschworene Gruppen mit Gemeinschaftseigentum, christlicher Laienpredigt und einem schlauen Verhaltenskodex, der sie davor schützte, erneut als Sklaven eingefangen zu werden. Sie ernährten sich aus halbnomadischer Landwirtschaft, Fischfang und mit Überfällen auf Gutshöfe.
- **Liebe und Anstand**
Wenn wir, vermutlich zu Recht, annehmen, dass nicht wenige Väter ihre Sklavenfrauen und -kinder entgegen aller Doktrin geliebt haben, dann erscheint ein weiteres, nicht unwichtiges Motiv.

Mit der Aufgabe, Gesetze zur Abschaffung der Sklaverei vorzubereiten, drängen die Engländer Portugal zur Einrichtung einer „Comissão mista", eines mit Rechtsfachleuten beider Nationen besetzten Rates, der 1843 seine Arbeit in Boa Vista aufnimmt (Einzelheiten im Kapitel zu Boa Vista).

1853 kommt es zum **Sklavenaufstand auf Santiago.** Nur unter massiven Anstrengungen können die Kolonialisten die Kontrolle zurückgewinnen. Sie suchen zur Abschreckung drei „Rädelsführer" und lassen Sie in Praia exekutieren, wobei aus jedem Kirchsprengel mehrere Sklaven zusehen müssen, um ihren Leidensgenossen berichten zu können. Zu dieser Zeit gab es rund 15.000 Sklaven auf Santiago. 1858, als die von der „Comissão mista" vorbereiteten Gesetze zur Abschaffung endlich verabschiedet werden, war die Zahl der Sklaven in Cabo Verde auf 3699 zurückgegangen.

Am 29. April **1878,** nach Ablauf von 20 Arbeitsjahren, welche die verbliebenen Sklaven ihren Herren noch abzuleisten hatten, ist die **Sklaverei in ganz Cabo Verde beendet.**

Auf den Inseln des Barlavento, mit Ausnahme von Boa Vista, hat die Sklaverei nie eine bestimmende Rolle gespielt. Die landwirtschaftlichen Grundbesitzer hatten mit der Teilpacht eine für sie effizientere Wirtschaftsform eingeführt. 1780, fast 100 Jahre vor dem Ende der Sklaverei in Cabo Verde, wurde sie auf Santo Antão durch königlichen Erlass *(Carta régia)* beendet. Ein humanitäres Motiv kann, muss aber nicht dahinter vermutet werden. Es lebten zu dieser Zeit noch neun ältere Sklaven auf der Insel.

Vom Großgrundbesitz zum Kleinbauerntum

Das **Bodenrecht** wurde über 500 Jahre von Portugal bestimmt, was die Bevölkerung daran hinderte, sich selbst ein den Bedingungen angepasstes Rechtssystem zu geben. Niedrige Produktivität, Vorteile für massiv gesundheits- und ökologieschädliche Produkte (Grogue) und eine andauernde Polarisierung in wohlhabende Landbesitzer und völlig verarmte Pächter und landlose Bauern waren und sind die Folge.

Mittelalterliche Formen der Landschenkung hielten sich bis ins 19. Jahrhundert. Als **Morgados** wurden große Ländereien bezeichnet, die nach dem Ältestenerbrecht ungeteilt weitergegeben wurden. **Capelas** hingegen durften auch kleiner sein und an mehrere Kinder vergeben werden, beinhalteten aber religiöse Verpflichtungen, wie beispielsweise eine bestimmte Zahl Messen pro Jahr für einen örtlichen Heiligen lesen zu lassen. Im Sotavento bildete der mit Sklavenarbeit betriebene Gutshof die Wiege der kreolischen Kultur und Gesellschaft und war bis zur Abschaffung der Sklaverei nicht völlig verschwunden. Im Barlavento hingegen, das erst im 18. Jahrhundert stärker besiedelt wurde, vergaben die feudalen Grundbesitzer das Land von Anfang an fast ausschließlich im **Teilpachtsystem.** Dieses beherrscht das Bild bis heute, insbesondere auf den Zuckerrohrpflanzungen. Der Pächter hat die Terrassen zu reparieren, das Land zu bestellen und die Hälfte der Ernte *(meia)* an den Besitzer abzuliefern. Auch wenn durch Erbteilungen und Unterverpachtung die Parzellen immer kleiner geworden waren, hat dies wenig am Verhalten der Landbesitzer verändert. Manche regieren ihre relativ winzigen Flächen noch heute, als wären sie lateinamerikanische Großgrundbesitzer. Nicht selten verlangten sie von den Pächtern zusätzliche Frondienste, erwarteten, dass diese auch das Saatgut stellten und bestanden auch dann auf ihrer Hälfte, wenn dies den sicheren Tod der Pächterfamilie bedeutete. Lebensmittel hatten die Pächter in den Läden der Besitzer zu Wucherpreisen zu kaufen in einer Art Trustsystem. In Hungerjahren konzentrierte sich der Landbesitz in den Händen von Wenigen. Sie kauften den hungernden Kleinbauern für einen Sack Mais oder ein paar Kekse ihre Felder ab und gaben ihnen anschließen das Land zur Pacht. Diese, im 19. Jahrhundert gefestigte **kleinfeudale Agrarstruktur** lebt bis heute fort.

Wo die Söhne von Landbesitzern im 19. und 20. Jahrhundert in unerschlossene Täler zogen, hat sich **Kleinbauernwirtschaft** entwickelt. Sie bearbeiten ihr Land als Familienbetrieb und kaufen nur wenig fremde Arbeitskraft hinzu. Ein Beispiel hierfür ist Alto Mira auf Santo Antão. Heute erkennt man die Kleinbauernwirtschaft daran, dass in diesen Gegenden mehr Gemüse und Obst angebaut wird. Die wenigsten können sich eine Zuckerpresse *(trapiche)* leisten und müssen den *trapicheiro* entlohnen. Da man im Familienbetrieb wenig auf die investierten Arbeitsstunden schaut und sich im Gemüsebau die Arbeitsspitzen besser über das Jahr verteilen, ist das für sie günstiger.

Mit einer **Agrarreform** wollte die PAICV-Regierung Anfang der 1980er Jahre Ländereien von nicht am Ort wohnenden oder emigrierten Besitzern *(absentistas)* mit Entschädigung enteignen und auf 99 Jahre an die Pächter geben. Keiner sollte mehr als 1 ha bewässertes und 5 ha nicht bewässertes Land behalten. Der Slogan war: „A terra a quem a trabalha!“ (Das Land für diejenigen, die es bearbeiten!) Der politische Ansatz war weit entfernt von einer sozialistischen Enteignung und wurde auch von westlichen Entwicklungsorganisationen gestützt. Pilotprojekte waren positiv verlaufen. Trotzdem gelang es, den Plan als kommunistisches Machwerk zu diffamieren und dagegen aufzustacheln. Die Luft für die PAICV war zu dieser Zeit dünn geworden durch erste Korruptonsskandale, in der Sache inkompetente, aber machtverliebte Funktionäre und ineffiziente Informationspolitik. Die Arbeiter an den staatlichen Baustellen warteten seit einem Vierteljahr auf ihre Lohnzahlungen, die Händler konnten und wollten keine Lebensmittel mehr auf Kredit geben und die Stimmung war zum Schneiden. Ich hatte damals das Pech, der einzige Arzt auf Santo Antão zu sein und bin entsprechend herumgekommen. Es hat erstaunt, mit welcher Überzeugung selbst die begünstigten Pächter sich gegen die Reform aussprachen, ohne ihren Inhalt verstanden zu haben.

Am **31. August 1981** kam es bei Coculi zur Entladung. Eine **aufgebrachte Landbevölkerung demonstrierte** vor eilig aus Santiago herangeschafften Wehrpflichtigen, völlig ungeeignet für polizeiliche Aufgaben. Als diese angegriffen wurden, erging ein Schießbefehl. Ein Toter und zwei Schwerverletzte lagen am Boden. In der Nacht darauf wurden Gefangene gemacht unter den „Rädelsführern“, die in einer Schule von Rª Grande misshandelt und gedemütigt wurden. Der Prozess, den ich mit eigenen Augen und Ohren in Ponta do Sol verfolgen konnte, war ein politischer Prozess vor einem Militärgericht, in dem sich der Ankläger bis zum Vorwurf des versuchten Staatsstreichs vergaloppierte. Die später vom umsichtigen Staatspräsidenten *Aristides Pereira* erlassenen Amnestien konnten die Situation nicht mehr retten. Die PAICV hatte ihre Kreativität und Unbefangenheit verloren und verkrustete. Als neun Jahre später die ersten demokratischen Wahlen folgten, konnte sie auf Santo Antão kein einziges Mandat gewinnen. Die Verletztheiten sind bis heute nicht ausgestanden und spielen noch immer eine Rolle im Wahlkampf, teils auf der Basis eines grotesk verzerrten Bildes der damaligen Vorkommnisse (siehe *Almeida, Germano,* „O dia das calças roladas").

Die Reform trat in veränderter Form 1983 in Kraft und änderte nicht viel. Für die anstehende Modernisierung der Agrarverfassung war der 31. August das Ende. 1993 machte die MPD-Regierung die Reform rückgängig, sodass die wenigen verteilten Ländereien zurück an die Großgrundbesitzer gegeben wurden. Im Grunde traut sich keine Partei mehr an das Thema, und die kleinfeudale rückständige Agrarverfassung besteht weiter. Geändert hat sich der politische Stellenwert. Man hat erkannt, dass sich die Verhältnisse im bewässerten Landbau nur minimal geändert haben. Und der Trockenfeldbau? Der macht seinem Namen leider alle Ehre. Er liegt trocken und produziert für die Ernährungssicherung bedeutungslose Mengen. Durch die Verstädterung und die Entwicklung anderer Sektoren geht die Bedeutung der Landwirtschaft beständig zurück, und die Agrarreform wirkt in der Rückschau fast wie ein Streit um des Kaisers Bart.

Späte Besiedlung und Entwicklung

Die **Inseln des Barlavento** beginnen erst 250 Jahre nach Santiago die kapverdianischen Geschichtsbücher zu füllen. Boa Vista schert etwas aus, indem es bereits ab 1620 zur Saline der Engländer wurde, doch nach **Santo Antão** und **São Nicolau** kommen erst im späten 17. und stärker noch im 18./19. Jahrhundert die Siedler. Größtenteils sind es Söhne kreolischer Familien aus Santiago und Fogo, die mit Frau und Kindern, Abhängigen und einigen Sklaven sich aufmachten zur **„Sekundärkolonisation"** im Norden. Teils treibt sie die beginnende Landknappheit, teils locken Steuererleichterungen im Rahmen der staatlichen Siedlungspolitik. Hinzu stoßen **Portugiesen aus Nordportugal und Madeira.** Ein unmittelbar afrikanisches Element besitzt diese Phase der Kolonisierung nicht, sodass eine deutlich vom Sotavento verschiedene, kreolisch dominierte und mediterran stark beeinflusste Kultur entsteht.

Die Geschichte der gebirgigen Inseln des Nordens wird von **landwirtschaftlichen Leitprodukten** geprägt (zur Beschreibung der Pflanzen siehe im Kapitel zur Flora).

Urzeleiros nannte man die Männer, die in verwegener Kletterei die **Färberflechte Rocella tinctoria** aus den von der Salzgischt überzogenen Felsen kratzten. Ortsnamen erinnern noch heute daran. Das Produkt, aus dem sehr wertvolle **Indigofarbstoffe** hergestellt wurden, ging vom 15. Jahrhundert bis etwa 1910 in großen Mengen nach Europa.

Landbevölkerung
(Postkarte aus dem Jahr 1911)

Purgiernüsse wurden wegen des daraus gepressten Öls massenhaft als Exportkultur gezogen bis es durch Mineralöle verdrängt wurde.

Wein für den Export wurde in einer besonders dümmlich rücksichtslosen Phase der Privatisierung der Kolonien unter der **Companhia Grã Pará e Maranhão** im 18. Jahrhundert angebaut. Details über die sozial und ökologisch verheerenden Folgen finden sich im Kapitel zu Santo Antão. Heute ist kapverdianischer Wein ein exotisches Produkt, das nur auf Fogo hergestellt wird.

Kaffee war ein Produkt, das spät die Geschicke der Inseln beeinflusste. Erst 1790 wurden die ersten Versuche auf São Nicolau gemacht, und nachdem diese sehr erfolgreich waren, entstanden auch in den Bergen von Santo Antão und Fogo Pflanzungen. Die Qualität war so gut, dass für diesen Kaffee im 19. Jahrhundert die höchsten Preise in Lissabon gezahlt wurden.

Bananen als Exportfrucht verließen erst in den 1930er Jahren die Inseln, nachdem sie als eine Mode, die von Amerika ausgegangen war, auch in Europa attraktiv wurden. Zuvor war schneller Kühltransport zu teuer, und die geringe Nachfrage konnte von Madeira und den Kanarischen Inseln gedeckt werden.

Zuckerrohr war immer ein wichtiges Produkt. Nach der Zeit der Sklavenschiffe auf Santiago jedoch verlor es seine Bedeutung als Exportprodukt völlig. Importzucker ist billig, aus dem lokalen Rohr wird ausschließlich Schnaps gebrannt. Dieser kann sich auf dem Bin-

postal_SV-campo

nenmarkt nur behaupten, weil internationale Konkurrenz durch Zölle klein gehalten wird.

Die Besiedlung der nördlichen Inseln profitierte vom Export landwirtschaftlicher Produkte nur langsam. Subsistenzkrisen mit schrecklichen **Hungerkatastrophen** wurden von Jahrhundert zu Jahrhundert häufiger. Um dem Hunger zu entgehen, wurden sie bei regionalen Katastrophen auf andere Inseln gebracht und über öffentliche Bauarbeiten ernährt. Bei landesweiten Katastrophen hingegen schaute die kolonialistische Regierung weitestgehend untätig zu, wie Zehntausende in wenigen Monaten verhungerten.

Auch die **Hafenstadt Mindelo,** trotz ihrer völlig anderen Geschichte, basierend auf dem britischen Kohlehandel seit 1850 und ab 1876 auf den Transatlantik-Telegrafiekabeln, war von der Katastrophe betroffen und hatte Böses zu erleiden. Kurz vor dem Zweiten Weltkrieg durfte die Stadt noch einmal aufatmen und fiel danach in die Agonie eines Hafens von nur noch lokaler Bedeutung zurück, bis ihr die Suez-Krise eine zweite Atempause erlaubte.

Während der wirtschaftlichen Blüte der Inseln, als der Handel mit Sklaven florierte, hatte **Portugal wenig in das Land investiert.** Zur Zeit der Dampfschifffahrt war es schon nicht mehr Herr seiner eigenen Wirtschaft, sondern ein Anhängsel des britischen Imperiums. Cabo Verde schien in die Bedeutungslosigkeit abzusinken. Auch ein Versuch um 1900, den Zuckerrohr- und Kaffeeanbau zu steigern, gelang nicht. Die geringen Exporte aus Salz, Bananen, Kaffee, Purgiernüssen und dem Fischfang brachten nicht die erhofften Erträge.

Wann immer Cabo Verde für einige Zeit einen Vorteil hatte gegenüber seinen Konkurrenten, ging das Spiel binnen weniger Jahrzehnte verloren wegen der kolonialen Abhängigkeit von einem Land, das selbst nicht unabhängig, sondern verarmt war. Die hohen Kosten der Lebenshaltung und Produktion weitab von den Märkten, auf Inseln, die nicht genug zu essen, keine Bodenschätze und noch nicht einmal genügend Wasser hatten, ließ jede Chance zwischen den Fingern zerrinnen. Am Ende der Kolonialzeit existierten nur wenige kleine Betriebe, in denen Fischkonserven, Getränke, Grogue, Teigwaren, Zigaretten sowie Puzzolana-Zement und Möbel hergestellt wurden – andere verarbeitende Industrie war nicht vorhanden. Nur noch 10% des Landes waren als Ackerland nutzbar, weitere 6% als Weideland.

Unter dem Druck des wachsenden Nationalismus ernannte Portugal seine afrikanischen Kolonien **1951** zur **Überseeprovinz.** Wie so häufig in der Politik *Salazars* war dies nicht mehr als pompöse Spiegelfechterei. Es bestand weiterhin ein „Ministério das Colónias", die Geldscheine blieben überschrieben mit „Colónia de Cabo Verde". Als sich massiver Widerstand in den großen Kolonien regte und im Jahr 1961 über 20 afrikanische Länder ihre Unabhängigkeit erlangten, wurde den Kapverdianern pro forma portugiesische Bürgerrechte erteilt. Auch bekamen sie etwas bessere Möglichkeiten, eine höhere Schulbildung zu erreichen. Man brauchte sie als „indirect rule", als Verwalter und Beamte in den anderen Kolonien. Wie meist in der Geschichte, geht manipulative Bildungspolitik nach hinten los. Der Studierende lernt in der Schule nicht nur fachliche Inhalte, sondern auch das politische System kennen, und es bedrückt ihn. So verwundert es nicht, dass die einflussreichen Nationalisten, welche die portugiesisch-sprachigen afrikanischen Länder in die Unabhängigkeit begleiteten, in Mindelo, Bissau, Luanda oder Laurenço Marques die Schulbank gedrückt und in Portugal studiert haben. Statt die angebotenen Krümel kleiner Privilegien anzunehmen, fragten Sie nach ihren Rechten.

Dank der Öffentlichkeitsarbeit *Amílcar Cabrals* (siehe entsprechenden Exkurs) gelang es Portugal in den Dürrejahren nach 1958 nicht mehr, das Elend Cabo Verdes vor der Welt zu verstecken. Die Caetano-Regierung, Nachfolger Salazars, sah sich gezwungen, das Leiden durch Arbeitsprogramme zu mildern, sodass der massenhafte Hungertod vermieden werden konnte.

Es sei deutlich betont, dass immer eine große Kluft klaffte zwischen der Politik Portugals und dem Verhalten einer nicht geringen Zahl **solidarischer Portugiesen,** die in Cabo Verde arbeiteten. Es gab Soldatenfrauen, die befreundete kapverdianische Familien so wie unsere durchfütterten *(Lucete Fortes)*. Es gab Verwalter und Offiziere, die kapverdianische Jugendliche im Widerstand vor dem Zugriff der politischen Polizei PIDE (s.u.) warnten. Es gab Militärärzte, die sich weigerten, termingerecht nach Portugal zurückzukehren, weil sie auf der Höhe einer Epidemie die Menschen, denen sie sich verpflichtet fühlten, nicht verlassen wollten. Es gab Millionen Portugiesen, die das Kolonialsystem und den Faschismus ablehnten und als einzige europäische Nation ihre politische Zukunft gemeinsam mit den Widerstandsbewegungen in den Kolonien gestalteten.

Beziehungen zu Guinea-Bissau

Geschichtlich betrachtet standen sich die beiden Länder Cabo Verde und Guinea-Bissau immer sehr nahe. So stammte ein Großteil der von der westafrikanischen Küste verschleppten Sklaven aus diesem Land. Auch wurde Guinea-Bissau über mehr als zwei Jahrhunderte, von 1650 bis 1878, **von Cabo Verde aus verwaltet.** Bissau war sehr früh als kreolische Stadt entstanden, sodass sich auch Kultur und Sprache stark ähneln und man sich reibungslos versteht. Über die Unabhängigkeit hinaus waren viele Kapverdianer in der Verwaltung tätig. In den letzten Jahren vor der Unabhängigkeit entstand in den beiden Staaten eine **gemeinsame Freiheitsbewegung,** die in der Partei **PAIGC** *(Partido Africano de Independência de Guinea-Bissau e Cabo Verde)* ihren Ausdruck fand. Ziel der PAIGC war es, die beiden unter portugiesischer Kolonialherrschaft stehenden Länder zu einer staatlichen Einheit zu verbinden. Es folgte ein erfolgreicher bewaffneter Befreiungskampf in Guinea-Bissau, der beide Länder in die Unabhängigkeit führte.

Intensiv bewässerte Kleinbauernwirtschaft auf Santo Antão

Der stellvertretende Parteivorsitzende **Luis Cabral,** wurde erster Präsident von Guinea-Bissau. Die binationale Unabhängigkeitspartei PAIGC stand unter der Leitung der Staatschefs beider Länder, *Aristides Pereira* als Generalsekretär in Cabo Verde, *Luis Cabral* als Stellvertreter in Guinea-Bissau. So regierte eine Partei in zwei Ländern.

Zur Vereinigung der Länder sollte es nicht kommen, da **João Bernardo (Nino) Vieira** sich am 14. November 1980 an die Macht putschte und *Luis Cabral* absetzte. Da der Name der PAIGC in Guinea-Bissau einen guten Klang hatte, behielt *Vieira* ihn bei. Am nächstfolgenden Todestag *Amílcar Cabrals,* dem 20. Januar 1981, trugen die kapverdianischen Genossen ihren Traum von einer gemeinsamen Partei und einem gemeinsamen Staat zu Grabe und gründeten die eigenständige **PAICV** *(Partido Africano da Independência de Cabo Verde).* Nach der Freilassung des unter Hausarrest gestellten *Luis Cabral* im Januar 1982 verringerten sich die Spannungen, und im gleichen Jahr fanden Versöhnungsgespräche in Mosambik statt. Das Verhältnis hat sich daraufhin normalisiert, doch das vom Bürgerkrieg zerrüttete Guinea-Bissau ist zurückgefallen unter die ärmsten Länder der Erde. Präsident *Nino Vieira* starb am 2. März 2009 durch die Kugeln der Soldaten des am Vortag bei einem Bombenattentat getöteten Oberbefehlshabers seiner eigenen Armee.

Der Weg zur Unabhängigkeit

Der kapverdianische Nationalismus, der zur Unabhängigkeit führte, hat tiefere Wurzeln. Im 19. Jahrhundert entstand eine bürgerliche Oppositionsbewegung. Sie ging über den schon lange bestehenden Protest der Sklaven und Pächter hinaus und forderte bürgerliche Grundfreiheiten im Sinne der Französischen Revolution und eine unabhängige Republik. Die königstreuen Großgrundbesitzer und Verwalter bekämpften sie heftig, Lissabon schickte mehrmals Kanonenboote.

Am **5. Oktober 1910** wurde in **Portugal** die **Republik** ausgerufen. Allen freien Einwohnern Cabo Verdes, denen aufgrund ihres Bildungsstandes, ihrer Erziehung, ihrer finanziellen Position und anderer Kriterien die Rechte als portugiesische Staatsangehörige zugebilligt werden konnten, gab die erste Republik Portugals 1914 das **portugiesische Bürgerrecht.** Sie wurden zu **„Assimilados",** denen Zugang zu öffentlicher Bildung und Reisefreiheit sowie soziale und politische Gleichstellung mit Portugiesen gewährt war. Selbst während des Salazar-Regimes wurde dieser Status beibehalten, denn er war hilfreich für das Regime und wurde vorwiegend genutzt, um Kapverdianer in den anderen Kolonien als Verwalter und Offiziere einsetzen zu können.

Nach 16 Jahren bereits waren die bürgerlichen Freiheiten der Republik wieder aufgehoben, und **Costa de Gomes** schwang sich zum Diktator auf. Nach einem Zwischenspiel folgte **António de Oliveira Salazar,** der ab 1932 die Situation der Ausbeutung und Unterdrückung auf den Inseln weiter verschärfte und in Tarrafal de Santiago ein Konzentrationslager für politische Gefangene aus Portugal, Angola und Cabo Verde einrichtete. Sein am meisten gefürchtetes Instrument war die **Politische Polizei.** Die **PVDE** *(Polícia de Vigilância e Defensa do Estado),* ein Abklatsch der Gestapo, blieb nach einem Facelifting zum Ende des 2. Weltkrieges als **PIDE** *(Polícia Internacional e de Defensa do Estado)* in schrecklicher Erinnerung.

Im Gegensatz zu England und Frankreich, die einen großen Teil ihrer Kolonien ohne Krieg entließen, weil es zum einen nicht mehr dem Verständnis von Demokratie entsprach und zum anderen die wirtschaftliche Zusammenarbeit mit freien Staaten mehr versprach, widersetzte sich das **faschistische Portugal** heftig dieser Idee. Portugal hatte keine Produkte von Wert, insbesondere keine Industrieprodukte in die Kolonien zu verkaufen. Es lebte von den Erzeugnissen, Steuern und Zöllen aus diesen Ländern, und die Faschisten verknüpften darüber hinaus ihre politische und militaristische Ehre mit dem Erhalt des Kolonialismus.

Ab 1950 bildete sich ein starkes **antikoloniales Bewusstsein** heraus, in dem Nationalbewusstsein und das Zugehörigkeitsgefühl zum afrikanischen Kontinent die Kulturphilosophie beherrschten, und aus dem die Kämpfer für die Unabhängigkeit des Landes hervorgingen. Mit **Gründung der PAIGC** am 19. September **1956,** der afrikanischen Unabhängigkeitspartei von Guinea-Bissau und Cabo Verde, kam es erstmals zum **organisierten Widerstand** gegen die Portugiesen. Diese Freiheitsbewegung gründete sich im benachbarten Guinea-Bissau unter **Amílcar Cabral,** dessen Bruder *Luis Cabral* und *Aristides Maria Pereira.* Ziel der Partei war Befreiung und Zusammenschluss beider Länder und damit verbundene wirtschaftliche Unabhängigkeit. Portugal lehnte jedoch Verhandlungen mit der PAIGC ab, sodass sich ihre politischen Aktivitäten im Untergrund und bei geheimen Treffen abspielten. Trotzdem konnte die Partei ihren Einfluss und ihr Ansehen im Inland wie im Ausland stärken.

1962, nachdem ein Lohnstreik der Hafenarbeiter von Pidjiguiti (Hafen von

Amílcar Cabral

(*12. September 1924 in Bafatá, Guinea-Bissau, † 20. Januar 1973 in Conakry, Guinea)

Amílcar Cabrals Kindheit und Jugend waren durch die Kulturen Guinea-Bissaus und Cabo Verdes beeinflusst; Grund ist eine kreolische Familiengeschichte, die es lohnt, berichtet zu werden:

Der Vater, *Juvenal Cabral,* stammte aus einer einflussreichen Familie aus Santiago/Cabo Verde und wurde mit acht Jahren nach Portugal geschickt, um dort als ester „farbiger" Schüler das Gymnasium zu besuchen. Zurück in Cabo Verde studierte er am Priesterseminar in São Nicolau (siehe dort), entschied sich letztlich aber für eine weltliche Laufbahn. Er emigrierte nach Guinea-Bissau, wo er dreißig Jahre seines Lebens als Lehrer verbrachte.

Die Mutter, *Iva Pinhel Évora,* Kapverdianerin aus Praia, lernte Juvenal in Bissau kennen. Amílcar wuchs zwischen den Kindern verschiedener Ethnien Bissaus auf, gehegt von der portugiesisch-kapverdianischen Stiefmutter *Adelina Cabral,* Mutter des jüngeren Bruders *Luís,* des späteren Präsidenten Guinea-Bissaus.

Als Amílcar acht Jahre alt war, zog die Familie zurück nach Santa Catarina/Kap Verde.

Mit dem Ende der Grundschule hieß es Abschied von der Familie nehmen, denn das Gymnasium befand sich in São Vicente. Dort fiel Amílcar nicht nur durch Gedichtbände auf, sondern auch durch Radiosendungen, in denen er den afrikanischen Wurzeln kapverdianischer Kultur und Sprache nachging.

Nach dem Abitur arbeitete er in der Landesdruckerei in Praia, bis er ein Stipendium für Agrarwissenschaften in Lissabon bekam. Jetzt war er der einzige „Farbige", mit wachem Interesse an Politik und Kultur, das sich in Zeitungsartikeln und Gedichten äußerte, die die Zensur nicht passierten. Interessante Kontakte ergaben sich in der „Casa de Estudantes do Império", einem Club für die Studenten aus den Kolonien. Sie spielten sich beim Fußball die Bälle zu und teilten ihre auf Befreiung sinnenden Gedanken sowie ihren ausgeprägten Sinn für Poesie und Schriftstellerei: *Alda Espírito Santos* aus São Tomé, eine der bekanntesten Dichterinnen Afrikas und Kultusministerin; *Agostinho Neto,* Arzt und Poet und erster Präsident des unabhängigen Angola; *Françisco José Tenreiro* aus São Tomé, Geografieprofessor, Schriftsteller und Herausgeber der ersten großen afrikanischen Poesie-Anthologie; *Eduardo Mondlane,* Professor der Geschichtswissenschaften und erster Führer der mozambikanischen Unabhängigkeitsbewegung. *Mário Pinto de Andrade,* Politiker, Journalist und Poet sowie Präsident der angolanischen Unabhängigkeitsbewegung, und Cabral teilten sich eine Studentenbude.

Die portugiesische Arzttochter *Maria Helena Rodrigues* und Amílcar trafen sich an der Hochschule. Wegen ihrer Beziehung zu einem „Schwarzen" wurde der Studentin das Stipendium im vorletzten Semester gestrichen. 1951 heirateten sie.

Das Examen hatte Amílcar mit einer glatten Eins hinter sich gebracht und seine Diplomarbeit „den Tagelöhnern im Alentejo und den Arbeitern auf den Latifundien" gewidmet.

Nachdem Agostinho Neto dummerweise mit einem Flugblatt in der Hand an der Wohnungstür eines Polizisten geklopft hatte, wurde die Luft für die Cabrals dünner. Sie zogen nach Guinea-Bissau, wo er bei den Bauern unterwegs war und die für Jahrzehnte beste Studie zur Situation der Landwirtschaft verfasste.

Die politische Polizei PIDE hatte die Gründung der afrikanischen Unabhängigkeitspartei von Guinea-Bissau und Cabo Verde, PAIGC, verschlafen, sodass Cabral lange Zeit seinen Beruf mit der politischen Arbeit verknüpfen konnte.

Tief bewegt von der bewaffneten Niederschlagung des Streiks der Hafenarbeiter von Pidjiguiti am 3. August 1959 (Nationalfeiertag Guinea-Bissaus) ließ sich die PAIGC auf den bewaffneten Konflikt ein. Die Cabrals reisten rund um die Welt und lebten für fast ein Jahr in Paris. Er richtete mehrere Briefe an den portugiesischen Staatschef *Salazar,* um in Verhandlungen den Kolonialkrieg zu beenden, bevor er begonnen hatte. Doch Salazar schwieg.

Das folgende Jahrzehnt, nachzulesen in der Geschichte der PAIGC, verbrachte Cabral in der Hektik diplomatischer Reisen, auf Kongressen und bei der Truppe. Dennoch fand er Zeit für Bücher, die ihn als den herausragenden Theoretiker der Unabhängigkeitsbewegungen und der Blockfreien kennzeichnen. Die aufgebrachte Jugend der 1960er Jahre erkannte in ihm einen afrikanischen *Ché Guevara* – den besseren Ché, wie nicht wenige meinten.

Als Cabral 1973 ermordet wurde und die zivilisierte Welt seinen Tod mit einem Aufschrei des Entsetzens beantwortete und selbst sein militärischer Widersacher *Spínola* seinen Tod bedauerte und seine Qualitäten betonte, fiel dem Botschafter Portugals bei den UN nicht mehr ein, als auf der Sondersitzung zum Gedenken Cabrals nicht zu erscheinen und den Generalsekretär anzugreifen. Die Botschafter des demokratischen Portugal (Nelkenrevolution 1974) und der unabhängig gewordenen Länder ersetzten ihn nur ein Jahr später.

Land und Leute

Ilha – Insel

Gedicht von Amílcar Cabral, „Praia", Cabo Verde, 1945
(Übersetzung: *Pitt Reitmaier*)

„Du lebst – schlafende Mutter –
nackt und vergessen,
trocken,
von den Winden gegeißelt,
beim Klang der Musik ohne Melodie
der Wasser, die uns umfangen.

Insel:
Deine Berge und Deine Täler
ließen die Zeit vorübergleiten
und verharrten in der Welt Deiner Träume
– den Träumen Deiner Kinder –
während sie es in den Wind hinausschrien,
zu den Vögeln, die da frei vorüberfliegen,
Dein Sehnen!

Insel:
Rote Erdhügel ohne Ende
– hartes Land –
steile Felsen, die den Horizont verdecken,
aber unser Sehnen im Himmelsrund behalten."

Amílcar_Conakry

Bissau) im Blut ertränkt worden war, ging die Unabhängigkeitsbewegung zum **bewaffneten Befreiungskampf** in Guinea-Bissau über. Nur dort wurde er mit militärischen Mitteln geführt, Cabo Verde selbst blieb von blutigen Auseinandersetzungen weitgehend verschont. Allerdings waren zahlreiche Kapverdianer nach Guinea-Bissau gekommen, um sich aktiv an diesem Guerillakrieg zu beteiligen. Er wurde zu einem der längsten Befreiungskämpfe Afrikas.

Amílcar Cabral im Büro der PAIGC in Conakry/Guinea (hist. Aufnahme)

Auf Cabo Verde folgten in den nächsten Jahren einige **Aufstände** gegen die Kolonialbehörden, darunter der Bauernaufstand auf Santo Antão und ein Streik der Hafenarbeiter in Mindelo. Als das portugiesische Staatsoberhaupt *Salazar* 1968 starb, gab es statt der befohlenen Staatstrauer Freudenkundgebungen, die die Kolonialisten mit Massenverhaftungen beantworteten.

Das benachbarte **Guinea** (Hauptstadt Conakry), unabhängig seit 1958, diente der PAIGC seit 1960 als Hauptquartier. Portugiesisches Militär und die portugiesische politische Polizei PIDE versuchten mehrere Anschläge auf *Amílcar Cabral,* die im **November 1970** in einem militärischen Überfall auf Conakry gipfelten, der nicht nur *Cabral* und die Spitze der PAIGC, sondern auch den diktatorisch regierenden Präsidenten Guineas, *Sékou Touré*, beseitigen und dessen Kampfflugzeuge am Boden zerstören sollte. Der als **„Mar Verde“** oder **„Portuguese Raid“** in die Geschichte eingegangene Überfall war so schlecht vorbereitet, dass er komplett fehlschlug. *Cabral* war im Ausland. Statt der Wohnung *Cabrals* wurde die Nachbarwohnung beschossen, die dort wohnende Arztfamilie schwer verletzt und eines der Kinder umgebracht. Die Flugzeuge waren nicht am Flughafen und *Sékou Touré* nicht in seinem Palast. Stattdessen nahm die Armee Guineas, mitten in der Hauptstadt, einige portugiesische Soldaten gefangen.

Der letzte Rest politischer Glaubwürdigkeit Portugals im Westen war genauso wie das Vertrauen des westlichen Bündnisses in die militärische Schlagkraft der portugiesischen Kolonialarmee dahin. Zuvor war es noch gelungen, den Kolonialkrieg als unterstützenswerten Teil der Ideologie des Kalten Krieges gegen den Ostblock darzustellen, und westliche Länder hatten 70% der Kriegskosten übernommen. Am 10. Dezember 1970 verurteilte der **UN-Sicherheitsrat** Portugal, und die Regierungen Mitteleuropas nahmen ihre Unterstützung zurück.

Der portugiesische General und Gouverneur in Bissau, **António Spínola (1910–1996),** war sich bewusst, dass Portugal ohne massive Finanzhilfe den Konflikt militärisch nicht gewinnen konnte. Listig und mit der Eigenschaft begabt, sein Mäntelchen auch vorbeugend in den Wind zu hängen, entwickelte er eine Politik des „besseren Guinea“ mit Erklärungen, die den sozialen Forderungen der PAIGC entsprachen und eine „schrittweise Unabhängigkeit“ im Rahmen eines „Föderativen Modells“ versprachen. Am 1. Januar 1973 erhielten die Kolonien eine formale „Autonomie“ mit „Volksparlamenten“, regionaler Gesetzgebung, Steuererhebung und Haushaltsführung – die allesamt nie verwirklicht wurden.

Spínolas ideale Ergänzung war der nicht weniger schlaue Chef der PIDE in Bissau, **Fragoso Allas,** dessen besondere Aufmerksamkeit den Vorurteilen und Spannungen zwischen den Ethnien und insbesondere zwischen Guineensern und Kapverdianern galt. Mit gezielten Intrigen und Desinformation gelang es, sie zu verstärken. Informanten und Agenten wurden bis in Spitzenpositionen der PAIGC eingeschleust.

Ab 1971 zielte *Spínolas* geheimdienstliche Politik jedoch nicht mehr darauf ab, *Cabral* umzubringen, sondern ihn gefangen zu nehmen, die Kapverdianer an der Spitze der Armee der PAIGC zu entmachten und auf diesem Weg die militärische Organisation und Schlagkraft so weit zu schwächen, dass *Cabral* mit ihm in Verhandlungen treten und an seinem „besseren Guinea“ mitwirken müsste.

Am 20. Januar 1973 wurde Cabral ermordet. Eine aus Guineensern zusammengesetzte Fraktion der PAIGC, in der Mehrheit alterfahrene Mitglieder des Zentralkommittees und Vertraute *Cabrals,* hatte einen anti-kapverdianischen Putsch vorbereitet, der mit der Verschleppung von *Amílcar Cabral* und *Aristides Perreira* beginnen sollte. *Cabral* und seiner Frau *Ana Maria* wurde vor ihrer Wohnung aufgelauert. Als sich *Cabral* der Fesselung widersetzte, wurde er von *Inocêncio Cani* erschossen, einem Offizier der Marine. *Amílcar Cabrals* düstere Vorhersehung hatte sich erfüllt: „Sollte ich eines Tages ermordet werden, dann durch einen aus meinem Volk, aus der Partei und eventuell sogar von einem Mitglied der ersten Stunde."

Der nach der Gefangennahme der Kapverdianer scheinbar erfolgreiche Putsch endete in einem Empfang bei *Sékou Touré,* der den Spieß umdrehte, die Kapverdianer freiließ und die Putschisten verhaften ließ. Das Schnellboot, mit dem der gefesselte *Aristides Perreira* auf dem Weg nach Bissau war, ließ er an der Grenze abfangen.

Für das faschistische Portugal bedeutete der Tod des charismatischen Widersachers **mehr Niederlage als Triumph.** Eine Welle der Empörung ging durch die demokratische Öffentlichkeit. Die UN hielten eine Sondersitzung ab, die Presse verabschiedete sich weltweit von *Cabral* mit ganzseitigen Titeln und Leitartikeln. *François Mitterand* schrieb: „Mit ihm verliert Portugal seinen herausragendsten Gegner mit höchst entwickelten Werten."

Die **Aufklärung des Verbrechens** durch die Polizei *Sékou Tourés* und die PAIGC verlief nicht nach den Regeln eines rechtsstaatlichen Verfahrens. Erpresste Geständnisse, falsche Zeugenaussagen in privaten Rachefeldzügen und die Hinrichtung von Schuldigen, weniger Schuldigen und Unschuldigen vertuschten die Hintergründe mehr als dass sie sie erhellten.

Die **Frage „Wer ließ Amílcar Cabral ermorden?"** bleibt bis heute offen. Die portugiesischen Archive der Armee und PIDE konnten in letzter Stunde geputzt werden. Nach Aussage alter Mitarbeiter *Cabrals* wie *Onésimo Silveira* bleiben die Hintergründe, dadurch dass die unmittelbaren Mörder beseitigt wurden, ähnlich nebulös wie bei *John F. Kennedy.* Nach den 2005 veröffentlichten Forschungen *Daniele Gansers* von der Forschungsstelle für Sicherheitspolitik an der Eidgenössischen Technischen Hochschule Zürich müssen hinter den Morden an *Humberto Delgado* (im Hinterhalt erschossen, 1965), *Eduardo Mondlane* (Briefbombe, 1969) und *Amílcar Cabral* Drahtzieher auf einer weit höheren strategischen Ebene in Form von NATO Stay Behind Armies (Terrorgruppen in staatlichem Auftrag) vermutet werden.

Politisch und militärisch hatte der Mord an *Amílcar Cabral* einen völlig anderen als den erhofften Effekt. Die PAIGC mit *Aristides Perreira* als Generalsekretär verstärkte ihre Angriffe derart, dass binnen Monaten die Luftüberlegenheit der Kolonialisten beendet und 80% des Landes frei von portugieisischen Truppen waren. Der Aufbau einer Administration mit regionalem Parlament sowie Gesundheitsstationen und Schulen in den befreiten Gebieten machte rasche Fortschritte.

Am **23. September 1973** folgte die **einseitige Unabhängigkeitserklärung** Guinea-Bissaus, die zum diplomatischen Entsetzen Portugals von der Mehrzahl der UN-Mitglieder sofort anerkannt wurde.

Am **25. April 1974** beendete die **„Nelkenrevolution"** in Lissabon die 42-jährige traurige Karriere von *Salazar* und seinen Nachfolgern. Doch die lokalen Militärs in Cabo Verde wollten sich noch nicht geschlagen geben und hofften auf eine Wende rückwärts. So blieben die Gefangenen in Tarrafal, bis sie in einer spontanen Demonstration am 1. Mai von der Bevölkerung dort abgeholt wurden. Die neuen Machthaber in Portugal waren sich einig bezüglich der Unabhängigkeit der anderen Kolonien, doch Cabo Verde sollte weiter diskutiert werden. In Geheimdiplomatie waren Versprechungen an die NATO und USA gemacht worden, Cabo Verde als Stützpunkt mit Radar-Stationen zur Verfügung zu stellen. In Cabo Verde sollten weiterhin Rekruten auf die Fahne Portugals vereidigt werden, und Portugal schickte einen neuen „Governador". Dies und ähnliche Provokationen schufen eine zuvor nicht gekannte anti-portugiesische Haltung der Bevölkerung. Im Dezember 1974 endlich unterschrieb Portugal eine Vereinbarung zu einer **PAIGC-Übergangsregierung**. *Pedro Pires* und Pereira führten schwierigste Verhandlungen in Lissabon, Algier und London, in denen sie sich u.a. mit *Mario Soares* auseinanderzusetzen hatten, der gegen die Unabhängigkeit Cabo Verdes war und vorschlug, Cabo Verde als autonome Region bei Portugal zu behalten – mit NATO-Radar. Die geostrategischen Interessen in dieser Phase des Kalten Krieges konzentrierten sich jedoch über dem nördlichen Polarmeer. Der Zentralatlantik war wenig interessant, und die USA standen in der Endphase des Vietnamkrieges und hatten andere Sorgen als das winzige Cabo Verde. So hielten sich die interessierten Weltmächte zurück, und mit Hilfe algerischer Völkerrechtler, die enorme Erfahrung aus den Unabhängigkeitsverhandlungen ihres Landes mitbrachten, gelang es den Verhandlungsführern, das historische „window of opportunity" zur Unabhängigkeit im richtigen Moment zu öffnen. Eine **erste Abstimmung zur nationalen Volksversammlung** am **30. Juni 1975** bestätigte die Kandidaten der **PAIGC** mit 92% der Stimmen, mehr als 80% der Kapverdianer waren zur Wahl gekommen. Somit erhielt die Partei alle Mandate der Nationalversammlung und war als **Einheitspartei** bestätigt.

Unabhängige Republik Cabo Verde

Am **5. Juli 1975** erklärte die República de Cabo Verde ihre **Unabhängigkeit.** Die Herrschaft über die älteste afrikanische Kolonie, die über fünf Jahrhunderte angedauert hatte, war beendet.

Erster Staatspräsident wurde **Aristides Pereira,** der Generalsekretär der PAIGC und Nachfolger *Cabrals.* Als Ministerpräsident wurde *Pedro Pires* ernannt. Im selben Jahr wurde Cabo Verde in die UNO aufgenommen.

Am 5. September **1980** wurde die **erste Verfassung** verabschiedet. 1981 wurden alle Artikel über einen eventuellen Zusammenschluss mit Guinea-Bissau gestrichen. Die PAIGC, und ab dem 20. Januar **1981** die kapverdianische **PAICV,** hielt als einzige **Regierungspar-**

tei die Macht. Die Partei vereinte drei größere Strömungen und Gruppierungen in sich, die sich vorwiegend aus der Biografie der Mitglieder ergaben:

Nationalisten und Demokraten, die in Cabo Verde für die Unabhängigkeit geworben und sich der portugiesischen Regierung widersetzt hatten. Einige von ihnen hatten sieben Jahre im Konzentrationslager gesessen. Diese Gruppe verschwand als erste aus den Regierungsämtern, teils wegen fehlender fachlicher Kompetenz, vermutlich aber mehr, weil sie mit den straff organisierten ehemaligen Militärs nur schwer zusammenarbeiten konnten.

Die **Träger des studentischen Protests** und des politischen Widerstands in Lissabon waren nach dem Ende des Studiums nach Cabo Verde gekommen, um den Neuaufbau voranzutreiben. Sie wurden schon 1978/79 als „Trotzkisten" diffamiert und mit teils wenig demokratischen Mitteln zur Aufgabe ihrer Ämter bewegt. Im Bild, das sich die Solidaritätsbewegungen und demokratischen Regierungen von der PAICV machten, zogen die ersten düsteren Wolken auf.

Militärisch, diplomatisch und administrativ hocherfahrene **Rückkehrer aus dem Kolonialkrieg** setzten sich schon in den Verhandlungen um die Unabhängigkeit an die Spitze und hielten die Fäden in der Hand. Ihre Trümpfe waren straffe Organisation, weltweite Beziehungen und diplomatische Schläue.

„Dies ist das Land, welches wir erbten. Wir haben kein anderes." Dieser Ausspruch *Pereiras* wurde zum geflügel-

cv031 Foto: pr

ten Wort. Die junge Republik stand vor einer schweren Aufgabe. Die Kolonialisten hatten die Tresore leer zurückgelassen. Die Jobs in der Kolonialverwaltung und -armee fielen weg. Häfen und Flughäfen hatten kaum Einnahmen. Und die Dürre war schlimmer als je zuvor. Die PAIGC musste um Unterstützung bitten, wo immer sie konnte, um eine Hungerkatastrophe zu verhindern, besser gesagt, um sie nicht bis zum Massensterben gedeihen zu lassen. Bei aller Tragik gibt es verrückte Geschichten aus diesen Tagen. So reiste ein junges Parteimitglied zu *Sékou Touré*. Dieser empfing ihn am Vormittag und hieß ihn nach kurzer Audienz am Nachmittag zurückzukommen. In der Erwartung, vertröstet zu werden, kam er wieder und erhielt ein Köfferchen voll Dollarnoten; ohne Anschreiben, ohne Quittung, bar in die Hand. *Touré* hatte sein eigenes Weltbild, und in diesem war das Vertrauen in Banküberweisungen gleich Null. Präsident *Julius Nyerere* von Tansania legte auch einen Betrag in die Waagschale mit dem Hinweis: Wenn Tansania als das ärmste Land der Welt bereit sei, seinen Beitrag zu leisten für die letzte befreite Kolonie Afrikas, dann sollten dies die reichen Nationen auch tun – oder sich schämen.

Parlamentsgebäude in Praia

Die Arbeitslosigkeit war auf 60% gestiegen. Wichtige Infrastruktur war nicht nur verrottet, sie fehlte. Um die eingehende Unterstützung möglichst effektiv zu nutzen und in der Erfahrung, dass die Verteilung von Lebensmitteln oder Bezahlung in Lebensmitteln (sog. Food-for-Work-Programs) gegen Grundprinzipien der Menschlichkeit und der Ökonomie verstoßen, wurden diese verboten. Es kostete die Entwicklungshilfeorganisationen einiges an Zeit und Geduld bis sie einsahen, dass die kapverdanische Praxis weitaus humaner und produktiver war: Bis heute wird **Nahrungsmittelhilfe** nicht verteilt, sondern **„konvertiert"**. Sie gelangt in den (ehemals nur staatlichen, inzwischen gemischten) Großhandel, und der Erlös wird vom Staat für Arbeitsprogramme verwendet. Diese werden „FAIMO" genannt, *Frentes de alta intensidade de mão de obra;* für deutsche Ohren klingt die Übersetzung „Arbeitsfront mit hohem Beschäftigungsgrad" nicht so erfreulich.

In den ersten Jahren verstand sich die Partei als „Befreiungsbewegung an der Macht", und innerhalb der Partei fanden lebhafte Debatten und Flügelkämpfe statt. Jeweils nach fünf Jahren erfolgten Neuwahlen. *Aristides Pereira* wurde 1981 und 1986 mit über 90% der Stimmen im Amt bestätigt. Es wäre falsch, die PAIGC/PAICV in diesen Jahren gleichzusetzen mit einer „kommunistischen" Einheitspartei stalinistischer Prägung. Richtig ist, dass es erhebliche Mängel im Demokratieverständnis dieser Gruppierung gab. In allen schwierigen Entscheidungen jedoch, von den

Zeittafel

1415	Beginn der Erkundung der afrikanischen Westküste durch die Portugiesen. Heinrich der Seefahrer (1394–1460) wertet Berichte portugiesischer Seeleute und arabischer Händler aus.
1419–56	Die von Heinrich dem Seefahrer ausgesandte Flotte erreicht Madeira, die Azoren und Cabo Verde.
1440	Beginn des portugiesischen Sklavenhandels in die Algarve.
1456	Der Venezianer Aloísio Cadamosto und der Portugiese Diogo Gomes erreichen nach eigenem Bericht erstmals die Kapverdischen Inseln.
1460	Der Genuese António Da Noli entdeckt Cabo Verde erneut und erhält Santiago zum Lehen. Heinrich der Seefahrer stirbt.
1461	Erste Garnison in Rª Grande (Santiago). Diogo Afonso landet auf São Nicolau und Santa Luzia.
1462	Am 17. Januar landet Diogo Afonso auf Santo Antão, am 22. Januar auf São Vicente.
1466	Ein königlicher Freibrief gewährt den Siedlern das Recht, mit afrikanischen Sklaven und Waren von der Küste zu handeln. Franziskanermönche kommen auf die Inseln.
1468	Vertrag für den Export von Färberflechten (kreol: *Urzella)*
1472	Der freie Handel mit Küstengütern wird für die Siedler eingeschränkt. Das Monopol hierfür erhält Fernão Gomes.
1473	Am 9. April wird Rodrigo Afonso Capitão von Santiago.
1475 –1600	Zeit des großen Sklavenhandels der Portugiesen mit der Guinea-Küste.
1476	Der spanische Admiral Carlos de Valera überfällt Santiago mit 25 Schiffen und nimmt António Da Noli gefangen. Als Folge verspricht Da Noli seine Loyalität dem spanischen Königreich.
1483	Französische Segelschiffe erreichen Cabo Verde.
1490	Erste Besiedlung von Maio.
1491	Höhepunkt der Spanischen Inquisition. Der portugiesische König João II schickt Hunderte Juden nach São Tomé, Guinea und Cabo Verde. Die Juden waren so zahlreich, dass in dieser Zeit der Begriff „Portugiese" oft mit „Jude" gleichgesetzt wurde.
1495	Bau der ältesten erhaltenen Kirche, Nossa Senhora do Rosário, in Rª Grande auf Santiago.
1497	Vasco da Gama macht Halt auf Sal und Santiago, von wo er nach Indien aufbricht. António Da Noli stirbt.
1498	Christoph Kolumbus erreicht am 27. Juni auf seiner dritten Reise Boa Vista, Fogo und Santiago.
1504	Sklaven aus São Tomé werden nach Cabo Verde gebracht.
1533	Die katholische Kirche errichtet ein Bistum in Rª Grande (Santiago).
1542	Raubüberfall auf Rª Grande durch französische Piraten.
1545	Erweiterte Besiedlung von Fogo und Brava durch João da Fonseca.
1548	Frühe Besiedlung von Santo Antão durch ein System von Landeignern.
1550	Francisco da Cruz wird der erste Bischof, postiert in Rª Grande auf Santiago. 14.000 Sklaven werden auf Santiago gezählt.

1556	Baubeginn der Kathedrale in Cidade da Rª Grande (Santiago).
1564	Vulkanausbruch auf Fogo.
1578	Überfall und Plünderung der Hauptstadt Cidade da Rª Grande durch den englischen Piraten Sir Francis Drake.
1580–83	Erste ausgedehnte Dürre und Hungersnot auf den Inseln.
1580 –1640	Das spanische Königshaus regiert in Portugal. Cidade da Rª Grande verliert seine herausragende Stellung im transatlantischen Sklavenhandel.
1583	Plünderung von Cidade da Rª Grande durch den Portugiesen Manuel Serradas im Auftrag von Dom António Prior de Cato, der im Erbstreit gegen die spanischen Habsburger (Philipp II.) unterliegt. Erneute Plünderung durch den englischen Piraten John Hawkins.
1585	Plünderung und Zerstörung von Cidade da Rª Grande, Praia und des Inselinneren von Santiago durch Sir Francis Drake.
1590	Ausbau der Befestigungen von Cidade da Rª Grande zur Fortaleza Real San Filipe.
1598	Engländer und Niederländer überfallen Cabo Verde, speziell Maio. Flämische Piraten greifen Santiago an.
1601	Juden erhalten das Recht zur Siedlung und zum Handel mit der Küste unter Autorität des Königs.
1613	Ausbruch des Pico de Fogo.
1620	Auf königliche Anordnung werden portugiesische weibliche Sträflinge nach Cabo Verde gebracht, um die „Bildung von Mulatten zu verhindern".
1640	Wiederherstellung (Restauração) einer vom spanischen Königshaus unabhängigen portugiesischen Monarchie. König Johann IV. erreicht eine zweite Blüte Lissabons und des portugiesischen Sklavenhandels. In den Jahren 1650–70 werden 150.000 Sklaven nach Brasilien „exportiert".
1652	Der Sitz der Regierung und des Bischofs wird von Cidade da Rª Grande nach Praia verlegt; Praia wird Haupthafen.
1655	Niederländer überfallen São Filipe auf Fogo.
1680	Gewaltiger Ausbruch des Pico de Fogo veranlasst eine Flüchtlingswelle nach Brava.
1705	Die erste Indigo-Fabrik wird eingerichtet.
1712	Überfall und Plünderung von Cidade Velha durch den Franzosen Jacques Cassart mit zwölf Schiffen. Der überwiegende Teil der Einwohner verlässt die Stadt und zieht in die geschütztere Bucht von Praia.
1730	38.000 Bewohner werden auf den Inseln gezählt.
1734	Auf der menschenleeren Insel São Vicente wird ein kleines Fort errichtet, um Piraten den Porto Grande nicht weiter als Rückzugshafen zur Verfügung zu stellen.
1790	Erster Anbau von Kaffee auf São Nicolau. Erstbesiedlung von São Vicente.
1798	Franzosen überfallen Brava, an dessen Hafen die Walfangschiffe aus New England/USA Halt machten.
19. Jh.	Europäische Nationen beginnen mit der Abschaffung des Sklavenhandels.
1800–20	Wirtschaftsflaute wegen der napoleonischen Kriege und er Besetzung Portugals durch französische Truppen. Gleichzeitig anhaltende Dürre bringt verheerende Hungersnöte.

1802–82	Mindestens 2400 Sträflinge aus Portugal werden auf den Inseln abgesetzt.
1815	Der Wiener Kongress beschließt das Ende des Sklavenhandels auf der nördlichen Erdhalbkugel.
1817	Erste öffentliche Grundschule in Praia.
1820	Die portugiesischen Juden haben die Inseln weitgehend verlassen und sind den Befreiungskriegen gefolgt.
1832	Charles Darwin erreicht Cabo Verde an Bord der „Beagle" und unternimmt dreiwöchige Studien der Flora, Fauna und Geologie.
1834	Abschaffung der Sklaverei in britischen Kolonien.
1838	Per königlichem Dekret soll Mindelo als neue Hauptstadt auf São Vicente entstehen.
1843–45	Gemischte Komission zur Erarbeitung eines Anglo-portugiesischer Vertrag zur Abschaffung des Sklavenhandels in allen Übersee-Kolonien, Erlaubnis zum Einsatz bewaffneter Kontroll-Schiffe gegen den Sklavenhandel
1846	Gelbfieber-Epedemie auf Boa Vista. Die Tochter des britischen Unterhändlers, Júlia Pettingal, stirbt.
1850	John Rendall baut eine Kohlebunkerstation am Porto Grande/São Vicente. Noch im gleichen Jahr folgen andere britische Kohlenhändler. In wenigen Jahrzehnten entsteht der historische Stadtkern von Mindelo.
1855–58	Mehrjährigen Cholera-Epedemien fallen 20.000 Menschen zum Opfer.
1858	Die Gesetze zur Abschaffung der Sklaverei in Cabo Verde werden ratifiziert. Sie treten nach einer Übergangsfrist von 20 Jahren (1878) in Kraft. Praia und Mindelo erhalten Stadtrecht.
1866	Gründung des Seminário Liceu in Vila Rª Brava in São Nicolau.
1871	Kaffeepflanzen werden auf Santo Antão eingeführt.
1874	Installierung der ersten Relaisstation für Transatlantik-Telegrafenkabel in der Bucht vor Mindelo.
1875	Sklavenbefreiung in den amerikanischen Südstaaten. Miller & Nephew und Cory Brothers & Co fusionieren zur beherrschenden Kohlehandelsgesellschaft Miller & Cory im Zentralatlantik.
1876	Erste nichtamtliche Zeitung
1878	Offizielles Ende der Sklaverei auf Cabo Verde.
1879	Guinea-Bissau erhält erstmals eine eigene Kolonialverwaltung.
1886	Bau des Leuchtturms Fontes Pereira de Melo bei Janela auf Santo Antão.
1888	Etwa 2000 Schiffe pro Jahr bunkern Kohle und Wasser im Hafen von Mindelo.
1892	Cabo Verde wird „autonomer Distrikt".
1899	Erstmals Zwangsarbeiter nach São Tomé und Angola verschickt.
1902–22	24.000 Hungernde werden als Zwangsarbeiter nach São Tomé geschickt. Auswanderungswellen führen ca. 20.000 Kapverdianer in die Emigration nach New England/USA.
1912	Erste Veröffentlichung der Zeitung „a Voz de Cabo Verde".
1914	Verschlechterung der wirtschaftlichen Situation infolge des Ersten Weltkriegs.
1924	Amílcar Cabral wird am 12. September geboren.
1932	António Salazar putscht sich in Portugal an die Macht.
1936	Die erste Ausgabe der Zeitschrift „Claridade" wird in Cabo Verde veröffentlicht.

cv032 Foto: pr

1941 Etwa 5000 portugiesische Soldaten werden nach Cabo Verde verlegt. In den folgenden zwei Jahren sterben etwa 20.000 Bewohner an Hunger, weitere 20.000 werden als Zwangsarbeiter nach São Tomé entsandt.

1943 Das Schiff „Matilde" verlässt Brava in Richtung Amerika und wird nie wieder gesehen.

1945 Internationaler ziviler Flughafen auf der Insel Sal.

1949 Errichtung der Strafkolonie (KZ) in Tarrafal, Santiago, für politische Gefangene aus den Kolonien.

1950–70 Weitere 34.000 Kapverdianer gehen teils mit Arbeitsverträgen, teils als Zwangsarbeiter „nach Süden".

1951 Cabo Verde wird offiziell von einer Kolonie zur portugiesischen „Überseeprovinz".
Ausbruch des Fogo-Vulkans.

1956 Am 19. September formiert sich die Partei PAIGC in Bissau.

1961 Portugiesische Bürgerrechte für Kapverdianer mit nachgewiesener Bildung und Besitz.

1970 Infolge schrecklicher Dürrejahre emigrieren sehr viele Bewohner in die USA und nach Westeuropa. Frankreich und Portugal leisten erhebliche finanzielle Subventionen zur Förderung der Fischerei. Um die Hungersnöte zu lindern, liefern Japan und Frankreich Nahrungsmittel.

1972 Große Demonstration in Praia gegen die Kolonialregierung.

1973 Amílcar Cabral, der Führer der Unabhängigkeitsbewegung Cabo Verdes und Guinea-Bissaus, wird in Conakry ermordet.

24. Sept. Einseitige Unabhängigkeitserklärung Guinea-Bissaus nach umfassenden Geländegewinnen durch die Befreiungsarmee.

1974	25. April: „Nelkenrevolution" in Portugal: Das faschistische Regime wird abgelöst. Am 1. Mai Befreiung der politischen Häftlinge aus dem Konzentrationslager von Tarrafal.
1975	5. Juli: Unabhängigkeit der República de Cabo Verde. Eintritt in die UNO.
1976	Aristides Maria Pereira, der Generalsekretär der PAIGC, wird zum Präsidenten gewählt.
1. Juli	Bank, Flughafen, Fluggesellschaft, Schifffahrt und Häfen verstaatlicht.
1980	Die Verfassung wird verabschiedet, in der die PAIGC als einzige Regierungspartei benannt wird.
1981	Nach dem Putsch in Guinea-Bissau zerbricht das Bündnis mit Cabo Verde. Die PAIGC in Cabo Verde wird in PAICV umbenannt und die auf eine Vereinigung mit Guinea-Bissau zielenden Artikel der Verfassung gestrichen.
31. Aug.	Konfrontation mit protestierender Landbevölkerung auf Santo Antão gegen die geplante Agrarreform.
1985	Erste Einrichtung einer kapverdianischen Botschaft in Deutschland.
1987	Erarbeitung des Friedensabkommens für das südwestliche Afrika auf Sal unter Beteiligung von Südafrika, Angola, Kuba und den USA.
1989	Cabo Verde lehnt es ab, Industriemüll aus Europa, USA und Australien zwischenzulagern und verzichtet dadurch auf 65 Mio. US$.
1990	Im April gibt die PAICV die Zustimmung für Neuwahlen. Am 6. Oktober wird ein Gesetz zur Zulassung mehrerer Parteinen verabschiedet. Im November gibt die neue Partei MPD ihr politisches Programm bekannt.
1991	Am 13. Januar gewinnt die MPD die Neuwahlen mit 56 Sitzen. Premierminister wird Carlos Veiga, neuer Präsident António Monteiro. Am 15. Dezember gewinnt die MPD bei Bezirkswahlen in zehn von 14 Gemeinden; in São Vicente gewinnt ein unabhängiger Kandidat.
1992	Emigranten erhalten das Recht, sich an nationalen Wahlen zu beteiligen. Am 24. Juli werden Hymne und Staatsflagge ersetzt.
1992/93	Cabo Verde ist nichtständiges Mitglied des Weltsicherheitsrates.
1995	MPD in der Regierung bestätigt.
1996	Cabo Verde nimmt erstmals an den Olympischen Spielen (Atlanta) teil.
2001	Die PAICV hat sich zu einer Partei mit sozialdemokratischem Profil gewandelt und gewinnt die Mehrheit in der Assembleia Nacional mit wenigen Stimmen Vorsprung zurück. Premierminister José Maria Neves, studierter Verwaltungsfachmann, setzt auf Modernisierung von Staat und Wirtschaft, schlankere Administration und Dialog mit der Opposition.
2002/03	Mindelo ist Kulturhauptstadt der portugiesischsprachigen Länder.
2005	Cabo Verde verlässt die Gruppe der ärmsten Länder (LDC) und wird als Land mittleren Einkommens eingestuft.
2006	Die NATO hält auf Einladung Cabo Verdes ein Großmanöver ab. Praias Flughafen ist für den internationalen Flugverkehr freigegeben. Die erste Talsperre wird eingeweiht.
2008	Der internationale Flughafen auf Boa Vista geht in Betrieb.

Verhandlungen um militärische Ausrüstungen im Kolonialkrieg über die Verhandlungen zur Unabhängigkeit bis zur Entwicklungszusammenarbeit mit allen Ländern, ließ sich die PAIGC/PAICV nie für einen Block vereinnahmen, insbesondere nicht für den sowjetischen.

Staatspräsident *Pereira* hatte das Land über 15 Jahre lang in die neue Freiheit geführt und bekräftigte: „Wir sind weder für den Osten noch für den Westen, aber für Cabo Verde". Ministerpräsident *Pires* ergänzte: „Der Weg wird dialektisch sein: Man darf weder die Wirklichkeit noch die Wahrheit noch den Irrtum fürchten." Auf diesen Grundlagen und mit dem unnachahmbaren Pragmatismus der kapverdianischen Kultur gelang es auf Cabo Verde, ein **Klima des sozialen Friedens,** der Stabilität und der Sicherheit zu schaffen.

Demokratisierung und Reformpolitik

Aufgrund der politischen Stabilität des Landes, des wirtschaftlichen Pragmatismus und der Einhaltung der Grund- und Freiheitsrechte unter der Regierung Pereira genoss das Land internationales Ansehen. Cabo Verde war ein Beispiel dafür, dass Einparteiensysteme nicht unbedingt mit Diktaturen gleichzusetzen sind. Mit den Ereignissen in Osteuropa 1989 verstärkte die Opposition ihre Forderung nach Einführung eines Mehrparteiensystems. Akademische Kreise und die katholische Kirche brachten sich massiv ein in die Kritik. Dem Druck gab die Nationalversammlung im September 1990 mit einer Verfassungsänderung statt. Im selben Jahr wurde die **Demokratisierungsbewegung (MPD)** gegründet. Die in der Emigration seit langem aktive **Unabhängige und Demokratische Union Cabo Verdes (UCID)** konnte im Land aktiv werden. Bei den **ersten Mehrparteien-Wahlen** im Januar **1991** erlitt die PAICV eine beschämende Niederlage. Die MPD konnte 78% der Stimmen und 56 von 79 Parlamentssitzen auf sich vereinigen. Der MPD-Kandidat **António Mascarenhas Monteiro** wurde mit 73,5% zum **Staatspräsidenten** gewählt. Angesichts des vernichtenden Ergebnisses übergab die PAICV die Regierungsmacht vorzeitig an die MPD.

Hatte die PAICV eine Politik der afrikanischen Einheit und des „kleinen Mannes" verfolgt, in der Ernährungssicherung, Infrastruktur, Bildung und präventive Gesundheitsfürsorge an vorderster Stelle standen, so setzte sich die **MPD-Regierung** nun eine Liberalisierung der Wirtschaft, die Kürzung der Staatsausgaben sowie die Förderung von Privatinvestitionen in der Fischerei, im Tourismus und in der Dienstleistungsindustrie zum Ziel. Weltwährungsfond, Weltbank und die katholische Kirche wurden nicht müde, die neoliberale Politik zu loben. Viele nationalistische Bürger, insbesondere Emigranten, sahen sich hingegen gedemütigt durch eine Politik, in der portugiesische Medien, Firmen und Politiker neuen Einfluss auf den Inseln gewannen. Selbst für viele Mitglieder der MPD und ihre kapverdianische Identität war der Austausch der Staatssymbole (Wappen, Fahne und Nationalhymne) zu viel des Guten. In

cv033 Foto: pr

der Gesundheitspolitik widmete sich die MPD vorrangig der Privatisierung der kurativen Medizin und vernachlässigte die präventive Medizin derart, dass in diesem Land, das über Jahre eine fast vollständige Impfabdeckung gehabt hatte, wieder Masern- und Polioepidemien auftraten. Zu den heute allgemein anerkannten Leistungen der MPD-Regierung zählt die administrative Dezentralisierung und Schaffung von autarken Landkreisen.

Ende 1993 kam es zur Spaltung der MPD, in deren Folge 30 Parteimitglieder die Wiederwahl von *Carlos Veiga* zum Anlass nahmen, die MPD zu verlassen. Sie schlossen sich **Eurico Monteiro** und dem ehemaligen Außenminister **Jorge Carlos Fonseca** an und gründeten die **PCD,** welche für einige Jahre zu einem wichtigen Gegenspieler der MPD-Regierung werden sollte.

Die Nationalratswahlen im Dezember 1995 bestätigten die MPD. Damit war die **liberale Reformpolitik** der Regierung gestärkt und die Privatisierungen konnten beschleunigt weitergeführt werden.

In den **Wahlen zur Assembleia Nacional** vom Januar **2001** unterlag die MPD sehr knapp der PAICV. Diese hatte sich nach der Niederlage von ihren opportunistischen Elementen gereinigt. Es war nicht mehr vorteilhaft, in dieser Partei zu sein. Ihr Programm trägt heute ein sozialdemokratisches Profil. **Pedro Pires** wurde Präsident und beschränkt sich somit auf Aufgaben als Repräsentant und moralische Instanz. Die tägliche Politik wird von **José Maria Neves** geleitet, einem dynamischen Verwaltungsfachmann. Er führt seine Regierung mit zwölf Fachministern und vier Staatssekretären, von denen drei Frauen sind. Das Parlament wurde etwas verkleinert, die Verwaltung verschlankt. Die Demokratie in Cabo Verde, wo die Reise eines Abgeordneten in die Hauptstadt in aller Regel einen Flug und Hotelkosten impliziert, ist vergleichsweise teuer für das kleine Land.

Ihrer Funktion als opponierender Zwilling der MPD beraubt, löste sich die PCD im Jahr 2006 wieder auf.

In den **Wahlen** zur Assembleia Nacional im Januar 2006 wurde die PAICV bestätigt; der nächste Wahltermin liegt im Januar 2011.

Politik

Regierung, Parlament und Justiz

Staatspräsident der **República de Cabo Verde,** abgekürzt C.V., ist seit dem 22. März 2001 **Pedro Verona Rodrigues Pires (PAICV).** Bei den Wahlen im Jahr 2006 wurde er für weitere fünf Jahre bestätigt.

Regierungsoberhaupt ist seit Februar 2001 Premierminister **José Maria Pereira Neves (PAICV).**

Die **Regierung** setzt sich aus zwölf Ministern und vier Staatssekretären zusammen, die vom Premierminister aus den Mitgliedern der Nationalversammlung vorgeschlagen werden. Kabinettsumbildungen kommen vergleichsweise häufig vor.

Laut Verfassung ist Cabo Verde eine **parlamentarische Demokratie.** Die erste Verfassung in der Geschichte der neuen Republik Cabo Verde wurde am 5. September 1980 verabschiedet. In ihr wurde Cabo Verde als „souveräne, demokratische, einheitliche, anti-kolonialistische und anti-imperialistische" Republik definiert. Die Verfassung beinhaltet Rechte und Pflichten der Staatsbürger, auch derer, die im Ausland leben, z.B. Meinungs-, Religions-, Demonstrationsfreiheit und Recht auf medizinische Versorgung, Ausbildung usw. Sie erklärt die Todesstrafe sowie lebenslange Haft für abgeschafft. 1990 erfolgte eine Verfassungsänderung weg vom System der Einheitspartei zu einem Mehrparteiensystem.

Die **Nationalversammlung** *(Assembleia Nacional)* wird vom Volk in freier und gleicher Wahl für jeweils fünf Jahre gewählt, zuletzt 2006. Ebenso wird der Staatspräsident für eine 5-Jahres-Periode direkt gewählt, zuletzt ebenfalls im Jahr 2006. Der Premierminister wird von der Nationalversammlung nominiert und vom Präsidenten ernannt. Das **Wahlrecht** gilt weltweit für alle Kapverdianer ab 18 Jahren, einschließlich der Emigranten.

Die **Aufteilung der Kompetenzen** zwischen Präsident, Nationalversammlung, Regierung und Gerichtshof wird in der Verfassung geregelt.

In der **Nationalversammlung** als dem obersten Organ des Staates wird das Volk Cabo Verdes durch die Abgeordneten vertreten. Sie entscheiden über grundsätzliche Fragen der Innen- und Außenpolitik und legen die wirtschaftlichen, politischen, sozialen und kulturellen Richtlinien fest. Bis zu den Wahlen 2006 besteht die Nationalversammlung aus 31 Abgeordneten der MPD, 45 der PAICV, einem der PCD und zwei der PTS. Die Auslandsgemeinden sind durch jeweils zwei Abgeordnete vertreten für die Regionen Afrika, Amerika und Europa.

Der **Staatspräsident** repräsentiert Cabo Verde innerhalb und außerhalb des Landes, ist das Oberhaupt des Militärs und verantwortlich für die Einheit der Nation, die Integrität der Region, die nationale Unabhängigkeit. Er überwacht die Einhaltung der Verfassung und internationale Verhandlungen.

Der **Premierminister** ist Oberhaupt der Regierung und Exekutive und wird

auf der Grundlage der nationalen Wahlen und der Vorschläge der Nationalversammlung vom Präsidenten der Republik ernannt. Er ernennt die vom Premierminister nominierten Minister und Staatssekretäre. Hierauf wird von der Regierung das detaillierte Regierungsprogramm ausgearbeitet. Dieses Programm wird vom Ministerkabinett geprüft und muss die Zustimmung der Nationalversammlung finden.

Die Regierung kontrolliert die **Polizei,** welche Recht und Gesetz aufrechterhält.

Die **Justiz** und Rechtsprechung in privaten und öffentlichen Konflikten erfolgt durch unabhängige Gerichte nach dem geltenden Gesetz. Die Gerichtsbarkeit ist unterteilt in Oberstes Gericht, Rechnungshof, Militärgericht, Finanzgericht (Steuern und Zölle) und Familien- und Arbeitsgericht.

Der **Sitz der Regierung** und der Nationalversammlung ist die **Hauptstadt Praia.** Die Verwaltung der Inseln ist aufgeteilt in **16 Landkreise** oder **concelhos:** Bezirke, die eine gesamte Insel umfassen, sind Boa Vista, Brava, Fogo, Maio, Sal, São Nicolau, São Vicente. Santiago gliedert sich in die Verwaltungsbezirke Calheta de São Miguel, Praia, Santa Catarina, Santa Cruz, São Domingos und Tarrafal. Santo Antão wird unterteilt in Paúl, Porto Novo und Ribeira Grande. In Gemeinderatswah-

Präsidentenpalast in Praia

len *(Eleições autárcicas)* werden der Oberbürgermeister *(Presidente da Câmara)* und der Gemeinderat gewählt.

Nationalflagge

Dargestellt ist ein **Kreis von goldenen Sternen auf blauem Hintergrund.** Das obere blaue Feld symbolisiert den Himmel über dem Archipel, während das untere blaue Feld die unendliche Weite des Meeres rund um die Inseln darstellt. Die weißen Streifen stehen für den Frieden, der mittlere rote Streifen symbolisiert den Kampf für Freiheit. Zehn goldene Sterne stehen für die neun bewohnten Inseln sowie für die Diaspora des kapverdianischen Volkes.

Von der Unabhängigkeit 1975 bis ins Jahr 1992 war die Staatsflagge Cabo Verdes unter der PAICG/PAICV-Regierung rot, gelb und grün, verwendete also Farben, die auch in anderen Flaggen unabhängiger afrikanischer Staaten vorkommen. Rot stand für das im Kampf vergossene Blut, Gelb für die Ernte sowohl an Nahrung als auch symbolisch für Fortschritt, Grün für das Wachstum der Natur, das die Inseln so sehr benötigen, der schwarze Stern als Symbol panafrikanischer Einheit. Mit dem Sieg der MPD 1991 wurde im August 1992 die Staatsflagge geändert. Nach Lesart der damaligen Opposition kopiert die neue Flagge die seemännische Signalflagge für „YES", was an Wahlkampfslogans der MPD erinnert, und nähert sich durch die Sterne auf blauem Grund der Fahne der EU an. Diese Art von Flaggentausch provozierte 1992 heftige Anti-MPD-Demonstrationen in Praia.

Mitgliedschaften

Cabo Verde ist u.a. **Mitglied regionaler und internationaler Organisationen** wie AU (African Union, Nachfolgerin der OAU), ECOWAS (franz.: CEDEAO, westafrikanische Wirtschaftsgemeinschaft), CPLP (Gemeinschaft portugiesischsprachiger Staaten), CILSS (interstaatliches Komitee für die Bekämpfung der Trockenheit im Sahel), AKP/Lomé-Abkommen (Afrikanische Charta der Rechte der Menschen und Völker), UNO (und Unterorganisationen), UN-Menschenrechtskonventionen (gegen Rassendiskriminierung, Diskriminierung der Frau, Zwangsarbeit; für Recht auf Kollektivverhandlungen), INTELSAT, INTERPOL.

Politische Parteien

- **MPD** *(Movimento Para a Democracia)*, gegründet 1990.
- **PAICV** *(Partido Africano da Independência de Cabo Verde)*, gegründet 1981, zuvor (seit 1956) PAICG.
- **PRD** *(Partido da Renovação Democrática)*, gegründet nach dem ENACOL-Privatisierungsskandal.
- **PSD** *(Partido Social Democrata)*, gegründet 1992.
- **PTS** *(Partido do Trabalho e da Solidariedade)*, gegründet 1998 mit Schwerpunkt in São Vicente.
- **UCID** *(União Caboverdiana Independente e Democrática)*, im Ausland aktiver als auf den Inseln.

Außenpolitik

Nach dem politischen Bekenntnis des Landes und angesichts seiner kargen Ressourcen ist Cabo Verde auf gute Außenbeziehungen mit vielfältigen Kooperationspartnern angewiesen. Die Politik war seit der Unabhängigkeit auf **Neutralität** bedacht, was dem von Auslandshilfe abhängigen Land ungeachtet der politischen Ausrichtung eine Unterstützung sowohl von westlicher als auch östlicher Seite ermöglichte. Junge Leute gingen zum Studium in verschiedenste Länder des politischen Ostens und Westens. Konsequent wurde trotz massiven Drucks, jetzt aus dem Osten, die Errichtung von militärischen Stützpunkten abgelehnt. Die **geostrategische Lage Cabo** Verdes, von maximaler Bedeutung bis in die 1970er Jahre hinein, ging mit der Erfindung des Langstreckenfunks, der Transkontinentalraketen, AWACs und Nachrichtensatelliten schrittweise zurück und spielt heute keine Rolle mehr. Auch ist man sich seiner Größe bewusst. Präsident *Pedro Pires* pflegt das so auszudrücken: „Es ist nicht einfach, das Gras unter den Füßen kämpfender Elefanten zu sein."

Die Regierungen des unabhängigen Cabo Verde betrieben eine **nach allen Seiten offene Außenpolitik** und betrachteten die Erweiterung der diplomatischen Beziehungen insbesondere mit Ländern, in denen Emigranten leben, als wichtigen Bestandteil ihrer Politik. Die Außenministerin trägt heute den Namen „Ministra dos Negócios Estrangeiros, Cooperação e Comunidades", woraus hervorgeht, dass der internationalen Entwicklungszusammenarbeit und den Emigrantengemeinden im Ausland ähnliche Bedeutung zugemessen wird wie den klassischen Aufgaben eines Außenministeriums.

Ohne falsche Bescheidenheit betrieb Cabo Verde immer eine sehr aktive Außenpolitik. Bald nach der Unabhängigkeit wurden die Beziehungen zum ehemaligen Mutterland Portugal wieder aufgenommen.

Cabo Verde spielte eine **bedeutende Vermittlerrolle** bei der Beendigung der bewaffneten Konflikte im südlichen Afrika. Mehrmals war es Austragungsort öffentlicher und geheimer diplomatischer Verhandlungen, wie den ersten Treffen zwischen dem von Südafrika entsandten Generalverwalter für Namibia und Vertretern der namibischen Widerstandsbewegung SWAPO oder den Vertragsverhandlungen zwischen Südafrika, Angola, Kuba und Namibia.

Seit 1985 unterhält Cabo Verde eine Botschaft in Deutschland, und 1986 kam Außenminister *Silvino da Luz* als erster Staatsgast nach Bonn.

In Cabo Verde viel beachtet wurde der **Besuch des damaligen Bundestagspräsidenten Wolfgang Thierse** im Jahr **2004** und seine Rede in der Assembleia Nacional auf Einladung des kapverdischen Parlamentspräsidenten *Aristides Lima*. Als Absolvent der Rechtswissenschaften in Leipzig mit einem herausragenden Master-Abschluss in Staatsrecht in Heidelberg war *Lima* sicher ein gleichwertiger und sachkundiger Gesprächspartner, um die Besonderheiten kapverdischer Parlamentsarbeit zu vermitteln und das Vertrauen zu vertiefen.

Besonders intensive Beziehungen bestehen mit den anderen **portugiesischsprachigen Ländern** Portugal, Brasilien, Guinea-Bissau, Angola, Mosambik und

São Tome e Principe. Es wird nicht nur der Kulturaustausch gefördert, sondern Bürgern dieser Staaten werden auch erleichterte Visa- und Einbürgerungsbestimmungen eingeräumt. In Kap Verde geborene Kinder lusophoner Eltern haben beispielsweise ein Anrecht auf die kapverdische Staatsbürgerschaft.

Cabo Verde ist weiterhin häufiger Gastgeber oder gar Initiator regionaler und internationaler Tagungen, wie der Ministerrunde der von der Saheldürre betroffenen Länder **(CILSS)** im Februar 2005 oder im Oktober 2008 der ersten **UNODC-Konferenz** westafrikanischer Minister gegen Drogenhandel und organisiertes Verbrechen.

Cabo Verde wird als ein **Land des Dialogs, des Friedens und der Rechtsstaatlichkeit** und als eine der vier stabilsten Demokratien Afrikas anerkannt.

Wirtschaft

Trotz extrem schlechter Startbedingungen ist die wirtschaftliche Entwicklung des unabhängigen Kap Verde eine Geschichte des Erfolgs. Auch wenn weiterhin **über 90% der Nahrungsmittel eingeführt werden** und sich die Versorgung mit Energie, Wasser, Transport und anderem Grundbedarf wegen der Insellage extrem teuer gestaltet, werden positive Wachstumsraten geschrieben. Dabei regieren, wie zumeist in Kap Verde, mehr die Ausnahmen als die Regeln. Trotz eines Import-Export Verhältnisses von 90 zu 10 ist die Zahlungsbilanz ausgeglichen. Trotz der Abhängigkeit von Importen besteht keine Devisenknappheit.

Es sind nicht die Privatisierungen zu Gunsten ausländischer Firmen mit Monopolbestrebungen, die den Erfolg ermöglichen. Der Aufkauf der kapverdischen Telecom und der Elektrizitäts- und Wasserwerke durch portugiesische Firmen, um Beispiele zu nennen, hat exzessive Preise, hemmungslosen Gewinntransfer und verpasste Chancen der Entwicklung nach sich gezogen.

Der kräftigste Motor der wirtschaftlichen Dynamik sind die **Überweisungen der Emigranten,** die sich in den letzten 15 Jahren mehr als verdreifacht haben. Entwicklungszusammenarbeit, der wachsende Dienstleistungssektor und neuerdings auch der Tourismus verleihen weitere Antriebskraft.

Das **Bruttoinlandsprodukt (BIP)** lag **2007 bei fast 2900 US$ pro Kopf,** das jährliche Wachstum bei 7%. 2006 hatte es eine zweistellige Zuwachsrate von 10,8% gegeben, woran der fallende Dollarkurs nicht ganz unschuldig war. Cabo Verde ist am 1. Januar 2008 aus der Gruppe der ärmsten Länder (LDC) ausgeschert und aufgestiegen in die **ökonomische Mittelklasse,** für die andere Regeln der Entwicklungszusammenarbeit und Kreditvergabe gelten.

Die international respektierte Demokratie, die Achtung von Menschenrechten und Pressefreiheit, Korruptionsbekämpfung, gute Regierungsführung und solide Haushaltspolitik helfen Kap Verde nicht nur direkt. Indirekt verstärken sie die Bereitschaft der reicheren Nationen zur Fortsetzung erfolgreicher Entwicklungszusammenarbeit.

Die Zukunft der ökonomischen und politischen Entwicklung wird quer durch die Parteien weniger im Zusammenhang mit der westafrikanischen Wirtschaftsgemeinschaft gesehen, sondern in der **Annäherung an die Europäische Union und die NATO.** Die Zeichen der Diplomatie – soweit man dies als Laie mitbekommt – stehen nicht schlecht. Zum einen braucht Kap Verde die EU und Nordamerika, wo sich die Mehrzahl der erfolgreichen Emigranten aufhält und von wo die meisten Importe und Touristen kommen. Zum anderen braucht der Westen aber auch Kap Verde als Bundesgenossen in der **Bekämpfung des internationalen Rauschgifthandels.** Die Rauschgiftkartelle Lateinamerikas sind der letzte Wirtschaftszweig, der die geostrategische Lage kapverdischer Gewässer konsequent nutzt. So besteht eine Interessengemeinschaft zwischen den westlichen Bündnissen und Kap Verde, die Flugüberwachung und Küstenwache des Landes zu befähigen, den Umschlag einzudämmen. In Zusammenarbeit mit der NATO wird die Küstenwache verstärkt.

Sehr viel härter sind die westafrikanischen Küstenstaaten betroffen. Der ärmste von allen, **Guinea-Bissau,** läuft Gefahr, sich vollständig den Drogenkartellen zu ergeben. In der von Bürgerkrieg und Korruption gebeutelten Nation kontrastieren bereits unverhohlen zur Schau gestellte Macht und Luxus mit der völligen **Verelendung der Bevölkerung** und dem **Zusammenbruch der Staatsorgane.** Polizeistationen mit unregelmäßig und schlecht bezahltem Personal, ohne Strom, ohne Computer, ohne Fahrzeuge und Treibstoff, Polizisten, die nie schwimmen oder den Umgang mit einer Schusswaffe gelernt haben, gibt es auch anderswo, doch Guinea-Bissau ist nach UN-Berichten von 2008 der einzige Staat ohne funktionierendes Gefängnis. Polizei und Militär sind weit davon entfernt, das eigene Territorium kontrollieren zu können, und auf den Bijagos-Inseln betreiben die Kartelle eigene Landeplätze, die entlang dem 10. Längengrad über Brasilien mit Propellermaschinen mit bis zu 2500 kg harter Drogen angeflogen werden. Über diesen **„Highway 10"**, so schätzt das UNODC *(United Nations Office on Drugs and Crime)*, wird eine Menge harter Drogen transportiert, deren Wert das Sozialprodukt Guinea-Bissaus deutlich übersteigt. Dass die in den kapverdischen Hoheitsgewässern von Bord zu Bord umgeladenen Mengen hierdurch deutlich gesunken seien, wagt keiner sicher zu behaupten. Die auf dem Atlantik vor Westafrika aufgegriffene Menge lag im Jahr 2006 bereits bei knapp zehn Tonnen. Auch stehen die Kapverdianer nach den Nigerianern an zweiter Stelle, was die Häufigkeit der bei der Einreise nach Europa festgesetzten Drogenkuriere betrifft.

Presse und Regierungsorgane in Kap Verde sind sich einig, dass die Bedrohung durch den Drogenhandel zu den ernstesten Problemen der Region und des Landes zählt.

Die Frage, ob die Annäherung an die EU zu einer **privilegierten Partnerschaft** ähnlich der Mittelmeergemeinschaft oder zu einem Status ähnlich dem der EU-Randterritorien Kanarische Inseln und Azoren führen kann, wird die Diplomaten weiter beschäftigen.

Erwerbstätigkeit

Rund 40% der Aktiven sind in der Landwirtschaft einschließlich Fischerei und Forstwirtschaft tätig, rund 30% im Handel, 25% finden im Dienstleistungssektor Beschäftigung, während die Industrie nur rund 5% Arbeit gibt.

Die **Arbeitslosigkeit** gehört zu den permanenten Problemen des Landes, rund **25%** der aktiven Altersgruppe sind ohne Arbeit. Die Grenzen zwischen formaler Arbeit, Arbeit im informalen Sektor, Mitarbeit im Familienbetrieb, offener und versteckter Arbeitslosigkeit sind allerdings fließend. Berücksichtigt man die **Unterbeschäftigung,** sind bis zu 50% der arbeitsfähigen Bevölkerung Cabo Verdes ohne regelmäßige Arbeit, denn auch die Tätigkeit in der Landwirtschaft ist zu einem großen Teil von Regenfällen abhängig. Auf manchen Inseln herrscht Jugendarbeitslosigkeit von mehr als 70%. Die Erwerbsquote der Frauen liegt wesentlich niedriger als die der Männer. Zum einen sind sie im informalen Sektor aktiver, zum anderen sind sie schneller Opfer von Arbeitslosigkeit. Frauen, die sich für Beruf und Karriere entscheiden, wird nichts in den Weg gelegt. So hat z.B. die Fluggesellschaft TACV Frauen in führenden Positionen und auch als Pilotin im Einsatz.

In den letzten zehn Jahren wurden die **Arbeitsbeschaffungsprogramme** des Staates zunehmend durch **Programme zur Armutsbekämpfung** ersetzt. Über Kleinkredite, Weiterbildung von Kleinunternehmern, Beratung zur Firmengründung und Steuervergünstigungen sollen *micro-empresas,* ein portugiesisches Wort für die „Ich-AG", gefördert werden. Die Finanzierung der Programme erfolgt aus dem Nationalen Entwicklungsfond, der sich großteils aus der konvertierten Nahrungsmittelhilfe und Finanzhilfe der Entwicklungszu-

cv037 Foto: pr

Bausandgewinnung bei Porto de Fazenda auf Santiago

sammenarbeit, nicht zuletzt dem Weltwährungsfond, speist.

Landwirtschaft

Das **kultivierte Land** bedeckt etwa 40.000 ha oder rund **10% der Gesamtfläche Cabo Verdes.** Dieser geringe Anteil resultiert aus der Oberflächenbeschaffenheit der Inseln mit Gebirgen und wüstenhaften Landstrichen. Nur etwa **3000 ha** sind **bewässertes Kulturland.** Davon entfällt der größte Teil auf Zuckerrohrplantagen. Die Anbauflächen konzentrieren sich hauptsächlich auf die Inseln, die über einige Wasserreserven verfügen, vor allem Santiago, Santo Antão, São Nicolau und Fogo.

Die Landwirtschaft ist **marktorientiert,** und auch kleinste Mengen Grünes werden verkauft. Subsistenzwirtschaft spielt eine untergeordnete Rolle, seit 95% des Grundnahrungsmittels Mais für Mensch und Tier importiert werden müssen. Die Aufteilung des Landes von Generation zu Generation hat dazu geführt, dass heute etwa 54% der Betriebe kleiner als 1 ha sind, nur 3% größer als 5 ha. Zur Ungleichheit des Besitzes kommt eine Übernutzung von kultivierbarem Land durch Monokulturen. Die Landwirtschaft ist durch die geografischen Begebenheiten so stark limitiert, dass sie nur etwa **7% des Bruttoinlandsprodukts (BIP)** erwirtschaftet.

cv036 Foto: pr

cv039 Foto: pr

Im Durchschnitt produziert Kap Verde nur 10% seines jährlichen Nahrungsmittelbedarfs, und es besteht wenig Aussicht auf Änderung. Bis in die 1960er Jahre konnte sich Kap Verde außerhalb der Dürrejahre selbst ernähren und exportierte landwirtschaftliche Produkte.

Wichtigste Ziele, die mit ausländischer Unterstützung angestrebt werden, sind die **optimale Nutzung der kargen Wasserressourcen** und die **Einführung neuer Anbaumethoden.** Dazu gehören auch Aufforstung und Kampf gegen die Erosion mit Talverbauungen und Hangterrassierungen. Langfristig sollen die Städte sich aus Entsalzungsanlagen versorgen und das Quellwasser der Landwirtschaft überlassen. Künstliche Bewässerung auf vulkanischen Böden ermöglicht mehrere Ernten im Jahr. Tröpfchen-Bewässerung führt bereits zu erheblichen Produktionsausweitungen.

Auf **landwirtschaftlichen Versuchsanstalten** werden den Bauern neue Landbaumethoden demonstriert, darunter die Auswahl und Einführung ertragsintensiver Kulturen, neuer Gemüsesorten, die der Trockenheit widerstehen und kurze Vegetationszeiten haben, sowie geeignete Pflanzenschutz-

Die trockenen Jahre überwiegen

methoden. Federführend ist das seit 1978 existierende *Instituto Nacional Investigacão Agraria (INIA)*, ein nationales Institut für Landwirtschaftsforschung, das auch über Labors verfügt.

Landwirtschaftliche Nutzpflanzen

Mangels ausreichendem Regen wird in Cabo Verde **Bewässerungsfeldbau in Terrassenkultur** betrieben. Obwohl diese kosten- und arbeitsaufwendige Methode sehr begrenzt und auch nur in den Hanglagen feuchter Täler möglich ist, spielt sie in der Landwirtschaft die wichtigste Rolle. Das System der kleinen **Wasserkanäle** *(Levadas)* ist mindestens 2600 Jahre alt und beinhaltet außer der Technik ein ausgefeiltes Regelwerk zur Verteilung des Wassers nach Stunden. Entwickelt während Dürreperioden in Äthiopien, erlaubte es der Königin von Saba die Schaffung ihres Reiches. Mit den islamischen Mauren gelangte es auf die Iberische Halb-

Mais und Bohnen – eine intelligente Symbiose

Sementeira em Pó – Aussäen in den Staub ist die Antwort der Bauern auf widrige Umstände im Trockenfeldbau. Sie reinigen den staubtrockenen Boden von Steinen und heben Trichter von einer Armlänge Durchmesser aus. In den Grund der Pflanzgruben legen sie jeweils drei Maiskörner und eine Bohne und decken diese mit einem schweren Stein ab. So ist das Saatgut vor den Krähen geschützt und der Tau bringt es nicht zum Keimen. Die Felder warten über Wochen und Monate auf Regen. Kommt er und hat er den Boden gut durchfeuchtet, dann haben die Pflanzgruben das Wasser zum Saatgut gelenkt und die Erosion aufgehalten. Die Bauern heben die Steine an nur einem Tag ab, und wie durch ein Wunder sprießen gleichzeitig auf allen Hängen junge Maispflanzen.

Primeira Monda – zwölf Tage, nachdem die Pflänzchen aus dem Boden gekommen sind, reißt der Bauer das Unkraut aus und häufelt *(mondar)* die umgebende Erde um den Wurzelbereich an, um ihn vor Wind und Trockenheit zu schützen.

Segunda Monda – weitere 25 Tage später haben die Maispflanzen fast ihre endgültige Höhe erreicht. Die Bohne bedankt sich für die Rankhilfe, indem sie Stickstoff an den Boden abgibt. Der Mais gedeiht dank des natürlichen Düngers kräftiger. Es wird ein zweites Mal angehäufelt und gejätet.

Colheita – nach 100 Tagen, wenn es noch mindestens ein zweites Mal geregnet hat, werden die reifen Maiskolben geerntet. Das Maisstroh lässt der Bauer stehen und holt es nur nach Bedarf nach. Auf dem Feld verrottet es weniger schnell als am Haus und lockt keine Mäuse an.

Cachupa – das ist der letzte Schritt im schlauen Zusammenspiel zweier Pflanzen mit dem Menschen. Während dem Mais das schwefelhaltige Methionin im Eiweiß fehlt, haben die Bohnen mehr als genug davon, aber es fehlt Lysin und Tryptophan. Das Eiweiß jeder der Pflanzen hat nur eine biologische Wertigkeit von 50–60% im Vergleich zu tierischem Eiweiß. Zusammen gekocht gleicht eines den Mangel des anderen aus, und es werden fast 100% daraus. Die Hausfrau wirft einen Fisch in den Topf und die Wertigkeit steigt auf 123%. Wer kennt schon die Theorie, nach der die biologische Wertigkeit von vorwiegend pflanzlichem Eiweiß in Gemischen auf über 100% steigen kann? Cachupa-Köchinnen sicher nicht, doch sie machen es, Tag für Tag.

insel und von dort über Madeira nach Cabo Verde.

Auf etwa der Hälfte der bewässerten Flächen wächst **Zuckerrohr** (zur Geschichte des Zuckerrohrs vgl. den Exkurs „Eine kurze Geschichte des Zuckers“). Das Zuckerrohr wird direkt vor Ort zu weißem Rum *(Grogue)* verarbeitet. Die traditionellen, von Eseln, Maultieren oder Ochsen betrieben Pressen *(Trapiche)* werden zunehmend von motorgetriebenen Pressen abgelöst, die die Rohrstängel entsaften. Neben Zuckerrohr werden vor allem **Bananen** gepflanzt. Einige Bananenplantagen auf Santiago exportieren nach Portugal.

Zunehmend wurde in zahlreichen Projekten eine **Diversifikation** der Anbauprodukte angestrebt, um die Bevölkerung mit Frischgemüse zu versorgen. So sieht man heute in bewässerten Tallagen liebevoll gepflegte Beete, auf denen Karotten, Tomaten, Zwiebeln und Weißkohl, Kürbisse, Melonen, Gurken und Paprika angebaut werden.

Ein sehr wichtiges Grundnahrungsmittel ist **Maniok,** der vorwiegend auf bewässertem Gebiet gepflanzt wird. Es wachsen bis zu 3 m hohe Sträucher mit gefingerten Blättern heran, deren längliche Wurzelknollen, zum Teil mehrere Kilogramm schwer, geerntet werden. Nach dem Kochen hat Maniok einen kartoffelähnlichen Geschmack.

Andere Stärkelieferanten sind **Süßkartoffeln** und die europäische **Kartoffel,** die auch im Trockenfeldbau gedeihen kann.

In feuchteren Tälern wachsen **tropische Fruchtbäume,** darunter Mangos, Papayas, Brotfrüchte, Guaven, Feigen, Maracujas, Zitronen, Orangen sowie Dattel- und Kokospalmen. In kühleren Hochlagen findet man auch **Äpfel** und **Weintrauben.**

Tabak wird für den Eigenbedarf angebaut (Schnupftabak, Frauen rauchen Pfeife).

Der **Trockenfeldbau** nimmt 90% der bebaubaren Fläche ein und gibt erst ab 300 mm Jahresniederschlag in höheren Lagen eine Chance auf Ernte.

Die **Aussaat** erfolgt gegen Juli in Gruppen, die aus nachbarschaftlichen Hilfsgemeinschaften oder bezahlten Arbeitern gebildet werden. Die Felder werden von Unkraut und Steinen befreit und gegen Erosion gesichert. Fällt der Niederschlag aus oder ist er zu schwach, dann geht die Saat nicht auf oder die Jungpflanzen vertrocknen vollständig, was drei- bis viermal in fünf Jahren der Fall ist.

Kongobohnen (Straucherbsen) sind sehr trockenresistent und geben auch dann noch eine Ernte, wenn der umgebende Mais vertrocknet.

In hohen Luvlagen zwischen 500 und 1000 m Höhe trifft man auf **Kaffeepflanzungen.** Den besten Eindruck gewinnt man in Paúl im Aufstieg über Ribeirãozinho zum Pico da Cruz. Ende des 18. Jahrhunderts war Kaffee aus Cabo Verde ein Exportprodukt. In den letzten Jahren belebt sich die Nachfrage erneut und die Produktion nimmt deutlich zu.

In der Chã das Caldeira von Fogo entwickelt sich der **Weinanbau** zu einem zunehmend wichtigen Wirtschaftszweig. Die Produktpalette wurde ausgeweitet, die Qualität verbessert, und die Weine gelangen zunehmend in den Export. Der geschäftstüchtige italienische Kapuzinerorden steigt zurzeit ins Geschäft ein und versucht den Erfolg der Genossenschaft der Chã in tieferen, bewässerten und mit Maschinen bebaubaren Lagen bei Mãe Chaves zu kopieren. Auch wenn ihnen nicht, wie bei der Gemeinde beantragt, das Wasser kostenlos, sondern zum gleichen Preis überlassen wird wie den anderen Bauern, steht zu erwarten, dass der Wein von Fogo weit über Kap Verde hinaus bekannt werden wird.

Fischerei

Fisch stellt für die Bevölkerung die **wichtigste tierische Eiweißquelle** dar. Der Fang wird nach der Anlandung im Hafen verkauft oder von Aluguers über die Insel verteilt, mancherorts auch eingesalzen und in der Sonne getrocknet *(peixe seco)*.

Die **Fischbestände** sind mehr als ausreichend für den Bedarf des Landes. Dennoch täuscht man sich, wenn man meint, das Land sei unendlich reich an Fisch. Außerhalb der Uferzone senkt sich der Meeresboden zumeist steil ab, sodass die handwerkliche Fischerei am Meeresgrund und mit Netzen auf einen schmalen Ring rund um jede Insel eingeschränkt bleibt. Von den schätzungsweise 45.000 Tonnen, die aus den **735.265 km² Fischereigewässern** ohne Schaden für die Natur jährlich entnommen werden könnten, werden von Kap Verde selbst nur etwa 10.000 Tonnen genutzt, die zu rund 4% zum BIP beitragen.

Gefischt wird das ganze Jahr über, doch während der **Fischfangsaison von April bis Oktober/November** ist der Ertrag erheblich höher als im restlichen Jahr. In stürmischen Wintermonaten ist das Fischen mit kleinen Booten oft völlig unmöglich. Das bis in die 1980er Jahre üblich Fischen mit Dynamit sowie der Fang von Meeressäugern und Schildkröten sind verboten. Der **Langustenfang** darf nur von Kapverdianern ausgeübt werden und unterliegt einer Schonzeit von Juli bis September, da die Bestände bereits sehr zurückgegangen sind. Noch wird der Ertrag auf etwa 80 Tonnen pro Jahr geschätzt.

Der **handwerkliche Fischfang** mit hölzernen Ruderbooten mit Außenbordmotor ist mit härtester Arbeit verbunden. Fisch ist im Vergleich zu durchschnittlichen Einkommen teuer. Etwa **6000 Fischer** setzen sich tagtäglich dem riskanten Tanz auf dem Atlantik aus, jedes Jahr kostet er mehrere Bootsmannschaften das Leben. Die Entwicklungszusammenarbeit, darunter auch die deutsche GTZ auf Fogo, trug in den 1990ern durch Ausstattungen, Schulung, Kreditsysteme, Vermarktung in Gebirgsgegenden usw. wesentlich zur Verbesserung der handwerklichen Fischerei bei.

Für den **Thunfischfang** (22.000 Tonnen wären möglich) ist moderne Technologie nötig, sodass Cabo Verde nur schwer gegen Nationen mit entwickelter Industrie antreten kann.

Exporte aus dem Fischfang könnten die Wirtschaft Kap Verdes beleben. Die existierenden Konservenfabriken für Thunfisch in São Nicolau, Sal, Boa Vista und Santiago sind jedoch veraltet und die meisten geschlossen. Der Export von Thunfisch in Dosen nach Italien war Ende der 1960er Jahre wegen Veränderungen des Konsumverhaltens der Italiener (Hähnchenwelle) zusammengebrochen, und in der Zeit vor und nach der Unabhängigkeit folgten kaum noch Investitionen.

Dennoch findet kapverdischer Fisch in großen Mengen seinen Weg auf die Märkte Europas. Erst in jüngster Zeit konnte Cabo Verde ein **VMS-System** einrichten, das es erlaubt, Wege und Geschwindigkeiten der Schiffe in kapverdischen Gewässern zu dokumentieren. Beim Verdacht auf Raubfang oder Überschreiten der Fangzeiten und Fangquoten können nun endlich Kontrollen durchgeführt werden. Dies ist eine der späten Früchte des **Fischereiabkommens mit der EU,** das zuletzt im Juni 2005 erneuert wurde und jetzt von einer späten und halbherzigen Hinwendung der EU zu nachhaltiger, Ressourcen schonender Fischereipolitik profitieren soll. Für die mit schwerem Gerät umgepflügten und seither nahezu sterilen Buchten und Seamounts kommt diese Politik um Jahrzehnte zu spät. Genutzt wird das Abkommen vorwiegend von spanischen Schiffen. Hierfür erhält Cabo Verde jährlich 400.000 Euro für die Fischereirechte und 280.000 Euro für **Ausbildung, Modernisierung und Qualitätssicherung,** die die wichtigsten Vorbedingungen sind, um Cabo Verde durch den erneuten Export von Fertigwaren und nicht nur durch Verkauf von Rechten an der Nutzung seiner Fischgründe besser zu beteiligen. Es wird noch großer Anstrengungen bedürfen, bis von Cabo Verde exportierte Produkte nicht mehr hinter den von ausländischen Flotten in Cabo Verde gefangenen Mengen verschwinden.

Dieses Land

Lied von *Césaria Évora*

Komm, das kleine Mindelo
kennen zu lernen
Komm unser Land zu genießen
Komm ins Paradies der Verliebten
von dem unsere Dichter
voller Liebe singen
in unsterblichen, kreolischen Versen.

Wer Mindelo nicht kennt,
kennt Cabo Verde nicht.

Genieße die Gastfreundschaft
dieses unvergleichlich offenen Volks.

Wir haben keine Reichtümer.
Wir haben kein Gold
und keine Diamenten.
Aber wir haben den Frieden Gottes,
Den es sonst auf der Welt nicht gibt
Komm, dieses Land kennen zu lernen.

Bodenschätze

Cabo Verde ist (glücklicherweise) **arm an Rohstoffen.** In der Vergangenheit wurde in industriellem Maßstab **Meersalz** in den Salinen von Sal, Boa Vista und Maio gewonnen und in die französischen und belgischen Kolonien sowie nach Südamerika exportiert. Vor der allgemeinen Einführung der Kühltechnik versorgten sich auch Schiffe mit dem „weißen Gold", um Nahrungsmittel haltbar zu machen. Doch zunehmende

Konkurrenz und der abflauende Transatlantik-Schiffsverkehr dämmten den Export ein. Die Salzgewinnung belief sich 1983 noch auf 10.000 Tonnen und sank bis 1986 auf 5000 Tonnen. Danach wurde die Produktion wegen schlechter Exportaussichten und Überalterung der Anlagen fast völlig eingestellt. In kleinen Läden begegnet man noch den 20-kg-Säcken mit grobem Pökelsalz, und eine Kooperative auf Maio produziert Badesalz für die Wellness-Industrie.

Auf den östlichen Inseln wird in geringem Umfang **Kalk** für die Bauindustrie gewonnen. Die gewaltig boomende Bauindustrie hat den Bedarf an Zement inzwischen derart in die Höhe getrieben, dass sich der Bau eines Zementwerkes auf Santiago bei Pedra Badejo rechnet. Es soll in den nächsten Jahren mit chinesischer Unterstützung gebaut werden.

Der Abbau von **Puzzolana** (Trass) in Porto Novo auf Santo Antão war mit der Unabhängigkeit zum Stillstand gekommen. Der hochreine Trass wird nach Pozuoli (lat.: *puteoli*) benannt, dem Ort westlich von Neapel, wo Trass für riesige Betonbauten des Römischen Reichs abgebaut wurde. Die enthaltene Kieselsäure und Kalkhydrat sind in Verbindung mit Wasser bindefähig, und Puzzolana, feinst zermahlen und unter den Zement gemischt, verleiht diesem deutlich verbesserte Eigenschaften, insbesondere für Unterwasserbauten. Nachdem mehrere Projekte in Porto Novo in der Kolonialzeit und in den 1980er Jahren gescheitert waren, hat im Juni 2005 eine neue Fabrik in italienischem Besitz die Produktion wieder aufgenommen – und wieder eingestellt.

In Kreisen der Entwicklungstheoretiker ist man sich darüber einig, dass in unserer Zeit drei wesentliche Faktoren die Entwicklung afrikanischer Länder begünstigen: 1. die Abwesenheit von Bodenschätzen, 2. ein hoher Bildungsstand der Frauen, 3. die Abwesenheit von ethnischen Konflikten. Somit stehen die Chancen für Cabo Verde exzellent, und es ist erklärt, warum das Wirtschaftswachstum hier stabiler und rascher ist als sonstwo in Afrika.

Energiewirtschaft

Flüssiggas ist die wichtigste Energiequelle zum Kochen und hat selbst in abgelegenen Dörfern das **Holz** überholt. Die Bezeichnung „Holz" *(lenha)* ist sehr schmeichelhaft für die bestenfalls daumenstarken Ästchen, die nach stundenlanger Suche auf dem Kopf nach Hause balanciert werden. Auf ländlichen Straßen begegnet man Pick-ups, die, bis übers Dach mit solchen Bündeln bepackt, in die Städte ziehen. Die ländliche Bevölkerung ist gezwungen, alles was erreichbar ist, zu verkaufen. Der ökologische Druck, insbesondere auf die Federbuschvegetation mittlerer Höhenlagen, durch diese Art Brennholzwirtschaft ist enorm, kann aber, wie der Naturpark auf Fogo und die Forstverwaltung auf Santo Antão beweisen, eingedämmt werden. Wälder werden respektiert. Hierfür sorgen Forstwächter, in der Gegend verwurzelte Menschen, die ihre Rundgänge machen und schon von Weitem wissen, wessen Ziege sich im Wald „verirrt" hat. Dank der **Erfolge der Wiederaufforstung** ist die Brennholzwirtschaft wieder erstarkt – und sie ist nachhaltig. Erstaunlicherweise hat das trockene São Vicente inzwischen genügend Wald, um seine Bäckereien mit Energie zu versorgen. Auch Maio war erfolgreich in der Wiederaufforstung und verschifft beachtliche Mengen Holz nach Praia. Hier gibt es auch Köhlereien, in denen Holzkohle für Grillrestaurants und Privatkunden gebrannt wird. Im Sotavento sieht man noch häufig kleine Kohleherde zum Kaffeekochen, ähnlich den in Afrika und im arabischen Raum verwendeten.

Die **Stromversorgung** der Inseln ist eines der größten und für die Entwicklung hinderlichsten Probleme, insbesondere in der Hauptstadt Praia. Einen enormen Entwicklungsschub hat die ländliche Elektrifizierung gebracht. Für das Handwerk, den Handel, die Verwaltung und moderne Medien ist Strom unabdingbar. Auch Schüler lernen mit elektrischem Licht besser. Dennoch werden die in den Dörfern brummenden Dieselgeneratoren bald der Vergangenheit angehören, denn das Modell der vielen Kleinkraftwerke auf Dieselbasis ist auf Dauer nicht haltbar.

Hauptprobleme sind neben den Kosten die rasch wachsende Nachfrage und die **Abhängigkeit von Mineralölprodukten.** Stromausfälle sind häufig und betreffen die Hauptstadt besonders schwer. Als Lösung gilt eine Politik der *central única,* nach der auf jeder Insel nur ein Elektrizitätswerk entstehen soll, das alle Orte der Insel über Hochspannungsleitungen versorgt.

Erneuerbare Energien scheinen auf den ersten Blick wie geschaffen für ein Land mit kräftigem Wind und 350 Sonnentagen im Jahr. Doch Salzluft und feinster Staub dringen bis in die letzten Ritzen, verseifen Schmierstoffe, lassen Aluminiumteile zu Pulver zerfallen, und der kräftige warme Wind führt zu vorzeitiger Materialermüdung. Doch der Schatz an Erfahrungen und Kenntnissen wächst und sollte in naher Zukunft ausreichen, um mit angepassten Modellen den Anteil der erneuerbaren Energien zu erhöhen.

Infrastruktur

Häfen

Der **größte Wirtschaftshafen** liegt in Mindelo auf **São Vicente.** Er bietet Schiffen mit großem Tiefgang Anlegemöglichkeiten. Umbauten in den 1990er Jahren haben ein Containerterminal, einen gesonderten Hafen für die industrielle Fischerei, einen weiteren für die handwerkliche Fischerei und einen Fährhafen hinzugefügt, sodass der Hafen den Bedürfnissen entspricht und gegebenenfalls erweitert werden kann. Er beherbergt die einzige moderne Marina des Landes.

Die **Hauptstadt Praia** bekam 1986 erstmals einen modernen Handelshafen, der unter einem Steilhang gefangen unter ständigem Platzmangel leidet und auf lange Sicht genauso verlegt werden muss wie die über dem Hafen nahe der Einflugschneise gelegenen Treibstofftanks.

Der Hafen von **Palmeira auf Sal** ist klein, aber er wird seiner Aufgabe zur

cv040 Foto: pr

cv041 Foto: pr

Versorgung der Insel mit Gütern und des Flughafens mit Treibstoff gerecht.

Nur diese drei Häfen dürfen als Eintrittshäfen vom Ausland aus angesteuert werden. Auch die anderen Inseln besitzen Häfen, außer in São Nicolau alle erweiterungs- oder renovierungsbedürftig.

Flughäfen

Der **Aeroporto Internacional Amílcar Cabral auf Sal** (Code SID) bewältigt noch immer die meisten internationalen Langstreckenflüge. Hier werden pro Jahr knapp eine Million Passagiere abgefertigt.

In **Praia** (Code RAI) wurde die Landebahn auf 2100 m verlängert und die Zertifizierung für die Klasse 4D (Passagiermaschinen der Größenordnung Boeing 757, 737, 767 sowie Airbus 310, 321) verliehen.

Boa Vista (Code BVC) wird von internationalen Charterflügen genutzt, bietet aber bisher keine Tankmöglichkeiten. **São Vicente** (Code VXE) ist für internationale Flüge zugelassen, die 2009 beginnen sollen.

Industrie

Produzierendes Gewerbe und Industrie erbringen nur rund **7% des BIP** und beschäftigen etwa 5% der arbeitsfähigen Bevölkerung. Der Sektor besteht aus Anlagen für die Herstellung von Fisch-

São Vicente – links: Schuhschaft-Näherei; rechts: auf dem Fischmarkt konserven, Textilien, Schuhhalbfertigwaren, Teigwaren, Pharmazeutika und Baustoffen, Rum, Bier und Softdrinks. Der produktive Sektor ist aufgrund des begrenzten Marktes und des Mangels an natürlichen Ressourcen schwach entwickelt. Dabei nimmt das Holz verarbeitende Gewerbe (Tischlereien) einen hohen Stellenwert ein. Alle Fertigungsbetriebe sind von importiertem Rohmaterial abhängig.

Es gibt derzeit etwa **120 kleine und mittlere,** vorwiegend private **Industrieunternehmen.** Die meisten vormals im Staatsbesitz befindlichen Großbetriebe wurden privatisiert. Die Industrieunternehmen konzentrieren sich in Praia und Mindelo. Die Regierung glaubt, dass die geografische Situation, das Potenzial an ausgebildeten Arbeitskräften und niedrige Lohnkosten Cabo Verde für die Leichtindustrie prädestinieren und mehr ausländische Betriebe anlocken werden. Die **Exporte aus Cabo Verde** gehen zu fast 80% nach Portugal und zu 15% in die USA und verschwinden in ihrer wirtschaftlichen Bedeutung hinter dem Verkauf von Treibstoffen an die Luft- und Seefahrt und den touristischen Dienstleistungen.

Dienstleistungen

Der Dienstleistungssektor, im Wesentlichen mit durch Entwicklungszusammenarbeit und Emigrantengeldern aus dem Ausland finanzierten Investitionen, hält einen Anteil von **70% am BIP** und

cv042 Foto: pr

beschäftigt rund ein Viertel der Arbeitskräfte. Dazu gehören Handel, Transport (u.a. auch der Flughafen in Sal), öffentliche Arbeiten sowie der Tourismus.

Tourismus

Ganzjährig Sonne, herrliche Strände und Berge, ideale Wassersportbedingungen, Denkmäler von welthistorischem Rang und freundliche Menschen – kein Wunder, dass die Regierung den Tourismus zum **größten wirtschaftlichen Hoffnungsträger des Landes** auserkoren hat.

Im Rahmen der wirtschaftlichen Liberalisierung wurde beschlossen, die Aktivitäten im Tourismus vorwiegend dem privaten Sektor und ausländischen Investoren zu überlassen. **Cabo Verde Investimentos** wirbt und berät, und tatsächlich konzentrieren sich 80% der Direktinvestitionen aus dem Ausland in der Tourismusbranche.

Die **Zahl der** einreisenden **Urlauber** stieg schon in den 1990er Jahren jährlich um etwa 10% und seit 2000 um 20%. 2007 stach mit einem Plus von 37% hervor. Zu Weihnachten 2006 war Santa Maria auf Sal erstmals komplett ausgebucht. Trotz globaler Finanz- und Wirtschaftskrise soll 2009 die Zahl der Besucher auf eine halbe Million steigen.

Die vom **Strandtourismus** bevorzugten Inseln Sal, Boa Vista und Maio verbuchen für sich **80%** der Übernachtungen. Die typischen Inseln des **Bergtourismus** bekommen nur **10%** und sind entsprechend ruhiger. Der Tourismus trägt über **13% zum BIP** bei (2007) und wird im Strategischen Tourismusentwicklungsplan als Schlüsselsektor für die Gesamtentwicklung benannt. Er zielt auf die Bereitstellung der nötigen Infrastruktur, vor allem Wasser, Elektrizität, Müllentsorgung und Transport, um bis 2015 die Kapazität auf ca. 37.000 Betten zu erweitern. In den vergangenen Jahren wurden zahlreiche neue Hotels eröffnet. Weitere sind im Bau. Der Ausbau der Flughäfen Santiago, São Vicente und Boa Vista für den internationalen Verkehr hat den Aufschwung beschleunigt und verhilft Boa Vista zurzeit zu einer Phase kometenhaften Wachstums.

Die erste Welle der Investoren und Gäste wurde von Italien angeführt, von wo rund 30% der Gäste kamen. Doch die **Nachfrage ändert sich** schnell, und 2007 stand Portugal (22%) an erster Stelle, gefolgt von Großbritannien (17,5%), Italien (17%) und Deutschland (12%). Zurzeit legen die Skandinavier, Engländer und Holländer deutlich zu.

Im **Sommer,** von Juli bis September, ist **Hochsaison,** und auch zu **Weihnachten** und während des **Karnevals** sind Unterkünfte knapp.

Reiseveranstalter bewerben Cabo Verde hauptsächlich mit Blick auf den Strandtourismus („5 Stunden Flug, 350 Tage Sonnenschein“) und schwelgen in Hochglanzexotik, in der kaffeebraune Köche an weißen Stränden Langusten servieren und somit die Welt endlich in Ordnung gebracht wurde. Schroffe Küsten, im Hang klebende Dörfchen und der majestätische Vulkankegel von

Hotel Foya Branca (São Vicente)

Fogo locken Wanderer, während das historische und kulturelle Angebot, Kongress- und Wissenschaftsstourismus noch wenig genutzt werden.

Nach dem Strategischen Tourismus-Entwicklungsplan soll kein billiger Massentourismus geschaffen werden, sondern **Qualitätstourismus** in guten Hotels auf den Strandinseln und in Privatpensionen auf den Wanderinseln. Auch soll sich der Tourismusbetrieb auf wenigen Orte konzentrieren, um die Investionen zu nutzen und die Natur an anderen Orten zu schonen. So sind auf Boa Vista 14 Natur- und Landschaftsschutzgebiete in Diskussion, und die Kleinstadt Sal Rei und der Strand Praia de Chave sowie Curral Velho für große Resorthotels ausgewiesen, während andere Strände aus den Bauplänen herausgenommen wurden. Noch fehlt das umfassende bierzeltartige Unterhaltungsangebot, und die Preise sind zu hoch, um den Massentourismus der untersten Kategorie anzulocken.

Großhotelanlagen am Strand und Ferienhaussiedlungen sind zu 80% direkte Investitionen aus dem Ausland und bringen schnelles Geld ins Land. Der Immobiliensektor boomt und mit ihm alle mehr oder weniger legalen Formen der Spekulation. Schon vor der Finanzkrise 2008/2009 kamen die Immobilien- und Grundstücksgeschäfte ins Stocken. Prozesse um Grundstücke ziehen sich lange hin, nicht zuletzt, weil ehemalige Weideflächen von den Besitzern nie in einer Form registriert waren, die vor einem modernen Gericht Bestand hat. Gemeinden haben Land veräußert, von dem der Staat meint, es gehöre ihm, und einzelne Bürgermeister und Käufer mussten vor Gericht erscheinen. So nimmt es nicht wunder, dass die Finanzministerin der Krise des Sektors auch etwas Gutes abgewinnen kann: Die Krise wird die Spreu vom Weizen trennen, die Spekulanten von den Investoren.

Es fehlt nicht an **kritischen Stimmen** im Land, was den Tourismus und Immobiliensektor betrifft. Schweizer Experten schätzen, dass um die **65% der Tourismusgewinne in die Herkunftsländer des Kapitals zurückfließen.** Auch der Traum der Planer, dass „nachhaltiger Qualitätstourismus" besser geschützte Arbeitsplätze und bessere Lebensbedingungen generiere, steht im Gegensatz zur Erfahrung, dass 92% der Arbeitsverhältnisse im Tourismus auf Sal formlos oder befristet sind.

In **Boa Vista,** dem deutlichsten Beispiel einer ruhigen, zurückgezogenen Mikrogesellschaft, die durch die Tourismusindustrie eine völlig neue Bestimmung und Struktur erhielt, kamen auch neue **Probleme und Konflikte** zum Ausdruck: Monate vor Eröffnung des internationalen Flughafens von Boa Vista standen enteignete Landbesitzer auf der Piste mit der Drohung, die Landung des ersten Düsenjets durch Demonstrationen zu verhindern, weil die Entschädigungsverfahren sich hinzogen und ihnen dadurch die Mittel fehlten, um am Wachstum teilhaben zu können. Soziale Unruhen blieben nicht aus. Die vorwiegend als Bauarbeiter und ungelernte Angestellte aus Santiago und vom Kontinent eingewanderte Bevölkerung von Barraca war 2008 größer (4000 Ew.) als die Gesamtbevölkerung der Insel zehn Jahre zuvor. Sie fühlen sich ausgebeutet, diskriminiert und ungeschützt (siehe Exkurs „Barraca" bei Boa Vista).

Die Gefahr, dass einheimische Kultur zur folkloristischen Vorführung für Touristen wird, ist nicht weniger real.

Staatshaushalt und Finanzen

Nach der Unabhängigkeit wuchs die Wirtschaft im Zeitraum von 1975 bis 1980 jährlich um rund 11% an. In den folgenden zehn Jahren ging diese Entwicklung auf 7% pro Jahr zurück, verursacht durch die verschlechterte landwirtschaftliche Situation, reduzierte Einkommen aus dem Hafen- und internationalen Flughafenbetrieb und den Rückgang der ausländischen Unterstützung. 1990 fiel das **Wirtschaftswachstum** sogar auf 2,4%, um 1995 immerhin wieder 4,7% zu erreichen. Seit 2000 wurden fast jedes Jahr 6% überschritten, im Rekordjahr 2006 waren es sogar mehr als 10%.

Viele Jahre konnte die Regierung der PAICV das **Budget** ausgeglichen halten, die Ausgaben wurden durch die Einnahmen gedeckt. Die Investitionen mussten allerdings weitgehend aus externen Quellen (90% davon Geschenke) finanziert werden.

Die MPD-Regierung konnte die Investitionsausgaben durch einen massiven Anstieg der Entwicklungshilfeleistungen steigern. **Geschenke** erbrachten zwischen 1993 und 1997 im Durchschnitt **37% der Staatseinnahmen.** Die Ausweitung der staatlichen Investitionen führte zu einer Verringerung der Währungsreserven und vergrößerte das Budgetdefizit von 6% des BIP im Jahr 1991 auf 16% im Jahr 1996. Um dieses Defizit zu verringern, führte die Regierung zusätzliche Importrestriktionen, Quoten und Zollerhöhungen ein, die das Budgetdefizit im Jahr 1997 auf 15% des BIP senkten. Die **Inlandsverschuldung** betrug im letzten Jahr der MPD-Regierung (2000) 160% des BIP. Die EU initiierte schon 1997 einen Trust Fund zusammen mit verschiedenen Geberländern, unter ihnen Österreich, die Schweiz, Schweden und Holland. Dieser zeigte nach eigener Einschätzung in Evaluierungsberichten der Europäischen Union „beschränkte Wirkung" und brachte die Inlandsverschuldung bis 2002 auf 140% zurück.

Mit der **Bindung des Cabo Verde Escudo an den portugiesischen Escudo** im Juli 1998, der wiederum an den Euro gebunden ist, hat sich die Regierung noch größere Budgetdisziplin verordnet. **Geldwertstabilität** gegenüber der Euro-Zone ist für Cabo Verde von höchster Bedeutung, da Emigranten nur dann größere Summen auf die kapverdianischen Banken überweisen, wenn es seinen Wert behält und eventuell leicht höhere Zinsen bringt.

Die **Inflationsrate,** die 1997 noch mit 8,6% ausgewiesen war, reduzierte sich im Rahmen der geschilderten Maßnahmen auf 3% im Jahr 2008.

Trotz aller strukturellen Probleme ist das **Bruttoinlandsprodukt (BIP)** auf rund 2900 US$ pro Kopf (2007) gestiegen (zum Vergleich: In Deutschland waren es 40.000 US$ im Jahr 2007). Im Vergleich zu anderen armen Ländern ist zu bedenken, dass Cabo Verde eine **extrem monetäre Wirtschaft** besitzt und die Subsistenzwirtschaft nur eine untergeordnete Rolle spielt. Jeder Eimer Wasser in der Stadt, nahezu alle Grundnahrungsmittel wollen mit Geld bezahlt sein und fließen ein ins BIP.

Die **Armut** ist ähnlich ausgeprägt wie in anderen Ländern mit einem nur halb so hohen BIP. Das überaus geringe durchschnittliche Pro-Kopf-Einkommen bedingt eine **niedrige Spar- und Investitionstätigkeit.** Sich ein wenig Geld auf die Seite zu legen, ist für die Mehrzahl der Bewohner nicht möglich. Investitionen sind daher in erster Linie von außen finanziert, sei es durch Emigranten oder durch Projekte.

Die **Auslandsschulden** Cabo Verdes sind von 21 Mio. Dollar im Jahr 1980 auf 344 Mio. Dollar im Jahr 2001 angestiegen und bis 2008 nur geringfügig zurückgegangen. Zumeist handelt es sich um langfristige Kredite, davon ein Großteil zu sehr günstigen Konditionen. Schon 1997 hatte die EU eine Reduzierung des Schuldenstandes gewährt, um das Strukturanpassungsprogramm der Regierung zu unterstützen. Die Arabische Bank für Wirtschaftliche Entwicklung in Afrika gewährte einen Schuldenerlass von 13 Mio. US$. Gleichzeitig mit der Auslandsschuld wuchs auch die Inlandsverschuldung der Regierung (s.o.), sodass beides zusammen etwa den Gegenwert des BIP umfasst.

Mit der Bindung der Landeswährung an den portugiesischen Escudo hat die Regierung auch die meisten Restriktionen für Devisentransfers aufgehoben. Seit August 1998 können die Einwohner Fremdwährungskonten ohne Zustimmung der Zentralbank eröffnen und 10.000 US$ für Reisen ins Ausland erhalten. Die **Liberalisierung der Devisenkontrollen** erleichtert auch den Zahlungsverkehr zwischen den Einwohnern und den Emigranten im Ausland.

Handel

Die meisten **Exporte** (Volumen insgesamt: **17 Mio. US$** in 2006) gingen nach Portugal, gefolgt von den USA, Spanien, Frankreich, Deutschland und den Niederlanden. Exportiert werden vor allem Fisch(produkte), Bananen, Schuhhalbfertigwaren und Textilien.

Die **Importe** haben sich seit der Jahrhundertwende mehr als verdoppelt auf **435 Mio. US$** und kommen vorwiegend aus Portugal und anderen EU-Ländern, aus China, den USA, Japan und westafrikanischen Staaten. Importiert werden rund 90% der Nahrungsmittel sowie Treibstoffe, Maschinen, Apparate, Kraftfahrzeuge, Handwerksausrüstung, Bau- und Rohstoffe und industriell hergestellte Konsumgüter für den täglichen Bedarf (Textilien etc.).

„Unsichtbare Einnahmen" wie ausländische Unterstützungen und die Emigrantenüberweisungen helfen, das **Handelsbilanzdefizit** auszugleichen. So kommen in manchen Jahren fast bis zu 100 Mio. US$ Devisen durch Emigranten ins Land, die Entwicklungshilfezahlungen liegen ein Drittel niedriger.

Im Inland entwickelt sich **kaum ein Binnenmarkt,** da die nötige Kauf- bzw. Investitionskraft der Bevölkerung gering ist. Landeseigene Produkte sind, bedingt durch Zwischenhandel, ungleichmäßige Verteilung über die Inseln, Transportkosten und Zentralisierung auf Märkten, in manchen Gegenden überteuert oder gar nicht zu erhalten.

Produktivität

Die wirtschaftliche Produktivität des Landes ist **sehr gering.** Die Landwirtschaft ist fast ausschließlich Handarbeit, auch für die Fischerei oder handwerkliche Berufe gibt es kaum Maschinen und technische Hilfsmittel. Einige Manufakturen verfügen über Produktionsmaschinen, doch sind auch hier die Produktionszahlen nicht besonders hoch. Damit ist der Investitionsanreiz, sowohl in den Maschinenpark wie in die Ausbildung der Mitarbeiter, gering.

Privatisierung und internationale Investitionen

Das Privatisierungsprogramm ist ein Eckstein der **Politik der wirtschaftlichen Liberalisierung,** die im November 1997 durch eine Neufassung des Privatisierungsgesetzes von 1992 beschleunigt wurde. Ausländische Firmen sind willkommen und genießen Steuer- und Zollerleichterungen. Über 20 größere Staatsunternehmen wurden in Privatunternehmen umgewandelt. Unter dem Druck der Weltbank und des Weltwährungsfonds wurden die Verfahren beschleunigt durchgezogen, obwohl bekannt war, dass Privatisierungen in Mikrogesellschaften leicht in Monopolbildungen mit exorbitanten Preisen bei schlechter Qualität enden.

cv043 Foto: pr

Chinesischer Laden in São Filipe (Fogo)

So wurde 1995 die Telefongesellschaft **Cabo Verde Telecom** zu großen Teilen an die portugiesische Telecom verkauft, als diese selbst noch Staatsbetrieb war. In der Folge wurden jährlich über 2 Mio. Euro pro Jahr an Gewinnen nach Portugal transferiert und Cabo Verde an die Weltspitze der Tarife katapuliert. Mit technisch vorgegebenen Ausfällen und Schneckentempo wurden die Internet-Nutzer gezwungen, auf DSL-Verbindungen umzusteigen und zu Beginn Monatstarife von 60 Euro für 1 GB hinzunehmen. Die aktuelle Regierung konnte nur durch Abstandszahlungen den unhaltbaren Zustand eines vertraglich verbrieften Monopols beenden und weiteren Anbietern Zutriff zum Markt verschaffen. Seither sind die Preise der Telecom um 50% und mehr gesunken.

1982 sind die **Elektrizitäts- und Wasserwerke** von den Stadtverwaltungen abgetrennt und die **Electra** als staatseigene Firma gegründet worden, die ihr Geschäft bis Anfang der 1990er recht gut im Griff hatte. Jeder zahlt seinen Strom pünktlich, oder er sitzt wenige Tage später im Dunkeln. Unter dem Druck der Ideologien der Globalisierung, die auch dann in der internationalen Politik mit religiösem Eifer vorgebracht werden, wenn sie in keinem Punkt durch wissenschaftliche Evidenz gestützt sind, musste die Electra und somit die **Energie- und Trinkwasserversorgung** des ganzen Landes privatisiert werden. Das Gleiche widerfuhr der staatseigenen Mineralölfirma ENACOL. Beide Vorgänge wurden breit diskutiert und als Ausverkauf des Landes kritisiert. Und wieder ging die Anteilsmehrheit an portugiesische Firmen, von denen niemand jemals gehört hat, dass sie besondere Qualifikationen in der Energieversorgung von Inselstaaten mitbrächten. Sie sorgten dann für genau das, was sie versprachen zu verhindern: Investitionen erfolgten verspätet oder nie, die Preise stiegen, die Nachfrage flog dem Angebot immer weiter davon, und im Sommer 2006 lagen Betriebe, Ministerien und Privathaushaltungen fast ständig lahm. Die Bürger demonstrierten gegen die **Energiepolitik,** vor dem Elektrizitätswerk, dem Wirtschaftsministerium und der portugiesischen Botschaft. Redeschlachten wogten durchs Parlament, und die Regierung entschloss sich, zusätzliche Kapazitäten notfallmäßig anzumieten und die Anteilsmehrheit der Electra zurückzukaufen, um selbst wieder über Wasser und Strom im eigenen Lande bestimmen zu können. Der Konflikt ging bis in die höchsten Ebenen bilateraler Politik, und der Premierminister Portugals intervenierte bei den betroffenen Firmen, um eine Änderung der Verträge zu erreichen und, wie er es ausdrückte, „außenwirtschaftspolitischen Schaden von Portugal abzuwenden."

Die sehr diffizile Privatisierung der Luftfahrtgesellschaft **TACV** wurde ausgesetzt. Das Management durch die nordamerikanische Sterling Merchant in Vorbereitung der Privatisierung wurde nicht weitergeführt, nachdem es den größeren Teil seiner Ziele verfehlt hatte, und erstmals in der Geschichte der TACV das Personal nicht mehr pünktlich bezahlt werden konnte.

Es besteht kein Zweifel daran, dass Kap Verde inländische und ausländische Investoren benötigt, um seine Wirtschaft zu entwickeln. Der Prozess kann jedoch nur dann zum Erfolg führen, wenn die **Interessen des Landes** nicht hinter dem Gewinnanspruch und der Skrupellosigkeit von Spekulanten verschwinden, wenn eine demokratische Regierung eine Wirtschaftsethik zum Wohle der Allgemeinheit entwickelt und das Rechtssystem sich der Regulierung und Kontrolle der Vorgänge aktiv annimmt. Wenn zurzeit viele Landkreisverwaltungen ihr Budget hauptsächlich durch den Verkauf von Bauland decken, entstehen unweigerlich Interessenskonflikte und Abhängigkeiten. Nicht wenige der Verkäufe werden mit Korruptionsvorwürfen belegt, und einige Landkreisverwaltungen stehen vor Gericht.

Off shore banking gilt in Cabo Verde inzwischen als Unwort und wird durch „IFI" ersetzt, internationale Finanzinstitutionen, die es gilt, zum Nutzen des Landes zu entwickeln und durch erweiterte Regularien in ihre Grenzen zu weisen. So hat die Nationalbank Cabo Verdes bereits in der ersten Jahreshälfte 2008 Vorstöße unternommen, um die Rechtmäßigkeit der Geschäfte der *Banco Insular* zu überprüfen. Wenige Monate später stellte sich heraus, dass das unscheinbare Büro in Praia mit drei Beschäftigten ein „off shore"-Ableger der *Banco Português de Negócios* (BPN) war, für welche die portugiesische Regierung keinen anderen Ausweg sah, als sie im November 2008 zu verstaatlichen. 360 Mio. der insgesamt rund 800 Mio. Euro Verluste, die Portugal zu übernehmen hatte, waren auf die Kap-Verde-Geschäfte zurückzuführen und zogen für einige Tage die Aufmerksamkeit der Presse auf sich unter dem Titel „portugiesisches Liechtenstein".

Entwicklungszusammenarbeit

Cabo Verde weist sowohl für eine ausreichende Selbstversorgung als auch für die Schaffung von Infrastruktur extrem ungünstige Voraussetzungen auf. Vorrangiges Ziel der Regierungen war daher immer der **Kampf gegen Hunger und Armut:** durch Ernährungssicherung, integrierte ländliche Entwicklung, Förderung des Gesundheits- und Bildungswesens, Erwachsenenalphabetisierung, Wiederaufforstung, Erosionsschutz. Seit seiner Existenz hält das Land an **Nationalen Entwicklungsplänen** fest, die früher im Fünf-, jetzt im Dreijahresrhythmus aufgelegt werden.

cv038 Foto: pr

Bewässerungsoase in Tabugal (Santiago)

In diese werden alle eigenfinanzierten wie aus der Entwicklungszusammenarbeit finanzierten Programme und Investitionen eingestellt, sodass sich ein koordiniertes Gesamtbild ergibt. Die Regierung hält trotz der Abhängigkeit vom Ausland das Steuer bei den Investitionen in der eigenen Hand. Zum Beweis des Vertrauens ist der Weltwährungsfond dazu übergegangen, seine Zuwendungen direkt in den Staatshaushalt einzuspeisen. Schwerpunkte der Entwicklungszusammenarbeit sind die Förderung des privaten Sektors, die Armutsbekämpfung, Berufsausbildungsprogramme sowie eine Verwaltungsreform und Reformen im Erziehungs- und Gesundheitswesen.

Formen der Entwicklungszusammenarbeit

Wer mit offenen Augen durch Cabo Verde reist, wird an Trinkwasserhochbehältern, Schulen und Krankenhäusern Aufschriften begegnen, aus denen hervorgeht, dass diese mit ausländischer Hilfe gebaut wurden. Man sieht Fahrzeuge mit dem Namen internationaler Organisationen, beispielsweise FNUAP, UN, OMS, GTZ, LuxDevelopment, um nur einige zu nennen. Und eventuell trinkt man auch mal einen Kaffee mit einem „Entwicklungshelfer".

Entwicklungszusammenarbeit kennt ganz verschiedene, für den Reisenden vermutlich verwirrende Formen, und wir wollen uns bemühen, etwas Ordnung hineinzubringen, bevor wir ins Detail einzelner Projekte gehen. Wird in den Medien über Entwicklungshilfe berichtet, dann erscheint nicht selten das **stereotype Bild** des jungen Arztes, der sich um ein mangelernährtes Kleinkind kümmert. Der winzige Ausschnitt beherrscht die Wahrnehmung der Öffentlichkeit. Er rührt das Herz, aber inhaltlich verdeckt er mehr als er erläutert – und er ist ein Beispiel für zu spät einsetzende Hilfe.

Zwei Drittel des Finanzvolumens für internationale Entwicklungszusammenarbeit fließen in die **finanzielle Zusammenarbeit.** In den meisten Fällen sind dies Kredite zu besonderen Konditionen für große Aufgaben wie dem Bau von Häfen, Eisenbahnen, Staudämmen oder der Renovierung eines ganzen Netzwerks von Gesundheitseinrichtungen. Der ältere Begriff „Finanzhilfe" ist etwas in Misskredit gekommen, nachdem Länder wie die Bundesrepublik mehr Geld aus dem Schuldendienst der armen Länder einnehmen, als sie an „Entwicklungshilfe" ausgeben. Nur von den ämsten Ländern wird keine Rückzahlung verlangt. Ein jüngeres, für Cabo Verde wichtiges Beispiel war die Schaffung eines Trust Fund durch die EU und eine Reihe europäischer Länder. In den 1990er Jahren hatte der Staat hohe Inlandsschulden angehäuft, welche die Geldwertstabilität bedrohten. Die unterstützenden Länder zahlten in den Fund ein, und aus den Zinsen werden im Verlauf von 20 Jahren die Inlandsschulden vermindert. Dies ermöglichte ein anderes beispielhaftes Projekt der finanziellen Zusammenarbeit: Portugal akzeptierte, dass in der Vorbereitungszeit der Euro-Einführung der kapverdianische Escudo auf einen festen Wechselkurs zum portugiesischen Escudo festgelegt wurde und damit in ein festes Wechselverhältnis zum Euro kam. Für Portugal war dies ein riskantes Unternehmen, denn in Cabo Verde war die Inflationsrate auf fast 9% geklettert. Für Cabo Verde war das Andocken an den Euro eine der wichtigsten Entscheidungen des Jahrzehnts.

Die nächste große Form der Entwicklungszusammenarbeit ist die **technische Zusammenarbeit.** In Programmen und Projekten werden definierte Ziele verfolgt, die von der Stärkung eines ganzen Sektors wie beispielsweise der Bildung bis hin zu winzigen Zielen reichen wie die Sicherstellung der Trinkwasserversorgung für ein paar abgelegene Häuser. In Cabo Verde tummelt sich eine breite Vielfalt internationaler Agenturen der Technischen Zusammenarbeit. Der bekannteste Name ist vermutlich der der Deutschen Gesellschaft für Technische Zusammenarbeit GTZ, ein Beispiel einer **staatseigenen Entwicklungsagentur.** Die meisten Industriestaaten haben die Planung und Durchführung von Entwicklungsprojekten aus ihren Ministerien ausgegliedert und hierfür staatseigene Firmen gegründert. Diese konkurrieren mit einer Vielzahl großer und kleiner, teils hochspezialisierter **privater Beraterfirmen** wie LuxDevelopment und nicht-profitorientierter **nichtstaatlicher Organisationen (NGO)** wie die Entwicklungsagenturen der Kirchen.

In der **bilateralen Zusammenarbeit** tritt ein Staat einem anderen Staat gegenüber. Kein „Geber"-staat wird ohne einen Antrag von seiten des „Empfänger"-staates aktiv. Nach diplomatischen Vorbereitungen kommt ein Staatssekretär nach Praia und verhandelt mit dem dortigen Staatssekretär über die Oberziele und den Finanzrahmen für die nächsten zwei bis fünf Jahre. Am Ende steht ein zwischenstaatliches Abkommen. Das zuständige Ministerium des Geberlandes formuliert anschließend Projektvorschläge und schreibt diese aus. Innerhalb der EU muss EU-weit ausgeschreiben werden, sodass die staatlichen und privaten Agenturen Angebote abgeben können. Die GTZ, um beim Beispiel zu bleiben, wird nicht vom Bundesministerium für Wirtschaftliche Zusammenarbeit (BMZ) beauftragt, sondern sie muss auf eine Ausschreibung antworten – und sie kann sie gegen andere Anbieter verlieren.

Agenturen, die für staatliche Zusammenschlüsse oder die Vereinten Nationen aktiv werden, betreiben **multilaterale Zusammenarbeit.** Das nächstliegende Beispiel ist die **Europäische Union.** Sie unterhält ein Büro auf der Achada de Santo António, wo verschiedenste Projekte der Ernährungssicherung, Infrastrukturverbesserung oder zur Unterstützung eines Sektors wie der Gesundheit begleitet werden. Innerhalb des Staatenbundes sprechen sich die Ministerpräsidenten und Fachminister ab, wenn es um große Projekte oder Programme geht oder, salopp gesagt, „legen zusammen" bis das notwendige Budget gedeckt ist.

Mit dem Wachsen der EU geht die bilaterale zu Gunsten der multilateralen Zusammenarbeit zurück. Auch konzentrieren sich die einzelnen EU-Staaten in der bilateralen Zusammenarbeit auf weniger Empfängerländer, um Verwaltungskosten zu senken und die landesspezifische Kompetenz zu stärken. So hat die Bundesrepublik Deutschland Cabo Verde von ihrer Liste der bevorzugten Partnerländer gestrichen und wird bis Mitte des Jahrzehnts aus Cabo Verde verschwinden. Zur Zeit ist nur noch die Kreditanstalt für Wiederaufbau KfW in der Vorbereitung des Nationalparks auf Fogo aktiv. Die GTZ und die deutschen NGOs haben Kap Verde bereits verlassen. Luxemburg mit seiner aktiven kapverdianischen Emigrantengemeinde ist entsprechend heftiger eingestiegen.

cv045 Foto: pr

1981: Arztgespräch in den Überresten der Leprastation von Sinagoga (Santo Antão)

Nicht weit von der EU, ebenfalls auf der Achada de Santo António, findet man die **Vereinten Nationen.** Die Aufteilung in Einzelorganisationen wie die Weltgesundheitsorganisation (port.: *Organisação Mundial da Saúde, OMS)* oder die UNICEF *(United Nations Children Emergency Fund)* und UNESCO *(United Nations Educational, Scientific and Cultural Organization)* wurde aufgegeben, und es gibt nur noch ein Büro für alles. Hoffen wir, dass der erhoffte Effekt der leichteren Koordinierung nicht hinter einer Verflachung der Kompetenzprofile verschwindet. Die Aufgabe der UN besteht darin, die Mitgliedsländer zu beraten. Für das Umsetzen ist der Mitgliedsstaat zuständig.

So vielfältig wie die Organisationen sind auch die Güter und Dienstleistungen, die erbracht werden. Der beschriebene Arzt ist ein Beispiel für **personelle Zusammenarbeit.** In der technischen Zusammenarbeit werden etwa 6% für ausländisches Personal ausgegeben. Der Rest geht in **Infrastruktur, Ausstattungen, Fahrzeuge, Nahrungsmittelhilfe** und ein wachsender Anteil in **IEC** (Information, Education, Communication). Etwa 36.000 der 45.000 Tonnen Getreide, die Cabo Verde pro Jahr benötigt, kommen als **Nahrungsmittelhilfe** ins Land. Amerika liefert meist selbst, die EU ebenfalls, während bilaterale Geber und Japan das Geld zur Verfügung stellen, sodass die Regierung kaufen kann, wo und wann sie will. Dieser Mix ist überlebensnotwendig, denn wenn auch nur eine Großlieferung sich verspätet, steht die Krise ins Haus und der Staat muss einige Millionen in Devisen verfügbar haben, um unverzüglich reagieren zu können.

Nicht zu vernachlässigen sind Aufwendungen für **Aus- und Weiterbildung.** Ein Teil davon fällt in den Ländern an, ein anderer in den „Geberländern", wo Stipendien und spezielle Aufbaustudiengänge für Tausende von Studenten durch den Staat und private Organisationen finanziert werden.

Koordinierung

Die Entwicklungszusammenarbeit zu koordinieren, ist nicht einfach. Das kleine Cabo Verde schlägt sich hierbei besser als die meisten großen afrikanischen Staaten. Die Außenministerin hat ihre eigene Abteilung für Kooperation, bei der die Fäden zusammenlaufen. Ein wichtiges Instrument ist der mit allen Planungsabteilungen der Fachministerien abgesprochene **Drei-Jahres-Entwicklungsplan.** Für die ausgewiesenen Einzelprogramme und -projekte werden dann die vielfältigen Organisationen angefragt, ob sie sich beteiligen können. So sollen Doppelungen vermieden und eine harmonische Entwicklung der verschiedenen Sektoren und Inseln sichergestellt werden. Die internationalen Organisationen schätzen Cabo Verde als **verlässlichen Partner** ein, der aus der Zusammenarbeit überdurchschnittlichen Nutzen zieht.

Als weiteres Instrument werden **Master-Pläne** erstelllt, in denen die langfristige Entwicklung eines Sektors vorgezeichnet wird. Nach meiner Erfahrung als Koordinator der strategischen Planung medizinischer Versorgung ist die Planung in einem so kleinen Land nicht einfacher, sondern eher schwieriger, weil auch winzige isolierte Bevölkerungen zu berücksichtigen sind. Round-Table-Gespräche mit den verschiedenen beteiligten Organisationen dienen der Absprache vor und während der Durchführung.

Erfahrungen

Cabo Verde konnte **in den ersten Jahren** nur dank ausländischer Unterstützung eine wirtschaftliche Katastrophe und den massenhaften Hunger verhindern und lag deshalb auf dem zweithöchsten Niveau aller Empfängerländer (1996 noch 310 US$ pro Kopf). Nach der Verelendung großer Bevölkerungsschichten im ehemaligen Ostblock und unter den aktuellen Sparzwängen der westlichen Regierungen sind die Budgets nicht nur vom Süden in den Osten geleitet worden, sondern insgesamt geschrumpft, im Falle Kap Verdes um rund zwei Drittel.

Die Entwicklungszusammenarbeit entwickelt sich ständig weiter. **In den 1970ern,** schon während der Übergangsregierung, waren viele kleine Organisationen mit Fachpersonal vor Ort. Es fehlten einheimische Fachleute, Ingenieure, Lehrer, Ärzte und andere, um alle Inseln abdecken zu können. Etwas größere Projekte wie das mit schwedischer Unterstützung aufgebaute **PMI/PF (Mutter-Kind-Vorsorge und Famili-**

enplanung) waren in der Lage, die Politik bis heute zu prägen. Die Norweger gründeten in São Vicente das **ISEC MAR,** eine Schifffahrtschule, aus der eine Ingenieursschule mit verschiedenen Fachrichtungen guter Qualität geworden ist. Mit seinem kleinen, aber feinen Projekt kümmerte sich ein italienischer Kollege von *Roy Follerau* um die Lepra. Damals waren noch über 1000 Kranke registriert. Heute sind es keine zehn mehr!

Die **1980er** waren durch **„Integrierte ländliche Entwicklungsprojekte"** bestimmt. In Cabo Verde wurden die Partnerschaften nach Inseln verteilt. Fogo und Brava arbeiteten mit der deutschen GTZ, Santo Antão mit den Holländern, São Nicolau mit den Franzosen, Santiago einige Zeit mit den Amerikanern und das kleine Maio mit dem ebenso winzigen Weltfriedensdienst aus Berlin. In kurzer Zeit konnten viele wichtige Infrastrukturen geschaffen werden, die Bevölkerung hatte Arbeit in den Programmen, und doch war das Modell nicht ideal. Auf Fogo hatten die deutschen Planer die Fäden so straff in der Hand, dass die Kapverdianer kaum zum Zuge kamen – und auch schwer einsahen, weshalb ein Planungsbüro übernehmen sollte, was sonstwo auf der Welt von einem Bürgermeister mit Stadträten unter demokratischer Kontrolle erledigt wird. Auf Santo Antão wechselte das Personal so häufig, dass kaum eine kontinuierliche Linie gefunden werden konnte. Ende der 1980er war die Zeit der personellen Zusammenarbeit weitgehend beendet. Die Zahl einheimischer Ärzte war von einem guten Dutzend zur Zeit der Unabhängigkeit auf über 100 angewachsen. Nur die sowjetischen und kubanischen Fachärzte bildeten noch eine größere Gruppe. Einige sind geblieben.

In den 1990er Jahren wurden aus den integrierten Projekten Programme zur Entwicklung der lokalen Verwaltungen und gemeindeeigener Organisationen. **„Community Participation" und Dezentralisierung** standen im Vordergrund. Ökonomen, Verwaltungsfachleute, Curriculumplaner, Städteplaner und Sozialwissenschaftler trugen bei zur Gemeindeentwicklung. In der Schaffung moderner Infrastruktur wurde Luxemburg zu einem der wichtigsten Partner. England widmete sich dem Hafen von São Vicente. Im Widerspruch zur offiziellen Politik und zur tatsächlich stattfindenden Dezentralisierung zu Gunsten der Rathäuser auf den Inseln entstand ein zentralisierter Planungsapparat um den Finanzminister *Gualberto de Rosário,* der den Fachministerien und Bürgermeistern auf dem Weg der Zuteilung von Kooperationsprojekten strikte Vorgaben machte. Diese Politik wurde von den Wählern nicht honoriert.

In **großen Einzelprojekten** hat sich in ganz Afrika die **VR China** hervorgetan, die das Parlamentsgebäude *(assembleia nacional),* das große Regierungsgebäude *(palácio do governo)* sowie die erste Talsperre in Poilão auf Santiago gebaut und finanziert hat. Aus China kamen die Arbeiter, die auf der Baustelle wohnten und ihre Kohlsuppe kochten. Und China setzt seine Linie voraussichtlich mit weiteren Talsperren und einer

cv044 Foto: pr

Zementfabrik bei Pedra Badejo fort. Einige Chinesen blieben in Cabo Verde und bildeten die Keimzelle des inzwischen dominanten chinesischen Handels. Die Sowjets haben Häfen gebaut, die DDR die Polizei ausgebildet, die Amerikaner in Tarrafal eine landwirtschaftliche Station betrieben. Holland und Portugal stiegen zum Bau der Werft in São Vicente mit ins Boot.

Aus den letzten Jahren seien nur einige, teils noch aktive Projekte genannt, die dem Besucher eventuell ins Auge stechen:

- **FNUAP (UNFDP):** reproduktive Gesundheit (Mutter-Kind-Gesundheitsvorsorge, Familienplanung, AIDS-Prävention), Naturparks
- **UNICEF:** Wasserprojekte, diverse Gesundheitsprogramme
- **EU:** städtische Gesundheit in Praia, Abwassersystem von Praia, Straße Porto Novo – Tubarão – Janela
- **Deutschland:** Naturschutz, Bergtourismus
- **Luxemburg:** Schulen, Internate, Gesundheitseinrichtungen
- **Österreich:** Glasfaserkabel, regionale Entwicklung Santa Cruz
- **Spanien:** Restaurierung von Baudenkmälern in Cidade Velha
- **Portugal:** Restaurierung der Sé Catedral, Baudenkmäler, Museen, Kultureinrichtungen

Die Bush-Administration der Vereinigten Staaten ist in den letzten Jahren mit ihrem **Millenium Challenge Account**

Das Krankenhaus von Santo Antão in Rª Grande: in Zusammenarbeit mit Luxemburg neu konzipiert

(MCA) zu einem wichtigen Geber geworden. Die Vergabe der Mittel ist an Kriterien gebunden: 1. Gute Regierungsführung einschließlich Korruptionskontrolle; 2. das Investieren in Menschen durch Gesundheitsdienste und Bildung; 3. freie Wirtschaftsordnung. Von den von *Bush* versprochenen fünf Milliarden US$ hat der Kongress weniger als die Hälfte in den Haushalt eingestellt. Die erhoffte Zunahme des Entwicklungsbudgets ist nicht eingetreten, auch wenn sich das kleine Kap Verde mit 110 Mio. US$ ein gutes Stück aus dem Kuchen schneiden konnte. Es treibt hiermit den Ausbau des Hafens von Praia (54 Mio.) sowie Straßen-, Brückenbau und landwirtschaftliche Projekte voran. Der Bush-Administration lag erklärtermaßen auch die Verfahrensbeschleunigung für private Investoren am Herzen. Trotz des häufig erklärten partnerschaftlichen Ansatzes bleibt die interessante Frage, wie es sich mit der Anwendung der MCA-Kriterien auf die USA und andere Geber selbst verhält, weiterhin offen.

Die **Human Development Reports** der UNDP listen alle Länder der Welt auf, dabei erscheint Cabo Verde auf **Platz 102 von 177 Ländern** (2007). In diese Rangliste gehen nicht nur ökonomische Kennziffern wie das Bruttosozialprodukt ein, sondern auch menschlichen Entwicklungskriterien wie der Zugang zu Bildung, Recht und Grundversorgung.

Entwicklungszusammenarbeit hatte immer ein doppeltes Gesicht und nutzte und schadete den Empfängern und Gebern gleichermaßen. Die Geber schauen nur zu oft auf ihren kurzfristigen Vorteil in der Öffnung von Märkten, der Subventionierung der eigenen Industrie durch indirekte Investitionshilfen und raschen Mittelrückfluss. Auch die Mehrheitsbeschaffung für internationale Gremien und die Ausweitung von Machtblöcken und Ideologien spielen eine Rolle. Die Nehmer lassen sich mitunter zu überhöhten Krediten und ungeeigneter Technologie überreden. Andere überlassen Ausländern das gesamte Management für die Projektlaufzeit, und anschließend geht kaum etwas weiter. All diese Schwächen gibt es, und man muss sie kritisieren. Sie sind jedoch kein Spezifikum der Entwicklungszusammenarbeit, sondern **schlechtes Management,** persönliches Versagen oder gar Korruption, wie sie in anderen Wirtschaftszweigen nicht weniger häufig vorkommen. Die Kunst liegt in **Kontrolle** und Förderung des inhaltlich und ethisch Korrekten. Es nutzt wenig, sich einige Beispiele, gut oder schlecht, herauszupicken, um auf diesen eine allgemeine Einschätzung aufzubauen. Sicher sind Gelder für einen Schlachthof in den Sand gesetzt, wenn dieser als Neubauruine in der Landschaft steht, weil er falsch und am Bedarf vorbei geplant wurde. Doch gleichzeitig wurden Gesundheitsprogramme unterstützt, ohne die 1000 Säuglinge pro Jahr allein in Cabo Verde sterben würden.

Aus Beispielen soll man lernen, in Zukunft besser zu arbeiten – und viele tun es. Der jugendliche Entwicklungshelfer früherer Jahrzehnte, voller Elan und guten Willens, ist ein Auslaufmodell. Ein kritischer Geist und guter Wille sind gut und nützlich, genügen aber keineswegs, um **kompetent** in einer fremden Kultur arbeiten zu können. Heute werden in der Entwicklungszusammenarbeit fast nur noch langjährig berufserfahrene mehrsprachige Fachleute mit spezifischen Aufbaustudien gesucht.

Die technische Zusammenarbeit wird mehr und mehr zurückgenommen zu Gunsten der **Finanzhilfe,** welche den Regierungen den nötigen Spielraum für eigene Planung mit eigenem Personal verschafft.

Bevölkerung

Wir mögen mit verschiedenen Schiffen angekommen sein, doch wir sitzen alle im selben Boot.

Viele Gesichter, ein Volk

Mit Erstaunen und nicht selten naiver Belustigung entdecken Reisende in Cabo Verde die **genetische Vielfalt** der Nation. Dunkelhäutige Kinder mit blondem Schopf und wasserblauen Augen, irisch-sommersprossige Gesichter mit indischem, glatt-blauschwarzem Haar, dunkelhäutige Männer mit klassisch iberischen Zügen und einer Drahtbürste von Moustache, weiße, braune, dunkelbraune Gesichter, schlanke und untersetzte Frauen mit Anklängen an alle Völker rund um den Atlantik – diesem bunten Mosaik begegnet man in einer kapverdischen Stadt binnen weniger Minuten. Die Obrigkeit hatte sich ein hilflos **rassistisch vereinfachtes Schema** zurechtgelegt und 70% Mischlinge *(mestiços),* 29% *africanos* und 1% Weiße *(brancos)* gezählt. Das wird mit fleißiger Einfalt bis heute abgeschrieben.

Der Ursprung der kreolischen Kultur und Nation

Die Bezeichnungen, die eine herrschende Ideologie den Menschen nach **rassistischen Maßstäben** zuwies, sind einer genaueren Betrachtung kaum wert. Kann ein „Mischling" oder ein „Weißer" kein Afrikaner sein? Dennoch geben sie Auskunft über den Hintergrund, auf den die Ideologen ihre Ergebnisse und Rückschlüsse projizierten.

Mestiço leitet sich zweifellos von *mestiçagem* (deutsch: Vermischung) ab. Das Wort **Mulato** trägt den Sinn von *Muwalladün* weiter, wie die Mauren ihre Nachfahren nannten, wenn ein Elternteil nicht Muslim war. Es hat somit die gleiche Bedeutung. Der Blick bleibt beschränkt auf die Abstammung, erklärt vielleicht die Vermischung, nicht jedoch die Kreolisierung einer Gesellschaft, die Schaffung einer eigenen, neuen Kultur.

Fußnote: Der hier verwendete **Begriff Minderheit (minority)** bezieht sich nicht auf die zahlenmäßige Stärke einer Gruppe, sondern auf ihren Rechtsstatus. Der Minderheit werden Rechte vorenthalten und sie werden unter Kontrolle gestellt, ähnlich Minderjährigen *(minors).* Eine Minderheit kann somit zahlenmäßig gleich groß oder größer sein als die Mehrheit.

Der wichtigste **Unterschied zwischen Vermischung und Kreolisierung** besteht darin, dass Mehrheit und Minderheit gemeinsame, kreolische Familien gegründet haben. Die Freien, anfangs nur Europäer, lebten mit einer oder mehreren Sklavinnen zusammen und hatten gemeinsame Kinder, die nicht in einer Sklavensiedlung, sondern in und am Haus des Besitzers aufwuchsen. Von diesen Kindern leitet sich das **Wort Crioulo** ab, eine Verkleinerungsform von **cria,** was so viel bedeutet wie Kleinvieh und Nutztiere aller Art, die in und um das Haus gehalten werden. Der Hausherr, der zumeist auch ein Hofherr war, hatte aus dieser, nicht selten **polygamen Familienkonstruktion** diverse Vorteile. Durch seine Sklaven-Frauen und eine große Zahl von Kindern standen ihm nicht nur Arbeitskräfte für die Landwirtschaft zur Verfügung, sondern diese gehörten zur Familie und waren sichtbar verschieden von den gehandelten Sklaven. Man konnte sie unbeaufsichtigt im Handelskontor und auf den Schiffen beschäftigen ohne Gefahr, dass sie sich mit den Neuankömmlingen solidarisieren würden.

Der Historiker *Basil Davidson* weist nach, dass der antiafrikanische **Rassismus** um etwa 60 bis 100 Jahre jünger ist als die Versklavung von Afrikanern nach Portugal, Madeira, Cabo Verde und in die Neue Welt. Noch bestanden mächtige Königshäuser in Afrika, denen die Europäer militärisch vor Ort nicht gewachsen waren. Sklaven wurden nicht geraubt, sondern gekauft im Rahmen von Handelsverträgen zwischen den Königshäusern Afrikas und Europas. Davidson erzählt hierzu eine interessante Geschichte: Zwei Neffen des Mali von Kongo sollten auf Einladung der englischen Königin zum Studium nach Kent reisen. Noch begegnete man sich mit Respekt auf gleicher Augenhöhe. Der Kapitän des Sklavenschiffs, auf dem sie mitfuhren, sah das anders und verkaufte die beiden in Jamaika. Daraufhin blockierte der Mali von Kongo den Handel mit Europa. Die englische Königin schickte Diplomaten mit ihrem schnellsten Schiff an den Hof des Mali, von dort nach Jamaika, um die jungen Männer wenige Wochen später in einem Empfang bei Hofe aufzunehmen. Nach zwei Jahren Blockade öffnete der Mali den Markt erneut. Aus späteren Dokumenten geht hervor, dass die beiden ihr Studium erfolgreich abschlossen und bei Hofe ein- und ausgingen. Auch findet sich ein Hinweis, dass sie sehr galant und gerne gesehen waren, vor allem bei den Hofdamen ...

Im Zeitfenster zwischen dem Beginn der transatlantischen Sklaverei und dem antiafrikanischen Rassismus als staatlicher und religiöser Doktrin, das von 1460 bis höchstens 1540 reicht, entstanden **kreolische Kulturen.** Nach Cabo Verde folgten Handelsstationen rund um den afrikanischen Kontinent von Bissau über Freetown, Sierra Leone, Luanda, Moçambique, Kilwa und Mombasa. Erneut von Cabo Verde aus gelangten sie auf die Inseln der Karibik und nach Brasilien. Da die Portugiesen die ersten waren, waren sie stärker beteiligt als die später folgenden Kolonialmächte. Aber auch die Franzosen haben kreolisiert, u.a. in Lousiana. Die

Spanier hingegen standen in der Tradition der Inquisition und waren schneller bei einer rassistischen Doktrin. Sie kreolisierten nicht, sondern erließen ein Sklavenhandelsgesetz, nach dem das Zusammenleben verboten war und männliche und weibliche Sklaven in gleicher Zahl eingekauft werden sollten. Die Engländer und Holländer kamen später.

Zu **Beginn des Formungsprozesses** der Kultur waren nur wenige Besitzer mit einer freien Frau verheiratet und hatten daneben Kinder mit Sklavinnen im Interesse der Firma, ihrer selbst oder aus Zuneigung. Die überwiegende Mehrheit lebte nur mit versklavten afrikanischen Frauen.

Da in Cabo Verde zu dieser Zeit **nur Santiago** (und in winziger Zahl Fogo) mit Europäern besiedelt war, stand die Wiege der kreolischen Gesellschaft de facto auf Santiago. Hier waren die **Vorbedingungen** zur Entstehung einer kreolischen Kultur und Sprache über lange Zeit gegeben: 1. Abwesenheit oder fehlende Kontrolle einer rassistischen Doktrin; 2. bunt zusammengewürfelte Minderheiten mit so großer Sprachvielfalt, dass sie sich untereinander nicht verstanden und nur über Sprachbrocken ihrer Herren verständigen konnten; 3. Isolation, die verhinderte, dass die entstehende Kultur und Sprache sofort assimiliert wurden.

Für den Soziologen interessant ist das Phänomen, dass die ausschließliche Beziehung mit Sklavinnen den Besitzer **ohne freie Kinder** ließ. Bei allen kurzfristigen Vorteilen für ihn und seinen Betrieb war der Fortbestand des Betriebs, seine Ausweitung und die Versorgung im Alter nicht zu sichern. Auch dem menschlichen Bedürfnis, sich in einen bleibenden historischen Kontext, in eine Familie zu integrieren, widersprach dies. Ein Ausweg bestand nur in der **Freilassung,** und die Besitzer-Väter fanden Wege, sie durchzusetzen.

Leider ist bisher viel zu wenig Literatur zum **Selbstverständnis der ersten Generationen** aufgearbeitet. Was dachten die Siedler, Deportierten und Seeleute in der Zeit der kapverdianischen Kreolisierung? Was bestimmte ihre Träume und Hoffnungen? Was fühl-

cv046 Foto: pr

Forte San Filipe in Cidade da Rª Grande do Santiago

Land und Leute

ten sie? Bekannt ist, dass ein großer Teil **„Neue Christen"** waren. So nannte die Inquisition die zum Christentum gezwungenen sefardischen Juden (hebr. *Sefarad* = Spanien) und maurischen Muslime. Aus Spanien wurden im Jahr 1492 300.000, nach anderen Quellen 800.000, Juden binnen drei Monaten verbannt, von denen schätzungsweise ein Drittel nach Portugal floh. Diese Menschen kamen aus einer 750-jährigen Tradition des vergleichsweise toleranten maurischen Vielvölker- und Vielreligionenstaats und hatten zum Teil ein hohes Bildungsniveau. Selbst die Tradition der Skaverei, die sie mitbrachten, hatte wenig gemein mit dem völlig menschenverachtenden Umgang, der sich im transatlantischen Sklavenhandel ausbildete. Ein maurischer Sklave wurde als Mensch gesehen, hatte einige Rechte, die er auch gegenüber seinem Herrn einklagen konnte. Freilassungen waren häufig und ehrten den ehemaligen Besitzer in der Gesellschaft und vor Gott. Es gibt einige Beispiele ehemaliger Sklaven, die nach Freilassung in kurzer Zeit in hohe staatliche Ämter aufstiegen, was folgern lässt, dass sie zuvor nicht nur die Zuckermühle getreten haben.

Inwieweit war es möglich, der zunehmend **rassistischen Staats- und Kirchendoktrin** zu entgehen? Die Mächtigen und Reichen konnten es sich leisten, der Diskriminierung ihrer afrikanischstämmigen Verwandtschaft ungestraft zu widersprechen. Für die Armen mag es schwieriger gewesen sein, Liebe und Respekt offen zu zeigen. Gab es sie deshalb nicht?

Die gerne verbreitete Meinung, das portugiesische Kolonialsystem sei nicht rassistisch gewesen, ist schlechte Geschichtsklitterung. Spätestens seit dem Jahr 1500 waren koloniale Obrigkeit und Kirche zutiefst besorgt über die Tatsache, dass hier ein Mischvolk von *mulatos* heranwuchs und noch dazu eines, das sich in seiner vielfarbigen Eleganz gefiel. Die **faktische Polygamie, lockere Moral und das Zusammenleben der Rassen** wurden als die Sünden verstanden, für die Cabo Verde mit verheerenden Dürren, Piratenüberfällen

cv048 Foto: pr

Karnevalstänzerin in Mindelo

und Epidemien gestraft wurde. Doch die kreolische Kultur war bereits stärker als die eilig eingeleiteten Gegenmaßnahmen. Wie wirksam ist ein Gesetz, wenn es sich der Großgrundbesitzer *Baltazar Correa* 1548 erlauben kann, seinen kreolischen Kindern *Baltazar, Laurenço, Maria* und *Bastiam* riesige Ländereien testamentarisch als Capela do Pico Vermelho zu überschreiben? Das Zusammenleben mit der kapverdianischen Sklavin *Catrina* in Lissabon brachte ihm zwar zwei Jahre Verbannung ein, doch sein Testament wurde respektiert, hatte er doch auch die Kirche begünstigt durch die Verpflichtung seiner Kinder, regelmäßig Messen lesen zu lassen. Wie glaubhaft ist ein Dekret, wenn der Gouverneur *Zuzarte* (bis 1751) in der ersten Kirchenbank zwischen seiner afrikanischen Frau und den gemeinsamen Kindern sitzt, die er wie frei und ehelich behandelt? Wie glaubhaft ist die Moralpredigt, wenn der katholische Priester *Nicolau* aus Rª Grande sich tagtäglich als Frauenheld profiliert und entgegen des Zölibats 54 (bekannte) Kinder hinterlässt? Wie sündig ist die Polygamie, wenn der Richter und Vorsitzende des Christlichen Ordens, *Dr. José da Costa Ribeiro,* mit sechs Sklavinnen lebt, die er am Ende seiner Mission alle mit nach Lissabon nimmt? Und die weißen Frauen, die man aus den Gefängnissen Portugals schiffsladungsweise herangeschafft hatte, um noch mehr *mulatos* zu verhindern, was geschah mit ihnen? Sie waren aus der Unterschicht und für die weißen Siedler wenig attraktiv, sodass sie sich kreolische Partner suchten und genau das taten, was sie verhindern sollten – sie brachten mulatos auf die Welt.

Aus der Tatsache, dass die rassistischen Eingriffe in eine kreolische Kultur letztlich nie dauerhaft funktionierten, lässt sich nicht schließen, dass Kirche und Staat sie nicht versucht hätten. Bis 1961 durften auch in Mindelo nur die Weißen auf dem erhöhten Podest der Praça Nova wandeln, während die Schwarzen unten zu bleiben hatten. Selbstverständlich waren einige der armen „Schwarzen" deutlich hellhäutiger als viele der reichen „Weißen". Das tat dem Prinzip keinen Abbruch.

Die **Jesuiten** kamen den antirassistischen Bedürfnissen der kreolischen Gesellschaft entgegen und halfen, sie zu stabilisieren. Sie widersprachen der kirchlichen und weltlichen Ideologie ihrer Zeit diametral in einem Ansatz, der viele Elemente moderner Menschenrechtsdiskussion vorwegnahm. Ihre Politik entschärfte die in Familien unerträglichen sozialen Kontraste einer Sklaven haltenden Gesellschaft. In ihren Schulen, von denen sie mehrere in Cabo Verde gründeten, saßen freie und unfreie, weiße und dunkelhäutige Kinder und lernten gemeinsam lesen und schreiben. Sie setzten durch, dass alle Sklaven an den Messen teilnehmen konnten. Und das kreolische Zusammenleben ohne Rassismus muss ihnen gefallen haben. Der berühmte Jesuitenpater *António Vieira* schrieb 1652 in sein Kap-Verde-Tagebuch: „Sie sind schwarz, doch das ist auch alles, worin sie sich von Europäern unterscheiden. (...) Es gibt hier Pfarrer und Domherrn, so schwarz wie Pech; aber sie sind so ernsthaft, so glaubwürdig, so gelehrt, so gute Musiker, so zurückhaltend und so wohlerzogen, dass die (Pfarrer), die wir in unseren Kathedralen haben, vor Neid erblassen können." Unter dem Einfluss der Jesuiten wurde die **testamentarische Freilassung** zum gängigen Brauch auf Santiago. Ihr wagten sich weder Staat noch Kirche zu widersetzen.

Die Badios von Santiago

„Badio" leitet sich ab vom portugiesischen „vadio" (flüchtig, entlaufen), und die Badios stehen in der Tradition eines **„Volks von Flüchtlingen".** Sklaven und Gefangene, Verelendete und wer sonst noch ein Motiv zum Weglaufen sah, nutzten die Gelegenheiten von Piratenangriffen, Hunger und Dürre, um ins Inselinnere zu fliehen. Sie bildeten dort Gemeinschaften mit einem ausgeklügelten System von Fluchtwegen und Verhaltensweisen, die davor schützten, von Soldaten oder Sklavenfängern wieder eingefangen zu werden. Sie blieben beim christlichen Glauben, da ihnen aber die Kirchen verwehrt waren, hielten sie den Gottesdienst unter freiem Himmel ab. Laienprediger aus ihrer eigenen Mitte schienen ihnen glaubwürdiger als europäische Profi-Priester, die Teil des Systems des Sklavenhandels waren. Mit dem Ende der Sklaverei wurde die Badio-Kultur zur allgemeinen Kultur auf der Insel, und die gestandenen Einheimischen nannten sich mit einem gewissen Stolz alle Badios.

Die Kapverdianer wurden in der Kolonialzeit gelehrt, dass Afrika keine Geschichte vor der „Entdeckung" habe, und begannen, nach ihrer Identität zu suchen. Junge Intellektuelle beschäftigten sich ab den 1930er Jahren verstärkt mit der Kultur der Badios. Unterdrückt von der politischen und benachteiligt durch die wirtschaftliche Struktur, aber frei in ihrer Identität, wurden die Badios und ihre Musik zu einem Symbol kapverdianischer Rechtmäßigkeit und Authentizität.

Die Badios sind bis heute der **Kern der Bevölkerung Santiagos.** Sie haben viele Elemente afrikanischer Kultur in die kreolische hinübergerettet und sehr bewusst bewahrt: Sklaven- und Pächterrebellionen umgaben sie mit einem Mythos, der zwischen Verachtung und Bewunderung schwankte. Die portugiesischen Autoritäten gingen soweit, ihnen den „afrikanisch primitiven" Batuco (Musik- und Tanzform) zu verbieten. In Unwissenheit über ihre eigenen Wurzeln, haben sie das „Colá São João" gleich mit verboten, obwohl die Figuren, der Rhythmus, die Pfeifen und Trommeln aus Portugal stammen und auch die Choreografie zu früheren Zeiten bereits in Portugal heimisch war. Die Identität der Badios drückt sich in ihrer Musiktradition aus, in Batuco, Finançon, Funana und Tabanca (s.a. „Kunst und Kultur/Musik").

Die Gruppe der **„Rabelados"** steht am stärksten in dieser Tradition. Als der faschistische portugiesische Diktator *Salazar* seine Auffassung von Staatsreligion auch den Kapverdianern als neue Liturgie aufpressen wollte, rebellierten sie und sagten sich 1942 von der katholischen Kirche los.

Bis 1963 waren ihre **Siedlungen** nicht zu unterscheiden, wohnten doch damals alle Armen im ländlichen Raum unter einem Strohdach über einem mit Lehm aufgeschichteten Bruchsteinmauerwerk. Seither jedoch bauen einige Gruppen die Wände ihrer Häuser aus Meerrohr *(cana de carice)* und decken sie weiterhin mit Stroh, sodass ihre Häuser in Espinho Branco, Biscainho, Lagoa Gémea und Achada Bel-Bel sofort zu erkennen sind.

Im Bemühen, die Tradition der Unterdrückten und Verfolgten möglichst authentisch weiterzuleben, lehnen sie alles Moderne ab. Der **Zusammenhalt** der Rabelados, ihr Kampf gegen Ausbeutung, ihr stolzes Selbstbewusstsein und ihre Kritik der kolonialen Gesellschaft, die zur Kritik der modernen Konsumgesellschaft wird, all dies ist beeindruckend, auch wenn nach dem Tode des ersten übergeordneten Chefs, *Nho nhó Landim,* Fraktionen entstanden. Schwerer nachvollziehbar ist ihre Bereitschaft zu weitestgehendem Verzicht, die ihnen das Ausbrechen aus der **Elendsspirale** auf Dauer verwehrt. Sie schicken ihre Kinder in keine Schule.

Die Fundamente ihres **Glaubens** sind dual. Der Mensch hat Körper und Geist. Der Geist ist ein gemeinsamer, und so er Gutes bewirkt, ist er der Geist Gottes. Ist er dem Bösen und Schlechten verhaftet, ist es der Geist der Dämonen. Sieben Laster stehen sieben Tugenden gegenüber.

Durch den Verzicht auf die Schrift bleiben Geschichtsauffassungen und Bibelkenntnis auf **orale Überlieferung** beschränkt, die kein Quellenstudium und keine neueren Interpretationen erlaubt.

Feste Arbeits- oder Pachtverhältnisse lehnen die Rabelados ab. Moderne Gesundheitsdienste werden erst genutzt, seitdem sie in den 1970er Jahren Opfer einer Polio-Epidemie wurden und seither an Impfprogrammen teilnehmen. Im Falle von **Krankheiten** werden unverändert zuerst die traditionellen Mittel ausgeschöpft, bevor ein Kranker einem modernen Arzt vorgestellt wird.

In der **Tradition** entlaufener Sklaven vergangener Jahrhunderte ist es stenggläubigen Rabelados verwehrt, in Häusern von Nicht-Rabelados zu schlafen, zu trinken oder zu essen, waren dies doch die Gelegenheiten, einen entlaufenen Sklaven betrunken zu machen und zu überrumpeln. Mit ähnlicher Argumentation sollen sie gegenüber Nicht-Rabelados keine Eigennamen angeben. In der Schwangerenvorsorge antworten die Frauen auf die Frage nach dem Namen einheitlich mit „Maria Testemunha" und auf den Grabsteinen steht „Rabelado", sonst nichts.

Viele wurden nur wegen ihres Glaubens von der Kolonialregierung auf andere Inseln deportiert. *Agostinho Gonçalves* (s.u.) und sein Vater wurden im Konzentrationslager Tarrafal gefoltert.

In den 1990er Jahren fand die Gruppe im **kulturellen Bereich,** dank der Arbeit interessierter Künstler, Journalisten und Kameraleute, zunehmend Anerkennung. Mit einem Konzert im Kulturpalast von Praia, das ihre Musik vorstellte, traten sie aus der Isolation.

Nicht wenige Rabelado-Familien suchen **Kompromisse** zwischen ihrem Glauben und der Teilnahme an den Errungenschaften der modernen Gesellschaft. Sie ziehen fort, ohne den Kontakt zu Familie und Gemeinde zu meiden, suchen Arbeit und wirtschaftliche Teilnahme, schicken ihre Kinder auf die Schule. Trotz reichem Kindersegen schrumpft die Gemeinde beständig.

Der charismatische Chef, **Agostinho Gonçalves** starb im November 2006 im Alter von 64 Jahren. Geradlinig und möglichst einfach, so wie er sein Leben gelebt hatte, hat er sein Begräbnis gewünscht. Nur in ein Tuch gewickelt, wie einst Jesus, trug ihn die Gemeinde auf einer der derben hölzernen Tragen, wie sie dem Transport schwerer Steine dienen, zur letzten Ruhe. Wenige Wochen nach seiner Wahl zum neuen Chef traf sich sein Sohn **Moisés Pereira** mit dem Ministerpräsidenten, um politische Weichen zu stellen, die eine Teilnahme der Rabelados an der Entwicklung erlauben. Musik, Plastik und Malerei als Ausdruck der kulturellen und spirituellen Identität der jungen Rabelados sollen Teil einer Strategie der Öffnung und des wirtschaftlichen Erfolgs werden.

Die Sampadjudos im Rest des Archipels

Erst dank der Arbeitsprogramme in Hungersjahren lernten die Badios Menschen von den anderen Inseln in größerer Zahl kennen und nennen sie bis heute **„Sampadjudo".** Mitunter hört man, dies sei eine Verballhornung von „são para ajudar", sprich „sie kamen, um zu helfen". Die Arbeitsprogramme waren sprachlich zu Hilfsprogrammen *(ajuda)* geschönt worden. Die Hungernden, insbesondere von São Nicolau, kamen nach Santiago zum Straßenbau, wo es noch etwas zu essen gab. Wahrscheinlicher ist, dass ein Verwalter dieser Programme, *Sr. Sampajo Ajuda,* seinen Namen für sie gegeben hat. Egal: Ein Kapverdianer, der kein Badio spricht, ist und bleibt ein Sampadjudo.

Demografie

Historische Demografie

An **kleinen Inselstaaten** mit bekannter Entdeckungsgeschichte wie Island und Cabo Verde pflegen Demografen die Prinzipien ihrer Wissenschaft zu vermitteln. Zwar können die Kapverdianer nicht wie die Isländer den ersten Bürger mit Namen benennen und die Entwicklung der Bevölkerung haarfein über 1200 Jahre verfolgen, aber der Name der ersten Besitzer und regelmäßige Zählungen über 550 Jahre sind noch immer eine ungewöhnlich gute Basis. Unter den Beispielen historischer Demografie finden sich andere **Sklaven haltende Staaten,** in denen das Zählen der Bevölkerung Teil der Kontrolle über die Sklaven und der auf den Besitz von Sklaven geforderten Steuern war.

In den Jahren vor der Entdeckung Amerikas und der Auslöschung des Maurenreiches in Spanien (1492) wuchs die Bevölkerung nur sehr langsam. Aus dem Dutzend Soldaten, die ab 1461 die Stellung in Ribeira Grande halten sollten, waren bis 1510 erst 190 Bewohner geworden, davon 30 Sklaven. Trotz des boomenden Sklavenhandels lebten auch 1580 nur etwa 2000 Freie mit 14.000 Sklaven auf den Inseln. Es sollte noch bis etwa 1800 dauern, bis 50.000 Einwohner erreicht waren.

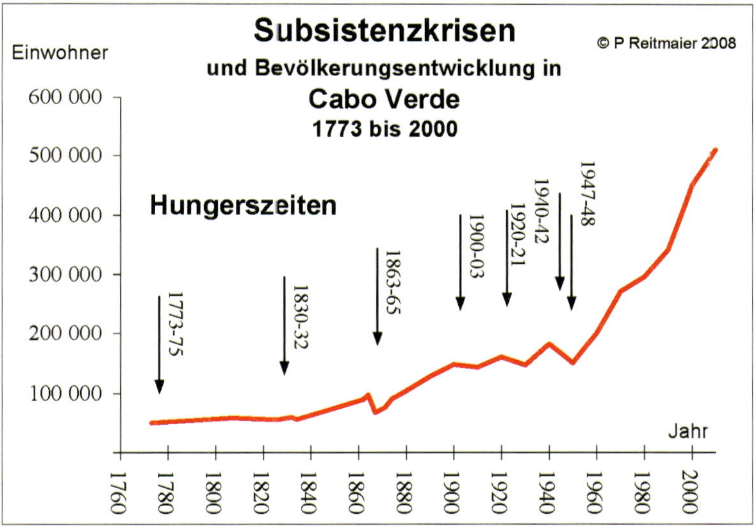
Subsistenzkrisen
und Bevölkerungsentwicklung in
Cabo Verde
1773 bis 2000
© P Reitmaier 2008
Einwohner
600 000
500 000
400 000
300 000
200 000
100 000
Hungerszeiten
1773-75
1830-32
1863-65
1900-03
1920-21
1940-42
1947-48
Jahr
1760
1780
1800
1820
1840
1860
1880
1900
1920
1940
1960
1980
2000

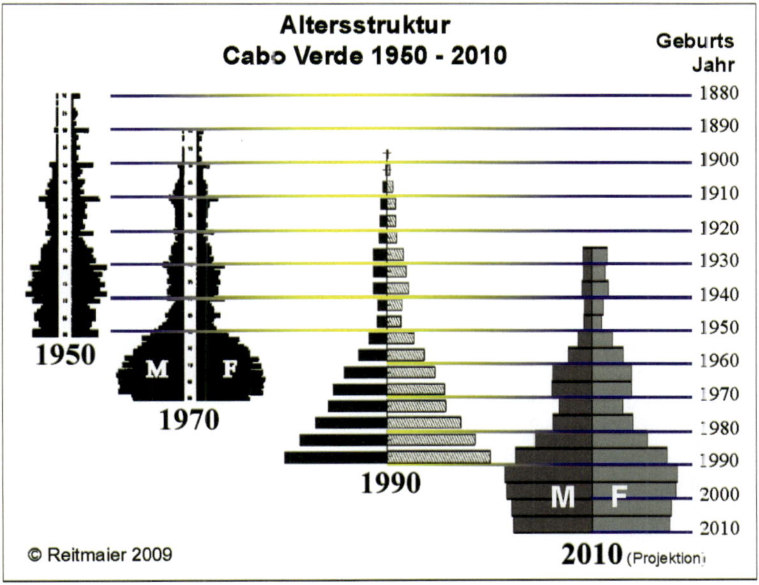
Altersstruktur
Cabo Verde 1950 - 2010
Geburts
Jahr
1880
1890
1900
1910
1920
1930
1940
1950
1960
1970
1980
1990
2000
2010
1950
M
F
1970
1990
M
F
2010 (Projektion)
© Reitmaier 2009

Wie der Grafik auf der Seite zuvor zu entnehmen ist, nahmen die **Hungersnöte** von Jahrhundert zu Jahrhundert in ihrer Häufigkeit und in der Zahl der Opfer stetig zu. Die schlimmsten fanden im 20. Jahrhundert statt, zu Zeiten, in denen Portugal technisch durchaus in der Lage gewesen wäre, das kleine Cabo Verde mit damals weniger als 200.000 Einwohnern zu ernähren. Stattdessen wurde das Problem vor anderen Staaten mit humanitärem Anspruch vertuscht und versteckt. Es wäre sicher nicht schwierig gewesen, Hilfe zu organisieren, wenn sie die Kolonialisten schon nicht selbst geben wollten, gab es doch schon die Erfahrung aus den Hungersjahren von 1830–32, in denen die Amerikaner 13 (!) Schiffe mit Lebensmitteln geschickt hatten. Stattdessen wurden mit ungeahntem Zynismus kleine Haushaltsposten verabschiedet – um die Friedhöfe zu erweitern. Allein die Hungersnot um 1940 führte zum Tod von ca. 30.000 Kapverdianern.

1950 gleicht die **Alterspyramide** (siehe oben, untere Grafik) der eines jungen Industrielandes. Die Kinder der 1940er waren zum größten Teil verhungert, die über 50-Jährigen ebenso. Verfolgt man die Altersgruppen über die folgenden Jahrzehnte, dann zeigt sich, dass es die am stärksten vom Hunger betroffenen Jahrgänge waren, die später emigriert sind – die der 1940er und 1950er Jahre. Zurück bleibt eine Gesellschaft, in der die heute 60- bis 70-Jährigen fast völlig fehlen. So nimmt es nicht Wunder, dass 44% der Einwohner unter 15 Jahre alt sind. Das Durchschnittsalter war in den 1990ern eines der niedrigsten der Welt mit Werten um 15 Jahre, stieg danach auf über 17,4 Jahre (2000) und dann rasch auf 20 Jahre (2007). Da erstaunt es kaum einen denkenden Menschen, dass diese Gesellschaft zurzeit noch schnell wächst, obwohl die Familienplanung Erfolge zeigt. Die Mütter von morgen sind geboren, während die Alten verhungert oder emigriert sind. Auf 25 Lebendgeburten pro 1000 Einwohner kommen nur fünf Todesfälle. Es wäre schrecklich und für den Aufbau der Gesellschaft völlig ungesund, wenn das **Bevölkerungswachstum** rasch auf Null zurückginge. Um das zu erreichen, müsste entweder die Lebenserwartung katastrophal zurückgehen oder es dürften fast keine Kinder mehr auf die Welt kommen. Auch wenn ab sofort alle Mädchen in Cabo Verde in ihrem Leben nur 2,1 Lebendgeburten hätten (was der anzustrebende Wert zum Erhalt einer stabilen Gesellschaft ist), würde das natürliche Bevölkerungswachstum für 15 Jahre mit 1,7% pro Jahr weiterlaufen. Es beträgt derzeit noch 1,93% (2007), und die Emigration vermindert es in ein Gesamtwachstum von 1,65%. Der **Rückgang der Geburten** ist selbst in absoluten Zahlen beeindruckend. Wir haben auf Santo Antão nur noch halb so viele Geburten wie in den 1980er Jahren. Die Zahl der Lebendgeburten pro Frauenleben (2003–2007) ist auf 2,8 gesunken. Die ländlichen Ge-

Ouril-Spiel –
Entspannung nach der Arbeit

cv047 Foto: pr

genden folgen etwas langsamer (3,0), die Städte gehen vorneweg (2,6).

Seltsamerweise werden die sich aus der Geschichte ergebenden Zusammenhänge zwischen dem Hunger der Kolonialzeit und dem Bevölkerungswachstum des unabhängigen Landes von unvorbelasteten Gästen leichter verstanden als von manchen Entwicklungspolitikern. Noch Ende der 1990er wusste mich ein auf Geburtenkontrolle geeichter deutscher Staatssekretär mit dem Kommentar „Wie lange sollen wir die denn noch durchfüttern?" zu überraschen. Inzwischen ist er wohl im Ruhestand. Ob er sich manchmal fragt, wer die deutschen Rentner durchfüttert? 2,5 Kinder pro Frauenleben wären nicht schlecht, um die Folgen des „Pillenknicks" im Westen und des „Wendetraumas" im Osten auszugleichen. Cabo Verde wird das Ziel halten.

Aktuelle Demografie

Der durchschnittliche Haushalt in Cabo Verde hat 4,6 Mitglieder. In den Städten des Barlavento dominiert die Nuklearfamilie: Mama, Papa, zwei Kinder. In den Armenvierteln von Praia und auf dem Land hingegen ist die Mehrgenerationenfamilie noch üblich.

Wie im Kapitel zur kapverdianischen Familie ausgeführt wird, kennen kreolische Kulturen eine **Vielzahl verschiedener Formen des Zusammenlebens von Mann und Frau.** 54% der Erwach-

Bevölkerung *nach Inseln und Concelhos (Landkreisen)*

2000 *Zählung*					**2009** *Projektion*	
Insel */ Concelho*	***Hauptort***	***Gesamt***	***Männer***	***Frauen***	***Zuwachs*** *seit 2000*	
Cabo Verde		**434.812**	210.569	224.243	**508.633**	17%
Santo Antão		**47.124**	24.396	22.728	**48.939**	4%
Ribeira Grande	Vila da Rª Grande	**21.560**	11.084	10.476	**21.729**	
Paúl	Vila das Pombas	**8.325**	4.485	3.840	**8.730**	
Porto Novo	Vila do Porto Novo	**17.239**	8.827	8.412	**18.480**	
São Vicente	Mindelo	**67.844**	33.656	34.188	**79.681**	17%
São Nicolau		**13.536**	6.721	6.815	**12.810**	-5%
Rª Brava	Vila da Rª Brava				**7.946**	
Tarrafal	Vila de Tarrafal de SN				**4.864**	
Sal	Espargos	**14.792**	7.867	6.925	**20.041**	35%
Boa Vista	Sal Rei	**4.193**	2.206	1.987	**6.007**	43%
Maio	Vila do Maio	**6.742**	3.143	3.599	**8.132**	21%
Santiago		**236.352**	111.140	125.212	**278.335**	18%
Tarrafal	Vila de Tarrafal de ST	**18.059**	8.047	10.012	**23.109**	
Santa Catarina	Assomada	**49.970**	22.814	27.156	**47.681**	
São Lourenço dos Órgãos	Picos				**9.120**	
Santa Cruz	Pedra Badejo	**32.822**	15.502	17.320	**29.505**	
Praia	Praia	**106.052**	51.158	54.894	**127.524**	
Rª Grande Santiago	Cidade da Rª G ST				**9.624**	
São Domingos	São Domingos	**13.296**	6.418	6.878	**14.323**	
São Miguel	Calheta de São Miguel	**16.153**	7.201	8.952	**17.449**	
Fogo		**37.409**	18.020	19.389	**42.220**	13%
Mosteiros	Mosteiros	**9.479**	4.531	4.948	**9.479**	
Santa Catarina FG					**4.811**	
São Filipe	São Filipe	**27.930**	13.489	14.441	**27.930**	
Brava	Nova Sintra	**6.820**	3.420	3.400	**6.141**	-10%

Nach dem Jahr 2000 gegründete Landkreise bleiben ohne Eintrag für 2000.

Quelle: INE Instituto Nacional de Estatística, 2008

senen bezeichnen sich als ledig, 24% leben mit einem Partner, ohne verheiratet zu sein *(união de facto)*, 16% sind verheiratet; 3% sind geschieden. In älteren Statistiken steht zu lesen, dass etwas mehr als die Hälfte der Verheirateten nicht mit ihrem Ehepartner zusammenlebt; neuere Angaben fehlen. Die Badio heiraten deutlich häufiger in jungen Jahren als die Sampadjudo.

Die **Säuglingssterblichkeitsrate** ist der häufigst zitierte Indikator für den Gesundheitszustand einer Gesellschaft. In den ersten fünfzehn Jahren der Unabhängigkeit ist sie erstaunlich rasch gefallen: auf Santo Antão von 130/1000 Lebendgeburten (1970–75) auf 32 in 1983. Das Sotavento folgte sehr viel langsamer. Seit 2000 stagniert sie bei Werten knapp über 20/1000. Nachdem einige Krankheiten erfolgreich „weggeimpft" wurden und Diarrhoe und Mangelernährung relativ gut im Griff sind, schieben sich andere Probleme in den Vordergrund. 54% der Kinder, die das erste Lebensjahr nicht überleben, versterben in den ersten sieben Tagen, vorwiegend als Folge der Frühgeburtlichkeit und erheblicher Qualitätsmängel der Geburtshilfe.

Die **Lebenserwartung** stieg ähnlich beeindruckend um 15 Jahre in den ersten zehn Jahren nach der Unabhängigkeit. Da meinte so mancher, wenn das so weitergehe, müssten die Kapverdianer ewig leben. Sie stieg inzwischen auf 71,6 Jahre für die Frauen und 65,8 für die Männer. Der gute Grogue ...

Die **Verstädterung** ist rasant. 59% der Kapverdianer leben heute in Städten (2007). Es ist zum einen der **Anreiz der Stadt,** die Hoffung auf einen Job, die besseren Bildungschancen und auch der höhere Unterhaltungswert der Stadt für Jugendliche, der anzieht. Zum andern treibt die Dürre in die **Landflucht.** Für ehemalige Bauernfamilien im Trockenfeldbau gibt es dort nichts mehr zu tun. Hinzu kommt eine rasche **ländliche Urbanisierung.** Die Familien geben das Haus auf dem abgelegenen Bergrücken auf und ziehen an die Straße. Sie pendeln in die Stadt, um zu arbeiten, um zu handeln, um zur Schule zu gehen. Sie wohnen weiter im ländlichen Raum, aber sie leben ein städtisches Leben mit neuen Möglichkeiten. Ihr Verhalten und ihre Gesundheitsrisiken unterscheiden sich kaum von denen der Städter. Einige der Inseln, Brava, São Nicolau und Santo Antão, stagnieren in ihrer Bevölkerungsentwicklung seit Jahrzehnten. São Nicolau und Brava liegen konstant bei etwa der Hälfte der Einwohnerzahlen von 1939. Auch Boa Vista hatte im Jahr 2000 nur halb so viel Einwohner wie 1844. Dank seiner touristischen Qualitäten wird es nun den Anschluss an Sal und Assomada suchen, die als rasch wachsende Sekundärzentren den traditionellen Zentren Praia und Mindelo im Wachstum nicht nachstehen. **Gut die Hälfte der Bevölkerung lebt auf Santiago.**

Emigration

In der Einleitung haben wir erklärt, wie wenig man den kapverdianischen Schmetterling zu erkennen vermag, so lange man nur auf den unscheinbaren Körper der Inseln starrt.

Zu den **500.000 Einwohnern** Kap Verdes (434.812 in der Volkszählung von 2000) kommen große Auslandsgemeinden hinzu. Was ein Kapverdianer ist, weiß nur der Kapverdianer selbst. An der Hautfarbe, am Pass, an der Sprache kann man ihn nicht erkennen. Bei den Nachfahren von Kapverdianern in Lissabon und noch mehr in Boston haben wir oft gehört, dass sie sich selbst als Portugiesen und Amerikaner verstehen. Andere sind der Meinung, Kapverdianer zu sein, auch wenn ihre Nationalität eine andere ist. Die Zahl der sich als Kapverdianer verstehenden Menschen **im Ausland** wird auf mindestens **750.000** geschätzt. Damit gibt es weltweit rund 1,3 Millionen Kapverdianer.

Wann man den **Beginn der kapverdianischen Emigration** ansetzt, ist eine Frage der Definition. Muss ein Mensch freiwillig seinen Wohn- und Arbeitsort wechseln, um ein Emigrant zu sein? Ist nicht auch ein Sklave, der von seiner Familie getrennt und aus seiner Kultur heraus verschleppt wird, ein Emigrant? Wie fließend sind die Übergänge zwischen einem Sklaven, der wegen der Dürre verkauft wurde, und einem, der aus „freier" Entscheidung dem Verhungern entging? Die Verhungernden von Maio haben den Unterschied kaum gesehen, als sie in die Sklavenschiffe nach Barbados stiegen. Denn es gab keinen Unterschied. Auch die Freien mussten sich für zehn Jahre in die Sklaverei verkaufen, um einen Platz zu ergattern. Sie wurden auf Barbados gegen Zuckerrohrmelasse eingetauscht, aus der in Boston Schnaps gebrannt wurde. Und in den letzten Tagen des Kolonialismus – wo war der Unterschied zwischen dem Zwangsarbeiter und dem, der mit knurrendem Magen einen Arbeitsvertrag unterschrieb für Plantagenarbeit in São Tomé? 50% des Lohns sollte er verbrauchen dürfen, 50% sollten auf ein Sparkonto fließen und ihm nach Rückkehr in Cabo Verde ausbezahlt werden. Freier Transport hin und zurück. Zigtausende haben 1974 auf den Rücktransport gewartet. Er kam bis heute nicht, genauso wenig wie die zweite Hälfte des Lohns. Auf eigene Faust sind sie geflohen bis in die Slums von Lissabon, als „Portugiesen" mit portugiesischen Arbeitspapieren aus der „Província". Jahre später hat man sie nach einem Pass gefragt und ihnen keinen gegeben, sondern an die Botschaft Cabo Verdes verwiesen mitsamt ihren Kindern, die nie kapverdianischen Boden betreten hatten. Aus Kontrakt- und Zwangsarbeiterfamilien wurden „Illegale", während die „Legalität" der Umstände, unter denen ihre Odyssee begann, kaum je zur Debatte stand. Kein einziger der Kommandanten und Folterer von Tarrafal, keiner der gefürchteten Geheimpolizisten der PIDE in Kap Verde wurde je von einem portugiesischen Gericht verurteilt. Immerhin hat der moderne portugiesische Staat die Frage des Zwangs oder vermeinlicher Selbstbestimmung nicht allzu lange gestellt und in den 1990ern die meisten legalisiert. Auch war die EU vergleichsweise großzügig bei der Finanzierung von Wohnraum, weil von Slums belegte Flächen für den Autobahnbau benötigt wurden.

Kapverdianische Historiker gehen ähnlich pragmatisch vor und sparen sich den zynischen Luxus der Unterscheidung, sodass der Beginn der Emigration und der kapverdianischen Diaspora mit dem Ursprung der Nation zusammenfällt.

Die Verbreitung der kreolischen Kultur durch den Verkauf von Sklaven, die in Cabo Verde heimisch waren, ist bisher nicht genauer untersucht.

Sehr genaue Angaben hingegen gibt es über die Zahl der nach **São Tomé** und in andere Kolonien verbrachten Landarbeiter. 1863 gab die portugiesische Regierung die Anordnung, mindestens 1000 Frauen und Männer nach São Tomé zur Zwangsarbeit auf Kakao- und Kaffeeplantagen zu schicken. Die Entsendung erreichte in den 1940er Jahren ihren Höhepunkt und endete erst kurz vor der Unabhängigkeit, 1973.

Zwischen 1825 und 1875 legten rund 100 **Walfangschiffe** jährlich an den Inseln an, um sich mit Material, Lebensmitteln und Arbeitskräften zu versorgen. Junge Fischer aus Brava, an den Tanz im Bug winziger Boote gewohnt, heuerten als Walfänger an. Mit ein paar Habseligkeiten und vielen Träumen im Gepäck kamen sie in die Häfen New Englands. Nordamerika suchte tüchtige und billige Arbeitskräfte. In der ersten Zeit kamen etwa 100 Kapverdianer jährlich. Später stieg ihre Zahl stark an und erfasste auch die Söhne wohlhabenderer Familien. Doch machte der Fortschritt auch um die Walindustrie keinen Bogen. Dampfgetriebene Spezialschiffe mit großen Harpunen verdrängten die Segelschiffe und Ruderboote und den tollkühnen Harpunier im Bug. Einige Kapverdianer ergriffen die Chance, kauften alte Walschoner und machten daraus **Cargo- und Passagierschiffe,** die mit Fracht, Post und Auswanderern zwischen Cabo Verde und den USA pendelten. So siedelten sich die Auswanderer um die Walfanghäfen New Bedford, Boston und Providence an und fanden Arbeit in der aufstrebenden **Textilindustrie** oder bei der **Pacific Railways.**

Zu Beginn des 20. Jahrhunderts verstärkten Dürreperioden den Druck zur Emigration. 1922 jedoch untersagten **restriktive Immigrationsgesetze** Farbigen die Einwanderung in die USA. Es führte zur **Trennung transnationaler Familien** für 44 Jahre. Die in Amerika lebenden Familienmitglieder, in der Angst nicht wieder einreisen zu können, trauten sich nicht mehr, auf Besuch zu kommen. Als die USA 1966 die Gesetze lockerten, folgte eine Nachzugswelle. In den Jahren, in denen die Tür nach Nordamerika geschlossen war, war auch die Emigration nach Europa schwierig. Es blieben nur die portugiesischen Kolonien und Dakar (Senegal), wo seit Beginn des 20. Jahrhunderts der Hafen ausgebaut wurde.

Anfang der 1950er Jahre begann die **Auswanderung nach Europa.** Einige Matrosen gelangten nach Rotterdam in den Niederlanden, fanden vergleichsweise gute Verhältnisse vor und vermittelten weitere Familienmitglieder. Wer in der Binnenschifffahrt Arbeit fand, verdiente weniger als auf hoher See, konnte aber die Familie nachziehen lassen und niederländische Bürgerrechte bekommen. 1968 öffnete Portugal die Grenzen für kapverdianische „Ersatz-

Das Museumsschiff „Ernestina“

Im Hafen von New Bedford liegt das Museumsschiff „Ernestina". Das Schiff selbst, Ausstellungsgegenstände und multimediale Erklärungen lassen den Besucher eintauchen in die spannende Geschichte der Entdeckungen im Polareis und der Seefahrt zwischen den USA und Cabo Verde.

1894	Stapellauf in Essex, Massachusetts für die Fischerfamilie Morrissey unter dem gleichen Namen.
1905	Verkauft nach Neu-Schottland.
1914	Verkauft nach Neu-Fundland.
1926	Erste Eismeer-Expedition.
1931	Eismeer-Expedition im Auftrag des Smithonian Institute.
1940	Kommt dem Nordpol bis auf 600 Meilen nahe.
1941–45	Aufklärungs- und Versorgungsschiff der Navy in der Arktis.
1947	Weitgehende Zerstörung durch einen Brand in New York.
1948	Der Kapverdianer Henriques Mendes kauft den Schoner und tauft ihn „Ernestina".
1949	Erste Reise von Cabo Verde nach Amerika mit Passagieren und Fracht.
1950	Zweite Reise mit 11 Passagieren und 14 Seeleuten.
1951	Ernestina verliert in schwerstem Sturm zwischen Santiago und Fogo den Hauptmast. Henrique wird um ein Haar erschlagen.
1953	Ohne Motor und ohne Funk gerät das Schiff 100 Meilen vor der amerikanischen Küste für 14 Tage in die Flaute, bevor ein Hurrikan es fast versenkt.
1958	Ankunft in Praia mit der Glocke für die Kirche St. Laurenço, einem 2½-t-Lkw und freilaufenden Hühnern auf Deck.
1965	Letzte Reise zwischen CV und USA.
1965–70	Kleiner Frachtverkehr zwischen São Vicente, São Nicolau und Santo Antão. Henriques Mendes stirbt 90-jährig.
1972–80	Verschiedene Versuche, die altersschwache „Ernestina" zu retten und zurück in die USA zu überführen.
1982	Cabo Verde schenkt dem amerikanischen Volk das renovierte Schiff. Mit gemischt besetzter Mannschaft segelt es ein letztes Mal von Mindelo nach New Bedford. Als segelndes Museum kehrt „Ernestina" zurück ins Eismeer.
1991	Von Massachusetts unter Denkmalschutz gestellt.
1996	Erster Preis für Museumspädagogik.
1999	„Ernestina" geht ins Internet: **www.Ernestina.org.**

gastarbeiter", nachdem Millionen junger Portugiesen dem Ruf nach Gastarbeitern aus Mitteleuropa gefolgt waren. Bis heute ist Paris die zweitgrößte portugiesische Stadt, gemessen an der Zahl portugiesischer Einwohner. Eine große Zahl Jugendlicher floh als Gastarbeiter vor dem damals dreijährigen Wehrdienst in der faschistischen Kolonialarmee, mit deren Zielen die wenigsten einverstanden waren. Die „Ersatzgastarbeiter" aus Cabo Verde blieben zum Teil nur kurze Zeit bei den ihnen zugedachten Aufgaben als ungebildete Bauarbeiter auf staatlichen Großbaustellen. Sie schlossen sich dem Zug der portugiesischen Jugend an und wanderten weiter nach Paris und Rotterdam, wo sie auf die Unterstützung durch Familie und Landsleute rechnen konnten. In Luxemburg taten sich neue Möglichkeiten auf, nachdem Reifenindustrie und internationale Behörden angesiedelt wurden, um zu verhindern, dass das kleine Land durch den Verlust seiner Bergbauindustrie auf den Stand eines strukturschwachen Agrarlandes abrutscht. Was als Notprogramm gedacht war, führte zum kometenhaften Aufstieg der heute reichsten Nation der EU, in der mehr als die Hälfte der Arbeitsplätze mit Nicht-Luxemburgern be-

Das Museumsschiff „Ernestina"
(vgl. den Exkurs auf der linken Seite)

setzt ist. Die Kapverdianer bilden dort eine sehr selbstbewusste, gut integrierte Minderheit.

Den **Wohlhabenderen** hatte Portugal eine **Karriere** als Verwalter oder Techniker **im portugiesischen Kolonialreich** zugedacht. Begünstigte Familien und Großgrundbesitzer schickten ihre Kinder auf Schulen und Universitäten nach Portugal. Die faschistische Strategie, unbedingte Gefolgschaft im Kontrast zwischen fachlicher Bildung und politischer Verdummung, zwischen Bedrohung und Privilegien zu entwickeln, schlug fehl. Anstatt als Portugiesen zweiter Klasse „his master's voice" in den Kolonien abzugeben, verbündeten sich die Studenten und jungen Akademiker mit nationalistischen Bewegungen ihrer Heimatländer und den antifaschistischen Kräften Portugals und spielten eine Schlüsselrolle beim Sturz der Diktatur am 25. April 1974.

Insgesamt verließen zwischen 1900 und 1973 über 267.000 Menschen das Land. Während 180.000 freiwillig auswanderten, wurden 87.000 zwangsrekrutiert. Die zahlenmäßig bei weitem **größte Gruppe von Emigranten** aus Cabo Verde lebt heute **in den USA.** Die sich (noch) als Kapverdianer identifizierende Gemeinschaft wird auf rund 350.000 Menschen geschätzt. Weitere rund 400.000 Kapverdianer leben in Europa, Südamerika und Afrika.

In Europa konzentrieren sich die Kapverdianer noch heute entsprechend der Wirtschaftszweige, die ihre Immigration befördert hatte. In **Portugal** leben schätzungsweise **70.000**, die meis-

cv049 Foto: pr

ten in Lissabon in allen sozialen Klassen, von vielen Slumbewohnern bis hin zum Universitätsprofessor. Die zahlenmäßig größten Gruppen jedoch arbeiten in der Bauindustrie und im Restaurantgewerbe. Auch in Setubal und an der Algarve leben größere Gruppen.

Ähnlich ist die Beschäftigungslage in **Frankreich (über 30.000),** während in **Holland (über 28.000),** der Hafen von Rotterdam der Hauptanziehungspunkt war und bleibt. Das kleine **Luxemburg** beherbergt die relativ zur Gesamtbevölkerung mit Abstand stärkste kapverdianische Gemeinde von ca. **14.000** Menschen. Belgien, Deutschland, Norwegen, die Schweiz und Schweden haben nur kleine Gruppen von wenigen Hundert bis Tausend.

Besondere Formen der Frauen-Emigration haben sich in **Italien** entwickelt. Hier besteht in der städtischen Oberschicht noch der Brauch, Hausangestellte für Jahrzehnte in die Familie aufzunehmen. So geben seit langem kapverdianische Frauen ihre eigenen Kinder in die Obhut der Eltern oder Tanten und übernehmen die Verantwortung für Haushalt und Kinder wohlhabender Italiener. Einige von ihnen werden mit großem Respekt behandelt und bleiben auch im Alter der Gastfamilie eng verbunden und gesichert. Das Extrem in entgegengesetzter Richtung ist der Handel mit kapverdianischen Frauen, die unter Drogen und Zwang gestellt der Prostitution nachgehen müssen.

Standbild zu Ehren der Emigranten in Porto Novo (Santo Antão)

Mit der Konzentration der Menschenhändler auf die Länder der ehemaligen Sowjetunion ist der Druck geringer geworden, doch sind die Zahlen bekannt werdender Fälle noch immer erschreckend. Als Arzt begegnet man Frauen, die als psychische und körperliche Wracks mittellos zurückkommen und sich trotz des Entgegenkommens ihrer Familien und ländlichen Gemeinden nur selten reintegrieren können.

Ein in der Reiseliteratur immer wieder begierig aufgenommenes Thema ist der durch die Emigration erzeugte **„Frauenüberschuss“** auf den Inseln. Von Dörfern ohne Männer ist die Rede, von 40% allein erziehenden Müttern und hübschen Mädchen ohne Chance auf einen Partner, so sie sich nicht den nächsten bierbäuchigen Touristen greifen. Die Fantasien der Autoren und Leser schlagen Blasen, während die nüchternen Ziffern blasse Langeweile verbreiten: Cabo Verde hatte ein demografisches Geschlechterverhältnis Weiblich zu Männlich von 51,9% zu 48,1% im Jahr 2000 (Bundesrepublik Deutschland 51,2% zu 48,8%) Seit Jahrzehnten hält die **weibliche Emigration** nahezu Schritt mit der männlichen. Ein wesentlicher Unterschied besteht nur im Alter bei der ersten Ausreise. Die emigrierenden Frauen sind jünger als die Männer.

Viele Kapverdianer arbeiten als **Seeleute** auf allen Weltmeeren ohne dauerhaft zu emigrieren. Auch wenn die Löhne bei Billigflaggen im Zweitregister armselig sind, so reicht es immerhin, um die Familie zu ernähren und die Kinder auf die weiterführenden Schulen zu schicken.

Für die Entwicklung eines Landes wie Cabo Verde ist die Emigration gleichzeitig Segen und Fluch. Sie bringt den Familien Geld und dem Land etwa 25% des Bruttosozialprodukts. Und sie entzieht dem Land eine positive Selektion junger Menschen mit überdurchschnittlicher Initiative und hohem Bildungsgrad. Wie die meisten armen Länder, leidet auch Cabo Verde unter der Nicht-Rückkehr und Abwanderung akademischer Eliten *(brain drain)*. Die Zahl kapverdianischer Ärzte alleine in Lissabon ist weitaus höher als auf den Inseln.

Seit der Unabhängigkeit unterstützen die Regierungen die **Interessen der Emigranten und ihrer Familien** in vielfacher Weise:

- Eine rigorose Politik der **Geldwertstabilität** ist die wichtigste Unterstützung. Der im Kurs 1:1 zum portugiesischen Escudo eingeführte Cabo Verde Escudo hatte nach 25 Jahren den doppelten Wert und war somit weitaus stabiler als die portugiesische Währung. Heute steht der Cabo Verde Escudo in festem Wechselkurs zum Euro, wodurch der Wert der Spareinlagen der Emigranten und der Auslandsinvestitionen gesichert ist.
- Die **doppelte Staatsangehörigkeit** ist nach kapverdianischem Recht erlaubt und gibt den Familien die Möglichkeit, alle Angebote der Integration im Ausland für sich und ihre Kinder nutzen zu können, ohne Rechte in Cabo Verde aufgeben zu müssen. Damit kommt das Recht einem der wichtigsten Wünsche qualifizierter Emigranten entgegen, denen unverständlich bleibt, weshalb die Gesetzgebung der EU-Länder ihnen entweder die völlig Integration (unter Verlust der Staatsangehörigkeit im Mutterland) oder eine Status des ewigen Ausländers angedeihen lässt. Ihre Vorstellung ist, in mehr als einer Kultur kompetent leben zu können und den Mittelpunkt ihres Lebens je nach wirtschaftlichen oder privaten Motiven mehrmals verlegen zu können, genauso wie den ihrer Kinder. Sie leben in transnationalen Familien.
- Das **Wahlrecht der Emigranten** wurde 1991 eingeführt. Abgeordnete verteten die Kontinente: zwei für Amerika, zwei für Europa und zwei für Afrika und den Rest der Welt.
- **Selbstvertretungsorganisationen der Gemeinden im Ausland** werden unterstützt und stehen im Kontakt mit den Botschaften und je nach Interesse und Problemen den verschiedensten gesellschaftlichen Einrichtungen im Land. In den Slums von Lissabon, aus denen glücklicherweise seit dem Eintritt in die EU zunehmend Einfachwohnviertel werden, stellen die Kapverdianer häufig die Gemeindevertreter. Sozial und politisch sind sie weitaus besser organisiert und stabiler als die armen Portugiesen, die wegen vielfältiger sozialer Probleme in die gleiche Wohnsituation abgeglitten sind. Zu Studienzwecken habe ich für einige Monate in einem dieser Viertel gewohnt und gearbeitet und war anfangs erstaunt, dass portugiesische Kinder dort nicht selten Kreol sprachen. Sie lebten von der Solidarität kapverdianischer Familien, bei denen es regelmäßig etwas zu essen und Aufmerksamkeit gab, was zu Hause nicht geboten wurde. Die kapverdianischen Gemeinschaften kapseln sich nicht ab und organisieren in ihren Vierteln erstaunlich starke Bewohnerkomissionen, Kulturgruppen, Sportvereine, spontane und offizielle Kindergärten und Kinderhorte mit Hausaufgabenbetreuung und weitere Glieder eine Kette, die es den Kindern der nächsten Generation erlauben, den Schritt aus dem Slum hinaus in ein normales Leben zu tun.

Die emotionalen Bande, die transnationale Familien und ihre atlantische Kultur insgesamt zusammenhalten, spiegeln sich in dem Wörtchen **Sodad'** (port.: *saudades*). Heimweh schwingt in ihm, aber es ist kein Heimweh nach einem festen Ort. Es ist ein großes Gefühl des Sehnens, so umfassend wie der Flügelschlag des kapverdianischen Schmetterlings über den gesamten Atlantik. Es ist ein Sehnen in die Vergangenheit, nach den Orten der Kindheit, nach den Eltern, den Freunden, den Partnern und einer Familie, die über die Welt verstreut lebt. Hoffnung auf Rückkehr verquickt sich mit Fernweh und dem Wunsch, sich wieder zu treffen, eine Zukunft zu träumen, in der man zusammenbleiben kann, zurückfällt in altes Glück auf neuen Pfaden. Kinder fühlen Sodad' nach der Mutter, die sie wenige Wochen nach der Geburt zuletzt gesehen haben, bevor sie nach Italien ging. Eltern fühlen Sodad' nach Söhnen, die vor 20 Jahren nach Lissabon gingen und seither nicht geschrieben haben.

Das Bild der Emigration ist in der kapverdianischen Wahrnehmung ins Positive verzerrt. Gesehen werden die erfolgreichen Emigranten, die ihre Familien regelmäßig besuchen können und Koffer voller Geschenke mitbringen. In Kleidung und Auftreten drückt sich ihr Erfolg aus. Wer mag es jemandem, der in harter Arbeit sein Geld verdient, verdenken, dass er zu Hause auf sich stolz ist, wenn im Ausland schon kaum einer seine Leistungen anerkennt? Die vielen, die gingen und von denen man nie wieder gehört hat, sie sieht man nicht.

Gesellschaft und Familie

Familienstrukturen

Kreolische Gesellschaften zeichnen sich aus durch die **vielfältigen Formen des Zusammenlebens** zwischen den Gechlechtern. Die historische Urform des Zusammenlebens des Besitzers mit seinen Sklavinnen in einer Zeit, als noch kein antiafrikanischer Rassismus als Staats- und Religionsdoktrin dies tabuisierte, ist im Kapitel zum Ursprung der kreolischen Kultur und der Nation dargelegt. Da eine Heirat in dieser Kombination von der Kirche nicht geduldet wurde, entwickelten sich andere Bewertungen in der Gesellschaft. Ersparen wir uns die Aufzählung der zahlreichen Beispiele, in denen katholische Priester mit überreichem Kindersegen an der Aufweichung der Regeln der katholischen Kirche mitgewirkt haben, und beschränken wir uns auf die Darstellung der wichtigsten Formen:

- Der **besuchende Vater** *(pai de visita)* ist vermutlich den historischen Urformen am nächsten. Auch heute leben viele Frauen im Haus der Eltern oder alleine, und ihr Partner kommt in mehr oder weniger regelmäßigen Abständen und bleibt über Nacht. Es sind nicht nur die Umstände wie in der Beziehung mit einem Seemann, sondern es ist eine anerkannte Form. Solange die Partner nicht in der Lage sind, eigenen Wohnraum zu finanzieren, bleibt kaum eine andere Wahl. Wir kennen aber auch Beispiele, wo im Falle schwerer Krankheit der Eltern oder eines der Partner bessere Versorgungsmöglichkeiten im Hause der Eltern gegeben waren und die Partner sich entscheiden, ihr festes Zusammenleben gegen eine Besuchsbeziehung zu tauschen.

Unverändert häufig haben Mädchen ihr erstes Kind sehr früh. Stammt es aus einer dauerhaften Beziehung, dann folgen Jahre der Freundschaft und Partnerschaft vom Typ „besuchender Vater", bis beide ihre Ausbildung abgeschlossen und sich ökonomisch vollwertige Positionen erarbeit haben.

- Eine besondere Form des besuchenden Vaters ist die **„Tio-Beziehung"**, in der Karibik als „sugar-daddy" bekannt. Sie verbindet junge Frauen mit meist sehr viel älteren Herren. Die Übergänge zur Prostitution mögen fließend sein, doch macht man es sich zu einfach, es nur so verstehen zu wollen. Wir beobachten in unserer Nachbarschaft Tio-Beziehungen in Familien ohne jede Nähe zum Milieu. Der alte Herr kommt auf Besuch oder holt seine Partnerin ab, unterhält sich mit deren Eltern, grüßt weitere Nachbarn, und jeder weiß Bescheid. Wie in afrikanischen Beziehungsgeflechten fließen etwas Geld oder Geschenke, die die junge Frau für ihre Schulbildung und den kleinen Luxus verwendet. Für sie ist es eine ausschließliche Beziehung und für manchen „Tio" auch.
- Die häufigste Form ist die **De-facto-Beziehung.** Ein Paar lebt ohne Trauschein unter einem Dach, und wenn alles gut geht, dann hält dies für ein Leben. Die Gesetzgebung in Cabo Verde hat sich diesem Brauch angeschlossen und stellt die De-facto-Beziehung nach drei Jahren der Ehe gleich.
- Die **bürgerliche und kirchliche Ehe** ist die seltenste aller Formen. Nur 16% der Erwachsenen sind verheiratet. Mit Ausnahme sehr religiöser Familien von Santiago und der reichen Oberschicht, deren Töchter und Söhne auch in jungen Jahren heiraten, ist die Ehe in Cabo Verde eher etwas für die reiferen Jahrgänge. Erst wird in harter Eigenleistung ein Häuschen gebaut, die Kinder aufs Gymnasium geschickt, ein Laden eröffnet oder der Traum von der Emigration verwirklicht, bevor man zum Traualtar schreitet.

cv050 Foto: pr

In einer Zeit, als nur die Freien und Reichen heiraten konnten, entstand an der breiten Basis der sozialen Pyramide **neben der Ehekonvention die weitaus häufigere Companheira-Konvention.** Sie kennt keine Zeremonie, sondern basiert auf Schwangerschaft und gemeinsamen Kindern. Die Armen sprechen über ihre Partner als „pai de fijdi" und „mãe de fidji", was so viel bedeutet wie Kindesvater und -mutter. Historisch mag sich diese Beziehungsform aus den Regeln des Sklavenhandels ableiten, die, wenn auch sehr viel später, im Sklavenhandelsrecht „Codigo negro" festgehalten wurden. Paare sollten, so lange sie Kinder unter sieben Jahren

Erstkommunion in Mindelo (São Vicente)

hatten, nicht getrennt verkauft werden, um nicht das Überleben der Kinder als künftige Produktivkraft zu gefährden.

Polygamie wie in Westafrika gibt es in Cabo Verde nicht. Auch wenn der eine oder andere Mann in einer Familie de facto und in einer anderen als *pai de visita* auftritt, so ist doch keine Situation gegeben, wo er unter einem Dach oder auf einem Grundstück mit mehreren Frauen rechtmäßig zusammenleben würde. Von der Polygamie der ersten Sklavenhalter ist heute nicht mehr übrig geblieben als eine allgemeine Toleranz in moralischen Fragen.

Die Formen der Beziehungen können sich mehrmals im Leben ändern. Ob Beziehungen in Cabo Verde heute noch wesentlich weniger stabil sind als in Europa, sei dahingestellt. In Europa wird weniger als je zuvor geheiratet. In Frankreich werden mehr „uneheliche" als „eheliche" Kinder geboren, über ein Drittel der Ehen in Deutschland werden geschieden. Völlig anders ist, dass die „Lebensabschnittspartnerschaft" in der kapverdianischen Kultur eine seit Jahrhunderten gelebte Normalität darstellt. So hatten Frauen und Männer immer Kinder aus mehreren Beziehungen, und fast jeder hat eine große Zahl von Geschwistern, die teils aus der Beziehung der Eltern *(irmão de mãe e pai)* hervorgegangen oder Halbgeschwister sind *(irmão de pai* oder *irmão de mãe).*

Schwangerschaft und Kinder

Der **Kinderreichtum** ist ein weiteres demografisches Lieblingsthema der Journalisten. Mit 2,8 Kindern pro Frauenleben ist er nicht so üppig wie häufig beschrieben.

Familienplanung wurde in Cabo Verde seit den 1980er Jahren gut aufgenommen. Die Inseln Santiago und Santo Antão hinken dem regionalen Durchschnitt hinterher, doch auch hier folgt der Fortschritt dem rasch wachsenden Bildungsstand der jungen Frauen. Schwangerschaftsabbruch in den ersten drei Schwangerschaftsmonaten ist erlaubt, trotz heftigen Widerstands der katholischen Kirche. Die Zahl der registrierten Schwangerschaftsabbrüche in São Vicente entspricht zwei Dritteln der Lebendgeburten. Geht man davon aus, dass in einer katholischen Gesellschaft die Zahl der Abtreibungen üblicherweise in der gleichen Größenordnung liegt wie die der Lebendgeburten, dann erklärt sich auch hieraus der schnelle Rückgang der Müttersterblichkeit, denn die im Krankenhaus vorgenommenen Unterbrechungen sind sicher.

Kinder bedeuteten auf Cabo Verde lange Zeit Glück, Reichtum und eine Absicherung bei Krankheit und im Alter. Mit zunehmendem Bildungsniveau erlangen die mit Kindern verbundenen Kosten erhöhte Aufmerksamkeit, ein Argument, das heute nicht nur in reichen, sondern auch in armen Gesellschaften zu den stärksten gehört, die zur Familienplanung motivieren.

Kinder werden von allen geliebt, und sie wachsen unbeschwert **in der Gemeinschaft** heran, nicht nur in der Großfamilie, sondern auch in der Dorfgemeinschaft: Spielt ein Kind abseits der Familie, so wird es beschützt und versorgt. Jeder fühlt sich verantwortlich, gibt ihm zu essen und bringt es nach Hause zurück, wenn nötig. Kinderlosigkeit erscheint bemitleidenswert.

Etwa 5% der Kinder wohnen nicht in der eigenen Kernfamilie. Der **Austausch von Kindern** *(child lending)* innerhalb der Großfamilie und zwischen befreundeten Familien überbrückt nicht nur schwierige Phasen. Er ist auch Ausdruck des Beziehungsgeflechts und festigt die Solidarität zwischen den Familien. Afrikanische Gesellschaften pflegen das child lending genauso wie in der Karibik, sodass sich hierin vermutlich eine afrikanische Tradition erhalten hat.

Soziales Engagement für Kinder in Krisen oder dauerhaften Notsituationen hat in Cabo Verde, insbesondere in São Vicente, eine lange Tradition. Waisen im europäischen Sinn werden in der erweiterten Familie abgefangen. In einer unserer Studien zur Müttersterblichkeit hatten wir 273 Kinder identifiziert, die ihre Mutter verloren hatten. Ein gutes Drittel wohnte ohne den Vater, und doch sind nur zwei in einer sozialen Institution vorstellig geworden. Die Kinder zeigten nach dem Tod der Mutter überdurchschnittlich gute Gewichtsentwicklung und Betreuung. Europäischen Gebern und adoptionswilligen Paaren ist schwer zu vermitteln, dass ihre liebste Zielgruppe, die Waisen, nur ausnahmsweise einen wirklichen Bedarf darstellen. Fürchterlich schlecht geht es hingegen den „Sozialwaisen", Kindern lebender Eltern, die wegen Alkoholmissbrauchs, Trennung und psychischer Verelendung ihren elterlichen Aufgaben nicht nachkommen (können). Hier besteht ein enormer Bedarf nach „Fördern und Fordern", keinesfalls nach leicht erreichbaren Geschenken und einem Leben in vorübergehendem Luxus, den später kein nach Arbeit suchender Jugendlicher je wird aufrechterhalten können. Es gibt auch ein Zuviel an Hilfe, das die Wiedereingliederung in die gesellschaftliche Norm nach Ablauf einer Krise verhindert.

Rollenverteilung

Die **traditionellen Kompetenzen von Mann und Frau** auf dem Land sind klar: Die Frau ist allein verantwortlich für den Haushalt, für Kochen, Waschen, Wasserholen und für die Erziehung der Kinder. Die Hauptlast dieser Arbeiten im Haus und deren Delegation liegt bei ihr. Sie entscheidet über die Gestaltung des Wohnbereichs. Der Mann dagegen muss die finanzielle Versorgung gewährleisten. Er arbeitet auf dem Feld, in der Fischerei, beim Bau oder in anderen Bereichen. Wenn die Möglichkeit besteht, wird die Frau durch Tätigkeiten außerhalb des Hauses den Erwerb ergänzen, sei es durch Lohnarbeit, Handarbeiten, Straßenverkauf etc. In armen wie in reichen Familien sind beide Geschlechter gewohnt, voll zu arbeiten. Arme Familien, die früher in afrikanische Länder emigriert sind, berichten häufig, dass dies ihr wichtigster Vorteil war. Während die Männer dort eher gewohnt waren, die Arbeit ihrer Frauen zu managen, als selbst zu rackern, haben sie beide sich voll ins Zeug gelegt. Kam dann noch die Kenntnis hinzu, wie man aus Zuckerrohr Rum brennt, waren sie gemachte Leute.

Die **Gleichstellung von Frau und Mann** ist in der Verfassung verankert, und auch im Alltag werden Frauen geachtet. Gewalt gegen Frauen kommt bedauerlicherweise vor wie in anderen Gesellschaften, wird aber weder in der öffentlichen Meinung noch bei Polizei oder vor den Gerichten kleingeredet. Für gebildete Frauen besteht kein merklicher Unterschied zum modernen Europa. Sie haben ähnlichen Zugang zu politischen Ämtern und zu Leitungsfunktionen in der Wirtschaft und gegenüber ihren europäischen Schwestern den Vorteil, leichter jemanden zu finden, der die Hausarbeit übernimmt. Für die armen Frauen hingegen sieht es weniger rosig aus. Für sie ist es deutlich schwerer, an gleichwertige Arbeit zu kommen, weshalb sie sehr viel stärker im informalen Sektor beschäftigt sind. Da Mädchen üblicherweise mit besseren Schulnoten abschließen als junge Männer, werden sie bei der notengebundenen Vergabe von Studienplätzen häufiger berücksichtigt als ihrer Zahl entspräche.

Gesundheitswesen

Gesundheitsstand

Bedenkt man, dass Cabo Verde zur Zeit der Unabhängigkeit eine **Säuglingssterblichkeitsrate** von 108 (pro 1000 Lebendgeburten) hatte und sich in 30 Jahren heruntergearbeitet hat auf Werte um 20, dann ist das respektabel und der Beweis für die Wirksamkeit gemeindenaher Primary-Health-Care-Strategien, die auf **Prävention** und **periphere Grundversorgung** bauen. Ich selbst habe im Landkreis Porto Novo, dem ärmsten Landkreis mit den schwierigsten Verkehrsverhältnissen, miterlebt, wie man in sieben Jahren die Säuglingssterblichkeit von weit über 100 auf 32 senken, die **Lepra** vollständig, **Tuberkulose** weitgehend und auch **Mangelernährung** gut in den Griff bekommen kann.

In der Analyse der **Müttersterblichkeit** jedoch, bei der die Qualität der Notfallmedizin stärker eingeht, zeigen sich deutliche Schwächen des Systems sowohl bei den Familien und Gemeinden, die sich mitunter sehr schwer tun mit der Entscheidung, professionellen Rat zu suchen, als auch bei der Organisation der Dienste und dem Management in den peripheren und zentralen Diensten.

Ein ungelöstes Problem der öffentlichen Gesundheitspflege sind die massenhafte Produktion und der Konsum des einheimischen Rums, des Grogue. **Alkoholismus** bei Männern und Frauen ist häufig und hat enorme medizinische und soziale Auswirkungen auf die Betroffenen und die Folgegeneration. Der Erhalt der Privilegien der Großgrundbesitzer und Schnapsbrenner ist wie zu *Bismarcks* Zeiten nicht nur mit der Produktion, sondern auch mit dem Konsum von Alkohol verbunden.

Im Prinzip garantieren Verfassung und „lei de base" jedem vollständigen Zugang zu den Diensten – und im Vergleich mit anderen Entwicklungsländern klappt das auch: Im harten Notfall bleibt keiner auf der Hospitaltreppe liegen, weil er die anstehende Operation oder Pflege im Krankenhaus nicht bezahlen könnte. Hierin unterscheidet sich Cabo Verde deutlich vom afrikanischen Kontinent. Auch nimmt das **Menschenrecht auf Gesundheit und Solidarität** in der Kultur einen hohen Stellenwert ein.

Finanzierung

Zur Finanzierung werden alle typischen Quellen genutzt. Hauptquelle ist der **Staatshaushalt,** aus dem etwa 9% in den Gesundheitssektor fließen.

Das **Instituto Nacional de Previdência Social INPS** ist eine Pflichtversicherungskasse aller Arbeitenden im formalen Sektor nach ähnlichen Solidaritäts- und Subsidiaritätsprinzipien wie gesetzliche Krankenversicherungen in Europa. Abgedeckt werden 26% der Bevölkerung (Versicherte und Angehörige), die einen Teil der Behandlungs- und Medikamentenkosten ersetzt bekommen. Von den Beamten wird ein Gehaltsabzug einbehalten. Entsprechend dem unterschiedlichen Entwicklungsstand der Inseln variiert die Abdeckung massiv zwischen den Inseln (Sal über 90%, Landkreise im Inselinneren von Santiago unter 10%). Im regionalen Vergleich jedoch kann man sagen, dass es kein Land in Westafrika gibt, das auch nur entfernt an die Leistungen des INPS herankäme!

Out-of-pocket-Zahlungen spielen eine zunehmende Rolle und liegen heute schätzungsweise in der gleichen Größenordnung wie die staatlichen Ausgaben. Zum einen wurden Gebühren eingeführt, die für Arme durchaus nicht immer leicht zu tragen sind. Zum anderen fließt der breitere Strom der Medikamente nicht mehr durch die preisgünstigen Staatsapotheken, sondern durch die Privatapotheken, und somit geht die preisgünstige, ehemals Gratisversorgung der Armen mit Generica stetig zurück. Die zur Grundversorgung in den 1980er Jahren aufgebaute Arzneimittelmanufaktur wurde privatisiert und muss heute knallhartes Pharmamarketing betreiben.

Im Prinzip springt für die ganz Armen das **Sozialamt** ein, auch für einen notwendigen Transport zwischen Inseln oder nach Portugal. Die Mittel sind beschränkt, und die politische Unterstützung der Ämter ist rückgängig sowohl im Lande als auch durch internationale Geber.

Netzwerk und Strukturen

Öffentliche Einrichtungen

Die **Zentralhospitäler in Praia und Mindelo** bieten die wichtigsten fachärztlichen Abteilungen, Chirurgie, Gynäkologie und Geburtshilfe, Pädiatrie,

Innere, HNO, Oftalmologie, Estomatologie, Imagologie (Röntgen, Ultraschall und andere bildgebende Verfahren), Zentrallabor, Krankengymnastik etc. und leider nur in Praia auch die Psychiatrie. Beide besitzen eine Krankenpflegeschule. Unterspezialisierungen existieren nur in der Kardiologie, nicht jedoch in Fächern wie Neurochirurgie, Onkologie oder Nephrologie.

Die **Regionalhospitäler** entsprechen dem, was in größeren Ländern die Distriktkrankenhäuser sind. Sie bieten die stationäre Grundversorgung auf gutem allgemeinmedizinischem Niveau und zumeist Pädiatrie, Chirurgie, Gynäkologie und Geburtshilfe. Ihre Zahl konnte in den letzten Jahren deutlich gesteigert werden, sodass **Santo Antão, Santiago Norte** und **Fogo** über ein regelmäßig operierendes Krankenhaus mit Blutbank und Röntgeneinrichtung verfügen. Andere, im Volksmund „hospital" genannte Strukturen sind nach Definition der Weltgesundheitsorganisation keine Krankenhäuser, da sie dieses Leistungsniveau noch nicht erlangt haben.

Gesundheitszentren (Centros de Saúde) bieten ambulante und stationäre Versorgung auf nicht operierendem, allgemeinmedizinischem Niveau, immer mit mindestens einem Arzt besetzt. Die größeren haben ein klinisches Labor, eine Röntgenabteilung und einige Betten. *Centros de Saúde Reprodutiva* (früher PMI/PF/PAV = Mutter-und-Kind-Vorsorgeprogramm / Familienplanung / Erweitertes Impfprogramm) gibt es als gesonderte Einrichtungen in Praia und Mindelo. Die Zentren sind wichtig für Qualitätssicherung, Logistik und Weiterbildung. So können die Dienste in der Peripherie in der Erbringung von Präventivleistungen wie Schwangeren- und Kindervorsorge einschließlich Impfprogramm unterstützt werden.

Postos Sanitários sind mit mindestens einer Schwester/einem Pfleger besetzte Einrichtungen in der Peripherie.

Unidades Sanitárias de Base (Dorfgesundheitsposten) dienen insbesondere der Gesundheitserziehung und der präventiven Arbeit. Die *Agentes Sanitários* sind seit Ende der 1970er Jahre in den Distrikten ausgebildet worden (4 bis 8 Wochen) und übernehmen je nach Neigung und Fähigkeit auch Aufgaben der Kindervorsorge, die haushaltsnahe Betreuung chronisch Kranker (TB etc.) und Erste Hilfe. Einige haben sich gut in die Sozialarbeit eingefunden.

Private Einrichtungen (for-profit)

Die Privatisierung der Medizin entspricht in den meisten Fällen einer Kommerzialisierung mit nur mäßigem Zugewinn an technischer Kompetenz. Die Mehrzahl der Privatpraxen sind „moonlighting"-Praxen, in denen die beim Staat angestellten Ärzte abends **ambulante Dienste auf eigene Rechnung** anbieten. Diesem aus Portugal wohlbekannten System kann man kein makelloses Zeugnis ausstellen, weil sich die privatwirtschaftlichen Interessen nur zu leicht mit beruflichen Entscheidungen im öffentlichen Dienst vermischen. Modernere Gemeinschaftspraxen, bei denen zumindest ein Teil des ärztlichen Personals ausschließlich im Privatsektor tätig ist, entstanden erst in den letzten Jahren.

Private Einrichtungen (not-for-profit)

Nur auf **Fogo** hatte die Katholische Kirche als Träger die Kraft, ein operierendes Krankenhaus zu eröffnen, periodisch unterstützt von italienischen Ärzten. **Nichtregierungsgebundene Organisationen** im Gesundheitssektor spielen eine zunehmende Rolle, in erster Linie im Bereich der Familien- und reproduktiven Gesundheit. Die Frauenorganisation OMCV, Morabi und das IPPF-Mitglied VerdeFam arbeiten teilweise mit Freiwilligen, obwohl Freiwilligenarbeit keine starke Tradition in Cabo Verde hat.

Versorgung schwieriger Fälle

Portugal erbringt dank einer zwischenstaatlichen Vereinbarung für die portugiesischsprachigen Länder Afrikas (PALOP) Leistungen der **Quartärebene** (entspricht in Mitteleuropa den Universitäten und Fachkliniken). Hierbei übernimmt Portugal die stationäre Versorgung für etwa 200 schwerstkranke Patienten pro Jahr. Die Kosten ambulanter (Nach-)Behandlung, die Transport- und Unterhaltskosten für Patienten und Begleiter übernimmt der Staat Kap Verde und bindet damit ein **Drittel des Budgets** des Gesundheitsministeriums. Die Notwendigkeit, Prioritäten zu setzen, etwa die Versorgung Schwerstkranker weniger schnell zu entwickeln als die Prävention im Mutter-Kind-Bereich oder die Kontrolle von AIDS und Tuberkulose im Land, ist ein niemals versiegender Quell heftiger politischer und auch am Einzelschicksal orientierter Auseinandersetzungen.

Organisation

Die Organisation der Dienste ist **verbesserungswürdig.** Die Aufsplitterung der Verwaltungseinheiten *(concelhos)* in immer mehr und kleinere Landkreise hat die Zahl unvollständiger Distrikte hochgetrieben, welche zu klein sind, um jemals sinnvoll ein operierendes Hospital unterhalten zu können. Damit sinken die Entwicklungschancen der Gesundheitszentren statt zu steigen. Weniger erfahrene Geberländer hat dies nicht davon abgehalten, massiv in solche Gesundheitszentren zu investieren mit dem Ergebnis, dass diese nicht richtig ins Laufen kommen können. Hier müssen vorab politische Hausaufgaben erledigt werden.

Die **räumliche Ausdehnung** des Netzwerks wird mit den noch im Bau befindlichen Distrikthospitälern auf Sal und Boa Vista vorerst abgeschlossen sein. Das Land steht in der schwierigen ersten Phase der Qualitätssteigerung. Als wesentliche Voraussetzung hierzu sind die Verwaltungs- und Regionalreform, die Leistungsfähigkeit des Gesundheitsministeriums und das Management auf allen Ebenen sowie die Fachweiterbildung zu fördern, um die personelle und technische Ausstattung wirksamer werden zu lassen.

Personelle Ausstattung

Im internationalen Vergleich mit wirtschaftlich ähnlich gestellten Ländern sind die Dienste personell nicht schlecht ausgestattet. Die Zahl einheimischer Ärzte, allesamt im Ausland ausgebildet, ist in den letzten 25 Jahren von gut 30 auf rund 300 gestiegen, verstärkt durch eine nicht unerhebliche Zahl ausländischer Kollegen, die es vorgezogen haben, nach einer Zeit als Entwicklungshelfer zu den Bedingungen einheimischer Ärzte weiterzuarbeiten und somit auch sprachlich kompetent und langfristig planbar sind.

Technische Ausstattung

Technische Ausstattungen finden ihren Weg in die zentralen und peripheren Einrichtungen vorwiegend als Investitionen durch ausländische Geber. Im Rückblick war es meist leichter für Cabo Verde an Ausstattungen zu kommen als an ein funktionierendes Wartungssystem. Lebenszeit, Produktivität, Qualität und Sicherheit der Ausstattungen schwinden deshalb schnell. Wie überall bringt auch in Cabo Verde ein Mehr an Ausstattung nur dann eine Leistungssteigerung, wenn Management und Wartung gewährleistet sind.

Krankentransport und -verlegung

Der **Krankentransport** vom Haushalt oder Unfallort zur Erstversorgung ist in Ländern, in denen ein guter Teil der Bevölkerung außerhalb des Einzugsbereichs von Fahrstraßen wohnt und wo es noch kein eindeutiges Adresssystem gibt, von eingeschränktem Wert. Geschwindigkeit zählt mehr als Qualität des Transports. Der am Ende der Straße übernachtende Pritschenwagen mit einer einfachen Trage kann im Vergleich zu einem in der Stadt stationierten Krankenwagen durchaus die angepasstere und zuverlässigere Lösung sein.

So wurde in den letzten Jahren vorwiegend der **Sekundärtransport** zur Verlegung von einer peripheren Einrichtung ins Krankenhaus entwickelt. Hier ist von besonderer Bedeutung, dass die peripheren Einrichtungen ein funktionstüchtiges Fahrzeug rund um die Uhr verfügbar haben.

Zur **Verlegung zwischen den Inseln** werden die Linientransporte genutzt, sowohl Flugzeuge als auch Schiffe. Für den einzelnen Notfall organisierte Sondertransporte sind sehr selten.

Bildungswesen

Aprendam da vida, do povo, dos livros, aprendam com a experiência dos outros. Mas nunca parem de aprender. (Lernt vom Leben, von den Leuten, aus Büchern, lernt aus den Erfahrungen anderer. Und hört niemals auf zu lernen.)

Amílcar Lopes Cabral

Schon im Jahre **1866** entstand auf São Nicolau ein Priesterseminar mit angeschlossener weltlicher Schule. Auf diesem **ersten Seminar-Gymnasium Afrikas** wurden viele Missionare und Lehrer ausgebildet. Dennoch gab es im Jahr 1913 85% Analphabeten. Erst nach der Schulreform von 1917 und der anschließenden Verlegung des Gymnasiums nach São Vicente hatten auch weniger begünstigte Kapverdianer Zugang zu diesem Bildungsweg. Besonders diejenigen, die ins Ausland auswandern wollten, waren interessiert daran, lesen und schreiben zu lernen.

Insgesamt haben die **Portugiesen** während der Kolonialzeit, besonders unter der Regierung *Salazars* (1928–1968), die Einrichtung eines Schulwesens sehr einseitig gefördert. Die Kapazitäten im Gymnasialzweig waren vergleichsweise groß im Gegensatz zur **vernachlässigten Grundbildung.** Das kapverdianische Bildungswesen sollte Leitungskader für die anderen Kolonien ausbilden und nicht die allgemeine Bevölkerung. So war bis zur Unabhängigkeit immenser Nachholbedarf entstanden und das Bildungssystem Cabo Verdes vor große Herausforderungen gestellt. Nach 1975 wurde systematisch ein Bildungswesen mit differenzierter Ausbildung in Primär- und Sekundarschulen, Berufsschulen, Erwachsenenbildung und Alphabetisierungskampagnen aufgebaut. Darüber hinaus gibt es eigene Institute zur Lehrerausbildung sowie für Berufe in Wirtschaft, Industrie und Gesundheitswesen.

In São Vicente gab es schon zur Kolonialzeit einen **Kindergarten,** die Casa de Criança, während in der Hauptstadt Praia erst 1975 der erste Kindergarten eröffnet wurde. Die Vorschulerziehung wuchs zu einem flächendeckenden Angebot bis in die hintersten Landgemeinden für Kinder zwischen vier und sechs Jahren. Der Besuch der Kindergärten ist freiwillig, die Einrichtungen werden sehr gut angenommen. Allen voran sollen die bezuschussten Kindergartenplätze den Kindern bedürftiger Eltern zur Verfügung stehen. Im gemeinsamen Spiel lernen die Kinder gegenseitigen Respekt und werden von den Be-

cv051 Foto: pr

treuern auf die Grundschule vorbereitet. So wie in den Grundschulen wird auch hier eine Mittagsmahlzeit zur Verfügung gestellt. Die Kindergärten in Cabo Verde sind teils staatlich, teils privat und werden von den Sozialämtern, dem Roten Kreuz und anderen sozialen Vereinen betrieben.

Es besteht die sechsjährige **allgemeine Schulpflicht für Kinder ab 7 Jahren.** Das Schuljahr reicht von Oktober bis Juni. Mit massiver Unterstützung aus der Entwicklungszusammenarbeit wurde ein flächendeckendes Schulsystem geschaffen. In den Jahren der Schulpflicht ist der **Schulbesuch kostenlos.** Danach werden nicht allzu hohe Gebühren erhoben. Die Kinder tragen Schuluniformen, um die sozialen Unterschiede weniger herauszustreichen und in jüngster Zeit auch, um den aus Europa überschwappenden Wettstreit um Markenkleidung zu dämpfen. Die Eltern müssen für Schulmaterial wie Bücher, Papier und Stifte aufkommen. Die **Einschulungsrate** der schulpflichtigen Kinder ist enorm **hoch** und liegt bei etwa 97% für beide Geschlechter. In Anbetracht fehlender Spezialschulen für Kinder mit besonderem Erziehungsbedarf, Blinde, Gehörlose etc. ist dies eine vollständige Beschulung. Dank der Erfolge der Familienplanung sind die Zahlen der Erstklässler rückläufig. Noch kann man dies nicht in kleinere Klassengrößen umsetzen, da bei den Älteren noch viel Nachholbedarf besteht.

Berufsausbildung in der Escola Salesiana in Mindelo (São Vicente)

Unterrichtet werden Portugiesisch als erste und Englisch als zweite Fremdsprache, Sozialkunde, Physik, Biologie, Mathematik, Kunsterziehung, Musik und Sport. In den ersten beiden Jahren wird auch in Crioulo unterrichtet, sodass die Kinder nicht vom ersten Tag an nur mit einer Fremdsprache konfrontiert werden.

Die auf die Primarschule aufbauende **Sekundarstufe** dient der Vorbereitung für das Gymnasium *(Liceu);* ein guter Abschluss ist dafür die Zugangsvoraussetzung. Unterrichtet werden die oben genannten Fächer sowie Geschichte, Geografie und Französisch als dritte Fremdsprache.

Das **Gymnasium** dauert sechs Jahre (gesamt zwölf), der Abschluss berechtigt zum Besuch von Hochschulen (auch international). Wer das Gymnasium nicht besucht, hat die Möglichkeit, auf ein Berufliches Gymnasium *(escola técnica)* zu gehen, das sich an die 6. Klasse der Grundschule anschließt und in ebenfalls weiteren sechs Jahren zum Fachabitur führt. Die Unterrichtsinhalte sind praxisnah und beziehen sich u.a. auf Bau, Elektrik, öffentliche Verwaltung und Handel.

Für die **Ausbildung zum Primarschullehrer** gibt es in Cabo Verde spezielle Lehranstalten. An eine dreijährige allgemeine Ausbildung schließt sich eine zweijährige praktische Vorbereitung an. Ebenso gibt es weiterführende Seminare für angehende Lehrer des Sekundarbereiches, die Fächerschwerpunkte beinhalten. 1995 erfolgte eine Schulreform, die vor allem einen praxisnäheren Unterricht, auch in der Lehrerausbildung, zum Ziel hatte. Auf allen Inseln gibt es ein Gymnasium, auf den größeren auch berufsbildende Fachgymnasien. Auf São Vicente und Santiago befinden sich die Institute zur Lehrerausbildung und Krankenpflegeschulen. Santiago hat auch ein Priesterseminar. Außerdem gibt es Institute zur Schulung von Beamten, Verwaltungsangehörigen sowie Seeleuten.

Das Instituto Pedagógico zur Lehrerausbildung war die Keimzelle höherer Ausbildungen im Land. Aus der Seefahrtsschule in Mindelo und dem Polytechnikum in Praia sind Ingenieursschulen geworden. Mit dem **Institut Piaget** in Praia und dem **IESIG** in Mindelo wurden die **ersten Universitäten** gegründet, an denen man Sozialwissenschaften, Geowissenschaften usw. studieren kann. Die öffentliche „Universidade de Cabo Verde" mit Sitz auf dem Platô von Praia kam vor wenigen Jahren hinzu. Die Universitäten kommen zur rechten Zeit, nachdem die Stipendien zum Auslandsstudium aus der Entwicklungszusammenarbeit fast völlig verschwunden sind und die Studenten zufrieden sein müssen, einen kostenpflichtigen Studienplatz zu finden.

In der **Alphabetisierung** wurden große Anstrengungen unternommen. 1975 lag die Analphabetenrate noch bei rund 65%, heute ist sie unter 20%, wobei in der Altersgruppe von 10 bis 20 Jahren nur etwa 5% nicht lesen und schreiben können.

Erwachsenenbildung hat einen hohen Stellenwert in Cabo Verde. In einem interessanten politischen Wandel hat sich Cabo Verde von einer Philosophie der „Alpabetisierung" verabschiedet. Reduzierte Lehrpläne wurden abgeschafft zugunsten eines durchgängigen, exakt an den Ansprüchen der allgemeinen Schule orientierten Curriculums, das in erwachsenengerechter Form vermittelt wird. Damit kann jeder Erwachsene seine Schulbildung nachholen oder ergänzen; das System führt bis zur Hochschulreife. Wir haben Bekannte, die als Erwachsene Analphabeten waren und inzwischen einen Universitätsabschluss haben. Auch wurde von älteren Mitarbeitern, die mit unzureichenden Schulabschlüssen im Staatsdienst arbeiteten, verlangt, dass sie den heute geforderten Mindestabschluss nachholen. Entgegen ursprünglicher Vermutungen haben sich viele Frauen über diese Entscheidung gefreut, denn über die Verpflichtung ersparten sie sich die leidige Diskussion, ob sie als Mütter und Hausfrauen abends in die Schule gehen könnten. Sie mussten.

Medien

Für ein Volk, das zu mehr als zwei Dritteln im Ausland lebt, sind die Kommunikationsmittel Post, Telefon und besonders die Medien (Radio, TV, Zeitungen, Internet) ungemein wichtig, um den Informationsfluss über alle Inseln bis zu den Emigrantengemeinden zu sichern.

Radio

Das Radio ist das **gebräuchlichste Kommunikationsmittel** und verbindet alle Bewohner. Die Hörerquote liegt bei über 80%. Die Sender bringen gute Musik, national und international, dazwischen regionale Informationssendungen in Portugiesisch und Crioulo und stündlich aktuelle Nachrichten. Die Sendestudios befinden sich in Mindelo und Sal, der Hauptsender in Praia. Mehrere Sender sind über das Internet zu hören. Private Sender bringen vorwiegend Musik und Werbung. Die Emigrantengemeinden in Holland, Luxemburg, USA und Portugal haben ihre eigenen Sendestudios bzw. Sendezeiten bei öffentlichen Sendern.

Fernsehen

Der **Siegeszug** des Fernsehens hat die Dörfer erreicht. Ganz oben in der Gunst der Zuschauer stehen die öffentlich-rechtlichen Sender aus Kap Verde (RTC) und Portugal (RTP). Daneben werden private portugiesische, brasilianische und französische Programme übertragen. Die Abendnachrichten bei RTC dauern bis zu einer Stunde, abhängig von den Vorkommnissen.

Anschließend, zur besten Sendezeit, sind die Straßen wie leergefegt, wenn eine wichtige **Telenovela** ausgestrahlt wird. Die meist brasilianischen und immer emotionsreichen Familien- und Gemeindedramen laufen in monatelanger Fortsetzung. Manche sind sehr geschickt mit Themen der Gesundheits- und Sozialerziehung angereichert, während andere wenig versteckt der Werbung dienen.

Diverse **Hotels** bieten **Satellitenfernsehen** an, das auch den Empfang deutscher Programme ermöglicht.

Zeitungen

Seit der Unabhängigkeit ist die Presselandschaft in ständiger Bewegung. Portugiesischsprachige Wochenzeitschriften finden ihren Absatz vorwiegend in den Städten, während der Markt (noch) zu klein für Tageszeitungen ist.

- **„A Semana"** erscheint wöchentlich. Themenbeilagen zu Ökonomie, Sport und Anzeigen lassen es so dick erscheinen wie Wochenendausgaben in Europa. Inhaltlich steht das Blatt der PAICV nahe, was es kaum daran hindert, Opposition und Regierung mit journalistischem Geschick zu attackieren.
- **„Expresso das Ilhas"** dient als Sprachrohr der MPD, nach unserem Geschmack zu häufig mit populistischen Untertönen.
- **„A Nação"** erscheint in Portugiesisch und Englisch und konzentriert sich auf Themen der Auslandsgemeinden und deren Interessensvertretung in den Landkreisen. Besonders interessant sind die ausführlichen Leserbriefe und der Anzeigenteil mit Werbung für Firmen in den USA und Kap Verde in bunter Mischung.
- **„Fragata"** als Bordzeitschrift der TACV bevorzugt landeskundliche Beiträge für Reisende mit guten Fotografien.
- **„ArtiLetra"**, wie zuvor „Ponto e Vírgula" von Künstlern herausgegeben, bringt Kulturpolitik, Neues und Historisches aus der Literatur-, Theater- und Kunstszene gekonnt aufs Papier. Erscheint mehrmals im Jahr.
- **„Boletim Oficial"** (der Staatsanzeiger), Urmutter der kapverdischen Presse, erschien erstmals 1842 in Sal Rei, als der Regierungssitz sich auf Boa Vista befand. Bis heute wird das Boletim fleißig studiert von Rechtsanwälten, Firmen, Grundstücksbesitzern und -käufern, Amtsinhabern und den Interessenten an nationalen und internationalen Ausschreibungen.
- Die Presseagentur **Inforpress** arbeitet mit rund 20 Journalisten.

Internet

Kein anderes Medium eignet sich besser für die **Bedürfnisse der kapverdianischen Kultur** als das Internet. Es ermöglicht, dass transnationale Familien näher zusammenrücken. Während Briefe zwei Wochen dauern und veraltet sind, bevor sie ankommen, Fax und Telefon viel zu teuer sind, um in Ruhe zu kommunizieren, fliegen E-Mails ohne Begrenzungen hin und her. Angereichert um Bild und Ton, vermitteln sie ein sinnenhaftes Erleben privater Nachrichten. Hausaufgaben in Englisch werden in Boston nachgesehen, Spickzettel für Französisch in Paris gefertigt, und dann kommt die Rundmail vom Neugeborenen, wenige Stunden nach der Geburt mit dem ersten Bild und einem Kreischer im Hintergrund.

In den einheimischen **Foren** und Portalen spielt Musik die erste Geige. In den Reiseforen muss man die Suchfunktionen bedienen, um zwischen den typischen Fragen nach dem billigsten Flug, der größten Pizza und dem hartnäckigsten Vorurteil seine spezifische Frage beantwortet zu finden.

Internet-Cafés finden sich in jeder Kleinstadt.

Die Politik verbindet große Hoffnungen und Pläne im **Bildungswesen** und in der **Verwaltung** mit dem Internet. Die ersten öffentlichen Plätze sind mit kostenlosem WLAN-Anschluss versorgt, und selbst auf Brava sind alle Schulen online. Verwaltungs- und Bankgeschäfte kann der Kunde im Web erledigen. Noch verbieten die Monopolpreise der Telekommunikation die Verwirklichung der Idee des Premierministers von den **„Cyber-Inseln“.** Doch die Weichen für bezahlbare flat-rate-Tarife sind gestellt und versprechen eine neue Qualität der kreolischen Kultur im Cyberspace.

Religion

Staat und katholische Kirche waren in Portugal über Jahrhunderte untrennbar verknüpft. Die Inquisition verlängerte die Politik des Handelskrieges gegen den Islam und das Judentum ins Spirituelle, und sie versorgte die kolonialistischen Abenteuer mit den notwendigen Geldern und Arbeitskräften. Religiös begründeter Rassismus wurde zur missionarischen Rechtfertigung für Sklavenhandel und weltweite Eroberungen.

So nimmt es nicht Wunder, dass der römisch-katholischen Kirche auch in Cabo Verde ein Monopol eingeräumt wurde bis zur Ausrufung der Republik am 5. Oktober 1910. Erst danach konnten sich andere Religionsgruppen ungestraft etablieren, und die Kirche gab administrative Aufgaben (Standesamt und Einwohnermeldeamt) an den Staat ab.

Die katholische Missionierung der Inseln begann mit der Ankunft der **Franziskaner** im Jahre 1466. Eine wesentliche Aufgabe bestand darin, Sklaven nach ihrer Ankunft zu taufen und dadurch ihren Wert zu erhöhen. 1604 begann die Mission durch die Jesuiten, deren Bedeutung für die Stabilisierung der kreolischen Gesellschaft im Kapitel zum Ursprung der kreolischen Kultur und Nation eingehender erläutert wird.

1941 nahm der Heilig-Geist-Orden seine Tätigkeit auf. Die heute bestimmende Kraft ist der italienisch dominierte **Kapuzinerorden,** der seit 1946 im Cabo Verde vertreten ist. Der Charakter einer von Südeuropa dominierten Missionskirche löst sich erst in den letzten Jahren auf.

Erst nach dem Tode *Salazars* setzten auch in der katholischen Kirche Bestrebungen zur Selbstständigkeit und Lockerung der Bevormundung aus Südeuropa ein. **1975** wurde der **erste kapverdianische Bischof** geweiht, *Dom Paulino Evora* aus Boa Vista. Zu dieser Zeit gab es zehn Kapverdianer unter den rund 50 Priestern. Im Februar 2004 wurde ein weiterer Bischof in São Vicente eingesetzt.

Zur Feier des 500. Jahrestages des Katholizismus auf Cabo Verde besuchte Papst *Johannes Paul II.* die Inseln im Januar 1990, woran eine 100-CVE-Gedenkmünze erinnert, die noch heute im Umlauf ist, obwohl sie die alten Staatssymbole der ersten Republik trägt. Bei Sammlern steigert das ihre Beliebtheit.

Politisch und gesellschaftlich will die katholische Kirche seit jeher den als unmoralisch verstandenen kreolischen Beziehungsformen entgegentreten. Die Erfolge halten sich seit 550 Jahren in engen Grenzen, und die Priester sehen in den Kapverdianern liebe Menschen mit einer wesentlichen Schwäche Sie können das sechste Gebot nicht ehren.

Für den sonntäglichen **Kirchgang** nimmt die Landbevölkerung stundenlange Fußmärsche auf sich. Korrekte Kleidung unterstreicht das soziale Ereignis mit willkommener Abwechslung zum Alltag. Stadt und Land, entfernte Familienangehörige und Nachbarn finden zueinander.

Der konservative Ernst der katholischen Kirche verbindet sich mit kreolischer Fröhlichkeit und Lebenslust, die Kirchweihen *(festas de romaria)* werden feucht-fröhlich gefeiert.

In der innigen Verquickung mit dem Staat blieb die Kirche bis ins 20. Jahrhundert die treibende Kraft im **Bildungssektor.** Nach mehreren Schulgründungen der frühen Besiedlungszeit und dem Convento de São Francisco in Rª Grande (siehe Kapitel zu Cidade Velha) folgten Seminarschulen, die den Katechismus um moderne weltliche und humanistische Inhalte erweiterten, auch Schüler aus Guinea-Bissau hatten und zur formenden Kraft einer eigenen, kapverdianisch-kreolischen Bewegung von Intellektuellen wurden. Dies gilt für die 1850 von Bischof *Moniz* eröffnete Schule auf Brava genauso wie für das 1876 in Vila de Ribeira Brava (São Nicolau) gegründete Seminar. Unter den politisch und ökonomisch instabilen Bedingungen der ersten portugiesischen Republik wurde 1925 aus dem Seminar ein Gymnasium, das nach der faschistischen Machtübernahme durch *Salazar* für unnötig erachtet und geschlossen wurde, um das Gebäude für die Unterbringung politischer Gefangener aus Portugal nutzen zu können.

Der **Protestantismus** in Cabo Verde ist ein kulturelles Erbe der Auswanderung nach Neu-England, das sich der Verbote durch die Kolonialregierung erst nach der Ausrufung der Republik in Portugal erwehren konnte. So wurde

João José Diaz sofort verhaftet, als er 1901 die erste Kirche der protestantischen Nazarener auf Brava eröffnete. Das Verbot hat die Protestanten in ihrer Gesinnung bestärkt; Diaz publizierte eines der ersten Bücher in kreolischer Sprache. So entstand eine Glaubensgemeinschaft, die der politischen und ideologischen Abhängigkeit von Portugal kritisch gegenüberstand. Als Diaz 1936 nach Amerika zurückkehrte, kam Reverend *Howard* nach Cabo Verde, um dessen Arbeit fortzusetzen. Die **Nazarener** erfreuen sich großer Beliebtheit, da sie mit regen Gemeindetätigkeiten und einer sehr volksnahen und weltoffenen Art junge Leute leichter ansprechen als die südeuropäischen Priester der katholischen Kirche. Ihre Messen werden in oft unscheinbaren Häusern und Kirchen gefeiert, aus denen lautstarker und fröhlicher Gesang zu hören ist. Der Protestantismus wurde dem Volk niemals aufgedrängt, die Mitgliedschaft in der vom Staat unabhängigen Kirche war frei von opportunistischen Motiven.

Die Kapverdianer in der amerikanischen Emigration sind seit über 100 Jahren stark in den **Baptistischen Kirchen** von Massachusetts vertreten, mit denen die einheimischen Kirchen zusammenarbeiten.

In den letzten Jahren haben selbst die **Mormonen** Cabo Verde „entdeckt"; man sieht junge Amerikaner in Zweiergruppe in dunkler Hose mit frisch gebügeltem weißem Hemd, Namensschildchen und Krawatte von Haus zu Haus gehen – mit erstaunlich guten brasilianischen Sprachkenntnissen.

Afrikanische **Naturreligionen** sind in das als katholisch verstandene Brauchtum eingegangen. So werden beispielsweise verstorbene Säuglinge nicht von den Eltern, sondern von einer Kindergruppe auf den Friedhof gebracht und begraben. So soll verhindert werden, dass die Hexe, die das Kind gefressen hat, die Familie erneut ausfindig macht und sich ein nächstes Opfer sucht. Dies ist wie die noch häufig beachteten Muttermilchtabus pan-afrikanisches Brauchtum, das in kreolische Gesellschaften auch der Karibik und Brasiliens Eingang gefunden hat und Familien, die sich selbst als portugiesisch verstehen, nicht ausspart.

Etwa **80%** der Bevölkerung sind **katholisch** und **10% Protestanten,** von denen gut die Hälfte zu den Nazarenern gehören. Die übrigen Menschen bekennen sich zu anderen Religionen (Anglikaner, Mormonen, Zeugen Jehovas, Baha'i etc.).

In den Tempeln des **„Racionalismo Cristão"** wird regelmäßig mit den Geistern Verstorbener gesprochen, auch wenn das nicht immer reibungslos klappt. Vor wenigen Jahren gelang vor gut gefülltem Auditorium ein Direktinterview mit den Geistern verstorbener Fischer, die im offenen Ruderboot von Santiago abgetrieben wurden. Glücklicherweise war das Schicksal gnädiger, und sie riefen wenige Tage später überglücklich aus Brasilien an, wohin sie der Ozean getragen hatte. Die Mitgliedschaft in Sekten ist zumeist nicht exklusiv, sodass sich die Menschen bei den Volkszählungen als Katholiken identifizieren.

Kunst und Kultur

Die Wurzeln der Kultur

Die **kreolische Kultur** mit eigener Sprache, Musik und Literatur folgt den historischen Ursprüngen der Gesellschaft. Insbesondere die starke und formenreiche Kultur der Badios im Inneren Santiagos blieb den Kolonialherren und auch der Oberschicht im Barlavento verborgen. Erst im 20. Jahrhundert begann die nationalistische Bewegung an der Interpretation des Kreolischen als minderwertiger Ausgabe portugiesischer Tradition mit schändlich-primitiven afrikanischen Elementen zu zweifeln, sie zu studieren. Das Literaturjournal **„Claridade"** wurde zum Forum der Beschäftigung mit der eigenen Tradition und zur Bühne junger Kunst in selbstbewusster kreolischer Identität.

Das **Streben nach Autonomie,** so meinte die intellektuelle nationalistische Bewegung, sei ohne Kenntnis und Aufwertung, ohne Neubelebung der kreolischen Kultur weder möglich noch wünschenswert. Um die afrikanischen Wurzeln der vom faschistischen Kolonialstaat verfolgten „revolutionären" Strömung zum Ausdruck zu bringen, kleideten sich die Künstler und Intellektuellen mit afrikanischen Gewändern und Haartrachten. Unübersehbar sind die afrikanischen Ursprünge in den Musikrichtungen und Tänzen Santiagos. Aber auch im Alltag der anderen Inseln, in der im Hackbau betriebenen Landwirtschaft, im Gebrauch von Mörsern und Kalebassen, in der Art, wie Lasten auf dem Kopf und Kinder auf dem Rücken getragen werden, sind sie präsent.

Kunsthandwerk

Das Kunsthandwerk, Gebrauchs- wie dekoratives Kunsthandwerk, greift auf Formen und Traditionen der prägenden Kontinente zurück. Weber- und Töpferarbeiten ohne Drehscheibe zeigen deutlich afrikanischen Einfluss, während Stickereien und Häkelarbeiten portugiesischen Vorbildern zuzuordnen sind.

Auf einigen Inseln gibt es Handwerkskooperativen, in denen getöpfert, gemalt, gesponnen, gewebt, gehäkelt oder geflochten wird. Leider ist das als Kunsthandwerks-Museum angelegte **Centro Nacional de Artesanato** in Mindelo an der Praça Nova geschlossen. Es zeigte sehr schöne Töpfer- und Weberarbeiten, und man konnte den Künstlern zusehen. Nicht weniger eindrucksvoll und mit dem Besuch des historischen britischen Konsulats von *John Rendall* verbunden ist der Besuch einer **Künstlerkooperative** an der Avenida Marginal. Im Internet finden sich einige ausgesuchte Motive beeindruckender Wandteppiche von *Cándida Maria da Luz Rocha,* einer taubstummen Künstlerin mit der besonderen Gabe, Alltagsmotive der Fischerei und Landwirtschaft in ihren Arbeiten festzuhalten (www.bela-vista.net/da-Luz/). Für diese Webarbeiten wird auf traditionelle Art Schaf- und Baumwolle ausgekämmt, gesponnen und gefärbt. Anschließend wird die Wolle auf Webstühlen zu Bändern oder Teppichen verarbeitet. Etwa zwei Monate dauert die Fertigstellung eines größeren Wandbehanges. In früheren Jahrhunderten überwogen Webereien nach traditionellen Mustern in den lokal produzierten Farben Weiß, Indigoblau und Schwarz. Daneben gibt es verschiedene Gemälde, traditionelle Gebrauchsgegenstände, Töpferwaren, Batik, Holzschnitzarbeiten, Stickereien, Decken und Spitzen oder aus Stroh, Muscheln oder Kokosnüssen gefertigte Zierobjekte. Das Artisanat arbeitet eng mit Handwerkskooperativen auf anderen Inseln zusammen und bestückt auch Ausstellungen in Übersee.

Panos aus Baumwolle

Afrikanische Sklaven brachten die Kunst des Webens aus ihren Dörfern an der Guinea-Küste nach Cabo Verde. Die so genannten Panos, **gewebte rechteckige Tücher,** die als Kleidungsstücke dienten, wurden zu einem Symbol der Afrikanisierung der Inseln. In guten Jahren produzierten die Baumwollfelder Fogos und Santiagos genug Rohstoff, um die Textilien für den lokalen Markt zu weben und auch zu exportieren.

Wie in Afrika war Weben Männersache, während die Frauen die Baumwolle sammelten und vorbereiteten. Traditionell wurden die Panos mit blauer Indigo-Farbe gefärbt.

Panos wurden im 16. und 17. Jh. als Tauschmittel im Sklavenhandel eingesetzt, im 18. Jh. dann von den Portugiesen verboten, damit der Sklavenhandel über Lissabon laufen sollte. Amerikanische und englische Händler allerdings erwarben die Textilien ungeachtet des Verbotes weiter, um sie an der Westküste Afrikas gegen Sklaven einzutauschen. Einige schöne alte Panos sind im Artisanat von Mindelo ausgestellt.

Auf Boa Vista, Sal, São Vicente, Maio und Santiago werden schöne **Keramik und Töpferwaren hergestellt.** In den Werkstätten sind Besucher gerne gesehen. Neben den großen bauchigen Wassertöpfen *(pote),* die noch heute in jedem armen Haushalt stehen, findet man kunstvoll verzierte Vasen und dekorative Tonplastiken. Viele Motive der Verzierungen sind den oftmals historischen Webermotiven aus Santiago entlehnt.

Zum Gebrauchshandwerk zählen ebenfalls die in alter Tradition aus Schilf oder getrockneten Palmblättern geflochtenen **Körbe,** darunter die Balai, flache Körbe zum Ausputzen von Reis oder Mais. Meist wird dezentral auf dem Dorf in kleinen Höfen gearbeitet, oft nur auf Bestellung. Sehr selten geworden sind die Hersteller der großen **Holzmörser,** die in keinem Haushalt fehlen dürfen.

In ruhigen Stunden werden **Baumwolldeckchen** für die *sala de visita,* das Besucherzimmer, das zumindest in Andeutungen in jedem kapverdianischen Haushalt erwartet wird, gehäkelt.

Als Repräsentanten **moderner kreolischer Malerei** sind *Manuel Figueira, Tchalé Figueira, Barros-Gizzi, Leão Lopes, Maria-Luisa Queirós, Maria Alice Fernandes, Kiki Lima* und *David Levy Lima* über Cabo Verde hinaus bekannt.

Töpferin in Fonte Lima auf Santiago

cv052 Foto: pr

Musik – die Seele Cabo Verdes

In Zusammenarbeit mit
Stefan Birenheide (www.sodade.de)

Wer die Musik eines Landes nicht kennt, kennt seine Menschen nicht.

Die Liebe der Kapverdianer für die Musik ist unendlich und nicht wegzudenken aus ihrem Alltag. Was Essen und Trinken für den Körper ist, bedeutet Musik für die Seele. Von Musik kann kaum einer leben, aber **mit Musik lebt es sich leichter,** scheint die Devise zu sein. Denn wenn auch der tägliche Existenzkampf noch so groß ist, es wird ausgelassen und fröhlich gefeiert, getanzt, gesungen und musiziert. Musik verbindet die unterschiedlichsten sozialen Schichten und Generationen. Die kleinsten Kinder ahmen schon Tanzschritte nach oder singen im Chor, wenn sie barfüßig von der Schule nach Hause laufen. Ein Radio gehört in jedes Haus und Auto, und wenn es noch so blechern kreischt, Hauptsache es ist laut. Auch die Emigranten fern der Heimat bleiben ihrer Musik treu. Sie symbolisiert ihnen die Zusammengehörigkeit im neuen Land. Oft hält die Liebe zur Musik länger an als die Verbundenheit zur kreolischen Sprache. Dort, wo eine größere Gruppe Kapverdianer eine neue Heimat findet, öffnen schon bald Clubs mit „ihrer" Musik.

Musiker in Cabo Verde zu erleben, die sich spontan zu einer geselligen Runde formieren und in ihren Klängen aufgehen, ist ein Glücksfall. Im Grunde braucht es keinen Anlass, jede gute Stimmung ist Grund genug. Wer einmal dabei war, wenn Kapverdianer zu vorgerückter Stunde die Gitarren hervorholen und eine Session beginnen, spürt schnell, dass die Musiker so in ihre Lieder eintauchen, dass alles rundherum völlig vergessen scheint. Das ist dann die echte, die wahre Musik der Inseln.

Musik hat Tradition und ist Brauchtum. Da gibt es beispielsweise die Serenata, wo einige Musikanten am Fenster ein Ständchen spielen, sei es einem künftigen Paar in der Nacht vor ihrer Hochzeit, einem lieben Menschen zum Geburtstag, als Dankeschön oder einfach als nette Geste.

Feste und Feiern ohne Musik sind nicht denkbar. Gäste sind immer willkommen. In ländlichen, ärmeren Regionen wird am überschwänglichsten gefeiert. Kleine Musikgruppen aus Familie, Freunden und Nachbarn bilden sich spontan. Man singt, tanzt und spielt nicht selten die ganze Nacht hindurch.

cv053 Foto: pr

Neben diesen spontanen Festas gibt es unzählige Anlässe, um zu musizieren.

Jede Insel hat ihre eigenen Tänze und Feste, jedes Fest seine eigenen Lieder und Melodien. Lokale Musikgruppen spielen bei allen größeren Anlässen, bei Eröffnungen, im Wahlkampf oder am Tag der Kirchweih. Musikalische Höhepunkte sind die **Musik-Festivals von Baia das Gatas** auf São Vicente und **Praia de Gamboa** in Praia. Zur **Zeit des Karnevals** lassen mitreißende Rhythmen, Tänze und Ausgelassenheit alle Sorgen vergessen.

Gitarren, Geigen und Trommeln dominieren, je nach Musikform kommen spezielle Begleitinstrumente hinzu. Blasinstrumente sind selten, außer bei offiziellen Anlässen oder im Karneval.

Die **Lieder** der Inseln sind ein wahres Füllhorn an Themen: Mal erzählen sie in getragenen Balladen von der Vergeblichkeit des Seins oder betrauern eine verlorene Liebe, mal intonieren sie mit an Zigeunermusik erinnernden Geigeninstrumentals oder mit nach Salonjazz klingenden Pianosoli zarte Melodien. Melancholische und historische Elemente wie das harte Leben auf den Inseln, der ausbleibende Regen, Unbill der Natur, Kampf gegen die Unterdrückung durch Sklaverei und Kolonialmacht, Emigration und Herzenskummer sind genauso enthalten wie positive Gedanken über die Hoffnung auf bessere Lebensumstände, das Lachen der Kinder oder eine gute Ernte. Vor allem aber verblüfft die Leichtigkeit und Eleganz, mit der Gesang, Rhythmus und Instrumente verschmelzen.

Im Laufe ihrer bewegten Geschichte haben Kapverdianer ihre **ganz einzigartige Musik** geschaffen. Woher stammt diese Musik, aus Afrika, Europa oder Lateinamerika? Wohl von diesen drei Erdteilen. Die Verschmelzung afrikanischer und europäischer Traditionen hat kreolische Mythen geschaffen, die sich mit nichts vergleichen lassen und auf die die Kapverdianer besonders stolz sind. Verschiedenste Einflüsse ergaben eine Komposition aus Musikformen, in der sich portugiesische Sprache, Dichtung, Lieder und Musikinstrumente genauso finden wie afrikanische und brasilianische Rhythmik. Doch wird es immer offen bleiben, wer wen beeinflusst hat. Wie selbstbewusst die Menschen mit ihrer Musik umgehen, zeigte sich in der Kolonialzeit, in der afrikanische Elemente der Musik verboten wurden. Sie wurden letztlich zum Symbol der Befreiung.

So verschieden die Geschichte des Sotavento und des Barlavento verlaufen ist, so verschieden ist auch ihre Musik.

Im **Barlavento** wird wird vorwiegend auf der Violine *(Rabeca)*, zehn- oder sechssaitiger Gitarre und dem *Cavaquinho* (einem kleinen viersaitigen Instrument ähnlich der Ukulele) gespielt, Instrumenten, die Portugal und Europa verwandt sind. Die Musiker legen mehr Gewicht auf Melodie als auf Rhythmus, der Gesang und die Harmonien sind denen Portugals ähnlich. Die wichtigsten kreolischen Musikrichtungen sind Morna und Coladera. Europäische Sied-

Arbeitspause in Águas Belas (Santiago)

ler des 19. Jahrhunderts brachten Mazurka, Walzer, Marsch und Contradança mit, die teils sehr nahe dem Original, teils in kreolischer Abwandlung Eingang in die Tradition fanden. Populäre Bands mit elektronischen Instrumenten modernisieren sie ohne sie zu verlassen.

Auf **Santiago und Fogo** steht die Musik dem afrikanischen Ursprung näher und spiegelt die Kultur einer breiten Palette afrikanischer Traditionen wider. In Batuco, Finaçon, Funana und Tabanca übertrifft der Rhythmus die Melodie, es gibt Ruf- und Antwortstrukturen, viele Wiederholungen, einfache Harmonien und einen offenen, lauten Gesang ohne Vibrato. Auch die Tänze stehen Afrika und der Karibik näher als Europa, insbesondere der Batuco. Anders als die literarischen Morna-Texte sind die afrikanischen Lieder oft spontan improvisiert. Die Interpreten erzählen Geschichten mit sozialen Hintergründen und von dem, was die Leute auf den Dörfern bewegt. Jeder der Anwesenden beteiligt sich mit Singen, Klatschen und Tanzen. Anstelle von Saiteninstrumenten wird Batuco auf Trommeln gespielt, die zwischen den Knien gehalten und mit der flachen Hand geschlagen werden.

Morna und Coladera sind die meistverbreiteten Musikformen auf allen Inseln. Von der **Morna** sagt man, sie drücke das Innerste der kapverdianischen Seele aus, sie sei die **charakteristischste Musikrichtung Cabo Verdes** und musikalischer Ausdruck nationaler Kultur. Nirgends zeigen sich die Gefühle der Kapverdianer, ihre Sehnsucht, Sorgen und Träume mehr als in der Morna, die zugleich Gedicht, Ballade und Lied ist. Die Geschichte der Inseln mit Existenzkampf, Emigration, Hunger und Dürre bringt es mit sich, dass viele Melodien Cabo Verdes sehr melancholisch sind. Die Melodien und gefühlvollen Texte der Morna sind voller *Tristeza,* **Schwermut,** und *Saudade,* der ewigen Sehnsucht, und *Nostalgia,* der großen Heimatverbundenheit. Ein wenig wehmütig muten diese meist in Crioulo gesungenen Lieder an mit lyrischen, balladenhaften Texten.

Morna wird in **mittlerem Tempo** von einem Solo-Vokalisten gesungen, begleitet von Saiteninstrumenten wie Violine, der gitarrenähnlichen Violão, Viola und dem Cavaquinho. Eine harmonische Struktur, häufig wechselnde Akkorde, die verschlungene Melodieführung und die besondere Rhythmik des Cavaquinho-Spiels sind ihre unverwechselbaren Charakteristika. Man sagt, dass die Morna Gitarren weinen lasse. So bringt die Morna das große Leid vergessener Generationen des 19. und 20. Jahrhunderts zum Ausdruck in einem nahezu hoffnungslosen Kampf gegen Hunger und Elend.

Über den **Ursprung der Morna** gibt es verschiedene Ansichten. So soll diese Musikrichtung Mitte des 19. Jahrhunderts in Boa Vista entstanden sein. Der berühmte Komponist und Nationaldichter *Eugénio Tavares* aus Brava komponierte zwischen 1870 und 1890 seine Mornas auf einer portugiesischen Gitarre. Er liebte den Fado und war ein großer Anhänger der portugiesischen Ultra-Romantik. So erklärt es sich vielleicht, dass die Morna oft mit dem Fado verglichen wird, jedoch ohne dessen schwere und dramatisch melodischen Elemente. Andere Theorien vermuten den Ursprung der Morna in einer afrikanischen Musikrichtung aus Angola, die Lundum genannt wird, oder stellen Verbindungen mit dem brasilianischen Liedgut der Modinha und dem argentinischen Tango her. In ihrer Vokalart, den Instrumenten und der Harmonie hat die Morna sicherlich eher europäischen als afrikanischen Charakter. Die neuzeitliche Morna entstand etwa um 1930 auf São Vicente, vor allem mit Melodien und Texten aus der Feder des Komponisten *B. Leza.* Seine Nichte, *Cesária Évora,* hob die Morna auf die Weltbühne (s.u.).

Interpreten wie *Luis Rendall, Luis Morais, Bau* und andere beliebte Musiker Cabo Verdes haben sich der Morna zugewandt und ein umfangreiches Repertoire an bekannten Liedern geschaffen.

Doch gibt es auch die andere Form des Spielens und Singens, das „tcha bai, tcha acontece" (etwa: Es wird schon etwas dabei herauskommen), die **Improvisation,** eine Virtuosität, eine besondere Harmonie und die zum Anlass passenden Texte.

Die **Coladeira** ist heute eine Musikrichtung mit fröhlichen, bewegten Tanzliedern, die von Gitarren, Mandolinen und Geigen begleitet werden. Bei modernen Musikgruppen werden die akustischen von elektronischen Instrumenten und Schlagzeug abgelöst. Viel schwungvolle Rhythmik und Melodie geben der Musik die **Alegria,** in der sich, im Gegensatz zur schwermütigen Morna, **Lebensfreude und Ausgelassenheit** der Menschen ausdrücken und die die Tanzböden von Cabo Verde bis in die über die Welt verstreuten Emigrantengemeinden beherrschen. Ihre Popularität liegt in der Beschwingtheit, die förmlich zum Tanzen einlädt, sei es als Paar-, Gruppen- oder Reihentanz. Die eher einfachen Texte und Refrains, aktuell und positiv gestimmt, manchmal satirisch und humorvoll, fordern zum Mitsingen und -klatschen auf.

In Alt-Kreolisch bedeutet **colá** laut sprechen oder laut singen und bezeichnet den Wechselgesang, den die Frauen in improvisierten Strophen bei der Coladeira, der Colá und der Tabanca zu aktuellen Themen anstimmen. Noch heute drohen sich Frauen bei Meinungsverschiedenheiten spaßeshalber an: „Um tá coláb na coladeira!" (Ich werde über dich in der Coladeira singen!) Die Improvisation im Wechselgesang ist nur noch auf privaten Festen im kleinen Kreis zu beobachten.

Colá São João bezeichnet einen fröhlichen rituellen Tanz auf den traditionellen Johannisfesten. Die Choreografie und Musik des **Colá** sind von Insel zu Insel leicht verschieden festgelegt, doch immer geht der „Admiral" *(almirante)* mit Seemannsuniform voran, begleitet von infernalisch lauten Trommeln in scharfem Rhythmus. Ihm zur Seite tanzt der „Steuermann" *(navegador)* in einem Schiffsmodell. Der Rumpf ist in der Mitte offen. Der Träger steigt hinein und hängt sich das Schiffchen an einem Schulterriemen um den Leib, sodass es mit verblüffender Ähnlichkeit die Bewegungen eines Schiffs in schwerem Sturm nachahmt. „Frèt p'êss nêv'zim!", „Frèt p'êss nêv'zim!" (Fahrgeld für dieses Schiffchen!) rufen sie laut und bitten um Spenden. Wenn ein paar Escudos in der Tasche klingeln, hält der Admiral den Zug an, grenzt mit einem hölzernen Schwert einen Tanzplatz ab, und zwei Frauen springen in die Runde, tanzen sich in Laune und singen improvisierte Strophen zu aktuellen Themen in einer Art Ruf- und Antwortdarbietung. Mit stampfenden Schritten tanzen sie auseinander, aufeinander zu, erneut auseinander, um endlich mit erhobenem Arm in die Luft zu springen und sich mit den vorgestreckten Bäuchen zu berühren *(umbigada)*. Rasches Fingerschnippen ähnelt dem Klang von Kastagnetten. Der ganze Körper muss im Rhythmus des Partners schwingen, der Zusammenstoß soll exakt harmonieren, nicht zu kräftig und nicht zu leicht sein. Steigt die Stimmung, kommen zwei weitere Frauen dazu und tanzen über Kreuz, und die Trommler überbieten sich selbst. Die Gäste hängen sich Rosenkränze aus Popcorn *(pipocas)*, grünen Kaffeebohnen und Kleingebäck um.

Mit der Arroganz und Dummheit kolonialer Macht wurde das Colá São João im 20. Jahrhundert als „afrikanisch", „primitiv" und „unanständig" verboten, genauso wie Batuco und Finaçon. Dabei ist es im 18. Jahrhundert in Portugal entstanden: Rhythmus, Fingerschnippen und Grundschritte stammen aus der maurischen Tradition und überlebten in der Kultur iberischer Zigeuner und des Flamenco. Die vor die Brust geklemmten kleinen Trommeln mit Ziegenfell und geraden Schlegeln aus Feigenholz dienten im ländlichen Nordportugal zum Vertreiben von Hexen und Geistern. Die Figuren sind der Zunfttradition der Epoche entlehnt. Allenfalls die umbigadas haben eine afrikanische Wurzel. Doch auch diese kam über Portugal nach Cabo Verde. Sie wurde aufgenommen im Rahmen der mit Staunen von den Lissaboner Bürgern beobachteten und bei Hof nachgeahmten *festas dos pretos* (Feste der Schwarzen) und exotisch brasilianischer Feste mit Verkleidung. So erklärt sich, weshalb die Colá im spät besiedelten Barlavento und kaum im Sotavento anzutreffen ist. Auf Brava wurde es traditionell ohne umbigadas getanzt. Auch die meisten der Hexen und Geister, der *Bjons* und *Gongongs*, die nächtens über Santo Antão fliegen und die Kinder in Schrecken versetzen, entstammen der iberischen Mythologie. Nachdem die Verbote der Lächerlichkeit preisgegeben sind, macht es den Jungen wie den Alten um so mehr Spaß, die Tradition hemmungslos auszuleben.

Unter allen musikalischen Ausdrucksformen Cabo Verdes hat der **Batuco** *(Batuque, Batuko)* die größte Ähnlichkeit mit traditioneller Musik des afrikanischen Festlandes. Es handelt sich um eine Musik- und Tanzform mit ganz rhythmischer Struktur und dem für Afrika so typischen Zuruf-Antwort-Sprechgesang. Der Batuco wird vorwiegend von Frauen in den ländlichen Badio-Gemeinden Santiagos ausgeübt. Eine Gruppe von Frauen sitzt im Halbkreis. Auf Trommeln, stoffgefüllten Plastiksäcken oder den über die Knie gerollten Panos schlagen sie einen kontrastierenden Rhythmus, sodass eine Art Polyrhythmik entsteht. Lautstärke und Schnelligkeit steigern sich. Ein Mitglied fungiert als Anführer und stimmt die restlichen Mitglieder, die den Chor bilden, zu einem Zuruf-Antwort-Gesang ein. Die Lieder beinhalten eine breite Palette an Themen, sind aber gewöhnlich beschränkt auf einige wenige Sätze, die sich wiederholen. Es gibt spontan improvisierten Batuco oder feste Melodien und Texte. Dann springt eine Tänzerin auf, tritt in die Mitte des Halbkreises, bewegt sich zunächst langsam zur Musik und steigert sich mit wachsendem Rhythmus in immer schnellere, energische Hüftbewegungen, genannt *Chabgta,* bis zur Erschöpfung. Um ihre Hüften ist ein schmales Pano gelegt, das den stakkatoartigen Hüfttanz unterstreicht. Aus den Reihen der Zuschauer kann sich ein Gast zur Tänzerin gesellen, sie eine Weile tanzend begleiten und ihr dann einen kleinen Obolus zustecken. Am Ende jedes Liedes sucht die Frau eine neue Tänzerin aus, indem sie ihr das Pano umlegt.

Es gibt unterschiedliche Ansichten über die **Herkunft des Batuco.** Eine besagt, dass er ursprünglich dazu diente, den Gästen der Kolonialherren eine Auswahl von Sklavinnen für sinnliche Freuden darzubieten und ihnen mit dem Tanz die Auswahl zu erleichtern. Eine andere Theorie behauptet, dass die Frauen den Batuco als ein Mittel verstanden, die Trennung von ihrem Mann, sei es durch Tod, Emigration oder eine neue Partnerin, besser zu verkraften. Wieder andere sagen, dass die Badio-Frauen tanzen, um sich von Kummer zu befreien und dass eine Nacht Gesang und Tanz bis zum frühen Morgen inneren Frieden und Glück verschaffe. Schon jungen Mädchen wurde der Tanz gelehrt, und es gibt beim Batuco keinerlei Altersbegrenzung.

Die Musikform des **Finaçon** steht dem Batuco sehr nahe und wird auch von vielen Batuco-Gruppen beherrscht. Beide Formen sind eine Tradition der Badios von Santiago, haben einen Anführer und eine trommelnde Frauengruppe. Der größte Unterschied besteht darin, dass es beim Finaçon keinen Tanz gibt. Es handelt sich hier um eine eher lyrische Musikform, bei der ein oder zwei Vokalisten in einer Art Sprechgesang aktuelle Geschichten erzählen, während die Gruppe eine trommelnde, polyrhythmische Begleitung bildet. Der Rhythmus kann sehr intensiv oder auch ganz sachte sein, sodass man den Finaçon-Interpreten gut verstehen kann. Gute Finaçon-Sänger benutzen oft Parabeln, um aktuelle Begebenheiten humorvoll oder satirisch zu umschreiben. Auf diese Weise fungieren sie als mündliche Geschichtenüberlieferer und halten die Erinnerung an besondere Ereignisse, interessante Familien und Leute am Leben. So manches Mal endet der Finaçon mit Fröhlichkeit und Gelächter in einer Art Gesangsduell. Finaçon ist übrigens auch der Name einer der beliebtesten Funana-Bands Cabo Verdes, was nicht zur Verwechslung führen sollte.

Traditionell spielen **Batuco- und Finaçon-Gruppen** auch bei religiösen Festlichkeiten, Taufen und beim „Abschied der Junggesellen" in der Nacht vor der Hochzeit. Moderne Gemeinde-

cv054 Foto: pr

Kirchweih in Rª das Patas/Santo Antão

feste und die Wahlkämpfe sind eine weitere Gelegenheit, die Gruppen live zu erleben.

Auch der **Funana** ist eine typische Musik der Badios. Schnelles Tempo, rein instrumental oder mit Gesang, ein vielschichtiger, galoppierender Rhythmus, auf den die Zuschauer klatschend mit einstimmen, sind seine besonderen Merkmale. Insgesamt klingt diese Musik mitreißend und hat sehr afrikanischen Charakter.

In seiner traditionellen Form wird der Funana auf der *Gaita,* einer zweireihigen Akkordeonart, gespielt, begleitet von einem selbst gemachten Schlaginstrument, das man *Ferrinho* oder *Ferro* nennt. Leicht erkennt man ein Funana-Ensemble an diesem Metallstück, das auf der Schulter balanciert wird und auf dem der Musikant mit einem Messer kratzt. Die bekannteste Funana-Band heißt Ferro Gaita.

Obwohl Funana oft spontan improvisiert wird, gibt es ein großes Repertoire an feststehenden Texten und Melodien. Zu den Themen gehören nostalgische Erinnerungen an eine Reise, Mangel an Regen, Leid mit Frauen und Schwierigkeiten des Lebenserhaltes. Einige Lieder haben auch zeitgemäße Inhalte wie AIDS oder regionale Politik.

Zu Funana tanzen die Paare sehr eng, vergleichbar dem Lambada, was erotisch wirkt und bei jungen Leuten in Discos entsprechend beliebt ist.

Während der Unabhängigkeitsbewegung begannen mehr und mehr junge Musiker aus Santiago, Interesse an Funana zu finden und gründeten **Bands,** wobei sie Gaita und Ferrinho durch Keyboards, Gitarren und Schlagzeug ersetzten. Die kirchlichen Autoritäten protestierten mehrfach gegen den aufreizenden Tanzstil des Funana, die politische Polizei gegen die nationalistischen Texte, und in den 1970er Jahren gab es vielfache Zensur. Mit der Unabhängigkeit wurde die moderne Musik der Badio zum Symbol kapverdianischer Eigenständigkeit.

Eine neue Stufe der Qualität erreichte die Band **Bulimundo,** die mit anderen Gruppen den Funana weit über die Inseln hinaus und in allen Bevölkerungsschichten populär machten. Repertoires wurden von traditionellen Akustik-Gruppen entliehen und aufgearbeitet. Aus Bulimundo bildete sich in den 1980er Jahren die Gruppe **Finaçon,** die auch international Erfolg errang und eine der wenigen kapverdianischen Gruppen war, die schon damals von einer großen Plattenfirma auf den Markt gebracht wurde.

Tabanca ist ein Tanz, der das Vorwärtsschreiten symbolisieren soll und beim Marschieren getanzt wird. Er wird mit Trommeln und Scheller gespielt und verquickt afrikanische Traditionen mit Formen von Zunft-Umzügen *(irmandades)* im Portugal des 18. Jahrhunderts. In Praia treten auch Batuco-Ensembles auf. Auch die Tabanca war bis zur Unabhängigkeit verboten.

Eine alte Tradition in Fogo ist der **Pilão,** eine Musikform, die dem Batuco ähnlich ist. Diese Musik begleitet die Vorbereitung eines Festessens, wenn der Mais in großen Holzmörsern gestampft wird – *Pilão* ist das Wort für Mörser.

Die kapverdianische Musik gelangte nur schwer zu internationaler Popularität. Dies lag in erster Linie daran, dass keine Geldmittel für Plattenaufnahmen vorhanden waren. So mussten die Künstler ihre Musik in Europa oder den USA auf eigene Kosten und meist in nur sehr kleinen Auflagen aufzeichnen lassen. Es waren Mornas und Coladeras, die das Publikum im In- und Ausland am meisten faszinierten. Interpreten wie **Bana** und die Gruppe **Voz di Cabo Verde** machten in den 1960er Jahren als erstes auf sich aufmerksam. Natürlich sorgten auch die Emigranten-Gemeinschaften in den USA und Europa für eine Verbreitung der Musik. Im Folgenden werden einige der Musiker vorgestellt, die heute zu den bekanntesten gehören.

Cesária Évora

Cesária Évora wurde zur **Botschafterin kapverdianischer Musik** und ist weltweit populär. Die 1941 in Mindelo, São Vicente, geborene Sängerin begann mit 17 Jahren zu singen. Ihr Vater spielte Violine und war der Cousin eines der größten Komponisten Cabo Verdes, *B. Leza,* der starb, als *Cesária* sieben Jahre alt war. Viele Jahre wurde ihr musikalisches Talent nicht ernst genommen. Bei ihren ersten Auftritten in Bars und Hafenkneipen bezahlte man ihr 25 Escudos pro Lied. Erst 1986 wurde sie von der kapverdianischen Frauenorganisation ausgewählt und zu Plattenaufnahmen nach Portugal vermittelt. Dort traf sie den Sänger *Bana,* der ihr Talent erkannte. Die Plattenfirmen lehnten jedoch ab. Sie unternahm eine erste Tournee in die USA. In Frankreich, wo ihr Erfolg stieg, bekam sie 1988 im Alter von 47 Jahren ihren ersten Plattenvertrag. Ihren internationalen Durchbruch schaffte sie mit dem vierten Album „Miss Perfumado", das sich alleine in Frankreich über 200.000 Mal verkaufte. Bis heute hat sie zehn Studioalben und einige Compilations veröffentlicht.

Cesária wird von den Medien „Königin der Morna", „Stimme der Kapverden", „Schwarze Madonna" oder „Bessie Smith der Tropen" genannt. Unzweifelhaft ist sie zur **Spitzeninterpretin Cabo Verdes** geworden. Mit ihrer warmen, tiefen und sanften Stimme besingt sie Leid und Freud des Inseldaseins. Ihr Lied „Sodade", der Emigration gewidmet, ist die bekannteste Morna Cabo Verdes. Sie singt die Kompositionen des Meisters *B. Leza* ebenso wie die in Musik umgesetzte Lyrik eines der größten Poeten des Landes, *Eugénio Tavares.* Im Februar 2004 erhielt sie für ihr Studioalbum „Voz d'amor" den **Grammy,** die höchste Musikauszeichnung der Welt, in der Kategorie „Bestes zeitgenössisches Weltmusikalbum".

Cesárias Name als **bekannteste Kapverdianerin** und „Botschafterin" steht im Land für mehr als künstlerische Performance und Erfolge im internationalen Rampenlicht. In der Nacht zum 1. Dezember 2008, dem Welt-AIDS-Tag, trat „Cise", inzwischen 67-jährig, auf die Bühne des größten Benefiz-Konzerts der kapverdischen Geschichte, gegen die Diskriminierung und für die Unterstützung seropositiver Bürger in Afrika. Der tobende Beifall – von der im Parlament versammelten politischen Elite bis ins hinterste Dorf – belohnte einmal mehr den symbolischen Akt, barfuß aufzutreten, um Respekt und Solidarität für Menschen in Armut einzufordern, wo immer sie auftritt.

CDs von Cesária Evora:
Studioalben

- La Diva aux pieds nus (Lusafrica, 1988)
- Distino di Belita (Lusafrica, 1990)
- Mar Azul (Lusafrica, 1991)
- Miss Perfumado (Lusafrica, 1992)
- Cesária (Lusafrica, 1995)
- Cabo Verde (Tropical Music, 1997)
- Café Atlantico (Tropical Music, 1999)
- São Vicente di longe (Lusafrica, 2001)
- Voz d'amor (Lusafrica, 2003)
- Rogamar (Lusafrica, 2006)

(Alle Studioalben jetzt auch bei Tropical Music mit deutschen Übersetzungen der Liedtexte!)

Compilations

- Sodade (Lusafrica, 1994)
- Best of (Lusafrica, 1998)
- Anthology – Mornas & Coladeras (Lusafrica, 2002)
- Radio Mindelo (Lusafrica, 2008)

Teofilo Chantre

Leider wird in westlichen Medien oftmals nur über *Cesária Évora* geschrieben, wenn es um kapverdianische Musik geht. Es gibt jedoch zahlreiche Musiker, die Césaria mindestens ebenbürtig sind, beispielsweise *Teofilo Chantre.* Er hat bis heute fünf Studioalben veröffentlicht und komponiert auch für andere Musiker, unter anderem auch für Ce-

sária Évora. 1992 findet man zum ersten Mal drei seiner Songs auf einem ihrer Alben („Miss Perfumado").

Teofilo Chantre wurde 1964 auf São Nicolau geboren, seine Kindheit verbrachte er in der Hafenstadt Mindelo auf São Vicente. 1977 gingen er und seine Familie nach Paris (heute leben dort etwa 15.000 Kapverdianer), wo er sich selbst das Gitarrespielen beibrachte und anfing zu komponieren, vor allem Mornas und Coladeiras. Seine Musik wurde durch **brasilianische Musik** beeinflusst, besonders durch den Bossa Nova, aber auch die europäische Salonmusik, Valses, Mazurka, afrikanische Rhythmen und Jazz prägten ihn und seine Musik. Seine Vorbilder waren die brasilianischen Sänger *Caetano Veloso* und *Gilberto Gil,* seine Texte verbinden kreolische Poesie und brasilianische Zitate. Gitarre, Cavaquinho, Geige und Piano sind die instrumentalen Grundlagen seiner Songs.

1993 veröffentlichte *Teofilo Chantre* sein erstes Album („Terra & Cretcheu"). Heute tritt er nicht nur in Paris vor kapverdianischen Anhängern auf, sondern auch auf internationalen Bühnen. In Deutschland war er zum Beispiel im Rahmen der WDR-5-Veranstaltung „Matinee der Liedersänger" in Bochum und auf dem Stimmenfestival in Lörrach zu Gast.

CDs von Teofilo Chantre:
- Terra & Cretcheu (Lusafrica, 1993)
- Di Alma (Lusafrica, 1997)
- Rodatempo (Lusafrica/Tropical Music, 2000)
- Live ... (Lusafrica, 2002)
- Azulando (Lusafrica, 2004)
- Viajá (Lusafrica, 2007)

Tito Paris

Tito Paris gehört zu den Musikern, die kapverdianische Musik auf der ganzen Welt bekannt gemacht haben. Der talentierte **Gitarrist, Komponist und Sänger** lebt in Lissabon und trägt zum kosmopolitischen Bild der portugiesischen Hauptstadt bei. Wer zu Besuch in Lissabon ist, sollte sein Bar-Restaurant „Casa da Morna" besuchen. Dort gibt es kapverdisches Essen, und wenn *Tito Paris* in Lissabon ist, fast jeden Abend Livemusik.

Tito Paris, 1963 in Mindelo geboren, tritt früh in die Fußstapfen seiner musikalischen Familie und fängt an, Gitarre zu spielen. Bereits im Jugendalter gründet er nacheinander zwei Bands und tritt in Bars und Cafés auf. Mit 19 wird er von dem bekannten kapverdianischen Sänger *Bana* nach **Lissabon** eingeladen, wo er in dessen Band „Voz do Cabo Verde" drei Jahre spielt. Danach setzt er seine Arbeit mit anderen Musikern fort und veröffentlicht 1987, als er bereits ein gefragter Musiker der kapverdianischen Szene Lissabons ist, sein erstes Album „Tito Paris". Bis heute folgten weitere Studio- und Livealben.

CDs von Tito Paris:
- Tito Paris (1987)
- Dança ma mi criola (1994)
- Graça de tchega (Lusafrica, 1996)
- Live in Lisbon (Lusafrica, 1998)
- Guilhermina (Lusafrica, 2002)
- Acustico – Aula Magna (Livealbum, 2005)

Lura

Lura ist der **neue Star am Musikhimmel Kap Verdes.** Den Durchbruch schaffte sie mit ihrem dritten Album „Di

Korpu Ku Alma" aus dem Jahr 2004, das lange Zeit an der Spitze der kapverdianischen Hitparade stand und auch die europäischen Worldmusic-Charts eroberte.

Lura wurde 1975 in Lissabon geboren und entdeckte den ganzen Reichtum der kreolischen Kultur, als sie als Jugendliche Kreol lernte. Mit 17 begann sie ihr künstlerisches Leben, mit 21 Jahren nahm sie ihr erstes Album „Nha Vida" auf. Unzählige Auftritte und die Arbeit im Chor bei *Cesária Évora,* mit der sie 2002/03 auf Tournee ging, ließen sie zur erfahrenen Künstlerin reifen.

Lura, gesegnet mit einer außergewöhnlichen Stimme, komponiert und schreibt ihre Songs meist selbst. Sie handeln oftmals vom Alltag ihrer Familie, von der ein großer Teil auf dem Archipel lebt. In *Luras* Musik klingt die Melancholie der Mornas nur selten an, lebendige, oftmals fröhliche Melodien überwiegen, beeinflusst durch Soul, Jazz, Pop und portugiesische Musik. Von *Lura* wünscht man sich noch viele Aufnahmen.

CDs von Lura:
- Nha Vida (1996)
- In Love (Lusafrica, 2002)
- Di Korpu Ku Alma (Lusafrica, 2004)
- M'bem di fora (Lusafrica, 2006)
- Eclipse (Lusafrica, 2009)

Mayra Andrade

Auch *Mayra Andrade* gehört zu den **großen Newcomerinnen Cabo Verdes.** Sie wurde auf Kuba geboren und wuchs auf den Kapverden, im Senegal, in Angola und Deutschland auf. Seit 2003 lebt sie in Frankreich. Schon mit ihrem ersten Album „Navega" schaffte sie den großen Durchbruch und gewann 2007 den Preis der deutschen Schallplattenkritik sowie 2008 den BBC Radio 3 Award für Weltmusik in der Kategorie „Newcomer". Ihre Musik spiegelt die Weltenbummlerin wider. *Mayra* verbindet kapverdische Musik mit brasilianischen Klängen, Flamenco, Latin sowie Jazz.

CD von Mayra Andrade:
- Navega (Sony BMG Music, 2006)

Tcheka

Tcheka wurde 1973 auf Santiago geboren. Zusammen mit seinem Vater, einem bekannten Violinspieler, trat er schon früh zu verschiedenen Anlässen und Festivitäten in Santiago auf. Mit 15 begann *Tcheka* seinen **eigenen Musikstil** zu entwickeln, der vor allem auf dem auf der Insel Santiago sehr populären Batuco basiert. Dabei übertrug er die Musik, die eigentlich sehr perkussiv ist, mehr und mehr auf die Gitarre. Den großen Durchbruch schaffte *Tcheka* mit seinem zweiten Album „Nu Monda", das durch den Nachfolger „Lonji" noch übertroffen wurde. *Tcheka* gehört inzwischen zu den wichtigsten Gitarristen, Komponisten und Sängern des Landes.

CDs von Tcheka:
- Argui (Lusafrica, 2003)
- Nu Monda (Harmonia/Lusafrica, 2005)
- Lonji (Harmonia/Lusafrica, 2007)

Weitere interessante Interpreten sind u.a.: *Kim Alves, Tó Alves, Terezinha Araújo, Bana, Maria de Barros, Bau, Boy Gé Mendes, Amandio Cabral, Cabo Verde Show, Cordas do Sol, Fantcha, Ferro Gaita, Finaçon, Ildo Lobo, Mario Lucio, Vasco Martins, Mendes Brothers, Mix Cultura, Luis Morais, Celina Pereira, Sara Tavares, Simentera, Os Tubarões, Nancy Vieira, Paulino Vieira.*

Zouk – die moderne Musik Cabo Verdes

Ohne Frage: Die traditionelle Musik ist vor allem bei älteren Kapverdianern sowie Ausländern beliebt und wird von der internationalen Musikkritik stets hoch gelobt. Den jungen Kapverdianern sollte man damit nicht unbedingt kommen – sie lieben Zouk, moderne Popmusik, die aus Synthesizerklängen, Schlagzeug, Bass und E-Gitarre gemacht wird. Zouk begegnet einem auf dem Archipel fast immer und überall: im Radio und TV, im Taxi, auf der Straße, in den Bars und Discos, am Strand.

Zouk entstand Anfang der 1980er Jahre auf den französischen **Karibikinseln Guadeloupe und Martinique** unter zahlreichen afrikanischen, karibischen und französischen Einflüssen. Mitte der 1980er Jahre machte die Band **Kassav** diese Musik über die Karibik hinaus bekannt. Seitdem hat sich

cv055 Foto: pr

Zouk als neues Genre der Popmusik in vielen Staaten West- und Zentralafrikas sowie in Südamerika und der Karibik etabliert.

Die bekannteste Zouk-Band Cabo Verdes ist die in Rotterdam lebende Gruppe **Splash,** die 1990 gegründet wurde und in den ersten Jahren ihres Bestehens ausschließlich auf Festivals und zu ähnlichen Anlässen auftrat. Erst 1996 wurde die erste CD „Simplicidade" veröffentlicht. Auch die Musik von Splash enthält traditionelle kapverdianische Musikstile wie Morna, Coladeira oder Funana, ist aber vor allem für Elemente wie Zouk, Reggae und Salsa bekannt. Die Gruppe darf bei keinem größeren Musikfestival fehlen. Einige der aus neun Leuten bestehenden Band spielten bereits in den 1980ern in einer der ersten populären Zoukbands Cabo Verdes namens **Livity.**

Die Splash-Musiker **Djoy Delgado,** gefragter Komponist und Keyboarder Cabo Verdes, **Grace Évora,** Schlagzeuger und auch mit Soloalben erfolgreich (letztes Werk „Aventura", RB Records, 2003), der Gitarrist **Johnny Fonseca** sowie die Sängerin **Dina Medina** sind auch bei zahlreichen anderen Produktionen mit von der Partie.

Leider kann man die moderne Musik hier zu Lande nicht kaufen. Die nächsten Musikläden gibt es dort, wo viele Kapverdianer leben, z.B. in Luxemburg und Rotterdam.

CDs von Splash:

- Simplicidade (1996)
- Nha Terra K'Tchuva (1988)
- Africana – The Best of Splash (1999)
- Contradição (2001, alle RB Records)

Weitere interessante Zouk-Interpreten sind u.a.: *Calu Bana, Calú di Brava, Cabo-X, Kino Cabral, Zé Carlos, Zé Delgado, Beto Dias, Gil, Gilyto, Eunice, Heavy H, Isidora, Nhone Lima, Marizia, Phillip Monteiro, Jorge Neto, Yvone Paris, Roger, Stacy, Suzanna, X-Treme.*

Nachtleben

Mindelo (São Vicente) und **Praia** (Santiago) sind die **musikalischen Zentren Cabo Verdes.** Hier existiert ein „städtisches" Nachtleben mit zahlreichen Bars, Nachtlokalen und modernen Diskotheken, auch während der Woche. Aber auch auf den anderen Inseln muss man am Wochenende nicht zu Hause bleiben, denn in den größeren Orten ist dann auch etwas los.

In den **Diskotheken,** die oft erst ab 23 Uhr öffnen, tanzt man hauptsächlich zu Zouk, aber auch populäre brasilianische und westliche Musik ist zu hören. Ab und zu treten in den „Boites" (kreol. = Disco) Gruppen mit kapverdianischer Musik auf.

Auf dem Land werden die Disco-Nächte auf den Flachdächern von Häusern oder größeren Terrassen abgehalten, besonders an Festtagen. **Kapverdianische Nächte sind lang!**

Musikfestivals

In Cabo Verde gibt es zahlreiche Musikfestivals und diverse Feste, auf denen Livemusik nicht zu kurz kommt. Die **drei wichtigsten Festivals** sind:

- **Baía das Gatas:** Seit Beginn der 1980er Jahre finden sich auf São Vicente jedes Jahr im August Tausende Musikbegeisterter von allen Inseln ein, um auf der Freilichtbühne am

Strand Baía das Gatas kapverdianische wie auch internationale Musikgruppen vom afrikanischen Kontinent, aus Europa, den USA oder Südamerika zu hören. Auch zahlreiche Touristen werden von diesem Musikfest angezogen, auf dem vor allem traditionelle, aber auch moderne Musik zu hören ist.

- **Strandfestival Santa Maria:** Jedes Jahr im September verwandelt sich der Strand von Santa Maria auf Sal in ein riesiges Open-air-Festival, wenn vor allem Zouk-Künstler ihre neuesten Hits zum Besten geben.
- **Festival de Praia da Gamboa:** Das größte Festival Santiagos findet jährlich im Mai in der Hauptstadt Praia am Strand Praia da Gamboa statt. Die besten modernen Gruppen aus Santiago und dem „Rest Cabo Verdes", aus Angola und Brasilien sind vertreten.

Musikläden

In den größeren Städten und an den Flughäfen gibt es Musikläden, die eine Auswahl an CDs mit kapverdianischer Musik anbieten, z.B.:

- **Harmonia:**
  - Santiago, Praia, Várzea, Cidade de Lisboa, Tel. 2616515
  - São Vicente, Mindelo, Avenida de Baltazar Lopes, Tel. 2310059
  - Santa Maria, Tel. 2421998
- **Tropical Dance:**
  - São Vicente, Mindelo, Rua Lisboa, Mercado Municipal (Markthalle), Tel. 2312318
  - Sal, Espargos, Rua do Ospital, Tel. 2412292
  - Sal, Santa Maria
- **Sons d'Africa:**
  - Santiago, Praia, Fazenda, Tel. 2614181
- **Cabo Music Distribuidora:**
  - São Vicente, Mindelo, Tel. 2324950, schräg gegenüber dem Palast
- **Außerdem:**
  - Santiago, Praia, Sucupira-Markt
  - Santiago, Praia, Cape Disco, Fazenda, Tel. 2618010

CD-Compilations

Empfehlenswerte Compilations verschiedener Interpreten sind:

- **The Soul of Cape Verde,** Tropical Music, 1996 (deutsche Infos und Liedtextauszüge)
- **The Spirit of Cape Verde,** Tropical Music, 1998 (deutsche Infos und Liedtextauszüge)
- **Cape Verde**, Putumayo World Music, 1999 (ausführliche Informationen zu jedem Künstler in Englisch)
- **Cap-Vert – Un Archipel de Musiques,** Ocora – Radio France, 1999 (Vorstellung der Musikstile Cabo Verdes mit ausführlichen Informationen in engl., frz. und port. Sprache)
- **The Music of Cape Verde,** Arc Music, 2002 (deutsche Infos zu den Künstlern)

Musik im Internet

Wichtige Homepages zur kapverdianischen Musik sind:

Plattenfirmen/Labels:

- **Tropical Music** (Marburg) www.tropical-music.com/
- **Lusafrica,** www.lusafrica.com/
- **Sons d'Africa** www.sonsdafricapt.com/index.php
- **Malagueta Music** (Berlin) www.malagueta-music.com/

Kapverdianische Musiker:

- **Mayra Andrade** www.mayra-andrade. com/
- **Maria de Barros** www.mariadebarros.com/
- **Cesária Évora,** www.cesaria-evora.com/
- **Gilyto,** www.gilyto.com/
- **Ildo Lobo,** www.ildolobo.com/
- **Mario Lucio,** www.mariolucio.com/
- **Lura,** www.luracriola.com/
- **Gil Semedo,** www.gilsemedo.com/
- **Suzanna,** www.suzannaonline.nl
- **Sara Tavares,** www.saratavares.com/
- **Tcheka,** www.tchekaonline.com/

Musikversand LusoAfrika:

- **Kizomba, http://de.kizomba.eu/**

Allgemeine Homepages/ Sonstiges zur kapverdianischen Musik:

- **www.cvmusicworld.com/** Englischsprachige Homepage mit vielen Lebensläufen und News

- **www.sodade.de**
Deutschsprachige Homepage mit umfangreichen Infos über Cabo Verde, Schwerpunkt Musik
- **www.sodadeonline.com/**
Englischsprachige Homepage mit vielen Lebensläufen und News
- **www.zoukstation.com/**
Seite über Zouk

Literatur

Die ersten Gedichte in Crioulo tauchten um 1890 im Druck auf und nahmen ihren Ausgang von São Nicolau, dem damaligen kulturellen Zentrum.

Mit dem **Nativismus** begann zwischen 1910 und 1926 eine erste Epoche reger literarischer Aktivität. Unter dem Druck der Zensur und des politischen Überwachungsstaates waren die Autoren immer mehr gezwungen, Kritik und neues kreolisches Selbstbewusstsein in Metaphern mit Girlanden klassischer portugiesischer Dichtkunst zu kleiden. **Eugénio Tavares** und *Pedro Cardoso,* der sich „Afro" nannte, bekannten sich zu panafrikanischen Ideen. Tavares' Gedichte sind als Liedtexte in zahlreiche Mornas eingeflossen.

Die neue Identität der Intellektuellen und Künstler, die „Caboverdianidade", fand ihren literarischen Niederschlag in der in nur neun Heften zwischen 1936 und 1969 erschienenen **Zeitschrift „Claridade"** (dt. Helle, Licht). Die Mitbegründer mit klingenden Namen wie *Baltasar Lopes Da Silva, Jorge Barbosa* und *Manuel Lopes* haben in ihren Werken einen Fundus klassisch kapverdianischer Literatur geschaffen, der die Nachfolgegenerationen stark beeinflusst hat. Heute stehen die ehrenvoll als „Claridosos" bezeichneten Autoren regelmäßig auf dem Stundenplan der Gymnasiasten.

Neben die Claridade trat in den 1950er Jahren die **„Africanidade",** eine Literatengruppe mit direkterem, politischerem Tenor, welche die Claridosos als zu zurückhaltend, zu europäisch, als zu wenig authentisch kritisierte. Einer ihrer Vorreiter war *Ovidio Martins* (siehe Gedicht am Anfang dieses Buches), der durch Folterungen der portugiesischen Geheimpolizei schwerhörig wurde. Der Gruppe stand auch *Amilcar Cabral* nahe, der seinen Wunsch nach einem politisch gerechten Cabo Verde unter anderem in einem Gedichtband zum Ausdruck brachte.

Nach der Unabhängigkeit erschien 1977 die literarische Zeitschrift „Raizes" (dt. Wurzeln).

Die Prosa Cabo Verdes ist zumeist in portugiesischer Sprache verfasst, während die Lyrik vorwiegend in Crioulo niedergeschrieben wurde und wird. Zahlreiche Gedichtbände sind erschienen. Wer im Internet surft, findet immer wieder Gedichte von Laienautoren, die (teils ins Englische übersetzt) in der Mehrzahl von Emigranten stammen. Auch sie sind Ausdruck der weltweiten Caboverdianidade und Saudade.

Die klassischen Werke kapverdianischer Literatur sind meist nur antiquarisch zu bekommen, da dem Markt entsprechend die Auflagen sehr klein waren und Neuauflagen nur nach langen Pausen erscheinen. Die Interessierten kaufen Literatur ähnlich wie Obst auf dem Markt: Man nimmt mit, was zur Zeit verfügbar ist, auch wenn es nicht

Baltasar Lopes da Silva (1907–1998)

Da Silva, bekannter unter seinem Namen *Lopes,* ist einer der bedeutendsten kapverdianischen Schriftsteller. Er wurde am 23. April 1907 in Ribeira Brava auf der Insel São Nicolau geboren und unterrichtete später in Lissabon, wo er an der Universität auch Auszeichnungen erhielt. In den 30er Jahren kehrte er nach Cabo Verde zurück und arbeitete am Gymnasium in São Vicente, wo er bis 1972 Direktor war.

Baltasar Lopes da Silva war einer der Mitbegründer der literarischen Zeitschrift „Claridade". Er wurde zu einer tragenden Figur in der Entwicklung der modernen Literatur Cabo Verdes. Er verfasste Gedichte, Essays, Kurzgeschichten und Romane, die teilweise auch unter dem Pseudonym *Osvaldo Alcantara* erschienen. Einer seiner bekannten Romane, „Chiquinho", erschien 1947 als eines der ersten Prosawerke des lusophonen Afrika und handelt von der Emigration. Als Novum verfasste Lopes sein Buch in kreolischer Sprache. Mit der Publikation „O dialecto crioulo de Cabo Verde" (1957) trieb er die Bewegung, Kriolu als eigene Sprache zu legitimieren, weiter voran. Obwohl ihm 1940 eine Fakultätsstelle an der Universität von Lissabon angeboten wurde, entschied sich *Baltasar Lopes,* in seiner Heimat Cabo Verde zu bleiben.

Er starb am 28. Mai 1998 und wurde auf dem Friedhof von Mindelo begraben.

Jorge Barbosa (1902–1971)

Dieser Schriftsteller, gebürtig aus Santiago, war ebenso wie *Baltasar Lopes* Mitbegründer der literarischen Claridade-Bewegung. In seiner ersten Gedichte-Sammlung „Arquipelago", die bereits ein Jahr vor Erscheinen der Zeitschrift veröffentlicht wurde, setzte er viele soziale und kulturelle Akzente der modernen kapverdianischen Literatur. Er beschrieb darin die ganze Tragödie des Archipels: Den Wunsch zu gehen, während man gezwungen ist, zu bleiben – und den Wunsch zu bleiben, während man gezwungen ist, zu gehen.

Barbosa verbrachte viele Zeit seines Lebens in Mindelo, wo ihm zu Ehren eine Schule seinen Namen trägt. Er nimmt eine besondere Rolle in der Geschichte der kapverdianischen Literatur ein, da er als erster Poet mit der klassischen Tradition brach und die harte Wirklichkeit des Lebens auf den Inseln be- bzw. umschrieb. Seine Gedichte waren der Anfang nationaler Lyrik und schafften die kulturelle Basis des Nationalismus der folgenden Jahre.

Barbosa starb im Alter von 69 Jahren in Lissabon, seine sterblichen Überreste wurden 1975 nach der Unabhängigkeit nach Praia überführt. Sein Grab ziert die Inschrift: „Homenagen de Povo Cabo-Verdiano, Ao Poeta do Arquipelago".

cv056 Foto: pr

unbedingt das war, was man gesucht hatte. Entweder die Bücher beginnen einen dann doch zu interessieren oder man hat einen Grundstock, um durch Tausch dem näher zu kommen, was man suchte.

In deutscher Sprache sind erschienen:

- **Almeida, Germano,** Das Testament des Herrn Napumoceno. Erzählung aus Cabo Verde. 173 Seiten, Fischer-TB-Verlag, Frankfurt, 1997. Dieses Buch wurde auch verfilmt.
- **Ahrens, Helga** und **Ammann, Margret** (Hrsg.), Kapverdische Erzählungen. Auswahl von Erzählungen, die einen Eindruck von der kapverdianischen Realität, wie sie in literarischen Texten verarbeitet wurde, vermitteln. 238 Seiten, IKO-Verlag für Interkulturelle Kommunikation, Pf 90 09 65, 60449 Frankfurt, 1994.

Theater

Beim Publikum erfreuen sich Theateraufführungen zunehmender Beliebtheit, sodass im Sommer **in Mindelo** bereits ein **Theaterfestival** stattfindet. Die Themen der Aufführungen sind so vielfältig wie das Leben auf den Inseln. Die meisten der Stücke sind von jungen Leuten geschrieben und ein Ausdruck ihrer Interessen, Sorgen und Freuden oder eine Botschaft, die sie übermitteln wollen. Während die Literatur eine Domäne des Bildungsbürgertums ist, sprechen die sehr lebensnahen Theaterstücke alle Bevölkerungs- und Altersschichten und gerade die Jugend an.

Große Aufmerksamkeit auf der Bühne zieht die Gruppe **Juventude em Marcha** aus Santo Antão auf sich. Sie greifen traditionelle Themen der Insel auf und verarbeiten sie, teils subtil, teils als donnerndes Bauerntheater zu Erfolgsstücken. Für die Städter sind die alten Erzählungen, Geistergeschichten um Hexen und traditionelle Medizin schon weitab ihrer Realität - meinen sie. Juventude em Marcha belehrt sie eines Besseren.

Feste – soziales Ereignis und Ausdruck von Freude

Die Leute der Inseln lieben ihre Feste und wissen zu feiern. Anlässe gibt es viele, und dann bleibt keine Hüfte still und kein Fuß neben dem anderen. **„Wer singt, verscheucht seine Sorgen“,** sagt ein kapverdianisches Sprichwort. Doch sie sind mehr als reine Vergnügung, mehr als reine Heiterkeit und Ausgelassenheit. Sie festigen und bestätigen soziale Bande und geben der Gemeinschaft die Kraft und Gelassenheit, sich mit der nicht nur gnädigen Wirklichkeit auseinanderzusetzen.

Familienfeste finden nicht so isoliert statt wie in industrialisierten Gesellschaften. Um dem Anspruch, die ganze Nachbarschaft und auf dem Land die ganze Gemeinde einladen zu können, werden Feste gerne zusammengelegt. **Taufen** finden für eine ganze Gruppe von Säuglingen statt, und auch bei **Hochzeiten** verabreden sich befreundete Paare gerne auf ein gemeinsames und entsprechend heftiges Fest. Die beste Stimmung herrscht, wenn ein älteres Paar als Krönung eines gemeinsamen Lebens vor den **Traualter** tritt, umgeben von einer Schar von Kindern und Enkeln. Das ist der Anlass, um einmal im Leben die ganze Familie aus der Emigration zusammen zu trommeln, tagelang zu feiern, zu lachen, zu essen, zu trinken, zu tanzen und zu musizieren, um Jahrzehnte der Trennung zu verarbeiten. Dafür lohnt es sich, Jahre zu sparen. Bei den Badios hilft die Nachbarschaft kräftig beim Sparen, und entsprechend wird aus Familienfesten häufig ein Fest des ganzen Dorfes.

In der Nacht des siebten Lebenstages eines Neugeborenen laden die Eltern Freunde und Nachbarn zum **Guarda Cabeça** ein. In dieser Nacht liegt das Kind nie alleine, sondern ruht im Schoße der Familie. Sein Kopf *(cabeça)* wird schützend (*guardar* = schützen) in der Hand gehalten. Die alte Vorstellung ist, dass vagabundierende Hexen in der siebten Nacht versuchen, das Kind zu fressen, und sie beginnen damit an der Fontanelle. Um Mitternacht wird ein Heidenspektakel gemacht, um mögliche Hexen zu vertreiben. Der reale Hintergrund war lange Zeit der typischerweise um den siebten Tag zum Tode führende Nabeltetanus. Dank guter Impfabdeckungen ist Guarda Cabeça als harmloser Spaß im Brauchtum verblieben.

Nur die **besten Kleider** und das **beste Essen** sind gut genug für Familienfeste, auch wenn es den letzten Escudo kostet. An diesen Tagen will man sich nicht arm fühlen. Während die Sampadjudos einen schmucklosen Anzug bevorzugen, bringen die Badios ihre Lebensfreude und -kraft auch in extravagantem modernem Dress und schwerem Goldschmuck zum Ausdruck. Kinder haben viel Freude an den Festen, versuchen mitzusingen und mitzutanzen und werden integriert, sobald sie laufen gelernt haben. Wer zufällig in ein Familienfest platzt, findet sich zumeist überrascht mit einem übervollen Teller in der einen und einem Glas in der anderen Hand wieder.

Der Beginn der Familienfeiern läuft nach einem festgelegten Zeremoniell ab. Ein langer Tisch wird vorbereitet mit den Kuchen in der Mitte, Teller mit Käsestückchen, Wurststückchen, Oliven, Getränkeflaschen und bunten Verzierungen darum gruppiert. Erst wenn der Tisch übervoll garniert ist und die Hausherrin dazu auffordert, versammeln sich die Gäste. Dann muss der geschmückte Tisch mit den Gästen aus allen Richtungen fotografiert werden, bevor das Geburtstagskind, Kommunionskind oder das Brautpaar das große Messer im Kuchen versenkt. Wenn das Fest auf Hochtouren ist, werden übervolle Essensteller herumgereicht, einmal, mehrmals, auch für mehrere Tage.

Nationalfeiertage, Weihnachten und Neujahr, Karneval, Ostern usw. sind Feste, die auf allen Inseln gleichermaßen gefeiert werden. Sternsinger, **Canta Reis,** ziehen am Neujahrstag und nicht erst zu Drei Könige von Haus zu Haus. Meist erwachsene Musikanten spielen und singen. Auf ein spezielles Lied werden sie hereingebeten und bewirtet. Daneben aber hat jede Insel und jeder Kirchenbezirk sein Fest am Tag des Schutzpatrons, das durch die Prozesson zu Ehren von São João, Santo António, Santa Cruz, Santa Catarina, Nossa Senhora da Luz etc. pp. offiziell eröffnet wird. Der weltliche Teil des Festes aber macht sich selbstständig, und schon Tage vorher entstehen Buden aus Stangen und improvisierten Zeltplanen aus zusammengenähten Maissäcken. Hier kann man Büchsenpyramiden einwerfen, Glücksräder drehen oder würfeln. In kleinen Buden verkauft man Bier aus der Kühltruhe, während in wenig größeren sich die Gäste bei Cachupa und *Canja* (Suppe) drängen. Für die Besucher von Nachbarinseln werden Sonderfähren eingesetzt, die Aluguers fahren die ganze Nacht bis in die letzten Dörfer, und so trifft sich jeder mit jedem. Wochenlang haben die Trommler geübt, ihre Trommeln gespannt, um in scharfem Rhythmus, begleitet von Pfeifen, durch den Ort zu ziehen. Wo sie auftauchen, wird die Colá getanzt (siehe Colá São João im Kapitel zur Musik).

Erst in den letzten Jahrzehnten überschneiden sich die Formen des Nordens und des Südens auf den traditionellen Festen. Die afrikanisch geprägten **Batuco, Tabanca** und **Funana** waren in Santo Antão und São Nicolau unbekannt; sieht man sie im Norden, darf man auch heute noch vermuten, dass einige Badios die Gruppe anleiten. Tabancas werden bis heute nur in Santiago ab Mai gefeiert. Das Wort hat ein Bedeutungsfeld wie das im islamischen Afrika gebräuchliche „Umma“: Fest, Gemeinschaft, Dorf, Solidarität. Die kostümierten Teilnehmer spielen fröhlich auf Trommeln und Hörnern.

Ein richtiges traditionelles Fest bedarf eines **Pferderennens.** Und das ist eine überaus professionelle Veranstaltung. Die zierlichen Araberpferdchen kommen per Schiff von allen Inseln angereist, begleitet von Pferdenarren, deren Leib und Seele im Rhythmus der Pferdebeinchen schwingt. Da wird gestriegelt und gewiegelt, gefüttert und massiert und tagelang gefachsimpelt.

Man hat begonnen, den Wert ländlicher Tradition wiederzuentdecken; in Porto Novo, bei São João, wird eine Art **Freilichtmuseum** eingerichtet mit traditionellen strohgedeckten Häuschen, zwischen denen am Festtag ein Paar Stiere seine Runden am *Trapiche* (Zuckerpresse) dreht.

Nho São Filipe wird am 1. Mai in Fogo gefeiert und ist eines der ältesten Feste im Land. Die Feierlichkeiten werden auch *Bandeiras* (Fahnen) genannt, weil diese zum traditionellen Symbol des Festes wurden (siehe bei Fogo).

São João (Johannes der Täufer) ist ein besonders fleißiger Schutzheiliger, der auf allen Inseln anzutreffen ist (s.a. Colá São João im Kapitel zur Musik.)

In **Brava** werden Votivgeschenke an einen Mast gebunden und zurückgelassen.

Karneval ist so richtig nach kreolischem Geschmack. Die bekanntesten Beispiele kreolischen Karnevals, Rio de Janeiro, Baía, Kariben und Louisiana, begeistern weltweit mit ihren farbenfrohen glitzernden Tanzgruppen und Motivwagen. Cabo Verde macht seiner Rolle als kreolischer Ursprungsnation alle Ehre mit einem Karneval, der natürlich kleiner ist, aber sonst in nichts dem der brasilianischen Metropolen nachsteht. Jung und Alt, Arm und Reich feiern Tage und Nächte in bunten Kostümen mit heiterer Musik. Aufwendige **Paraden und Umzüge** werden weit im Voraus geplant und geprobt. Am Faschingswochenende ziehen sie probeweise durch die Vorstädte. Kinder und Jugendliche organisieren ihre eigenen kleinen Umzüge mit wildem Trommeln auf Kanistern und Blechbüchsen in Verkleidungen, in denen man jede Menge eigener Fantasie erkennt und nur selten eine industrielle Vorgabe.

Am schönsten und größten ist der Karneval von **Mindelo.** Das beste Ereignis der letzten Jahre war die **mitternächtliche Samba-Parade** durch die Altstadt von Mindelo. Die Menschen flanieren schon Stunden zuvor in den verrücktesten Kostümen auf und ab und machen die Wartezeit zu einem nicht weniger interessanten Spektakel. Jeder will sehen und gesehen werden. Endlich kündigen Signalraketen über dem alten Zollgebäude die Ankunft der Tänzer an, und die Rua Lisboa gehört ihnen. In glitzernden Kostümen mit ausladendem Federschmuck tanzen alle Generationen. Vor allem die männlichen Zuschauer machen die Augen etwas weiter auf, wenn Vortänzerinnen in knappen Kostümen über vibrierenden Hüften die Stimmung anheizen. Gruppen junger Tänzerinnen und Tänzer flirren mit leichten Schritten die Straßen hinauf und hinunter. Die Älteren, Menschen bis weit über 70, lassen ihren Schmuck gemessenen Schrittes harmonisch schwingen. Musik- und Trommlergruppen geben den munteren Rhythmus vor und alle singen mit. Da es kühl ist und sich wegen der Taschendiebe keiner traut, viel Geld mitzunehmen, fließt wenig Alkohol und die Stimmung bleibt ausgelassen und fröhlich bis in die frühen Morgenstunden.

Der große **Umzug durch die Innenstadt** folgt am Dienstagnachmittag, an dem jeder alleine oder in Gruppe teilnehmen kann. Auf überdimensionalen Festwagen tanzen Faschingsprinzessinnen in Pfauenfedern. Auch die Sambaschulen sind wieder dabei. Motivwagen greifen nur selten Politisches auf und legen mehr Wert auf Ästhetik. Da der Zug riesengroß und die Altstadt winzigklein ist, zieht er gleich zweimal durch.

Quartiere und Flüge in dieser Zeit muss man langfristig vorbuchen. Der Termin folgt dem kirchlichen Kalender und ist somit auf der ganzen Welt gleich.

cv156 Foto: pr

Sal

cv060 Foto: pr

cv148 Foto: pr

Einleitung

Sal ist keine Liebe auf den ersten Blick. Kaum fordern die Signalleuchten zum Anlegen der Sicherheitsgurte auf, erscheint ein Fleck **flacher brauner Mondlandschaft** wie verloren im Atlantik, lang gestreckt wie das Deck eines riesigen Flugzeugträgers, an dessen Seiten sich kleine Vulkankegel und Vulkanschlote wie Aufbauten erheben, um Antennen und Radarschirmen Halt zu geben.

Im Kreis nahe der Ostküste, der für einen Moment wie ein Porzellanschälchen mit dunklem Rand ins Auge fällt, erscheint ein Netz von Wegen. Die Schale wird zum Krater, der Grund zu Salinen. Die Maschine legt sich sanft in die Kurve, und für Minuten bleibt die weite Bucht von Santa Maria im Blick. Bei türkisblau leuchtenden Poollandschaften großer Hotels entdecken die Passagiere die ersten Fleckchen Grün.

Schneller und schneller fliegen Strände und Wüstenlandschaft vorüber, zwei fächerförmige Buchten, Ferienhäuschen mit roten Dächern, Mondlandschaft, Plastiktüten im Zaun, Asphalt – applaudierende Passagiere. „Bitte bleiben Sie angeschnallt ...".

Name und Form erklären, was die Insel geprägt hat: Das Salz (port.: *sal*) aus natürlichen **Salinen** und die lange zentrale Hochebene als idealer Standpunkt für den Internationalen **Flughafen Amílcar Cabral,** bis 2006 die einzige Verbindungstür Cabo Verdes zu den Flughäfen der Welt.

Nach der Ankunft scheiden sich die Geister: Wen es in Nebelwälder über grünen Tälern, auf Wege zwischen Zuckerrohrfeldern und Kaffeepflanzun-

Sal
0
5 km
1 : 250 000
Ponta Norte
Ponta Palhona
Ponta Vermelha
Ponta Preta
Monte Grande
405
Ponta de Casaca
Monte Leste
263
Buracona
Calhetinha
Terra Boa
Rocha de Salina
280
Ponta trás do Cagarral
124
ESPARGOS
Palmeira
Pedra Lume
Porto de Pedra Lume
Fontana
Aeroporto Internacional Amilcar Cabral [SID]
Baía da Parda
Rabo de Junco
165
61
Ilhéu Rabo de Junco
Baía da Murdeira
64
Murdeira
Ponta do Morrinho Vermelho
Serra Negra
Rife
Ponta da Fragata
Nossa Senhora de Fátima
Costa da Fragata
Ponta Preta
Sinó
Santa Maria
Ponta do Lème Bedj
Ponta do Sinó
© Fortes / Reitmaier

gen, unter Mango- und Drachenbäume zieht, wer den Blick über die Inseln, hoch über den Wolken wandernd, genießen will, wer das Flair kolonialer Städte und Plätze oder an Bergrippen klebender Dörfchen sucht, Ausflüge in Geschichte und Gegenwart der kapverdianischen Kultur, Museen und die Übernachtung in einem Sobrado, will möglichst rasch weiterfliegen.

In Sal bleibt, wer als **Windsurfer, Taucher** oder **Sonnenanbeter** sein Eldorado an weiten hellen Stränden gefunden hat. Die **Sonne** scheint an **350 Tagen im Jahr,** und Schatten abseits von Hotels, Bars und Restaurants gibt es nur, wenn man ihn selbst mitbringt. Von November bis Juni hält ein kräftiger Passatwind die Segel stramm gefüllt, lässt die bunte Meute vor dem Horizont dahinfliegen und hebt die Kitesurfer hoch in den Himmel.

Santa Maria, ein bis in die 1970er Jahre winziges Dörfchen von Salinenarbeitern, Fischern und Hirten, ist zur synthetischen **Tourismusstadt** geworden, der bisher einzigen im Land. Goldgräberstimmung herrscht noch immer an diesem Ort, den vor 20 Jahren kaum ein Reisebüro zu nennen wusste und wo heute die Hälfte aller Übernachtungen im Cabo-Verde-Tourismus anfallen. Die ganz großen Goldgräber bauen Luxus-Clubhotels mit Süßwasserpools und Tausenden von Betten, die großen bauen Apartments, Pensionen und Hotels. Die kleinen Goldgräber verwandeln verschlafene Hinterhöfe in Cafés, Boutiquen, Töpfereien und Souvernirläden. Und die ganz kleinen Goldgräber, mit von Wind und Salz zerzaustem Blondschopf, verdienen sich ihr Studium in den Semesterferien unter den weltweit gleichen Wimpeln des internationalen Windsurf-Business. Kurz: Der Boom in Santa Maria geht weiter.

Geschichte

Die Kapitäne *Diogo Gomes* und *António Da Noli,* unterwegs im Dienste der portugiesischen Krone, sichteten die Insel **1460.** Sie nannten sie zunächst Llana oder Plana (flach). Erst nach der Entdeckung der Salinen von Pedra de Lume wurde ihr Name in Sal (Salz) geändert. Sal war unbewohnt und diente bis zum 17. Jahrhundert als Weideland. Erst als der Bedarf an Salz und Nutztieren stieg, weitete sich die Besiedlung durch Sklaven von der benachbarten Insel Boa Vista her aus. Salz war nicht nur ein wertvoller Rohstoff. Es diente den Schiffen auch als Ballast. Die Kolonialregierung schenkte Sal nur wenig Aufmerksamkeit, die Bewohner fristeten ihr Dasein in ärmlichen Verhältnissen.

Im Jahre 1720 gelangte der englische Kapitän *Roberts* nach Sal und Boa Vista auf der Suche nach Fleisch und Salz, Proviant für eine Reise in die Karibik. Er beschrieb eine Ansiedlung von Fischerhütten in Palmeira, einige Hirten weideten ihre Ziegen. Sonst sei er kaum Menschen begegnet.

Am Strand von Santa Maria

Der heutige Ort **Santa Maria** wurde **1830** von *Manuel António Martins* **gegründet,** der die natürlichen Salinen modernisierte und die Konkurrenten auf der Insel Maio ausstach. Teilweise wurde noch mit Sklaven gearbeitet. Mehr als **30.000 Tonnen Salz** passierten jährlich das Dock in Santa Maria. Bis 1887 wurde das Salz hauptsächlich nach Brasilien verschifft. Doch als Brasilien die Einfuhrzölle für Salz erhöhte, um die eigene Salzindustrie zu unterstützen, gab es auf Sal einen ersten wirtschaftlichen Einbruch. 1903 schlossen sich die Salzhändler von Santa Maria mit einer französischen Salzfirma zusammen. Doch die ging schon 1907 bankrott. Bald darauf, im Jahre 1914, gingen die Unternehmer von Sal eine Kooperation mit einer deutschen Firma ein. Als auch dieses Projekt scheiterte, mussten viele Arbeit auf anderen Inseln suchen. Die Zurückbleibenden bestritten ihren Lebensunterhalt durch den Export von Pökelfisch nach São Tomé und auf die anderen Inseln. 1927 blühte der Salzexport in den Belgisch-Kongo unter portugiesischer Regie auf. Santa Maria erwachte wieder zum Leben. Die harte, ungesunde Arbeit wurde zuletzt von portugiesischen politischen Sträflingen verrichtet. Seit 1984 dienen die Salinen nur noch der Eigenproduktion.

1930 gründeten Portugiesen eine **Thunfischfabrik** in Santa Maria. Die in Dosen gefüllten Fische wurden nach Italien, Portugal und in die USA exportiert. Als Italien Mitte der 1960er Jahre plötzlich eine Hähnchenwelle erlebte, die den Thunfischkonsum weitgehend

Sal

cv057 Foto: pr

ersetzte, war die Fabrik nahe dem Ruin. In den 1990ern brachte die Umstellung auf Verpackungs- und Hygieneverordnungen der EU große Probleme und das Aus für einige Fabriken, so auch auf Sal, wo die Fabrik am Portinho für Hotelbauten Platz gemacht hat.

1939 wollten sich die faschistischen Achsenmächte den militärisch-geostrategischen Vorteil Cabo Verdes für den Zweiten Weltkrieg sichern. Die italienische Regierung unter *Mussolini* unterstützte Portugal beim **Bau eines internationalen Flughafens** auf Sal, nicht zuletzt um eine vom französischen Kolonialgebiet unabhängige Möglichkeit zum Auftanken der Flugzeuge auf den Routen nach Südamerika zu besitzen. Für die zivile Luftfahrt wurde er nach Kriegsende 1949 fertig gestellt.

Nach der Unabhängigkeit wurde der Flughafen zum **Aeroporto Internacional Amílcar Cabral.** Er war der einzige im subsaharischen Afrika, der dem Apartheidregime Südafrikas Überflug und Zwischenlandung gestattete. Für das junge Cabo Verde bedeutete dies regelmäßige Flugverbindungen nach New York, Frankfurt, Amsterdam und dringend benötigte Devisen.

Bis heute ist der Flughafen eine wichtige internationale Drehscheibe. Zwei Start- und Landebahnen, moderne Flugsicherungsanlagen, eine eigene Stromversorgung, Wasserversorgung durch die Entsalzungsanlage in Palmeira und Runway-Beleuchtung ermöglichen einen reibungslosen Flugverkehr bei Tag und Nacht von der kleinsten einmotorigen Maschine bis zu den größten Flugzeugen der Welt, den Antonovs, die man regelmäßig auf Sal sieht. Außer der nationalen Airline TACV landet ein gutes Dutzend internationaler Passagier-Airlines planmäßig auf Sal, teils als Endstation, teils zum Austausch von Besatzungen.

1967 baute der belgische Industrielle *Vynckier* ein kleines **Gästehaus am Strand von Santa Maria.** Der Bau der **Pousada Morabeza** nach 1974 wurde notwendig, um Besatzungen der südafrikanischen Fluglinie SAA unterzubringen. Das Morabeza wuchs zum Hotel, der **internationale Tourismus** nahm seinen Anfang. 1986 baute die kapverdische Regierung das Bungalowhotel Belorizonte. Die Infrastruktur, Strom, Wasser, Hafen und Flughafen wurden systematisch verbessert, und 1989 folgte ein weiterer Hotelneubau durch die russische Aeroflot, die ebenfalls Quartiere für ihre Crews brauchte bei Flügen von Moskau nach Buenos Aires. Mit dem Untergang der Sowjetunion wechselte das Hotel Besitzer und Namen: Aus Aeroflot wurde Albatróz und schließlich Sab Sab Sal.

Hotelketten folgten dem Ruf nach internationalen Investitionen mit Komplettanlagen, die Luxus „all inclusive" anbieten.

Informationen zur Insel

Sal ist die **flachste und sonnenreichste Insel. Windreichtum und Wasserarmut** geben der Vegetation kaum eine Chance. Doch der erste Eindruck täuscht: Sal war früher durchaus in der Lage, seine Bevölkerung mit landwirtschaftlichen Produkten zu versorgen. Nördlich von Espargos liegt die weite, abflussfreie **Senke der Terra Boa** (Gutes Land), die mit nur einem Regenguss pro Jahr eine Ernte ermöglicht.

Die **Demografie** Sals spiegelt die Sonderstellung der Insel als Flughafen- und Tourismusresort in rasanter Entwicklung wieder. In wenig mehr als zehn Jahren hat sich die Bevölkerung durch Zuwanderung von Arbeitskräften verdoppelt. Die rund **25.000 Menschen** sind außergewöhnlich jung. Nur 3% sind älter als 40 Jahre. Sie sind extrem aktiv, und sie haben Arbeit. 92% sind von der Sozialversicherung erfasst (zum Vergleich: Inselinneres von Santiago unter 10%). Und es gibt, im Gegensatz zu dem – so häufig übertrieben dargestellten – Frauenüberschuss des Landes, auf Sal einen deutlichen Männerüberschuss.

Gelbe und braune Farben dominieren den Inselrücken, aus dem sich nur im Norden vulkanische Hügel erheben und im höchsten Punkt, dem **Monte Grande (405 m),** sowie im Monte Leste (263 m) und Rocha da Salina (280 m) „gipfeln". Brandungshöhlen und Strandlinien an den Vulkankegeln und ein flacher Kalksockel belegen, dass die Insel weitaus älter ist als die westlichen Inseln und zudem für lange Zeit viel tiefer lag.

Den **Norden** Sals umgeben **steile Felsenküsten,** denen kleine Riffe und winzige Felsinseln vorgelagert sind. Diese Region ist von breiten Muldentälern wie der Terra Boa durchzogen, während das Regenwasser von den Tafelbergen des Südens in weiten Sandbuchten versickert.

Die **spärliche Wildvegetation** beschränkt sich hauptsächlich auf einjährige Arten, darunter die Sonnenwende, Salbei und eine Reihe von Gräsern, daneben auch die verholzende endemische Wolfsmilch *(Euphorbia tuceyana).* Auffallend sind die bis zu 40 cm hohen gelben, wunderschönen Kerzenblüten *(Cistanche phelypaea),* die ganz ohne Blattwerk unvermittelt aus dem Sand wachsen. Die öde Wüstenlandschaft ist von ein paar Akazien und Palmen durchsetzt, die der beständige Wind nach Südwesten beugt. Zum Schutz vor Wasserverdunstung und Ziegenfraß muss jeder junge Baum durch ein altes Ölfass oder durchbrochenes Mauerwerk geschützt werden, um gedeihen zu können.

Vila dos Espargos

In der Mitte der Insel, rund 3 km nordöstlich des Flughafens, liegt die **größte Stadt der Insel,** Vila dos Espargos, benannt nach den wie Spargel aus dem Sand sprießenden gelben Blüten der Wüstenpflanze **Cistanche phelypaea.** Sie hat kein eigenes Blattwerk und kämpft sich doch erfolgreich durch den Sand, indem sie Wurzeln und Reste anderer Pflanzen nutzt – sicherlich keine schlechte Namenswahl als Symbol für die trotz aller Unbillen der Natur florierende Gemeinde. Und wie die Cistanchen schießen auch die Einwohnerzahlen in die Höhe dank Flughafen und Tourismus. Die etwa **10.000 Einwohner** leben, wie alle Flughafengemeinden, ein internationales Leben. Der Airport

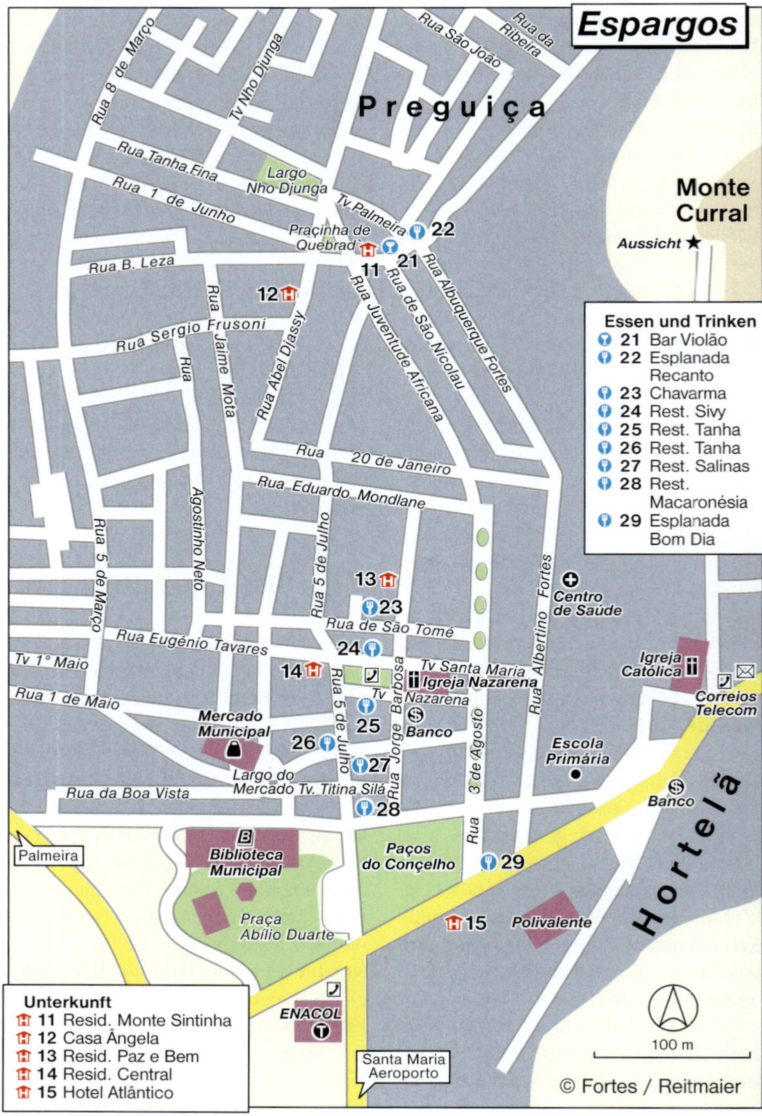
Espargos
Preguiça
Monte Curral
Aussicht
Hortelã
Rua 8 de Março
Tv Nho Djunga
Rua São João
Rua da Ribeira
Rua Tanha Fina
Largo Nho Djunga
Rua 1 de Junho
Tv Palmeira
Praçinha de Quebrad
Rua B. Leza
Rua Albuquerque Fortes
Rua de São Nicolau
Rua Juventude Africana
Rua Jaime Mota
Rua Abel Djassy
Rua Sergio Frusoni
Rua Agostinho Neto
Rua 20 de Janeiro
Rua Eduardo Mondlane
Rua 5 de Março
Rua 5 de Julho
Rua de São Tomé
Rua Eugénio Tavares
Tv 1° Maio
Rua 1 de Maio
Tv Santa Maria
Igreja Nazarena
Tv Nazarena
Banco
Rua Jorge Barbosa
Rua 3 de Agosto
Rua Albertino Fortes
Centro de Saúde
Igreja Católica
Correios Telecom
Escola Primária
Banco
Mercado Municipal
Largo do Mercado
Tv. Titina Silá
Rua da Boa Vista
Palmeira
Biblioteca Municipal
Praça Abílio Duarte
Paços do Conçelho
Polivalente
ENACOL
Santa Maria Aeroporto
100 m
© Fortes / Reitmaier
Essen und Trinken
21 Bar Violão
22 Esplanada Recanto
23 Chavarma
24 Rest. Sivy
25 Rest. Tanha
26 Rest. Tanha
27 Rest. Salinas
28 Rest. Macaronésia
29 Esplanada Bom Dia
Unterkunft
11 Resid. Monte Sintinha
12 Casa Ângela
13 Resid. Paz e Bem
14 Resid. Central
15 Hotel Atlântico

gibt den Rhythmus vor, selbst die kleinsten Dinge des Alltags folgen ihm. Man lebt zugleich in der Kleinstadt und im Vorort einer fiktiven Großstadt, die aus allen Flughäfen rund um den Atlantik besteht. Fällt der Dollar, kauft man Kinderkleider in Boston, steigt er wieder, bringt man sie aus Rotterdam mit.

Die typischen ebenerdigen Häuschen mit Ziegeldach sind in 15 Jahren fast vollständig verschwunden und nur noch im Norden, in **Preguiça,** zu finden. Mehrstöckige Betonbauten beherrschen das Bild, durchsetzt mit Läden und Restaurants; im Osten, in **Hortalã,** finden sich die aufwendigeren Wohnhäuser der Besserverdienenden.

Über allem trohnt der **Monte Curral** mit einem neuen Radarturm der Flugüberwachung.

Gesundheitszentrum und **Apotheken** sorgen für das Wohlergehen. Von der Hauptkreuzung am Ortseingang, neben dem Landratsamt Paços do Concelho, starten die **Sammeltaxis** zum Flughafen, nach Santa Maria und Palmeira.

Pedra de Lume

Pedra de Lume (feuriges Gestein) ist eine natürliche, ehemals industriell genutze **Saline im Krater des gleichnamigen niedrigen Vulkans.** Der Name bezeichnet auch das kleine Dorf der Salzarbeiter und Fischer.

Die Einsturzcaldeira misst etwa 900 Meter im Durchmesser, ihr Boden liegt unterhalb des Meeresspiegels. Da das umgebende Gestein porös ist, kann

cv058 Foto: pr

Meerwasser einsickern und verdunsten und das Salz erscheint als schneeweiß gleißende Schicht auf der Oberfläche.

In der Zeit des Sklavenhandels wurde das Salz vorwiegend für den Eigenbedarf und zum Pökeln von Schiffsproviant verwendet. Mit der Ausweitung des Kolonialhandels in die tropischen, extrem salzarmen Regionen Afrikas und dem wachsenden Schiffsverkehr via Cabo Verde stieg die Nachfrage nach Salzexporten.

Nachdem **1833** entdeckt wurde, dass sich im Untergrund von Pedra de Lume **eine bis zu 60 m starke Schicht Stein-**

Cistanche phelypaea – der „Spargel" von Espargos

salz als Evaporitgestein angelagert hatet, begann die industrielle Nutzung. Windräder trieben Pumpen an, mit denen Meerwasser beschleunigt durch die Salzlager geleitet und als angereicherte Sole an die Oberfläche zur Verdunstung gebracht wurde. Nach etwa zwei Monaten bereits konnten respektable Mengen Salz geerntet werden.

Als erster entwickelte der Portugiese **Manuel António Martins** den **Salzhandel** auf Sal ähnlich vorbestehender Aktivitäten auf Maio und Boa Vista. Den schwierigen Transport vom Krater zum Hafen bewältigte man mit Lasttieren. Später wurde der Tunnel unterhalb des Kraterrandes gegraben. Im Jahre 1919 kauften ein Geschäftsmann aus Santa Maria und eine französische Salzhandelsgesellschaft die Saline von den Erben Martins'. Sie beschäftigten zur Blütezeit mehrere hundert Arbeiter, die Tag für Tag das neu kristallisierte Salz zusammenkratzten. Eine technische Errungenschaft war **1922** der Bau einer 1100 m langen **Seilbahn,** die in der Lage war, 25 Tonnen Salz pro Stunde abzutransportieren. Noch heute ist ihr morsches Gebälk zu besichtigen. Schüttelsiebe und Förderbänder zerkleinerten das Salz bevor es in Säcke abgefüllt wurde. In der Bucht von Pedra de Lume warteten Stahlbarken auf die Ware und brachten sie zu größeren Schiffen auf Reede. Zu den Exportzielen zählten vor allem französische und belgische Kolonialgebiete in Afrika, wie Niger, Kongo, Zentralafrika und Tschad, aber auch Guinea-Bissau und Brasilien. Mitte des 20. Jahrhunderts ließen zu-

cv059 Foto: pr

nehmende Konkurrenz (Südafrika, Namibia, Algerien) und fortschrittlichere Konservierungsmethoden die Salzpreise auf weniger als die Hälfte fallen. So wurde die Salzgewinnung seit den 1970er Jahren nach und nach verringert und schließlich im Jahre 1984 bis auf eine minimale Eigenproduktion ganz eingestellt.

Mit der **Aufgabe der Saline** zerfielen der Ort Pedra de Lume, die Seilbahn, die Arbeitunterkünfte und die Lagerhallen zur filmreifen **Geisterstadt.** Vor wenigen Jahren noch fühlte man sich wie in „High Noon" im Staub des einsamen, sonnendurchglühten Kirchplatzes. Heute hat man eher den Eindruck, ein Filmmuseum zu besichtigen. Ein italienischer Tourismusunternehmer hat Ort und Saline gekauft, den Weg entlang der Seilbahn herrichten lassen, so dass man ohne Mühe in den Krater gelangt. Unmittelbar neben der ehemaligen Verladestation kann man sich in der Sole gesund baden, die so hoch konzentriert ist, dass sie ohne Schwimmbewegungen trägt.

Durstig durch den Verlust von Körperwasser im Salz, von Sonne und Wind, findet man rasch seinen Weg zurück in das **typisch italienische Ausflugsrestaurant Cadamosto** mit lang gestreckten Tischen für muntere Grüppchen mediterraner Urlauber und einer dazu passenden Speisekarte.

Pedra de Lume – Saline im Krater

Pedra de Lume soll sein Gesicht schon in Bälde durch eine große Ferienanlage verändern. Der **Verkauf des gesamten Areals** einschließlich des Kraters an einen italienischen Großinvestor war und bleibt Thema lokal- und kulturpolitischer Auseinandersetzungen. Der Landrat der Insel, *Dr. Jorge Figueiredo,* betrachtet den Krater als historisches Erbe, das unter Denkmalschutz unverändert bleiben soll.

Palmeira

Das ehemalige Fischerdorf Palmeira ist zur Technikzentrale der Insel geworden. 1983 wurde hier die **Meerwasser-Entsalzungsanlage** (Umkehrosmose) gebaut, die Espargos und den Flughafen mit Trinkwasser versorgt. Der **Hafen** wurde von der UdSSR geplant und 1986 eingeweiht. Am 140 m langen Kai können Schiffe bis zu 600 BRT anlegen im regionalen Schiffsverkehr und um Kerosin zu liefern, das durch Pipelines zum Flughafen gelangt. In der **Langusten-Farm** warten die Tiere auf ihr Flugzeug, das sie in wenigen Stunden in Europas Feinschmeckerlokale bringt. Segler aus aller Herren Ländern beleben die Bucht, die in Ruhe versinkt, solange kein Schiff zu entladen ist. Die Ortschaft wirkt von Jahr zu Jahr aufgeräumter. Die kleinen Blechhütten werden nach Osten verdrängt von ansehnlichen einstöckigen Häusern und angelegten Plätzen. Ihre Bewohner leben vom Hafen, der lokalen Industrie und vom Fischfang.

Kurz vor dem Ortseingang biegt eine Piste nach Süden zur Bucht **Baía da Fontana** mit Sandstrand ab. Nach Norden, an der Küste entlang, führt die Piste nach etwa 5 km zur **Buracona,** in deren natürlichem Pool sich das Meer bricht. Für Taucher sind die Höhlen und unterseeischen Blöcke faszinierend. Nur ein paar Meter entfernt durchbricht ein ovales Loch die Felsdecke, das **Olho Azul** (Blaues Auge). Zwischen 11 und 13 Uhr bricht sich das Sonnenlicht im Meerwasser und bringt es zu intensivem, türkisblauem Leuchten (bitte die Warnmarkierungen beachten!).

Baden in den Buchten des Nordens kann lebensgefährlich sein!

Santa Maria

Der kleine Ort Santa Maria im Süden der Insel ist Nutznießer und Opfer des Stereotyps vom Strandurlaub im Süden. Um kilometerlange weiße Strände, den türkisblauen, glasklaren Atlantik und tiefblauen Himmel auf die Platte zu bannen, braucht man weder die Geduld eines Landschaftsfotografen noch ein paar gnädige Bäume, die Uferautobahn und Marmorschleifereien verdecken. **Sand, Himmel und Meer** können hier nicht anders. Zu Uferautobahn und Industriegebiet hat es nie gereicht, und statt Bäumen kriechen salzliebende Pflänzchen am Boden. Sand, Himmel und Meer im Überfluss und die ehemals vernichtende Geißel des Ostwinds „o flagelo do vento leste" erlebten binnen weniger Jahre eine völlige Umkehr der Werte. Was Hunderttausende umgebracht oder vertrieben hatte, lockt plötzlich Millionen aus dem industrialisierten Norden. Und kein Ort entspricht den Erwartungen nach Sand, Himmel und Meer so eindeutig – und so ausschließlich – wie Santa Maria.

Eine Viertelstunde genügt, um auf doppelspuriger Schnellstraße die 16 km vom Flughafen nach Santa Maria zu überbrücken. Nach den ersten Metern passiert man ein flaches, mit einer hohen Mauer umgebenes Gelände, in dem sich ein Flachbau versteckt. Dies ist der **Präsidentenpalast,** dessen Aufgabe offiziell darin besteht, ab und an den Präsidenten zu beherbergen. *Aristides Pereira* hatte ihn für Wichtigeres bauen lassen. Er genoss das Vertrauen gegensätzlicher Parteien und organisierte hier Ende der 1980er Jahre geheimdiplomatische Verhandlungen zwischen südafrikanischen, angolanischen, moçambiquanischen, amerikanischen und kubanischen Delegationen, die zur Deeskalation der Bürgerkriege und zur Beendigung der Apartheidspolitik in Südafrika beitrugen.

Die Straße schwingt sich hinab zur Westküste und begleitet die Feriensiedlung **Aldeamento Turístico da Murdeira.** Hier kauft sich ein Häuschen, wen es regelmäßig an Sand, Sonne und Meer zieht und wer Cabo Verde lieber in europäischer Gesellschaft in den eigenen vier Wänden und hinter einem gut bewachten Mäuerchen genießt.

Santa Maria, 1987: Der alte Salzverladepier Pontão, noch mit den Schienen der Lorenbahn

Kein Strand oder Baum entlang der Straße. Einige zerfetzte Dattelpalmen ziehen hinter den Weidemauern ehemaliger Oasen vorbei. Verirrte Plastiktüten fliegen auf und fangen sich an rostigen Zäunen. Nichts als Nichts und ausgedörrtes Land bis zum Horizont, regelmäßig von Telefonmasten zerteilt. Einsam zeugt die **Kapelle Fátima** von der Existenz von Menschen, die man in der flimmernden Mittagshitze nirgends erkennt. In riesigen Zelten gedeihen **Gemüse und Obst.** Die Pflanzen wachsen im Halbschatten staubiger Netze, die sie vor der unbarmherzigen Sonne schützen.

Die flotte Fahrt des Taxis wird durch einige scheinbar sinnlos in die Wüste gesetzte Kreisverkehre gebremst. Warum? Vom Strand von Santa Maria, dem 1990 nur 800 Seelen zählenden Fischer- und Salzarbeiterdorf, werden sich die Feriensiedlungen weiter nach Norden ziehen und bis zum Jahr 2015 nicht weniger als 100.000 Menschen beherbergen. In der Mittagshitze der Siesta kann man noch das **ehemalige Fischer- und Salinenarbeiterdorf Santa Maria** erahnen. Einstöckige Häuserzeilen, in Pastell getüncht, ziehen sich in mehreren Straßen parallel zum Strand. Hölzerne **Windpumpen** vor dem Hotel

cv064 Foto: pr

Morabeza und das schön renovierte **Wäghaus an der Landungsbrücke Pontão** erinnern an die Zeiten des Salzhandels. Auf Schienen kamen die mit Segeln unterstützten Loren an und wurden gewogen, bevor sie vom Pontão aus ihre Fracht in den Bauch der Schiffe kippten. Der Zahn der Zeit hatte dem hölzernen Pontão derart zugesetzt, dass er inzwischen auf massive Betonstelzen gesetzt wurde. So dient er wieder den Fischern als Anlegestelle, wo ihnen die Touristen beim Anlanden des Fangs, beim Putzen des Fischs und beim Reparieren der Netze zuschauen. Doch sobald sich die Sonne senkt, öffnen sich Türen und Tore, und es erscheinen Andenkenshops, Hamburger- und Snackrestaurants, Bars, Pensionen, Selbstbedienungsläden und Internet-Cafés. Die Zeiten des absoluten Mangels sind vorüber, und wer nicht im Tourismus arbeitet, findet sein Auskommen in der blühenden Bauindustrie. Armut sieht man kaum, denn wer sich mehr als zwei Quadratmeter in Santa Maria leisten kann, kann nicht arm sein.

Direkt vor dem Ort beginnt der **weite, feinsandige Strand, 100 bis 200 m breit,** wüstenhaft und ohne jeden Schatten. 8 km erstreckt er sich bis zur Südwestspitze der Insel nahe dem Leuchtturm. Vor den großen Hotels vermögen die Gäste ihn nur locker zu be-

cv061 Foto: pr

völkern. Wenige hundert Meter abseits wirkt er einsam wie immer. Die **Hotels** liegen hinter Glaswänden und Hecken vor dem Wind geschützt. Nur **Windsurf- und Tauchschulen** krabbeln bis fast in die Brandung.

Wer keinen Sport treibt, wer dem Stereotyp von Sand, Meer und Himmel nicht völlig ergeben ist, wird sich auf **Müßiggang** einstellen müssen. Ausflüge auf der Insel beschränken sich auf einen Rundgang an den Salinen von Pedra de Lume, eine Stunde „watching a ship roll in" am Hafen von Palmeira, einen Streifzug durch den Hauptort Espargos und die Beobachtung faszinierender Lichterspiele im Wasser von Buracona – das war's. Keine Baudenkmäler, keine Schluchten und Berge im Hinterland. Santa Maria ist Strandurlaub pur, internationaler Tourismusrummel „wie überall" und sonst nichts.

Wandern kann man, stundenlang, entlang der Strände und auf die Hügel. Solange man genügend Wasser dabei hat, sind die Wege kein Problem, und man kann sich nicht verlaufen.

Selbst das **Nachtleben** müssen die Touristen selbst mitbringen Nachtschwärmer werden von den bunten Lichtern der Hoteldiscos und der zur Zeit beherrschenden **Disco Pirata** angelockt. Fehlen die Gäste, dann schläft alles ein.

Santa Maria – Surfer am Strand

Und gerade wegen diesen Einschränkungen ist Santa Maria das **Eldorado der Wassersportler!** Das klare Wasser mit 22–26°C lädt ständig zum Baden ein. Faul am Strand zu liegen ist schon schwieriger, denn außerhalb der Sommerferien bläst der Nord-Ost-Wind kräftig und treibt Wellen und Sand vor sich her. Dann ziehen sich die Gemütlichen an den geschützten Pool zurück, die Unermüdlichen sausen weiter und weiter über die Glattwasserpisten. Wer nicht selbst taucht oder fischt, hat seinen Spaß, Taucher und Fischer an der Pier zu beobachten. Noch ist Platz am Meer für jeden.

Die **großen Hotels** erstrecken sich in einer langen Geraden entlang der Bucht nach Westen, bis über den letzten Leuchtturm hinaus und haben in einem globalen Stilgewirr aus modernen europäischen, alten maurischen, westafrikanischen und bengalischen Elementen Kunstlandschaften für die Urlauber geschaffen. Buggys und Motorräder zerpflügen sinnlos die letzten Reste der Salinen, die Strandläufern und Reihern als Rückzugsgebiete gedient hatten. Und der Beton rollt mit Macht weiter nach Norden. Ob er am geplanten **Naturschutzgebiet Costa da Fragata** Halt machen wird oder letztlich im Interesse des Tourismus das zerstören wird, was der Urlauber in Kap Verde sucht? Es wird sich in den nächsten Jahren weisen.

Strände und Wasserverhältnisse

Das beste an Sal sind seine Strände; **das ganze Jahr über ist Badesaison. Kilometerlange, goldgelbe, feinsandige, schattenlose Strände** breiten sich in beide Richtungen des Ortes aus. Außer einigen salzliebenden Wüstenpflanzen gibt es kaum Vegetation, keine Palmen, keinen Strauch. Das Landschaftsbild nach Westen wird belebt von größeren **Dünen** bei **Algodoeiro.** Im Osten brechen sich die Wellen wütend an der zunehmend **felsigen Küste** in Richtung der **Serra Negra** (dt.: Schwarzwald).

Wassersportler und Badegäste kommen in Santa Maria gleichermaßen auf ihre Kosten, wenn auch nicht immer gleichzeitig. Freuen sich die einen über einen strammen Passat, der sie durch die Wellen powern lässt, sehen sich die Strandgäste genötigt, den Windschutz am Hotelpool aufzusuchen, um nicht selbst zur Wanderdüne zu werden. Lässt der Wind hingegen nach – was im Sommer regelmäßig geschieht –, dann können sich auch Anfänger auf dem Brett versuchen, und die Badegäste räkeln sich genüsslich am Strand.

Die Strömungen in der Nähe der Hotelstrände sind zumeist gering, so dass auch weniger Geübte wieder sicher aus dem Wasser finden. Je näher man jedoch der **Ponta do Sinó** oder der **Ponta do Léme Bedje** kommt, um so stärker und unberechenbarer werden die **Strömungen.** Ein in den Sand getriebener moderner Zweimaster mag als Warnung dienen.

Sport und Aktivitäten

Geübte **Windsurfer, Kitesurfer, Taucher und Sportangler** werden exzellent bedient von diesem Revier. Für den Anfänger jedoch können Wind und Strömung zu heftig sein. Die Gäste scheinen dies zu wissen, so dass Santa Maria ein Treffpunkt für die Freaks der Weltklasse geworden ist. Die besten **Surfspots** liegen zwischen der **Ponta do Léme Bedje** und den Hotels mit leicht ablandigem Wind von links. Hinter der Ponta do Léme Bedje, an der weit geschwungenen **Costa da Fragata,** ist der Wind noch etwas stärker und auflandig von links. Weshalb Fremdsprachen wenig zugeneigte Zungen dem Fregattvogel seine Küste sogar auf den Karten streitig zu machen suchen und sie sensationslüstern in „sharkbay" umbenennen, bleibt rätselhaft.

Auch wenn sich in Santa Maria an den wenigen felsigen Stellen sehr schön **schnorcheln und tauchen** lässt, ziehen die Erfahreneren die **nördliche Inselhälfte** mit ihren Felsen, Grotten und Buchten vor. Die Tauchstationen bei den Hotels von Santa Maria sind hierauf vorbereitet und steuern zum Teil Spots rund um die Insel an.

Tennis und **Bogenschießen** werden angeboten, man kann sich auch ein **Mountainbike** leihen und die Insel erkunden.

Lärmende Strandbuggys und Quad-Motorräder sausen durch die Salinen und Dünen in der naiven Ansicht, Wüste sei ohnehin ökologisch wertloses Gelände und bestenfalls als Sandkasten für kindliche Gemüter zu gebrauchen.

Hinweise auf Sport-, Tauch- und Surfstationen im Kapitel „Sport/Praktische Tipps A–Z" und im Stadtplan.

Praktische Infos

An- und Weiterreise

Wenn Sie auf Sal bleiben, treffen Sie unmittelbar nach der Zollkontrolle auf ihren Abholer, oder Sie nehmen ein Taxi. Wenn Sie am nächsten Morgen bereits weiterfliegen, werden Sie vermutlich lieber im nahen und preisgünstigen Espargos übernachten wollen. Für einen Strandurlaub geht es wahrscheinlich gleich weiter nach Santa Maria.

Wenn Sie sofort auf andere Inseln weiterfliegen, folgen Sie der Haupthalle bis zu ihrem südlichen Ende. Dort finden Sie die Abflughalle für die nationalen Flüge, wo Sie sofort einchecken sollten, auch wenn der Abflugtermin noch ein paar Stunden auf sich warten lässt. Die TACV bemüht sich, möglichst alle Passagiere am Tag der Ankunft auf die Inseln zu verteilen, doch bereitet dies Schwierigkeiten, wenn auch nur ein internationales Flugzeug sich verspätet oder eine Maschine ausfällt. Flugplanänderungen sind somit häufig, und es kann auch vorkommen, dass Sie früher als erwartet eine Fluggelegenheit finden. Sollte noch kein Check-In stattfinden, dann lassen Sie **ihren Anschlussflug und alle weiteren Flüge im TACV-Büro in der Haupthalle bestätigen.** Wie in den meisten nicht-europäischen Ländern **müssen Flüge rückbestätigt werden,** auch wenn im Ticket bereits ein OK vermerkt ist.

In der Haupthalle finden Sie alles vom Geldwechsel über Friseursalon und Restaurant bis zu Andenkenläden. Im Laden der Telecom können Sie auch ins Ausland **telefonieren,** eine Telefonkarte kaufen oder in Ihren E-Mails blättern.

Da Sie, außer in Praia, an den anderen Flughäfen keine Banken vorfinden, sollten Sie noch in Sal **Geld wechseln.**

- **Flughafen:** Tel. 2411309.

Fluggesellschaften

- **TACV,** Flughafen, Tel. 2411268
- **TAP,** Flughafen, Tel. 2411195, Fax 2411387
- **TUI,** vertreten durch **CiTS – Cabo Verde Touristic (Reisebüro Kopp),** Tel. 2418097, Fax 2412838

Flugverbindungen zu anderen Inseln

(Änderungen vorbehalten, auch kurzfristig)

- **Santiago/São Vicente:** mehrmals täglich.
- **Santiago/Boa Vista:** mehrmals täglich.
- **São Nicolau:** drei- bis viermal pro Woche.
- **Fogo:** täglich über Santiago.
- **Maio:** nur via Santiago.
- Flüge aus Sal, die vor 13 Uhr in São Vicente ankommen, erlauben es am Mo, Di, Do, Fr und Sa, die **Nachmittagsfähre nach Santo Antão** noch zu erreichen.

Fährverbindungen, Segelboote

- **Fährverbindungen** sind unregelmäßig, der Fahrplan richtet sich nach dem Frachtaufkommen; Auskünfte bei: **Agência Polar Palmeira,** in Hafennähe, Tel. 2414245.
- Der **Hafen in Palmeira** ist der offizielle und beste **Landeplatz für Segler** mit der Möglichkeit, Wasser, Diesel und Lebensmittel aufzunehmen. Neuankömmlinge melden sich sofort bei der Hafenpolizei und beim Zoll am Flughafen. Boot nicht unbewacht lassen! In der Bucht von Santa Maria können Segelboote nur bei geringem Schwell (Seegang) sicher ankern.

Reisen auf der Insel

Aluguers/Taxis/Busse

- Für **kleinere Hotels** macht die Abholung am Flughafen wenig Sinn, denn es stehen moderne Taxis in großer Zahl für Fahrten nach Espargos (3 km, 5 Min., ca. 300 CVE) und Santa Maria (18 km, ca. 30 Min., ca. 1000 CVE) bereit. Nachtzuschlag 100%.

- Zwischen 7 und 18 Uhr verkehren **Kleinbusse von Espargos nach Santa Maria.**
- Von und zu internationalen Ankünften und Abflügen verkehren **Transferbusse der größeren Hotels.**
- Weitere **Aluguer-/Taxi-Stationen:** in Espargos gegenüber dem Hotel Atlântico und in Santa Maria neben dem Restaurant Soleil.
- Eine **Inselrundfahrt** (ca. 6 Stunden) kostet rund 7000 CVE.

Autoverleih

- **Alucar,** im Hotel Morabeza, Santa Maria, Tel. 2421187, Fax 421187, alucarslrc@cvtelecom.cv.
- **AVIS,** am Flughafen, Tel. 2413030; im Hotel Belorizonte, Santa Maria, Tel. 2421556.
- **Salcar-Buggy,** Santa Maria, Tel. 2421840.
- **Hifacar,** Santa Maria, Tel. 2421651.
- **Mendes & Mendes,** im Hotel Atlântico, Espargos, Tel./Fax 2411503.
- **Melicar,** Espargos, Tel. 2411666.
- Die großen Hotels am Strand von Santa Maria vermieten oder vermitteln Mietwagen, Fahrräder und Quads.

Unterkunft

Auf Sal gibt es **Unterkünfte von der einfachsten bis zur höchsten Luxuskategorie.** Quartiere in **Espargos** sind günstiger, 2 km vom Flughafen und somit ideal zum Zwischenübernachten. **Santa Maria** liegt am riesigen Sandstrand, 16 km vom Flughafen und 18 km von Espargos. Die europäische Enklave der internationalen Hotels der gehobenen Preiskategorie liegt am westlichen Strand, während die kleineren, internationalen und kapverdianischen Hotels und Pensionen im Ort und am östlichen Strand angesiedelt sind. Pensionen der unteren Preisklassen können einfach sein, doch in aller Regel sind auch sie mit modernen Materialien renoviert und blitzsauber. Reservierung ist sinnvoll bzw. zu Ferienzeiten unabdingbar. Die großen Hotels und Club-Hotels werden über europäische Reiseveranstalter im Paket mit dem Flug günstiger angeboten als vor Ort.

Internet:

- **www.bela-vista.net/Pension-Sal-d.aspx**
Unsere ständig aktualisierte Unterkunftsliste mit Fotografien und Beschreibungen.

Santa Maria

- **Club-Hotels RIU Funaná und RIU Garopa**
Tel. 2429060/2429040
Fax 2429088/2429041, www.riu.com
Buchungen über TUI: www.tui.de
Zwei ineinander gehende riesige Luxushotels an der östlichen Halbinsel mit 1000 Zimmern, 20 Min. vom Ort. Die Gäste genießen ein umfassendes all-inclusive-Angebot mit verschiedenen Swimmingpools, Restaurants verschiedener Nationalitäten, darunter auch ein kapverdianisches; Sport und Animation. Surf- und Tauchstationen angeschlossen.
- **Hotel Crioula**
Tel. 2421615, Fax 2421379
crioulahotel@cvtelecom.cv
Italienisches Luxushotel am Ost-Strand, 15 Min. vom Ort, mit großem Pool, botanischem Garten, mehreren Restaurants, Bars und Schönheitsfarm.
- **Hotel Bravo-Club, Vila do Farol**
Tel. 2421725, Fax 2421730
bravofarol@cvtelecom.cv
Italienisches Luxushotel am Ost-Strand, 15 Min. vom Ort, mit großem Swimmingpool. DZ ab ca. 12.000 CVE.
- **Hotel Djadsal Holiday Club**
Tel. 2421170, Fax 2421070
djadsal.hotel@cvtelecom.cv
Italienische „Holiday Village" am Ost-Strand, 10 Min. vom Ort, in marokkanischem Stil mit Club-Charakter. 205 Zimmer mit Bad oder Du/WC, Ventilator, Telefon, Balkon oder Veranda. Superior-Zimmer mit Klimaanlage und TV. Restaurant im Hotel und am Strand, italienische und kapverdianische Küche; mehrere Bars. Riesiger Meerwasser-Swimmingpool mit großem Kinderbereich; Amphitheater für Folklore, Disco; Tauchen (Blueway Dive Center Djadsal), Fischen, Windsurfen, Tischten-

Hotel RIU Funaná

nis, Bogenschießen, Verleih von Fahrrädern und Suzuki-Jeeps. Auch für Kongresse vorbereitet. DZ ab ca. 10.000 CVE.

•Hotel Belorizonte und Hotel Novorizonte
Tel. Belorizonte 2421045
Tel. Novorizonte 2421080, Fax 2421210
Zwei Bungalowhotels der Mittelklasse im Besitz der spanischen Gruppe Barceló-Oasis am Ost-Strand, 10 Min. vom Ort. Holzbungalows in einer weitläufigen, schattigen Gartenanlage, jedes mit Veranda, Deckenventilator, TV, Telefon, Bad oder Du/WC. In den Superior-Zimmern für bis zu vierköpfige Familien auch Klimaanlage. Restaurant und Bar, beide mit Terrasse zum Süßwasser-Swimmingpool, internationale und kapverdianische Küche. DZ ab ca. 9000 CVE inkl. Frühstück und Transfer.

•Hotel Morabeza
C.P. 33, Santa Maria, Sal
Tel. 2421111, 2421020, Fax 2421005
Am Strand von Santa Maria, 5 Min. vom Ort, unweit der Piers; 164 Zimmer (DZ/EZ/Apartments), Zimmer mit TV, Ventilator, Bad oder Du/WC, Veranda oder Balkon; Restaurant/Bars im Hotel, Imbiss am Strand; Meerwasser-Pool; Diskothek, Surfen, Tauchen, Fischen, Trimaran-Fahrten, Tennis mit Flutlicht, Minigolf, Billard, Bogenschießen. Reisebüro und Mietwagenverleih im Hause. DZ ca. 11.000 CVE.

•Hotel Odjo d'Agua
Tel. 2421400, 2421430
Schöne Lage auf einer Klippe, direkt in der Bucht am Ort, strandnah, im Stil einer Hacienda angelegt, 18 Einheiten (teils mit Kitchenette und Wohnzimmer), Veranda und Meerblick, Du/WC, Ventilator, Telefon, TV. Gutes Restaurant und Bar, Süßwasserpool; Babysitterservice auf Anfrage gegen Gebühr. DZ ab 9000 CVE (Frühstück 1000 CVE).

•Hotel Sab Sab Sal
Tel. 2421300, Fax 2421302
Direkt am östlichen Strand, 50 Zimmer mit Meerblick, TV, Telefon, Du/WC und kleinem Balkon; Restaurant, Bar, Meerwasser-Swim-

Sal

cv062 Foto: pr

mingpool, Tennisplatz, Body-Building-Raum, Gartenanlage; Surfstationen direkt vor dem Haus. DZ ab 6300 CVE.

- **Residencial Cabo Verde Palace**
Tel. 2421238, Fax 2421004
Nagelneu, großzügig-luxuriöse Bauweise, die Zimmer gleichen Apartments, alle mit eigener Küche, einige mit Meerblick, 300 m zum Strand, 10 Min. zur Ortsmitte. *Milu* und *Walter,* Besitzer des Strandrestaurants Funaná, bieten hervorragenden Service und ein reichhaltiges Frühstück. DZ 5000–10.000 CVE.
- **Hotel Sobrado**
Tel. 2421720, Fax 2421715
8 Min. vom Strand, am Ortseingang, 25 Zimmer mit Du/WC, TV, Telefon, Balkon, Restaurant, Bar, Aufenthaltsräume.
- **Hotel Les Alizés**
Tel. 2421446, Fax 2421008
„Petit Hotel de Charme" im Ort, 100 m vom Strand, 10 freundliche Zimmer mit Du/WC, TV, Minibar, Balkon, Frühstück auf der Terrasse mit Meerblick.
- **Hotel Pousada da Luz**
Tel. 2421138, Fax 2421088
Familiär geführtes Hotel im Ort, 5 Min. vom Strand; 35 zweckmäßig eingerichtete Zimmer mit Du/WC; Restaurant und Bar, Fernsehraum, Telefon; vier große Apartments mit zwei vollwertigen Schlafzimmern, besonders geeignet für Familien; empfehlenswerte Alternative zu den großen Strandhotels, sehr freundlicher Empfang und Betreuung, gute Küche. DZ ab ca. 4500 CVE inkl. Frühstück.
- **Residencial Nha Terra**
Tel. 2421109, Fax 2421534
Sehr hübsches, freundliches Gästehaus, nur 3 Min. vom Strand, Pool, kleiner Garten, Zimmer mit Du/WC. DZ ab 4800 CVE.
- **Aparthotel Ponta Preta**
Tel. 2429020, Fax 2429028
Sehr gut ausgestattete Apartments für 2 bis 6 Personen, alle mit Küche, AC, Tresor etc. Mindest-Mietdauer 1 Wo, ab 6300 CVE, Kaution 200 Euro, italienisches Management.
- **Aparthotel Porto Antigo**
Rua 15 de Agosto, Handy 9991701
Sehr gut ausgestattete Apartments für 2 bis 6 Personen, alle mit Küche, AC, Pool. Mindest-Mietdauer 1 Wo, ab 7000 CVE, italienisches Management.
- **Aparthotel Santa Maria Beach**
Tel. 2421450, Fax 2411522
Gut ausgestattetes Hotel im Familienbetrieb am östlichen Strand, 5 Min. zum Ortszentrum, Zimmer mit Du/WC. DZ ab 5300 CVE.
- **Residencial Cristal de Sal**
Tel. 2421851
Moderne Pension am östlichen Strand mit einfachen Zimmern, Junior-Suites und einem Apartment für bis zu 6 Personen, alle mit Du/WC. 50 m zum Strand und zu den Surfstationen, 5 Min. zum Ort. DZ ab 4000 CVE, Mini-Suite ab 5000 CVE, Suite ab 6000 CVE.
- **Hotel Central**
Rua das Salinas
Tel. 2421503, 2421510, Fax 2421530
Im Ort, 2 Min. vom Strand, moderne, kleine Anlage mit 26 Zimmern auf 3 Etagen, Dachterrasse mit Restaurant. Einfache Zimmerausstattung mit Du/WC, Klimaanlage, Telefon. Gegen Gebühr kann der Pool im Hotel Sab Sab Sal benutzt werden (ca. 150 m).
- **Residencial Alternativa**
Rua Amílcar Cabral
Tel. 2421216, Fax 2421165
Einfache, preisgünstige Pension mit 9 Zimmern mit WC. DZ ab ca. 2500 CVE.

Ferienwohnungen:

- **Murdeira Village**
Tel. 2411604, Fax 2411604
turimsal@cvtelecom.cv
Ferienhäuser und Apartments für 1 bis 6 Personen in der geschlossenen Ferienhaus-Anlage Murdeira, Hotelservice, Pool.
- **Ilha do Sol – Apartamentos Turisticos**
Tanquinho, Santa Maria
Tel. 2421043, Fax 2421633
apt.ilhadosol@cvtelecom.cv

Vila dos Espargos

- **Hotel Atlântico**
Rua Amilcar Cabral
Tel. 2411210, Fax 2411522
Im Zentrum von Espargos, 2 km vom Flughafen entfernt, 18 km sind es zum Strand von Santa Maria, 81 Zimmer mit Du/WC, Telefon, Ventilator, Balkon; Restaurant, Bar. DZ ab ca. 4400 CVE.

●**Residencial Monte Sintinha**
Travessa Stª Luzia
Tel. 2411446, Fax 2411720
Sehr angenehme, gut geführte Pension eines bekannten Musikers in der Ortsmitte mit Restaurant. Gepflegte Zimmer mit TV, AC, WC/Du. DZ ab 3500 CVE.

●**Residencial Paz e Bem**
C.P. 161, Rua Jorge Barbosa
Tel. 2411782, Fax 2411790
Modernes Gästehaus, geführt von Franziskaner-Schwestern, Zimmer mit WC; Bar. Einfache Ausstattung, sehr freundliche und familiäre Atmosphäre. DZ ca. 3800 CVE.

●**Residencial Central**
Rua 5 de Julho
Tel. 2411102, 2411113, Fax 2411610
Einfaches, sauberes Gästehaus, 15 Zimmer zum Innenhof mit Du/WC, Telefon; Restaurant. DZ ab ca. 3000 CVE.

Restaurants/Bars

Hotels und viele Pensionen verfügen über ihr eigenes Restaurant. In den gehobenen Strandhotels isst man in der Regel gut, international in verschiedenen Preisklassen. Wir listen sie hier nicht ein zweites Mal auf!

Im **Ortskern von Santa Maria** macht sich die Snack- und Hamburger-Kultur breit, hinzu kommen viele italienische Restaurants. Das erste irische Pub ist eröffnet, und so fleißig wie die Engländer Apartments kaufen, dürften die englischen Pubs auch nicht lange auf sich warten lassen. Die deutschsprachige Gemeinde trifft sich bei Fischermann's frischem Fisch.

Auch typisch kapverdianische **Restaurants mit traditioneller Küche** sind einen Besuch wert. Sie haben sich nach Espargos zurückgezogen, mit Ausnahme des Café Creol (s.u.).

Senegalesische Fertigküchen bieten jeweils ein typisch westafrikanisches Gericht an und improvisieren Sitzplätze für die Gäste im Haus. *Djebudjen* (Reis mit Trockenfisch), *Maffé* (Reis mit Fleisch und Erdnusssoße) oder *Yassa* (Reis oder Couscous mit Huhn und Zwiebelsoße) können Sie, der Tradition vom Kontinent folgend, mit den Fingern essen, so Sie wollen.

Santa Maria

●**A Onda**
Italienisches Restaurant, u.a. mit guter Pizza; am Ortsausgang Richtung Flughafen.

●**Americo's Bar**
Vollwertiges Restaurant, gegenüber der Kirche.

●**Aquarium**
Restaurant nahe der Rua 15 de Agosto.

●**Casa Amarela**
Am Ortseingang neben dem Hotel Sobrado, „Ristorante italiano" di *Anna e Roberto Romano*.

●**Barracuda**
Am Strand, 100 m östlich des Pontão, spanisches Restaurant.

●**Blue,** Bar/Café.

●**Bombay**
Indisches Restaurant, hübsch ausgestattet mit Sicht auf den Tandoori-Ofen; an der Zufahrt zum Pontão.

●**Casinha**
Rua Kuome Nkruma, Reggae-Bar.

●**Café Creol**
Travessa Patrice Lumumba. Kleines traditionelles kapverdianisches Restaurant mit typischen Speisen und günstigen Preisen.

●**Calema,** Musik-Bar.

●**Chill Out**
Rua 1 de Junho. Cyber-Café.

●**Cretcheu**
Am Strand zwischen dem Ort und der Einfahrt zum Hotel Morabeza, Tel. 2421266. Sehr gut, italienisch und nicht ganz billig.

●**Cristal**
Nähe Travessa Patrice Lumumba. Kleineres kapverdianisches Restaurant.

●**Dado**
Rua 1 de Junho. Einfaches Restaurant.

●**Djungle,** Bar/Café.

●**Esplanada Mateus**
Tel. 2421313, Fax 2421255. Halb offene, angenehme Bar und Restaurant am zentralen Platz, mehrmals wöchentlich Livemusik, Karte für alle Geldbeutel.

●**Funaná**
Tel. 2421238. Großes, luftiges Strandrestaurant nahe dem Hotel Belorizonte. Sehr sehenswerter kapverdianisch-deutscher Familienbetrieb mit gekonnt aufgewerteter kapverdianischer, portugiesischer und internationa-

ler Küche, Livemusik und Tanzdarbietungen im reich dekorierten, strohgedeckten Hallenbau.

- **Hibisco**
Rua Amílcar Cabral. Hamburger und Kebab.
- **Leonardo**
„Pizzeria italiana" mit schönem Ambiente bei der Caixa Económica (s.u.); beim Hotel Djadsal ist eine weitere Filiale.
- **Lomba Branca**
Tel. 2421516, Rua 1° de Maio; auch Bäckerei.
- **May O'Learys Food and Drinks Emporium**
Tel. 2412144. Großes irisches Pub.
- **Sal e Pimenta**
Rua 1 de Junho. Typischer „Italiener".
- **Oli Terra,** Rua 1 de Junho.
- **O Piscador**
Tel. 2421010, 2421102. Fischrestaurant, Spezialität *Serra* (Barrakuda) und *Arroz de Mariscos* (Reis mit Meeresfrüchten).
- **Pasteleria Relax**
Kleine Snack-Bar in der Ortsmitte.
- **Sobre o Mar**
Rua 15 de Agosto. Großes italienisches Restaurant.
- **Vasco da Gama**
Am Ortseingang. Gute Küche mittlerer Preisklasse.
- **Zum Fischermann** mit **Concha-Bar**
Handy 9917600. Reines Fischrestaurant mit großer Auswahl an (vorwiegend selbst gefangenem) Fisch und Meeresfrüchten; gut, sehenswert, deutschsprachig. *Jutta* und *Uwe* haben aus dem Angler-Hobby einen Beruf gemacht! Barbetrieb ab 22 Uhr.

Vila dos Espargos

- **Bar Violão**
Tel. 2411446, Praçinha dos Quebrados. Restaurant des Residencial Monte Sintinha, sehr gute kapverdianische Küche, exzellenter Service und unregelmäßig authentische Livemusik ohne „Touri"-Zuschnitt, befindet man sich doch im Hause eines bekannten traditionellen Musikers.
- **Restaurante Macaronésia**
Am Ortseingang rechts. Gut, schnell und preiswert.
- **Aquarios,** Tel. 2411281.
- **Esplanada Bom Dia**
Tel. 2411400, auf dem Platz gegenüber dem Hotel Atlântico. Straßencafé mit Snacks.
- **Arcada**
In der Nähe des Hotel Atlântico. Bar, Kaffee, Snacks.
- **Salinas**
Tel. 2411799, am Ortseingang rechts.

Palmeira

- **Da Romano**
Tel./Fax 2412230. Restaurante/Pizzeria/Spaghetteria, auch mit gehobener italienischer Küche und Weinen.

Pedra de Lume

- **Cadamosto**
Tel./Fax 2412210. Großes Ausflugsrestaurant mit typisch italienischer Küche.

Nachtleben

Die Szene der Clubs und Diskotheken verändert sich ständig. Noch ist die **Disco Pirata** am Ortseingang der Hit. Einheimische, Wassersportler und Gäste besuchen auch fleißig die Discos der großen Hotels, wie das **Prim Bau im Hotel Djadsal,** und in der Nacht von Donnerstag auf Freitag ist in der **Bar Q des Hotels Odjo d'Água** Hochbetrieb.

Reisebüros und organisierte Touren

Die großen Hotels und alle Reisebüros haben **Inselrundfahrten** (ab 1000 CVE) und **Bootsausflüge** nach Boa Vista (ab ca. 7500 CVE) sowie eintägige Ausflüge per Flugzeug zu den anderen Inseln, Mietwagen und Wassersport im Angebot.

- **Barracuda Tours**
Santa Maria, Tel. 2422033, Fax 2422029;
Internationaler Flughafen Amílcar Cabral:
Tel. 2412452 Fax 2411523,
www.barracudatours.com.
- **Cabetur**
Internationaler Flughafen Amílcar Cabral,
Tel. 2411545, Fax 2411098.

- **CiTS – Cabo Verde Touristic (Reisebüro Kopp)**
Internationaler Flughafen Amílcar Cabral, Tel. 2418097, Fax 2412838.
- **Somitur**
Manuel António Lopes Pires, Rua 5 de Junho, Espargos, Tel. 2411580, 2412302, Fax 2411590.

Banken, Geldwechsel

Neu ankommende Gäste dürfen wir auf das **Kapitel „Finanzen und Geld"** verweisen.

Banken sind sowohl in Espargos als auch in Santa Maria vertreten. Auch Hotels tauschen Devisen, mitunter zu weniger günstigem Kurs. Am Flughafen gibt es eine Wechselstube und ein Büro von Western Union (geöffnet 8–15 Uhr, bei Ankunft internationaler Flüge auch länger).

- **BCA – Banco Comercial do Atlântico**
Espargos, Rua dos Espargos, Tel. 2411490, Fax 2411472; Santa Maria, Travessa Amílcar Cabral, Tel. 2421264, Fax 2421830.
- **BI – Banco Interatlântico**
Espargos, Rua 3 de Agosto, Tel. 2418082, Fax 2413999; Santa Maria, Rua 1 de Junho 1, Tel. 2428180, Fax 2428187.
- **Caixa Económica**
Espargos, Rua Jorge Barbosa, Tel. 2412608, Fax 2413380; Santa Maria, Rua 1 de Junho 12, Tel. 2421616, Fax 2421625.

Post und Telefon

- **CTT Espargos,** Tel. 2411189.
- **CTT Santa Maria,** Tel. 2421200.
- Telecomschalter für Ferngespräche auch im Flughafengebäude.
- Kartentelefone in allen Orten. Siehe auch Kapitel „Telekommunikation".

Notfall

- **Gesundheitszentrum**
Espargos, Tel. 2411130 (24-Stunden-Dienst), Murdeira, private, deutschsprachige Praxisgemeinschaft *Centro Médico da Murdeira,* Santa Maria, Tel. 2421194.
- **Apotheken,** siehe Stadtpläne.
- **Polizei,** Tel. 2411132, in Santa Maria, Espargos und Palmeira.
- **Notruf: Tel. 132.**

Einkaufen

- Es gibt mehrere **kleine Supermärkte** und Souvernir-Shops in den Orten.
- Im **Duty-Free-Shop** (für Ausreisende) **im Flughafen** werden CDs mit kapverdianischer Musik, Parfums, Tabakwaren und Alkoholika (auch Grogue) gegen Devisen verkauft.
- **CD-Shop Tropical Dance** nahe des Hotels Morabeza.

Souvenirs

Hübsche **Töpfereiwaren** werden in der **Oficina d' Arte in Santa Maria** hergestellt. Fliegende Händler vom Kontinent verkaufen afrikanische Batikwaren und Schnitzereien, u.a. das Spiel Oril. Kapverdianische kunsthandwerkliche Produkte guter Qualität sind auf Sal kaum zu finden.

Feste

- **Februar:** Karneval (Faschingsdienstag).
- **19. März:** Fest des S. José in Palmeira.
- **3. Mai:** Feier zu Ehren von St. Cruz.
- **Juni/Juli:** Feste zu Ehren der Heiligen Santo António, S. João und S. Pedro; gefeiert wird in Pedra do Lume, Alto S. João und Hortela.
- **15. August:** Fest zu Ehren Sra. do Piedade in Pedra do Lume.
- **15. September:** Gemeindefest (Inselfest).

Sonstiges

Landkarte

- **Sal 1:100.000,** *Attila Bertalan,* touristische Übersichtskarte mit Stadtplänen von Espargos und Santa Maria. AB Verlag 2008. ISBN 978-3-934262-05-8, Verkauf auch in Kap Verde.

cv071 Foto: pr

Boa Vista

cv149 Foto: pr

cv067 Foto: pr

Dünen bei Cabo Santa Maria

Traditionelles Restaurant in Rabil

Igreja São Roque aus dem Jahr 1906

Einleitung

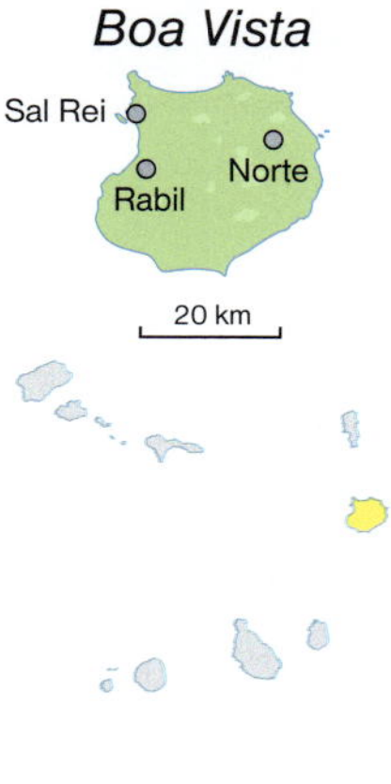

Sahara im Atlantik: Auf Boa Vista begegnen sich zwei Giganten, deren widersprüchliches Temperament bereits im Anflug auf den **nagelneuen internationalen Flughafen** den besonderen Reiz der Insel spürbar werden lässt. Durch die Fenster links grüßt der unendliche Atlantik, durch die Fenster rechts schweift der Blick über Wüstenlandschaften, weite Felder sichelförmiger Wanderdünen, Oasen mit struppigen Dattelpalmen und einige kleine Vulkanschlote. An endlos scheinenden Sandstränden finden die beiden Riesen im Rhythmus der Brandung zusammen.

Boa Vista befindet sich mitten im touristischen Aufschwung. Aus der von der Dürre gepeinigten Insel mit nur minimalen Entwicklungschancen in der Viehzucht und Fischerei und beständig sinkender Bevölkerung ist ein **Eldorado des Strandtourismus** geworden. Wo bis vor kurzem nur der Wind durch die Dünen zog, summt ein tausendstimmiges Gewirr europäischer Sprachen durch Poollandschaften, Wandelhallen und Themenrestaurants, folgt dem gleißenden Licht an den Strand und zieht sich, sobald die Sonne untergegangen ist, zurück hinter die Mauern, innerhalb derer für alles gesorgt ist, was laut Prospekt zu einem Traumurlaub gehört.

In der Stadt **Sal Rei,** in luxuriösen wie einfachen italienischen und kapverdianischen Gästehäusern, in Osterias, Pizzerias, Esplanadas, Pastelarias und selbst im Container-Restaurant am alten Hafen ist vom Massentourismus der Clubhotels weitaus weniger zu spüren, als man vermuten sollte. **Mediterrane Lockerheit** belebt die Szene und den

Boa Vista
Ilhéu do Baluarte
Porto Ferreira
Morro Negro
154
Praia das Gatas
Calhau
326
Fundo das Figueiras
Cabeço dos Tarafes
Odjo d'Mar
João Galego
Praia do Galeão
Monte Preto
125
Ponta Antónia
ehemaliger Porto de Derrubado
Praia Porto de Derrubado
Costa de Boa Esperança
Bofareira
Campo da Serra
Deserto Viana
Wrack Cabo Santa Maria
Estância de Baixo
Rabil
Flughafen
Sal Rei
Salinas
Nossa Senhora de Fátima
Ponta do Sol
146
Vigia
Praia de Ervatão
Praia da Cruz
Ilhéu de Sal Rei
Praia de Estoril, Teilabschnitt der Praia de Carlota
Praia da Boca de Salina, Teilabschnitt der Praia de Carlota
Praia de Carlota
Praia da Chave
Monte Trigo
Santo António
379
Morro de Areia
Rocha Estância
354
Povoação Velha
Varandinha
Praia da Varandinha
Farrapa
Praia de Santa Mónica
Ponta Manga Larga
Morro das Cabeças
149
Ponta Pesqueiro Grande
Curral Velho
Fonte Vicente
Monte Estância
387
Praia de João Barrosa
Ponta de Ervatão
0
5 km
1 : 300 000
© Fortes / Reitmaier

Boa Vista

Barraca

Boa Vista ist nicht nur die Trauminsel sonnenhungriger Europäer. Arbeitsuchende vom afrikanischen Festland und aus Santiago verbinden den Namen der Insel nicht weniger intensiv mit Hoffnungen und Träumen. Wo bis vor wenigen Jahren versandete Salinen in Wind und Hitze dösten, erklingt ein **vieltausendstimmiges Sprachgewirr** aus Kreol, Portugiesisch, Mandinka, Mandjak und Wolof **im Stadtviertel Barraca;** in aus Kartons und Holzabfällen zusammengenagelten Hütten ohne Wasser, Kanalisation oder Stromanschluss; in Moscheen aus Schalbrettern und Plastikplanen und in langsam entstehenden Sozialwohnungen. Eine Stunde nach Sonnenaufgang wird es ruhig in Barraca. Alle streben zur Arbeit in die Hotels und auf die Baustellen. Erst in der Abenddämmerung füllen sich die Gassen und Höfe mit dicht gedrängtem Leben.

Mim é di Bubista! „Ich bin aus Boa Vista!" erklärt *Domingos* in seinem Heimatdialekt Badiu. Vor neun Jahren ist er von Praia nach Boa Vista gekommen. Durch Großbrände in Barraca hat er zweimal alles verloren, was er nicht auf dem Leibe trug. Hier ist er als zuverlässiger Lkw-Fahrer bekannt, und auf seine Empfehlung hin hat auch sein Neffe *Mário* sofort Arbeit gefunden. Hier hat er *Guida* kennen gelernt, und hier sind die Kinder geboren. Der Dreijährige soll nächstes Jahr in den Kindergarten, denn nichts ist wichtiger als ein guter Start in eine gute Ausbildung. „Irgendwie werden wir die 10 Euro für den Kindergarten zusammenbekommen. Und eines Tages wird dieses Stadtviertel seinen Namen nicht mehr als Schimpfwort tragen, sondern mit Stolz!"

Nu bem pa busca vida! „Wir sind gekommen, um (besser) zu leben! In Santiago hatten wir keine Arbeit." Auch für *Domingos* Frau *Guida* liegt die Zukunft auf Boa Vista.

Vale a pena – Sim! „Es lohnt sich - aber sicher!" Die Familie in Guinea-Bissau ist stolz auf den hageren Endfünfziger mit harten Händen und sanfter Stimme. *Sr. Varela* ist zum dritten Mal auf Boa Vista. Nach jeweils zwei Jahren ist er für einige Monate nach Hause gereist. Die Sechstagewoche auf dem Bau erlaubt ihm, monatlich 100 Euro an die Familie zu überweisen. 90 Euro benötigt er für Unterkunft – ihm bleiben noch 70 Euro für Essen, Kleidung und persönlichen Bedarf. *Sr. Varela* will in Boa Vista bleiben, so lange seine Kräfte es erlauben. „Und was danach kommt, wenn ich zu alt sein werde? Die Kinder sind dann groß ... Das wird man sehen, wenn es so weit ist."

Gespräche in Barraca am 25.02.2009 (Eigennamen verändert).

cv065 Foto: pr

Umgang. Fast nichts ist perfekt und dadurch liebenswert und authentisch. Wer den Reiz des Reisens in spontanen Begegnungen und neuen Erfahrungen sieht, und wem es mehr bedeutet, andere Kulturen und Lebenswelten kennen zu lernen, findet hier ein weites Feld und für jeden Geschmack und Geldbeutel die passende Infrastruktur. Auch die **Weite, Ruhe und Einsamkeit,** die den Charakter Boa Vistas prägen, sind nur wenige Schritte abseits der Touristenpfade nach wie vor zu finden.

Der Drang der Gäste und Investoren nach Meer, Sonne und Sand scheint auch in Zeiten der Wirtschaftskrise übermächtig. Baukräne und breite Straßentrassen nehmen den Süden der Insel bereits in Besitz.

Geschichte

Mehrere Kapitäne behaupten, Boa Vista als erste kapverdische Insel entdeckt zu haben. *Cadamostos* Matrosen sollen die Insel nach einem schweren Sturm als „Buena Vista" (schöner Anblick) bejubelt haben. Ganz amtlich im Auftrag *Heinrichs des Seefahrers* nahm am 14. Mai **1460** der Genuese **António da Noli** die Insel für Portugal in Besitz. Der nach dem Heiligen der Seeleute seiner Heimatstadt gewählte Name São Cristovão konnte sich allerdings nicht durchsetzen.

Ähnlich wie Maio wurde die Insel sehr früh mit Hirtensklaven besiedelt, die im Auftrag des Lehnsherrn massenhaft Häute und Talg und auch Schlachtvieh als Schiffsproviant für Ra Grande (Santiago) lieferten. Als **Christoph Kolumbus** 1498 auf seiner dritten Amerikareise hier Halt machte, traf er auch auf eine Lepra-Siedlung – man war damals der Meinung, Lepra mit dem schleimig dicken Blut von Schildkröten heilen zu können.

Die offizielle Geschichtsschreibung verlegt den Termin der ersten Besiedlung gut 150 Jahre weiter, als freie und gesunde Bürger im **Salz** und **Fleischhandel** ein Motiv sahen, nach Boa Vista zu ziehen. Hauptabnehmer ab etwa 1620 waren englische Kapitäne, die den im Bauch jedes historischen Großseglers ruhenden Ballast von Wackersteinen gegen Salz austauschten und einen nicht zu verachtenden Zusatzgewinn machten. Englische Händler siedelten sich an und produzierten das Salz mit Sklavenarbeit. Die erste Ortschaft der Insel, Povação Velha, wurde gegründet. So avancierte Boa Vista zur wirtschaftlich und politisch wichtigsten Insel nach Santiago. Selbstverständlich lockte der neue Reichtum mehrmals Piraten an. Schon 1643 raubten sie Povação da Estância, wie der Ort damals hieß, aus.

Zu Beginn des 18. Jahrhunderts wurde **Porto Inglês** (deutsch: englischer Hafen), das heutige Sal Rei, zum Hauptort der Insel, und der Salzhandel blühte bis zur ersten Hälfte des 19. Jahrhunderts. 1818 wurde die Stadt von Piraten dem Erdboden gleichgemacht und anschließend eine Bastion auf dem Ilhéu de Sal Rei errichtet, deren Kanonen bis heute im Sand liegen.

1843 wurde die Insel Sitz der **portugiesisch-britischen Kommission zur**

cv069 Foto: pr

Krebs an der Praia de Estoril

Abschaffung der Sklaverei, was weder die britischen noch die portugiesischen Landbesitzer und Salzfabrikanten davon abhielt, die Sklaverei auf Boa Vista bis zum letzten Tag beizubehalten. Eine gemischte Komission war notwendig, um die politische Hohheit der Portugiesen mit der wirtschaftlich dominierenden Kraft Englands in Übereinstimmung zu bringen, und sie befand sich auf Boa Vista als der wirtschaftlich wichtigsten kapverdischen Insel der Zeit. In Sierra Leone und Luanda wirkten ähnliche Komissionen, die in der Eindämmung des Schmuggels mit Sklaven offensichtlich eine prominentere Rolle spielten als die Komission auf Boa Vista, die sich in flagranti beim Schmuggel mit großen Mengen Trockenfrüchten aus Afrika erwischen ließ.

1845 wurde ein Unglücksjahr für Boa Vista – und beendete seine Vorrangstellung auf dem Archipel. Es war ein Hungerjahr, und das Elend grassierte, als das englische Dampfschiff „Eclair“ einlief. Einige Mannschaften waren auf der Reise fieberhaft verstorben, andere lagen sterbenskrank mit schwärzlichem Erbrechen und Blutungen an Bord. Dennoch verhängten die beiden Ärzte, *Dr. Kenny* aus England und *Dr. Almeida* aus Portugal, keine Quarantäne, sondern ließen die Leichen und deren Besitz auf der Insel Sal Rei begraben. Ihre Kojen wurden über Bord geworfen. Wie zu erwarten, gruben die Verelendeten die Habseligkeiten der Seeleute schon in der nächsten Nacht aus und fischten auch die Matratzen aus dem Meer. Als Wochen später die **Gelbfieberepidemie** die ersten Todesfälle forderte, meinte man, wenigstens die Opfer zu Schuldigen erklären zu dürfen. Dass Gelbfieber ausschließlich durch Mücken übertragen wird, war damals noch nicht bekannt. Die Epidemie raffte die armen Hungernden, die an den Wasserstellen in Kontakt mit den Mücken kamen, in Windeseile dahin, die Bevölkerung ging von 7000 Seelen zurück auf 2700.

Auch unter der wohlhabenden Bevölkerung gab es einige wenige Opfer, unter ihnen die 20-jährige **Julia Maria Pettingall,** Tocher von *Charles Pettingall,* dem Vorsitzenden Richter der „Gemischten Komission zur Abschaffung der Sklaverei". Der behandelnde Arzt vertrat später die Meinung, sie sei wohl weniger am Gelbfieber als an seiner Behandlung gestorben – und man wagt ihm nicht zu widersprechen, wenn man liest, mit welch drastischen Aderlässen Schwerstkranke zu dieser Zeit geschwächt wurden.

Die Epidemie veränderte nicht nur Gesellschaft und Ökonomie der Insel. Auch die Komission beendete danach ihre Arbeit. Die von ihr erarbeiteten Gesetze wurden erst 1858 verabschiedet und traten mit der auf 20 Jahre vorgesehenen Verzögerung im Jahr 1878 in Kraft, auch auf Boa Vista. Anders in São Vicente, São Nicolau und Santo Antão. Der Kohlehandel der Briten schrie nach billigen Arbeitskräften und jeder, der schaufeln konnte, wurde gebraucht. So wurde dort das Inkrafttreten vorgezogen auf die Jahre 1857 bis 1859.

Eine der schillernden Persönlichkeiten in der Geschichte des Barlavento ist **John Rendall,** ein britischer Händler und Konsul, der in Sal Rei ein Geschäftshaus besaß und von dem berichtet wird, dass er heftig in den Schmuggel involviert war und auch die Steuererklärungen gegenüber der portugiesischen Obrigkeit nicht besonders liebte. Er floh 1845 vor der Gelbfieberepidemie nach Santo Antão und lernte so den Porto Grande und die ersten Anfänge der Kohlehandels kennen. 1850 kehrte er dem ausgebluteten, aber wohlgeordneten Sal Rei den Rücken und zog in das elende, winzige Mindelo, um die erste Kohleverladestation

Tückische Riffe

Das Leben der Insel wurde von **Schiffstragödien** geprägt. Für viele Schiffe im Laufe der Jahrhunderte mag Boa Vista das erste Land gewesen sein, das sie nach Monaten sichteten. Aber die Küsten der Insel haben viele Schiffe auf Grund laufen lassen. Die tückischen Riffe und Strömungen entlang der Nord- und Ostküste und heftiger Wind, der außerdem durch Staub die Sicht erschwerte, wurden ihnen zum Verhängnis. Der Monte Negro im Osten, eine eisenhaltige Felsformation, wurde oft für magnetisch gehalten und dafür verantwortlich gemacht, dass so mancher Kompass an der Küste durchdrehte. Der Name bezeichnet die schwarze Lava, die hier zutage tritt. Ein Leuchtturm steht an dieser Stelle und markiert den äußersten östlichen Punkt des Archipels, der dem afrikanischen Kontinent am nächsten liegt. Die Bewohner, die unter Hunger und Dürre litten, stürzten sich hoffnungsvoll auf die Wracks und suchten nach Verpflegung und Gütern. Andere ließen sich für die Versorgung der Schiffbrüchigen gut bezahlen. Ungezählte Schiffswracks liegen im Norden und Osten in Küstennähe auf Grund. Am 10. August 1779 segelte hier auch Kapitän *James Cook* auf seiner dritten und letzten Reise in die Südsee mit seinem Schiff „Resolution" vorbei und kam einem der Riffe so nahe, dass er der Kentergefahr nach mehrstündigem Kampf nur knapp entging. 1787 strandete dann der englische Frachter „Hartwell" an einem Riff im Nordosten Boa Vistas, das heute den gleichen Namen trägt. Eine der größten Tragödien ereignete sich 1863, als das Schiff „Cicilia" auf Grund lief und 72 Menschen zu Tode kamen.

zu bauen. Er wird uns im Kapitel zu São Vicente erneut begegnen.

1872 ließ sich die aus Marokko stammende **jüdische Familie Ben O'Liel** in Sal Rei nieder und verhalf dem Handel der Insel zu neuem Aufschwung, nachdem sämtliche Engländer dem Ruf der Kohle nach Mindelo gefolgt waren. Weitere jüdische Handelshäuser sollten folgen und sind, größtenteils in Ruinen, am Nordende der Praça bis heute zu finden.

Doch die Dürre nahm zu in der zweiten Hälfte des 19. Jahrhunderts und brachte selbst für die drastisch verkleinerte Bevölkerung neue Existenznöte. Pedra de Lume auf Sal hatte Boa Vista den Rang im Salzhandel abgelaufen, und die Viehzucht ging zurück. Der Export von **Purgier- und Rizinusöl** und der Handel mit **Baumwolle** und **Urzela** konnten den gewünschten Ausgleich nicht schaffen. Lediglich die **Kalkbrennerei** und die Verarbeitung der reichlichen Tonvorkommen brachten noch nennenswertes Geld in die Kassen. An der Praia da Chave baute Ben O'Liel die Ziegelei **Fábrica da Chave,** die auf alle Inseln, nicht zuletzt in das im Kohlehandel boomende Mindelo, und nach Europa lieferte. Schwere Maschinen, Portale der Brennöfen und der Fabrikschlot stehen einsam im Sand als Zeugen der Dampfmaschinenzeit des 19. Jahrhunderts. Für den Feldbrand von Kalk und Tonprodukten wurden binnen weniger Jahre die fast die ganze Insel bedeckenden Tarrafes (Tamarix senegalensis) mitsamt der Wurzeln verbrannt; das mannshohe Strauchwerk wich Dünenfeldern. Die Wüstenbildung vollzog sich in kürzester Zeit, die Salinen wurden unter Flugsand begraben. Zeitgenössische Berichte klagen, dass im ehemals „königlichen" Salz von Sal Rei mehr Kalk und Sand als Salz seien. Die rund **4000 Bewohner im Jahre 1900** reduzierten sich in den Dürrekatastrophen des 20. Jahrhunderts auf 2500. Boa Vista hatte einmal mehr im Interesse anderer Nationen seine Ressourcen binnen weniger Jahrzehnte verspielt.

Mitte der 1990er siedelten sich die ersten modernen Hotels an, und der Bau von Großhotels, Straßen und einem internationalen Flughafen kündigte sich an. Tausende von Arbeitern wurden benötigt. Da die gebotenen Löhne für ungelernte Arbeiter unter dem Existenzminimum einer noch so kleinen Familie im Barlavento bleiben, wurden Arbeitsmigranten aus den afrikanischen Nachbarländern und von der Insel Santiago rekrutiert. Diese Art von **Gastarbeiter-Billiglohn-Politik** hatte Lissabon nach 1968 einen Slumgürtel von rund 200.000 Einwohnern, vorwiegend Kapverdianern, beschert. Nun sollte sich die Erfahrung im eigenen Lande, im kleinen Sal Rei, wiederholen. Arbeitsmigranten verschiedenster Kulturen und Lebensformen, hart arbeitend und dennoch ohne bezahlbaren Wohnraum, bauten sich die **Slumsiedlung Barraca** im Bereich der ehemaligen Salinen. (siehe Exkurs weiter vorn). Mit 4000 Einwohnern (2008) ist hieraus längst die zahlenmäßige Bevölkerungsmehr-

Handelshaus Ben O'Liel in Sal Rei

heit geworden, und die Einwohnerschaft von Barraca ist gut doppelt so groß wie die von ganz Sal Rei vor dem Boom.

Den Eintritt in eine neue Runde vorwiegend **fremdbestimmter Entwicklung** kommentiert *Germano Almeida* mit unverkennbarem Sarkasmus: „(...) wenn schon die Kultur der Insel zum unvermeidbaren Untergang verdammt sei, (müssen) jedem Einwohner wenigstens sieben Handbreit Grund und Boden verbleiben, um sich begraben zu lassen."

Berühmte Söhne der Insel sind **Aristides Pereira,** Präsident der Republik von 1975 bis 1990, und **Germano Almeida,** der bekannteste zeitgenössische Schriftsteller Cabo Verdes.

Informationen zur Insel

Boa Vista ist die östlichste Insel. Sie gehört zur Gruppe der Barlavento-Inseln. 50 km Luftlinie trennen sie von Sal und nur 455 km vom afrikanischen Kontinent. Mit **620 km²** Fläche ist sie (nach Santiago und Santo Antão) die drittgrößte Insel; sie dehnt sich rund 31 km von Nord nach Süd und 29 km von Ost nach West aus.

Das Landschaftsbild ist geprägt von abwechselnden Abschnitten von **Sand-, Geröll- und Gebirgswüste,** nur selten durchbrochen von Dattelpalmhainen und Galeriewäldern entlang der Ribeiras. Flugsand häuft sich hinter jedem Hindernis zu kleinen und großen Dü-

Boa Vista

cv070 Foto: pr

nen und muss ständig aus den Dörfern herausgeschafft werden.

Weite Ebenen über dem für die östlichen Inseln typischen Kalksockel prägen die Landschaft. Sie werden nur selten unterbrochen von niedrigen Gebirgsketten und in 180 Millionen Jahren weitgehend abgetragenen Vulkanschloten. Jüngere Vulkane fehlen. An den harten Basaltsäulen des **Pico Santo António (379 m)** wie am Plateau der **Rocha d'Estância (354 m)** hat sich die Erosion die Zähne ausgebissen und wird noch ein paar Millionen Jahre zulegen müssen, um auch sie einzuebnen. Die höchste Erhebung ist der **Monte Estância (387 m)** im Südosten. Die Hügel Boa Vistas sind von Geröll und Schotter bedeckt. Um wesentliche Steigungsregen zu provozieren oder um Nebelwälder zu unterhalten, sind die Berge zu niedrig, so dass sich die durchschnittlichen Niederschläge auf etwa 100 mm pro Jahr beschränken. Ackerbau ist nur in den weiten Tälern möglich, wo sich das Grundwasser für mehrere Monate staut oder dank tonigen Untergrunds in den Bachbetten gehalten wird. Im Tal der **Ribeira do Norte** konnten sich drei Dörfer ansiedeln: **João Galego, Fundo das Figueiras** und **Cabeço dos Tarafes.** Nahe dieser Orte gibt es zahlreiche Höhlen in den Berghängen und wie ein Wunder inmitten der völlig trockenen Landschaft den einzigen ganzjährig Wasser führenden Natursee Cabo Verdes, das **Odjo d'Mar,** eine Stunde zu Fuß westlich von Cabeço dos Tarafes. In einigen der am Talgrund liegenden Oasen mit dichter stehenden Kokos- und Dattelpalmen drehen sich Windräder und unterhalten bewässerten Gartenbau, keinesfalls genügend, um auch nur den Eigenbedarf der Insel zu decken.

Für das europäische Auge bleibt im ersten Moment unverständlich, wie sich Tausende von Ziegen und Kühen sowie freilaufende Pferde und Esel in der kargen Landschaft ernähren können. Alleine die Zementsäcke und Papierreste können nicht für den erstaunlich guten Ernährungszustand und prall gefülle Euter verantwortlich sein. Die Reste der Vegetation, Stroh und Heu, nehmen nach dem Abtrocknen die silbergraue Farbe der flimmernden Luft an und sind aus der Entfernung so wenig zu sehen wie die sich blattlos in die Luft reckenden Purgiernusssträucher.

Einer der für die Kapverden typischen, vom Passatwind geschaffenen Sandkorridore zieht von der Praia da Boa Esperança nach Südwesten und bildet östlich von Estância de Baixo ein weites Dünenfeld, die **Wüste Viana.** Hat man auf einem Spaziergang die gewohnten Landmarken aus dem Blick verloren, und hat der beständige Nord-Ost-Wind die Spuren verweht, dann verflüchtigt sich schnell die Orientierung in den weichen Wellen hoher Dünen, und es folgt eine halbes Stündchen Sahara-Erfahrung.

Mit Palmwedelhecken und Steinmauern sowie durch Wiederaufforstung werden die Dünen befestigt und das Versanden der Orte reduziert. In den **Dattelhainen** findet man neben der Dattelpalme vom Kontinent *(Phoenix phoenix)* auch die kleinere, ruppigere endemische *Phoenix atlantica. Phoenix* *dactylifera* wächst mit bis zu sechs Stämmen aus einem gemeinsamen Zentrum und schafft schattige Ruheplätze für die Ziegen. Daneben findet man strauchige Wolfsmilchgewächse und zahlreiche Gräserarten.

Rund um die Insel reihen sich **55 km feinsandige, weiße Strände,** im Süd- und Nordosten mit locker eingestreuten Kokospalmen, teils von Felsen und Höhlen durchbrochen und ansonsten ohne Schatten. Kleine Inseln und Klippen, darunter das etwas größere **Ilhéu de Sal Rei,** sind als Vogelschutz- und Landschaftsschutzgebiete ausgewiesen. Kliffs, flach ansteigende Strände und wechselnde Meeresströmungen erklären, weshalb Boa Vista für die Schifffahrt als mit Abstand schwierigste Küstenregion gilt.

Die meisten der gut **10.000 Bewohner** der Insel konzentrieren sich auf den **Hauptort Sal Rei** und die zweitgrößte Siedlung **Rabil.** Sie leben vorwiegend vom Tourismus und der Bauindustrie, nur in den Dörfern spielen Viehzucht und Emigration noch eine Rolle. Der Fischfang mit kleinen Booten, auf handwerklichem Niveau, versorgt nicht mehr als die Insel selbst. Die Thunfischfabrik in Sal Rei bleibt geschlossen.

Trinkwasser auf Boa Vista ist **rar und teuer,** denn es kommt zu 100% aus industriellen **Entsalzungsanlagen.** Die öffentliche Anlage in **Sal Rei** versorgt das städtische Netz und über Tankwagen alle umliegenden Dörfer. Die großen Hotels betreiben eigene Anlagen zur Entsalzung und Stromgewinnung. Aus Kläranlagen gewinnen sie das Wasser für Grünanlagen und Gärten.

Nach der Ankunft auf dem Flughafen Rabil werden die Package-Touristen mit Hotelbussen abgeholt, während Individualreisende per Aluguer über 10 km nagelneuer Teerstraße durch die Dünenlandschaft entlang einem der Dattelhaine nach Sal Rei gelangen.

Sal Rei

Der Name des **Hauptortes der Insel** hat seinen Ursprung in der Reklame für das einst hier gewonnene Salz. Es war so viel sauberer, so „königlich", dass es als „Sal Rei" beworben wurde.

Die Stadt ist im Grunde eine **englische Gründung,** weshalb sie zuerst „Porto Inglês" hieß. Nach dem Abzug der Engländer in der zweiten Hälfte des 19. Jahrhunderts verstärkten zweistöckige **jüdische Handelshäuser** die Stadt. Nördlich der **katholischen Kirche Santa Isabel** am zentralen Platz „Largo de Santa Isabel" kann man sie, wenn auch zurzeit noch in erbärmlichem Zustand, bewundern. Nahe dem Hafen reckt das alte **Zollgebäude** *(alfândega velha)* seine Dachsparren baufällig in den Himmel. Der Putz blättert allenthalben. Pastellfarben getünchte einstöckige Häuschen, eng gedrängt, mischen sich zwischen die wenigen größeren Gebäude entlang schmaler Altstadtgassen. Die eingesprengten modernen Bauten der Banken und Pensionen, das neue Stadion und dem historischen Vorbild folgende, frisch renovierte Stadthäuser zeigen, dass Sal Rei durchaus die Substanz hat, um zu einem schmucken mediterranen **Tourismusstädtchen** heranzuwachsen.

Nach der Unabhängigkeit sorgten der Hafenausbau, die öffentlichen Einrichtungen, die Verwaltung und der schon zuvor hier konzentrierte Handel dafür, dass Sal Rei zum Hauptentwicklungspol der Insel wurde. Kleine und mittelgroße Pensionen entstanden und erlaubten ein gemächliches, kontrollierbares Wachstum. Die Einwohnerzahl erholte sich zwischen Unabhängigkeit und der Jahrtausendwende auf etwa 2500, bevor der touristische Bauboom sie in weniger als einem Jahrzehnt verdreifachte.

In der Architektur der Stadt spiegelt sich ihr Leben. Die Zeiten der erdrückenden Subsistenzkrise, von Hunger und zwangsweiser Emigration sind

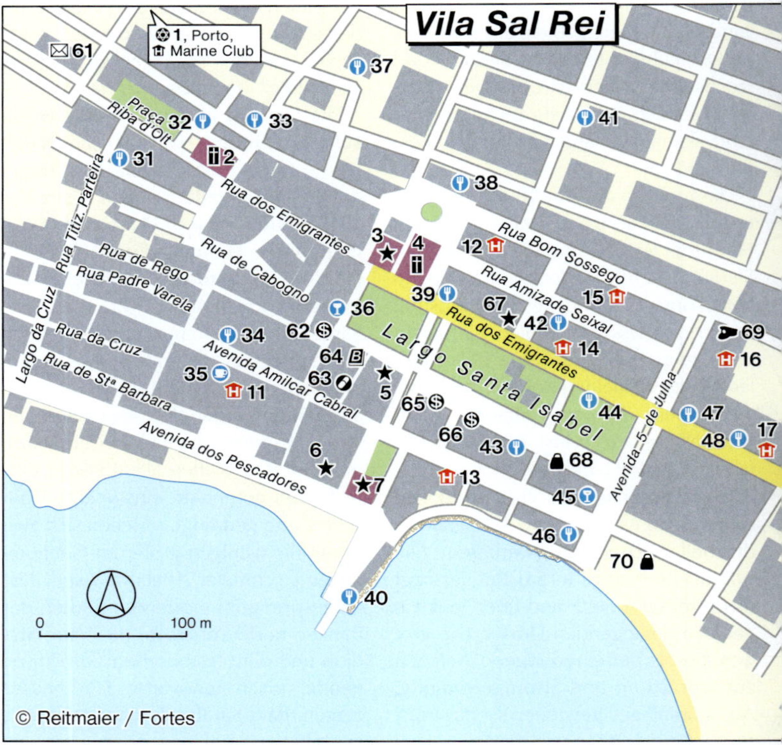

vorüber. Vieles läuft noch ruhig vor sich hin. Fischer breiten ihre Netze zur Reparatur aus, Kinder spielen in den Gassen. Kreolische Handwerker und italienische Kleinunternehmer unterhalten sich gestenreich. Im Osten der Stadt, in schachbrettartigen Neubauvierteln, wachsen Pensionen, Geschäfte und Wohnhäuser aus dem salzigen Grund. Nur in der Mittagshitze verfällt alles in flimmernde Stille. Mit einem kleinen **Spaziergang** rund um den Largo de Santa Isabel und auf den Hügel im Norden, überragt von der Antenne der Telecom, überschaut man alle wichtigen Einrichtungen: Kirchen, Banken, Geschäfte, Gesundheitszentrum, TACV-Büro und Post. Gegenüber der Post lärmt die Entsalzungsanlage aus israelischer Fertigung.

1 Cimetério judéu
2 Igreja do Nazareno
3 Centro de Saúde
4 Igreja Stª Isabel
5 Casa Ben O'Liel
6 Fábrica ULTRA
7 Alfândega velha

Unterkunft
11 Migrante Guesthouse
12 Res. Bom Sossego
13 Hotel Luca Kalema
14 Res. Stª Isabel
15 Res. Boa Esperança
16 Res. a Paz
17 Hotel Boa Vista
18 Res. Orchidea
19 App. Cá Nicola
20 App. Boa Vista
21 Estoril Beach Resort
22 App. Casa Velha

Essen und Trinken
31 Grill Luar
32 Rest. Terra Sabe
33 Rest. Riba d'Olte
34 Rest. Rosi
35 Café Kanta Morna (Migrante)
36 Bar Cocoa
37 Bäckerei Padaria
38 Rest. Cantinho de Sal Rei
39 Rest. Naida
40 Rest. Té Manché
41 Rest. Mc Rei
42 Rest. Stª Isabel
43 Rest. Blue Marlin
44 Esplanada Pizzeria Silves
45 Bar Makena
46 Rest. Maresias
47 Rest. Velo
48 Rest. Hotel Boa Vista
49 Rest. Cá Luisa
50 Pastelaria Doce Vita

Dienste
61 Post Correios Telecom
62 Banco BCN
63 Apotheke Farmácia
64 Biblioteca Municipal
65 Banco BCA
66 Banco Caixa Económica
67 Câmara Municipal
68 Merdaco Municipal
69 Polícia
70 African Souvenir Market
71 Banco Interatlântico

Die Salinen sind versandet. An ihrem Südrand breitet sich ein neues Elendsviertel aus, wo die vielen Bauarbeiter aus Guinea-Bissau und Santiago unterkommen. Während junge, instabile Familien von den anderen Inseln die städtischen Behörden mit sozialen Problemen konfrontieren, ist die islamische Gastarbeiter-Männergesellschaft in sich straff organisiert und regelt ihre Probleme selbst.

Unmittelbar an die Stadt schließen sich weite **Sandstrände** an: im Süden die **Praia de Carlota,** die sich in die **Praia da Chave** verlängert, im Norden geht man 20 Min. an der **Praia de Cabral** entlang auf dem Weg zum Hotel Marine Club.

Inselrundfahrten

Boa Vista bietet nicht nur weite Strände, sondern auch interessante Orte im Inselinneren und mehrere Dörfer und Oasen, die einen Besuch lohnen. **Pisten und Staubstraßen** sind teilweise in so schlechtem Zustand, dass man einen Geländerwagen benötigt und nur sehr langsam vorankommt. Mietwagenunternehmer und Reiseveranstalter bieten Ausflugsfahrten *(excursões)* in vielfältigen Varianten an. Für Einzelreisende und Paare ist dies eine preisgünstige Alternative zum Mietwagen. Es empfiehlt sich auch, die Inselrundfahrt auf zwei Tage zu verteilen und das schlechteste Stück zwischen Praia de Santa Mónica und Curral Velho auszusparen:

Westliche Runde: Rabil, Estância Velha und Deserto Viana, Povação Velha, Varandinha, Praia de Santa Mónica.

Östliche Runde: Campo da Serra, João Galego, Fundo das Figueiras, Cabeço dos Tarafes, Ervatão, Praia de João Barrosa, Curral Velho, Fonte Vicente und retour. Eventuell Praia das Gatas.

Rabil

Rabil (altport. für: Fregattvogel) war bis Anfang des 19. Jahrhunderts Hauptort Boa Vistas. Heute ist es ein ruhiges kleines Dorf, dessen Hauptattraktion die stämmig am Boden ruhende **älteste erhaltene Kirche der Insel, S. Roque,** ist, die 1801 erbaut wurde. Vom Dorf aus hat man einen schönen Blick hinunter auf die fruchtbaren Oasen am Grunde der Ribeira do Rabil. In der **Töpferschule** *(Escola de Olaria)* am südlichen Ortsausgang weisen alte Pressen noch auf die handwerkliche Fertigung von Dachziegeln hin. Heute werden Vasen und Amphoren, große traditionelle Wasserkrüge *(pôte)* und durchlöcherte Töpfe für das Dämpfen von Kuschkusch hergestellt. Im Design behält man gleichzeitig die kapverdianische Tradition bei und passt sich den Erwartungen der italienischen Kundschaft an. Das Angebot ist nicht groß, lohnt aber immer einen Besuch. Sollte die Werkstatt geschlossen sein (es gibt keine festen Öffnungszeiten), dann informieren die Nachbarn die nahebei wohnenden Mitarbeiter, die dann die Räume öffnen.

Der Ausflug nach Rabil lässt sich mit einer schönen Strandwanderung kombinieren (siehe unten).

Povação Velha

Povação Velha (deutsch: alte Siedlung) entstand als **erste freie Siedlung** zu Beginn des Salzhandels. Von den Stränden aus ist der Ort nicht zu sehen. Povação Velha besitzt einen hervorragenden Aussichtspunkt, die **Rocha d'Estância (354 m),** von der man das Meer bis hin nach São Nicolau und Maio überblickt. Die Lage gab Schutz vor Piratenüberfällen oder zumindest die Chance, sich rechtzeitig in den Bergen zu verstecken. Drei Reihen kleiner Häuschen, eine Bar und zwei Läden drängen sich im Tal, während die frei auf einen Vorsprung platzierte Kirche der Mutter Maria aus dem frühen 19. Jahrhundert die Landschaft nach Süden überblickt.

Die meisten Besucher durchfahren den Ort auf ihrem Weg zu den Stränden von **Santa Mónica** und **Varandinha,** die sich zum Faulenzen am Strand genauso wie für ewige Strandwanderungen eignen, zum Schwimmen aber zumeist zu heftige Strömungen haben.

Man erreicht Povação Velha von Sal Rei in etwa 35 Min. Nur am späten Vormittag verkehren Sammelfahrten, so dass die meisten Gäste ein Fahrzeug mieten oder Ausflugsfahrten nutzen.

Curral Velho

Curral Velho (deutsch: altes Weidegatter) besteht heute aus wenigen halbverfallenen Häusern auf einem Kalksockel hinter dem weiten Strand von Praia de Curral Velho, der nahe der Lagune mit Dattelpalmen bewachsen ist. In westlicher Richtung schließt sich die Großbaustelle des zweiten RIU-Hotels der Insel an, das in der letzten geplanten Ausbaustufe 4000 Zimmer erreichen soll. Die Straße von Povação Velha nach Curral Velho ist steinig und selbst für Geländewagen in so elendem Zustand, dass man diesen Ort besser über die für Lkw ausgebaute und voraussichtlich bis 2010 asphaltierte Straße über die Bewässerungsoase **Fonte Vicente** anfährt. Vom Wind gebeugte und stromlinienförmig geformte Bäume in der wüstenhaften Zentralebene, einige Mandelbäume, Dattelpalmen und ein Baobab *(calabaceira)* durchbrechen die Eintönigkeit der Ebene. Im Osten schließt sich der **Strand von João Barrosa** an, wo in Sommernächten bis zu 2000 Schildkröten bei der Eiablage gezählt wurden.

Norte

Im Osten der Insel liegen drei Ortschaften in der Weite der R[a] do Norte: **João Galego, Fundo das Figueiras** und **Cabeço dos Tarafes.** Dank der konzentrierten Siedlungsform sind diese seit langem mit Telefon, Strom und Schulen versorgt und dank der Emigration vergleichsweise wohlhabend und propper.

Kurz vor Fundo das Figueiras zweigt eine beschilderte Piste nach **Praia das Gatas** (deutsch: Strand der Katzenhaie) ab. Ähnlich wie die gleichnamige Bucht in São Vicente, ist sie durch vorgelagerte Riffs von der Brandung abgeschirmt. Einige Fischer nutzen die aufgelassenen Gebäude als Unterkunft und breiten ihren Fisch zum Trocknen aus. Delphine kommen nah ans Land, weiter draußen nisten Seevögel an felsigen Küsten und auf vorgelagerten Inselchen.

Das **Odjo d'Mar** ist der **einzige ganzjährig Wasser führende Natursee Cabo Verdes** – und dies mitten in der trockensten Gebirgswüste. Am Fuß einer Felswand gräbt sich zur Regenzeit der Wasserfall ein tiefes Auffangbecken (3,7 m), dessen Inhalt in den trockenen Monaten zurückgeht, aber durch Quellen teilweise erhalten bleibt.

Bofareira

Das kleine Dorf liegt im Gegensatz zu Norte wirklich im Norden der Insel, etwa eine halbe Stunde vom Strand und von der Stadt durch weite, sanft an- und absteigende Wüstenlandschaften getrennt. Mehrere Versuche, den Ort direkt durch eine Straße von Sal Rei aus anzubinden, haben zwar nie zum Erfolg geführt, aber einige Straßenabschnitte und eine Trasse hinterlassen, auf der man in 2½ Stunden leichter Wanderung ohne Orientierungsprobleme ein Stückchen Wüste kennen lernen kann.

Das italienische Hotel und Restaurant Spinguera in **Espingueira** lohnt einen Abstecher.

Spaziergänge und Wanderungen

Wir beschränken die Auswahl in diesem allgemeinen Reisehandbuch auf **einige einfache Ausflüge.** Wanderer finden weitere Touren in der Wanderkarte von Boa Vista und in unserem Internet-Wanderführer zur Insel (www.bela-vista.net/boa-vista.htm).

Spaziergang 101: Kapelle N.S. Fátima und historische Gräber

- Ca. 1 Stunde, feste Sandalen, Orientierung einfach.

Ausgangspunkt ist der höher gelegene Ortsteil Riba d'Olt im Norden von Sal Rei. Über die lange gepflasterte Gerade oder entlang der Praia de Cabral nähert man sich dem Hotel Marine Club. Unmittelbar vor der Einfahrt liegen rechter Hand einige historische Gräber. In dem allein stehenden Grab ruht *Julia Maria Pettingall.* Die Gräber der jüdischen Familie *Ben'Oliel* liegen innerhalb des von einer Mauer geschützten jüdischen Friedhofs (siehe „Geschichte").

Das Hotel Marine Club hat einen Fußweg entlang der Klippen gebaut, so dass man bequem am Meer dem Spazierweg folgen kann, ohne durch den Gästebereich zu gehen. Er beginnt am Eingang des Restaurants. Nach etwa 15 Min. ist die Kapelle erreicht. Der Rund-

Fábrica da Chave

weg um die etwa **130 m hohe Rochinha** (kleiner Fels mit netter Aussicht) führt durch eine ehemalige Müllkippe und ist somit wenig empfehlenswert.

Wanderung 106: Fábrica da Chave, Rabil

• Streckenwanderung, ca. 3 Stunden, feste Sandalen, Orientierung einfach.

Ausgangspunkt ist das Hotel Estoril Beach Resort. Südlich am Strand entlang sind schnell das Restaurant Tartuga Beach und die Surfstationen erreicht. Kurz danach beginnen die höheren Dünen. 2,8 km weiter staut sich hinter den Dünen das Brackwasser der Rª Grande zu einer **Lagune,** an der man sehr schön Vögel beobachten kann. Sie liegt etwa 250 m vor dem RIU Karamboa Hotel – steigt man etwas auf die Dünen, kann man sie kaum verfehlen. Hier ist der größte Golfplatz des Landes geplant. Vor den Strandanlagen des RIU-Hotels zieht der Strand weiter südwärts. Die Dünen auf der Halbinsel von Portinho, ummittelbar bevor man die Fábrica de Chave erreicht, sind zumeist fest, so dass man sie leicht erklimmt und den Blick aufs türkisgrüne Meer und das Ilhéu de Sal Rei genießt. Weiter im Süden, auf dem Fels über der Praia de Chave, erheben sich wie Trutzburgen der Moderne zwei italienische Großhotels.

cv072 Foto: pr

Über die Zufahrtsstraße des Hotels Parque das Dunas erreicht man in einer weiteren ½ Stunde den Flughafen oder Rabil.

Wanderung 102/103: Leuchtturm Ponta do Sol, Wrack der „Cabo Santa Maria“

● Rundwanderung, ca. 6 Std., 20 km, Wanderstiefel, Orientierung mit Karte und Kompass, mind. 4 l Wasserreserve pro Person.

Ausgangspunkt ist der höher gelegene Ortsteil Riba d'Olt im Norden von Sal Rei. Über die lange, gepflasterte Gerade nähert man sich dem Hotel Marine Club und biegt etwa 200 m davor nach Osten auf die breite Zufahrtsstraße zum neuen Friedhof ab. Von dort führt ein Feldweg ständig weiter bergauf zu den alten Müllhalden, die sich in ihrer Scheußlichkeit immer mehr steigern bis der Pass erreicht ist und man in das inzwischen als Naturschutzgebiet vorgesehene Gebiet eintritt. Für die Bergbegeisterten ist der **Pico Vígia** ein netter Ausflug mit dem besten Rundblick der Insel. Der Leuchtturm sitzt über dem Steilabbruch. Während man staunend auf die in der Tiefe brüllende Brandung und die Riffe schaut, finden sich zumeist Rotschnabeltropikvögel *(Phaethon aethereus)* mit langen Schwänzen ein, um ihr Flugkünste im Aufwind zu zeigen. Wüstenraben beschweren sich heftig über jeden Eindringling.

Auf dem Rückweg, ab der Supermüllhalde Curral Preto, sieht man das Wrack der „Cabo Santa Maria“ in der Ferne an der **Praia do Sobrado** liegen. Der Abstieg frei durchs steinige Gelände ist unangenehm, so dass man einer nach Süden ziehenden Zufahrt zu fast am Strand liegenden Kalksteinbrüchen folgt. Kurz nachdem die Lava-Hochflächen verlassen sind und man sich in sandigem Gelände befindet, kann man weglos zum Strand absteigen.

Die **„Cabo Santa Maria“** war ein moderner spanischer Frachter, der am 15. März 1968 wegen eines Navigationsfehlers strandete. Sie hatte Autos, Getränke, Melonen, Kork und Käse an Bord. Obwohl nicht leck geschlagen, wurden keine Versuche zum Freischleppen unternommen, sondern das Schiff relativ rasch aufgegeben. Noch sieht man Reste der Winden am Strand, mit denen über eine Seilbahn Fracht und Ausrüstungen geborgen wurden.

An der alten Weidemauer oberhalb des Strandes findet sich ein **Schild,** von dem aus man die größtenteils **unter Sand verborgene Straße** entdeckt. Sie wurde gepflastert, um schwerere Ausrüstungsgegenstände abtransportieren zu können. Nach dem Überschreiten des Kamms sieht man Sal Rei am Horizont, geht durch einen Hain einheimischer Dattelpalmen und gelangt so an die alte Straße Rabil – Sal Rei, der man nördlich folgt.

In Gegenrichtung begangen, wird die versandete Straße zum Wrack zu einem gut dreistündigen Ausflug (hin und zurück).

Wrack der „Cabo Santa Maria“

Strände und Wasserverhältnisse

Boa Vista hat die **größten und schönsten Strände Cabo Verdes.** Einige werden dezidiert zu Badestränden deklariert und von Hotels umgeben, während andere, abgelegene Strände der Natur erhalten und geschützt bleiben sollen. Dank des ablandigen Windes und der schützenden Dünen sind die Strände im Westen besser zum Baden geeignet. Die von der Stadt leicht zu Fuß zu erreichende **Praia de Carlota** (im nördlichen Abschnitt auch **Praia de Estoril** genannt) ist touristisch erschlossen mit mehreren Strandrestaurants, Surf- und Tauchstationen.

Unverändert breit, feinsandig und hell setzt sich ab der Mündung der Rª Grande die **Praia da Boca de Salina** vor dem Hotel RIU Karamboa fort, bis zu der Gruppe hoher Dünen auf der Halbinsel von Portinho. Hier versteckt sich die aufgelassene Ziegelei Fábrica da Chave. Die **Praia da Chave** zieht über 4 km weiter nach Südwesten, breit ausladend vor dem Kalkplateau.

Die **Praia da Varandinha** ist genauso wie der westlichste Punkt der Insel, das erhabene **Kap Varandinha,** ein beliebtes Ausflugsziel mit Aussichtsplateau, Kalkfelsen und -höhlen.

An Varandinha schließt sich der fast 35 km lange Reigen **südlicher Strände** an. Mit ablandigem Wind nach Südwesten schauend, feinsandig, hell und breit,

cv073 Foto: pr

ist die Ähnlichkeit mit der St. Monica Bay in Kalifornien so groß, dass der Fantasiename **Praia de Santa Mónica** die traditionellen Ortsbezeichnungen endgültig verdrängt hat. Je nachdem, wie großzügig Strandabschnitte einbezogen werden, reichen die Längenangaben von 8 bis 35 km.

Die **Praia do Curral Velho** ist im landnahen Teil locker mit Schatten spendenden Dattelpalmen bewachsen. Doch nicht nur die Touristen suchen den Schatten, sondern auch Ziegen und stachelige Kletten, so dass eine derbere Unterlage angebracht ist. Das **Ilhéu de Curral Velho** ist für Touristen tabu. Hier brüten Hunderte von Brauntölpeln und die letzten Exemplare des extrem selten gewordenen Fregattvogels mit schlanken schwarzen Flügeln von bis zu 2,5 m Spannweite. Nach Osten schließt sich der Schildkrötenstrand **Praia de João Barrosa** an. Im Osten der Insel ist die Küste eher felsig und dennoch durchbrochen von kleinen Buchten mit Sandstränden mit kräftiger Brandung, landschaftlich besonders beeindruckend im Abschnitt zwischen dem Aussichtsberg **Morro Negro** und dem Leuchtturm **Porto Ferreira.**

Die Bucht von **Praia das Gatas** ist flach, zum Schnorcheln geeignet und bisher nicht touristisch erschlossen.

Im Norden breitet sich an der **Costa de Boa Esperança** eine weitere Kette langer heller Sandstrände aus, im Osten beginnend bei der wie eine Hand nach Norden greifenden Halbinsel **Ponta Antónia.** Die Buchten zwischen ihren felsigen Fingern und die beim ehemaligen Kalk- und Fischerhafen liegende sanftere **Praia de Derrubado** sind vom Hotel Spinguera aus leicht zu Fuß zu erreichen.

Bis zum westlichen Extrem, der Halbinsel **Ponta do Sol,** zermahlt eine zumeist heftige Brandung den Kalk zu gigantischen Mengen hellen Sandes, der vom Passat landeinwärts getragen und zu Wanderdünen gehäuft zum **Erg Deserto Viana** wird.

Mittendrin liegt das Wrack des Frachters **„Cabo Santa Maria“,** von Salz und Seegang arg mitgenommen und zunehmend zerfallend.

Sport und Aktivitäten

Windsurfen

Windsurfer finden auf Boa Vista **ideale Bedingungen.** Zwischen November und April bläst der Nordostpassat stetig und kräftig in die Segel. Für Könner bis zum Profi bieten sich Spots mit Flachwasserpisten bei kräftigem exakt ablandigem Wind wie an der **Praia de Carlota.** An den vor der **Praia de Cabral** gelegenen Riffen brechen sich über masthohe Wellen, so dass der Urlaubssurfer sich besser darauf beschränkt, den Profis zuzuschauen. Für Anfänger eignet sich der teils stehtiefe **Praia de Estoril** unmittelbar vor den Surfstationen, zumal das in Lee gelegene Inselchen **Ilhéu de Sal Rei** vor der Dünung schützt und den Unerfahrenen rettet, so er nicht mehr an Land zurückfindet. In den Wintermonaten ist der Wind für Anfänger meist zu stark, sodass man schon sicher auf dem Brett stehen sollte, bevor man sich entscheidet, in dieser Zeit in Boa Vista zu surfen. Auch an den Stränden im Süden sieht man Urlauber auf dem Surbrett, während der Osten den Cracks vorbehalten bleibt.

Genaueres zu Surfstationen siehe im Kapitel „Wassersport".

Tauchen

Boa Vista mit seiner riesigen Küstenlinie, den Riffs und vorgelagerten Inselchen bietet schöne Tauchplätze in großer Zahl **für alle Könnerstufen.** In der Tauchsaison von März bis Dezember bieten personell und materiell gut ausgestattete Tauchstationen bei den Clubhotels Kurse und Gruppen-Tauchgänge an, während von Weihnachten bis Ende Februar die Bedingungen meist zu schwierig sind.

Genaueres zu Tauchplätzen und -stationen siehe im Kapitel „Tauchen".

Wandern

Vermutlich gibt es noch mehr Menschen, die es wie wir nicht allzu lange am Strand aushalten, ohne anzufangen den Strand abzulaufen. Boa Vista hat uns bisher bei jedem Aufenthalt dazu verführt, mal „um das nächste Kap" zu schauen und dann noch ein Kap und noch eins ... und so ein Tagespensum von 30 oder 40 Kilometern einzusammeln. Im Inselinneren ermöglichen die steil aus der flachen Landschaft ragenden kleinen Zeugenberge faszinierende Fernblicke, zwischen den Dörfern bieten sich heiße, aber dank des flachen Terrains nicht übermäßig anstrengende Streckenwanderungen durch die Wüste. Mit unserer Wanderkarte im Maßstab 1:50.000 und GPS-Wegpunkten auf CD-Rom wird die Orientierung erleichtert. Komplette Wanderführertexte stehen im Internet unter www.bela-vista.net/Boa-Vista-Wandern.aspx.

Ultramarathon

Der Boa Vista Ultramarathon wird jährlich **im Dezember** ausgetragen. In 80 Stunden sind 150 km auf losem sandigem und steinigem Untergrund „nonstop" zurückzulegen, mit Schlafsack und Verpflegung im Rucksack und 24 Litern Wasser, die an den 5 bis 9 km voneinander entfernten Kontrollpunkten aufgenommen werden. Zu dem Ereignis findet sich eine eingeschworene Gemeinde von Teilnehmern, Betreuern und Fans ein.

- **Informationen** im Internet unter: www.boavistaultramarathon.com

Praktische Infos

An- und Weiterreise

Mit dem Flugzeug

- **TUIfly** verbindet Düsseldorf, Frankfurt und München mit Boa Vista, **TUIfly Nordic** Göteborg und Stockholm via Kopenhagen.
- **TUI Jetair** fliegt ab Brüssel.
- **THOMSON** ab London Gattwick.
- **NEOS** ab Milano-Malpensa.
- **LIVINGSTONE** ab Verona.
- **SATA** ab Lissabon.

cv074 Foto: pr

Alle internationalen Flüge erfordern mindestens einen **Tankstop auf Sal.** Lokale Flüge gehen täglich ein- bis zweimal nach Sal (ca. 15 Min. Flugzeit) und nach Praia (25 Min.).

- **Halcyon Air** fliegt auch direkt nach São Vicente.
- **Cabo Verde Express** befördert vorwiegend Exkursionscharter zu anderen Inseln, bietet aber auch individuelle Buchung zwischen Sal und Boa Vista.

- **Internationaler Flughafen** in Rabil (BVC) 6 km südlich von Sal Rei, Tel. 2511415.

Lokale Fluggesellschaften:

- **HalcyonAir,** Agência Barracuda Tours, Flughafenbüro Tel. 2511415, Handy 9879037, Fax 2511907, www.halcyonair.com.
- **TACV,** Flughafenbüro Tel. 2511415.

Mit dem Schiff

- **Hafen in Sal Rei.** Wöchentlich **Fährverbindung** aus Praia (10 Stunden Überfahrt; ca. 1500 CVE), Agência STM im Ortsteil Riba d'Olt, Tel. 2511730. Bei starkem Seegang oder Wind fallen Überfahrten aus, da der Hafen nicht ausreichend geschützt ist.

Aktuelle Fahrpläne im Internet:
www.bela-vista.net/Faehre.aspx.

- **Tagesausflüge mit Motor-Katamaran** ab Santa Maria nach Boa Vista sind im Hotel Morabeza zu buchen.
- **Segel-Yachten** können am Hafen von Sal Rei anlegen, die Ankunft sollte wegen des Riffs in Hafennähe bei Tageslicht erfolgen. Versorgungsgüter sind teurer als in São Vicente oder Praia.

Transportmittel und Straßen

- **Sal Rei** und die Großhotels sind über Asphaltstraßen angebunden, während nach **Povação Velha** und **Norte** gepflasterte Straßen führen. Die Fahrspur von **Rabil** über **Fonte Vicente** nach **Curral Velho** wurde für den Baubetrieb erweitert und wird bis 2010 asphaltiert werden. Die anderen Pisten sind ungepflastert. Wegen Sandverwehungen werden **Allradfahrzeuge** bevorzugt.

• **Öffentliche Verkehrsmittel** beschränken sich auf zwischen Rabil und Sal Rei pendelnde Aluger (Sammeltaxis). An Werktagen kommen frühmorgens Sammeltaxis aus den Dörfern in die Stadt und kehren am frühen Nachmittag in die Peripherie zurück.

• Die **private Anmietung** eines Aluguer, Mietwagens und Miet-Quads ist die von Reisenden meistgenutzte Transportwahl. Preisbeispiel: Flughafen – Sal Rei 500 bis 1000 CVE, Sal Rei – Santa Monica Hin- und Rückfahrt 6000 CVE, Inselrundfahrt 10.000 CVE. Die Preise müssen vor der Fahrt individuell ausgehandelt werden.

• **Fahrräder** können bei den Hotels und im Zentrum von Sal Rei gemietet werden; pro Stunde ist mit ca. 250 CVE zu rechnen.

Autovermietung

• **AluCar** *(Morena),* Handy 9919204.

• **Mendes e Mendes**
Tel. 2511145, im Hotel Boa Vista.

• **Oli-Car**
Tel. 2511943, am Hauptplatz in Sal Rei.

• **Quads** werden bei allen großen Hotels und von lokalen Reiseveranstaltern vermietet.

Unterkunft

Boa Vista bietet in **Sal Rei** Unterkünfte für alle Geschmäcker und Geldbeutel. Das Preisniveau liegt deutlich über dem Landesdurchschnitt und ist vergleichbar mit Südeuropa.

Das Club-Strandhotel RIU Karamboa im Westen der Insel

• **Internet** (aktualisierte Unterkunftsliste): www.bela-vista.net/Pension-Boa-Vista-d.aspx

Sal Rei

• **Hotel Luca Kalema**
Rua Amílcar Cabral, Tel. 2511225
Renoviertes Neubau-Hotel (ex Dunas), jetzt im Besitz der RIU-Gruppe in der Altstadt von Sal Rei, 17 Zimmer (meist mit Meerblick), Du/WC, Telefon, TV, Frigobar, Frühstücksrestaurant. DZ ab 14.000 CVE.

• **Hotel Marine Club**
Außerhalb der Stadt an der Praia da Cruz
Tel. 2511285, Fax 2511371
Süßwasser-, Meerwasser- und Kinderpool, Konferenzräume, sehr komfortable Zimmer und Villen mit zwei Schlafzimmern, gutes Restaurant, Strandliegen und -schirme. DZ ab 10.000 CVE.

• **Aparthotel Cá Nicola**
An der Praia de Charlota
Tel. 2511793, Fax 2511549
www.canicola.com
Sehr schön und komfortabel ausgestattete Apartments, Internet bzw. WLan. 2 Pers. ab 10.000 CVE.

• **Residencial Casa Velha**
Nahe der Praia de Charlota
Italienisches Apartment. 2 Pers. ab 10.000 CVE.

• **Residencial Orchidea**
Praia de Charlota
Handy 9935242, 9927285
Eines der angenehmsten Gästehäuser, komfortable Apartments für 2–3 Personen mit Meerblick, Terrasse, schattiger Innenhof und Garten. 2 Personen ab 8000 CVE.

• **Boa Vista Apartments**
Praia de Charlota
Tel. 00386-41616439
Komfortabel ausgestattete Apartments. 2 Pers. ab 7000 CVE.

• **Hotel Estoril Beach Resort**
Praia de Charlota, 200 m zum Strand
Tel. 2511082, Fax 2511046
Gemütliches Hotel in rustikaler Steinbauweise, italienische Leitung, 22 Zimmer mit Du/WC, Ventilator, Bar, Restaurant, viele Sportmöglichkeiten. Im neuen Anbau großzügige Apartments. DZ ab ca. 8000 CVE.

● **Residencial a Paz**
Ortsmitte neben der Polizei, Handy 9869093
Freundliche Pension unter italienischem Management, 9 großzügige Zimmer, Naturholzmöbel, Ventilator, auf Anfrage Abendessen oder Halbpension. DZ ab 4800 CVE.

● **Migrante Guest House**
Tel. 2511143, Fax 2511143
Italienische Pension der Oberklasse mit 5 Zimmern in schön renoviertem *Sobrado* (historischem Stadthaus). DZ mit Du/WC, Telefon, Ventilator. Restaurant, Bar, Innenhof. DZ ab ca. 8000 CVE.

● **Hotel Boa Vista**
Tel. 2511145, Fax 2511423
Kapverdianisches Hotel im Ort mit viel Erfahrung, ca. 200 m vom Strand, 34 geräumige DZ und 6 EZ mit Du/WC, Telefon, Ventilator. Restaurant, Bar, Dachterrasse, Wassersport, Mietautos und Ausflüge über das hauseigene Reisebüro Clamtour. DZ ca. 6500 CVE.

● **Residencial Sal Rei**
Tel. 2511224
Zimmer mit Du/WC und Ventilator. DZ ab 4000 ECV.

● **Residencial Santa Isabel**
Am Hauptplatz, Tel. 2511252
Einfache kapverdianische Pension, Zimmer mit Du/WC, Ventilator, TV. DZ ab 2700 CVE.

● **Residencial Bom Sossego**
Hinter der Kirche, Tel. 2511155
7 Zimmer, Du/WC (teils am Flur), Ventilator. DZ ab ca. 2500 CVE, mit eigenem Bad ab 2800 CVE.

● **Residencial Rosa Crioula**
Tel. 2511783
Kapverdianische Pension, Du/WC. DZ ab 2800 CVE.

● **Residencial Boa Esperança**
Rua Amizade de Seixal
Tel. 2511170 und 2511380
Preiswerte Alternative, 7 einfache Zimmer. DZ ab 2500 CVE.

Praia de Boca Salina

● **Hotel RIU Karamboa**
Urbanização Morrinho de Baguinhco
Tel. 2519100, Fax 2519104, www.riu.com
Ende 2008 eröffnetes Club-Strandhotel mit 750 Zimmern, All inclusive, 2-stöckiger Zentralbereich, 3-stöckige Nebengebäude und Bettentrakte, kapverdianische, afrikanische, asiatische Küche und Themenbüfetts, diverse Bars und „swim-in Bar" am Pool, Surf- und Tauchstation, zu buchen zumeist im Verbund mit TUI-Flügen, in Reisebüros weltweit.

Rabil

● **Residencial Souvernir d'Europa**
Rabil – Boaventura, Tel. 251073
Die Neubaupension der Migrantenfamilie *Livramento* bietet preiswerte Unterkunft in modernen Zimmern, alle mit eigener Du/WC. Restaurant. Man spricht deutsch.

Praia da Chave

● **Hotel Parque das Dunas**
Tel. 2511283, Fax 2511339
www.parquedasdunas.com
Moderne Ferienhausanlage mit zentralem Restaurant am weiten hellen Strand. Pool, Internetzugang. 2 Pers. ab 11.000 CVE.

● **Hotel Ventaclub Resort**
Tel. 2511407, Fax 2511410
www.ventaclubresorts.com
Clubhotel, sehr schön gelegen über dem makellos weißen Sandstrand Praia da Chave. 220 Zimmer, All-inclusive-Angebote mit Animation, Sport, Disco, diverse Restaurants und Cafés. 20 Min. per Taxi nach Sal Rei.

Espingueira

● **Hotel Spinguera**
Tel. 2511941, www. spinguera.com
Eine italienische Künstlerin verwirklicht gemeinsam mit ihrem als Bauunternehmer in Kap Verde erfahrenen Vater ihre ganz eigene Auffassung von Entspannung und Urlaub. Bewusst wird die einsam an der Nordküste gelegene und vor Jahrzehnten in Ruinen gefallene Kalkarbeitersiedlung Espingueira nicht zum unberührten Paradies erklärt, sondern

Badespaß am Praia de Estoril

es wird in der Abgeschiedenheit und Kargheit der Landschaft, in der künstlerischen Weiterführung der Stilelemente des harten und einfachen Lebens, der Kultur und Geschichte des Ortes der verdiente Respekt gezollt. Telefon, Internet, TV und Klimaanlage gehören genauso wenig zum Repertoire des Hauses wie all inclusive, Süßwasserpool oder lärmige Animation. 5 Gästehäuser für max. 14 Gäste, beste italienische und kapverdianische Küche, guter Service, nachhaltiges Energiekonzept. Ausflugsgäste sind willkommen. 30 Min. Anfahrt ab Sal Rei über teils unbefestigte Straße. DZ ab 18.000 CVE, Apartments ab 24.000 CVE.

Restaurants, Bars

Boa Vista bietet eine rasch **wachsende Auswahl italienischer, portugiesischer und kapverdianischer Restaurants.** Die Qualität der Küche entspricht nicht immer dem beeindruckenden Preisgefälle zwischen den als Oberklasse ausgewiesenen Restaurants und kapverdianischen Familienbetrieben mit oftmals sehr schmackhaften und gekonnt zubereiteten einheimischen Gerichten, insbesondere mit Fisch und Meeresfrüchten. Langusten sind nicht immer vorrätig, und Vorbestellung ist in den kleinen Restaurants immer sinnvoll. Frischer Ziegenkäse ist eine Spezialität der Insel. Die Restaurants der Clubhotels sind in der Regel den dortigen Gästen vorbehalten.

Sal Rei

- **Blue Marlin**

Kleine Osteria italiana am Hauptplatz, Tel. 2511099. Derzeit die beste italienische Küche am Platz. Vorbestellung unabdingbar.

- **Restaurante Riba d'Olt**

Im Ortsteil Riba d'Olt (auf dem Hügel). Makrobiotische, portugiesische und internationale Küche, oberes Preissegment.

cv066 Foto: pr

- **Bar Naida**
Am Hauptplatz in Sal Rei. Frühstück, Mittag- und Abendessen; gut, preiswert und kapverdianisch; Vorbestellung empfohlen.
- **Bar Maresia**
Avenida Amilcar Cabral, Sal Rei. Kapverdianisches, von Touristen fleißig frequentiertes Fisch- und Meeresfrüchterestaurant.
- **Bar/Restaurant Cantinho de Sal Rei**
Hinter der Kirche Santa Isabel. Gut und sehr preiswert.
- **Bar/Restaurant Mc Rei**
Hamburger und Schnellgerichte.
- **Restaurant Pizzeria Cá Luisa**
Zona João Cristovão. Gute italienische Pizza und sonstige Küche.
- **Bar/Restaurant Rosi**
Avenida Amílcar Cabral, Tel. 2511242. Kapverdianischer Familienbetrieb mit preiswerten Tagesgerichten und (auf Bestellung) frischen Fischgerichten und Langusten.
- **Restaurant Stª Isabel**
Rua Amizade Seixal, Tel. 2511252. Hier gilt exakt dasselbe wie oben für das Restaurant Rosi!
- **Bar Boa Esperança**
Einfach-kapverdianisch, von Touristen wenig besucht.
- **Esplanada Silves**
Handy 9822256. Schnellküche, Café, gute Pizza abends am Kiosk auf dem Hauptplatz.
- **Té Manché**
Container-Restaurant am alten Hafen mit Schnellküche und Sundowner.

Bäckereien/Konditoreien

- **Padaria – Bäckerei**
Östlich der Kirche, mit Brot, Lebensmitteln, Kuchen.
- **Pastelaria Doce Vita**
Zona João Cristovão. Italenische Pizzeria mit einem Hauch portugiesischer Konditorei; Brot und Brötchen.

Strandrestaurants Sal Rei (Praia de Estoril)

- **Tortuga Beach**
Strandbar, Grill, Sonnenschirme, Liegestühle, Süßwasserduschen, Ausflüge per Pferd, mit Quad und per Boot zum Ilhéu Sal Rei.
- **Alísios,** Handy 9877881.
- **Beach Club Bahia,** Handy 9817192.

Rabil

- **Sodade di Nha Terra**
Tel. 2511048. Von außen unscheinbares Restaurant mit guten Tagesgerichten und auf Vorbestellung gehobener kapverdianischer und internationaler Küche. Man schmeckt, dass *Amando Almeida Marques* als Chefkoch eines Basler Luxushotels gearbeitet hat!

Espingueira

- **Hotel Spinguera**
Tel. 2511941. Ganz hervorragende italienische und kapverdianische Küche auf Bestellung, guter Service, der kulinarische Höhepunkt eines Ausflugs ins Inselinnere.

Fundo das Figueiras (Norte)

- **Bar Restaurante Nha Terra**
Tel. 2521114. Kapverdianische und teils internationale Küche, tagsüber Snacks für Ausflugsfahren.

Nachtleben

- **Bar Makena**
Sal Rei; Discobetrieb, Tanz ab 22.30 Uhr.
- **Cocoa Bar**
Sal Rei; Discobetrieb.
- **Discoteca Bamboo** (ex Meio d'Arreia)
Sal Rei, an der Straße Richtung Flughafen; Fr, Sa ab 23 Uhr.
- **Discoteca/Grill Mazurca**
An der Straße Richtung Flughafen; z.Z. meistbesuchte Disco.
- **Discoteca Cabrer**
In der Nähe des Flughafens, gerne genutzt für Großveranstaltungen.

Bank

- **BCA Banco Comercial do Atlântico**
Sal Rei, Largo Santa Isabel, Tel. 2511182, Fax 2511181.
- **BCN Banco Comercial de Negócios**
Sal Rei, Largo Santa Isabel, Tel. 2511651.

- **BI Banco Interatlântico**
Sal Rei, Edifício Sumaport, Tel. 2513080, Fax 2518088.
- **Caixa Económica**
Flughafenfiliale, Tel. 2511130, Fax 2511125; Sal-Rei, Largo Santa Isabel, Tel. 2511190.

Post

- **CTT,** Tel. 2511122; am Nordende der Stadt, Mo bis Fr 8–15 Uhr.
- **C.V. Telecom,** Tel. 2511103, auch Auslandstelefonate.

Notfall

- **Gesundheitszentrum am Hauptplatz in Sal Rei,** Tel. 2511167. Im Lauf des Jahres 2009 ist der Umzug in einen Neubau am Ortsende Richtung Flughafen geplant.

Polizei

- Avenida de 5 de Julho, Tel. 2511132.

Einkaufen

Neuer **städtischer Markt** *(Mercado municipal)* am Hauptplatz. Diverse **kleine Geschäfte** in Sal Rei. Obst und Gemüse werden teilweise eingeflogen, was sich in den Preisen niederschlägt. Reisende, die erst nach Ladenschluss von ihren Ausflügen zurückkehren, finden das Wichtigste zum Essen und Trinken auch in der **Shell-Tankstelle** am Ortseingang bis 22 Uhr.

Afrikanische Souvenirs: Ladenzeile in der Avenida Amílcar Cabral, beginnend bei dem als „Informação Turística" beschilderten Gebäude.

Feste

- **1. Januar:** Fest der Nossa Senhora dos Pobres in Barraca.
- **6. Januar:** Zum Fest der Heiligen Drei Könige besuchen Musikgruppen die Häuser und spielen traditionelle Musik.
- **Februar:** Karneval; am Faschingsdienstag herrscht buntes Treiben.
- **3. Mai:** Fest von Santa Cruz, Messe und Prozession mit Trommeln und Pfeifen, man gedenkt auch der Sklavenbefreiung.
- **8. Mai:** Fest S. Roque in Povação Velha mit Messe, Prozession und Tanz.
- **12. Mai:** Fest zu Ehren Cruz nho Lolo mit Ziegenwettstreit und Prozession nahe Estância Baixo.
- **13. Juni:** Fest des Heiligen António; Pilgerung zur Wallfahrtskapelle in der Nähe des Felsens von Santo António.
- **4. Juli:** Hauptfest der Insel zu Ehren der Schutzheiligen von Boa Vista, Santa Isabel. Es ist das größte Fest auf Boa Vista. Besucher von anderen Inseln kommen zu diesem Anlass auf die Insel.
- **24. Juli:** Fest zu Ehren São João Baptistas mit Prozession in Fundo das Figueiras.
- **15. August:** Fest zu Ehren Nossa Senhora da Piedade in João Galego.
- **19. August:** Rabil feiert das S. Roque-Fest.
- **August:** Musikfest am Strand von Santa Cruz.
- **8. Dezember:** Fest in Povação Velha.

Sonstiges

Wanderführer/-karte

- **Wander- und Wassersportkarte von Boa Vista,** *Lucete Fortes, Pitt Reitmaier;* Wanderkarte im Maßstab 1:50.000 mit Wanderwegen, Stränden, Tauchplätzen; Neuauflage durch die Autoren: siehe www.bela-vista.net/Boa-Vista-Karte-d.aspx.
- **Internet-Wanderführer Boa Vista,** *Lucete Fortes, Pitt Reitmaier;* www.bela-vista.net/Boa-Vista-Wandern.htm.

cv150 Foto: pr

Maio

cv151 Foto: pr

cv152 Foto: pr

Küstenlandschaft im Norden Maios

Praia da Vila bei Vila do Maio

Abendstimmung am Strand

Einleitung

Maio löst noch immer alle Versprechen bezüglich **Einsamkeit und Ruhe** abseits der lärmenden Geschäftigkeit der anderen flachen Inseln ein. Die Landschaften wirken auf den ersten Blick wüstenhaft flach, vegetationsarm, monoton. Auf den zweiten Blick jedoch, auf Fahrten mit dem Mietwagen ins Inselinnere, auf weiten Wanderungen am Meer und durch die Hügelketten, zeigt Maio eine ungeahnte **Vielfalt an Landschaften.** Zieht man mit im ruhigen Trott der Ziegen und Rinder durch lockeres Buschwerk, dann schweifen die Gedanken in die weiten Dornbuschebenen des Sahel. Beschwerlich führt der Schritt im Flugsand auf große Dünen und, vorbei an Gruppen einheimischer Palmen, weiter an gleißende Strände, deren Ende am Horizont nur zu ahnen ist. Die heiße Mittagsluft flimmert in den Salzwiesen des Nordens, die unberührte Stille wird nur durchbrochen von einem Stier, der wachsam den Kopf hebt, dessen dunkler Körper aber im gedrungenen Buschwerk salzliebender Pflanzen verborgen bleibt. In von Kalkfelsen begleiteten Tälern erheben sich riesige Kokospalmen, in den trockenen Bachbetten weiden tagsüber Esel, und nachts ruhen sich hier große Gruppen von Perlhühnern aus von ihren Zügen durch die Akazienwälder.

Ausgewitterte **Vulkanschlote** erheben sich als schroffe Spitzen über die Ebene, verbunden durch ein zentrales **Hügelland,** wo nur vereinzelt ein Purgiernussstrauch oder Feigenbaum überlebt. Die Menschen rücken zusammen in kleinen Dörfern, in denen nur selten ein Fremder übernachtet, von jeder-

Maio
0
4 km
1 : 200 000
Ponta Cais
Praia Real
Báia Galeão
Praia do Galeão
Ilheu Laje Branca
Baía Santana
Terras Salgadas
Monte St° António
252
St° António
Praia Gonçalo
Dunas
Calhetinha
Morrinho
Cascabulho
Pedro Vaz
Ponta do Pau Seco
Nª Srª do Rosário
Monte Penoso
431
Calheta
Alcatraz
Monte Batalha
294
Mt. Branco
251
Pilão Cão
Morro
Chão de Estância
Flughafen
Figueira da Horta
Figueira Seca
Salinas
Rª Dom João
Vila do Maio
(Porto Inglês)
Barreiro
Casas Velhas
Ponta Preta
© Fortes / Reitmaier

Maio

mann freundlich begrüßt und von den Kindern neugierig beäugt.

Maio ist eine **Liebe auf den zweiten Blick,** ein Trumpf des Unspektakulären in der Hand der Nachdenklichen, der Leseratten, der Wüsten- und Strandwanderer.

Geschichte

Am 1. Mai **1460** von **António da Noli** im Auftrag *Heinrichs des Seefahrers* entdeckt, erhielt die Insel ihren Namen. Großes hatte man nicht vor mit der flachen Insel in unmittelbarer Nähe der weitaus attraktiveren Insel Santiago. So schickte der König lediglich einige **Esel, Ziegen und Rinder** und setzte einen Lehnsherr ein. Mit vertraglicher Präzision wurde schon 1504 festgelegt, dass er ¼ des Wertes der Häute und ein Zehntel des Wertes des Talgs an den König abzuführen hatte, und so jemand beim Schwarzschlachten erwischt wurde, war der neunfache Wert des Schlachttiers fällig. Somit gut geschützt, vermehrten sich die Tiere schnell, und jährlich wurden Tausende von Tieren als Proviant für die Sklavenschiffe nach Ribeira Grande, dem heutigen Cidade Velha, auf Santiago gebracht. Feste Bauten als Zeugen einer tiefer greifenden Entwicklung dieser ersten Phase der Entwicklungsgeschichte Maios gibt es nicht. Die wenigen Bewohner waren halbnomadisch lebende Hirtensklaven im Besitz der Großgrundbesitzer von Santiago, die mit den Tieren zogen und sie mit dem Lasso einfingen.

Mit dem Niedergang des Sklavenhandels auf Santiago in der ersten Hälfte des 17. Jahrhunderts infolge der Besetzung Portugals durch Spanien (1580 bis 1640) und durch häufige Piratenüberfälle verlor Maio seine Bedeutung als Weidegrund. Die wenigen verbliebenen Einwohner wurden sesshaft in einer ersten festen Ansieldung am Monte Penoso, im Umfeld der damals strohgedeckten Kapelle da Nossa Senhora do Rosário mit Fluchtmöglichkeiten in die Berge. Neben der Subsistenzwirtschaft bauten sie **Baumwolle** an, die an die Weber nach Santiago verkauft wurde, um aus ihr die klassischen schwarzweißen Tücher zu weben, die an der afrikanischen Küste begehrt waren. Die Gemeinde erhielt erste Anerkennung durch die Entsendung eines Priesters nach **Penoso** im Jahr 1677.

Das 18. Jahrhundert brachte keine guten Neuigkeiten für die Einwohner von Maio, die unter dem Druck der Piratenüberfälle vorübergehend in den Süden nach Casas Velhas zogen, später nach Penoso zurückkehrten. Unverändert waren, in der Sprache der portugiesischen Herren, „die meisten Eingeborenen so schwarz wie auf Santiago, wobei es auch einige Mulatten und ganz wenige Weiße" gab, gleichzusetzen mit Sklaven, Freigelassenen und Besitzern. Um 1770 herum, als die **Compania Grão Pará e Maranhão** das Monopol auf den portugiesischen Sklavenhandel bekam, zogen die Preise an, die Sklaven wurden nach Lateinamerika verkauft. Als sich 1773 bis 1775 eine Dürre zur Hungerkatastrophe auswuchs, tauchten englische und französische Schiffe an der Küste auf, und freie Bürger verkauften sich in die Sklaverei, um nicht zu verhungern. Die Baumwollfarmen verschwanden.

Mit dem Aufblühen kolonialer Siedlungen und intensiven Kolonialhandels in Afrika, der Unabhängigkeit Brasiliens, durch die andere Nationen die Möglichkeit zum Handel mit diesem riesigen Land bekamen, und den schnell wachsenden Transportmöglichkeiten durch die Dampfschifffahrt kam den östlichen Inseln plötzlich neue Bedeutung als Salzlieferanten zu. Die **große natürliche Saline** im Südwesten wurde zum Schauplatz wilder Verteilungskämpfe, wenn nach den Überschwemmungen durch im August von Süden einschlagende Brecher bis zum nächsten Mai das meiste Wasser verdunstet war und die Ernte begann. Dank der regulierenden Kraft des Rechts entstanden die brav in Rechtecke geteilten modernen Salinen in Privatbesitz. Einige wenige Familien mit wohlklingenden Namen rissen den Handel an sich und füllten jährlich Hunderte von Schiffen. Englische Firmen versuchten, sich endgültig zu installieren und die Insel zu übernehmen; die Siedlung im Südwesten wurde zum **Porto Inglês.** Nachdem die Engländer versucht hatten, die portugiesische Staatsmacht mit Waffengewalt zu vertreiben, bekamen sie ein kleines Fort mit acht Kanonen an den Strand gesetzt und mussten wieder ihre Salzsteuer bezahlen.

Der **Salzhandel** kehrte in geordnete portugiesische Bahnen zurück, und der Besitzer des am Kirchplatz noch heute zu bewundernden klassischen einstöckigen Sobrado, *Luis António Cardoso,* baute eine 160 m lange **Landungsbrücke aus Zedernholz.** Die Reste findet man noch heute wenige Meter nördlich des modernen Hafens. Was nicht auf den Köpfen von Frauen transportiert wurde, zogen Maultiere an den Hafen, die mit Heu aus Argentinien gefüttert wurden. Die Gewinne waren astronomisch für das halbe Dutzend, das etwas zu gewinnen hatte, für die Herren mit den klingenden Titeln eines Konsuls von Österreich, Brasilien, Belgien, der Hansestädte, von Dänemark, Russland und Norwegen. Doch der Boom dauerte kaum 40 Jahre.

Für Maio kam der **Zusammenbruch** im Jahr 1885 in Form des weitaus potenteren Konkurrenten in Pedra de Lume auf der Insel Sal – und auch der konnte sich nur noch weitere 50 Jahre halten, bis die Fortschritte im Salzbergbau und die Eisenbahn dazu führten, dass die Weltmärkte mit billigem Salz überschwemmt wurden und handwerklich gewonnenes Meersalz seine Konkurrenzfähigkeit verlor. So beeindruckend die internationale Karriere der auf einem kleinen Eiland im Atlantik ansäßigen Unternehmer war, so fragwürdig bleibt der Versuch, von einem goldenen Zeitalter des Salzhandels berichten zu wollen. Sklaven und Arme plagten sich bis zur Erschöpfung ohne jeden Gewinn. Noch im Jahr 1911, drei Jahrzehnte nach Beendigung der Sklaverei, berichtet der Landrat von Maio in seinem Jahresbericht vom Elend und der Ausbeutung der Salzarbeiter, die gezwungen sind, als Pächter im Salz zu arbeiten. Sie wurden nicht mit Geld, son-

cv075 Foto: pr

Praia do Galeão – eine wilde Küste

dern in frech überteuerten Lebensmitteln entlohnt und erhielten so wenig mehr als die Hälfte des ihnen zustehenden Anteils.

Maio war und blieb der elende **Hinterhof Santiagos,** zuerst bevölkert von Sklaven, dann von Armen und Entrechteten, die hierher verbannt wurden, und von nur ganz wenigen Reicheren, welche die Situation unkontrolliert auszunutzen verstanden. Noch 1856, als die **Sklaverei** auf Santo Antão bereits seit fast 80 Jahren beendet war und in Santiago schnell zurückging, lebten auf Maio 406 Sklaven und 118 Besitzer. Während die Herren Konsule 20 bis 40 Sklaven hielten, verteilte sich der Rest auf kleine Betriebe. 1858 war das Jahr, in dem das Ende der Sklaverei Gesetz wurde. Noch weitere 20 Jahre sollten die Sklaven ihren Herren dienen, bevor sie endgültig frei sein sollten. Nur wenige erlebten das Ende der Übergangsfrist, denn allein in den folgenden zwölf Jahren starben 117 an Cholera, Pocken und den Folgen des Elends.

Bis ins Jahr 1917 wurde Maio von Praia aus verwaltet, bis es als letzte Insel zu einem selbstständigen Landkreis *(Concelho)* wurde. Mit den Dürren der

cv076 Foto: pr

1940er Jahre und der großen Saheldürre seit 1968 waren viele Einwohner zur **Emigration** gezwungen, und die meisten Familien leben heute teilweise auf Maio, teilweise in Praia.

Maio ist unverändert arm. In Kenntnis der Geschichte gewinnt man trotz aller Bescheidenheit der heutigen Situation den Eindruck, dass Maio mehr als andere Inseln **durch die Unabhängigkeit gewonnen** hat. Am Tage der Unabhängigkeit, am 5. Juli 1975, gab es nur eine Schule bis zur 4. Klasse. Heute hat jedes Dorf seine sechsjährige Grundschule, und in Vila do Maio gehen die Kinder aufs Gymnasium bis zur 10. Klasse. Wo ein Pfleger die Insel versorgte, arbeiten heute ein halbes Dutzend und ein Arzt. Ein neues Gesundheitszentrum, das später zum Distrikthospital ausgebaut werden kann, ist im Bau. Alle Dörfer sind elektrifiziert, per Telefon erreichbar, und in den nächsten Jahren wird auch die letzte Lücke im Straßennetz geschlossen werden. Der **Tourismus** hat bisher nur ganz leise und ruhig eingesetzt, angenehm sanft in den Augen vieler Gäste, die sich von der immer wieder schwächelnden Verkehrsanbindung nicht abhalten lassen.

Strand nördlich des Inselhafens

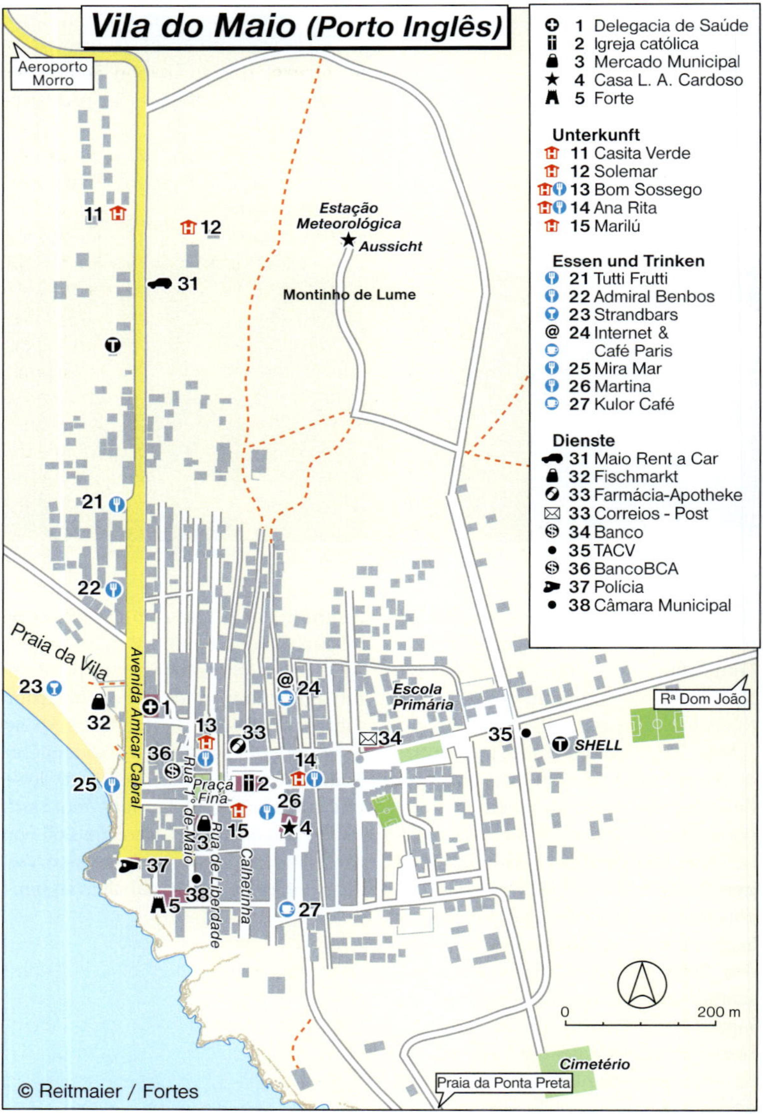
Vila do Maio (Porto Inglês)
1 Delegacia de Saúde
2 Igreja católica
3 Mercado Municipal
4 Casa L. A. Cardoso
5 Forte
Unterkunft
11 Casita Verde
12 Solemar
13 Bom Sossego
14 Ana Rita
15 Marilú
Essen und Trinken
21 Tutti Frutti
22 Admiral Benbos
23 Strandbars
24 Internet & Café Paris
25 Mira Mar
26 Martina
27 Kulor Café
Dienste
31 Maio Rent a Car
32 Fischmarkt
33 Farmácia-Apotheke
33 Correios - Post
34 Banco
35 TACV
36 BancoBCA
37 Polícia
38 Câmara Municipal
Aeroporto Morro
Estação Meteorológica
Aussicht
Montinho de Lume
Praia da Vila
Avenida Amílcar Cabral
Escola Primária
Rª Dom João
SHELL
Praça Fina
Rua 1° de Maio
Rua de Liberdade
Calhetinha
Cimetério
Praia da Ponta Preta
0
200 m
© Reitmaier / Fortes

Vila do Maio

Die **meisten Bewohner** leben im Hauptort Vila do Maio im Südwesten der Insel direkt am Meer. Im Zentrum des ruhigen Städtchens befindet sich ein zentraler Platz, umgeben von Kirche, Hotel, Bank, Markt und ein paar Kneipen. Auf dem **Kirchplatz,** dem Praça, trifft man sich wochenends und abends zum Plausch. Treppen führen hinauf zur 1872 erbauten weißen **Barockkirche** mit ihren mächtigen Türmen. In der Nähe des Hafens liegt ein **weiter Sandstrand,** auf dem die Fischerboote anlanden. Von der einstigen Blüte der Stadt kündet heute noch das alte kanonenbestückte **Fort** aus dem 18. Jahrhundert, das die Bucht vor der Besetzung durch die Engländer bewahrt hat. Die Ruhe der kleinen Stadt mit ihren bunt bemalten Häusern, geraden und sauberen Straßen speist sich aus der malerischen Szenerie eines beschaulichen Alltags.

Die Weite der Strände und des Hinterlandes laden ein zu langen Spaziergängen in alle Richtungen.

Inselrundfahrt

Von Vila do Maio geht die Fahrt **entlang der flachen Westküste.** Gen Norden liegen meerwärts auf Höhe des Flughafens die weitgehend stillgelegten Salinen. Sie erstrecken sich 5 km die Küste entlang.

Nach dem Abzweig zum Flughafen sieht man bereits das **Strandhotel Bela Vista** einsam am Strand liegen. Kurz darauf folgt der nächste Ort an der Küste, **Morro,** der zu beiden Seiten der Landstraße liegt. In einer kleinen Handwerks-Kooperative wird getöpfert. Lassen Sie sich das **Artesanato** von den Leuten zeigen. In Richtung Küste geht es hinab durch einen Palmenhain ans Meer zu einem wunderschönen Strand.

Von Morro kann man den **Monte Batalha** (294 m) in 2 Stunden auf teils beschwerlichem, aber sicherem Weg besteigen; es öffnet sich ein schöner Blick über das Inselinnere und zur Nachbarinsel Santiago. Eine andere Wanderung führt von Morro entlang der Küste zum Fischerdorf Calheta oder durch die **Ribeira do Morro,** in der die geologische Geschichte mit den ältesten Böden des Archipels zutage tritt.

Weiter nach Norden ziehend, berührt die Straße das Dorf **Calheta,** das sich bis zur Küste erstreckt. Der mit viel Mühe aufgeforstete Wald intensiv gelb blühender Akazien erfreut das Auge nach einer weiten Strecke ausgedörrter Dornbuschsteppe. Zwischen den Bäumen verstecken sich rauchende Kohlenmeiler und große Gruppen von Perlhühnern *(galinha de mato).* Calheta lebt vom Fischfang und der Emigration. Der Weg durch den Ort endet am Meer, von wo man weite Strandspaziergänge in beide Richtungen unternehmen kann. Nach Norden wird die Küste von Dünenfeldern und Salzwiesen begleitet, bis hin zum kleineren, aber besonders netten **Strand von Calhetinha.** Folgt man weiter der Küste, lässt sich der Küstenspaziergang zu einer der schönsten Wanderungen auf Maio (Weg 201,

cv077 Foto: pr

Feigenbaum, vom Wind gebeugt

3 Std.) durch die Dünenfelder im Nordwesten von Morrinho erweitern. Eine Fahrspur führt zurück nach Morrinho, vorbei an mehreren Köhlereien auf freiem Feld.

Die nächste Ansiedlung im Norden ist **Morrinho.** Pisten in nordwestlicher Richtung führen in hohe Dünen und zu dem einsamen, wilden Strand **Praia de Santana.** Die Salzwiesen sind eine ganz besondere, topfebene Landschaft mit dunklen salzliebenden Büschen unter dem strahlend blauen Himmel. Einige Kühe streifen durch die Dünen, Ziegen entspannen sich im Schatten der in Gruppen stehenden Palmen.

Die Strände im Norden der Insel sind mit Vorsicht zu genießen wegen der Strömungen. In den Monaten nach einem Regen können die Sandwege nicht befahren werden. Sie liegen auf einer dünnen Salzschicht, fest genug für Fußgänger, aber tückisch für Fahrzeuge, die sich bis über die Achsen in metertiefen Salzschlick eingraben und erst Wochen später geborgen werden können.

Ponta Cais, die Nordspitze mit vorgelagerten Riffen, war der Untergang vieler Schiffe. Lieder besingen die Strandung von Walen.

Zurück auf der Hauptstraße erreicht man wenig später die Siedlung **Cascabulho,** wo eine Piste in den äußersten Norden Maios, zum traumhaften, von Kalkfelsen durchbrochenen Sandstrand **Praia de Galeão,** abzweigt. Der gelbe Sandstrand in der 6 km weiten Bucht ist gesäumt von herrlichen Dünen. Schwimmen im Meer ist an diesem Strand wegen der Brandung und den vielen Felsen fast nirgends möglich, doch macht es viel Spaß, in den natürlichen Pools zu planschen und vom Schatten einer Höhle aus auf die Weite des Atlantiks zu schauen.

Zwischen Cascabulho und der grünen Oase Pedro Vaz durchquert man dichte, während der Trockenzeit silbern schimmernde Akazienwälder. Nach Norden zieht eine gepflasterte zweite Straßenschleife um das Dorf **Santo António** am Fuß des weithin sichtbaren gleichnamigen Berges (252 m). Der Abstecher lohnt, nicht zuletzt, um die in den Galeriewäldern der Rª Santo António eingebettete Kapelle zu besuchen. Von der Pflasterstraße zwischen Santo

António und Pedro Vaz zweigt ein Schotterweg ab zum einsamen Strand von **Praia Gonçalo.**

Die Straße entlang der Ostküste zieht küstenfern von Pedro Vaz über einen kleinen Pass, den Cruz Grande, und trifft wenig später auf die **Kapelle N.S. do Rosário** mit einem schattigen, zur Rast einladenden Kirchgarten. Das Kirchlein erinnert an die älteste permanente Siedlung. Auch im 18. Jahrhundert sind die Bewohner des Südens vor Piratenüberfällen hierher geflohen.

Im Süwesten erhebt sich als lang gestreckter Rücken der höchste Berg der Insel, der seinem Namen **Monte Penoso** (deutsch: der mühsame Berg) alle Ehre macht. Man stolpert weite Strecken fast weglos hinauf, um über die Weite der völlig leblosen muldenförmigen Zentralebene hinüberzuschauen zum **Monte Batalha** und den in der Ferne erscheinenden Bergen von Santiago.

Etwa 4 km südlich von Pedro Vaz, in der Ansiedlung **Alcatraz,** widmen sich die Bewohner der Ziegenhaltung.

Weiter führt die Straße, vorbei am **Monte Branco** (weißer Berg), nach Süden und tritt über einen kleinen Pass ein in die zentrale Hochebene. Man meint sein eigenes Herz schlagen zu hören, so ruhig kann es hier sein. Kein Vogelzwitschern durchbricht die Stille der in der Hitze flirrenden Luft, und nur ein vom Nord-Ost-Wind gebeugter uralter Feigenbaum zeugt am Wegesrand von ungebrochenem Überlebenswillen.

Bei **Figueira Seca** trifft die Ringstraße auf die größere Straße nach **Rª Dom João,** einer Taloase am Ende der gleichnamigen Ribeira. Ein Fußweg führt in zehn Minuten zu einem schönen Strand mit herrlich klarem Wasser.

Auf der Fahrt in Richtung Stadt zweigt nach **Figueira da Horta** eine Stichstraße ab nach **Barreiro.** Das Dorf verteilt sich auf zwei Felskämme. Folgt man dem dazwischen liegenden Tal, dann kann man in einem schönen Spaziergang durch den grünen Talgrund zum Meer gelangen und von dort zurück zum südlichen Ortsteil Ramarela.

Weitere schöne Strände breiten sich südlich der Hauptstraße bei Lagoa und Praia Preta aus. Dazwischen liegt der geisterhafte Ort **Casas Velhas,** dessen Häuser im 19. Jahrhundert nach einer Epidemie aufgegeben wurden.

Strände und Wasserverhältnisse

Die **Praia da Vila** zieht sich breit und mächtig vom Abbruch des Kalksockels, auf dem die Stadt **Vila do Maio** errichtet wurde, einen Kilometer nach Nordwesten bis zum Hafen. Der helle feine Sand und das klare Wasser innerhalb der Stadtgrenzen machen ihn zum meistbesuchten Strand bei Einheimischen und Gästen. Dank der Lage ist er dem Passatwind weniger ausgesetzt, und Baden und Schwimmen ist fast ganzjährig möglich – so lange nicht ein Schwell aus dem Süden für gewaltige Brandung sorgt. Mehrere Strandbars bieten Getränke, Snacks und schattige Sitzplätze. Im Fischerhaus können

Schnorchler und Angler Ausrüstung leihen oder kaufen.

Weiter entlang der Westküste, vom Hafen nach Norden, vorbei am Hotel Bela Vista und weiter nach Calheta, verlängert sich der Stadtstrand als heller, der Küstenwüste und den natürlichen Salinenseen vorgelagerter Sandstrand und ermöglicht nahezu unbegrenzte einsame Strandspaziergänge und -wanderungen. Ca. 1,5 km südlich von Calheta de Baixo geht er über in Felsküste.

Praia da Calhetinha liegt einsam und verwunschen **westlich der Wanderdünen von Morrinho.** Die Strandbucht ist nur zu Fuß zu erreichen, und es bietet sich an, den Badetag mit einer Dünenwanderung zu verbinden. Zufahrt ab der Kapelle von Morrinho in westnordwestlicher Richtung, vorbei an Köhlereien auf freiem Feld.

Die **Strände im Norden, Praia Real** und **Praia do Galeão,** sind **wilde Küstenlandschaften,** in denen sich Brandungshöhlen, Felsen und Überhänge mit kleinen und größeren Sandstrandbuchten abwechseln. Auch wenn die vorgelagerten Riffe den Wellengang etwas dämpfen, ist die Brandung mitunter zu kräftig, um sicheres Baden zu erlauben. Die Zufahrt mit Geländewagen ist möglich.

Die **Praia Gonçalo** liegt zwischen Pedro Vaz und Santo António an der **Ostküste.** Kokospalmen, Dattelpalmen und Tamarisken sorgen für etwas Schatten. Die Zufahrt ist oben bei der Inselrundfahrt beschrieben.

Die **Praia da Ponta Preta** ist der westlichste Teil einer Kette von Sandstränden im Süden und von der Stadt sowohl zu Fuß (20 Min.) als auch mit dem Auto erreichbar (Zufahrt siehe Stadtplan).

Die weiten, flachen Strände und das klare Meer bieten ideale Verhältnisse für naturnahe Stranderlebnisse am und im Wasser. **Meeresschildkröten** erscheinen regelmäßig zur Eiablage, und **strandnahe Riffe** in 3 bis 8 Metern Tiefe mit reicher Fauna laden ein zum Schnorcheln. **Vogelliebhaber** finden insbesondere an der Westküste gute Bedingungen zur Beobachtung.

Außerhalb der Stadt gibt es noch keinerlei touristische Infrastruktur. Alles, was man braucht (Schatten, Sonnenschutz, Getränke), muss man selbst mitbringen, Wassersport ist nur mit eigener Ausrüstung möglich. **Vorsicht bei starker Brandung und Strömungen!** Nehmen Sie nichts mit, außer positiven Erinnerungen und Fotos! Vermeiden Sie Störungen der Pflanzen- und Tierwelt, und lassen Sie nichts zurück außer Fußspuren im nassen Sand und Luftblasen im Wasser!

Praia da Vila, der meistbesuchte Strand

Praktische Infos

An- und Weiterreise

Mit dem Flugzeug

- **Flugverbindungen** bestehen dreimal die Woche **von und nach Praia,** Flugzeit ca. 10 Minuten.
- Der **Flughafen** von Maio befindet sich 3 km nördlich des Hauptorts Vila do Maio.
- **TACV-Büro** siehe Stadtplan; Tel. 2551256.

Fährverbindung/Segelboote

- Unregelmäßige **Fährverbindung** etwa dreimal pro Monat zwischen **Praia/Santiago** und **Maio.** Die Fahrzeit beträgt 2½ Stunden, die Anlagestelle befindet sich in Vila do Maio.
- Lande- und Ankerplatz für **Segelboote** am **Hafen von Vila do Maio.** Segler können sich hier mit dem Nötigsten versorgen.

Transportmittel

- Wer gebucht hat, wird von **Fahrzeugen der Quartiere** am Flughafen erwartet. Ansonsten kommt in der Regel ein **Sammeltaxi/Aluguer** zur Ankunft des Flugzeuges, um die Fluggäste in die Stadt zu bringen. Für die Rückfahrt zum Flughafen verabredet man sich mit seinem Quartier.
- **Individuelle Taxidienste** werden ebenfalls von als Aluguer gekennzeichneten Fahrzeugen übernommen.
- Für **Fahrten ins Inselinnere** sind Sammeltaxis wenig geeignet, denn sie kommen am frühen Morgen in die Stadt und fahren gegen Mittag zurück aufs Land.

Mietwagen

- **Maio Rent a Car,** an der Avenida Amílcar Cabral, gute Allrad-Fahrzeuge ab 5500 CVE/24 Std., Barkaution ab 30.000 CVE, Tel. 2557100.

Maio

cv078 Foto: pr

Inselrundfahrten

Rundfahrten werden nach Vereinbarung von Sammeltaxis durchgeführt (6000–8000 CVE) und von Pensionswirten vermittelt. Deutschsprachige Vermittlung bei **Casita Verde,** Handy 9960633.

Unterkunft

Vila do Maio

• **Residencial Solemar/Inés**
Avenida Amílcar Cabral
Tel. 2551312, Handy 9937022
Moderne Apartments für 2 und 4 Personen, alle mit kompletter Küchenausstattung. Kein Frühstücksdienst, Airportshuttle, Vermittlung von Mietwagen und Ausflugsfahrten. 2 Personen ab 3900 CVE, 4 Personen ab 7600 CVE, auch einzelne Zimmer.

• **Hotel Marilu**
C.P. 48, Vila do Maio
Tel. 2551198, Fax 2551347
Im Zentrum rechts von der Kirche. 10 Zimmer mit Du/WC; Fernsehraum, Terrasse, Restaurant. Freundlicher Empfang, sauber. DZ ca. 4000 CVE. Im Frühjahr 2009 wegen Renovierung vorübergehend geschlossen.

• **Casita Verde**
Avenida Amílcar Cabral
Ortsausgang Richtung Morro
Handy 9960633
2 künstlerisch eingerichtete Zimmer in schönem Haus in Strandnähe, eigene Du/WC, in den Wintermonaten fließend Warmwasser, Kühlschrank, Schattenplätzchen, Liegestühle, kreative Mitarbeit in Keramikwerkstatt möglich, Inselrundfahrten. DZ ca. 4400 CVE, Frühstück extra.

• **Residencial Bom Sossego**
C.P. 34, Vila do Maio
Tel. 2551365, Fax 2551327
Nahe Hauptplatz und Kirche. 16 Zimmer mit Du/WC. Bar und Restaurant. Modernes, sauberes kleines Hotel mit freundlichem Personal. DZ ab 4000 CVE.

• **Apartment Ana Rita Monteiro**
Tel. 2551660, Handy 9948561
Großes Apartment unmittelbar bei der katholischen Kirche. 2 Pers. ca. 2800 CVE.

• **Casa Orlando Spencer**
Tel. 2551820
Ferienwohnung in der Ortsmitte, am nördlichen Teil des Kirchplatzes. Preisgünstig, auch für Dauergäste.

Außerhalb

• **Hotel Bela Vista**
Morro, Tel. 2561366, belavista@terra.es
Bungalow-Strandhotel in spanischem Besitz mit gutem Standard. War Anfang des Jahres 2009 vorübergehend geschlossen.

Restaurants, Bars

Die Palette der Restaurants wächst langsam und richtet sich zunehmend auf italienische Gäste aus.

• **Restaurante Ana Rita**
Einfaches kapverdianisches Terrassenrestaurant hinter der katholischen Kirche.

• **Restaurant Admiral Benbos**
Britisch inspiriertes Restaurant mit internationaler Karte an der Avenida Amílcar Cabral, Uferpromenade. Gut und preiswert, Montag Ruhetag.

• **Restaurant Bom Sossego**
Tel. 2551365, am Hauptplatz unterhalb der katholischen Kirche. Kapverdianisches Restaurant mit guter kapverdianischer und internationaler Küche.

• **Esplanada Martina**
Container-Bar mit schattigen Sitzplätzen am Kirchplatz, bietet ganztags preiswertes Fastfood und deutsch-kapverdianische Gerichte.

• **Restaurant Luxes**
Tel. 2551890, Avenida Amílcar Cabral, Uferpromenade. Disco und Bar mit bescheidener Speisekarte.

• **Restaurant Tutti Frutti**
Tel. 2551575, Avenida Amílcar Cabral, Uferpromenade. *Alberto* ist bekannt für gute Pizzen, Spaghetti mit Meeresfrüchten und eine Auswahl italienischer Weine. So Ruhetag.

• **Internet-Café Henry** und **Bar Paris**
Henry bietet neben Computerplätzen auch Anschlüsse für Laptop, Skype und Billigtelefonate; auf Nachfrage günstige kapverdianische Gerichte.

- **Restaurant Kulor Café**
Nettes Dachrestaurant und Bar, serviert werden gute internationale und kapverdianische Gerichte.
- **Esplanada MiraMar**
An der Uferstraße mit Sundowner-Blick bei frischen Getränken.

Bank

- **BCA Banco Comercial do Atlântico**
Tel. 2551148, auf dem Hauptplatz.

Post und Telefon

- **CTT und öffentliches Telefon,** Tel. 2551189, auf dem Hügel im oberen Teil der Stadt, an den Parabol-Antennen von überall zu erkennen; Mo bis Fr 8–12 und 14–18 Uhr.
- **Kartentelefone** an mehreren Stellen in der Stadt und auf den Dörfern.

Notfall

- Kleines **Gesundheitszentrum** an der Uferpromenade in Vila do Maio; Tel. 2551130.
- **Pflegerposten** in Calheta und Pedro Vaz.

Polizei

- **Vila do Maio,** am südlichen Ende der Uferpromenade; Tel. 2551132.

Einkaufen

- **Gemischtwarenläden** mit örtlichem Angebot.
- **Kleiner Markt in Vila do Maio** mit Inselprodukten (Fisch, Ziegenkäse, Obst soweit vorhanden).

Feste

- **3. Mai:** Fest zu Ehren von Santa Cruz, Gemeindefest von Maio
- **19. Juni:** Fest São José.
- **24.–26. Juni:** Fest zu Ehren von São João
- **26. Juli:** Fest Nha Santa Ana
- **8.–13. September:** Musikfestival im Polivalente.
- **21. November:** Fest Cristo Rei. Gemeindefest mit Garküchen, abends Disco.

Sonstiges

Wanderkarte

- **Wander- und Wassersportkarte von Maio,** *Lucete Fortes, Pitt Reitmaier;* Wanderkarte im Maßstab 1:50.000 mit Wanderwegen, Stränden, Tauchplätzen; Neuauflage durch die Autoren: siehe www.bela-vista.net/Maio-Karte-d.aspx.

cv102 Foto: pr

Santiago

cv098 Foto: pr

cv099 Foto: pr

Cidade da Ribeira Grande de Santiago

Blick auf den Monte Graciosa
(rechts Tarrafal)

Vila Cantor

Einleitung

Santiago ist die Hauptinsel des Archipels. Sie übertrifft nicht nur mit ihrer Fläche (991 km²) die anderen Inseln, sondern sie beherbergt auch mehr als die Hälfte der Bevölkerung des Landes. Von den **260.000 Einwohnern** leben bereits mehr als 125.000 in der **Hauptstadt Praia** im trockenen Südosten der Insel. Die Stadt wächst rasant und zieht als wirtschaftliches Zentrum und Regierungssitz Menschen aus dem Inselinneren und von den anderen Inseln an. Die etwas Wohlhabenderen kommen in Vorstadtsiedlungen unter, deren gedrängte vielstöckige Betonarchitektur an das moderne Portugal erinnert. Die Armen folgen ihren ländlichen Gewohnheiten und überziehen die Steilhänge mit Favela-ähnlichen Einfachstsiedlungen.

Die Oberflächengestalt Santiagos wird bestimmt durch zwei vulkanische Gebirgsstöcke und dazwischen liegende Hochflächen *(Achadas)*. Im Zentrum dominiert ein Gebirge mit der Gipfelpyramide des **Pico d'Antónia (1394 m),** der höchsten der Insel. Von Praia aus sieht man ihn meist wie eine Haifischflosse aus den Wolken ragen. Im Norden erstreckt sich die Gebirgskette der **Serra Malagueta (1064 m)** von der West- zur Ostküste, eine Barriere, die die nördliche Halbinsel schwer zugänglich machte. Zu beiden Seiten des Kamms streben Kerbtäler mit steilen Hängen zum Meer. Halbfeuchte Nebelwälder auf den Höhen und die Landwirtschaft in den tieferen Abschnitten prägen die Landschaft, gemeinsam mit kleinen Dörfern, die sich meist auf einer Bergrippe *(cutelo)* hinziehen.

Santiago
0
10 km
1 : 500 000
Ponta Moreia
Ponta ca Costa
Monte Graciosa
645
Fazenda
Tarrafal
Chão Bom
Porto
Formoso
Ribeira da Prata
Mangue de Sete Ribeiras
Principal
Ponta do Pilão Cão
Ponta Verde
Figueira
das Naus
Malagueta
Pilao Cão
Calheta de São Miguel
Serra
1064
Fundura
Ponta de Santa Cruz
Cancelo
Boa
Entrada
Pedra Badejo
Ribeira
da Barca
Assomada
Achada Fazenda
Picos
Carcaça
Chão de
Tanque
João
Teves
Ponta da
Janela
Órgãos
Praia Baixo
Porto Rincão
Pico
d'Antónia
1394
Rui Vaz
Ponta Inglesa
Milho Branco
São Domingos
Belem
Santa Ana
Ponta Geneanes
São
Francisco
Ponta Leste
Trindade
Porto Mosquito
São João Baptista
PRAIA
Cidade Velha
Ponta Grande
da Cidade
Ilhéu de
Santa Maria
© Fortes / Reitmaier

Die charkteristische Landschaftsform Santiagos sind aber die **Achadas,** nur unmerklich ansteigende Lavaebenen, aus denen die Erosion tafelförmige Berge mit steilen Begrenzungen herausgetrennt hat. Zwischen den beiden Gebirgsstöcken breitet sich wie eine grüne Hängematte eine solche Ebene aus, in der die Stadt Assomada liegt. Auf der Achada Falcão ist sie mit Vulkankegeln durchsetzt. So ist das **Zentrum der Insel** feuchter, grüner und vegetationsreicher mit Sträuchern, Akazien, Tamarisken, Euphorbien und wilden Feigenbäumen.

In das Bergland bis hinauf nach Norden schneiden sich eine Reihe von **Trockentälern (Ribeiras)** ein, die zur Küste hinabführen. Sie ermöglichen zum Teil Bewässerungsfeldbau. Sehr fruchtbar sind die nach Osten hinausziehende Ribeira de Santa Cruz und Ribeira dos Flamengos, die nach Calheta de São Miguel bzw. nach Pedra Badejo hinabführen. Nach Westen hinaus zieht die Ribeira Grande, wo die Besiedlung Cabo Verdes ihren Ausgang nahm.

Der Süden nahe Praia und die nördliche Halbinsel um den Monte Graçiosa herum werden fast ausnahmslos von bräunlich vertrockneten Achadas bestimmt. Einige jüngere Eruptionskegel und alte verwitterte Vulkanschlote lockern aber auch diese Landschaft auf.

Santiago ist mit großem Abstand die **landwirtschaftlich produktivste Insel.** Zum einen sind die Berge hoch genug, um Niederschläge aus den Passatwolken zu provozieren und Nebelwälder zu erhalten, zum anderen erreichen die tropischen Platzregen im Sommer die Insel doch deutlich häufiger als die nördlichen Inseln. Die Hälfte der kultivierten Flächen des Archipels befindet sich auf dieser Insel. Im Bewässerungsfeldbau dominieren Zuckerrohr, Bananen und die verschiedensten Gemüse- und Obstpflanzungen, im Trockenland hauptsächlich Mais und Bohnen.

Die **dichte Besiedlung** Santiagos gründet heute auf zwei Faktoren: den relativ guten landwirtschaftlichen Möglichkeiten und dem Sog der Hauptstadt.

Administrativ gliedert sich die Insel in **neun Landkreise** *(concelhos):* Praia, São Domingos, Santa Catarina (Hauptort Assomada), Santa Cruz (Hauptort Pedra Badejo), Calheta de São Miguel, São Salvador do Mundo (Hauptort Picos), São Lorenço dos Orgãos (Hauptort Orgãos), Ribeira Grande de Santiago und Tarrafal.

Afrikanische Kultur und Tradition haben Santiago stärker geprägt als jede andere Insel. Als erster und wichtigster Handelsplatz im transkontinentalen Sklavenhandel waren Cidade Velha und die gesamte Insel früher, länger und intensiver in Kontakt mit dem afrikanischen Festland und seinen Kulturen. So sind die „Badios" aus Santiago dunkelhäutiger als die „Sampadjudos" der anderen Inseln. Musik und Tänze wie Batuco und Funana lassen die afrikanischen Wurzeln deutlich sicht- und hörbar werden.

Dennoch wäre es falsch, Santiago auf ein häufig zitiertes „Africa light" verkürzen zu wollen. In der kreolischen Kultur, deren Wiege Santiago ist, haben sich die afrikanischen Elemente mit mediterraner Kultur und dem Katholizismus als

cv088 Foto: pr

Staatsreligion getroffen. Humane Prinzipien aus maurischer Tradition und der Doktrin der Jesuiten sowie aufgeklärte feudale Prinzipien aus der Feder des *Marques de Pombal, Napoleons* und Königin *Victorias von England* waren genauso bestimmend wie die bürgerliche republikanische Bewegung Portugals und eine internationale, antifaschistisch sozialkritische Strömung, die 1974 gleichermaßen zur Unabhängigkeit des Landes und zur Ablösung des faschistischen Regimes in Portugal geführt haben. Als **originär kreolische Gesellschaft,** als stärkste europäische Kolonialsiedlung, Bischofssitz und als politisches Zentrum sowohl der portugiesischen Herrschaft wie auch des Widerstands stand Santiago immer im Mittelpunkt und reagierte zumeist selbstbewusst mit farbenfroher Kreativität. Wenn es denn eines Slogans für diese Insel bedarf, dann keinesfalls „Africa light", sondern „Crioulo fortissimo".

Geschichte

Die Geschichte Cabo Verdes ist in erster Linie die Geschichte Santiagos. Über die ersten 250 Jahre, in der Zeit der Entstehung kreolischer Familien und kreolischer Kultur, als Zentrum des Sklavenhandels und einer mit Sklaven betriebenen feudalen Landwirtschaft,

Die Praça de Albuquerque – Zentrum des Plateaus von Praia

war nur Santiago in bestimmendem Maß besiedelt. Im Kapitel zur Geschichte der Inseln haben wir versucht, die wesentlichen Entwicklungen dieser Zeit darzulegen.

Nach einer Verwüstung der damaligen Hauptstadt Ribeira Grande im Jahre 1712 durch den französischen Piraten *Jacques Cassart* gewann **Praia** an Bedeutung. Trotz der mehr hilflosen als planmäßigen Versuche von 1838, die Hauptstadt nach Mindelo zu verlegen, behielt Praia bis heute seine Dominanz. 1769 wurde es zur Vila und erlangte 1858 mit damals rund 4000 Einwohnern das Stadtrecht *(Cidade)*. Kleine dörfliche Gemeinschaften und starker Kollektivgeist vertrugen sich gut mit den gesellschaftlichen Idealen der neuen PAIGC im Kampf um die Unabhängikeit und später als Regierung, die auf Santiago ihre stärkste Bastion errichten konnte.

Santiago war im 20. Jahrhundert massiv benachteiligt gegenüber den anderen Inseln, hatte weitaus weniger Schulen, Straßen und Gesundheitseinrichtungen. Die Hauptstadt hatte noch nicht einmal einen Hafen mit einem richtigen Kran, der auch nur einen Klein-Lkw hätte an Land hieven können. Die Badios wurden vom Regime rassistisch diskriminiert und aktiv behindert, da man in ihnen den politischen Gegner sah. Diese **Benachteiligung** hat bis heute ihre Auswirkungen und konnte trotz großer Anstrengungen nicht völlig ausgeglichen werden. Da zudem die Ärmsten der Armen vor der Dürre nach Praia flüchteten, konzentrierten sich hier die Probleme in unerträglichem Maß. Es kam zu einer Umkehrung der Gesundheitsindikatoren. Üblicherweise liegt die Säuglingssterblichkeit im ländlichen Raum höher als in der Stadt. In Praia erreichte sie noch in den 1990er Jahren das Doppelte des Landesdurchschnitts.

Praia

Praia ist die **Hauptstadt Cabo Verdes** und liegt im Südosten der Insel. Als Zentrum von Regierung und Verwaltung erfuhren Praia und die Insel Santiago einen enormen Entwicklungsschub. Etwa alle 15 Jahre verdoppelte sich die Einwohnerzahl der Stadt – zur Zeit leben in Praia schätzungsweise **125.000 Menschen.** Weitere 10.000 kommen täglich als Pendler in die Stadt.

Die schachbrettartig angelegte **Altstadt** Praias liegt **auf einem flachen Felsplateau** marinen Sedimentgesteins rund 40 m über dem Meer. Außerhalb dieser natürlichen Bastion breiten sich neuere Stadtteile aus.

Praia gilt nicht als Touristenstadt und bemüht sich auch wenig, eine zu werden. In den Hotels trifft man vorwiegend Geschäftsleute, Parlamentarier von anderen Inseln, Teilnehmer von Kongressen und Lehrgängen und internationale Berater. Die europäischen Touristen zieht es mehr aufs Land, an die Strände und in die Einsamkeit der Gebirge. Lebt und arbeitet man länger in Cabo Verde, dann beginnt man dies anders zu sehen und ist ab und an froh, der kleinbürgerlichen Enge peripherer

Städtchen, wo jeder jeden kennt, zu entkommen. Praia ist unter der Woche quirlig, stickig, laut und heiß, ist anonyme Großstadt im Taumel wirtschaftlicher und politischer Ränkespiele, ist völlig unromantische Realität und voller Leben mit krassem Gegensatz zwischen Arm und Reich. Kurz: Praia ist faszinierend.

Bei Einkäufen und Behördengängen geht man entlang an schönen Fassaden aus der portugiesischen Kolonialzeit, betritt Gebäude mit historischer Bedeutung, saust im Taxi an der Hafenbucht entlang und verliert sich auf der Suche nach einer Adresse in den Vorstädten.

Ein Spaziergang übers Platô

Zwischen der südlichen und der nördlichen Zufahrtsrampe ballt sich das städtische Leben auf nur **einem Kilometer Nord-Süd-Ausdehnung und etwa 300 Metern in West-Ost-Richtung.** Firmen, Büros, Geschäfte, Banken, Pensionen, Bars, Kneipen und das umwerfend nostalgische Kino sowie die staatliche Uni und die pädagogische Hochschule teilen sich den Raum mit den Behörden und Ministerien und dem Zentralhospital des Sotavento. Die kleinen ebenerdigen Wohnhäuser werden rasch von Geschäften und Büros verdrängt. Keine tausend Menschen wohnen noch auf dem Plateau, und am Sonntagmorgen ist es dort genauso menschenleer wie in Frankfurts Bankenviertel.

Zentrum der ab 1808 im klassizistischen Stil auf dem südlichen Plateau planvoll neu geordneten kolonialen Hauptstadt ist die **Praça Alexandre de Albuquerque.** Eine Bronzebüste erinnert an den Namensgeber, Vizeadmiral *Caetano Alexandre d'Almeida Albuquerque* (1824–1916), der Gouverneur in Indien, Angola und von 1869 bis 1876 auch in Cabo Verde war. Die katholische Kirche **Igreja Nossa Senhora da Graça,** die pastell-orangene Fassade des ehemaligen **Rathauses Câmara Municipal** und weniger repräsentative ehemalige Geschäfts- und Lagerhäuser tragen den Stil der kolonialen Gründerzeit weiter, ergänzt um neuere oder durch Renovierungen im Stil veränderte Gebäude wie den Justizpalast, die Apotheke und das Bankgebäude der BCA. So atmet der heute propere Platz den **Geist kolonialer Vergangenheit** nicht weniger als den der jungen Republik. Ist das der gleiche Platz, den wir wenige Jahre nach dem Zusammenbruch des portugiesischen Kolonialreichs voller Schlaglöcher, ohne ein einziges bepflanztes Beet, mit grünlich-brackigem Wasser im Brunnenbecken, das die Frauen auf dem Kopf nach Hause trugen, kennen lernten? Eine Apotheke, die rund ums Jahr Medikamente vorrätig hat, einen malerischen Springbrunnen und genügend Wasser, um die vertrockneten Beete würdig zu gestalten, ein Café, einen Infokiosk und Läden voller Lebensmittel gab es nur im Land der Träume. Übervolle Regale im Supermarkt, Geldautomaten und das allabendlich bläuliche Schimmern von Laptops auf den Parkbänken am Internet-Hotspot kamen selbst in den kühnsten Visionen nicht vor.

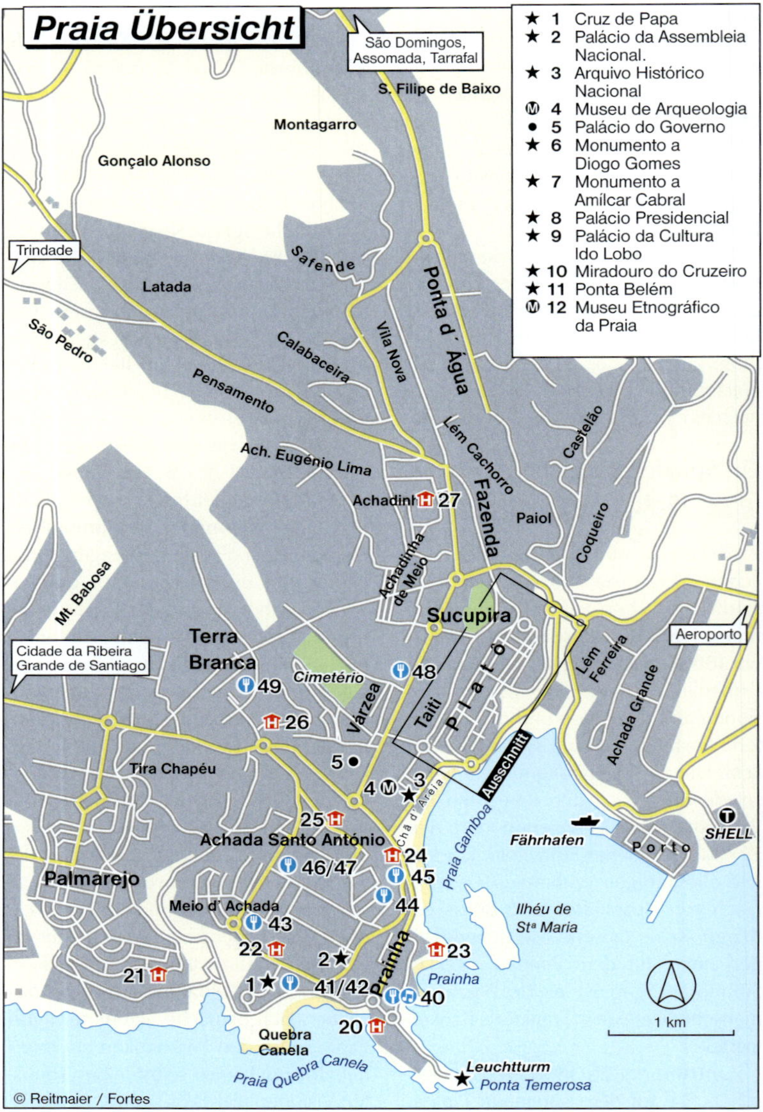
Praia Übersicht
São Domingos, Assomada, Tarrafal
★ 1 Cruz de Papa
★ 2 Palácio da Assembleia Nacional.
★ 3 Arquivo Histórico Nacional
Ⓜ 4 Museu de Arqueologia
● 5 Palácio do Governo
★ 6 Monumento a Diogo Gomes
★ 7 Monumento a Amílcar Cabral
★ 8 Palácio Presidencial
★ 9 Palácio da Cultura Ido Lobo
★ 10 Miradouro do Cruzeiro
★ 11 Ponta Belém
Ⓜ 12 Museu Etnográfico da Praia
S. Filipe de Baixo
Montagarro
Gonçalo Alonso
Trindade
Safende
Latada
São Pedro
Calabaceira
Vila Nova
Ponta d´ Água
Pensamento
Lém Cachorro
Castelão
Ach. Eugénio Lima
Achadinha 27
Fazenda
Paiol
Coqueiro
Mt. Babosa
Achadinha de Meio
Sucupira
Terra Branca
Cidade da Ribeira Grande de Santiago
Aeroporto
Lém Ferreira
Cimetério
48
49
Plató
Achada Grande
Taiti
26
Várzea
Ausschnitt
5
Tira Chapéu
4
3
Chã d´ Areia
25
Achada Santo António
24
Praia Gamboa
Fährhafen
Porto
SHELL
46/47
45
Palmarejo
44
Meio d´ Achada
43
Ilhéu de Sta Maria
22
2
23
21
Prainha
1
41/42
40
Prainha
1 km
20
Quebra Canela
Praia Quebra Canela
Leuchtturm
Ponta Temerosa
© Reitmaier / Fortes

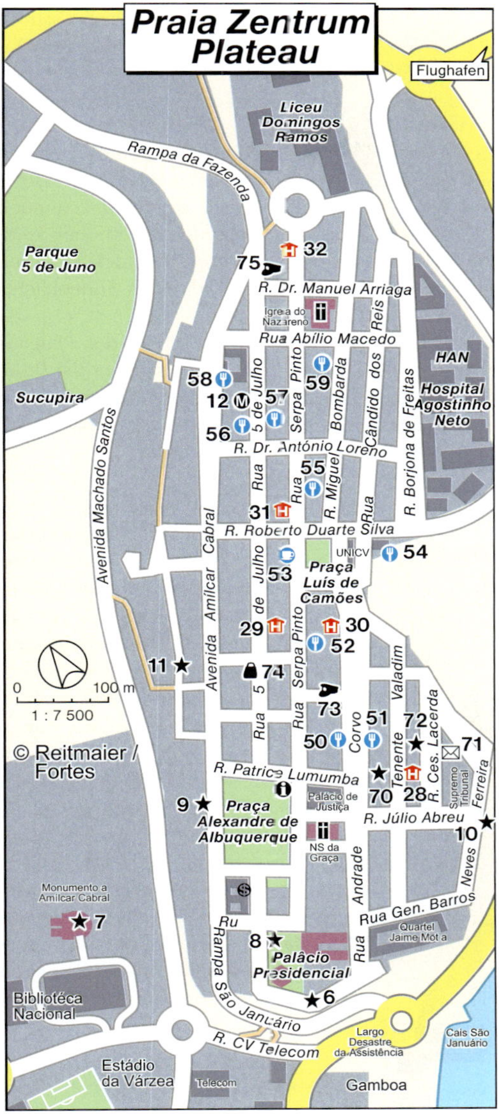

Unterkunft
- 20 Hotel Barceló Praia Mar
- 21 Pensão / Rest. Benfica
- 22 Hotel América
- 23 Hotel Pestana Trópico
- 24 Hotel Pérola
- 25 Hotel Holanda
- 26 Hotel Luar
- 27 Hotel Eurolines
- 28 Residencial Rosymar
- 29 Resid. Praia Maria
- 30 Hotel Felicidade
- 31 Resid. Santa Maria
- 32 Resid. Paraíso

Essen und Trinken
- 40 Esplanada Tabanka Mar, Disco A Capital
- 41 Rest. Alkimist
- 42 Rest. Espaço K
- 43 Rest. Ca Diga
- 44 Rest. Poeta
- 45 Rest. Cermar Gamboa, Fischrest. Beramar
- 46 Rest. A Bolha
- 47 Rest. O Cometa
- 48 Rest. Punto d'Inkontru
- 49 Rest. Sovaco de Cobra
- 50 Café Sodade
- 51 Bäcker Boca Doce
- 52 Rest. Panorama
- 53 Café Sofia
- 54 Grill Bar SPLAB
- 55 Lanchonete Aquarium
- 56 Rest. Flôr di Liz
- 57 Pastelaria Vilu
- 58 Rest. 5tal de Música
- 59 Rest. Casa Bela

Dienste:
- ★ 70 Centro Cultural Francês
- ✉ 71 Post Correios
- ★ 72 Delegacia de Saúde
- 73 Polícia
- 74 Mercado Municipal (Gemüse u. Früchte)
- 75 Polícia de Fronteira e Emigração

Treppen und Fusswege

Santiago

Im Westen begrenzt die Av. Amílcar Cabral das Plateau mit einer Zeile von Geschäftshäusern. Haus Nr. 17, der **Palâcio da Cultura Ildo Lobo,** ist der Kultur gewidmet (Ausstellungen, Musikveranstaltungen, Filmvorführungen, Workshops, Diskussionsabende, eine gut sortierte Bücherei im Erdgeschoss). Ein Infoständer kündigt das aktuelle Programm an, das die Kunstszene und vor allem die Jugend der Stadt im Blick hat. Urlauber sind gern gesehene Gäste.

Südwärts, vorbei an der Bronzebüste des Vizeadmirals, gelangt der Besucher vor den **Präsidentenpalast** und kann einen scheuen Blick durch den hübsch bepflanzten Eingangsbereich auf den Ende des 19. Jahrhunderts als Gouverneurssitz errichteten Palast werfen. Das Ziegeldach ist umgeben von einer Ziersäulenbalustrade, zwei große Bäume, weinrote Bougainvilleen und Rabatten um die Rotunde der Zufahrt betonen die symmetrische Fassade. Im Oberstock scheinen die innenliegenden massiven Läden durch die hohen Fenster, während im Unterstock Jalousien vor dem Einfall direkten Sonnenlichts schützen.

Am südlichsten Punkt des Plateaus genießt man gemeinsam mit der Bronzestatue **Monumento a Diogo Gomes,** einem der Entdecker des Archipels, das Panorama der Bucht.

Nach Osten

Es genügen zwei Minuten, um vorbei am **Supremo Tribunal de Justiça,** dessen Funktion in etwa der eines Verfassungsgerichts entsprechen dürfte, zum **Aussichtspunkt Miradouro do Cruzeiro** zu gelangen. Eine Reihe rostiger Kanonen schaut hinaus auf die Bucht.

In der Rua Cesário Lacerda, neben dem höchsten Gericht, liegt das **zentrale Postamt** – hier bekommen Philatelisten die begehrten Sondermarken.

Nach Norden

Nach Norden führen mehrere parallele Geschäftsstraßen. Neben modernen Betonbauten sind noch viele der angestammten **Sobrados** erhalten, in denen der Laden im Parterre gleichmäßig an-

cv087 Foto: pr

Monumento a Diogo Gomes

geordnete hohe Türen, aber keine Fenster besitzt und der Wohnstock darüber das Muster wiederholt in Form von Balkontüren, die jede auf einen Zierbalkon führen.

Die **Praça Luis de Camões** lädt ein zum Verweilen und Schauen.

Im Straßencafé an der Ecke sitzt jeden Morgen das gleiche Grüppchen munterer Rentner zum verlängerten Frühstück; dazwischen Urlauber, die beim Espresso im Reiseführer blättern.

Doch spätestens zur großen Pause nimmt die Jugend die Praça Luis de Camões in Besitz. Studentinnen und Studenten der Pädagogischen Hochschule und der Universidade de Cabo Verde **UNICV** wuseln vorüber. 2006 öffnete die **erste staatliche Universität** ihre Pforten im lang gestreckten Betonbau, der über Jahrzehnte dem Außenministerium gedient hatte. Das Konzept einer auf mehrere Inseln verteilten Hochschule mit intensiver Vernetzung und Fernunterricht wird mit Partnern der Kanaren und Azoren realisiert.

Nordöstlich der UNICV öffnet sich der Platz vor dem **Hospital Dr. Agostinho Neto (HAN),** dem mit 352 Betten größten des Landes und einzigen Zentralhospital des Sotavento. In den 1890ern als typisches Kolonialhospital im Pavillonstil geplant, basiert die Architektur auf der Krankheitslehre der Epoche, nach der Miasmen, aus dem Untergrund entweichende schlechte Gerüche, die Ursache von Krankheiten waren. Man baute 10 m hohe, riesige Bettensäle mit einem Maximum an gesunder Luft und platzierte Krankenhäuser in den Kolonien möglichst in windiger Höhe. In Praia wurde die Anordnung auf dem Plateau seither heftig kritisiert, bedeutet sie doch, dass seit über 100 Jahren der Platz für einen weiteren Ausbau eingeschränkt ist. Bei den nie enden wollenden Umbauten und Renovierungen fand sich ein interessanter Kompromiss für den architektonisch ansprechenden, denkmalgeschützten Zentralbau. Das Äußere konnte unverändert bleiben, obwohl die Innenhöhe halbiert und im neu entstandenen Stockwerk die Administration und ein großer Versammlungssaal einzogen.

Die **Igreja do Nazareno** steht gegenüber der mit massiven Pollern und Stahlträgern gesicherten US-Botschaft an der Rua Abílio Macedo. Die umgebenden Wohnhäuser gefallen durch den einheitlichen kolonialen Bausti und gepflegte Vorgärtchen.

Das **Gymnasium Licéu Domingos Ramos** belegt den nördlichsten Vorsprung des Plateaus. An dem hübsch bepflanzten Platz warten ambulante Händlerinnen mit Bonbons und Kleingebäck auf die nächste Pause. Zu den Stoßzeiten strömen Tausende von Fußgängern zu den Wohnvierteln im Norden. Ein Monument erinnert einmal mehr an die Gnade des Entdecktwerdens.

Das **Museo Etnográfico da Praia** liegt in der geschäftigen Rua 5 de Julho zwischen traditionellen Handelshäusern. 1997 war es als erster Anfang kapverdianischer Museumskultur eröffnet worden. Die Auswahl der Ausstellungsstücke ist erheblich gewachsen, nachdem Stücke aus anderen Sammlungen, insbesondere die vom Meeresgrund

Luís Vaz de Camões

Luís Vaz de Camões (1524–1580) wird als der größte portugiesischsprachige Dichter angesehen, seine **Lusiaden** *(os Lusíadas)* gelten als das herausragende Epos der Neuzeit, in dem er die portugiesische Expansion, vor allem die Expedition *da Gamas'*, beschreibt. Präzision und Feinfühligkeit des 1002-Strophen-Werks erinnern an *Homers* Odyssee.

Die Sympathie für *Camões* in der Peripherie des einstigen Weltreichs gilt nicht zuletzt auch seinem Lebensweg. Nach dem Studium der Geisteswissenschaften und der Literatur der Antike diente er, nicht ungewöhnlich für einen verarmten Adligen, in der nordafrikanischen Garnison Ceuta, als er 1547 ein Auge im Gefecht mit den Mauren verlor. 1553, nach einem Jahr Haft wegen Körperverletzung, verpflichtete er sich zum Dienst in Asien und kam so aus dem Gefängnis frei. Aus der Verpflichtung für drei Jahre wurden 17 Jahre, die er in Asien und Afrika lebte, und in denen Armut und Gefahr nicht von seiner Seite wichen. Von Goa (Indien) per Strafexpedition nach Macau (China) verfrachtet, wurde er aus dem Dienst entlassen. Jahrelang lebte er in einer Höhle und verfasste somit den größten Teil der Lusíadas in China. Auf der Rückreise kam seine in Liebessonetten besungene chinesische Lebensgefährtin beim Schiffbruch in der Mündung des Mekong zu Tode. *Camões* gelang es, das Manuskript der Lusíadas zu retten.

Zurück in Goa, wurde er in den Schuldturm geworfen, bis er einem einflussreichen Freund für zwei Jahre nach Mosambik folgen konnte. Zur Zeit seiner Rückkehr im Jahr 1570 litt Lissabon unter der Pest. 1572 erschien die Erstauflage der Lusíadas, die als Nationalepos gefeiert wurden. Die als Schmach empfundene Annexion des Landes durch Spanien erlebte er nicht mehr. *Camões* starb am Vorabend.

gehobenen Schätze ethnografischer Bedeutung, hinzugekommen sind. Thementafeln erläutern den Kontext der Exponate und legen besondere Schwerpunkte auf Landwirtschaft, Weberei, Töpferei und Korbflechterei (geöffnet Mo bis Fr 8–12 und 14–18 Uhr).

Der **Mercado Municipal** zwischen Avenida Amílcar Cabral und Rua 5 de Julho ist der älteste Gemüse- und Obstmarkt der Stadt. Die architektonische Urform ist erhalten geblieben mit einem Häuschen für Fisch, einem zweiten für Fleisch und einem überschatteten, von Eisengittern umgebenen Hof, auf dem von Steintischen herab Gemüse und Obst verkauft wird. Hardware und Kleidung sind nach langem Kampf mit der Obrigkeit zum Sucupira (s.u.) entschwunden. Verkäuferinnen, die keinen Platz finden, versuchen ihr Glück auf den Seitenstraßen. Auf der landwirtschaftlich produktivsten Insel haben dank der Kaufkraft der Großstädter die Gemüse- und Obstmärkte Praias mehr und Besseres zu bieten als auf den anderen Inseln. Den Marktfrauen fehlt es weder an Selbstbewusstsein noch an Lautstärke, und Preise wollen ausgehandelt werden.

Sonstige Sehenswürdigkeiten

Monumento ao Desastre da Assistência

Im Zentrum des großen Kreisverkehrs am Fuß der Rampe ragt ein modernes Kunstwerk des Architekten und Städteplaners *Carlos Hamelberg* in den Himmel und erinnert an den **20. Febru-**

cv090 Foto: pr

ar 1949, den **schwärzesten Tag der Stadt.** Rund 2500 zum Gerippe abgemagerte Bürger schleppten sich täglich auf den angrenzenden Bauhof in der Hoffnung, dank der Armenspeisung *(assistência)* zu überleben. Die von der schwersten aller Hungerkatastrophen Gezeichneten strömten bereits zurück in die Stadt, als eine der hohen Mauern einstürzte. 47 Menschen konnten lebend geborgen werden, während für 232 jede Hilfe zu spät kam.

Praia da Gamboa und Chã d'Areia

Zwischen der vom Kreisverkehr fast völlig versteckten ehemaligen Anlegestelle, dem **Cais de São Januário,** und den verfallenden Landungsbrücken breitet sich die Praia da Gamboa aus. Die **Freilichtbühne** ist alljährlich Schauplatz des **größten Musikfestivals der Insel** mit einem beneidenswerten Programm kapverdianischer und internationaler Künstler.

Die **doppelspurige Uferstraße** eilt dem nächsten Kreisverkehr zu. Seewärts liegen die Reste des alten Hafens und Zollhauses sowie eines städtischen Schlachthofs. Spaziergänger schauen den Fischern bei der Reparatur der Netze zu, Jogger genießen die Weite des Strandes. Landeinwärts zieht sich der Stadtteil Chã d'Areia (flaches Sandland)

Blick auf das Platô

bis zum nächsten Kap. Das Elektrizitätswerk, einst am Stadtrand gebaut, war niemals wirklich in der Lage, der Stadt in ihrer rasanten Entwicklung zu folgen und ist verstummt.

Die hübsche Fassade des **Arquivo Histórico Nacional** ist zwischen kunstlosen Zweckbauten leicht zu erkennen. Die Seitensträßchen führen zum **Museu de Arqueologia** mit einer reichhaltigen Sammlung.

•Museu de Arqueologia
Chã d'Areia, Zona ex-Estado Maior, Mo bis Fr 8–12 und 14–18 Uhr. Die interessantesten und reichsten Fundstätten in Kap Verde liegen auf dem Meeresgrund, und die schönsten und wertvollsten Artefakte stammen von dort – und sind in diesem Museum zu sehen.

Prainha

Am Ende des Strandes beginnt der **Stadtteil** Prainha mit einem felsigen Kap. Nicht ohne Grund erinnert die Rückfront, und nur diese, des vornehmen **Hotels Pestana Trópico** an einen Hochsicherheitstrakt, befand sich doch an diesem Ort das städtische Gefängnis. Prainha erstreckt sich bis zum **Leuchtturm der Ponta Temerosa.** Als die junge Republik einen Ort für die Ansiedlung diplomatischer Auslandsvertretungen brauchte, entwickelte sich Prainha rasch zum Nobelviertel. Die Hauptstraße führt vor das **Hotel Oasis Praia-Mar,** das sich an der Basis des Kaps Ponta Temerosa in einer Gartenanlage ausbreitet. Der Abstecher zum Leuchtturm ist nur tagsüber zu empfehlen. Die Uferstraße führt vorüber am sehr beliebten kleinen Sandstrand, der dem Viertel den Namen gab.

Quebra Canela

Quebra Canela (deutsch: Knochenbrecher) ist der größere **Stadtstrand,** an dem man sich nach der Arbeit oder am Wochenende trifft. Er versteckt sich bereits hinter dem Kap und bleibt dem Blick des bronzenen *Diogo Gomes* (s.o.) verborgen.

In der Bucht liegt das Inselchen **Ilhéu de Santa Maria,** auch unter dem in Hafenstädten häufigen Namen „Lazareto" bekannt. Dies war der einzige Ort, den die Matrosen einlaufender Schiffe betreten durften – für vierzig Tage, „uma quarentena de dias", was den Ursprung des Wortes Quarantäne erklärt.

An der Basis des Inselchens kratzen bereits die Bagger als Auftakt einer 100-Mio.-US$-Investition des Kasino-Unternehmers *David Chow* aus Macau/VR China. Freizeitkomplexe sollen entstehen, durch die sich das Gesicht Praias schneller verändern könnte als jemals zuvor, seit *Diogo Gomes* über die Bucht wacht.

Die **Kaserne Quartel Jaime Mota** zur Linken von *Diogo Gomes* dient den Wachmannschaften des Präsidentenpalastes, ein Gebäude, das sicherlich ein Jahrhundert lang keine wesentliche Renovierung erlebt hat. So lange die angedachte Umwandlung in eine Nobelherberge auf sich warten lässt, darf ein verrottender sowjetischer Radpanzer als „alternatives Denkmal" darauf hinweisen, dass auch große Pläne ein unvorhergesehenes Ende finden können.

Von den vielen anderen Stadtvierteln, allesamt nach der Unabhängigkeit entstanden, sind zwei hervorzuheben:

Várzea und Taiti

Der Name erklärt die Lage: Das **„Tiefland“** legt sich zwischen das Plateau und die Achadas, die zum Inselinneren hin ansteigen. Dass der ursprünglich dichte Dattelhain Taiti nahe dem Platô fünf Jahrhunderte als gutes Ackerland diente, ist an starken Bäumen und einigen Gärten bis heute zu erkennen. Erst nachdem die Hänge rundum dicht besiedelt waren, zerschnitt die Hauptverkehrsader **Avenida Cidade de Lisboa** die Ebene und verlieh ihr hauptstädtische Aufgaben.

Der **Mercado de Sucupira** lohnt einen Besuch. Bei einem Bummel durch den groß angelegten Markt taucht man in einen afrikanischen Basar ein: Die bunte Vielfalt, die Waren, die Marktfrauen, das lebendige Treiben auf dem Marktplatz im Freien sollten Sie nicht versäumen. Angeboten werden Tongefäße, Korbwaren, Kleidung, Haushaltsgeräte, Musik, Plastik- und Kunsthandwerksgegenstände, einfach alles vom Knopf bis zum begehbaren Kühlschrank. Viele der Waren sind westafrikanischen Ursprungs, andere aus Europa und Asien. Im Markt verstecken sich Dutzende von Garküchen und Imbissständen.

An der Seitenstraße im Süden liegt ein zentraler **Aluguer-Sammelplatz** für alle Fahrten ins Inselinnere mit Ausnahme von Cidade da Rª Grande de Santiago; dorthin geht es ab der Rotunda von Terra Branca.

Auf der Avenida Cidade de Lisboa nach Süden fahrend, ziehen **große öffentliche Gebäude** vorüber. Die Bibliotéca Nacional, das Auditório Nacional Jorge Barbos, ein großes **Monumento a Amílcar Cabral** und das Estádio da Várzea reihen sich im Osten aneinander. Zur anderen Seite liegt der Regierungspalast. Sie alle sind, wie das Parlamentsgebäude auf der Achada Santo António, Geschenke Chinas an die junge Republik. Der **Palácio do Governo** erlöste die Ministerien aus der Enge angemieteter Wohnungen und Lagerräume. Machtvolle Fronten und breite Treppen symbolisieren den wachsenden ökonomischen und politischen Einfluss Chinas in Afrika. Dabei war chinesische Entwicklungszusammenarbeit schon immer etwas anders. Auf der Baustelle des Palácio do Governo wohnten Hunderte chinesischer Arbeiter in Bretterbuden, zogen Kohl und Karnickel und beschleunigten die Fertigstellung in Abend- und Wochenendschichten. Irgendwo im Kleingedruckten gab es einen Paragrafen, der chinesischen Staatsbürgern die zeitweise Ansiedlung als Händler erlaubte. Als das Parlament und der Regierungspalast eröffnet waren, blieben einige da und verkauften für Pfennigbeträge chinesisches Süßgebäck aus dem Aluminiumtopf. Es ist erstaunlich, wie hieraus binnen 25 Jahren große, teils marktbeherrschende Handelshäuser wurden.

Achada de Santo António

Im Viertel Achada de Santo António, kurz ASA, wohnt die **Hälfte der Bevölkerung Praias.** Das lebhafte Universalviertel mit Wohnblocks, Märkten, Büros, Bars, Kneipen und Nachtklubs prägt das Leben der Stadt rund um die Uhr. Zum alten Stadtkern hin wenden sich dicht bebaute Wohnstraßen mit der Kapelle Santo António als Orientierungspunkt. Den südlichen Rand der Achada hat die Politik für sich reserviert, beginnend mit dem kosmopolitischen **Restaurant Poeta** und fortgesetzt mit den großen Botschaften. Von Balkon und Garten schaut man weit übers Meer und, sobald sich die Ausfahrt öffnet, auf den **Palácio da Assembleia Nacional,** das imposante Parlamentsgebäude. Der weite Bogen der Straße davor endet am Gebäude der **Vereinten Nationen,** und im Kern füllen Büros, Rundfunk und Fernsehen, die größte Polizeistation, Bank- und Geschäftshäuser sowie Bars und Restaurants die Achada.

Cruz de Papa

Als breite Zunge ragt die Hochfläche der Achada nach Süden. Der Panoramablick ist beeindruckend und hat besondere Bedeutung. Beim ersten Besuch eines Papstes auf den Inseln richtete **Johannes Paul II.** am 26. Januar 1990 hier eine Predigt an die Jugend Kapverdes. Ein monumentales Kreuz und ein Standbild des Papstes erinnern an den historischen Moment. Sobald es kühler wird, genießen Besucher die Aussicht und Weite des großzügig ausgebauten Platzes. Kostenfreier Internet-Hotspot!

Cidade Velha

Ein hoch interessanter Tagesausflug führt in die **ehemalige Hauptstadt Cabo Verdes,** die zu ihrer Blütezeit Ribeira Grande, danach Cidade Velha hieß und seit 2006 wieder **Cidade da Ribeira Grande de Santiago** heißt. Dies gab und gibt Anlass zu Verwechslungen mit der Stadt Vila da Ribeira Grande auf Santo Antão. Historisch interessierten Lesern empfehlen wir, vor dem Besuch des Ortes Literatur zur Geschichte des Landes zu konsultieren, um das Gesehene in vollem Umfang genießen zu können. Die UNESCO ordnet Cidade da Rª Grande de Santiago ins Weltkulturerbe ein dank seiner Schlüsselrolle bei der „Entdeckung" und Kolonisierung Amerikas, Afrikas und des Fernen Ostens und in der Entwicklung des Sklavenhandels.

Die **Anfahrt** aus der Stadt (15 km) erfolgt mit dem Taxi (1000 CVE einfach) oder dem Aluguer ab dem Kreisverkehr *(rotunda)* von Terra Branca (60 CVE).

Anfangs zieht die Straße recht beengt zwischen dem Industrieviertel von Terra Branca und den Neubauvierteln von Palmarejo und Citadela aus der Stadt. Am Stadtrand linker Hand liegt die neue Universität Institut Piaget. Rechter Hand, nicht zu übersehen und noch weniger zu überriechen, schwelt die Mülldeponie vor sich hin.

Bei **Anfahrt aus dem Norden der Insel oder vom Flughafen** muss man sich nicht mehr durch Praia zwängen, sondern nutzt die Ring-Schnellstraße Circular. Die Straße schlängelt sich durch weitgehend trockene Küstenlandschaft, vorbei am Ort São Martinho Grande, bevor sie aufsteigt zur Achada da Forte, von der aus das **Forte Real São Filipe** über die Bucht wacht. Es empfiehlt sich, den Besuch der Stadt mit der Übersicht am Fort zu beginnen.

Zieht man es vor, gleich in den Ort zu fahren, steigt man am besten in der Ortsmitte aus und reiht dann in einem historischen Spaziergang die erhaltenen Monumente entsprechend den Zeiträumen ihrer Entstehung auf. In der folgenden Beschreibung folgen wir dieser Logik. Der Eintritt für die gesamte Anlage (500 CVE) ist am Fort zu entrichten.

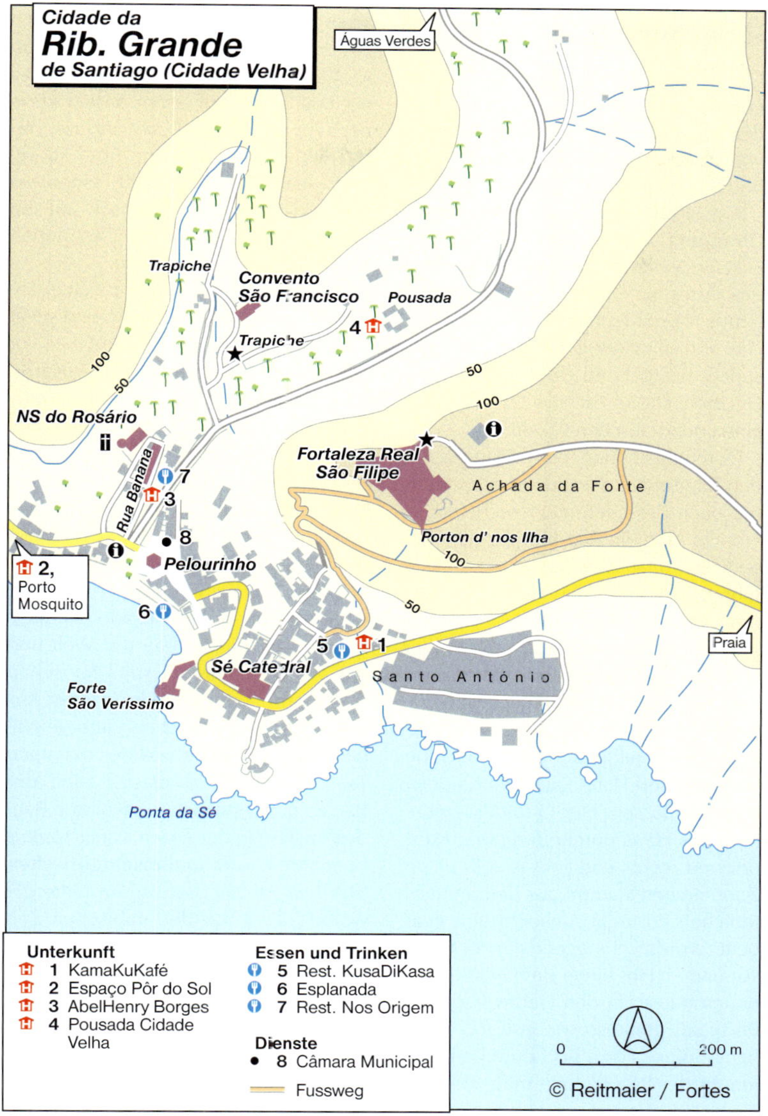
Cidade da
Rib. Grande
de Santiago (Cidade Velha)
Águas Verdes
Trapiche
Convento
São Francisco
Pousada
4
Trapiche
100
50
NS do Rosário
7
Rua Banana
3
8
Fortaleza Real
São Filipe
Achada da Forte
Porton d' nos Ilha
100
50
2,
Porto
Mosquito
Pelourinho
6
5
1
Praia
Sé Catedral
Santo António
Forte
São Veríssimo
Ponta da Sé
Unterkunft
1 KamaKuKafé
2 Espaço Pôr do Sol
3 AbelHenry Borges
4 Pousada Cidade Velha
Essen und Trinken
5 Rest. KusaDiKasa
6 Esplanada
7 Rest. Nos Origem
Dienste
8 Câmara Municipal
Fussweg
0
200 m
© Reitmaier / Fortes

Historischer Spaziergang

Der beherrschende Motor der frühen Entwicklung von Ribeira Grande war der transkontinentale Sklavenhandel von der Westküste Afrikas nach Nord- und Südamerika.

Am 1520 errichteten **Pelourinho (Pranger)** wurden über Jahrhunderte Sklaven verkauft. Das heute inmitten des Ortes malerisch unter Palmen stehende Monument mit achteckigem Sockel und spiraliger gedrehter Säule entspricht weitgehend einem Exemplar in Lissabon. Das einfachere Original hatte einen quadratischen Grundriss.

Durchquert man vom Pranger aus den Talgrund und wendet sich unmittelbar nach der Ufermauer rechts, dann erreicht man die **Rua Banana.** Die Reihe kleiner Häuschen lag in den 1980er Jahren in Ruinen und wurde im Rahmen eines UNESCO-Projekts wissenschaftlich dokumentiert, abgetragen und mit den Originalsteinen exakt wieder aufgebaut. Die Häuser sind das beste Zeugnis ursprünglich einfachster Kolonialarchitektur der ersten Jahre, bevor Gold und Waren aus den Kolonien reichlich flossen. Der Grundriss mit einem das Haus durchquerenden Korridor und rechts und links jeweils einem Zimmerchen stammt aus dem mittelalterlichen Portugal. Gekocht und gearbeitet wurde vorwiegend auf der Straße vor und im Hof hinter dem Haus. Arme Bauernhäuser in den Gebirgsregionen Portugals genauso wie in Cabo Verde haben diese Form bis heute beibehalten. In der Rua Banana mag *Vasco da Gama* 1497 empfangen worden sein, als er auf seiner Entdeckungsfahrt nach Indien Station in Ribeira Grande machte. *Christoph Kolumbus* hingegen, der ein Jahr später auf seiner dritten Reise nach Amerika in der Bucht ankerte, verbot seinen Matrosen von Bord zu gehen, weil die Bewohner einen so schrecklich kranken Eindruck auf ihn machten, dass er um die Gesundheit seiner Mannschaft fürchtete.

Wendet man sich am nördlichen Ende der Rua Banana nach links und steigt einige Treppen empor, so steht man vor der **Kirche Nossa Senhora do Rosário.** Gegebenenfalls gewährt die in der gleichen Straße wenige Meter meerwärts wohnende Küsterin Einlass gegen einen bescheidenen Obolus. *Vasco da Gama* konnte hier noch nicht um göttlichen Beistand bitten, doch der Grundstein des einfachen ziegelgedeckten Hallenbaus war bereits gelegt (1495). Somit ist Nossa Senhora do Rosário der älteste koloniale Kirchenbau der Welt und die älteste jemals im subsaharischen Afrika errichtete (nicht-koptische) Kirche. Dank des gotischen Gittergewölbes der Taufkapelle und des massigen Taufbeckens aus Alabaster zählt der Bau zu den historisch wertvollsten Baudenkmälern in dem nach König *Manuel* benannten **manuelinisch-gotischen Stil.** Die Abschlusssteine im Gittergewölbe tragen aus der arabischen Zeit der iberischen Halbinsel übernommene, knotenförmig verschlungene Pflanzenmotive. Sie haben Ähnlichkeit mit denen im Kloster von Jerónimos in Lissabon. Bei Prozessionen wird die Jesus-Figur mit einer Perücke aus dichtem krausem Naturhaar geschmückt.

cv091 Foto: pr

Vom Portal zum Altar zieht sich eine Reihe von Sarkophagdeckeln, unter denen Klerus und Adlige des 15. bis 18. Jahrhunderts beerdigt liegen. Auf dem erhöhten Altarpodest ausgelegte Grabsteine wurden bei einer gründlichen Renovierung im Jahr 2003 vom Vorplatz in die Kirche verlegt. Die meisten der aus portugiesischem Hartkalk gehauenen Steine sind bis heute lesbar. **Sir Francis Drake** hat die Kirche im Jahr 1585 besucht. Als vornehmster Korsar der Queen konnte er nicht anders, als den bescheidenen Altarschmuck und die Glocke mitgehen zu lassen. Mehr war nicht zu holen, denn **Manuel Serradas** war zwei Jahre zuvor hier gewesen, hatte den silber gefassten Kirchenschmuck entfernen und Gold und Silber einschmelzen lassen. *Drake* hatte, was den Kirchenschmuck betraf, wenig mehr Glück als sein Cousin **John Hawkins,** der nur zwei Monate nach *Manuel Serradas* leer ausgegangen war.

Talaufwärts weisen Schilder den Weg zum Convento de São Francisco. Der Aufstieg beginnt an einer mit Grünspan überzogenen **Kupferhaube,** die den sichtbaren Oberteil eines großen Kupferkessels zur Destillation des Grogue bildet. Die dahinter stehende, mit Maultieren oder Ochsen betriebene **Zuckerpresse** *(trapiche)* enspricht keinesfalls der historischen Tradition. Solange der weiße Rum ausschließlich aus Zucker-

Die Kathedrale Sé Catedral

rohr hergestellt wurde, waren die Trapiche als massive Holzkonstruktion ausgeführt, die während der Ernte mehrmals umgesetzt wurden. Ortsfeste Trapiche aus Beton wie das gezeigte Exemplar tauchten nur dort auf, wo das Zuckerrohr über weitere Strecken transportiert werden konnte oder die Straßenanbindung wichtiger wurde wegen des anzuliefernden Zuckers aus dem Sack. Interessierte Besucher können eine nicht besonders einladende „moderne" **Produktion** in Betrieb sehen, wenn sie dem Taleinschnitt unterhalb des Convento folgen. Befeuert wird mit Altöl und Lkw-Reifen, statt des Zuckerrohrs wird vorwiegend importierter Zucker verwendet.

cv089 Foto: pr

Das Convento de São Francisco vor der Restaurierung

Zurück zur Historie und dem Convento de São Francisco. Im Rahmen beispiellosen wirtschaftlichen Aufstiegs durch den Menschenhandel erhält Ribeira Grande 1533 das Stadtrecht, zählt 1550 bereits 500 Häuser und bringt die zweithöchsten Steuereinnahmen in den portugiesischen Staatssäckel, direkt nach dem unvergleichlich größeren Lissabon. Doch **das Leben in Ribeira Grande ist gefährlich.** Die tropische Malaria und Epidemien fordern einen hohen Blutzoll. Piraten bedrohen die Sicherheit der nur von einer schwächlichen Mauer zum Meer hin gesicherten Stadt. *Forros de São Tiago,* die freigelassenen Nachfahren der ersten Siedlergeneration, haben bestimmenden Einfluss in Landwirtschaft und Handel des Inselinneren und werden von der Obrigkeit als politisches Risiko gesehen. Sklaven und Verbannte nutzen jede Gelegenheit, in die Berge zu fliehen, und sichern ihr Überleben durch Überfälle auf Gutshöfe. Als Ursache von Gefahren und Elend gilt das „sündige" Leben einer kreolischen Gesellschaft. Nicht genug, dass die Familiengründung weißer Männer mit schwarzen Sklavinnen auf den Segen der Kirche verzichtet – sie verzichtet auch auf Gebote zur Monogamie und zur Rassentrennung. Um die Sündhaftigkeit des kreolischen Lebens zu mindern und den strafenden Gott günstiger zu stimmen, sollte neue Glaubensstrenge gepredigt werden.

Um Priester auch vor Ort ausbilden zu können, wird 1642 der **Convento de São Francisco** auf halber Hanghöhe gebaut, finanziert von der Großgrundbesitzerin *Joana Coelha*. Bis ins 19. Jahrhundert diente er als Ausbildungs- und Gebetsstätte. Danach verfiel er, scheunentorgroße Löcher klafften in den Bruchsteinmauern. Die Dachkonstruktion und der Fliesendekor der *Azulejos* waren verschwunden. Und doch war der Charme der einschiffigen Kirche unter Palmen noch zu ahnen. Bäume wuchsen im Innenraum und dienten den Kühen als Unterstand. Doch nachdem die meterhohen Dung- und Erdschichten abgetragen waren, gelang es den spanischen Restauratoren, beide Eindrücke zu erhalten: den einer vom Wind durchzogenen Ruine und den eines mit neuer Überdachung im alten Stil wiedererstandenen Gebetsraumes.

Tiefer im Tal, ebenfalls auf der rechten Seite, liegt die **Pousada.** Die Herberge wurde dem historischen Vorbild getreu als Geviert bruchsteingemauerter Häuser aufgebaut und dient wieder ihrem ursprünglichen Zweck mit ansprechenden Gästezimmern und dem urgemütlichen Hof.

Besucher, die es zu einem weiteren Spaziergang gelüstet, folgen der Talsohle bergauf inmitten von Mangobäumen und Feldern, auf denen Zuckerrohr, Maniok, Süßkartoffeln und aus Europa bekannte Gemüse angebaut werden. Nach etwa einer halben Stunde kommt man an einen großen alten **Kapokbaum.** Das Tal endet in **Águas Verdes** als dichter Palmenhain über bewässerten Feldern.

Zurück im Dorf, bieten sich die Läden oder die Esplanada am Meer zu einer Pause mit Getränk an. Der historische Spaziergang findet seine chronologische Fortsetzung, indem man der Hauptstraße bergauf folgt. An der Kurve unter dem Eingangsbereich der Sé Catedral, am letzten Wohnhaus der die Straße begleitenden Häuserzeile, kann man darum bitten, durch den Vorplatz gelassen zu werden, um ins **Fort São Verissimo** zu gelangen. Die am Boden vor sich hin rostenden sechs Kanonen und der Blick lohnen die Mühe.

Die Ruine der **Kathedrale Sé Catedral** liegt deutlich erhöht über dem Meer. Der große einschiffige Hallenbau war 1555 begonnen worden, zu einer Zeit, als die Stadt Ribeira Grande in voller Blüte stand und sich mit einer über der Stadt prunkenden Kathedrale schmücken und ihren Fortbestand durch Gottgefälligkeit sichern wollte. Mit enormem Aufwand wurden Kalksteine aus Maio und Portugal herangeschafft für die Portal- und Fenstereinfassungen, die Mauerkanten und filigranen Innenausbauten. Die massiven Mauern wurden aus lokalen Basaltbruchsteinen mit einem Mörtel aus gebranntem Kalk aus Maio und lokal gewonnener Puzzolana und schwarzem Lavasand zusammengefügt.

Entsprechend dem Wandel der Liturgie im 17. Jahrhundert mussten die Baupläne während der Bauzeit verändert und ein heute noch erkennbares großes Fenster im Osten gebrochen werden. **Erst 1693** war der Bau **vollendet,** und Klerus, portugiesische und einheimische Bürger fanden sich zur Messe ein, streng getrennt durch die Gitter der noch heute erkennbaren Lettner. Vollendet zu einer Zeit, als Cidade da Rª Grande bereits als ungesund und trotz des Forts als kaum zu schützender riskanter Hafen galt, spielte der Bau nur kurz die zugedachte Rolle einer imposanten hauptstädtischen Kathedrale. Über die Innenausstattung ist wenig bekannt, es ist aber anzunehmen, dass der politische und wirtschaftliche Niedergang der Stadt keine besonders reiche Dekoration erlaubten. Bis ins 19. Jahrhundert wurde die Kathedrale trotz fortschreitenden Zerfalls genutzt, bevor sie in **Ruinen** fiel. Bei den aktuellen Restaurierungen fanden sich keine Veränderungen am Mauerwerk, die die These stützen würden, dass ein Großbrand die Kathedrale auf einen Schlag und unwiederbringlich zerstört hätte. 1844 wird sie noch als „uma bonita igreja", „eine schöne Kirche", beschrieben. 1875 stellte das Bauamt von Praia einen Antrag auf Überlassung der Kathedrale als Steinbruch, der vom Bischof abgelehnt wurde. Das scheint aber kaum gestört zu haben, denn massenhaft wurden behauene Kalksteine in die Stadt geschafft und sind dort in Bauten aus dieser Zeit überall zu finden. Das heutige Bild der reichlich um die Ruine aufgeschichteten Kalksteine täuscht: Die meisten wurden 1922 von der nicht mehr existierenden Kirche São Pedro hierher geschafft.

In Kooperation mit der portugiesischen Entwicklungszusammenarbeit wurden die Ruinen in den letzten Jahren fachkundig saniert. Bei der **Restau-**

cv092 Foto: pr

rierung wurden die ursprünglichen Techniken des Bruchstein-Kalkmörtel-Mauerwerks verwendet und ein Höchstmaß historischer Authentizität angestrebt. In der ersten Phase wurden die brüchigen, teilweise bereits eingestürzten Mauern gesichert und der weitere Verfall verhindert. In einer zweiten Phase wurden der Innenraum und der Bereich der ehemaligen Eingangstreppe neu gestaltet, sodass sie nicht nur für Besucher attraktiv und zugänglich sind, sondern auch für öffentliche Anlässe und als Open-air-Theater. Der Ruinen-Charakter wird dadurch unterstrichen, dass der Blick durchs Kirchenschiff hindurch aufs Meer offen bleibt.

Hangaufwärts schließen sich mehrere Reihen kleiner Häuschen an. Sie stehen auf den Ruinen der alten Stadt.

Wer den Aufstieg zum Fort Real São Filipe zu Fuß wagt (ca. 20 Min.), folgt dem gepflasterten Weg, der seinen Anfang vom Chor der Kathedrale nimmt. An der folgenden Weggabelung hält man sich links, gelangt auf einen Serpentinenweg und schließlich eine steil ansteigende Treppe.

Forte Real São Filipe

Aus welcher Richtung auch immer man sich heute der Cidade da Rª Grande nähert, erkennt man die **Festung Philipps II.** aus weiter Ferne. Werke und Bollwerke, gut 120 m über dem Meer, und zum Horizont gerichtete Kanonen lassen die enormen Kräfte ahnen, die in der Hoffnung aufgewandt wurden, dem Ansturm der Piraten nicht hilflos ausgesetzt zu sein.

Nach der so verlustreichen Folge von Plünderungen und Zerstörungen gab *Philipp II.* den Auftrag, die schwachen Verteidigungsanlagen durch eine **Fortaleza Real de San Felipe** zu ersetzen. Da gleichzeitig Festungsbauten gleichen Namens die so verletzliche Pazifikküste Südamerikas schützen sollten, reichten die Mittel nur für einen Bau aus Feldsteinen und Lehm. Tropische Platzregen drohten ihn rasch einzuebnen. Cidade da Rª Grande blieb eine leichte Beute holländischer, französischer und britischer Freibeuter, weshalb Mitte des 17. Jahrhunderts die Bollwerke mit Kalkmörtel und teils behauenen Steinen erneut hochgezogen wurden. Der aktuelle Grundriss basiert weitestgehend auf dieser Ausbaustufe.

Über Rampen erreicht der Besucher vom Innenhof der Zitadelle das nach Nord-Ost ragende höchste und **stärkste Bollwerk** (**B;** siehe Skizze unten).

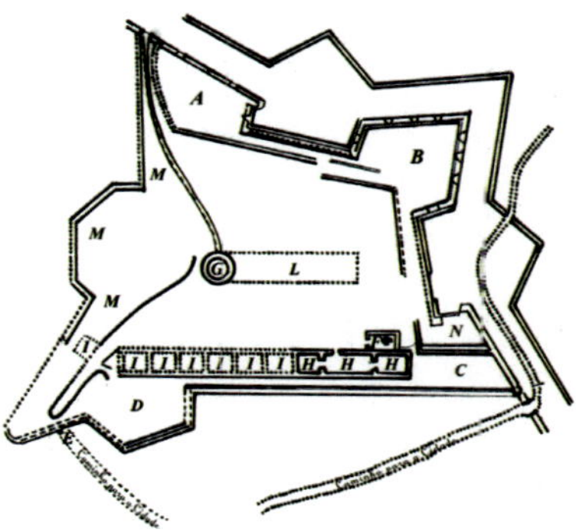

Forte Real São Filipe – Bollwerk gegen Piraten

1585: Sir Francis Drake in S. Jacobs

Am Morgen des 15. November 1585 tauchen Segel am Horizont auf, und bald wird klar, dass sieben große und 22 weniger massige Segelschiffe Kurs auf Santiago halten. Das Kommando über 2300 Männer führt *Sir Francis Drake*. Mit einem Paket von Anteilsscheinen, nach den Regeln, die kein Geringerer als *Thomas Gresham,* der Gründer der Londoner Börse, für das Konsortium eingeführt hatte, war die **private Armada** finanziert worden.

In den protestantischen Ländern gilt *Drake* als Held, als der **erste englische Weltumsegler,** als einer, der auf Sklavenexpeditionen und Kaperfahrten die **Navigation** und die **trickreiche Kunst großer und kleiner Gefechte** auf See besser beherrscht als die verhassten Spanier. Am Abend geht die Flotte an der Südküste zwischen Praia und Rª Grande vor Anker. *Francis Drake* ist kein Unbekannter in S. Jacobs, wie die Engländer die Insel und die Stadt nennen.

Weltumsegelung 1577–1580

Vor nur sieben Jahren, im Januar 1578, war er schon einmal vor Maio und danach im Hafen der Cidade da Rª Grande eingelaufen. Sechs portugiesische Schiffe brachte er auf, darunter die Karavelle „Stª Maria", und nahm ihnen eine Ladung Wein ab. Die Männer hatte er freigelassen, mit Ausnahme des Kapitäns *Nuno da Silva,* der die Küste Brasiliens bereits befahren hatte und ihm als Pilot dienen sollte.

Sein **Ziel war die Pazifikküste Südamerikas,** die seine Flotte durch die Magellanstraße mit einem unfreiwilligen Ausflug ans Kap Hoorn erreichte. Von der Westküste Südamerikas, zwischen Feuerland und Nicaragua, kamen Berichte und Legenden, wie trickreich und systematisch er die spanischen Offiziere überlistete, die dort noch nie einen englischen Korsaren gesehen hatten und keinen erwarteten. Er hatte von der Galeone „Nuestra Señora de la Concepción" erfahren, die mit 2,6 Tonnen Rohsilber, 13 Truhen Silbermünzen, 80 Pfund Gold und großen Mengen Edelsteinen Kurs auf Panama hielt. Im Handstreich gelang die Kaperung und die „Golden Hinde" *Drakes* setzte die Reise mit der Beute fort – nicht zurück zum Kap Hoorn, worauf die spanische Admiralität gehofft hatte, um ihm die Beute wieder abzujagen, und auch nicht per Karavane durch Panama, sondern den Pazifik querend. Voller Schadenfreude trugen Wirtshausgespräche die Galeone unter ihrem Spitznamen *Cacafuego,* das „Feuerscheißerchen", rund um die Welt, während *Drake* bei der Rückkehr nach Plymouth am 26. September 1580 erleichtert erfuhr, dass **Elizabeth I.** noch an der Macht war und ihm die wahrscheinliche Anklage wegen Piraterie unter einer katholischen Königin **Maria Stuart** erspart bleiben würde. Die Gewinnausschüttung von 4700% an die shareholders der Expedition ist bis heute nicht vergessen, während *Elizabeth I.* die Offenlegung des Gesamtwerts der Beute und ihres Anteils verbot. Im April 1581 war *Sir Francis Drake* **zum Ritter geschlagen** worden.

16. November 1585

„Aus sicherer Entfernung sind 600 Soldaten zu beobachten, die in drei Zügen auf die Stadt zuhalten", so berichtet die lokale Obrigkeit. In der Erinnerung britischer Offiziere sind es über 1000.

„The naughtinesse of the way" erlaubt keine geschlossene Formation, und der Anmarsch zieht sich hin bis in die Abendstunden. So wartet die Armee die Nacht auf der Hochfläche ab.

17. November 1585

Im Morgengrauen rücken *Drakes* Truppen in geschlossener Formation an den Rand der Achada da Forte vor, ohne auf einen Gegner zu treffen. Die Stadt liegt still vor ihnen im Tal. Als die Offiziere zwei Salven hineinfeuern lassen, regt sich kein menschliches Leben. Zur Feier des leichten Erfolgs am Krönungstag der Queen dröhnt ein Salut aus 50 vorgefundenen Kanonen das Tal hinauf und wird beantwortet von den Kanonen der Flotte auf See.

Zehn Tage bleiben die Engländer in der Stadt und **genießen das Leben** „am kleinen Fluss mit sauberem Wasser", der hinter dem Strand einen Weiher bildet, aus dem sich die Schiffe, „ganz einfach und mit großer Freude", mit Wasser versorgen. Jeder Captain hat sein eigenes Haus, und mancher schlägt seine erste Kokosnuss auf, trinkt staunend „half a pint" Kokosmilch, „von so kühlem, erfrischendem Geschmack und so angenehm wie sonst kaum etwas. Aus den harten Schalen werden in England in Silber gefasste Trinkbecher gemacht." Begeistert entdecken sie Gärten „und Plantagen mit den verschiedensten Früchten, Kräutern, mit Zitronen- und Orangenbäumen, Kokospalmen, Kochbananen, Kartoffeln, Gurken, kleinen runden Zwiebeln, Knoblauch und vielem anderen", an das sich der englische Chronist nicht mehr erinnern können wird, bis er seinen Bericht verfasst.

Die Menschen S. Jakobs bleiben versteckt, und nur ein einsamer „Portingall" kommt mit weißer Fahne auf die westliche Befestigung zu. Welcher Nation die Besetzer seien, möchte er wissen, und ob denn Krieg herrsche zwischen Spanien und England. Captain *Sampson* und Captain *Goring* antworten, dass sie davon nichts wüssten. Beim „edlen und barmherzigen Gouverneur *Sir Francis Drake*" solle der Gouverneur Kap Verdes vorsprechen, wenn er zu Gunsten seiner Leute verhandeln wolle. Ansonsten würden sie „in drei Tagen über Land marschieren, alle Siedlungen niederbrennen und das Schwert an alle lebenden Seelen legen."

24. November 1585

Morgens um acht zieht eine Hundertschaft *Drakes* in São Domingos ein. Mit Schüssen und Rufen fordern sie „den Feind", den versteckt vermuteten Bischof und Gouverneur zu Verhandlungen auf. Erst auf dem Rückmarsch bekommen sie einige Feinde zu Gesicht.

26. November 1585

Schüsse fordern die Engländer auf, am Marktplatz von S. Jakob anzutreten. Pinassen bringen sie zu den Schiffen. Am Nachmittag ankert die gesamte Flotte in der Bucht von Praia. *Drake* selbst geht an Land und befiehlt die **Stadt** zu **plündern und niederzubrennen.** In der gleichen Nacht setzt die Flotte die Segel, um die Kaperfahrt in der Karibik fortzusetzen.

Die Flüchtlinge, Alte und Kinder, Männer und Frauen von Rª Grande, Praia und São Domingos, kehren zurück in rauchende Trümmer. Von den Engländern, die in S. Jakob keinen Mann durch Krankheit verloren hatten, werden 300 bei der Ankunft in der Karibik durch eine Epidemie dahingerafft.

Weiterführende Literatur:

- *Bigges, Walter and Croftes,* A Summarie and True Discourse of Sir Frances Drakes West Indian Voyage London, 1589.
- *Christiano José de Senna Barcellos,* Subsídios para a História de Cabo Verde e Guiné. Instituto da Biblioteca Nacional do Livro (Herausgeber), Praia 2003.

Durch den lanzenförmigen Grundriss sollte das Fort einem erneuten Angriff über die Achada da Forte, wie dem durch *Francis Drake,* gewachsen sein. Das **halbhohe Bollwerk (C) Meio baluarte do Sul** mit dem schönsten Panoramablick über Stadt und Bucht war leichter ausgeführt. Am Steilabfall zum Tal genügte eine **Mauer aus Feldsteinen (M).**

Die Kuppel im Innenhof überspannt die große **Zisterne (G),** in die über Kanäle Regenwasser geleitet wurde, um Garnison und Fluchtburg zu versorgen. Östlich schloss sich das **Pulver- und Munitionslager (L)** an. Die Grundrisse lassen die kleinen **Quartiere der Truppe (I)** und die größeren der Kommandatur erkennen.

Der französische Freibeuter **„General" Jacques Cassart** nahm die Festung 1712 im Handstreich und zerstörte danach die Stadt. Der **Umzug der Hauptstadt nach Praia** war unausweichlich geworden.

Zum **500-jährigen Jubiläum** der Provincia Cabo Verde im Jahr 1960 baute die portugiesische Salazar-Regierung die Befestigungsanlage wieder auf, als Symbol der Macht des *Estado Novo.*

Dem Sänger *Ildo Lobo* und den *Tubarões* war es vorbehalten, in der „Morna Porton d'nos Ilha" der Festung eine romantische, fast liebevolle Bedeutung zu geben.

Auf der Hochebene im Eingangsbereich findet sich ein kleines **Informationszentrum** mit frischen Getränken und etwas Infomaterial.

Von Praia nach Tarrafal

- **73 km ohne Abstecher**

Begleitet von den sich rasch nach Norden ausbreitenden Garagen, Industriehallen und Wohnsiedlungen der Achada São Filipe, führt die gut ausgebaute Straße aus der Stadt. Die Schilder nach São Domingos, Assomada und Tarrafal weisen den Weg durch zwei Kreisverkehre der Ringstraße, die der Stadt deutliche Entlastung gebracht hat, indem sie den Flughafen mit dem Inselinneren und Cidade da Ribeira Grande verbindet. Der zumeist trockene Hang ist locker mit Akazien und Grevileen durchsetzt, und erst beim **Ribeirão Chiqueiro** kommen Felder und Gärten hinzu. Der Abzweig zur Ostküste bleibt rechts liegen und die Straße führt hinab ins grüne Tal von São Domingos, durchquert Bananen-Plantagen auf von Steinmauern begrenzten Feldern, Obstbaum- und Zuckerrohrpflanzungen.

Die erste größere Ortschaft ist **São Domingos** (315 m), eine der ältesten Siedlungen der Insel. Am Ortseingang bietet die *Cooperativa de Artesanato* einheimisches Kunsthandwerk an, Töpferwaren, geschnitzte Kokosnussschalen, Taschen aus Sisalfasern. Am traditionellen Webstuhl werden wieder *Panos de Santiago,* die kunstvollen schmalen Baumwolltücher, hergestellt.

Strand in der Bucht von Tarrafal

cv097 Foto: pr

Abstecher zur Serra do Pico d'Antónia

Am Ortsende von São Domingos zweigt eine gepflasterte Nebenstraße zum künftigen Naturpark **Serra do Pico d'Antónia** ab. Vorbei an Bohnen- und Maisfeldern führt sie zwischen steilen Klippen und Felsformationen nach **Rui Vaz.** Die malerische **Kapelle** und das **Berghotel Quinta da Montanha** prägen den Ort. Rui Vaz war schon immer ein beliebtes Ausflugsziel, um der Hitze der Stadt im Sommer zu entfliehen, und das Restaurant mit großer Terrasse und Blick über die Berglandschaft nimmt die Tradition mit guter kapverdianischer und portugiesischer Küche und Zutaten aus der eigenen Landwirtschaft auf. Führer für Wanderungen im Naturpark werden an der Rezeption vermittelt.

Die Straße zieht durch dichten halbfeuchten Nebelwald als Forst- und Zubringerstraße für die Radaranlagen und Antennen bergauf dem Gipfel des **Monte Tchôta** (1050 m) entgegen. Der Blick reicht über Bergland bis zum höchsten Gipfel der Insel, dem **Pico d'Antónia** (1394 m), dessen Spitze oft nebelverhangen ist. Der Aufstieg dorthin ist alpinistisch anspruchsvoll und birgt einige Orientierungsprobleme.

Die Hauptstraße nach Assomada überquert einen Pass und zieht durchs Hügelland bergab bis zum Kreisverkehr von Orgãos Pequenos, besser bekannt als **Varianta dos Orgãos.** Der Abstecher zur Talsperre in der R^a^ Seca über die zur Küstenstraße ziehende kleinere Verbindungsstraße ist weiter unten beschrieben.

Im **Straßendorf João Teves** gilt es besonders vorsichtig zu fahren, da es als Unfallschwerpunkt gilt.

Abstecher nach São João dos Orgãos

Wo eine Brücke am Ortsausgang von João Teves die Hauptstraße über die Ribeira führt, zweigt eine Nebenstraße auf 320 m Höhe nach São Jorge dos Orgãos ab. Bereits in der Kolonialzeit war hier eine Station für die Viehzucht in Betrieb. Die massiven Mauern der Ställe und Silotürme sind nicht zu übersehen. Seit der Unabhängigkeit ist hieraus die **landwirtschaftliche Versuchsanstalt INIDA** *(Instituto Nacional de Investigaçao Agrãria)* geworden, deren Büro nahe der Kirche (sofern es geöffnet hat) gutes Infomaterial über Flora und Fauna Cabo Verdes anbietet. Hier werden Bewässerungstechniken, Methoden der Schädlingsbekämpfung und Nutzpflanzen untersucht, die eventuell an die Bedingungen angepasst sind. Von Anfang an standen die Ausbildungs- und Beratungsaufgaben im Vordergrund, und das Institut wird mehr und mehr zu einem Teil des Universitätsnetzwerks. Ein Spaziergang von wenig mehr als einer Stunde genügt, um die lohnendsten Eindrücke mitzunehmen. Er beginnt an der Kapelle und führt auf der kleinen Straße bergauf, durchschreitet die Schranke und trifft auf einen ausgeschilderten Abzweig zum Jardim Botánico.

Im **Botanischen Garten** liegt die Betonung auf den endemischen, nur in Kap Verde vorkommenden Pflanzen. Einige sind vom Aussterben bedroht. Fragen des Erhalts und der Verwendung in Erosionbegrenzung und Wiederaufforstung werden untersucht.

Miradouro, die große Aussichtsplattform, bietet einen selten schönen Blick auf den die Landschaft bestimmenden Felsklotz Monte João Teves, ins Tal der Rª Longueira und die Weite des Talkessels. Steile Wände des Monte Tchôta und Pico d'Antónia grenzen ihn im Westen ein. Folgt man der kleinen Fahrstraße bergauf und biegt, wo sie steil zu werden beginnt, nach rechts auf den Platz ein, ist der Miradouro in knapp 10 Min. erreicht.

cv094 Foto: pr

Die Hauptstraße führt weiter, nun über die Brücke von João Teves, zum Marktflecken **Picos,** dem Sitz des 2005 geschaffenen Verwaltungsbezirks São Salvador do Mundo. Die kleine Stadt auf einer vorspringenden Hochfläche mit den Türmen der Erlöserkirche vor dem wie eine Karnevalskappe geformten bizarren Felsen Manhanga ist eines der bekanntesten Landschaftsmotive.

Assomada (540 m)

● **40 km von Praia,** ca. 1 Stunde auf direktem Weg, Aluguer-Verbindungen.

Santa Catarina ist mit rund 50.000 Einwohnern der größte ländliche Verwaltungsbezirk im Herzen der Insel, und entsprechend war Assomada schon vor der Unabhängigkeit ein bedeutender **Handels- und Marktplatz,** an dem aber kaum jemand wohnte. Danach haben die Emigrantenfamilien die fruchtbare Hochebene mit einem Gewirr mehrstöckiger Betonbauten überzogen, die halbfertig vor sich hindämmern. Schwarzer Schimmelpilz gibt ihnen das Aussehen jahrhundertealter Ruinen. Der Eindruck des Zerfalls täuscht, denn dazwischen breiten sich neue Straßen mit Justizpalast, der Keimzelle einer Universität, Polizei, Pensionen, Hotel, Werkstätten, Supermärkten und fertig gestellten Wohnblocks aus. Assomada ist die am schnellsten wachsende Regionalstadt Kap Verdes.

Miradouro: Blick auf São Jorge dos Orgãos und Monte João Teves

Es empfiehlt sich, einen Besuch Assomadas auf einen Mittwoch oder Samstag zu legen, um den großen, afrikanisch farbenfrohen **Markt** zu erleben. Lebende Ziegen und Kühe, landestypische Früchte und Gemüse, Fisch, lokale Töpferwaren, Körbe, Stoffe, Möbel, jede Menge chinesischer Textilien und Schuhe werden im Markt, auf den Straßen und im Gewirr des halbdunklen Basars angeboten.

Das **historische Stadtzentrum**, das sich nach Süden an den Markt anschließt, lohnt einen Rundgang. Nur teilweise renoviert, zeigen sich die kolonialen Gebäude in ursprünglichem Stil und Farben: die langen, regelmäßig von hohen Holztüren unterteilten Handelshäuser, ein kleines Kino im Stil des *Estado Novo* und pastellfarbene Wohnhäuser von Kolonialbeamten. Die **Praça Gustavo Monteiro,** auf der die Standbilder eines portugiesischen Paters und *Amílcar Cabrals* friedliche Koexistenz beweisen, wird eingerahmt von der Igreja Sta Fátima und dem neuen Rathaus. Unter einem ausladenden Walmdach entwickelt sich das lokale **Museu Tabanca** zum Kulturzentrum des Inselinneren und informiert mit einer sehenswerten Dokumentation über Ursprung, Symbolik und Ablauf der Tabanca-Feste. Lokale Veranstaltungen und wechselnde Ausstellungen richten sich vorwiegend an die Jugend. Eine kleine Sammlung historischer Gegenstände und Handarbeiten ergänzt das Bild. Das Gebäude, in der Kolonialzeit Telefonstation und Finanzverwaltung, hat den Schnitt eines typischen tropischen Verwaltungsbaus des 19. Jahrhunderts erhalten, wie man ihn auch in Guinea, Mosambik, São Tomé oder Angola in jeder Distriktstadt fand. Im Inneren befindet sich auch ein Internetcafé.

Abstecher in die Ribeira dos Engenhos

Wo, aus Praia kommend, die ersten Häuser von Assomada beginnen, zweigt eine Straße ab und zieht in Serpentinen hinunter in das Tal von Engenhos, der ältesten großflächigen bewässerten Landwirtschaft und Rum-Produktion des Landes. Im letzten Teil des Abstiegs durchquert man **Fonte Lima,** einen Ort, der für seine **Töpferwaren** bekannt ist. Frauen der **Cooperativa de Cerámica** formen große Wasserkrüge *(pôte)* und *bintos* zur Zubereitung von Couscous, und zwar ohne Töpferscheibe, indem sie beständig um das Werkstück herumlaufen.

In Telhal steht rechts der Ribeira die **Casa Serra,** das Gut der Familie *Coelho Serra*, **eines der eindrucksvollsten Zeugnisse der agrarischen Gesellschaftsordnung Santiagos.** Schon im Übergang vom 19. zum 20. Jahrhundert mechanisierten sie die Landwirtschaft mit Dampfmaschinen und den ersten Glühkopf-Dieselmotoren. Noch liegen die Wunderwerke der damaligen Moderne wie eine wertlose Schrottsammlung im Hinterhof, teils nie benutzte Ersatzteile von musealem Wert. Ein **strenges Regime** sorgte dafür, dass hart gearbeitet wurde. Die Glocke über dem Eingang schlug den Rhythmus eines zwölfstündigen Arbeitstages für Erwachsene und Kinder. Löhne wurden nicht in Geld, sondern in Gutscheinen *(vales)* bezahlt, die nur in *Sr. Serras* Laden gültig waren. Pächter mussten ihre volle Pacht bezahlen, auch wenn das in trockenen Jahren bedeutete, dass ihnen nicht genug zum Überleben blieb. Die Legende berichtet, dass mancher *proprietário* seine Pächter nur empfing, wenn sie ein Jacket trugen, womit ein paar Escudos extra zu berappen waren für den Kostümverleiher. Das Gut diente lange als Schule und ist somit recht gut erhalten geblieben. Zur Zeit steht es leer in Erwartung der Einrichtung eines Museums.

Im weiteren Verlauf des Tals wird intensiv **Gemüse** für den Markt in Praia angebaut. Die Bäuerinnen bewässern ihre Felder aus den Brunnen mit Gießkannen. Nirgendwo sieht man mehr **Graukopflieste,** sogenannte Eisvögel.

Dringt man weiter vor bis Chão de Tanque, so befindet man sich bereits auf der neu ausgebauten Straße, die weiterführt zur wüstenhaften Westküste und zum Rincão. Der weitere Verlauf der Rª dos Engenhos als **Rª Mato Sancho** von Mina di Ouro bis nach Águas Belas ist **eine der schönsten Talwanderungen der Insel.** Zurück steht die direkte Straße nach Assomada zur Verfügung.

Von Assomada weiter nach Norden fahrend, ist die **Kirche Santa Catarina** der nächste Höhepunkt. Die gepflasterte **Subida Calvária** ist Schauplatz farbenprächtiger Prozessionen. Die Kirche von Santa Catarina erscheint wie eine bescheidene Kapelle auf ihrem vorgelagerten Hügel, umspielt von Zypressen, die Glocken niedrig in die Umfassungsmauer gehängt. Ein Hauch oberitalienischer Romantik und ländliche Bescheidenheit ist zu spüren. Doch lange war sie – und offiziell ist sie es weiterhin – die wichtigste Kirche im Inselinneren, die „Igreja Matriz“, geschickt zwischen das damals nahezu bevölkerungslose Verwaltungszentrum von Assomada und die bevölkerungsreiche Hochebene von Achada Falcão platziert, deren Rand auch eine soziale Grenze markiert. Während die Güter der (ehemaligen) Landbesitzer oben auf der Hochfläche standen, zogen sich die Häuschen der Sklaven und armen Pächter am Hang hinunter in Choróró de Fonte Ana, heute bekannt durch eine der besten Batuco-Gruppen. Der Blick ruht auf dem weiten Tal der Boa Entrada, gekrönt von einem bizarr geformten Fels gleichen Namens. Im Tal ist mit etwas Geschick der Kapokbaum Poilon zu erkennen.

Nur 300 m in Verlängerung der Subida Calvária talwärts fällt die **Vila Cantor** ins Auge, das ehemalige Wohnhaus des Priesters. Als Privathaus ist es der Öffentlichkeit nicht zugänglich. Den großen Vorplatz überschatten Lemba-lemba-Bäume mit satt dunklem Blätterdach und riesigen Luftwurzeln, die bis zum Boden schaukeln. Die Lehm-Bruchsteinmauern in den Wirtschaftträumen liegen frei, und von der Original-Einrichtung sind nur Reste erhalten wie der tönerne *pôte,* aus dem viele Generationen getrunken haben.

Bei **Poilão de Boa Entrada,** tief im Tal, imponiert ein jahrhundertealter **Kapokbaum** mit mächtigen Brettwurzeln. Mit fast 30 m ist er der höchste Baum Cabo Verdes, und in seiner Krone brüten zwei der rar gewordenen einheimischen Purpurreiherpaare.

Wanderung Weg 401: Igreja Matriz Santa Catarina – Poilon – Assomada

- **Streckenwanderung:** 2,5 Std.

Es bietet sich eine Strecke an, auf welcher die Subida Calvária, die Kirche Santa Catarina und die Vila Cantor, der landwirtschaftlich intensiv genutzte Grund der Rª Boa Entrada und der Kapokbaum eine Halbtageswanderung ergeben.

Ausgangspunkt ist der Abzweig der Subida Calvária in Cabeça Carreira. Dieser folgt man bergab, besucht die Kirche und das ehemalige Pfarrhaus und steigt weiter ab bis auf den Talgrund. 300 m der Fahrspur talaufwärts folgend, steht man unter dem Poilon, zu dessen Brettwurzeln ein kleiner Weg abzweigt.

Für den **Rückweg** bieten sich zwei Alternativen an:

- [401] Sie steigen vom Fuß des Poilon nicht wieder ab auf den Talgrund, sondern folgen einem ansteigenden Feldweg westwärts. Dabei ist der Verlauf einer von der Hangschulter herunterziehenden Nebenstraße deutlich zu erkennen, an deren Ende einzeln stehende Häuser erreicht werden und der man auf die Hochfläche folgt. Die kleine Fahrstraße führt südwärts weiter nach Assomada. Im letzten Abschnitt verlassen die Fußgänger die Straße, queren ein Tal und erreichen so den kleinen Platz vor der Bank BCA.
- Beim Begehen in Gegenrichtung ist die Bank BCA der Ausgangspunkt, und nordöstlich gehend nutzt man die Fußgängerabkürzun nach Gil Bispo, folgt der Straße Richtung Entre Picos und steigt erst ab ins Tal, wenn die neue Straßentrasse erreicht ist, die nur 150 m vor dem eindrucksvollen Fels der Boa Entrada abzweigt. Die anfangs einem ausgewaschenen Bachbett ähnelnde „Straße" am Talgrund endet in einem kurvigen, nahezu verkehrsfreien Sträßchen, das in Nhagar, dem nördlichsten Vorort Assomadas, auf die Hauptstraße trifft.

Auf der **Achada Falcão,** inmitten von Feldern, steht das Haus, in dem **Amílcar Cabral** einige Jahre seiner Kindheit verbrachte. In dem Privathaus der geschichtsbewussten älteren Dame blieb das Wohnzimmer nahezu unverändert erhalten. Offizielle Besuchszeiten sind nicht bekannt. Die Hauptstraße zieht am neuen Regionalkrankenhaus Santiago Norte vorüber, entlässt über eine weitere Varianta eine gute Verbindungsstraße, die bei Calheta de São Miguel auf die Küstenstraße trifft, und schwingt sich hinüber zur Achada Lém.

Abstecher nach Ribeira da Barca

Bei **Achada Lém,** nahe der Capela Santa Ana, gabelt sich die Straße und eine vergleichsweise große Pflasterstraße zieht hinunter an die Küste nach Porto da Ribeira da Barca (ca. 6 km), heute ein kleiner **Fischerort mit Geröll- und** etwas **schwarzem Sandstrand.** Im Ort laden Bars zu frischen Getränken und Snacks ein. Der Hafen war bis zur Mitte des vergangenen Jahrhunderts von regionaler Bedeutung.

Mit dem **Fahrzeug** gelangt man weiter nach Süden über eine unbefestigte, von Kieslastwagen heftig malträtierte Straße nach **João Gago,** eine Strecke, die sich wegen der Aussicht aufs Meer auch als kleine Wanderung (30 Min.) anbietet. So richtig schön als Küstenwanderung wird der weitere Verlauf über den Pass zum Dorf **Achada Leite** (60 Min.) mit einer wie ein Tortenstück in den Atlantik hinausreichenden **Ponta Achada Leite** und in der Bucht verstreuten Basaltinseln. **Rocha Fundino** steht wie ein Turm majestätisch in ihrer Mitte.

Noch ein Stündchen weiter liegt **Águas Belas,** die Mündung der zuvor beschriebenen Rª do Engenho. Eine riesige **Brandungshöhle** aus rosarotem Fels und die im unteren Bereich der Ribeira anschließende, baumbestandene **Oase** sind die besonderen Reize, während der Strand fest im Griff der Baustoffsammler ist.

Bei **Fundura** spaltet sich die alte Staubstraße nach Figueira das Naus ab, die im weiteren Verlauf zum Strand von Rª da Prata ein beliebter Wanderweg geworden ist. Die Hauptstraße in Richtung Tarrafal schwingt sich hinauf zur **Serra da Malagueta,** begleitet von beeindruckender Fernsicht über die zentrale Hochebene. Etwa 500 m nördlich des Passes beginnen die Häuser des Dorfes **Serra.** Informationstafeln geben erste Hinweise und deuten auf das Gebäude des Naturparks hin, das keine 100 m abseits an der ersten nach Westen abzweigenden Seitenstraße liegt.

Eine sehenswerte kleine **Ausstellung** vermittelt grundlegende Informationen zur Serra und den Besonderheiten des Human-Ökosystems. Bildtafeln und Broschüren sind teils auch in Englisch vorhanden. Bergführer stehen nach Voranmeldung bereit. Ein **Lehrpfad** ist auf Besuche von Schulklassen ausgerichtet. Wanderwege sind bisher nur teilweise beschildert. Die Nummerierung unserer Wandervorschläge folgt deshalb der Nummerierung unserer Wanderkarte Santiago 1:60.000.

Das **geschützte Gebiet** umfasst auf 774 Hektar den halbfeuchten Nebelwald des Hauptkamms und für den Naturschutz besonders wertvolle Areale der teils felsigen Abhänge. Im Park sind 26 der 36 nur auf Santiago vorkommenden (endemischen) Arten zu finden, von denen 14 vom Aussterben bedroht sind. Der Eintritt in den Park ist kostenpflichtig.

- **Parque Natural Serra da Malagueta**
Serra, Tel. 2653707
www.areasprotegidas.cv/serramalagueta/

Wanderung 503: Serra de Malagueta – Figueira das Naus – Ribeira da Prata – Chão Bom

- **Streckenwanderung:** 4 Std., einfache Orientierung, sehr schöne Badegelegenheit am Strand. Bei klarer Sicht Blick auf Fogo. Für MTB geeignet mit 15 Min. Schiebestrecke.

Ausgangspunkt ist der Sitz der Parkverwaltung in Serra. Die Zufahrt zur Parkverwaltung verlängert sich als Staubstraße, die auf nahezu gleich bleibender Höhe in zwei großen Bögen in westlicher Richtung zieht. Wo die Staubstraße sich steil bergab zum Dorf Curral d'Asno wendet, bleibt unser Fußweg für einen weiteren Bogen im Hang, auf fast gleicher Höhe. Am folgenden Bergrücken bleibt die Wahl zwischen mehreren kleinen Wegen.

Um unnötigen Abstieg zu vermeiden, wählt man den nach Südosten aufsteigenden Weg, folgt ihm auf die Hochfläche und sieht im Westen bereits die die Laranjeira heraufziehende Staubstraße. Dieser folgend, liegt das erste Zwischenziel, die Kapelle und der Ort **Figueira das Naus,** beständig vor Augen. In den Läden bei der Kapelle findet man kühle Getränke und Kleinigkeiten zu essen. Weiter auf der nur noch mit Mühen befahrbaren, aber als Wanderweg idealen Straße gelangt man in einer guten Stunde hinunter nach **Ribeira da Prata** (dt.: silberner Strand), einem Emigranten- und Viehzüchterdorf an einem weiten, mit Palmen bestandenen Strand. Wäre er verkehrstechnisch besser angebunden, könnte er leicht Tarrafal den Rang ablaufen. Im Ort gibt es zwei kleine Läden.

Auf dem weiteren Weg Richtung **Chão Bom,** vermutlich am späten Nachmittag nach einem ausgiebigen Bad, erkennt man am silbrigen Glanz des Meeres und der Palmblätter gegen die tief stehende Sonne, wie der Ort zu seinem Namen gekommen sein mag.

Wanderung 505: Serra Malagueta – östlicher Höhenweg

• **Streckenwanderung:** 1 Std., einfache Orientierung auf Forststraße und nahe dem Hauptkamm, für MTB geeignet.

Ausgangspunkt ist der Abzweig einer kleinen Forststraße von der Nationalstraße 1 auf der Passhöhe (850 m) der **Serra de Malagueta,** etwa 100 m nördlich der Passhöhe. Fahrzeugen wird die Zufahrt durch eine Kette verwehrt. Der Zutritt zum Park ist kostenpflichtig. Nach 10 Min. mäßiger Steigung ist bereits der erste große Aussichtspunkt erreicht. Im weiteren Verlauf mögen Forstarbeiten dazu führen, dass Nebenwege größer erscheinen. Dies darf nicht dazu verleiten, den Höhenweg, der sich immer möglichst nahe am Bergkamm hält, zu verlassen. Der höchste Punkt des Sträßchens (1010 m) befindet sich unterhalb des Hauptgipfels der Serra (1069 m), doch ein Aufstieg lohnt kaum, weil dichter Bewuchs verhindert, mehr zu sehen als von den verschiedenen Aussichtspunkten entlang des Weges.

Nach Süden endet der Blick über die weiten Hochebenen von Santa Catarina an der steil aufragenden Pyramide des **Pico d'Antónia.** Westlich davon erkennt man die Strände um Calheta und ahnt die Insel Maio am Horizont. Im Norden verwehrt dichter Bewuchs zumeist die Sicht, doch ab und an öffnen sich die tiefen Kerbtäler und erlauben einen Blick auf die in der Tiefe liegenden Häuser und Felder von Principal.

Sacht führt die Fahrspur hinab in eine Zwischensenke, zur **Ruine** des ehemaligen Fortwächterhauses. Danach steigt sie wieder etwas an und endet nach weiteren 900 m im Wald. Nur 20 m südlich auf kleinem Weg durchs Gebüsch öffnet sich erstmals die Fernsicht über das **Tal von Gom Gom.**

Damit endet der Ausflug für Spaziergänger und Mountainbiker, denn die anschließenden Wege sind geübten Bergwanderern vorbehalten und werden meist mit Führer gegangen: **507** – Abstieg über Gom Gom nach Principal (weitere 2½ Std.); **506** – Kammwanderung nach Mato Correia (weitere 3 Std.); **506 a** – nach Espinho Branco; **506 b** – nach Pilão Cão.

Die lange Gerade in Richtung Tarrafal wird von der Häuserreihe des Dorfs nach Norden begleitet und eröffnet den Blick auf die nördliche Halbinsel von Tarrafal, überragt vom 645 m hohen rundlichen Monte Graciosa. **Chão Bom,** das gute Land, breitet sich in der Küstenebene aus. 300 m nach dem Ortsende erscheint das ehemalige Konzentrationslager von Tarrafal.

Konzentrationslager Tarrafal

1936–54: Colónia Penal do Tarrafal

Am 29. Oktober 1936 traf der erste Transport mit 152 Gefangenen ein, deren Verbannung auf der Grundlage zweier ähnlich gelagerter Ereignisse begründet wurde:

Die Glasbläserstadt Marinha Grande war am **18. Oktober 1934** Zentrum eines zivilen, „revolutionären Generalstreiks" gegen Ermächtigungsgesetze, Parteien- und Gewerkschaftsverbote, der als **Revolta da Marinha Grande** im Gedächtnis blieb. Die Gefangenen hatten bereits zwei Jahre in Festungsgefängnissen auf dem Kontinent und den Azoren hinter sich.

Die **Revolta dos Marinheiros** vom **8. September 1936** lag nur einen Monat zurück. Der Militäraufstand General *Francos* hatte den Bürgerkrieg in Spanien ausgelöst und die ohnehin scharfe ideologische Trennlinie zwischen Offizieren und unteren Rängen zum Glühen gebracht und eine Meuterei entfacht. Ein Militärsondergericht schickte 34 Aufständische mit dem ersten Transport nach Tarrafal. Fünf sollten die Zeit im Lager nicht überleben. Bis 1942 folgten weitere 185 politische Gefangene, danach 40. Der letzte trat 1951 den Leidensweg an. Die wenigsten der **340 Gefangenen** verbüßten eine von einem Gericht verhängte Strafe, sondern willkürlich als Präventivhaft, Schutzhaft oder als Sicherungsverwahrung deklarierte Zeiten ohne absehbarem Ende – in der Summe über 2000 Jahre.

Sie fanden sich wieder in einem 200 m langen und 150 m breiten Rechteck aus Stacheldraht, umgeben von einem vier Meter breiten und drei Meter tiefen Graben, in Zelten, später in Holzbaracken. Die Regenzeit verwandelte das Lager in einen Sumpf, gefolgt von Monaten der Hitze und Dürre. Hier waren die Gefangenen der Willkür und der Brutalität des ersten Kommandanten **Manuel dos Reis** ausgeliefert. Als ehemaliger Direktor von Festungsgefängnissen bedauerte er das Fehlen feuchter, kalter Kasematten im Repertoir fortgesetzter Misshandlungen und erfand das Gegenteil: **Frigideira,** als Bratpfanne oder Kaserole zu übersetzen, nannten Gefangene und Wächter den fensterlosen Betonbau, in dem unerträgliche, stickige Hitze von 50°C und mehr herrschte. Die als verschärfte Einzelhaft bezeichnete Strafe wurde so häufig und so lange verhängt, dass bis zu einem Dutzend Gefangenen kaum Luft zum Atmen blieb, im infernalischen Gestank gärender Fäkalien. Die Zwangsarbeit wegen Krankheit zu verweigern, wurde mit 20 Tagen Frigideira bestraft. 32 Gefangene starben und wurden auf dem Friedhof von Tarrafal begraben. Unter den vermerkten Todesursachen sind schwere Verlaufsformen der tropischen Malaria mit Abstand die häufigsten (19), bestätigt und nicht angezweifelt durch die Erinnerung der Mitgefangenen. Die Überlebenden nennen das Konzentrationslager **Campo da Morte Lenta,** Lager des langsamen Sterbens.

Besuchern stellt sich die Frage nach Zusammenhängen mit dem **Hitlerfaschismus** spätestens, wenn sie in der Ausstellung einen Brief entdecken, in dem der Kommandant des KZ Dachau auf den geplanten Besuch zweier portugiesischer Beamter eingeht. In der Rückschau der Gefangenen war die Entwicklung des Dritten Reichs und der Weltpolitik im Alltag des Lagers ständig präsent. Auch der Lagerarzt *Dr. Esmeraldo Pais Prata* ahmte das Verhalten sei-

cv096 Foto: pr

ner Kollegen im Dienste *Himmlers* nach, wenn er Behandlungen ablehnte mit den Worten: „Ich unterschreibe viel lieber Leichenschauscheine als Rezepte." Die Erfolge *Hitlers* in Guernica, Warschau und Paris ermunterten die Wächter, die Gefangenen zu verhöhnen und Willkür und Härte der Misshandlungen zu steigern. Mit der Niederlage *Hitlers* in Stalingrad traten Änderungen ein. Die Tage in der Frigideira wurden weniger, die Neuzugänge ebenso, und nach 1945 waren nur noch wenige Gefangene im Lager. *Salazar* entschloss sich unter dem Druck ausländischer Diplomaten, insbesondere der Vereinten Nationen und der USA, das Lager 1954 zu schließen. 1978 wurden die Verstorbenen exhumiert und nach Portugal zurückgeführt.

1961–74: Campo do Chão Bom

1961 wurde das Lager in ganz ähnlicher Form wiedereröffnet. Regimekritiker und -gegner aus Angola, Guinea-Bissau und Kap Verde waren, nach Nationalitäten getrennt, in den heute noch zu besichtigenden Zellen untergebracht. Das Regime unterschied sich nur wenig von den oben beschriebenen Zuständen, selbst ein Ersatz für die nach 1945 abgerissene Frigideira wur-

Gräber politischer Gefangener auf dem Friedhof von Tarrafal

de errichtet. Einzelne Schicksale sind gut beschrieben, doch die systematische Aufarbeitung steht noch aus.

Als am 25. April 1974 die **Nelkenrevolution** die faschistische Regierung in Portugal in Bedrängnis brachte, hoffte der Kommandant des Lagers auf eine Wende rückwärts und weigerte sich, die Gefangenen zu entlassen. Die Bevölkerung Santiagos zog in einer großen Demonstration am 1. Mai 1974 nach Chão Bom, um sie zu befreien.

2009: Museu da Resistência

Seit 2006 steht das Lager unter Denkmalschutz, und in der ehemaligen Sekretariatsbaracke links vom Eingang gibt es eine **Ausstellung** über die Zeit von 1935 bis 1954, die zum Museum ausgebaut wird.

- **Infos im Internet:** www.maismemoria.org, Website der Initiative „Nam não apgaram a memória!“ (dt.: Löscht nicht die Erinnerung!).

Vila Tarrafal

Die Stadt Tarrafal an der Nordspitze Santiagos ist Verwaltungshauptstadt des gleichnamigen Bezirks mit etwa **23.000 Einwohnern.**

Im Zentrum gewinnt der Hauptplatz durch die gepflegte Bepflanzung, einen Springbrunnen und Sitzbänke von Jahr zu Jahr an Würde und Charme. Die katholische **Hauptkirche Santo Amaro Abade,** die freundliche Fassade des **historischen Rathauses,** die typischen Kolonialläden entlang der Via Centro bewahren den Stil einer bescheidener Kolonialarchitektur. Der städtische Markt in der Süd-West-Ecke öffnet sich für neue Aufgaben, nachdem er der Versorgung der rasch wachsenden Wohnviertel schon lange nicht mehr gewachsen war und durch eine Markthalle am Ortseingang Verstärkung erfuhr. Das alte **Zollgebäude** überblickt das Treiben am Strand und der Mole.

Die Besucher zieht es schnell an den weiten **Strand.** Eine windgeschützte Bucht mit **Palmen** und hellem Sandstrand, ein kleiner Fischerhafen, klares Wasser und Berge in der Umgebung – das ist es, was Tarrafal für sie interessant macht. An Sommerwochenenden ist Hochbetrieb, wenn ganz Tarrafal und viele Gäste aus Praia kommen. Es ist einer der wenigen Strände Cabo Verdes, an dem Palmen Schatten spenden. Der Palmenhain setzt sich in der Bungalowanlage des Hotels Baía Verde fort.

Über dem Ort thront der **Monte Graciosa** (645 m), ein von der Erosion weitgehend freigelegter Vulkanschlot. Im Westen weist er hoch am Hang Brandungshöhlen auf, aus denen sich erkennen lässt, dass er zu früheren Zeiten weitaus tiefer im Meer lag.

Der sonst ruhige Alltag wird durch die **Ankunft der Fischer** unterbrochen. Die Verkäuferinnen nehmen den Fang entgegen, Privatleute kaufen direkt ab Boot, und alle gemeinsam schleppen die Boote an Land. Oft bringen sie neben kleineren Fischen, Makrelen, Sardellen, Barschen, Muränen und anderen Meerestieren auch große Thunfische mit, die gleich vor Ort zerlegt werden. Taucher erlegen noch immer große Langusten.

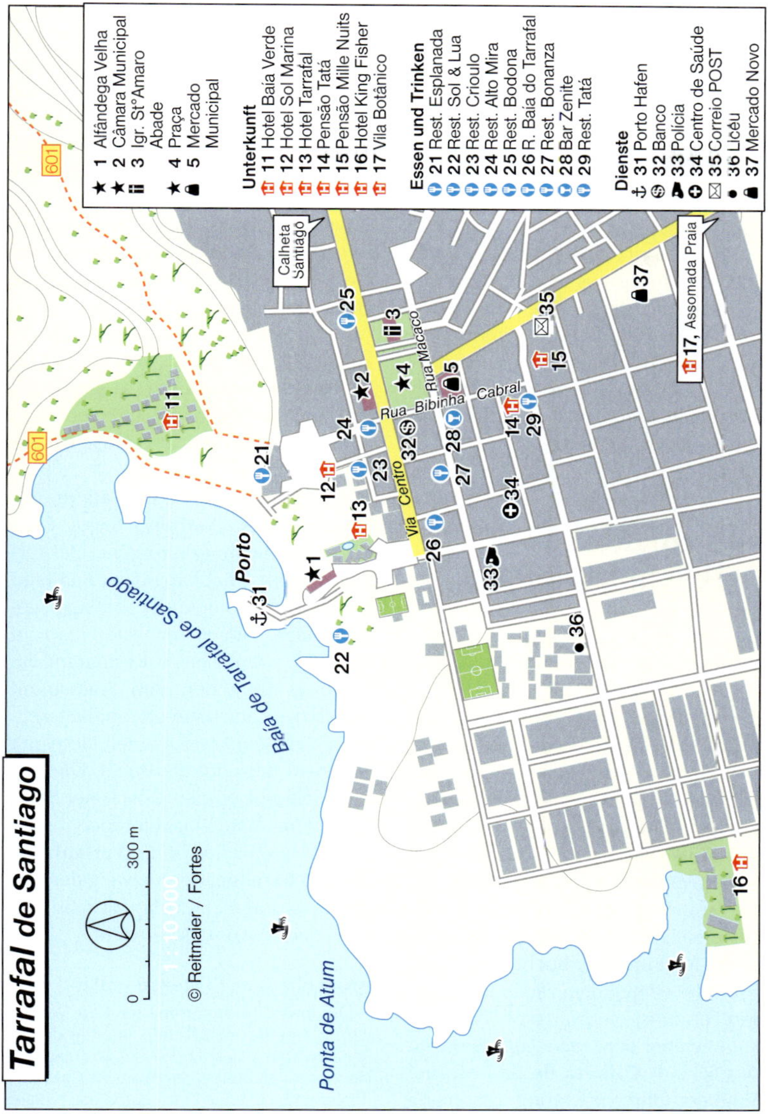
Tarrafal de Santiago
0
300 m
1 : 10 000
© Reitmaier / Fortes
1 Alfândega Velha
2 Câmara Municipal
3 Igr. StºAmaro Abade
4 Praça
5 Mercado Municipal
Unterkunft
11 Hotel Baía Verde
12 Hotel Sol Marina
13 Hotel Tarrafal
14 Pensão Tatá
15 Pensão Mille Nuits
16 Hotel King Fisher
17 Vila Botânico
Essen und Trinken
21 Rest. Esplanada
22 Rest. Sol & Lua
23 Rest. Crioulo
24 Rest. Alto Mira
25 Rest. Bodona
26 R. Baía do Tarrafal
27 Rest. Bonanza
28 Bar Zenite
29 Rest. Tatá
Dienste
31 Porto Hafen
32 Banco
33 Polícia
34 Centro de Saúde
35 Correio POST
36 Liceu
37 Mercado Novo
Calheta Santiago
17, Assomada Praia
Rua Macaco
Rua Bibinha Cabral
Via Centro
601
Porto
Baía de Tarrafal de Santiago
Ponta de Atum

Nach Norden hin wird die Bucht von Tarrafal durch die **Landzunge Ponta Preta** begrenzt, wo ein Leuchtturm den Schiffen den Weg weist. Der Weg dorthin ist schwierig und schwer zu finden und keinesfalls ein Ausflug in Badeschläppchen! Ohne Begleitung ist er auch aus Sicherheitsgründen nicht zu empfehlen!

Tarrafal besitzt keine großen Hotels, denn der Tourismus wird weniger von den ausländischen Gästen als von denen aus der Hauptstadt bestimmt. Qualitativ reicht das Angebot von einfachen Pensionen bis zu feinsten Ferienwohnungen. Taucher und Sportfischer finden beste Bedingungen vor.

Von Tarrafal an der Ostküste nach Praia

- Rechnen Sie für die **80 km** lange Strecke ca. 2½ Stunden reine Fahrzeit.

Zunächst führt die Fahrt durch eine kahle, wüstenhafte Landschaft, bergauf und bergab, von einer Ribeira zur nächsten. Gelegentlich passiert man eine kleine Ortschaft, fruchtbare, oasenhafte Täler und schroffe, bizarre Inselberge. Ab **Porto Formoso** windet sich die Straße in engen Serpentinen die Küste entlang. In **Mangue de Sete Ribeiras** folgt sie einer Bucht, in die mehrere Täler einmünden. Die Brandung an den Felsen ist eindrucksvoll. Auf einer Anhöhe über dem Meer liegt die kleine Distriktstadt **Calheta de São Miguel.** Aluguers fahren Richtung Assomada, Tarrafal und Praia sowie in die größeren Ribeiras Ribeira de Flamengo und Ribeira do Principal, sodass Calheta als unmittelbarer Ausgangspunkt oder nach kurzer Anfahrt eine Vielzahl schöner Wanderungen bietet. Im Ort gibt es zwei Pensionen und mehrere Bars und Restaurants.

Wenig südlich des Ortsausgangs zweigt eine gute Verbindungsstraße ab, die durch die Rª Flamengos auf die Hochebene von Santa Catarina führt. Am Ortsende von **Cancelo** lohnt ein kurzer Halt, um den Blick auf die weite **Ribeira de Santa Cruz** zu genießen. Die großen Bananenplantagen sind einst ausschließlich für den Export angelegt worden.

Wenig später ist **Pedra Badejo,** der Hauptort des Concelho Santa Cruz (33.000 Einwohner), erreicht. Der Ort hieß bis zur Unabhängigkeit Santiago Major, und bis heute ist „Santiago" gebräuchlich. Am Hafen kann man im großzügig renovierten Restaurant Falucho essen gehen. Am Stadtstrand wurde das ehemalige Gesundheitszentrum zu einem komfortablen Hotel mit schönem Blick auf die Bucht. Die beiden kleinen Lagunen östlich der Stadt sind interessante Vogelbiotope.

Nur 1 km weiter ist die **Varianta da Achada Fazenda,** der Abzweig der Verbindungsstraße zur Nationalstraße von Praia nach Assomada, erreicht.

Abstecher zur Talsperre Poilão

Die **erste Betonstaumauer Kap Verdes** wurde an einer natürlichen Talenge der Rª Seca zwischen Lavada dos Orgãos und Poilão mit Unterstützung durch die VR China errichtet und nach nur 17 Monaten Bauzeit am

3. Juli 2006 eingeweiht. Die Krone der 26 m hohen Mauer ist 153 m lang. Die Staumauer hat eine Rückhaltekapazität von 1,7 Mio. m^3 Wasser, die erlaubt, rund 50 Hektar für den bewässerten Garten- und Landbau zu erschließen. Am südlichen Ende der Staumauer überblickt ein kleiner **chinesischer Kiosk** den See, der als Standort zur Vogelbeobachtung beliebt ist.

Im weiteren Verlauf zieht sich die Straße von der Küste zurück. Kurz vor **Milho Branco** zweigt Richtung Küste eine Piste ab zum Hafenort **Praia Baixo mit Strand.** Weiter im Tal spenden Palmen Schatten. An Sommersonntagen ist allgemeiner Badebetrieb mit Gästen aus Praia. Die Küstenstraße trifft 2,5 km weiter südlich auf die Nationalstraße zwischen Praia und São Domingos.

Strände und Wasserverhältnisse

Praia besitzt mehrere **stadtnahe Strände,** von denen **Prainha** und **Quebra Canela** die besten sind. **Praia Baixo** im Osten der Insel ist während der Woche sehr viel ruhiger. **São Francisco** ist ein weiter heller Sandstrand mit guten Bedingungen beim Großresort Sambala Village. **Tarrafal** hat einen sehr schönen, in zwei Buchten geteilten hellen Sandstrand, teilweise unter Palmen. Unter der Woche sind Fischer und Gäste unter sich, am Wochenende gleicht er eher einem gut besuchten Stadtstrand. **Ribeira da Prata** bietet einen riesigen Sandstrand mit Palmen. Sammeltaxis von Chão Bom befahren mehrmals am Tag die etwa eine Stunde zu Fuß in Anspruch nehmende Fahrspur entlang der Küste.

Reiseplanung Santiago

Eine Woche ist fast zu kurz, um nach Priorität gestaffelt das Interessanteste einplanen zu können:

- Ein Tag in **Cidade da Rª Grande de Santiago,** um Geschichte und Kultur kennen zu lernen. Die entsprechenden Kapitel vorher gelesen zu haben, erleichtert das Verständnis.
- Ein Tag in **Praia**, dessen touristische Qualitäten zu häufig übersehen werden.
- Zwei Tage **Rundfahrt** über die Insel.
- Ein Tag **Wandern in der Serra de Malagueta;** abseits der beschriebenen Wege empfiehlt es sich, mit Führer zu wandern; lokale Reisebüros bieten geführte Wanderungen an (siehe „Reisebüros");
- **Wassersport, Baden, Tauchen, Schnorcheln;** noch gibt es keine Windsurfstationen und auch keinen gesicherten Transport für selbst mitgebrachte Boards.

Praktische Infos

Anreise mit dem Flugzeug

- Der **Internationale Flughafen Praia** (Tel. 2616912, 2614163) befindet sich auf der im Nordosten Praias gelegenen Achada Grande (4 km zum Stadtzentrum). Hier kommen internationale Flüge aus den USA und vom afrikanischen Kontinent an sowie Inlandsflüge.

Internationale Verbindungen

- Einmal wöchentlich **Boston/USA, Amsterdam, Paris;** mehrmals wöchentlich **Lissabon** und mit Air Senegal oder TACV nach **Dakar/Senegal.**

cv095 Foto: pr

Zwischen den Inseln

- Der Flughafen Praia ist (zusammen mit Sal) ein wichtiges Drehkreuz im Flugverkehr zwischen den Inseln. Es bestehen täglich (mehrere) Verbindungen **nach Sal und São Vicente,** mehrmals wöchentlich nach **Fogo, Maio, Boa Vista** und nach **São Nicolau** via São Vicente.

Weitere Informationen im Kapitel „Reisen im Land".

Fluggesellschaften

- **TACV Cabo Verde Airlines**
Rua Serpa Pinto, Praia, Tel. 2608200, Mo bis Fr 8–12 und 14.30–18 Uhr, Sa 8–11.30 Uhr, Reservierungen unter Tel. 2608860.
- **Halcyon Air**
Aeroporto da Praia, Agência Morabitur, Tel. 2634823, Fax 2634954.
- **Air Senegal**
Av. Amílcar Cabral, Praia, Tel. 2617529, Fax 2615483.
- **TAP Air Portugal**
APT Praia, Tel. 2615826, Fax 2611266.

Fährverbindungen

Fährverbindungen mit den anderen Inseln sind unregelmäßig und **folgen der Logik des Gütertransports.** In letzter Zeit recht zuverlässig verkehrt die Fähre der STM von **Praia nach Fogo, Brava und Boa Vista.**

Erkundigen Sie sich vor Ort bei den Agenturen (siehe „Praktische Tipps A–Z – Reisen im Land/Mit dem Schiff"). Aktuelle Fahrpläne online: www.bela-vista.net/Faehre.aspx.

Markttag in Assomada

Mit dem Segelschiff

Praia hat einen Naturhafen. Die geschützte Bucht von **Tarrafal** im Nordwesten Santiagos bietet sich ebenso zum Ankern an. Diesel erhält man an beiden Orten, während Lebensmittel und Ausrüstungsgegenstände nur in Praia aufzutreiben sind.

Reisen auf der Insel

Auf Santiago können Sie sich problemlos **im Aluguer oder Mietwagen** fortbewegen. Die Insel verfügt über ein **gut ausgebautes Verkehrsnetz** mit Asphalt-, kopfsteingepflasterten und einigen Staubstraßen.

Taxis, Busse, Aluguers

- **Innerhalb Praias** verkehren **Busse** mit festen Preisen und festen Haltestellen in alle Stadtviertel. **Taxis** kann man überall in der Stadt anhalten (Stadtfahrt ca. 200 CVE). Die **Anmietung eines Taxis** für einen ganzen Tag kostet 8000–10.000 CVE. Der Fahrer erhält üblicherweise ein Gratis-Essen und -getränk.
- **Aluguers verbinden die Orte der Inseln untereinander.** Am häufigsten befahren ist die Route Praia – Assomada. Assomada – Tarrafal ist weniger stark frequentiert, doch es bestehen mehrmals täglich Verbindungen. Auch die Route an der Ostküste wird mehrmals täglich befahren.

Haltestellen für Aluguers in Praia liegen am Sucupira-Markt. Die Fahrzeuge nach Cidade Velha gehen ab von der Rotunda in Terra Branca. Die Fahrzeuge fahren definitiv erst dann ab, wenn sie voll sind. Vorher zirkulieren sie durch die Straßen der Stadt, um genügend Kunden zu finden – das kann dauern.

Autoverleih

- **Alucar**
Chã de Areia, Praia, Tel. 2615801, Fax 2614900, alucarstrc@cvtelecom.cv.
- **Autobraza**
Vila Nova, Praia, Tel. 2631814, Fax 2631824.
- **AVIS**
Am Flughafen (auch nachts) und im Hotel Praia Mar, Tel. 2618748, Fax 2612972.

●**CLASSIC-Autorental**
Praia, Tel./Fax 2615558.
●**Ferreira Cars,** Praia, Tel. 2616949.
●**Hertz**
Am Flughafen (auch nachts), Tel. 2612858, www.hertz.pt.
●**SOCIARPA Lda.** de Santos Paiva
Praia, Av. Amílcar Cabral, Tel. 2615790, Fax 2612791.

Reservierung ist generell empfehlenswert. Die Preise beginnen bei 4500 CVE/Tag. Anmietung und Abgabe nur werktags! Miete und ab 300 Euro Kaution werden in cash over the counter bezahlt. Keine Kreditkarten.

●Wenn Sie sich **in Tarrafal** ein Fahrzeug mieten wollen, erkundigen Sie sich in Ihrem Quartier oder im Hotel Baia Verde.

Unterkunft

Kleinere Hotels und Pensionen finden sich in allen Distriktstädten. Rui Vaz hat ein schönes Berghotel für Wanderer. In Praia liegen die moderneren und gehobeneren Hotels an der Küstenstraße nach Prainha. In zentral gelegenen Unterkünften kann es nachts laut sein. Die meisten Unterkünfte verlangen **Barzahlung** beim Einchecken. **Vorbuchen** ist sinnvoll, da hauptstädtische Aktivitäten wie Parlamentsvollversammlungen, Konferenzen etc. alle Quartiere für mehrere Tage belegen können. Es ist immer ratsam, sich vor dem Einchecken die Zimmer anzusehen, Du/WC zu überprüfen und einen Wasserhahn aufzudrehen.

●**Internet** (aktualisierte Unterkunftsliste): www.bela-vista.net/Pension-Santiago-d.aspx

Praia

●**Hotel Pestana Trópico**
C.P. 413, Praia, Santiago
Tel. 2614200, Fax 2615225
Im vornehmeren Teil von Praia auf einem Felsvorsprung über dem Meer. 47 komfortable Zimmer mit Bad oder Du/WC, Klimaanlage, TV, Radio; Restaurant, Bar, verschiedene Konferenzräume; Meerwasser-Pool mit großer Sonnenterrasse; kleiner Sandstrand in unmittelbarer Nähe, ca. 15 Min. ins Zentrum von Praia. DZ ab 12.000 CVE.
●**Hotel Barceló Oasis Praia Mar**
C.P. 75, Praia, Santiago
Tel. 2614153, 2614355, Fax 2612972
Im besten Stadtteil Prainha auf der Halbinsel beim Leuchtturm gelegenes Hotel der gehobenen Kategorie. Direkt vor dem Hotel die kleine Strandbucht Prainha und ein paar Meter weiter der Strand Quebra-Canela. 30 Zimmer und 16 Bungalows, ausgestattet mit Du/WC, Radio, Telefon, Klimaanlage und Balkon. Die Hotelgebäude, Restaurant und Bar gruppieren sich um einen Meerwasser-Swimmingpool; außerdem Diskothek, Tennis-Hartplatz, großer Fitnessraum. Tauchstation für Scuba-Taucher und Schnorchler mit komplettem Angebot. Das Hotel ist behindertengerecht ausgestattet und bei Geschäftsreisenden wie Urlaubern sehr beliebt. Das Restaurant Alex's und die Disco A Capital gehören zu den ersten Adressen von Praias Oberschicht und Schickeria. DZ ab 12.000 CVE.
●**Pensão Benfica**
Palmarejo de Baixo
Tel. 2627446, Fax 2616660
Neue hotelartige Komfortpension im küstennahen Teil von Palmarejo, komfortable Zimmer mit Du/WC, Balkon mit Meerblick, AC, Satelliten-TV. Bar und Restaurant mit kapverdianischer und internationaler Küche. DZ ab 8000 CVE.
●**Hotel Pérola**
Chã de Areia, Tel. 2627226
Zimmer mit Du/WC, AC, Bar, Satelliten-TV. Terrasse mit Meeresblick. DZ ab 6500 CVE.
●**Hotel América**
Achada de Santo António
Tel. 2621431, 2616250, Fax 2616252
Modernes Hotel in ruhiger Lage auf einem Hochplateau über Prainha, geräumige Zimmer mit Du/WC, AC, TV, Telefon. Restaurant und Bar mit Dachterrasse, Diskothek. DZ ab ca. 5500 CVE.
●**Hotel Eurolines**
Fazenda, Av. Cidade de Lisboa
Tel. 2603010
Hotel im Stadtteil Fazenda mit komfortablen Zimmern. Eigenes, gutes Restaurant. DZ ab 5000 CVE.

- **Hotel Luar**
Terra Branca, Tel. 2615947, Fax 2616038
Mittelklasse-Stadthotel, 27 Zimmer mit Du/WC, TV, Telefon, teilweise AC. Restaurant, Bar, Terrasse mit Snack-Bar. DZ ab 5000 CVE einschließlich Frühstück.
- **Aparthotel Holanda**
Achada de Santo António
Tel. 2623973, Fax 2623710
Familiäres Hotel, Zimmer z.T. mit eigenem Bad. Der Besitzer, ein kapverdianischer Bildhauer, spricht Holländisch und Englisch. DZ ab ca. 3500 CVE, Frühstück extra.
- **Hotel Felicidade**
C.P. 154, Rua Serpa Pinto
Tel. 2615585, Fax 2611289
Zentral auf dem Plateau gelegen, 24 Zimmer mit Du/WC. Dachgarten-Restaurant, Aufzug. DZ ca. 5500 CVE.
- **Residencial Beramar**
Chã d'Areia, Tel. 2616400
Geräumige Zimmer mit AC, Frigobar, TV, teils mit Meerblick. Dachterrasse, Internetzugang. DZ ab 6300 CVE.
- **Residencial Santa Maria**
Plateau, Rua Serpa Pinto, Tel. 2614337
Geräumige Zimmer mit AC, Frigobar, TV, Dachterrasse. DZ ab 6100 CVE.
- **Residencial Praia Maria**
Plateau, Tel. 2614337, Fax 2614178
Traditionspension mit geräumigen Zimmern, die mit AC, Frigobar und TV ausgestattet sind. DZ ab 6100 CVE.
- **Residencial Rosymar**
Rua Tenente Valadim, Plateau
Tel. 2616345
Unter neuen Besitzern wiedererstehende familiäre Pension, renoviert und erweitert, noch ohne Erfahrungswerte.
- **Residencial Paraiso**
Rua Serpa Pinto, Tel. 2613539
Am Nordende des Plateaus gelegene einfache Pension. DZ ab 3500 CVE.

Cidade da Rª Grande de Santiago

- **KamuKuKafe (B&B)**
Tel. 2671333
Zimmer mit Frühstück, die das italienische Restaurant Kusa di Kasa (s.u.) vermietet, am Ortseingang Richtung Praia. Meerblick.
- **Pensão Abel Henry Borges**
Tel. 2671374
Drei einfache Privatzimmer in den strohgedeckten historischen Häusern der Rua Banana. Gemeinschafts-Du/WC, sehr freundliches älteres Ehepaar. DZ ab 2500 CVE.
- **Pousada Cidade Velha**
Tel. 26126636
Sechs einfache Zimmer mit eigenem Bad in der dem historischen Vorbild folgenden, neu erbauten Pousada, 500 m taleinwärts, ohne Restaurant. Auskunft bei der Informação Turística. DZ ab 7000 CVE.
- **Hotel Espaço Pôr do Sol**
Tel. 2671622
Kleines, feines Hotel auf der nächsten Halbinsel etwa 2 km westlich von Cidade Rª Grande. Sehr gut eingerichtete, komfortable Räume. Gutes, hübsches Restaurant mit großer Terrasse, Süßwasserpool. DZ ab 5500 CVE.

Naturpark Serra do Pico d'Antónia

- **Quinta da Montanha**
Rui Vaz, Santiago
Tel. 2685002, Handy 9924013
Sehr angenehmes Berghotel am Eingang zum Naturpark in Rui Vaz. Ausflüge und Höhenwanderungen in den Waldgebieten und geführter Aufstieg zum Pico d'Antónia. Komfortable Zimmer mit eigenem Bad, Balkon. Gutes Restaurant mit Speisen aus großer eigener Landwirtschaft, Sonntagsbüfett. DZ ab 4500 CVE.

Assomada

- **Hotel Prestige**
Tel. 2655000, Fax 2654131
Neubau in der Ortsmitte. Alle Zimmer mit eigenem Bad, Telefon, TV, teilweise AC; Snack-Restaurant. DZ ab 3500 CVE.
- **Hotel Avenida**
Tel. 2653462, Fax 2653469
Neubau südlich der Ortsmitte. Alle Zimmer mit eigenem Bad, Telefon, TV, teilweise AC. DZ ab 3200 CVE.
- **Pensão Monraci**
Tel. 2651932
Neubau am Ortsausgang Richtung Praia. Zimmer mit Bad, Telefon, TV, Restaurant, Internet. DZ ab 2800 CVE inkl. Frühstück.

•Pensão Café Paris – 2000
Tel. 2653502, Fax 2652220
Neubau, alle Zimmer mit Du/WC, ruhige Lage östlich der Hauptstraße. DZ ab 2500 CVE inkl. Frühstück.

•Pensão Crioula
Preiswerte Zimmer in der Ortsmitte.

•Residencial Asa Branca
Tel. 2652372
Einfache Unterkunft an der Durchgangsstraße Praia – Tarrafal.

•Pensão Côte de Françe
6 km außerhalb in Achada Lém, bekannt durch das gleichnamige französische Restaurant (s.u.).

Tarrafal

•Vila Botânico
Tel./Fax 2661800
Zwei aufwendig eingerichtete Zimmer in der Luxusvilla eines deutschen Ehepaars, Frühstücksbüfett und Brunch. Im gepflegten Garten befindet sich ein Süßwasserpool. 10 Min. zu Fuß in die Stadt, 15 Min. zum Strand. DZ ca. 9600 CVE.

•Aparthotel King-Fisher
Tel. 2661100, Fax 2662260
www.caboverdedirekt.de
Komfortable Ferienhäuser und -wohnungen auf der Halbinsel Ponta Atum mit eigener Felsen-Badebucht; sehr ruhig, abgesehen vom Meeresrauschen; 5 Min. zum Strand und in die Ortsmitte; Selbstversorger und Pensionsgäste; hauseigene **Tauchbasis King Bay Base N° 1** des seit Jahrzenten in Cabo Verde ansässigen deutschen Besitzers. 4-Personen-Ferienhaus ab 580 Euro pro Woche, 2-Personen-Apartment ab 350 Euro pro Woche.

•Baía Verde
Tel. 2661128, Fax 2661414
Die Bungalow-Anlage liegt direkt am Sandstrand der Bucht von Tarrafal inmitten eines Palmenhaines; 34 verschieden große Bungalows (auch Studios für 4–6 Personen) mit zweckmäßiger Einrichtung, Du/WC (nicht überall Warmwasser), Telefon, TV, kleiner Terrasse, teilweise Klimaanlage; außerdem stehen den Gästen Bar, Restaurant sowie eine kleine Diskothek zur Verfügung. DZ ca. 3500–4500 CVE.

•Hotel Tarrafal
Tel. 2661785, Fax 2662273
Modernes Hotel in der Strandbucht, komfortable Zimmer mit eigenem Bad oder Du/WC, AC, Telefon, TV, Restaurant, Bar, Süßwasserpool. DZ ab 5000 CVE.

•Hotel Sol Marina
Tel. 2661219, Fax 2661219
Pension in einem Neubau oberhalb der Strandbucht, gemütliche Zimmer teils mit Balkon und Meerblick, alle mit eigener Du/WC, DZ ab 3000 CVE. Gute kapverdianische und internationale Küche im schattigen Restaurant, häufig mit traditioneller Livemusik. Organisierte Ausflüge zum Fischen oder Wandern in der Serra Malagueta.

•Pensão Tatá
Tel. 2661125, Fax 2661571
8 einfache Zimmer mit Waschgelegenheit, im Ortszentrum, 600 m zum Strand.

•Pensão Mille Nuits
Tel. 2661463. Bar, Restaurant.

São Francisco

•Sambala Village
Englische Großanlage mit zwei Luxushotels, 68 Ferienhäusern und 388 Apartments (Vermietung und Verkauf); Charter ab Birmingham. Es wird bereits an der zweiten Phase, Vivendas de Santiago, gebaut. Infos im Internet unter www.sambaladevelopments.com.

Pedra Badejo

•Palm Beach Resort
Tel. 2692888, www.palmebeachresort.com
Hotel nach norwegischen Standards mit perfektem Meerblick nach Maio, schwarzem Sandstrand, Zimmern mit Balkon zur Seeseite, die größer sind als die Suites in anderen Häusern, bedingt konferenzfähig. Gutes Restaurant, zurückhaltende Preisgestaltung. DZ ab 5000 CVE.

Blick vom Hauptkamm der Serra Malagueta nach Gom Gom

Calheta

- **Pensão Morgana**

Ausgeschildert. Sehr einfache Zimmer, DZ ab 3000 CVE.

Restaurants, Bars

Praia

Internationale Küche guter Qualität bieten sowohl die besseren Restaurants entlang der Hafenbucht als auch die in den internationalen Hotels zu ähnlichen Preisen wie in europäischen Städten. Die Restaurants in Geschäfts- und Wohnvierteln kochen vorwiegend für den **einheimischen Geschmack,** und der verlangt Gerichte, die authentisch schmecken wie bei der Oma auf dem Lande, aber auch portugiesische Küche und Fast Food. Einige haben sich erfolgreich spezialisiert auf Fisch, Meeresfrüchte, italienische, senegalesische oder nordafrikanische Gerichte. Pizzerien und Lanchonetes, Grillbars und Garküchen ernähren die Eiligen zu günstigen Preisen. Restaurants mit Livemusik beginnen ihr Programm meist ab 20 Uhr.

Waterfront und neue Stadviertel

- **Esplanada Tabanka Mar**

Prainha

Internationales Restaurant, große Terrasse mit Blick auf Leuchtturm und Hafen an der Basis der Ponta Temerosa.

- **Alkimist**

Quebra Canela, Tel. 252486

Bar/Restaurant am Stadtstrand, gute italienische Küche, Fisch und Meeresfrüchte sowie schöne Aussicht.

cv100 Foto: pr

cv101 Foto: pr

•Espaço K
Quebra Canela
Pizzeria, Bar und Pub am Stadtstrand - sehr angenehm, um den späten Nachmittag und Abend im Freien zu genießen.

•Restaurante Ca Diga
Achada de Santo António
Nahe dem UN-Gebäude. Preiswerte kapverdianische und internationale Gerichte, auch Tagesgerichte.

•O Poeta
Achada de Santo António
Tel. 2613800
Das moderne Restaurant mit dem besten Fernblick über die Bucht von der überschatteten Terrasse ist dank konstant guter portugiesischer und kapverdianischer Küche und professionellem Service ein Fixpunkt im Treiben des nahe gelegenen Parlaments, der Politik und Geschäftswelt von Praia. Vorbestellen oder etwas früher kommen als die anderen Gäste sichert einen Platz auf der schönen Terrasse.

•Germar Gamboa
Gamboa, Tel. 2612008
An der Uferstraße beim Hotel Pérola. Gepflegtes Restaurant mit großer Speisekarte und gutem Service.

•Beramar Grill
Chã d'Areia, Tel. 2615150
Reines Fischrestaurant mit hervorragender Küche nach Art der Insel Fogo.

•A Bolha
Achada de Santo António
Internationales Restaurant mit überschattetem Außenbereich und guter Küche mittlerer Preislage.

•O Cometa
Achada de Santo António
Esplanada mit Schnellgerichten, schmackhaft und preiswert.

•Punto d'Incontro
Av. Cidade de Lisboa
Halb offenes Restaurant, schnell und gut und deshalb beliebt bei den Mitarbeitern des Palâcio de Governo.

•Sovaco de Cobra
Terra Branca
Grillbar und Crêperie mit allen erdenklichen Crêpes, würzig gegrillten Hähnchen und Rindfleischspießen, preiswert.

•Hotel Eurolines
Fazenda, Av. Cidade de Lisboa, Tel. 2603010
Reichhaltige portugiesische Küche, preiswert, Qualität und Service sind gut.

Sucupira

•Kreolische und afrikanische Garküchen bieten spottbillige und authentische kulinarische Abenteuer nach dem Prinzip: Cook it, peel it or forget it!

Platô

•Café Sodade
Rua Andrade Corvo
Klein, eng, laut und meistens voll, denn der Kaffee ist gut, die kleinen Gerichte nicht weniger und ... man trifft sich.

•Pastelaria Boca Doce
Rua Andrade Corvo
Bäckerei und Pastelaria mit guten Backwaren und Kuchen.

•Panorama
Rua Andrade Corvo, Tel. 2614100
Gutes Restaurant mit reicher internationaler, portugiesisch betonter Speisekarte auf der Dachterrasse des Hotel Felicidade (Aufzug) - insbesondere abends interessanter Blick über die Dachlandschaft der Altstadt.

•Café Sofia
Praça Luis Camões
Sehr angenehmes Straßencafé und idealer Treffpunkt auf dem Plateau. Cybercafé.

•Grill Bar SPLAB
Zwischen UNICV und Hospital HAN
Tel. 2616851
Nette Bar und Grillrestaurant mit Panoramablick.

•Lanchonete Aquarium
Rua Serpa Pinto, Tel. 2613228
Einfache Bar/Restaurant mit Seewasser-Aquarien, Kaffee, Frühstück, Schnellgerichte.

•Restaurante Flôr di Liz
Rua 5 de Julho, Tel. 2612598
Gute kapverdianische und internationale Küche der mittleren Preisklasse.

•Pastelaria Vilu
Rua 5 de Julho
Bäckerei, Pastelaria und die geheimnisvolle Welt der vielfältigen Süßigkeiten von Kap Verde.

•5tal de Música
(sprich Quintal de Música)
Plateau, Av. Amílcar Cabral 70, Tel. 2617090
Musikrestaurant im Innenhof eines Altstadthauses mit vorwiegend traditoneller Livemusik und gepflegter einheimischer Küche.

•Casa Bela
Rua Miguel Bombarda 29
Typisch kapverdianisches Restaurant eines Musikers in einem schönen Altstadthaus mit guter Stimmung; fast täglich traditionelle Livemusik.

Cidade da Rª Grande de Santiago

•Kusa di Kasa
Am Ortseingang Richtung Praia
Tel. 2671333
Original italienisches Restaurant mit Terrasse und Meerblick.

•Esplanada
Strandcafé mit frischen Getränken, nachmittags frisch rausgebratene Muränen unter Sonnenschirmen mit Meerblick.

•Nos Origem
Rua Banana, Handy 9915069
Bar/Restaurant mit kleinen traditionellen Gerichten und Snacks.

Assomada

•Restaurante Coco Nut
In der Nähe des Polivalente. Sehr gute nationale und internationale Küche und mehr als reichliche Portionen.

•Restaurante Côte de Françe
Achada Lém, 6 km außerhalb an der Straße nach Tarrafal. Authentische französische Küche, guter Service.

•Restaurante Nova Alegria
Am Kreisverkehr der Hauptstraße. Gute Küche.

Tarrafal

•Restaurante Alto Mira
Pizza aus dem Steinofen und frische Fischgerichte.

•Restaurant Baía do Tarrafal
Gemütlicher Spanier, der sein kleines Restaurant mit guten spanischen und frischen Fischgerichten von den Kanaren nach Tarrafal verlegt hat.

•Restaurante Crioula
Einfaches Restaurant an der Verbindung zwischen Praça und Hafen.

•Restaurante Esplanada – Baia Verde
Restaurant auf dem Felsen über dem Strand.

•Hotel Tarrafal
Internationale Küche, gehobene Preisklasse.

•Hotel Sol Marina
Preiswert, italienisch, kapverdianisch und gut.

•Pensão Tatá
Traditionsbetrieb und bei den Kapverdianern bevorzugt.

•Pensão Mille Nuits
Traditionsbetrieb.

•Sol & Luna
Italienisches Restaurant mit guten Fisch- und Nudelgerichten im Holzbau am kleinen Strand westlich der Zufahrt zur Hafenmole.

Calheta de São Miguel

•Esplanada Silibell
Tel. 2732078, am südlichen Ortsende
Kapverdianische und internationale Küche, Bar, deutschsprachige Touristeninformation.

Bars und Nachtleben in Praia

Meist wird in den Bars und Discos moderne kapverdianische und westafrikanische Musik gespielt, dazwischen europäischer und US-Pop. Das typische Nachtleben am Wochenende **beginnt gegen Mitternacht** und dauert bis in die frühen Morgenstunden.

Praia, eine lebendige afrikanische Hauptstadt, ist selbstverständlich nicht frei von **Kriminalität.** Diebe, alte *(piratas)* und junge *(piratinhas),* suchen ihre Chance auf Märkten, bei den Hotels und an den Stränden. Heftiger geht es nachts zur Sache, wenn (betrunkene) Nachtschwärmer meinen, sie könnten von der Disco zu Fuß nach Hause gehen. Nach Anbruch der Dunkelheit sollte man auch den Mietwagen stehen lassen und auch für kurze Strecken ein Taxi nehmen! Auch tagsüber steckt man nur das Nötigste ein; Wertgegenstände und die Originale der Papiere bleiben im Hotelsafe. Machen Sie sich nicht freiwillig zur Touri-Karikatur, die mit am Hals baumelnder Kamera und kurzem Höschen über bleichen Beinen jeden Gauner aus der Reserve lockt!

- **A Capital**
Disco beim Hotel Oasis Praia Mar, gehobene Preisklasse, entsprechendes Outfit wird erwartet.
- **Zero Horas 0:00**
Achada Grande. Open-air-Club.
- **Dolce Vita**
Im Stadtteil Achada de Santo António, am Meer, ebenfalls Open-air.

Reisebüros

Für eine Reservierung von Quartieren, Flügen, Tagesausflügen etc. können Sie sich an nachfolgend genannte Reisebüros wenden. Bei organisierten Tagesausflügen erkundigen Sie sich im Voraus, welche Sprache der Führer spricht.

- **Cabetur**
C.P. 318, R. Serpa Pinto, Praia, Tel. 2615551, Fax 2615553.
- **Praiatur**
C.P. 470, Avenida Amílcar Cabral, Praia, Tel. 2615746, Fax 2614500.
- **Reiseträume**
Spezialreisebüro für Cabo Verde; auf Santiago: Ponta Calhetona - Calheta de São Miguel, Tel. 2732078; in Deutschland: Tel. 07431-763168, Fax 763169, www.reisetraeume.de.
- **Tropictour**
C.P. 2, R. 5 de Julho, Santiago, Tel. 2611241, Fax 2312617.
- **Verdeantours**
R. Serpa Pinto, Praia, Santiago, Tel. 2613869, 2613940.

Touristeninformation

Die Touristeninformationen auf dem **Praça des Plateaus** und **in Cidade da Rª Grande de Santiago** sind wieder geöffnet. Neueres und anspruchsvolleres Material an Büchern und Karten findet man im **Centro Cultural Françês** (Plateau, Rua Andrade Corvo).

Banken

- Banken gibt es **in allen Distriktstädten.**
- **Banco Comercial do Atlântico**
Mehrere Filialen in Praia, z.B. Av. Amílcar Cabral, Tel. 2615527, auf dem Hauptplatz des Plateaus, Mo bis Fr 8–14 Uhr; in Tarrafal am Kirchplatz, Tel. 2661160.
- **Banco Interatlântico**
Mehrere Filialen in Praia, z.B. Av. Cidade de Lisboa, Tel. 2614008, Fax 2614712.
- **Caixa Economica de Cabo Verde**
Mehrere Filialen in Praia, z.B. Av. Cidade de Lisboa, Tel. 2615563, Fax 2615560, Mo bis Fr 8–14 Uhr.
- **Banco Totta de Cabo Verde**
Rua Roberto D. Silva, Praia, Tel. 2611662, Fax 2614006.

Post

- Postämter gibt es in allen Distriktstädten.
- **In Praia** befindet sich das Hauptpostamt Cabo Verdes hinter dem Justizpalast auf dem Plateau, Tel. 2613247.

Polizei

- **Achada Santo António, Praia,** Tel. 2621231.
- **Polizei in Tarrafal,** Tel. 2661132, neben der Shell-Tankstelle an der Hauptstraße Richtung Praia.
- **Notfall-Tel.: 132.**

Notfall

- Zentralkrankenhaus **Hospital Dr. Agostinho Neto,** Tel. 2612462, am nördlichen Ende des Plateaus in Praia.
- **Regionalkrankenhaus** in Assomada (Santa Catarina), Tel. 2651742.
- **Gesundheitszentren** in Praia, Calheta de São Miguel und Tarrafal.
- **Notfall-Tel.: 130.**

Apotheken

Es gibt mehrere Apotheken in Praia, Assomada und Tarrafal. In kleineren Orten vertreiben **Postos de Venda Emprofac** eine reduzierte Auswahl an Medikamenten.

Einkäufe/Souvenirs

- Praia bietet zwei interessante Märkte: Während auf dem Plateau der **städtische Markt** mit Obst, Gemüse, Fisch und Fleisch untergebracht ist, tummelt sich auf dem **Sucupira** im Tal ein buntes Völkchen aus ganz Westafrika, das alles andere zum Verkauf anbietet, auch kapverdianische Erzeugnisse wie Töpfer- und Flechtwaren, ebenso ein reiches Angebot an kapverdianischer Musik.
- Der **Markt in Assomada** im Zentrum Santiagos findet Mi und Sa statt.
- **Im Zentrum Praias,** auf dem **Plateau** und in den **Supermärkten** der Vorstädte bekommt man so gut wie alle Importartikel und heimischen Waren, die es auf Cabo Verde gibt.
- **Kunsthandwerk** u.a. in der Galeria Nativa, Rua Cesário Lacerna, Praia, Tel. 2616307.

Feste

Traditionelle Feste, meist auf den Straßen mit Musik, Tanz und Umzügen begangen, finden an folgenden Tagen statt:

- **15. Januar:** Tarrafal und Bezirk, S. Amaro-Fest.
- **17. Januar:** Gemeindefest in Cidade Velha.
- **20. Januar:** Cidade Velha, São Sebastião-Fest.
- **1. Februar:** São Domingos: São Severo-Fest.
- **13. Mai:** Assomada: N.S. Fatima-Fest.
- **19. Mai:** Stadtfest im südl. Bezirk Praias.
- **25. Juni:** Pedra Badejo und Sta. Cruz Bezirk, Santiago Maior-Fest.
- **25. Juli:** Pedra Badejo, Gemeindefest.
- **15. August:** Gemeindefest Praias und Calhetas zu Ehren Nossa Senhora das Graças, der Inselpatronin.
- **29. September:** Gemeindefest in Calheta.
- **25. November:** Assomada und Bezirk Sta. Catarina, Fest zu Ehren der Sta. Catarina.

Sonstiges

Wanderführer und -karten zu Santiago

- **Kapverden. Die schönsten Küsten- und Bergwanderungen**
Rasso Knoller, Christian Nowak, Rother Wanderführer, ISBN 978-3-76334-275-3.
- **Wandern auf den Kapverdischen Inseln**
Susanne Lipps, Oliver Breda, 35 Touren, exakte Karten, Höhenprofile, 168 Seiten, Dumont Aktiv, ISBN 978-3-77015-36-85.
- **Santiago 1:60.000**
Pitt Reitmaier, Lucete Frotes, Goldstadt Wanderkarte 1:60.000 mit 33 klassifizierten Wegen, Stränden und Tauchplätzen, Hinweisen für Mountainbiker, Goldstadt-Verlag Pforzheim, 1. Auflage 2006, ISBN 978-3-89550-472-6. Detaillierte, wandertaugliche Karte. Lokal erhältlich im Centro Cultural Françês, Rua Andrade Corvo (Plateau), und in der Esplanada Silibell in Calheta.

cv109 Foto: pr

Fogo

cv110 Foto: pr

cv111 Foto: pr

Bordeira do Fogo

Pechschwarz: Praia da Bila

In der Altstadt von São Filipe

Einleitung

In klaren Nächten konnten sich die Transatlantiksegler am Glühen der Feuerfontänen und riesiger Lavaflüsse über Hunderte von Kilometern orientieren. Und so nannten sie die Insel, denen die Entdecker den Namen São Filipe gegeben hatten, das **Feuer** *(fogo).*

Als **ebenmäßiger Kegel** hebt sich die Insel fast 3000 m aus dem Meer. Aus der Ferne erscheinen die tieferen, sanften Hänge rötlich-verdorrt. Nicht selten durch einen Wolkenkranz getrennt, schimmern die steileren Hänge darüber in leichtem Grün. Nur im Nordosten verpasst der Passat der Insel einen ganzjährig satt-grünen Klecks aus Nebelwäldern.

Der riesige Kessel im Zentrum, die **Chã das Caldeiras,** ist aus der Ferne nicht zu sehen und kaum zu ahnen. Über Lavafeldern steht majestätisch ein zweiter Berg auf dem Berg, mattschwarz, vegetationslos, gigantisch und immer etwas distanziert und bedrohlich: der **Pico de Fogo.** Seine raue Schale verbirgt ein glühendes, weiches Herz – wie das der Bewohner von Fogo. Sie sind stark, eigenwillig und stolz.

Fogo hat viele Gesichter: die wilde, schwarzgraue Mondlandschaft eines aktiven Vulkans mit Basalt- und Lavaflüssen, die sich bis ans Meer hinabziehen; Steilküsten, durchsetzt mit schwarzen Lavaständen, Höhlen und Grotten; eine fast tropisch anmutende Vegetation im Nordosten mit Kaffee- und Bananenpflanzungen; halbfeuchte, dichte Nebelwälder mit Zypressen, Kiefern, Eukalyptus und vor Kraft strotzenden Sisalagaven; locker mit hübschem endemischem Buschwerk bestandene Hang-

Fogo
0
5 km
1 : 285 000
Fajãzinha
Ponta do Guincho
Morro Ilhéu
Ribeira Ilhéu
Laranjo
Igreja
Feijoal
Mosteiros
Ponta da Salina
Atalaia
Pai António
Fonsaco
Ponta da Lagoa Atrás
São Jorge
Campanas de Baixo
Galinheiros
Corvo
Ponta do Corvo
Ponta da Garça
1590
Achada Grande
Rib. Filipe
Bangaeira
Ponta Verde
Relva
Ponta Fundão
Portela
Ponta do Pesqueiro
2692
1727
Curral Grande
Bordeira de Fogo
Chã das Caldeiras
2829
Pico de Fogo
Mira Mira
Serrado
S. Lourenço
Porto de Vale de Carvoeiros
Cidreira
Tinteira
Ponta Lobana
Cova Matinho
Tongom
Coxo
Miguel Goncalves
Brandão
Cabeça Fundao
São Filipe
Vicente Dias
Monte Grande
Est. Roque
Mãe Joana
Cova Figueira
Achada Furna
Forno
Patim
Monte Larga
Figueira Pavão
Dacabalaio
NS do Socorro
340
Monte Genebra
Salto
Fonte Aleixo
Alcatraz
Ponta Belcher
Ponta Matarcia
Ponta do Pescadeiro
© Reitmaier / Bertalan

cv103 Foto: pr

Stilvolle Hotels und Pensionen wurden in renovierten Sobrados (alten Herrenhäusern) eröffnet

wiesen; sanfte Hänge mit Weideland, Feldern und den Ruinen herrschaftlicher Gehöfte; nicht zuletzt die malerischen Städte São Filipe und Mosteiros.

Fogo ist eine Insel par excellence für Wanderer, Bergsportler und Kulturinteressierte.

Geschichte

Fogo wurde nahezu zeitgleich mit Santiago und Maio am 1. Mai **1460** entdeckt. Nach dem Heiligen des Tages, *São Filipe,* benannt, wurde ihr zweiter Name, Fogo (dt.: Feuer) erst gebräuchlich, als der Vulkan diesem im Jahr 1680 alle Ehre machte.

Die Ansiedlung **erster portugiesischer Siedler** ist auf das Jahr 1500 datiert. Die portugiesische Krone hatte zu dieser Zeit schon 40 Jahre Erfahrung aus der Besiedlung Santiagos, und ihre Bilanz war negativ. Der Kreolisierungsprozess dort war voll im Gange. Freigelassene und Kinder kreolischer Eltern kamen zu Wohlstand und Einfluss. Der **aufblühende Sklavenhandel** sorgte für das Kommen und Gehen von Seeleuten aus aller Herren Länder, für ständig wechselnde Allianzen zwischen wechselnden Interessensgruppen, für schwer kontrollierbare Geschäfte und Absprachen. Die Herrschenden erlebten die Konkurrenz der „Forros de Santiago", der Freien Schwarzen, als Händler und Grundbesitzer als bedrohlich und fürchteten nicht ganz zu Unrecht, dass diese nach Unabhängigkeit streben könnten.

Auf Fogo sollte sich dies nicht wiederholen und die scharfen Trennlinien zwischen Klassen und „Rassen" einer Sklaven haltenden Pflanzergesellschaft erhalten bleiben. Der König vergab die Insel als Lehen *(doação)* an den **Grafen von Penela.** Sein „Feitor dos algodões" vertrat die königlichen Interessen im Handel. Baumwolle *(algodões)* und kunstvoll gewebte Baumwolltücher *(pa-*

nos) galten auf den Sklavenmärkten Guineas als sicherste Währung.

Fogo litt nicht weniger als Santiago und die anderen Inseln unter **Piratenüberfällen, Krisen und Dürrekatastrophen.** Bereits 1540 zog ein französischer Pirat nach Fogo und plünderte zwei Schiffe; eines wurde beim Laden der für Flandern bestimmten Baumwollfracht überrascht, das andere fuhr im Auftrag portugiesischer Händler, die Baumwolle für den Sklavenhandel kaufen wollten. Der Korsar zog mit reicher Beute an Waren und Münzen weiter nach Santiago, doch in die Bucht der Cidade da Ribeira Grande einzulaufen schien ihm zu gefährlich, da dort zwölf Schiffe lagen. Die Sklavenhändler Santiagos traf er dennoch hart, denn an der Ostküste Santiagos gelang eine weitere Prise, und in Guinea versenkte er eines ihrer Schiffe mitsamt der Mannschaft.

In der Zeit der Regentschaft der **spanischen Könige** (1580–1640) gingen die landwirtschaftlichen Erträge zurück und die Bedrohungen wuchsen.

1583 kreuzten die Schiffe **Manuel Serradas** auch hier auf, und *Serradas* verlangte die Anerkennung des Gegenkönigs **Dom António Prior do Crato,** nachdem er einen Monat zuvor Cidade da Rª Grande (siehe im Kapitel zu Santiago) fürchterlich geplündert hatte, weil sich Gouverneur und Bischof geweigert hatten, seine Forderungen zu erfüllen. Warum man in Fogo *Dom António* anerkannte, beschäftigt die Historiker. Sicher ist, dass das Thema des Fahnentausches in Tradition und Folklore auf keiner anderen Insel eine größere Rolle spielt.

Vulkanausbrüche bedeuteten immer wieder den Verlust der Ernten, wenn der Lavafluss nicht gar die Felder zerstörte. 1680 flohen die Bewohner deshalb nach Brava.

Die **Baumwollproduktion** hatte ihre Bedeutung bereits weitgehend eingebüßt, als die Krise der ersten Hälfte des 19. Jahrhunderts auch in Fogo zuschlug. In den Wirren des postnapoleonischen Machtvakuums verlor Portugal mit Brasilien seine wichtigste Kolonie und hoffte, an der afrikanischen Küste neue **„Brasilinhos"** (viele kleine Brasilien) erwerben zu können, um den Verlust auszugleichen. Für koloniale Abenteuer jedoch brauchte man Schiffe, Häfen und Kanonen und keine verträumten landwirtschaftlichen Inseln wie Fogo. Die Staatskassen waren leer und die wenigen Investitionen in Cabo Verde gingen an Fogo vorüber nach Boa Vista und São Vicente. Mit Erdnüssen, Purgiernüssen und Kaffee war nur ein bescheidener Ausgleich zu schaffen.

Als äußeres Zeichen ihrer gesellschaftlichen Bedeutung ließen sich die Vermögenden schöne **Herrenhäuser** mit Oberstock *(sobrado)* über der Werkstatt, den Kontoren, Lagern und dem Laden *(loja)* im Erdgeschoss bauen. Nicht selten wurden es zwei *Sobrados,* eines inmitten der Pflanzungen, ein weiteres in der Stadt. Ziegeldächer, Balkone und Veranden, schattige Innenhöfe und -gärten, große Zisternen garantierten ein angenehmes Wohnen und erfüllten darüber hinaus die Repräsentationspflichten. Die Sklaven wohnten vor den Stadtgrenzen im **Funcos,** fensterlosen runden Häuschen aus Feldsteinen unter einem Strohdach. Die Söhne der Großgrundbesitzer zeigten nur noch halbherzig Interesse an der Modernisierung der Landwirtschaft, und die Entwicklung des ländlichen Raums verlangsamte sich.

Um 1890 lebten rund 20.000 Menschen auf der Insel, eine Zahl, die nahezu konstant blieb bis in die Mitte des 20. Jahrhunderts, bedingt durch Hunger und Landflucht. Es kam zum „Rokoko-Effekt" anhaltenden Stillstands: Geschieht inhaltlich nichts Neues, wird der Stil verfeinert, und das gesellschaftliche Leben abstrahiert sich in symbolischen Handlungen, Festen, Zeremonien, die zur Folklore verknöchern. Auf der Lokalbühne des Insellebens, bei Festen und in der Dorfpolitik eine führende Rolle zu spielen, wurde zur Quelle von Prestige und Ehre.

Während die Menschen auf den nördlichen Inseln und auf Santiago die bürgerliche Revolution und die **Errichtung der ersten portugiesischen Republik** am 5. Oktober 1910 als Befreiung und große Hoffung erlebten, kam sie auf die kleinfeudalen Landbesitzer von Fogo nieder wie ein Hammerschlag. Die Landlosen meldeten Ansprüche auf Land an. Die Ländereien waren einst als Lehen an den Adel gegeben worden, und die Republikaner und mit ihnen die Armen argumentierten, dass der Besitz der Krone an die junge Republik als legitimen Nachfolger zu gehen habe. Auf Santiago begannen die kleinen Leute von *Ribeirão Manuel* die Purgiernussernte aus eigenen Stücken, wild entschlossen, ihren Herren keinen Pachtanteil mehr abzutreten. Sie wurden von der Landpolizei zusammengeschossen. Auch auf Fogo sahen die Großgrundbesitzer die *morgados* und *capelas* als Privatbesitz an. Während die junge Republik noch nach einem Ausgleich suchte, bestätigten *Salazars* Gouverneure den ausschließlichen Anspruch der Großgrundbesitzer. Und doch kam das Ende ihrer Vorherrschaft schneller als vermutet; weder durch eine Landreform noch durch Pächteraufstände, sondern durch das Zusammenwirken der Dekadenz der lokalen Elite mit der zunehmenden Dürre. Das Verbot der Erbteilung war weggefallen, und die Erben verstrickten sich in nicht enden wollende Familienfehden, verspielten große Ländereien oder verloren sie an portugiesische Anwälte, die sich schamlos bereicherten. Nicht wenige der Grundbesitzer setzten Statthalter ein, zogen nach Praia, Portugal oder in die USA. Sie wurden zu **absentistas,** zunehmend entfremdet und desinteressiert am Geschick ihres Erbes.

Eine neue soziale Schicht sollte dem anachronistischen Streit der „Portugiesen" um Land und Ehre ein Ende setzen: **Remigranten aus den USA** erwarben Land und Läden und als Demonstration ihres Erfolgs auch die *Sobrados*. Seit 1900 hatten die Söhne armer Familien, später auch Kinder aus der Mittelschicht, ihren Weg in die USA gefunden. Mit der Erfahrung eines harten sozialen Aufstiegs in den Knochen, überzeugt vom „you can do it, if you really wanna do it", waren sie nach Fogo zurückgekehrt. Der Oberschicht blieb kein Ausweg, als in einem letzten Aufbäumen ihres Standesdünkels erhobenen Hauptes ihre Habe zu verkaufen und den Weg anzutreten ins verarmte Portugal, das ihre Heimat nicht war, obwohl sie es immer dafür gehalten hatten. Wenige arrangierten sich in neuer Demut vor Ort.

Über Jahrzehnte zerfielen viele **Sobrados** auf dem Land zu Ruinen. Waren sie noch bewohnt, dann von den Nachfahren der Familien, die einst als Wächter zurückgeblieben waren. Die **Erbstreitereien** hatten kein Ende gefunden. Die besser erhaltenen *Sobrados* auf dem Land gehören Nachfahren von Remigranten.

Branco ta morá na sobrado
Mulato ta morá na loja
Nego ta morá na funco
Sancho ta morá na rotcha

Ta bem um dia
Nho Tasco Lambasco
Rosto frangido
Rabo comprido
Ta corrê co nego di funco
Nego ta corre co mulato di loja
Mulato co branco di sobrado
Branco ta ba rotcha, el ta tomba ...

Der Weiße wohnt im Sobrado
Der Mulato wohnt in der Loja
Der Schwarze wohnt im Funco
Der Affe wohnt im Fels

Der Tag wird kommen
Sr. Tasco Lambasco
die runzlige Fratze
mit langem Schwanz
wirft den Schwarzen aus dem Funco
der Schwarze wirft den Mulato aus der Loja
der Mulato wirft den Weißen
aus dem Sobrado
Der Weiße geht in den Fels, er stürzt ...

H. Teixeira de Sousa,
Sobrados, lojas e funcos. 1958

Der aus Fogo stammende Arzt und Schriftsteller **Henrique Teixeira de Sousa** (1919–2006) hat die sozialen Konflikte in mehreren Werken zum Kernthema gemacht. In seinem Roman „Ilhéu de Contenda“ bearbeitet er ihre Auflösung, indem er die Geschichte des Guts Maria Chaves (s.u.) nur oberflächlich anonymisiert erzählt. Die Verfilmung durch *Leão Lopes* ist nicht weniger brillant als der Roman.

Die **Emigration nach Amerika** beherrscht das Leben bis heute. Was mit Walfang-Schiffen begann, setzt sich fort in transnationalen Familien, die seit über einem Jahrhundert zwischen Fogo und Massachusetts pendeln. Großvolumige Motorräder werden als Symbol des Migrationserfolgs vors Haus gerollt und gewienert, bevor sie für eine kurze Runde durch die Gassen der Altstadt dröhnen.

Informationen zur Insel

Fogo gehört zur Inselgruppe Sotavento und liegt zwischen Brava im Osten und Santiago im Westen. Die **viertgrößte Insel** nach Santiago, Santo Antão und Boa Vista hat eine Fläche von **476 km²** als nahezu kreisrunder Vulkankegel mit einem Durchmesser von gut 25 km auf Meereshöhe und einem 9 km weiten Kessel auf der Höhe. Der Kesselboden, die **Chã das Caldeiras** (1600–1800 m), wird im Westen in weitem Halbkreis von steilen Wänden unter dem Grat der **Bordeira do Fogo** eingerahmt. Der schwarzgraue junge Kegel des **Pico de**

Fogo überragt die Chã das Caldeiras um 1100 m als **höchste Erhebung des Archipels (2829 m).**

Die **38.000 Einwohner** Fogos leben in drei Landkreisen *(concelhos).* Größter Landkreis und größte Stadt ist São Filipe im Südwesten (etwa 23.000 Ew.), gefolgt von Mosteiros (10.000 Ew.) im Nordosten und Santa Catarina do Fogo (5000 Ew.) mit dem Hauptort Cova Figueira, der die östliche Flanke und die Chã das Caldeiras umfasst.

Fogo gilt als die **heißeste Insel Cabo Verdes.** Der Luv-/Lee-Effekt ist besonders stark ausgeprägt. Die steilen Flanken im Norden und Nordosten sind dem Nordostpassat zugekehrt und empfangen außer den sommerlichen tropischen Platzregen auch Steigungsregen und insensible Niederschläge aus dem häufigen Nebel. Dort liegen die Anbaugebiete für Kaffee und Obst und darüber ein **halbfeuchter Nebelwald.** Aufgrund der steilen Hänge ist auf der Nordostseite Fogos eine Besiedlung, abgesehen vom Plateau in Mosteiros, kaum möglich. Die Nutzung des Landes wird durch die extremen Hangschrägen enorm erschwert. Der gegen **Süden und Südwesten** hin flacher auslaufende Teil der Insel dagegen ist **sonnenreich, trocken** und die Vegetation **karg.**

Die **Wasserversorgung** der Insel ist schwierig, da Niederschläge an den steilen Hängen rasch ablaufen oder in lockeren vulkanischen Aschen versickern. Die größeren natürlichen Quellen finden sich auf Meereshöhe. Über Ringleitungen werden ca. 80% der Bevölkerung versorgt. Von den Zapfstellen wird das kostbare Nass auf dem Kopf, mit dem Esel oder in der Schubkarre nach Hause gebracht. In der Regenzeit wird Wasser von den Dächern, von zementierten Flächen oder aus dem Bachbett steiler Schluchten in **Zisternen** geleitet.

Die **Vegetation** der Insel folgt dem Rhythmus des sommerlichen Niederschlags, der nicht selten ausbleibt.

Der **trockene Südwesten** erscheint in den tief gelegenen Zonen wie abgebrannt. In jedem Jahrzehnt gibt es nur eine oder zwei Ernten, die das Prädikat „gut" verdienen. Samen warten jahrelang im Boden und überziehen die Insel nach einem Regen mit solch üppigem Grün, dass man sich für wenige Wochen von der Halbwüste auf die Azoren versetzt fühlt. Akazien, Purgiernuss und Rizinus begleiten die Wege zwischen Feldern, auf denen Kongobohnen, Erdnüsse und Mais gedeihen, und einzeln stehende große Bäume, darunter **Baobabs** (*Calabaceira,* Affenbrotbaum), Mandelbäume und Tamarinden, prägen die Landschaft.

Im **feuchteren Nordosten,** über Mosteiros, sind die Ernten verlässlicher, und Süßkartoffeln, Maniok, Gemüse, Obst, Bananen und Papayas treten in den Vordergrund. Mango-, Cashew- und Jackfruchtbäume sind häufig. In Höhen zwischen 300 und 1000 m schließen sich ausgedehnte **Kaffeepflanzungen** an, dazwischen Orangen- und Zitronenbäumchen.

Aufstieg zum Pico de Fogo

Der **halbfeuchte Nebelwald** belegt am Nordosthang die Höhen von 1000 bis 1500 m. In den 1940er Jahren wurde die vormals strauchige, durch Ziegen dezimierte Vegetation aufgeforstet und bildet heute **eines der dichtesten und größten zusammenhängenden Waldgebiete Kap Verdes.** Die kräftigen Nadelhölzer und schillernden Eukalyptusarten sind teilweise mit Bartflechten und Moosen überzogen. Große Agaven begleiten und überwuchern die Wege.

An den hoch gelegenen Luvhängen der **Bordeira** bilden **endemische Pflanzenarten** eine Pflanzengesellschaft, die als **Federbuschvegetation** bezeichnet wird und durch Überweidung, Übernutzung durch Holzsammler und Aufforstung mit Exoten gefährdet ist. Besonders hübsche Büsche der einheimische Kapverden-Wolfsmilch Totolho *(Euphorbia tuckeyana)*, Losma *(Artemisia gorgonum)* und Língua de vaca *(Echium vulcanorum)* prägen das Landschaftsbild. Die Biosphären Fogos wurden nicht zuletzt mit Unterstützung der deutschen Entwicklungszusammenarbeit erforscht.

Der 2003 eingerichtete **Parque Natural de Fogo** schützt ein Gebiet, das neben dem Pico und der Chã das Caldeiras auch das Kraterrandgebirge und die hoch gelegenen Luvhänge ab 1800 m und den Bereich des Nebelwaldes umfasst. Mit der intensivierten Viehwirtschaft mit Stallhaltung während

cv108 Foto: pr

der Trockenzeit wird ein Ausgleich angestrebt für das unvermeidbare Weideverbot. Ein Teil der Naturparkflächen ist land- und forstwirtschaftlich genutzt, sodass man einträchtig neben endemischen Arten Weinreben, Apfel- und Quittensträucher, Süßkartoffeln und Feigenbäume findet. Der vielerorts beschworene Kompromiss zwischen den Interessen des Naturschutzes und lokalen wirtschaftlichen Interessen scheint machbar. Im Gespräch mit der Bevölkerung bleibt kaum ein Zweifel, dass sich die Menschen im Park bereits als Gewinner sehen.

Die **Weinbaukooperative** und die privaten Weinbauern steigern ihr Angebot und dessen Qualität, die kleinen Vermieter und Restaurantbetreiber, die Bergführer und Sammeltaxifahrer nicht weniger.

São Filipe

Mit knapp **10.000 Einwohnern** ist São Filipe der Hauptort des gleichnamigen Landkreises im Südwesten der Insel und breitet sich auf Höhen zwischen 40 und 200 m am Hang über dem Steilabbruch zur Küste aus. Meist rollt eine kräftige Brandung an den breiten schwarzen Lavastrand der **Praia da Bila.** Vom Miradouro da Bila Baxo reicht der Blick weit über Strand und Meer nach Brava.

Im 16. Jahrhundert entstanden, gilt São Filipe als **zweitälteste städtische Siedlung** Cabo Verdes nach Cidade da Ribeira Grande, erhielt jedoch erst 1922 das Stadtrecht. Die **historische Altstadt Bila Baxo** konnte ihren kolonial-kleinstädtischen Charme bewahren. Hübsch bepflanzte, gepflegte Plätze, kunstvoll gepflasterte Gehwege und Straßen mit wenig Verkehr zwischen Häuserreihen, die ihren Charakter seit den 1950ern nicht mehr wesentlich verändert haben, verbreiten eine freundliche, ruhige Atmosphäre, in der man sich treiben lassen kann.

Sobrados, repräsentative Herrenhäuser mit Oberstock und teils geschlossenen, teils offenen Balkonen vor hohen Flügeltüren, säumen die Plätze. Viele folgen der Tradition des Sotavento, das nach vier Himmelsrichtungen abfallende **Walmdach** *(quatro ventos)* nicht über den Baukörper hinauszuziehen, sondern die Außenmauern als Balustrade höher zu ziehen und das Dach in den Baukörper einzusenken, um das Regenwasser in Zisternen leiten zu können. Die Zeiten, in denen die *Sobrados* dem Verfall überlassen wurden, gehören der Vergangenheit an. Viele sind bereits mit Sachverstand und Können renoviert worden. Einige finden als Pension oder Hotel großen Anklang bei Reisenden. Der Wert der Altstadt als Lebensraum, urbanes Zentrum und Bühne der Kultur steht außer Zweifel.

An der Stirnseite der Praça 12 de Setembro liegt das 1928 erbaute **Rathaus** mit Freitreppe und einem Musikpavillon. Wenig abwärts erstrahlt die katholische Kirche **Nossa Senhora da Conceição** in neuem Glanz mit zwei Glockentürmen und barocken Elementen. Rundum schmiegen sich ältere *Sobrados* in Gelb, Blau, Rosa und Türkis aneinander. Hinter den Eingängen verber-

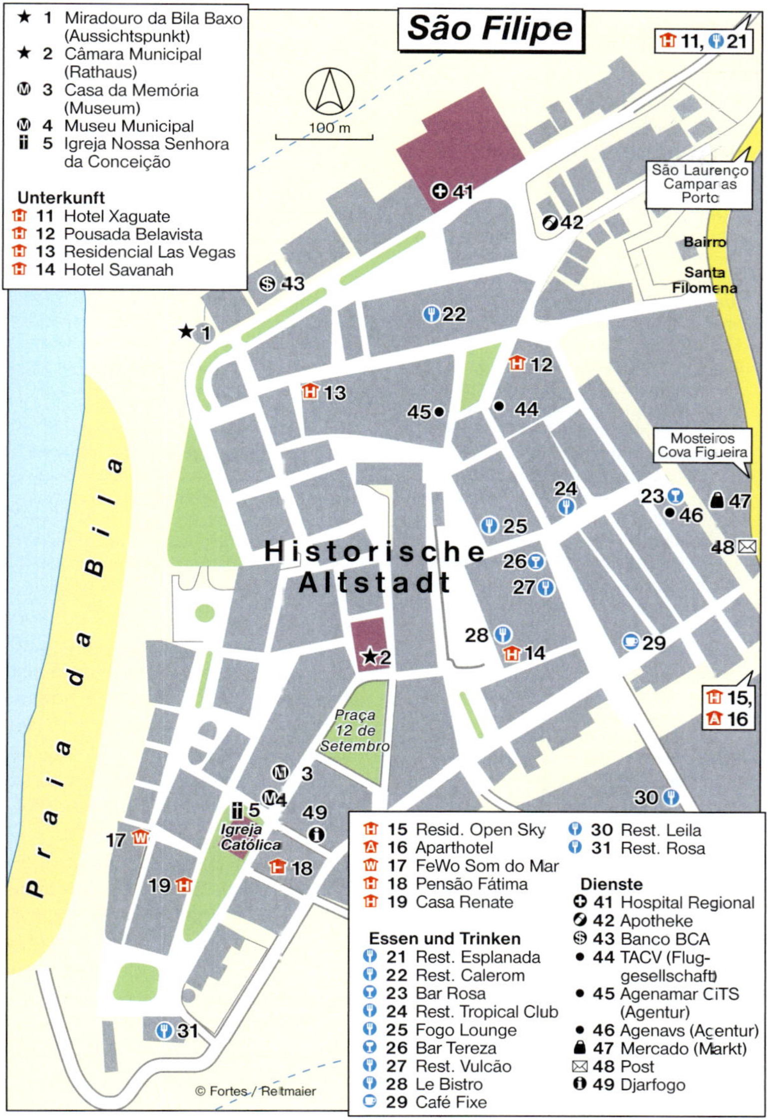

© Fortes / Reitmaier

Museen in São Filipe

Museu Municipal de São Filipe

Das Städtische Museum ist im *Sobrado* des letzten *Morgado* (Majoratsherrn) der Insel, *Francisco do Sacramento Monteiro* „Nho Francisquinho", in unmittelbarer Nachbarschaft des Kirchplatzes untergebracht. Schon die Begehung des Anwesens ist beeindruckend durch die Größe und **harmonische Architektur** der Salons, die Breite der Umgänge und Balkone und den Blick über die Gassen und Dachlandschaft der Altstadt. Im Innenhof vermittelt ein nachgebauter *Funco* einen Eindruck von den **Wohnbedingungen der Sklaven** im Zusammenhang mit einem kleinen **botanischen Garten,** in dem die wichtigsten Kulturpflanzen der verschiedenen Epochen und endemische Pflanzen gezeigt werden. In den Ausstellungsräumen findet sich eine reiche Auswahl lokaler **Einrichtungs- und Kunstgegenstände,** ein Webstuhl und andere Gebrauchsgegenstände und Werkzeuge. Erläuternde Tafeln gehen auf die zyklischen Subsistenzkrisen und schweren Hungerkatastrophen ein, auf Emigration und politische Entwicklungen. Fotografien, Musikinstrumente und Dokumente erläutern die **Traditionen der Stadt,** die *festa das bandeiras* und religiöse Bräuche. Ein Museumscafé, in dem u.a. auch typische Speisen angeboten werden, und Verkaufsstände für Kaffee, Wein und lokale Souvenirs sollen hinzukommen.

●**Öffnungszeiten:** Di bis So 10–15 und 17–20 Uhr.

Casa da Memória

Neben dem Museu Municipal trägt *Monique Widmer* in der Casa da Memória Zeugnisse der **Geschichte der Insel** Fogo zu einer permanenten Ausstellung zusammen. Schon das Haus atmet Geschichte und Kultur. 1820 als Handelshof gebaut, wurde es als *armazem* (Speicher) bezeichnet. Seine Besitzer trieben erfolgreich Handel mit Übersee und dem Inselinneren. Als in den 1960er Jahren der Handel zum Stillstand gekommen war, wurde der weite Innenhof als **erstes Kino der Insel** genutzt. Seit 2001 dient das Haus seiner neuen Bestimmung als privates lokales Museum.

Einrichtungsgegenstände, schwere Möbel aus dunklem Tropenholz, Porzellan mit reichen Ornamenten, Bestecke, Bücher, Gemälde und kunstvolle Krippenfiguren zeugen von der Kulturbeflissenheit, dem Bildungshunger und den Repräsentationspflichten der in sozialen Verpflichtungen und Gebräuchen straff organisierten Oberschicht.

Arbeitsgeräte, Kücheneinrichtungen mit hölzernen Mörsern und einfachem Steingut, Wasserbehälter, Werkzeuge und landwirtschaftliche Geräte zeigen das alltägliche Leben, die Arbeit in Handel und Seefahrt.

Die kleine **Präsenz-Bibliothek** im Nebengebäude ist ein wahrer Schatz. Längst vergriffene Auflagen von Büchern zur Geschichte Kap Verdes finden sich perfekt geordnet und katalogisiert. *Monique* kennt jedes Buch und hilft den Suchenden. Kinder und Schulklassen haben ihren Spaß an Spielen, Puzzles und altersgerecht aufbereiteter Information.

●**Öffnungszeiten:** Mi, Do, Fr 10–12 Uhr und nach Vereinbarung.

gen sich kleine Innenhöfe, die Schatten vor der Mittagssonne spenden.

An der breiten Straße, die sich zu einem kleinen Platz öffnet, liegt das ehemalige **Stadtgefängnis,** untergebracht im Turm der Befestigungsanlage. Über die Mauern hinweg blickt man zum Steilufer gegenüber, auf dem sich der **Friedhof Cemitério Velho** befindet. Alte Gräber dieses „Friedhofs der Weißen" erinnern an reiche Grundbesitzer. Eine Straße führt hinab zum pechschwarzen Strand der **Praia da Bila.**

Rund um die Insel

Eine **Ringstraße** führt rund um die Basis der Insel durch teils spektakuläre, häufig wechselnde Landschaften. Von São Filipe aus verkehren **Aluguers** in das **50 km entfernte Städtchen Mosteiros,** die die Strecke in etwa 1½ Stunden zurücklegen. Auf der nördlichen Strecke, hier als **Rückweg von Mosteiros über Atalaia und São Jorge** beschrieben, ist die Ringstraße weniger frequentiert, sodass es nicht immer einfach ist, die Runde flüssig zu schließen. Um die Strecke wirklich zu genießen und überall halten zu können, wo es landschaftlich interessant wird, empfiehlt es sich, ein **Fahrzeug mit oder ohne Fahrer** anzumieten und einen ganzen Tag für die Runde einzuplanen. Die lokalen Reisebüros bieten **organisierte touristische Ausflüge** an.

Die Rundfahrt ist gegen den Uhrzeigersinn beschrieben. Vom Zentrum der Stadt durchquert die Straße nach Osten ansteigend die Vorstadt **Santa Filomena.** Die Kette der fast 2700 m hohen Bordeira vor Augen, folgen wir ihr bis **Brandão** und biegen dort nach Südosten ab. Die kleine Kapelle Nossa Senhora de Fátima bleibt links liegen. Gut als Hauptstraße zu erkennen, zieht die untere Ringstraße weiter nach **Vicente Dias** und **Forno.**

Abstecher nach Monte Genebra und zur Kapelle Nossa Senhora do Socorro

In Forno zweigt die Nebenstraße Richtung Meer ab, durchquert den Ort **Luzia Nunes** und teilt sich etwa 700 m nach dem Ortsende. Links abbiegend, erreicht man die Wirtschaftsgebäude von Monte Genebra.

In **Monte Genebra** nimmt ein Rundgang eine gute Stunde in Anspruch. Ende der 1970er war in der Senke ein 15 Hektar großer staatlicher Gemüsebaubetrieb mit Hilfe der westdeutschen Entwicklungszusammenarbeit entstanden. Das Wasser musste aus einer 200 m tiefer gelegenen Quelle gepumpt werden. Zuletzt waren die Kosten der Bewässerung derart gestiegen, dass nur noch ausgelaugte Parzellen und ein Gewirr von Bewässerungsrohren anzutreffen waren. Dank einer Tiefbohrung, Mikrobewässerung, erneuerbarer Energien und des Managements wird auf einem Teil des Geländes und in den Dörfern rundum wieder bewässerter Gartenbau betrieben. Der lohnende Blick vom vorgelagerten Monte Genebra (340 m) lässt in der Tiefe die Pumpstation von **Ponte de Trás** und die Kapelle erkennen.

Nossa Senhora do Socorro: Der zumeist wüstenhaft unbelebte Hang, von dem die Kapelle weit über den Atlantik schaut, bricht wenige Schritte weiter steil ab zur Küste. Ein gepflasterter Maultierweg zeigt den Weg zur ehemaligen Bootsanlegestelle.

Patim ist der erste etwas größere Ort an der Straße mit Laden und Bar. **Salto** und **Fonte Aleixo** werden durchquert, ohne auf die bergwärts ziehenden Straßenspangen einzubiegen, die zur oberen Rundstraße und von dort zur Chã das Caldeiras verlaufen. **Dacabalaio** ist die letzte Station, bevor die obere und die untere Ringstaße zusammentreffen. Wenige Meter weiter zweigt eine Nebenstraße ab zu den höher im Hang liegenden Orten Mãe Joana und Estância Roque. **Vila da Cova Figueira** ist Sitz des 2005 neu geschaffenen Verwaltungsbezirks Santa Catarina do Fogo.

Miradouro do Alto Espigão

2,5 km nördlich von Vila da Cova Figueira ist der Miradouro, die **Aussichtsplattform,** erreicht. Die **Sicht auf den Pico,** bisher nur zu ahnen, liegt frei. Breite Lavaflüsse ziehen von der Chã das Caldeiras bis zur Küste. Die weißen Häuschen des Ortes **Cova Matinho** stehen auf dem jüngsten, noch tiefschwarzen Lavafluss von 1951 – in der Erfahrung der Foguenses der beste Ort, denn die Gefahr, dass bei einem künftigen Ausbruch die Lava erneut die gleiche Bahn nimmt, ist gering. Die Lava begrub die kleine Siedlung Bombardeiro an der Küste. Die älteren Lavaflüsse erscheinen etwas heller und ergossen sich 1769 und 1857 in breiter Front ins Meer.

Die Bergrippe **Espigão** markiert den Abbruch der Flanke des Ur-Vulkankegels zur Senke, die der gigantische tektonische Bergrutsch hinterließ, nachdem er die instabile Ostflanke mitsamt dem Gipfel des Urvulkans auf den Meeresgrund befördert hatte. Im Vergleich mit dem Pico, der nach dieser Naturkatastrophe aus der Tiefe der Senke emporwuchs, lassen sich die Dimensionen erahnen. Die Abbruchkante zieht steil nach Westen und setzt sich, etwa dort, wo die Straße heute in die Chã das Caldeiras eintritt, fort im Halbkreis der Bordeira und erreicht nach steilem Abstieg bei **Fonsaco** wieder die Küste. Der Kraterrand des massigen Urvulkans lag rund 500 m höher und weiter westlich als der des Pico.

Bei **Relva** überquert die Straße Lavaflüsse der Jahre 1799 und 1847 und taucht wenig später ein in eine grüne Welt subtropischer Gärten, Felder und Wälder.

Mosteiros

Mosteiros (deutsch: Klöster) ist der Hauptort des gleichnamigen Landkreises, unterteilt in zwei nicht zusammenhängende Ortsteile, **Vila dos Mosteiros** und **Mosteiros Tras. Igreja** war schon vor der Schaffung des Landkreises (1991) Außenstelle der Verwaltung, und inzwischen reihen sich rund um die Praça do Entroncamento Post, Gesundheitszentrum, Bank, Internet-Hotspot, Bars und eine kleine Pension sowie die katholische Kirche Igreja Nossa Senhora de Ajuda. Dem grünen Hang, an dessen Fuß sich das kleinstädtische Leben abspielt, verdankt Mosteiros seine Anziehungskraft.

Die kleinen Dörfer **Pai António** und **Feijoal** liegen in Höhen zwischen 200 und 400 m am Ende der Stichstraße, die von Mosteiros Tras steil in den Hang führt. Wanderer ziehen den mit Treppen ausgebauten Weg, der in São Miguel beginnt, vor.

Auf 150 m Höhe wird eine Pause am **Miradouro** (Aussichtsplattform) mit einem freien Panorama belohnt, bei guter Sicht liegt Santiago am Horizont.

Von Feijoal, dem tiefer gelegenen Dorf, bietet sich eine der lehrreichsten Wanderungen durch die Felder an, zum historischen Landgut **Casa Cabral** am Monte Queimado.

Ab Pai António verlängert sich die Straße als Wanderweg durch Kaffeepflanzungen und Nebelwälder von **Monte Velha** in die Chã das Caldeiras.

Für den Aufstieg durch Monte Velha bis in die Chã das Caldeiras (1700 m) benötigt man ab Mosteiros gute 5 Stunden. Der Weg ist steil und mühsam aber technisch einfach.

Setzen wir unsere Rundfahrt fort: Ab Mosteiros wird das Gelände einsamer und steiler. Die Ringstraße quert mehrere fruchtbare Ribeiras und erreicht nach etwa 10 km das Dorf **Atalaia.** Mühsam windet sie sich weiter durch felsiges Gelände nach **Campanas de Baixo** und **São Jorge.**

Vom westlichen Ortsausgang von São Jorge zweigen erst ein Fußweg, danach eine Fahrstraße steil zur Küste ab, nach **Salinas de São Jorge.** Eine mächtige, glänzend schwarze Basaltwand, Grotten, Naturschwimmbäder, eine Naturbrücke und ein netter Sandstrand lohnen den Abstecher. Im Sand fallen grüne Sandkörner auf, und bei genauerem Hinsehen entdeckt man in den Basaltlaven der Felsen Einsprengungen gleicher Farbe. Es ist das Inselsilikat Olivin, das sich im **Olivinsand** findet. An den einzigen **ganzjährig sicheren Badestrand** der Insel kommen am Wochenende Besucher für ausgedehntes Strandleben mit Musik und Picknick.

Die weitere Strecke durch die Campanas bis São Filipe berührt kleine Siedlungen und eröffnet bei Fernsicht einen schönen Blick im Gegenlicht auf die Insel Brava.

cv104 Foto: pr

Die oberen Ringstraßen

Über der unteren Ringstraße verläuft ein **Netz kleiner, meist gepflasterter Straßen durch die Campanas** (Hänge), das sich Besucher gerne auf eigene Faust erschließen. Eine detaillierte Inselkarte und die Gesellschaft eines kundigen Fahrers helfen dabei, neben den immer wieder begeisternden Ausblicken unerwartete Eindrücke zu gewinnen. Seit die Straße **von Mira Mira über Zambujeiro nach Inhuco** fertiggestellt wurde, ziehen sich im nördlichen Teil die Ringstraßen auf drei, im Süden weiter auf zwei Höhenstufen von bis zu 1050 m.

Ruinen und verfallende *Sobrados* sind Zeichen der einstigen Bedeutung der Landwirtschaft. Bäume, vom Wind gebeugt, und zerzauste Vegetation auf sanften Hügeln zeugen von der zerstörerischen Kraft der Dürre und des Windes. Satellitenvulkane durchbrechen den Hang mit rundlichen Formen. Wer das Glück hat, die Campanas nach einer ergiebigen Regenzeit kennen zu lernen, kann die einstige mediterrane Fülle dieser Landschaft erahnen.

Die **Kirche von São Lourenço** grüßt vom Hang. Frisch renoviert stehen die beiden Glockentürme an dem Ort, wo bereits im 16. Jahrhundert das älteste Zeugnis des Christentums auf Fogo erwähnt ist.

Beim **Gut Maria Chaves,** dem „Ilheu de Contenda" *Teixeira de Sousas* (s.o.), ist der italienische Kapuzinerorden dabei, 250 Hektar unter den Pflug zu nehmen, um künftig 200.000 Liter Wein zu produzieren.

Ausflüge in die Chã das Caldeiras und zum Pico

Der Kessel der Chã das Caldeiras misst rund 8 km im Durchmesser. Nach Westen ist die bis 2692 m senkrecht ansteigende Wand der **Bordeira** gut erhalten. Sie entspricht dem Abbruch des beim gigantischen tektonischen Bergrutsches kollabierten Urvulkans, der den riesigen, etwa doppelt so tiefen Kessel als nach Osten offene Senke hinterließ. Vom Grund der Senke wuchs im Laufe neuer Eruptionen der junge, von Aschen und Lapilli überdeckte und nur im obersten Anteil felsige Vulkankegel des **Pico.** Lava und Asche füllten den Kessel der Chã, sodass der Boden als Hochebene auf 1600 bis 1700 m liegt und lange Zeit für eine Einsturzcaldeira gehalten wurde. Der Gipfel des Picos überragt die Chã um rund 1100 m. Sein Krater im Gipfelbereich misst ca. 500 m im Durchmesser und sinkt 180 m tief ein. Der Magmaherd unter der Insel soll einen Durchmesser von etwa 8 km haben. Ein Durchlass im Süden gewährt der Straße Eintritt in den Krater; nach Osten und Norden verlassen ihn eine kleine Forststraße und steile Fußwege.

Empfehlenswerte Ausflüge und Wanderungen

Fogo ist ein **riesiges Wanderrevier,** das bisher völlig verkannt wurde. Die meisten Besucher kommen, steigen auf den Vulkan und reisen wieder ab, ohne die **dichten Wälder von Monte Velha,** den fast ung aublichen Panoramablick von der Bordeira, die mit endemischen Pflanzen bestandenen Hangwiesen oder die **landwirtschaftlichen Zonen** mit ihrer großen Palette an Früchten kennen gelernt zu haben. Um sich eine repräsentative Auswahl der Landschaften der Insel zu erwandern, ist eine Woche angemessen, und Fogo im Detail kennen zu lernen, ist in einem Jahresurlaub so wenig möglich wie auf Santo Antão.

Von São Filipe zur Chã das Caldeiras

Täglich gegen 11 Uhr außer sonntags fahren **Sammeltaxis** vom Markt von São Filipe **in die Chã das Caldeiras** (etwa 3 Stunden, ca. 500 CVE pro Person). Um den Tag der Anfahrt besser zu nutzen und unterwegs anhalten zu können, empfiehlt es sich, ein Fahrzeug für ca. 5000 CVE anzumieten. Nicht selten schließen sich dann andere Reisende, die man im Restaurant oder in der Pension kennen lernt, an.

Die Pflasterstraße steigt durch sanftes Hügelland nahezu in der Falllinie auf nach Monte Largo, wo sie die 1000 m Marke erreicht. Danach quert sie nach **Achada Furna.** Hier beginnt die Serpentinenstraße zum Kraterrand, der am **Monte Cruz** auf 1800 m erreicht wird. Einige Einzelgehöfte begleiten die Straße, die sich durch Geröll, Schlacken und schwarzen Grus steil in den Berg windet. Die Vegetation verschwindet wenige Monate nach dem Regen.

Eine letzte Kehre gibt unvermittelt den Blick auf den grauschwarzen Kegel des **Pico de Fogo (2829 m)** frei. Unser Fahrer ist so nett, an einer hölzernen Hinweistafel zu halten, die uns mitteilt, dass wir den **Naturpark** von Fogo betreten.

Die Straße taucht ein in die **Lavafelder.** Mit unvorstellbarer Kraft geschoben und gehoben bauen sich groteske, grauschwarze Monumente der Urgewalt auf. Wie Walfischleiber aus schwarzem Teig, wie unförmige Quallen und gigantische Kuhfladen kam die Lava in den Senken zur Ruhe. An anderer Stelle ist sie zu unendlich feinen Nadeln zerrissen, zu groben Stricken gedreht, als Plissée gefaltet, zum Mosaik gebrochen, ausgespiehen in Sekunden, erstarrt in Stunden – für Jahrhunderte. Große und kleine Wellen in der sonst geraden Straße zeugen von bleibender Unruhe im Untergrund. Ein Blick auf den gigantischen Berg lässt uns die in ihm schlummernde Kraft spüren und macht uns bewusst wie winzig und verletztlich wir sind.

Portela und **Bangaeira** heißen die Dörfer am Nordwestrand der Caldeira. Der fruchtbare Vulkanboden des Kraterrundes auf großer Höhe sichert ihren Unterhalt durch Ackerbau, Viehzucht und nicht zuletzt Tourismus. Ebenerdige Häuser aus schaumigen Lavabrocken ducken sich in den Grus. Nur die Tou-

Wein aus Fogo

Der Weinbau hat eine **lange Tradition** in Kap Verde und begann auf Fogo im Kirchsprengel São Lourenço im **16. Jahrhundert.** Mit den ersten Siedlern, zwei Söhnen *Armand Montronds,* kam er in die Chã das Caldeiras. Auf den anderen Inseln und in den tieferen Zonen Fogos verschwand der Weinbau, und nur der **Manecon der Chã** wurde noch produziert.

Agro-Coop

In der Weinbaugenossenschaft, 1998 aus der Taufe gehoben und 2008 zur Agro-Coop erweitert, haben sich über **100 Winzerinnen und Winzer** und Produzenten von Ziegenkäse und Obst zusammengeschlossen. Seit den späten 1970ern förderten integrierte Entwicklungsprojekte den Weinbau in der Chã, gefolgt von der italienischen, nicht regierungsgebundenen Organisation COSPE mit finanzieller Unterstützung Italiens und der EU. Es gibt weiterhin Weinbauern, die nicht der Genossenschaft angehören.

Vinho Chã®

In den letzten zehn Jahren hat sich die **Anbaufläche** auf über **200 Hektar** verdoppelt. 2008 wurden 108 Tonnen Trauben auf den vulkanischen Hochlagen (zwischen 1400 und 1600 m) von Monte Lorna, Montinho, Bangaeira, Portela, Fernão Gomes, Forno, Pé de Pico, Penedo Rachado, Ilheu de Losna und Cova Tina geerntet und im Genossenschaftskeller verarbeitet.

Ohne Rankhilfe ducken sich die Reben in flache Kuhlen, etwas geschützt vor dem Wind. Die Bauern suchen hierfür Felder, an denen der fruchtbare Boden von einer nicht zu dicken Schicht (30–100 cm) **schwarzer Vulkanasche** überdeckt ist. Hier herrscht ein ganz besonderes **Mikroklima:** trocken, heiß am Tag, mit besonders vielen Sonnenstunden während der Wachstumsperiode und in kalten Nächten. Diese Art des Anbaus ist im Mittelmeerraum als **„alberello"** bekannt und bewährt. Zusammen mit der Fruchtbarkeit junger vulkanischer Böden sorgt das Klima in Jahren mit normalem Niederschlag für reiche Erträge und einen schweren Most mit hohem Zuckergehalt, der sich zu hervorragenden Weinen ausbauen lässt.

Zwei **Rebsorten** werden bevorzugt, die **„Tourigia nacional"** und die **„Moscatel de Setúbal".** Beide stammen ursprünglich aus Portugal und sind inzwischen perfekt an die lokalen Gegebenheiten adaptiert. Die Weine haben einen vollen Körper und reichlich Alkohol.

Die mitsamt der Schale vergorenen dunklen Trauben ergeben den tiefroten **Rotwein** von Fogo, **Tinto do Fogo,** dessen Geschmack ein wenig an Waldfrüchte und Nüsse erinnert. Serviert bei 18 bis 20 °C, entwickelt er sein bestes Aroma.

Der **Weißwein** von Fogo, **Branco do Fogo,** steht goldfarben im Glas, riecht intensiv, typisch und aromatisch nach Muskat. Er ist der ideale Begleiter zu Meeresfrüchten, Fisch und hellem Fleisch und sollte bei einer Temperatur von 10 bis 11 °C serviert werden.

Aus der Verarbeitung roter Trauben in der Weise, wie sie sonst für weiße Trauben angewandt wird, entsteht ein edler **Rosé,** der **Vinho Rosé do Fogo.** Die Nase erfreut er mit einem fruchtigen Aroma, das auf der Zunge zu einem frischen runden Genuss wird. Auch der Rosé sollte 10 bis 11 °C haben, um seine Qualität voll ausspielen zu können.

Auf den heißen Lavasteinen der Chã trocknen die Trauben rasch – aus ihnen wird der **Vinho Passito do Fogo,** ein likörähnlicher Süßwein gemacht. Dass er einen Geschmack von Rosinen entwickelt, verwundert nicht. Doch darüber hinaus nimmt er geschmackliche Anleihen bei den im gleichen Klima perfekt gedeihenden Datteln und wilden Feigen. Die ideale Trinktemperatur liegt zwischen 12 und 14°C.

Die **Lagerung** der Weine bei den auf Fogo üblichen Temperaturen ist nicht problemlos, denn die Weine altern sehr viel schneller. Sobald sich die Möglichkeit ergibt, gehören die Flaschen in einen kühlen Keller waagerecht gelegt, sodass der Kork feucht bleibt und die vorschnelle Alterung und Oxidation verhindert werden.

Südtiroler Fachwissen und Beziehungen haben sich mit dem Erfahrungswissen der Winzer der Chã gut getroffen und dazu geführt, dass die Weine der **registrierten Marke „Chã"** zu ausgezeichneten Weinen geworden sind, die nicht nur in Kap Verde in guten Restaurants zu finden sind, sondern auch an Liebhaber nach Italien verschifft werden.

Aus dem Trester der weißen Trauben destilliert die Weinbaukooperative einen schmackhaften **Grappa** mit 45 Vol.-%.

Ein weniger bekanntes Produkt ist der **Quittenschnaps,** für den vollreife süße Quitten der Hochlagen aufgesetzt werden. Bei unserem letzten Besuch bekamen wir auch einen leckeren **Kräuterschnaps** zur besseren Verdauung serviert, der seinen Geschmack einheimischen Pflanzen wie dem mit dem Wermut verwandten Losna verdankt (www.chatourfogo.com).

Manecon ist keine Marke, keine Rebe, keine Qualitätsstufe und genauso wenig ein im Geschmack konstanter Wein. Manecon ist **Tradition pur** und die seltene Gelegenheit, einen Wein zu probieren, wie er im antiken Rom geschmeckt haben mag, und wie er zu den Zeiten der *Companhia de Comércio do Grão-Pará e Maranhão* (1755–78) in großen Mengen von Cabo Verde nach Guinea und Brasilien verschifft wurde (siehe auch im Kapitel zur Geschichte Santo Antãos). Manecon, ob aus roten oder weißen Trauben hergestellt, ist dunkel und schwer, trüb bis pastös, und ein leichter Essig-Beigeschmack ist häufig.

cv105 Foto: pr

risteninformation hat noch ein nostalgisches Strohdach. Alle anderen sind auf ihr Betonflachdach angewiesen, um jeden Tropfen Regenwasser in Zisternen zu sammeln. Wasser aus dem Tanklastwagen ist teuer.

In der **Winzergenossenschaft** darf man alle Produkte probieren, **„Chã-Wein"** weiß, rot, rosé, schweren Manecon, Traubensaft, Marmelade und Grappa aus dem Trester. Verkauft wird im Zwillings-Rundbau der Touristeninformation genauso wie in Läden in der Chã und in São Filipe.

Kleine Läden bieten Proviant für Wanderungen und frische Getränke. **Übernachtungsmöglichkeiten** in der Chã das Caldeiras siehe unten.

Wanderungen und Klettererlebnisse

Besteigung des Pico (Weg 205)

4–7 Stunden reine Gehzeit, Weg mit Asche überdeckt, teils steinig, hinreichend sicher; 1200 m Höhenunterschied, **5 Liter Wasserreserve.**

Wer den Pico besteigt, muss in der Nacht zuvor in der Chã das Caldeiras übernachten, denn gegen sechs Uhr muss man unterwegs sein, um den Schatten des frühen Morgens zu nutzen und nicht von der Hitze gefressen zu werden.

Die Parkverwaltung schreibt vor, mit Bergführer zu gehen! Diese bieten ihre Dienste am Vorabend in den Unterkünften an.

Noch dick in Pullover und Windjacke gepackt, stemmen wir uns in den eiskalten Wind und streben raschen Schrittes nach Osten. Die Taschenlampe tut sich schwer, einen Unterschied zwischen der stockdunklen Finsternis und dem schwarzen Lavagrus des Fahrwegs zu finden. Rechtzeitig beim Einstieg auf den ansteigenden Fußpfad beginnt die Dämmerung, und nachdem die ersten 300 Höhenmeter geschafft sind, steht der Schatten des Vulkans auf der organgerot leuchtenden Felswand der Bordeira. Fotopause. Der Weg wird steiler und ist für eine halbe Stunde nicht mehr als eine wechselnde Trittspur in losen Aschen – drei Schritt vor, ein Schritt zurück ...

Während wir heftiger atmen, erzählt Führer *Beto* in breitestem *Creoulo di Fogo* lächelnd von den amourösen Abenteuern seines französischen Urvaters. Graf *Montrond* hatte einen Rivalen im Duell niedergestreckt (oder auch nicht), musste Frankreich verlassen und richtete sich auf Fogo heimisch ein. Wo immer *Betos* Finger hindeutet, hatte *Montrond* einer Geliebten ein Häuschen gebaut. *Montrond* als Urvater des sozialen Wohnungsbaus hilft uns über die Asthmastrecke loser Aschen. Ist das **Sangue de Burcão,** das vulkanisch-heiße Blut in den Adern der Foguenses, wirklich ein Effekt des Magmas im Untergrund oder ein Erbe des energischen Grafen?

Im oberen Drittel wird das Terrain richtig steil, doch bieten aus den Aschen tretende Felsrippen festeren Tritt. Große Steinbrocken liegen lose. Entlang einer völlig brüchigen Felswand steigen wir weiter und blicken plötzlich in den gähnenden Krater. Der höchste Punkt des Berges bleibt unzugänglich. Er liegt auf der brüchigen Rippe.

Fumarolen (Austritt von Schwefeldämpfen) wabern im Krater; in den Aschen glitzern **Lapilli.** Wir streunen mit *Beto* ein paar Meter in den Krater hinunter, dessen Boden von Schwefel in Grün- und Gelbschattierungen überzogen ist. Die wohlverdiente Rast findet am Kraterrand statt mit Blick in die Chã das Caldeiras, auf Santiago und an Tagen mit exzellenter Fernsicht auch Santo Antão, São Vicente, São Nicolau und Boa Vista. Brava bleibt vom Gipfel verdeckt, doch man sieht es im Abstieg.

Der **Abstieg** ist ein Vergnügen der besonderen Art. Je höher die Stiefel, je länger die Socken, um so besser, denn hier wird nicht gegangen, sondern gerannt, gehüpft, geglitten in Bewegungen, die Ähnlichkeit mit Tiefschneefahren haben. Bis zu den Waden versinken die Beine in den grobkörnigen, scharfkantigen Aschen und wirbeln gewaltige Staubwolken auf. Absteigen kann man direkt oder über den **Pico pequeno.** Die zweite Alternative dauert ein Stündchen länger, lohnt aber, denn wann hat man schon Gelegenheit, einem Vulkan, der vor einem Dutzend Jahren noch gespuckt hat, in den rot entzündeten Rachen zu spähen – wann wird er wieder anfangen zu husten?

Pico pequeno ab Portela (Weg 206)

3 Stunden reine Gehzeit, 210 m Höhenunterschied, Weg über Aschenfelder und schneidende Laven. **2 Liter Wasserreserve.**

Die Besteigung und Erkundung des **Ausbruchkegels von 1995** ist ein besonderes Erlebnis. Fumarolen und Schwefelablagerungen sind sehr beeindruckend, die Felsen vielfarbig. An manchen Stellen ist der Boden so heiß, dass sich anvulkanisierte Sohlen plötzlich lösen und in Spalten gelegte Grashalme zu brennen beginnen. Der Trip wird zur lohnenden Ganztagestour, wenn man den Weg durch alte und junge Pahoehoe-Lavafelder anschließt (Weg 206a) und unter der Bordeira nach Portela zurückkehrt (Weg 208).

Randweg am Fuß der Bordeira (Weg 208)

4–5 Stunden reine Gehzeit, 150 m Höhenunterschied, sicherer, auch fahrbarer Weg; **2 Liter Wasserreserve.**

Vom Dorf zieht eine Aschenpiste in einer weiten Runde am Fuß der Bordeira entlang. Hier hat die Lava 1995 einige Häuser vor sich hergeschoben, Felder überdeckt, Bäume verbrannt und die ehemalige Weinkooperative zerstört. Heute gedeihen wieder Kürbis-, Mais- und Bohnenpflänzchen in der schwarzen Erde. In Erdkuhlen sprießen Weinreben. Auf dem Rückweg über die Fahrstraße findet sich eventuell ein gnädiges Sammeltaxi. Der Ausgangspunkt beim Begehen in Gegenrichtung an einem einsam in der Landschaft stehenden Container ist nicht zu verfehlen.

Am Fuß der Bordeira nach Fernão Gomes (Weg 202)

1 Stunde reine Gehzeit in einer Richtung, Spaziergang auf Staubstraße ohne nennenswerte Steigungen.

Im schmalen Streifen, den die Lavaflüsse von der Felswand trennen, zieht das Sträßchen durch den Ortsteil **Ban-**

gaeira und danach durch locker mit Wein, Kartoffeln und Erdnüssen bestellte Felder, durchbrochen von Purgiernuss-Sträuchern, Feigenbäumchen und leuchtend rot blühenden Rizinus-Sträuchern. Nach einer Stunde ist die Schranke am Forstwächterhaus von **Fernão Gomes** erreicht, wo Holzsammler ihre Beute wiegen lassen und Touristen 100 CVE für den Eintritt in den **Naturpark** bezahlen. Das Gebiet darf nur mit Sondergenehmigung befahren werden.

Fernão Gomes – Monte Velha – Mosteiros (Weg 232)

Im Abstieg 3½ Stunden, im Aufstieg 5½ Stunden reine Gehzeit, 1700 m Höhenunterschied, 3 Liter Wasserreserve, Trekkingstöcke. Bis Monte Velha 1 Stunde reine Gehzeit auf sicherer Fortststraße, 400 m Höhenunterschied.

Im weiteren Abstieg nach Mosteiros kann der Weg feucht und rutschig sein. Sicherungen durch Holzstufen haben den Zustand wesentlich verbessert, wodurch auch die Orientierung bei Nebel einfacher geworden ist. Ausgangspunkt ist das Forstwächterhaus von Fernão Gomes.

Die Straße folgt dem Hang mit hübschen Blicken in den Wald, bevor sie zum Abstieg ansetzt. Einen Abzweig nach Montinho lässt sie in westlicher Richtung liegen und steigt in zwei großen Serpentinen im dichten Wald ab zur Forstarbeitersiedlung von Monte Velha und öffnet sich hier zu einem gepflasterten Platz. Auf diesem steht ein riesiger Baum und nach Nordosten steigt eine Steintreppe ab, die den weiteren Weg markiert.

Pico de Fogo

Der Pico de Fogo ist **mit 2829 m der höchste Berg Cabo Verdes** und der zweithöchste im Atlantik nach dem Teide auf der Kanareninsel Teneriffa (3707 m). Seine Höhe über dem Meeresboden der Kapverden-Schwelle beträgt beeindruckende 8000 m.

Entstehung

Auf einen flachen **Schildvulkan** sattelte sich zu Beginn des Tertiärs vor 60 Mio. Jahren ein steiler Schichtvulkan von schätzungsweise 3500 m Höhe, der die Kegelform der Insel schuf, nach Westen flacher auslaufend als nach Osten. Die Außenhänge sind mit parasitären Aschekegeln bedeckt, zwischen denen sich schluchtartige Erosionsrinnen zum Meer ziehen. Die Brandung hat Abrasionsebenen auf Meereshöhe geschaffen, wie bei Mosteiros, und 30 bis 60 m hohe, pechschwarze Basaltsäulen freigelegt, besonders hübsch bei Salinas.

Der Gipfel, der 1 bis 2 km weite Krater und die Ostflanke des Urvulkans sind nicht mehr zu erkennen. Als **gigantischer tektonischer Bergrutsch** versanken sie im Meer. Die Schuttlawine am Meeresgrund lief 20 km nach Osten, bog nach Süden ab und breitete sich als bis zu 250 m dicke Schicht auf einer Fläche aus, die deutlich größer ist als die der Insel. Untersuchungen der Sedimente sprechen dafür, dass der Kollaps der Ostflanke nicht in mehreren Schüben, sondern in einem gewaltigen Rutsch erfolgte und einen Tsunami ausgelöst haben muss. Die Naturkatastrophe soll vor der erdgeschichtlichen Neuzeit stattgefunden haben und somit länger als 12.000 Jahre zurückliegen.

Zurück blieben ein gewaltiger, nach Osten offener Kessel, in der Höhe begrenzt durch die halbkreisförmige, gut 20 km lange Abrisslinie der heutigen **Bordeira,** und steile Felswände, die einen Halbkreis von gut 8 km Durchmesser beschreiben.

Ausbrüche nach dem gigantischen Bergrutsch beschränkten sich auf das Innere des Kessels, von dessen Boden ein neuer Vulkankegel, der **Pico de Fogo,** emporwuchs, der heute die Bordeira um ca. 200 m überragt. Lavaflüsse und Aschen haben den Kessel gefüllt und die Ebene im Halbrund der Bordeira am Fuss des Pico geschaffen, die **Chã das Caldeiras.** Ältere Theorien, nach denen die Chã die Einbruchcaldeira des Urvulkans ist, gelten als überholt.

Ausbrüche in historischer Zeit

In den ersten Jahren des 16. Jahrhunderts wird über so starke und dauerhafte Ausbrüche berichtet, dass die Rauchsäule über dem Berg und die glühenden Lavamassen Tag und Nacht der Schiffahrt als Wegweiser dienten. **1680** folgte der **heftigste Ausbruch** in geschichtlicher Zeit, bei dem große Ländereien zerstört wurden. Die Bewohner flohen nach Brava. 1785 ergoss sich letztmals Lava aus dem Krater des Pico mit Lavaflüssen bis hinab nach Mosteiros.

Die Ausbrüche von 1799, 1847, 1852 und 1951, alle aus Nebenkratern, waren schwächer und erfolgten im Bereich von Spalten, die von Nord nach Süd in der Caldeira verlaufen. Nur 1847 kamen Menschen durch ein heftiges Erdbeben unter den Trümmern ihrer Häuser ums Leben.

Der jüngste Ausbruch

Am 1. April **1995** war auf Fogo und Brava ein Beben zu spüren und kurz nach Mitternacht, am 2. April, öffnete sich die Westflanke des Pico nahe der Basis, spie glühende Gase, Aschen und Gestein 500 m hoch in den Himmel und entließ einen 700 m langen Lavafluss, der glücklicherweise nur einige abgelegene Gehöfte, die Weinkooperative und die Straße zerstörte, bevor er 300 m vom Dorf Portela entfernt zum Stehen kam. Zwei Monate war er in Bewegung gewesen. Der neue Nebenkrater ist 160 m hoch und erhielt den Namen **Pico Pequeno.**

Die **Bewohner** von Chã das Caldeiras warteten die Entwicklung auf dem Monte Amarelu über dem Dorf ab und flohen am nächsten Morgen zu Fuß nach Nordosten und kamen bei Verwandten und Freunden unter, sodass niemand verletzt wurde. Regierung und Hilfsorganisationen richteten Notquartiere ein und bauten ein Ausweichdorf am Außenhang. Doch die Leute aus Chã das Caldeiras, seit Jahrhunderten mit „ihrem" Vulkan vertraut, zogen nach wenigen Monaten zurück in die Chã, um weiter Wein anzubauen und Besucher an den Pico Pequeno zu führen und Schwefelluft schnuppern zu lassen.

Literatur

• *S.J. Day, S.I.N. Heleno da Silva, J.F.E.D. Fonseca:* A past giant lateral collapse and present-day flank instability of Fogo, Cape Verde Islands. Journal of Volcanology and Geothermal Research 94, 1999, 191–218.
• *LeBas M.J. et al.* (2007): Slop failures of the Flanks of the southern Cape Verde Rise. In: Vasilios L. (Hg): Submarine mass movements and the consequences. Dordrecht: Springer Verlag, 337-345.

cv106 Foto: pr

Abstecher: Casa Presidente

Die Forststraße führt hinter einer Schranke noch ca. 300 m weiter zur „Casa Presidente". Das hübsch in dichte Vegetation eingebettete **Anwesen der Forstverwaltung** war nach der Unabhängigkeit der Sommersitz des Präsidenten.

Schnell sind die ersten Holzstufen erreicht, die dem Erosionsschutz dienen und Auf- und Abstieg erleichtern. Bis zur Höhe von 1000 m zieht der Weg durch den dichten Nebelwald mit teils beeindruckend schönen, starken Bäumen, mit Moos und Bartflechten behangen. Danach sind Kaffee- und Bananenpflanzungen die ersten Zeugen der **intensiven Landwirtschaft,** gefolgt von Feldern mit Maniok, Süßkartoffeln, Bohnen und Mais unter robust ausladenden Mangobäumen und feingliedrigen Zitronenbäumchen. Nach etwa drei Stunden ist das Dorf **Pai António** erreicht und mit ihm das Ende einer kleinen Fahrstraße und der erste Laden mit Kühlschrank. Über die Fahrstraße geht es in etwa einer halben Stunde weiter hinab nach Mosteiros. Am Abzweig zum Miradouro steigt ein mit Treppen ausgebauter Fußweg direkt zur Ringstraße hinauf, die im Ortsteil São Miguel erreicht wird.

Aufstieg zur nördlichen Bordeira (Weg 210)

1½ Stunden, 350 m Höhenunterschied, schlechter Fußpfad, Trittsicherheit nötig. Ohne Kletterpassagen.

Bei Fernão Gomes steigt ein steiler, stark begangener Fußpfad nach Osten auf den Kamm der Bordeira auf. Nach 100 Höhenmetern (20 Min.) biegt der Weg nach Nordwesten ein, bleibt westlich der Bordeira und erlaubt so einen großartigen Blick aufs Meer und die Wälder um Montinho. Er kehrt zurück auf den Grat und steigt bis auf 2000 m an. Hier ist der Ort für das Traumpanoramafoto vom Pico! Der Rückweg kann auf gleichem Wege erfolgen.

Bordeira do Fogo

Das Panorama nach beiden Seiten, der Pico in wechselnden Tönen zwischen Grau, Schwarz und Blau zur einen und die Hänge der Campanas, der Atlantik mit der Insel Brava unter ihrer Wolkenhaube zur anderen Seite, machen die Bordeira zu einem der einprägsamsten Bergerlebnisse Kap Verdes, wenn nicht der Welt.

Für Wanderer teilt sich die Bordeira in **drei sehr verschiedene Abschnitte:**

Im Norden ist das Relief der oberen Hänge hügelig weich. Mensch und Weidetiere haben Pfade getreten, die **ohne Klettern** und **ohne Sicherung** vom Forstwächterhaus in Fernão Gomes bis zum Monte Gomes (Weg 210) ohne besondere Gefahr begehbar sind.

Im mittleren Bereich zwischen Monte Gomes und Ponte Alto do Sul sind die weicheren Flanken des Ur-Vulkans vollständig abgetragen, und zurück blieb ein zerklüfteter Grat, von Senken und Karen durchbrochen. Mehrmals gibt es nur auf dem *fio,* der mitunter nur schulterbreiten Klinge, ein Durchkommen. Zur Chã hin verabschiedet sich der Begehungs-Steinschlag über Hunderte von Metern lautlos in die Tiefe. Zur Außenseite des Halbrunds verwehren instabile Geröllhänge und Abbrüche einen sicheren Tritt. Die zu erkletternden Partien sind technisch höchstens mittelschwierig **(Klettersteigkategorie A und B)** und dennoch **ohne Sicherung nicht zu verantworten.** Zumeist führt die Route durch Hänge und Abbrüche kompaktierter Aschen, aus denen sich die eingebetteten Steine beim Versuch, einen belastbaren Tritt oder Griff zu finden, nicht selten lösen. Wolken erscheinen aus dem blauen Himmel und nehmen binnen Sekunden die Sicht. Das Pfeifen und Rütteln eines scharfen Windes begleitet die Tour. Ein Pfad oder eine Trittspur ist nur ausnahmsweise zu erkennen, die Route ist nicht markiert – von einem „Wanderweg" kann nicht die Rede sein.

Insgesamt 660 Meter in absturzgefährdeten Bereichen sind mit Rostfreistahlkabeln gesichert. Zu etwa einem Drittel sind dies Stellen, an denen geklettert wird. Die Strecke darf vernünftigerweise **nur mit ausgebildeten Bergführern** des Naturparks (ein Führer für zwei Personen) von schwindelfreien, trittsicheren Alpinisten **mit** Klettersteigausrüstung begangen werden.

Im Süden, im Abstieg vom Ponto Alto do Sul, gleicht das Relief mehr einem Rücken. Teils felsig, teils von einer weichen Aschenschicht belegt, begleitet er den Abstieg bis Curral d'Asno, dem Ende des Bogens. In mehreren Etappen gleitet der Schritt durch lose grusige Aschenhänge, die ähnlich wie im Abstieg vom Pico mit weit geringerer Anstrengung im Abstieg begangen werden. Querende Felsrippen verlangen nach Trittsicherheit und einer stützenden Hand. Der überall gut zu erkennende Pfad kann von geübten Wanderern **ohne Klettern und ohne Sicherung** begangen werden.

Die **Gesamtstrecke** nimmt **zwei Tage** in Anspruch und wird leichter von Nord nach Süd mit **Übernachtung im Zelt in Cova Tina** begangen. Da es keinerlei Infrastruktur, keine Getränke und kein Wasser gibt, ist die Tour fast nur möglich, wenn ein Träger Wasser und evtl. einen Teil der Ausrüstung an den Ort der Übernachtung bringt.

Als **Eintagestouren für Klettersteiggeher** bietet es sich an, über den Klettersteig von Ilheu Lorna zur Cova Tina aufzusteigen (209) und danach:

a.) die Gratroute nach Norden (211 und 210) anzuschließen (insgesamt 8–11 Stunden);

b.) zum Ponto Alto do Sul aufzusteigen und nach Süden (212) abzusteigen (6–7 Stunden);

c.) die Vielfalt der Vegetation und Ausblicke um Cova Tina zu genießen und über den Klettersteig zurück nach Ileu Lorna abzusteigen.

Anmerkung: Die Sicherung der Bordeira wurde 2006 von *Pitt Reitmaier* und *Lucete Fortes* angeregt, von der Naturparkdirektion *(Dir. Alexander Nevski Rodrigues)* und GOPA (*Dr. Berthold Seibert* und *Roberto Maldonado*) als Projekt vorbereitet und umgesetzt und von Bergführern der Chã das Caldeiras gebaut. Bauplanung und -leitung, Schulungen und eine kaum aufzählbare Vielfalt von Ideen und Arbeiten zur nachhaltigen Verbesserung des bergtouristischen Angebots übernahmen zwei DAV-Ausbilder im Sportklettern und Boldering von blocSyndicate Ltd. aus Aachen (Bauingenieur *Mustafa Eren* und Sportwissenschaflter *Ibrahim Güngör*). Finanzielle Unterstützung leistete die KfW (Bundesrepublik Deutschland).

● Informationen im Internet:
www.bela-vista.net/
Fogo-via-ferrata-bordeira-d.aspx,
www.blocsyndicate.com

cv107 Foto: pr

Vulkanhöhlen in der Chã das Caldeiras

Eruptionshöhle Pico pequeno (Pico 2 de Abril)

Der jüngste Ausbruch von 1995 hat eine **begehbare Höhle** zurückgelassen, die sich in mindestens fünf Nebengänge teilt und 1–15 m hoch und 350 m lang ist. Der Einstieg wird durch eine Leiter erleichtert.

Eruptionshöhle Monte Preto

Die etwa 180 m lange Höhle ist ein Vermächtnis des Ausbruchs von 1951, der im Norden und im Süden der Chã zutage trat. Im mittleren Bereich ist der Eruptionskanal als 20 bis 30 m große mandelförmige Öffnung allseits überhängend zum Himmel gerichtet. Nach Norden schließen sich Kammern und Gänge an, die **leichtes Klettern** erfordern. Nach Süden verengt sich der Tunnel, kann aber kriechend noch weiter verfolgt werden, bis er in einem steilen Geröllltrichter wieder an die Oberfläche führt. Der Einstieg wird durch eine Leiter erleichtert.

Die Höhlen sind mit Ausnahme der Einstiegsleitern **in ihrem natürlichen Zustand belassen.** Besucher wenden sich an die Bergführer des Naturparks, denn der Besuch ist nur mit entsprechender Ausrüstung (Helm, Stirnlampe, Handschuhe) mit Führer erlaubt. Die Ausrüstung kann im Naturpark ausgeliehen werden.

Alternativer Rückweg (Weg 221):

Weitere 3 Stunden. Schöner ist der Abstieg nach Montinho und die Ausweitung zur **Tagestour durch Monte Velha.** Der Abstieg durch die Hangwiesen nach Montinho beginnt weglos auf der nächsttieferen Ebene unterhalb des Feigenbaums. Parallel zu einer nach Norden absteigenden Baumreihe gelangt man – anfangs weglos – auf vorgelagerte Hügel, dann nordöstlich zu einem einzeln stehenden gedeckten Wassertank. Von dort entlang der Wasserleitung ist das Forstwächterhaus in Montinho nicht zu verfehlen. Die Forststraße führt durch den Wald nach Fernão Gomes.

Ponte Alto do Sul – Cova Tina – Atalaia – Ponte Alto do Norte – Monte Gomes (Klettersteig 211)

5–8 Stunden, 660 m Sicherungen, **Wasserreserve 5 l .**

Kletterpassagen des Schwierigkeitsgrades B; Klettersteigausrüstung zwingend vorgeschrieben und bei der Parkverwaltung verfügbar.

Begehen **nur mit ausgebildeten Führern** des Naturparks.

Strände und Wasserverhältnisse

Fogo ist **keine Badeinsel,** und das Schwimmen im Meer ist durch den steil abfallenden Meeresboden, Strömungen und Brandung nicht ungefährlich. Großfische, auch Haie, können relativ nah ans Ufer kommen.

Auch die Praia da Bila unterhalb der Stadt São Filipe ist gefährlich. Sicher und angenehm ist das Baden in der Hafenbucht von **Porto de Vale de Cavaleiros** und in **Ponta da Salina,** einer Bucht mit vorgelagerten Riffen. Beide sind leicht per Taxi oder Mietwagen zu erreichen, oder man nimmt ein Aluguer von São Filipe nach São Jorge und vereinbart Abholung für die Rückfahrt.

Praktische Infos

An- und Weiterreise

Mit dem Flugzeug

- Der **Flughafen** auf Fogo liegt 2 km südlich von São Filipe. Herrlicher Landeanflug mit Blick auf den Vulkan, wenn man einen Fensterplatz rechts ergattert hat.
- Tägliche **Flugverbindungen zwischen Praia und São Filipe** (ca. 30 Min.), wöchentlich mit **Sal.** Rückflüge rückbestätigen lassen!
- **Nach der Ankunft** warten Aluguers nach São Filipe (5 Minuten, ca. 200 CVE, mit dem Taxi 250 CVE) und Mosteiros (2 Stunden, ca. 500 CVE).
- **TACV-Büro** in São Filipe, Ortsmitte, Tel. 2811228.
- **Halcyon Air** in allen Reisebüros.

Mit dem Schiff

- Der einzige **Hafen** von Fogo, **Porto do Vale dos Cavaleiros,** liegt ca. 3 km nördlich von São Filipe. Von 2009 an werden umfangreiche Bauarbeiten mehrere Jahre in Anspruch nehmen.
- **Fährverbindungen Praia – Fogo – Praia** bestehen zwei- bis dreimal die Woche und dienen in erster Linie dem Frachtverkehr, sodass sie keinen besonderen Komfort für Touristen bieten.
- **Fährverbindungen Fogo – Brava – Fogo** sind ein ungelöstes Dauerproblem. Anfang 2009 übernahm ein größeres Fischerboot, zugelassen für 24 Passagiere, den Transport recht regelmäßig. Die Überfahrt von Praia nach Fogo dauert 4–8 Stunden, die Fahrt nach Brava 1 Stunde.
- **Tickets und Auskünfte** bei den Schiffsagenturen: **Agenamar,** São Filipe (gegenüber dem TACV-Büro), Tel. 2811012, Fax 2811312; **Agenavs,** São Filipe (siehe Stadtplan), Tel. 2814114.
- **Aktuelle Fahrpläne im Internet:** www.bela-vista.net/Faehre.aspx.
- **Segelyachten** können in der Hafenbucht ankern und Lebensmittel, Wasser und Treibstoff aufnehmen.

Reisen auf der Insel

Lokale Reiseagenturen

Die **Organisation von Unterkünften, Ausflügen mit Kleinbus, Bergführer etc.** übernehmen in São Filipe:

- **Agência Agnelo,** Vieira de Andrade, Tel. 2812879, www.djarfogo.net.
- **Reisebüro Renate,** Fogo Lda. im Le Bistró, Tel. 2812518.
- **Zebra-Travel,** Handy 9914566, www.zebra-travel.net.
- **Touristeninformation,** Chã das Caldeiras, Tel. 2821529.

Straßen

Das Straßennetz auf Fogo ist **relativ gut befahrbar,** aber außerhalb von São Filipe kaum beschildert. Wer vorhat, einen Wagen zu mieten, sollte sich vorher eine ausreichend genaue Karte zulegen. Die Pflasterstraßen bilden einen Ring um die Basis der Insel und zwei Halbkreise im Westen und Süden auf unterschiedlicher Höhe.

Taxis/Sammeltaxis (Aluguer)

- **Innerhalb São Filipes** können Sie alles bequem **zu Fuß** erreichen.
- **Taxis,** knallgelb lackiert wie in Manhattan, sind in São Filipe jederzeit zu finden. Als Alternative zum Mietwagen empfiehlt sich die Anmietung eines Taxis sowohl für die Fahrt in die Caldeira als auch für eine Inselrundfahrt (Tagespreis 6000–7000 CVE).
- **Sammeltaxis** (Aluguer) verkehren nach Bedarf zwischen den Orten der Insel und in den Krater (nicht sonntags). Die Aluguers nach Chã das Caldeiras starten erst gegen Mittag.
- Zur **Ankunft von Flugzeug und Fähre** stehen Aluguers und Taxis bereit.

Mietwagen

- **Rent-A-Car-Tex**
São Filipe, Tel. 2811818, Fax 2811819.
- Der **Preis** für einen Geländewagen liegt bei ca. 6000–8000 CVE/Tag. Die Autos können auch mit Fahrer angemietet werden. Eine Kaution von ca. 30.000 CVE muss in bar hinterlegt werden. Siehe auch Kapitel „Praktische Tipps A–Z/Reisen im Land".
- Hinweis: Eine **Fahrt in die Region Monte Velha bedarf** aus ökologischen Gründen **einer Sondererlaubnis.** Fragen Sie ggf. in der Delegation des Landwirtschaftsministeriums nach.

Unterkunft

Im historischen Stadtkern von **São Filipe** finden sich moderne Pensionen, Hotels und stilvoll renovierte *Sobrados,* in denen der Gast die großen, hohen Räume und das Ambiente genießt. In **Mosteiros** kann in einfachen Pensionen übernachtet werden. **Chã das Caldeiras** ist mit einfachen Unterkünften für Wanderer versorgt.

São Filipe

- **Hotel Xaguate**
Tel. 2815000, Fax 2811203
Das einzige größere Hotel der Insel liegt etwas oberhalb von São Filipe am nördlichen Ortsende an der Straße zum Hafen. Zweistöckiges Gebäude in kleiner Gartenanlage, 19 einfach ausgestattete Zimmer mit Du/WC, teilweise Balkon, schöner Ausblick aufs Meer und Brava. Restaurant mit Terrasse und Bar. Meerwasserpool, Tennisplatz. DZ ca. 8600 CVE.
- **Hotel Savanah**
Tel. 2811490
Im Stadtzentrum gelegenes Hotel Garni in schönem *Sobrado* mit Meerblick und Süßwasserpool. Sehr großzügige, komfortable Zimmer mit privater Dusche. DZ ab 5000 CVE inkl. Frühstück.
- **Pousada Belavista**
Tel. 2811220, 2811734
Im Stadtzentrum gelegene Pension in einem besonders schönen *Sobrado* nahe TACV und Bank. Sehr großzügige, komfortable Zimmer mit privater Dusche. DZ ab 4000 CVE inkl. Frühstück, AC 500 CVE.
- **Casa Renate**
Tel. 2812518, Fax 2812729
renatefogo@gmx.de
Pension in einem historischen *Sobrado* nahe der Kirche, Terrasse mit Blick aufs Meer und Brava, der Außenbereich ist ruhig und beschaulich. DZ ab 3500 inkl. Frühstück. Organisation von Ausflügen, Wanderungen, Mietwagen etc.
- **Ferienwohnung Le Bistro**
Tel. 2812518
Ferienwohnung für 2 Personen beim gleichnamigen Restaurant (s.u.). Außenbereich mit Schattenplätzchen.
- **Ferienwohnung Som do Mar**
mgoike@gmx.net
Apartments für 2 und 4 Personen mit eigener Du/WC. Am Rande der Altstadt, deutscher Besitzer. 2 Pers. ab 2400 CVE, Mindestmietdauer 1 Woche.
- **Residencial Open Sky**
Tel. 2812012, Fax 2812727
Nahe der Post. Zimmer mit Du/WC, TV, einige mit AC. DZ ab ca. 3500 CVE.

•Residencial Las Vegas
Tel. 2812223, Fax 2811281
Zentral in der Stadt gelegene Pension. 10 Zimmer mit Du/WC, TV; Bar; nachts kann es durch die nahe gelegene Disco laut werden. DZ ab ca. 4000 CVE.

•Tortuga Bed & Breakfast
Handy 9941512
Kleine Pension mit drei Gästezimmern am südlichen Ende der Praia da Bila, Schattenplätzchen im Garten, auf Bestellung exzellente italienische Küche, komfortable Zimmer mit eigener Du/WC, Zufahrt mit Geländetaxi, 30 Min. zu Fuß zur Stadtmitte. DZ ab 3500 CVE inkl. Frühstück.

•Pensão Eliane Clarice
Tel. 2812181
Neubau im hoch gelegenen Ortsteil Sta Filomena mit Blick über die Altstadt und das Meer nach Brava. Kleinere Zimmer mit Du/WC, AC, TV. DZ ab 2500 CVE inkl. Frühstück.

•Aparthotel
Tel. 2812746
Rosafarbenes Neubauhotel am Ortsausgang Richtung Flughafen. Großzügige moderne Zimmer mit Du/WC, AC, TV, Frigobar. DZ ab 2800 CVE inkl. Frühstücksrestaurant mit Blick über die Stadt. Sehr gutes Preis-Leistungsverhältnis.

•Pensão Fatima
Tel. 2814085, Fax 2811359
Hübsche kleine Privatpension in einer Seitenstraße nahe der Kirche. Kleine Zimmer mit Du/WC, sehr gutes Frühstück; freundliche, familiäre Atmosphäre. DZ ab ca. 2800 CVE.

•Pensão Christine e Irmãos
Tel. 2812854
Nahe dem Fischmarkt. 5 Zimmer, sehr gutes Frühstück; freundliche und familiäre Atmosphäre. DZ ab ca. 2700 CVE.

Mosteiros

•Pensão Christine e Irmãos
Igreja, Tel. 2831045
Privatpension an der Hauptstraße im Ort. Hübsche, luftige Zimmer, traditionelles Restaurant. DZ ab ca. 2800 CVE.

•Pensão Tchon di Café
Igreja, Tel. 2831610
Pension nahe der Kirche; schön gelegen in einer kleinen Bananenplantage, hübsche Zimmer; gutes Restaurant. DZ ab ca. 2800 CVE.

•Pensão e Restaurante Pirâmide
Igreja, Tel. 2831395
Kleine Pension gegenüber dem neuen Rathaus. Zimmer mit Du/WC, Frigo; Meeresblick.

Chã das Caldeiras

•Pousada Pedra Brabo
Tel. 2821521, Fax 2821521
Schön integrierter Bau mit 12 Zimmern und gutem Restaurant. Hübsch bepflanzter Innenhof und schattige Sitzplätze bei den einfachen Zimmern für 1–3 Personen. Du/WC auf dem Gang in ausreichender Zahl. Auch mit Halbpension. DZ ab ca. 3200 CVE.

•Aldeia Turística Sirio
Portela, Tel. 2821586
Nagelneue Pension der Cooperative Chatour. Zimmer mit Du, einige auch mit Du/WC, Gemeinschaftsraum. DZ ab 3300 CVE.

•Casa Monte Amarelo
Portela, Tel. 2821569
Privatunterkunft mit einfachen Zimmern. Saubere Du/WC außerhalb der Zimmer. Frühstück oder Halbpension, Fr Ruhetag. DZ ab ca. 2800 CVE.

•Pensão Mariza
Bangaeira, Handy 9995392
Saubere Zimmer in neuem Privathaus, teils mit eigener Du/WC, Frühstück. DZ ab ca. 3200 CVE.

•Casa Fernando
Bangaeira, Tel. 2821531
Privatunterkunft mit einfachen Zimmern, sauberen Du/WC auf dem Flur, Frühstück oder Halbpension, die Zimmer im Neubau sind zum Teil komfortabler. Netter Sitzplatz vor dem Haus mit Blick auf den Vulkan. DZ ab ca. 2800 CVE.

Restaurants

São Filipe

•Hotel Xaguate
Sehr gute portugiesische Küche im Hotelrestaurant (s.o.) mit Blick auf Brava.

- **Restaurante Leila**
Tel. 2811214, in São Filipe gegenüber dem Elektrizitätswerk. Für einfache Ansprüche.
- **Restaurante Vulcão**
Gut, üppig und preiswert; eine Vorbestellung ist ratsam.
- **Bar Rosa**
Hinter dem Sucupira. Reichliche und gute Mahlzeiten auf Vorbestellung.
- **Bar Tereza**
Snacks, Tapas, gut besuchte Bar.
- **Le Bistro**
Tel. 2812518. Einfaches Restaurant, Terrasse mit Blick auf Brava, kapverdianische und italienische Gerichte, Treffpunkt der deutschsprachigen Gemeinde.
- **Seafood**
Modernes Restaurant mit guter kapverdianischer Küche und großer Terrasse mit Meeresblick.
- **Fogo Lounge**
Handy 9914566. Bar/Café, Terrasse im kolonialen Stil, Info-Kiosk.
- **Calerom**
Tel. 2813296. Restaurant mit guter kapverdianischer und internationaler Küche, netter Innenhof, am Wochenende Livemusik.
- **Amélia**
Beim Gemüsemarkt. Restaurant/Bar, gute und reichhaltige Küche.
- **Esplanada**
Am Kreisverkehr in Richtung Hafen. Es gibt schmackhafte einfache Küche.
- **Tropical Club**
Tel. 2812161, Innenhof. Cocktails, samstags Livemusik und Tanz für die der Disco entwachsene Generation.

Mosteiros

Die oben genannten Pensionen bieten kapverdianische und internationale Gerichte. Vorbestellung ist empfehlenswert.

Chã das Caldeiras

- **Pedra Brabo**
Portela, Tel. 2821521. Restaurant mit französischer und kapverdianischer Küche.
- **Aldeia Turística Sirio**
Portela, Tel. 2821528. Freiluft-Restaurant in unmittelbarer Nachbarschaft der Touristeninformation, betrieben von der Cooperativa Chãtour.
- **Pensão Mariza**
Bangaeira, Handy 9995392. Restaurant mit Snacks und Hauptgerichten im Pavillon neben der Einfahrt.
- In den **privaten Unterkünften** bekommt der Gast auf Bestellung Abendessen.

Nachtleben

- **Boîte Hexagonal**
Neben der Pension Las Vegas, meist nur an Wochenenden spätabends Betrieb – erkundigen Sie sich vor Ort.
- **Fogo en Chama**
In der oberen Stadt (Taxi); Live-Musik an Wochenenden.

Einkaufen/Versorgung

- **Bäckereien** in der letzten Häuserreihe über dem Strand und am Kreisverkehr Richtung Hafen.
- **Mercado Municipal** für Obst, Gemüse und Ziegenkäse.
- **Metzgerei** nahe Bar Tereza.
- Bekannt ist Fogo für hochwertigen **Kaffee** und **Qualitätsweine.**

Banken

- **Banco Comercial do Atlântico**
São Filipe, Tel. 2811255, Mo bis Fr 8–15 Uhr; Mosteiros, Tel. 2831492, gegenüber der Shell-Tankstelle.
- **Caixa Económica**
São Filipe, nahe Telecom, Mo bis Fr 8–15 Uhr.

Post und Telefon

- **CTT-Postamt** mit öffentlichem Telefon, São Filipe, Tel. 2811102; Mosteiros, Tel. 2831002.

Notfall

- **Regionalkrankenhaus** in São Filipe, Tel. 2811130, 2811177.

- **Gesundheitszentren** in Mosteiros (Tel. 2831034), Curral Grande und São Jorge.

Polizei

- **São Filipe,** Tel. 2811132.
- **Mosteiros,** Tel. 2831073.
- **Cova Figueira,** Tel. 2821180.

Museen

- **Casa da Memória** (Haus des Erinnerns), Tel. 2812765. Kleines privates Museum und Kulturzentrum zur Geschichte und Kultur von São Filipe (siehe Exkurs).
- **Museu Municipal de São Filipe,** städtisches Museum mit lokalen Exponaten im Zentrum der Altstadt, unmittelbar neben der Kirche (siehe Exkurs).

Feste

- **20. Januar:** Fest São Sebastião.
- **24. Juni:** Fest São João.
- **29. Juni:** Fest São Pedro.
- **10. August:** Fest São Lourenço.
- **25. November:** Fest Santa Catarina.

Festa Nhô São Filipe

Das **Fest zu Ehren São Filipes,** des Schutzpatrons der Insel, am **1. Mai,** auch **Festa das Bandeiras** genannt, ist das **größte Fest Fogos** und eines der größten Cabo Verdes. Traditionelles und Neues vermischen sich auf diesem lebhaften Volksfest mit Tanz, Prozession und Pferderennen. Zur Vorbereitung des Festessens stampfen die Frauen in einem großen Holzmörser den Mais, begleitet von einer besonderen Musik, dem Pilão, dessen Gesang und Trommeln eine eigene Tradition haben. In der Nähe der Kirche wird ein symbolischer Schiffsmast errichtet und mit Palmzweigen geschmückt, ebenfalls begleitet von Trommeln, Gesang und Klatschen. Bei der Festmesse zu Ehren des São Filipe werden die Fahnen geweiht und später zeremoniell ins Meer getaucht. In der Zeit der großen Lehnsherrn wurde das Fest jährlich von einer anderen Familie ausgerichtet. Seit dem Untergang der Lehen und der Verarmung des Adels kann jeder dieses Privileg übernehmen, so er die finanziellen Mittel zur Verfügung stellt. Während der Prozession werden die Banner *(Bandeiras)* von den Organisatoren vorangetragen. Am Schluss werden sie denen überreicht, die das nächste Fest austragen. Findet sich kein Sponsor für das kommende Jahr, wird das Banner „beerdigt", d.h. zurück in die Kirche gebracht. Ausgelassenheit, alte Bräuche, schöne Kleidung und vor allem gutes Essen haben einen festen Platz bei diesen Feierlichkeiten, zu denen auch Emigranten aus Übersee kommen.

Sonstiges

Wanderführer und -karten von Fogo

- **Kapverden. Die schönsten Küsten- und Bergwanderungen**
Rasso Knoller, Christian Nowak; Rother Wanderführer, ISBN 978-3-76334-27-53.
- **Wandern auf den Kapverdischen Inseln**
Susanne Lipps, Oliver Breda; 35 Touren, exakte Karten, Höhenprofile, 168 Seiten, Dumont Aktiv, ISBN 978-3-77015-36-85.
- **Wander- und Freizeitkarte Fogo und Brava 1:50.000,** *Attila Bertalan, Pitt Reitmaier, Lucete Fortes;* Neuauflage durch die Autoren: siehe www.bela-vista.net/Fogo-Karte-d.aspx.

cv112 Foto: pr

Brava

cv114 Foto: pr

cv115 Foto: pr

Ansicht von Furna

Blick über Santa Barbara nach Fogo

Heilbad Vinagre

Einleitung

Brava, die **kleinste der bewohnten Inseln** des Archipels, erhebt sich mit einem massiven Bergrücken am westlichen Ende des Archipels fast 1000 m aus dem Atlantik.

Ein Besuch Bravas setzt **Zeit und Muße** voraus. Bisher waren die Schiffsverbindungen nach Brava wenig zuverlässig, doch es besteht Hoffnung auf Besserung. Am besten plant man einen Wanderurlaub auf Brava, indem man 14 Tage für Fogo und Brava reserviert, die erste Gelegenheit für den Sprung nach Brava nutzt und nach einer Woche zurückkehrt. In jedem Fall sollte man einen **Zeitpuffer von drei Tagen** gegen Ende der Reise einplanen, falls sich die Rückfahrt ab Brava verzögert.

Für **Bergwanderer** ist Brava, so lange die Insel grün ist, ein kleiner Traum. Es gibt viele schöne Wege, Ausblicke, Plätzchen zum Rasten und Entspannen und genüssliche Ruhe in den Dörfern und der Stadt Vila Nova Sintra. Wer für seinen Urlaub Eisdielen, Discos, knatternde Scooter und Andenkenläden benötigt, wird enttäuscht sein.

Geschichte

Als Entdecker der Insel gilt *Diogo Afonso,* auch wenn das Datum nicht sicher überliefert ist. Erst **1573** kamen die **ersten Siedler** aus Nordportugal, der Algarve und von Madeira. Brava war niemals in den Sklavenhandel integriert.

Während eines Vulkanausbruchs auf Fogo im Jahre 1680 nahm Brava Flüchtlinge auf, von denen viele blieben.

Brava
0
4 km
1 : 200 000
Ilhéu Grande
Ponta da
Baía Grande
Ilhéu Luiz
Carneiro
97
Ponta Lena da Cruz
Ilhéu
do Rei
Ponta Praia de Pó
Ilhéu de Cima
77
Ilhéu
Sapado
Ponta do Morro Grosso
Ilhéus Secos ou do Rombo
Ponta
da Vaca
Ponta
do Incenso
Ilhéu da
Areia
Ponta Jalunga
Furna
Monte Pesqueiro
Vila Nova
Sintra
Santa Bárbara
Fajã d'Água
Vinagre
Mato
Mato Grande
Lima Doce
N.S.do Monte
Fontainhas
Campo Baixo
Ponta de Rei Fernando
Cachaço
Tantum
673
Ponta Mórea
539
Cova de Mar
Ponta do Alto
Quebra Cabeças
Ponta
Nhô Martinho
© Reitmaier / Bertalan

Eugénio da Paula Tavares

In der prosperierenden Zeit Bravas wurde am 18. Oktober 1867 der **Dichter und Musiker** Eugénio Tavares geboren. Die wohlhabenden Eltern blicken auf Generationen einflussreicher Vorfahren aus Portugal, Spanien und Italien zurück. Die Mutter, *Eugénia Nozolini Roiz Tavares,* krank und schwanger, hatte sich vom Großgrundbesitz ihres Mannes aus dem von Unruhen geschüttelten Guinea zu den Eltern nach Fogo zurückgezogen. Weiter auf der Suche nach Heilung kam sie nach Brava, wo sie nach der Geburt *Eugénios* am Kindbettfieber starb.

Auf Brava nimmt die **Taufpatin,** die Witwe *Eugénia Martins da Vera Cruz Medina* den Waisen auf und wird ihm zur liebenden Mutter. Ihr erster Mann, der Dichter *Sérvulo de Paula Medina de Vasconcelos,* war von Madeira nach Cabo Verde verbannt worden, als Folge des Scheiterns der bürgerlichen 1848er Opposition. Sein Drama „Amor e Pátria" benennt bereits, was *Eugénio Tavares'* Poesie und Lieder bestimmen sollte. Nach der Heirat *Eugénia Medinas* in zweiter Ehe mit dem Kolonialoffizier und Arzt *Dr. José Martins de Vera Cruz* folgt die Adoption. Der vermögende Adoptivvater, mit 50 Jahren pensioniert, hat als Bürgermeister die Stadt weiter gestaltet, so auch den zentralen Platz, der heute den Namen seines Adoptivsohns trägt.

Eugéno Tavares schließt die Grundschule ab und erhält darüber hinaus privaten Unterricht in Philosophie, Latein und Literatur und lernt für den Rest des Lebens selbst zu lernen. Mit zwölf Jahren beginnt er **einfühlsame Gedichte** zu schreiben, mit 15 Jahren wird das erste veröffentlicht, eine Ode an „Badinha", seine Adoptivmutter.

In São Vicente, in der Zeit des Kohlehandels und der Transatlantikkabel, findet *Eugénio Tavares* Anstellung in einem Handelshaus und Konsulat der USA. Als **Journalist** begeistert ihn das „wahrlich einmalige Schauspiel einer fluktuierenden Bevölkerung, die die großen Transatlantikdampfer hier ausschüttet und die, am Morgen an Land gegangen und in der Nacht wieder abreisend, die Insel zum ungewöhnlichen, kosmopolitischen Jahrmarkt, zum Zeltlager der Massen macht, die hier vorbeiströmen auf ihrem Weg nach Südamerika oder auf der Heimreise nach Europa oder Asien."

In Tarrafal de Santiago arbeitet *Tavares* im Zollamt. Er sucht weiter das Zusammenleben mit allen Schichten und entdeckt eine starke und selbstbewusste, liebenswerte Kultur. Horrende Ungerechtigkeit, soziale Missstände und Hunger bleiben ihm nicht verborgen.

Zurück auf Brava lässt ihn das in São Vicente und Santiago Erlebte und Erlernte nicht mehr los. Er schreibt Gedichte und komponiert **Mornas in kreolischer Sprache** – langsame Rhythmen, weiche Klänge und tiefe nachdenkliche Texte verleihen den Gefühlen und der kreolischen Identität Ausdruck. In geschliffenem Portugiesisch schreibt er in seinen journalistischen Texten über die sozialen und politischen Zustände. Gouverneur *Serpa Pinto* reagiert mit Verboten und persönlichem Hass. Sein Nachfolger *Cesário Lacerda* bestellt ihn ein und verbietet ihm jede weitere Erwähnung der Hungerkatastrophe. *Tavares* antwortet in einem **offenen Brief:**

„Herr Gouverneur ... Lacerda ... Ich fordere für das Volk das, wovon ich weiß, dass es das Recht des Volkes ist; denn aus der Tatsache, dass man es ihm verweigert, ableiten (zu wollen), dass man es ihm nicht schulde, kann sehr wohl das Nicht-Geben von heute das Geben-Müssen von morgen vorbereiten. ... Ich fordere deshalb; ich bitte nicht. Wollen Sie wissen, wer ich bin, um Forderungen stellen zu können? Ich bin ein Wille und deshalb eine Kraft!"

Hora di Bai – die Flucht. Die Kolonialregierung antwortet auf den Willen mit ihrem Verständnis von Kraft und schickt das Militär, um *Tavares* verhaften zu lassen. Im Mai 1900 erscheint ein Kriegsschiff im Hafen von Furna und die Truppe marschiert zum Hause *Tavares'*, findet ihn nicht und lässt das Haus, in dem er auf einer Geburtstagsfeier vermutet wird, umstellen. Als altersschwache Witwe verkleidet schlüpft *Tavares* durch die Reihe der Soldaten und kann an Bord der „B.A. Brayton" nach New Bedford (USA) entkommen. Die Morna „Hora di Bai" (Stunde des Abschieds) entsteht (siehe nächste Seite).

In den USA gründet *Eugénio Tavares* die **Zeitung „A Alvorada"** (Morgenröte), arbeitet als Journalist an der Sache der „ungeschützten Emigranten in den USA", der Autonomie Kap Verdes und einer Republik Portugal. Um seine Frau und die beiden Adoptivkinder *Luisa* und *Luís* sehen zu können, reist er mehrmals heimlich nach Brava, geschützt durch den Adoptivvater *Dr. José Vera Cruz,* der wie viele Bürger Bravas auf Seiten der Republikaner steht.

Nachdem am 5. Oktober 1910 die **Republik Portugal** ausgerufen worden ist, kehrt *Tavares* zurück nach Brava und wird begeistert empfangen. Er bietet dem ersten republikanischen Gouverneur die Zusammenarbeit an, doch es müssen noch Jahre vergehen, bevor ein Gericht ihn von den Vorwürfen, die zu seiner Flucht geführt hatten, freispricht.

Heimkehr nach Brava. 1922 zieht sich *Eugénio Tavares* aus dem täglichen Journalismus zurück und widmet sich auf Brava der Musik und Poesie, gründet die Musikgruppe **Troupe Musical Bravense.** Im Alter lebt er in seinem Haus in Praia da Aguada und stirbt am 1. Juni 1930 im Schaukelstuhl in seinem Haus in Vila Nova Sintra.

● **Museu Eugénio Tavares**

Vila Nova Sintra, Rua da Cultura (ex Rua 5 de Outubro). Die mehr als sehenswerte Sammlung befindet sich in dem Haus, in welches das Ehepaar nach der Heirat zog. Nach 22 Jahren Exil kehrte *Eugénio Tavares* 1922 zurück und lebte hier bis zu seinem Tod 1930. Reich dekorierte, schwere Möbel, Porzellan, Leuchter und ein Bilros-Bett mit spiralförmig gedrehten dunklen Stäben im Kopfteil stammen aus Madeira. Sie zeigen den Lebensstil der „Insel der Kapitäne" zur Mitte des 19. Jahrhunderts. Die Einrichtung war ein Hochzeitsgeschenk der Adoptivmutter und stammte aus der Hinterlassenschaft ihres ersten Mannes *Sérvulo de Paula Medina de Vasconcelos.*

Hora di Bai – Stunde des Abschieds

Hora di bai, Hora de dor, Dja'n q'ré,
Pa el ca manchê!
De cada bêz, Que 'n ta lembrâ,
Ma'n q'ré, Fica 'n morrê!
Hora di bai, Hora di dor, Amor,
Dixa'n chorâ!

Stunde des Abschieds, Stunde des Schmerzes,
ich wünschte, dass es nicht dämmern würde!
Jedesmal, wenn ich mich daran erinnere,
möchte ich lieber bleiben und sterben!
Meine Liebe, hör' auf zu weinen!

Corpo catibo, Ba'bo que é escrabo!
Ó alma bibo, Quem que al lebabo?
Se bem é doce, Bai é maguado;
Mas, se ca bado, Ca ta birado!
Se no morrê, Na despedida,
Nhor Des na volta, Ta dano bida.

Gefangener Körper, geh', du Sklave!
Oh lebendige Seele, wer hat dich weggetragen?
Wenn Kommen süß ist, ist Gehen schmerzhaft;
aber ohne Gehen kein Zurückkommen!
Wenn wir auch sterben beim Abschied,
beim Zurückkommen gibt uns unser Herr und Gott das Leben.

Dicham chorâ, Destino de home:
Es dor, Que ca tem nome:
Dor de crecheu, Dor de sodade
De alguem, Que'n q'ré, que q'rem ...
Dicham chorâ, Destino de home,
Oh Dor, Que ca tem nome!

Lass' mich weinen, du Schicksal der Menschen,
dieser Schmerz, der keinen Namen hat,
Schmerz der Liebe, Schmerz der Sehnsucht,
von jemandem, den ich will und der mich will.
Lass' mich weinen, du Schicksal der Menschen,
Oh Schmerz, der keinen Namen hat!

Sofrí na vista, Se tem certeza,
Morrê na ausencia, Na bo tristeza!

Leiden beim Anblick, wenn es Sicherheit gibt,
Sterben in der Trennung, in deiner Traurigkeit!

Schiffe, darunter auch Piraten, ankerten, den Winden entsprechend, von November bis Juli im Schutz der Bucht von Furna und von August bis Oktober in Fajã d'Água, später auch in der Bucht von Ferreiros im Südwesten.

Die auf Brava den Siedlern zugeteilten Ländereien waren weitaus kleiner als die riesigen Morgados auf Santiago und Fogo; so bildeten sich kleinere und mittlere **landwirtschaftliche Familienbetriebe** heraus, die Mais, Zuckerrohr, Purgiernüsse und Kaffee anbauten.

1774 war die Bevölkerung auf 3200 Einwohner angewachsen. 1798 widersetzte sie sich erfolgreich einem Angriff französischer Piraten. Im 19. Jahrhundert blühte die Wirtschaft auf. Das gemäßigte Klima ließ die Insel in der zweiten Hälfte des 19. Jahrhunderts zum **Erholungs- und Heilbad der kolonialen Oberschicht** werden, zum Wohnsitz und zur Sommerresidenz von Gouverneuren, Händlern und Kapitänen aus Kap Verde und Guinea.

Die Gemeinde Nossa Senhora do Monte, gegründet 1826, wurde einige Jahre später zur Residenz des Bischofs. 1843 wurde ein kleines Dock in Furna gebaut. Aus einem Priesterseminar entwickelte sich 1850 **eine der ersten höheren Schulen Cabo Verdes,** zu der Studierende von allen Inseln und von Guinea-Bissau kamen. Einige Jahre später richtete man eine Steuermannsschule in Cova Rodela ein.

Von Brava aus begann die **kapverdianische Emigration** in die Walfanghäfen New Englands zu Beginn des 20. Jahrhunderts. Die Hungerkatastrophen der 1940er und 1970er Jahre ließen nur einen Bruchteil der ehemaligen Bevölkerung auf der Insel überleben. Im Jahr 2000, im Rahmen der letzten Volkszählung, wurden noch 6820 Einwohner gezählt.

Informationen zur Insel

Brava ist mit **64 km² Fläche** die kleinste der bewohnten Inseln und südwestlicher Außenposten des Archipels. Sie gehört zur Gruppe der Sotavento-Inseln. Ihr Name stammt aus dem Portugiesischen und bedeutet soviel wie die „Unwirtliche“, „Wilde“ oder „Tapfere“.

Die Insel teilt sich einen gemeinsamen Tiefseesockel mit Fogo und dem Cadamosto Seamount: Der Kanal zwischen den Inseln ist nur etwa 450 m tief, und es wird verständlich, weshalb vulkanische Aktivitäten auf Fogo in Brava als Beben zu spüren sind.

Über der fast runden Insel mit 10 km Durchmesser liegt häufig eine durch den Windschatten von Fogo verursachte Wolkenhaube. Dadurch verringert sich die Verduns-tung, und die Insel kann sich **grüner als ihre Nachbarinnen** halten.

Obwohl klein, sind die Landschaften der Insel ungewöhnlich abwechslungsreich. Von der Fähre aus blickt man auf bis zu 100 m aufragende **Felsenküsten** und in unwirtliche Hänge übergehende Geröllstände. Der Naturhafen ist, genauso wie das Dorf, winzig. Eine steile Straße zieht sich mit weichen, geschwungenen Formen zum Hochplateau. Der Berg **Fontainhas** mit **976 m**

cv113 Foto: pr

ist der höchste dieses sanften **zentralen Hügellandes,** das mit schönen Ausblicken weit übers Meer, nach Fogo und die unbewohnten Inselchen einlädt. Kleinere Einsturzkrater *(Covas)* sind zu weichen, flachen Kuhlen geworden, in denen Trockenfeldbau betrieben wird, besonders hübsch der Fundo Grande (800 m) südlich von Fontainhas, den wir auf einer der empfohlenen Wanderungen umrunden.

Am Eingang zum **Hochplateau** breitet sich der **Hauptort Vila Nova Sintra** zwischen 420 und 500 m Höhe aus. Zum Meer hin schneiden tiefe schmale Täler, flankiert von steil aufragenden Felswänden, in das Inselmassiv ein. Am eindrucksvollsten und fruchtbarsten sind die Täler der **Fajã d'Água** im Westen und der **Ribeira dos Ferreiros** im Südwesten, wo sich Terrassenkulturen mit Zuckerrohr, Bananen, Gemüse und Kokospalmen bis zum Meer erstrecken. Die Fajã d'Água mündet in eine geschützte Bucht, wo Fischerboote ihren Anlegeplatz haben und in einem kleinen Dorf auch zwei Pensionen für Touristen zur Verfügung stehen.

In Jahren mit gutem **Regen** überzieht sich die ganze Insel mit reichen grünen Weidegründen für Kühe und Ziegen, und auf den Höhen gedeihen Mais, Bohnen, Süßkartoffeln und Maniok. Somit reicht die schönste Reisezeit zum Wandern von Oktober bis Februar. Von Ende Juni bis August kommen die Kulturbeflissenen bei lokalen Festen und Prozessionen auf ihre Kosten.

Brava ist **relativ dicht besiedelt.** Neben der größten Siedlung Vila Nova Sintra gibt es kleinere Orte in den Buchten von Furna und Fajã d'Água und zahlreiche winzige Streusiedlungen und Einzelgehöfte, die sich über die Hochebene verteilen.

Ihren Lebensunterhalt bestreiten die Leute von Brava mit Landwirtschaft und Fischerei und mit den Geldsendungen aus der Emigration. Arbeit gibt es kaum, und die Jugend hofft auf den Sprung nach Praia oder in die USA.

Furna

Der Reisende betritt den Boden Bravas in **Porto da Furna.** In diesem kleinen **Naturhafen** in einer kreisrunden Bucht legen die Fähren und Fischerboote an, nur unzuverlässig geschützt vor der wilden Brandung im Kanal.

Ein **Fort** aus dem Jahre 1839 überragt die Bucht, in deren Halbrund die Häuser des Ortes in Reih und Glied stehen. In den alten Lagerhäusern wurden früher Purgiernüsse, Färbeflechten, Tierhäute, Kaffee und Schnaps für die Ausfuhr gelagert.

Von der Hafenbucht windet sich ein steiles, serpentinenreiches Sträßchen nach Vila Nova Sintra in 520 m Höhe. Der alte, parallele Fahrweg eignet sich als Wanderweg.

Die Täler der Fajã d'Água
münden in eine geschützte Bucht

Vila Nova Sintra

Der hoch gelegene **Hauptort** der Insel mit ca. **1500 Einwohnern** ist eine geplante koloniale Siedlung mit schachbrettartig angelegten Straßen und Gassen und massiven Steinbauten, die teilweise verfallen. Er erhielt seinen Namen von der portugiesischen Stadt Sintra nordwestlich von Lissabon.

Die Häuser mit ihren Ziegeldächern, die breiten Straßen, eingebettet in kleine Gärten verleihen dem Ort ein **luftiges Ambiente.** In den Mornas wurde Brava als „Blumeninsel" besungen. Nach ergiebigen Sommerregen bleibt die Insel auch heute noch vital grün bis ins neue Jahr. Hibiskus- und Bougainvillea-Sträucher, Mandelbäume und lilafarbene Jacarandas begleiten die alten Maultierwege.

Ruhig geht es am **zentralen Praça Eugénio Tavares** zu, an dem das Rathaus, die Nazarener-Kirche, Post und Telecom liegen. Die katholische Kirche befindet sich am Ostrand des Ortes, im Westen steht das einstige Wohnhaus des Dichters *Eugénio Tavares.*

Ausflüge und Wanderungen

Die **Orientierung** ist vergleichsweise **einfach,** das **Gelände steil.**

Vila Nova Sintra – Fajã d'Água

Vila Nova Sintra verlängert sich bergan nach Westen in den Ortsteil Cova Rodela. Hier steht ein großer Drachenbaum direkt an der Hauptstraße. Nur 1 km weiter verzweigt sich die Straße, und nach Norden spaltet sich die Fahrstraße nach **Fajã d'Água** ab. Die Fahrstraße windet sich durch wüstenhaft trockene Felslandschaften mit großflächigen geologischen Aufschlüssen mit den weichen Formen vulkanischer Schichtungen. Besonders imposant ist eine hoch über die Straße gehobene Schicht von Meeresmolassen mit gewaltigen, von der Brandung rund geschliffenen Felsbrocken. Der Wanderweg führt durch terrassierte Bewässerungskulturen mit halb aufgelassenen Dörfern.

Das Dorf selbst liegt **in einer der schönsten Buchten Cabo Verdes** und ist eingebettet in eine fast immer grüne Vegetation, geschützt vom Nordostwind: einige Dutzend Häuser vor dem Hintergrund hoher, steil ins Meer abbrechender Felswände, eine kleine Kirche, zwei Pensionen mit Restaurant und Bar und ein paar Fischerboote am Strand, überragt von Kokospalmen und terrassierten Hängen. Hier in der Bucht von Fajã gingen einst die Walfangschiffe vor Anker. Von Fajã aus führt eine kleine schlechte Piste zu einer weiteren felsengeschützten Bucht, **Porto do Sorna,** am Fuße des Monte Gâmbia.

Nossa Senhora do Monte

Das **Bergdorf** Nossa Senhora do Monte wurde 1862 zum Wallfahrtsort und kurze Zeit darauf zum **Bischofssitz.** Der Ort entlang der Straße von Vila Nova Sintra über die Hochebene war früher deutlich dichter besiedelt. Neben den an das Alentejo erinnernden, niedrigen, weiß getünchten Häusern liegen Ruinen unter Bougainvileens. Viele Felder sind verlassen.

Die Straße teilt sich im Ort auf. Ein Arm zieht nach Campo Baixo, wo die Wege nach Tantum und in die Rª dos Ferreiros enden, ein weiterer umzirkelt die Hügel, um nach **Cachaço** zu gelangen, einem propperen Dorf am Fuß des Monte Miranda (673 m).

Spaziergänge

Aussichtspunkt Vila Nova Sintra

● **Stichweg** auf selten befahrener Straße und gepflastertem Weg, **1 Std.** inkl. Rückweg.

In Verlängerung der aufsteigenden Hauptstraße von Vila Nova Sintra, etwas nach Westen versetzt, führt ein gepflasterter Weg zur, wie ein mittelalterlicher Turm erscheinenden, Aussichtsplattform *(Miradouro)*. Sie liegt, hat man die Höhe erreicht, etwas versteckt hinter den Häusern auf dem Kamm. Folgt man anschließend den Häusern auf dem Kamm, gelangt man auf die wenig befahrene Pflasterstraße nach N.S. do Monte. Nur ein Kilometer trennt uns von der hübschen kleinen Ansiedlung **Cova Rodela.** Die flachen Häuser unter ihrem Ziegeldach mit vier Schrägen erlauben, die Niederschläge in Zisternen zu sammeln. Die Fenster folgen nicht der typisch portugiesischen Tradition mit Fensterflügeln und davor gesetzten Fensterläden. Die untere Hälfte ist hochschiebbar, und die Läden liegen innen, ein Erbe aus dem New England des 19. Jahrhunderts. Nahe der Dorfmitte steht ein ein uriger Drachenbaum.

Vinagre

● **Stichweg** auf selten befahrener Straße und gepflastertem Weg, **2 Std.** inkl. Rückweg.

Das Tal von Vinagre (deutsch: Essig) trägt seinen Namen nach einer sauren Quelle, die in früheren Zeiten intensive Bewässerungslandwirtschaft erlaubt hat und der Heilkraft zugesprochen wird.

Ausgangspunkt ist die als Schiffsbug gestaltete Aussichtsplattform im Osten der Stadt. Der Ausblick auf Fogo ist beeindruckend, und man erkennt bereits den Verlauf des Weges auf der ehemaligen Pflasterstraße bergab bis zur Kapelle von **Santa Bárbara.** So folgt man nicht der modernen Fahrstraße südlich der Aussichtsplattform, sondern geht im Norden steil bergab. Nach 200 m kreuzt die moderne Fahrstraße, und wir folgen der alten bis Santa Bárbara. Dort genießt man den Ausblick nach Fogo erneut und schaut auch hinein in die Hafenbucht von Furna. Das Tal von Vinagre liegt im Süden in der Tiefe, und der gepflasterte Weg führt direkt zu einem massiven kolonialen **Wasserbehälter,** malerisch umrankt von großen Bäumen. Hier wurden Kranke zum Baden hergebracht, und keine 100 m tiefer, an einer **Wasserzapfstelle,** holen die Bürger von Brava bis heute das als bestes Wasser der Insel angesehene Nass. Es geht die Mär, dass wer hiervon trinkt, auf ewig mit Brava verbunden bleibe.

Der **Rückweg** führt anfangs über den gleichen Serpentinenweg, doch nachdem eine parallele Trasse sich wieder mit dem Weg vereinigt, biegt ein Weg mit deutlich älterem Pflaster links ab und steigt in der Falllinie bergauf. Er hält sich links der tiefen felsigen Schlucht, der Rocha Falcão, und findet in das enge Kerbtal der **Ribeira da Cruz,** die zurück in die Stadt führt.

Wanderungen

Fontainhas

● **Rundwanderung, 4 Std.** auf gepflasterten Wegen und selten befahrenen Straßen; 600 m Höhenunterschied.

Ausgangspunkt ist die Praça von Nova Sintra. Auf der Hauptstraße bergauf gehend, biegt man in die erste Querstraße südlich ein und trifft an ihrem Ende auf einen gepflasterten Maultierpfad. Dieser führt hinauf in den Ort **João de Nole.** An der zentralen Kreuzung, markiert durch eine Sitzbank aus Beton, biegt man rechts bergauf, an der nachfolgenden Gabelung erneut nach rechts und auf der Fahrstraße ein drittes Mal nach rechts. Die Fahrstraße mündet in einer Kurve der Straße nach Mato Grande, der wir für etwa 300 m leicht bergauf folgen. Eine kräftig gemauerte Treppe führt hinauf zum Pflasterweg zur **Kapelle Serrado** und weiter zur Antenne von **Cruz de Nho Basilo.** Von dort hat man den ersten großen Ausblick. Der Weg geht links ab, nachdem man die Hochfläche erreicht hat.

Der geodätische Punkt auf dem höchsten der Hügel ist bereits zu erkennen und markiert **Fontainhas.** Der Weg führt, von kratzigen Büschen überwachsen, zu einem einzelstehenden Haus unterhalb des Hügels und von dort in der Falllinie bergauf.

Im Rundblick liegt die locker bebaute Siedlungszone von Nossa Senhora de Monte im Nordwesten. Im Osten wird das Panorama durch den gewaltigen Vulkan von Fogo bestimmt.

Der Abstieg erfolgt über den gleichen Weg bis zum Haus, danach auf relativ großem Pfad nach Süden bis zur **Caldeira des Fundo Grande.** Absteigend zirkelt man auf dem Grat um die Caldeira und gelangt so in den Ort **Lima Doce** und weiter nach **Nossa Senhora do Monte,** von wo man entweder mit dem Aluguer oder zu Fuß zurück in die Stadt gelangt.

Vila Nova Sintra – Fajã d'Água

- **Streckenwanderung** bergab auf schlechtem Weg, **2–3 Std.;** Höhenunterschied 650 m; Rückfahrt mit Aluguer.

Ausgangspunkt ist die **Kirche von Nossa Senhora de Monte.** Vom Vorplatz der Kirche aus überblickt man den oberen Teil des Weges, der teils gepflastert in die Tiefe führt. Geschickt schmiegt sich der Serpentinenpfad an die Hänge. Oasen mit Palmen und Mangobäumen begleiten den Weg. Im Ort **Lavadura** wählt man den absteigenden Weg. Auf den Felsen der rechten Talseite thronen die einsamen Häuser von **Lagoa** inmitten einer kleinen Oase. Nach dem Durchschreiten des Talgrundes hat man die Wahl, entweder im Talgrund direkt nach Fajã d'Água weiterzuziehen oder für eine schattige Rast unter riesigen Mangobäumen nach Lagoa aufzusteigen. Der Weg von dort nach Südwesten zum Talgrund ist steil und schlecht, aber gangbar.

Fajã d'Água liegt am groben Kieselstrand, der in der Regel kein Baden im Meer erlaubt. In den Felsen südlich des Dorfs kann man in natürlichen Pools planschen. Am Ortsausgang erinnert ein Denkmal an den Schoner **„Matilde",** der am 23. August 1943 auf der Höhe der Hungerkatastrophe mit einer teilweise in Amerika geborenen Mannschaft nach New England fahren wollte, um Lebensmittel zu besorgen. In der Nähe der Bermuda-Inseln verschwand er spurlos mit 53 Menschen an Bord.

Strände

Es gibt nur einige wenige **Kieselstrände** auf Brava, und somit eignet sich die Insel hervorragend für einen Wander-Urlaub aber nicht fürs Strandleben. Nett ist das Baden im natürlichen Schwimmbecken **Piscina** südlich von Fajã d'Água; der Zugang ist über Treppen ausgebaut. Der dunkle Sandstrand von **Porto do Portete** etwas weiter südlich ist schwer zu erreichen.

Praktische Infos

An- und Weiterreise

Mit dem Flugzeug

- **Der Flughafen ist geschlossen**

Mit dem Schiff

- **Siehe Fährverbindungen Fogo.**
- **Auskunft:** Vila Nova Sintra – die **Agência Marítima** in der ersten Querstraße nach Westen oberhalb des Praça vertritt alle Fähren; Tel. 2851270.
- Die Buchten von Furna und Fajã d'Água bieten **Ankermöglichkeiten für Segelboote;** eingeschränkte Versorgungsmöglichkeiten.

Reisen auf der Insel

- Ein Netz von **30 km gepflasterten Straßen und 20 km Staubstraßen** genügt, um die Insel fast vollständig zu erschließen.
- Bei Ankunft von Schiff oder (evtl.) Flugzeug stehen **Sammeltaxis** bereit und bringen die Gäste über die pittoreske Pflasterstraße mit schönen Fernsichten nach Vila da Nova Sintra. Zwischen den Ortschaften verkehren (unregelmäßig) Aluguers.
- Da das Verkehrsaufkommen gering ist, müssen Wanderer ab und an ein **Aluguer anmieten.**

Unterkunft

Unterkünfte beschränken sich auf kleine Pensionen in **Vila Nova Sintra** und **Fajã d'Água.**

- **Pousada Municipal Vivis Place**
Vila Nova Sintra, Tel. 2851375, Fax 2851301
Grundlegend renoviertes, traditionelles Gasthaus, Du/WC, TV, Frigobar, Bar, Restaurant. DZ ab 3500 CVE.
- **Residencial Nazareth**
Vila Nova Sintra, Tel. 2851375, Fax 2851301
Zur Pension umfunktionierte Altbauwohnungen, geräumige Zimmer mit Du/WC/TV im Gebäude der TACV-Vertretung. Kein Restaurant. DZ ab 3200 CVE.
- **Bragança Restaurante/Bar**
Vila Nova Sintra, Tel. 2851305
Einfache Pension, frisch renoviert, sauber.
- **Pensão Restaurante Paulo Sena**
Vila Nova Sintra, Tel. 2851312
Günstige Unterkunft für bescheidene Ansprüche. DZ 2500 CVE.
- **Pensão José**
Cova Joana, Tel. 2851081
Oberhalb der Stadt (3 km). Zimmer mit Du/WC, neu und freundlich. DZ ab 2500 CVE inkl. Frühstück.
- **Sol na Baia, José Andrade**
Fajã d'Água, Tel. 2852070, Fax 2852070
Von französisch-kapverdianischem Künstlerehepaar restauriertes herrschaftliches Gebäude. Große Zimmer mit Du/WC, gepflegter Garten, Innenhof, Schattenterasse. DZ ab 5600 CVE inkl. Frühstück (self-service).

cv116 Foto: pr

Friedhof in Nossa Senhora do Monte

- **Manuel Burgo Ocean Front Motel**
Fajã d'Água, Tel. 2851321, Fax 2851129
Freundliche kleine Pension mit schönem Ausblick aufs Meer. Einfache, saubere Zimmer mit Du/WC. DZ ca. 2000 CVE, Frühstück 250 CVE extra.

Restaurants, Bars

In den wenigen Restaurants auf Brava empfiehlt sich **Vorbestellung;** das Tagesgericht ist zumeist das beste Gericht.

- **Restaurante Paulo Sena**
Vila Nova Sintra, Tel. 2851312
Freundlicher Traditionsbetrieb. Die Küche verzichtet auf eine Speisekarte und bietet stattdessen – von *Paulos* Händchen meisterhaft gekocht – traditionelle kapverdianische Gerichte, je nachdem, was Garten und Markt anzubieten haben.
- **Bar-Restaurante Sossego**
Vila Nova Sintra, zweite Querstraße nördlich des Praça westwärts. Kapverdianische Gerichte.
- **Pôr do Sol**
Restaurante/Bar, Tel. 2851623, in Vila Nova Sintra an der Südseite der Praça Eugenio Tavares. Empfehlenswert.
- **Esplanada**
Vila Nova Sintra auf dem Praça. Snacks und komplette Gerichte.
- **Bar Restaurante Tui**
An der Pousada Municipal um die Ecke. Empfehlenswert.
- **Sol na Baia, José Andrade**
Fajã d'Água, Tel. 2852070
Französische Küche mit frischen Zutaten aus der eigenen Landwirtschaft, edel und nicht ganz billig.
- **Manuel Burgo Ocean Front Motel**
Fajã d'Água, Tel. 2851321, Fax 2851129
Einfaches Restaurant mit kapverdianischer Küche bei der gleichnamigen Pension.

Nachtleben

In den kleinen Bars von **Vila Nova Sintra** holen die Gäste am Wochenende abends die **Gitarren** für eine Tocatina heraus. Mit der Frage nach einer Disco erntet der Gast ein entwaffnendes Lächeln.

Museum

- **Museu Eugénio Tavares,** siehe Exkurs.

Bank

- **Vila Nova Sintra,** nördlich des Praça; Mo bis Fr 8–15 Uhr.

Post und Telefon

- **Vila Nova Sintra,** nördlich des Praça.

Notfall

- **Gesundheitszentrum in Vila Nova Sintra,** an der Hauptstraße südlich der Praça Eugénio Tavares, Tel. 2851130.
- **Notruf: Tel. 130.**

Polizei

- **Vila Nova Sintra,** Tel. 2851132.
- **Notruf: Tel. 132.**

Einkaufen

- Es gibt **Minimercados** und **Gemischtwarenläden** in allen Ortschaften, teils mit interessantem Angebot aus den USA.
- **Gemüsemarkt** in Vila Nova Sintra, **Bäckerei** in der ersten Querstraße nach Westen oberhalb des Praça.

Feste

Feste auf Brava dauern **mehrere Tage.**

- Am **3. Mai** begeht man das Fest **Santa Cruz** in Gedenken an die Sklavenbefreiung.
- Am **24. Juni** wird das **Inselfest** zu Ehren des Heiligen São João gefeiert. Zu diesem größten Fest auf Brava finden sich Besucher von anderen Inseln und aus Übersee ein.

- An jedem Sonntag im **Juli** wird in wechselnden Orten der Heilige des jeweiligen Tages gefeiert.
- Am ersten Sonntag im **August** folgt in Furna das Fest **Nossa Sra. dos Navegantes** mit einer Prozession zu Land und auf dem Meer, eine Woche später das **Konakry-Fest.**
- Vom ersten Sonntag im **Dezember** an laufen die Vorbereitungen für die Feste zu Weihnachten, **Sylvester** und Dreikönig.

In den **Festen im Juli** vermischen sich religiöse Traditionen mit der prägenden Emigrationsgeschichte. Auf eindrucksvollen Bergvorsprüngen befinden sich Aussichtsplattformen in der Form von Segelschiffen. Am Vortag bereits wird das Schiffchen reich geschmückt, und die Organisatoren sammeln Geschenke, Essen, Getränke und Geld. Das Stampfen des Maises im Mörser *(pilão)* ist Teil der Zeremonie. Am Festtag wird der Mast mit Votivgeschenken behängt, um den Mannschaften und Passagieren eine sichere Überfahrt zu garantieren. In traditionellen Seemanns-Kostümen werden am letzten Dorf eine Grenzstation mit Zoll, am Schiff selbst Buden zum Verkauf von Tickets, Proviant und seemäßiger Ausrüstung eingerichtet. Begleitet von Trommeln, Gesang und Tanz zieht die Prozession zum Schiffchen. Beim Fest von Santani (letzer Sonntag im Juli) in Mato Grande und Baleia ist es verboten, das Wort „Escudo" auszusprechen. Alle Preise werden in Dollars angegeben (ohne Umrechnung), ein Spass, der bei einem Versprecher eine Runde für die Freunde kostet. Unter der Leitung des Kapitäns spielen Schiffsärzte, Lademeister, Schiffsköche, Steuerleute, Segelmacher, Matrosen und was sonst auf einer Seereise im 19. Jahrhundert benötigt wurde, die Geschichte glücklicher und tragischer Überfahrten nach Amerika nach, allesamt in nachempfundenen Kostümen.

Besonders ausgelassen wird die **Zeit um Sylvester bis zum Dreikönigstag** gefeiert. Schon Wochen zuvor konkurriert die Jugend in verschiedenen Gruppen um die schönsten Mädchen und die kreativsten Einfälle. Am Weihnachtstag präsentieren sich die Gruppen dann der Öffentlichkeit. Die Männer ziehen nach jeweils zwei Stunden zu einem anderen Ball weiter, während die Mädchen am gleichen Ort bleiben. In der Nacht zum Heiligdreikönigstag wiederholt sich das Spektakel. Gute Feste enden erst in den frühen Morgenstunden.

Sonstiges

- **Wanderführer und -karten** siehe Fogo.

Brava

Ilhéus Secos ou do Rombo

Etwa **10 km nordöstlich von Brava** liegen drei kleine, seit 1990 unter **Naturschutz** gestellte **unbewohnte Lavainseln** inmitten wilder Brandung:

Die westlichste, **Ilhéu Grande,** ist nur 2 km² groß, die östlichste, **Ilhéu de Cima,** 1,5 km²; dazwischen liegt das **Ilhéu Luis Carneiro** mit einer Fläche von 0,2 km². Ihre Anordnung in Form eines offenen Rhombus auf einem gemeinsamen flachen Sockel gab der Gruppe ihren Namen. Die höchste Erhebung auf Ilhéu Grande beträgt ganze 96 m. In Zehntausenden von Jahren hatten Seevögel große **Guanolager** geschaffen, die bis ins 20. Jahrhundert abgebaut wurden.

Schon seit Jahren gibt es Planungen, hier einen internationalen Flughafen für Fogo und Brava zu schaffen, um sie dem touristischen Charterverkehr öffnen zu können.

cv124 Foto: pr

São Vicente

cv129 Foto: pr

cv134 Foto: pr

Blick vom Monte Verde
auf Mindelo und Santo Antão

Mindelo: Monumento a Diogo Afonso
und Torre de Belém

Karneval in Mindelo

Einleitung

São Vicente ist **klein, gebirgig, wüstenhaft** und **weltstädtisch,** ein faszinierender Kontrast. Zwischen vulkanischen Bergen und hellen Dünen gibt die Erde kaum einen Flecken Grün her. Doch so karg die Insel erscheint, so hat sich doch rund um die **schönste Hafenbucht des Archipels** eine quirlige, kosmopolitische Metropole entwickelt, die Leute von allen anderen Inseln und Emigranten aus der ganzen Welt anzieht: **Mindelo,** seit dem 19. Jahrhundert ein Schmelztiegel der Kulturen zwischen den Kontinenten, war für ein halbes Jahrhundert Anlaufstation für Schiffe, die hier Kohle und Wasser bunkerten auf dem Weg nach Afrika, Indien und Lateinamerika. Die Seeleute wollten unterhalten werden auf ihren Landgängen – mit Musik, Frauen, Wein und Essen. In den Hafenkneipen regierten Morna und Coladeira, die Stadt wurde zum Treffpunkt von Literaten, Musikern und Kosmopoliten. Transatlantikkabel leiteten eine zweite wirtschaftliche Blüte im Interesse des britischen Weltreichs ein. Heute ist Mindelo, was es zuvor war: kultureller Mittelpunkt Cabo Verdes.

Geschichte

Länger als alle anderen Inseln Cabo Verdes schlummerte São Vicente nach der Entdeckung am 22. Januar **1462** vor sich hin. Die trockenen, steinigen Berge und wüstenhaften Ebenen boten nur halb verwilderten Ziegen eine Heimat, während für Menschen die Nachbarinseln Santo Antão und São Nicolau weit-

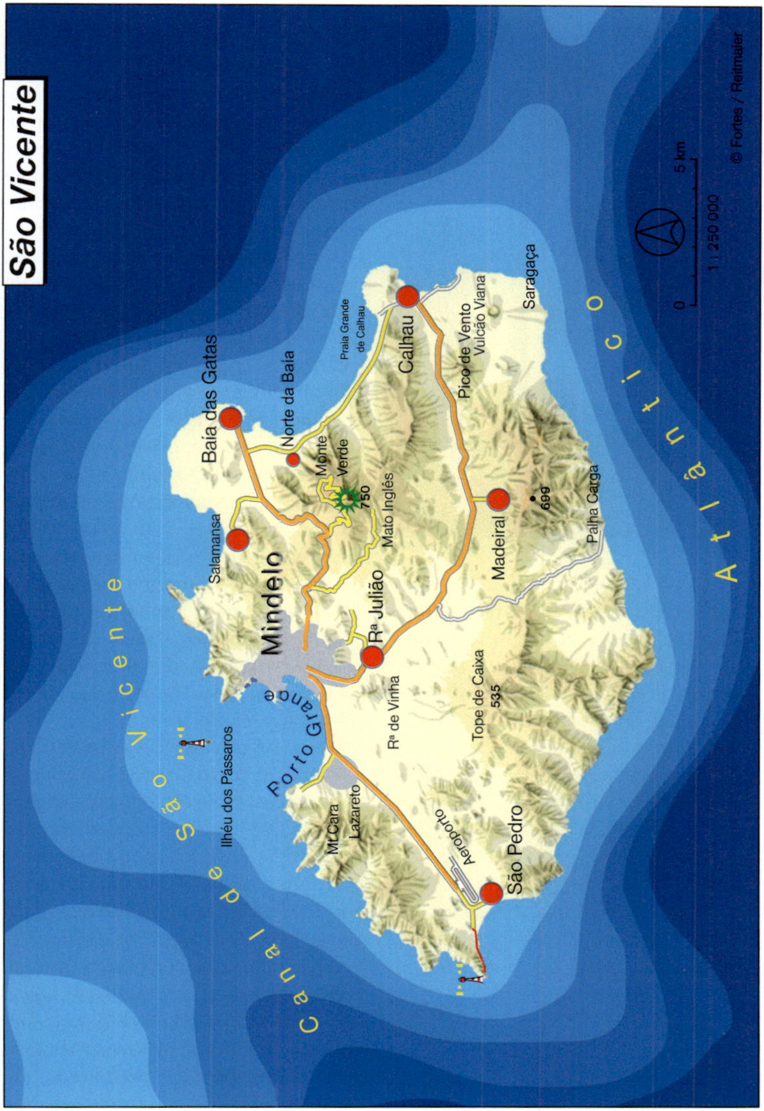
São Vicente
Baía das Gatas
Norte da Baía
Praia Grande de Calhau
Calhau
Monte Verde
750
Mato Inglês
Salamansa
Mindelo
Rª Julião
Madeiral
699
Palha Carga
Pico de Vento
Vulcão Viana
Saragaça
Porto Grande
Rª de Vinha
Tope de Caixa
535
Ilhéu dos Pássaros
Mt.Cara
Lazareto
Aeroporto
São Pedro
Canal de São Vicente
Atlântico
0
5 km
1 : 250 000
© Fortes / Reitmaier

cv132 Foto: pr

aus gastlicher waren. Der **große Hafen,** idealer Ankerplatz in einem versunkenen Krater im Westen der Insel und damit „mit dem Rücken zum Wind", genügte nicht, um Siedler anzulocken. Ja, er war über Jahrhunderte mehr Gefahr als Hilfe. Ungefragt und ungeniert nistete sich 1629 eine Flotte von 53 holländischen Schiffen für vier Monate ein, um anschließend Pernambuco in Brasilien zu erobern und die Spitzenposition im Handel mit Sklaven und Zucker zu besetzen. Hochseepiraten bereiteten hier ihre Überfälle auf die bewohnten Inseln vor. Der Hafen war optimal, bot Ziegen, Fisch und Schildkröten im Überfluss, und das Salz zum Pökeln lag kostenlos bei. Wenn sich keiner die Mühe machte, die Insel dauerhaft zu beanspruchen, dann weil es zu wenig Wasser und keine Früchte für die Skorbutkranken gab. Den ungebetenen Besuchen sollte ein Ende gesetzt werden: Die Regierung ließ ein kleines Fort bauen und bot Anreize für die Ansiedlung. Im Jahre **1794** kamen zwei Schiffe aus Portugal mit 44 Ehepaaren, dazu ein paar Gefangene. In einem Besiedlungsvertrag mit einem reichen Grundbesitzer von der Insel Fogo wurden weitere Freie und Sklaven geworben. Es entstand das erste Dörfchen in der Gegend des heutigen Kirchplatzes, **Rosendo** genannt nach dem Namen des Herrn aus Fogo. Im folgenden Jahr wurde der Bau einer winzigen strohgedeckten Kirche, **Nossa Senhora da Luz,** in Angriff genommen. Doch der Erfolg war spärlich, und die neuen Siedler setzten sich, wann immer möglich, auf die Nachbarinseln ab.

Der geistige Vater der heutigen Hafenstadt am **Porto Grande** war ein portugiesischer Gouverneur namens *Pussich,* der 1819 hierher zog und sich vornahm, eine Hafenstadt mit regionaler Bedeutung für das Barlavento zu gründen. Doch auch er musste sich geschlagen geben, als völlige Trockenheit Tier und Mensch auf andere Inseln vertrieb. **1838** folgte die portugiesische Krone seinem Denken und erließ gar ein **Dekret,** das nicht nur den Namen Mindelo festlegte, sondern die Stadt zur künftigen **Hauptstadt der Kolonie** erklärte.

Igreja Nossa Senhora da Luz in Mindelo

Doch noch immer ließ der Erfolg auf sich warten, und das Dorf hatte zehn Jahre später, 1848, nur wenig mehr als 500 Einwohner.

Erst als das britische Weltreich als einziges industrialisiertes Land seiner Zeit eine wachsende Flotte von Dampfschiffen in die Kolonien schickte, begann in Mindelo eine Phase stürmischer Entwicklung. **1850** ließ sich die erste Kohlehandelsgesellschaft nieder. Ein halbes Dutzend folgte bis 1858. Sie schafften in hunderten Schiffen jährlich die **Kohle** aus Cardiff heran, bauten dicht an dicht entlang der Hafenbucht Kohlekais, Lorenbahnen und Kohlelager bis ins heutige Herz der Stadt. Im Hafen lagen Schaluppen, auf denen der größte Teil der Kohle binnen weniger Stunden von einem Schiff zum anderen geschafft wurde, ohne je das Land zu berühren. Aus der Konkurrenz zwischen den verschiedenen Kohlehändlern ging **Miller & Nephew** als Sieger hervor, ein Name, der heute noch in Mindelo jedem bekannt ist. Um den Durst der Schiffe und der neuen Stadt zu stillen, gründeten die Millers Privatfirmen, die einen Aquädukt vom Gebirge von Madeiral bis in die Stadt führten und mit Dampfschiffen Wasser aus Santo Antão holten. Bis **1869** der **Suez-Kanal** eröffnet wurde und die Umschiffung des afrikanischen Kontinents überflüssig wurde, stand Mindelo auf Platz vier der Weltrangliste der Kohlehäfen nach Port Saíd, Malta und Singapur. Doch die Konkurrenz schlief nicht und Mindelo musste weitere Schläge hinnehmen. Mehrzylindrige Dampfmaschinen mit Wiedergewinnung des Kondenswassers sparten an Kohle und Wasser, und andere Händler setzten nicht wie Miller auf hohe Monopolpreise, sondern unterboten sich gegenseitig. Ein großer Konkurrent im Kohlehandel auf den Weltmeeren, **Cory Brothers & Co.,** kam 1875 nach Mindelo, um Miller zu entthronen. Eines der schönsten Handelshäuser an der Praça Dom Luís wurde von ihnen gebaut, ging aber als „Millers Büro" in die Geschichte ein, denn der ließ sich das Heft nicht aus der Hand nehmen und fusionierte. Gemeinsam versuchte man, die Konkurrenz mit Filialen in Gibraltar, Teneriffa und Dakar aufzurollen.

Um **1890** war der **Boom vorüber.** Portugal, das kleine, von England abhängige Land mit großen Kolonien und einer luxusverliebten, hemmungslos unproduktiven Oberschicht, hatte keine Modernisierungsreserven. Die konkurrierenden Häfen konnten schneller, billiger und zuverlässiger liefern, hatten Freihandelszonen eingerichtet mit größerem Warenangebot und flinkerer Verwaltung. Mit dem Ersten Weltkrieg verfielen die Kohlekais. Schwerölfeuerung und Dieselmotoren setzten ihnen ein endgültiges Ende.

Die Kohleflaute wurde gemildert durch die Telegrafie über **Transatlantikkabel,** ebenfalls zu 100% in britischer Hand. 1874 wurde das erste Transatlantikkabel von London über Madeira nach Mindelo gezogen, um es wenig später mit einem Kabel aus Brasilien zu verknüpfen. Für zehn Jahre sollte es das einzige Kabel bleiben, doch dann folgten schnell weitere rund um den Atlantik. In Mindelo saß eine Hundertschaft englischer Telegrafen-

Die Leute von São Vicente

von *Germano Almeida*

„São Vicente ist eine Insel, die erst vor gar nicht langer Zeit von den Bewohnern der anderen Inseln besiedelt worden war, auf denen die Trockenheit, fehlende Arbeit und anderes Elend die Bevölkerung zur Emigration gezwungen hatten. Nun nehmen diese Menschen, wenn sie ihre Inseln verlassen, ihre starken, eigenen Traditionen und bereits verwurzelten Formen des Sich-auf-der-Welt-Bewegens mit, finden sich dann übergangslos in einer nicht nur wilden, sondern auch relativ feindseligen Landschaft wieder, in der sie, um zu überleben, gezwungen sind, verschiedene regionale Kulturen zu vermischen, was den Nachteil mit sich bringt, daß keine von ihnen in so ausreichendem Maße überwiegt, daß sie sich durchsetzen kann. Und genau dies ist es, was zusammen mit dem Fehlen einer überkommenen Verbundenheit mit der Scholle den Menschen von São Vicente zu einem leichtfertigen und wandelbaren Wesen macht, der nicht die gesunde aufrechte Haltung, nicht die Standfestigkeit eines auf Santo Antão oder Santiago Geborenen besitzt, wo die regionalen Gesellschaftswerte unberührt geblieben sind. Und es ist zweifellos interessant festzustellen, daß, sei es die physische, sei es spirituelle Widerstandskraft, die jenen Völkern eigen ist, verlorengeht, wenn sie mit São Vicente in engen Kontakt kommen. Aus schweigsamen, nachdenklichen, ihre Worte abwägenden Menschen werden wortreiche Schwätzer, die ständig persönliche Bestätigung suchen. Doch als würde dies noch nicht genug sein, wurde die Bevölkerung, die diese Insel bewohnt, gleich zu Beginn der Bildung dessen, was eine regionale Kultur sui generis hätte werden können, dem Einfluß einer anderen Kultur, der englischen nämlich, unterworfen und von ihr beeinflußt, einer Kultur, die nicht nur mächtig, sondern auch streng und beherrschend ist und an der sich eben aus diesem Grunde die Bewohner der Insel orientierten, was aber nicht heißt, daß andere, wenn auch weniger bekannte Kulturformen auch ihren Einfluß haben. Die Folge davon ist, daß der Mensch von São Vicente von allen Bewohnern Cabo Verdes der am wenigsten authentische ist."

Aus: „Das Testament des Herrn Napumoceno" ©Germano Almeida. Für die deutsche Ausgabe ©Fischer Taschenbuch Verlag GmbH, Frankfurt am Main 1997.

cv133 Foto: pr

Angestellter an den Morsetasten, spielte in der Freizeit Cricket, Tennis und Fußball und hinterließ bleibenden Eindruck in Kultur und Sprache der Insel.

Mit dem **Ersten Weltkrieg** stagnierte die Entwicklung der Stadt und sollte bis zur Unabhängigkeit ohne ökonomische Impulse bleiben. Die englischen Firmen zogen sich zurück. Die *Ship chandlers,* die auf allen Weltmeeren mit gebrauchten Schiffen handelten, verkauften an die portugiesische Konkurrenz, und die Hundertschaften von Schmugglern, Gastwirten und Prostituierten mussten sich anderweitig verdingen.

In den **1940ern** schließlich erlebte die Stadt ihr **düsterstes Jahrzehnt.** Zehntausende zum Skelett abgemagerte Menschen stiegen in altersschwache Kähne nach São Tomé, zwangsverpflichtet oder mit der vagen Hoffnung, durch einen Arbeitsvertrag auf den Roças (agroindustrielle Komplexe) dem Hungertod zu entgehen.

Im **Zweiten Weltkrieg** blieb Portugal neutral, unterstützte aber die Mussolini-Hitler-Achse. Mindelo blieb von Kriegshandlungen verschont. Allerdings lagen in der Bucht von Fateixa und der von Tarrafal de Monte Trigo deutsche U-Boote, um alliierten Schiffen aufzulauern. Die Deutschen brauchten sich nicht zu verstecken, die Offiziere gingen bei den Landbesitzern in Tarrafal de Monte Trigo zum Kaffeetrinken. Ob sie wohl ihren Tod in über 5000 Metern Tiefe südlich von Kap Verde fanden? Drei deutsche U-Boote wurden dort lokalisiert, nicht weit von einem japanischen mit zwei Tonnen Gold und noch mehr Zinn an Bord.

Erst **1956** wurde der **Hafen ausgebaut** und mit einer 920 m langen Mole versehen. Nun mussten auch größere Schiffe nicht mehr auf Reede ihre Ladung löschen. Die Schließung des Suez-Kanals (1967–75) verschaffte der Stadt in den letzten Jahren der Kolonialzeit einen bescheidenen Aufschwung. Arbeitssuchende von allen Inseln strömten in die Stadt. Die Bevölkerung Mindelos hat sich seit 1960 (20.500) mehr als verdreifacht. Mit der Ausweitung des Bildungswesens ist Mindelo nicht mehr die zentrale Schulstadt des Landes. Dennoch ist es **kulturelle Metropole** geblieben, auch wenn Praia auf Santiago gleichgezogen hat.

Informationen zur Insel

Aus Richtung Sal kommend, fliegt man vorüber an den Bergrücken von São Nicolau, vorbei an der unbewohnten Insel Santa Luzia und schließlich entlang der felsigen Südküste von São Vicente. Die Landschaft ist **fast vegetationslos.** Ausgebrannte Berge mit tiefen V-Tälern und weite Ebenen variieren in braunen bis rötlichen Tönen. Kurz vor dem westlichsten Punkt der Insel biegt die Maschine in einer scharfen Rechtskurve ein zu der von Bergen flankierten Piste von São Pedro.

São Vicente, 16 km östlich von Santo Antão gelegen, gehört mit einer **Fläche von 227 km²** zu den kleineren Inseln des Barlavento. Sie erstreckt sich von West nach Ost über 24 km, von Nord nach Süd über 16 km. Drei Gebirge rahmen die Insel ein: Der **Monte Verde (750 m)** als höchste Erhebung ist Teil einer vom Nordwesten der Stadt bis in den Osten, nach Calhau, ziehenden Bergkette. Das **Massiv von Madeiral (699 m)** ist nur wenig niedriger und bildet eine Kette von Calhau bis an den Flughafen bei São Pedro. Vom Kamm ziehen steile Bergrippen wie Zinken zur Küste, sodass die Südküste nicht durchgehend begehbar ist. Die spitze Pyramide des **Tope de Caixa (535 m)** bildet eine Landmarke, die an fast jedem Punkt der Insel die Orientierung erleichtert. Ähnlich abgeschlossen wie die Südküste ist die Westküste südlich des Hafens. Hier verwehrt das **Gebirge von Fateixa** den Zutritt. Der höchste Punkt ist die Nase des „Bergs mit dem Gesicht“, **Monte Cara (490 m).** Jüngere Tuffkegel und Kegelvulkane und ein kleiner Einsturzkrater wie aus dem Lehrbuch (Vulcão Viana) kennzeichnen die Umgebung von Calhau.

cv123 Foto: pr

Färberflechte Urzela, einst ein wichtiges Handelsgut

Dazwischen öffnen sich **weite Täler.** Im Westen liegt die **Ribeira Chão de São Pedro,** die Platz für den Internationalen Flughafen bietet. Sie endet im schönen, langen Sandstrand beim Fischerdorf São Pedro. Im Südosten mündet das Trockental **Ribeira de Calhau** beim gleichnamigen Dorf ins Meer. Im Westen und Süden haben sich im Mündungsbereich kleinerer Täler Strandbuchten gebildet, die von hohen Felsenkliffs umgeben sind. Zwischen den Halbinseln von Salamansa und Calhau liegen **größere Buchten mit hellen Stränden.** Die **Bucht von Mindelo** ist einer der schönsten Naturhäfen des Atlantiks, eine versunkene Caldeira von etwa 4 km Durchmesser. Nach Westen ist der Kraterrand ausgebrochen und geht über in den Canal de São Vicente, der die Insel von Santo Antão trennt. Nur eine kleine, steil aus dem Meer ragende Felseninsel, **Ilhéu dos Passaros** (82 m), mit ihrem kleinen Leuchtturm zeigt den ehemaligen Kraterrand an. Die Wassertiefe erlaubt selbst sehr großen Schiffen das Einlaufen.

Da Berge von weniger als 800 m Höhe nicht vermögen, den Passatwolken wirkungsvoll Wasser zu entziehen, ist São Vicente **eine der trockensten Inseln Cabo Verdes.** Nur wenige Akazien, Gräser und Sträucher, darunter Wolfsmilchgewächse, widerstehen den ungünstigen Bedingungen. Selten überzieht ein Hauch von Grün die Hänge des Monte Verde. Die Wiederaufforstung im Bereich von Ribeira de Vinha Richtung Flughafen ist dennoch erfolgreich.

Im 19. Jahrhundert noch floss reichlich Wasser aus Madeiral in die Stadt. Inzwischen ist frisches Quellwasser auf wenige Bergoasen beschränkt. Die Brunnen in der Stadt liefern allesamt brackiges Wasser, das für die Küche nicht taugt. Die meisten Windräder in den Ribeiras stehen still und verfallen, weil die Brunnen versiegten. Nur in der Ribeira de Calhau wird zwischen Dattel- und Kokospalmen fleißig Gemüse angebaut. Bis in die späten 1970er Jahre holte ein Tankschiff Wasser aus Santo Antão, doch die Quellen von Tarrafal de Monte Trigo reichen heute kaum für den eigenen Bedarf. Seither gibt es an der Bucht von Matiota eine **Meerwasser-Entsalzungsanlage,** die die Stadt und die Insel versorgt. Sie steht auf historischem Grund, dem größten Brunnen des Kohlehändlers *John Rendall,* der ab 1850 die Schiffe versorgte. Das destillierte Wasser wird in großen Behältern über der Stadt gelagert, mit Hilfe des Leitungsnetzes und durch Tankwagen verteilt. Jeder Stadtteil wird nur für wenige Stunden ans Netz genommen, um Leitungsverluste klein zu halten. Das städtische Wassernetz erhält kein natürliches Wasser mehr.

São Vicentes Hoffnungen und Erfolge waren immer mit dem **Hafen** verknüpft. Seit der Unabhängigkeit wurde er ständig modernisiert und ausgebaut und blieb der **wichtigste Umschlagplatz** für Importwaren aus aller Welt. An den modernen Kaianlagen und dem 1997 eingeweihten Containerterminal können Schiffe bis zu 11,5 m Tiefgang anlegen. Am Fischhafen machen kapverdianische und ausländische Trawler fest, um die Fischindustrie zu beliefern. Die kleineren Boote holen Eis und laden ihren Fisch für den lokalen Markt an einem neuen Terminal in der Tiefe der Bucht bei Dji d'Sal ab.

Die Kais sind mit Strom- und Wasseranschlüssen versehen, die Kraftstoffversorgung erfolgt aus großen Gas-, Diesel- und Benzintanks. Der Hafen verfügt zudem über eine 1983 gebaute **Werft (Cabenave)** für mittelgroße Fracht und Fischereifahrzeuge bis 2800 Tonnen. Die als Reparaturwerft für die kapverdianische Flotte sehr groß ausgelegte Werft konnte leider die Hoffnungen auf Neubauten nicht erfüllen. Kapverdianische Reeder kaufen nur gebrauchte Schiffe. China streckt die Fühler aus, um zu prüfen, ob die Werft geeignet wäre, die wachsende Atlantikflotte des Landes zu versorgen.

Im neuen **Industrieviertel** in Richtung Flughafen lassen diverse europäische Firmen Schäfte für Schuhe und andere Halbfertigwaren der Leder- und Kleidungsbranche herstellen. Manufakturen für den einheimischen Markt waren nicht von großem Erfolg gekrönt, da es ein florierendes Schneidergewerbe gibt und Kleidung aus Ostasien konkurrenzlos billig ins Land kommt. Die hier produzierenden Firmen loben die Qualität der geleisteten Arbeit und die konstant gute Arbeitsmoral, klagen aber über hohe Kosten für Energie, Wasser, Transport und Lagerhaltung.

In den Wintermonaten laufen **Kreuzfahrtschiffe** den Porto Grande an und entlassen Tausende, meist ältere Herrschaften in die Altstadt, wo sie sich interessiert umsehen.

Heute leben rund **75.000 Menschen** auf São Vicente, zu über 90% in der Stadt Mindelo. Gemessen an der Inselfläche ist São Vicente somit die am dichtesten besiedelte Insel.

Mindelo

Die **zweitgrößte Stadt Cabo Verdes** schaut zurück auf eine vergleichsweise kurze, aber ausschließlich städtische und internationale Tradition und hat keinerlei ländliche Elemente. Das bringt ihr den wenig stimmigen Ruf einer **„heimlichen Hauptstadt"** ein. Mit etwa **70.000 Einwohnern** ist Mindelo eine quirlige und dennoch überschaubare Metropole. Hübsche pastellfarbene Gebäude der Altstadt wecken Erinnerungen an englische und portugiesische Einflüsse während der Blütezeit – teils verblichen, teils frisch renoviert. Mit ihrer palmenbestandenen Uferstraße, den großen Plätzen und breiten Straßen zeigt die Altstadt, dass sie wie „aus einem Guss" in einer nur 50 Jahre währenden Gründerperiode errichtet wurde. Malerisch schmiegt sich die **Altstadt** in die weite, von Sandstränden und dem Hafen gesäumte Bucht, geschützt von rötlichen Bergen. Das klassische Panorama über der Bucht wird gekrönt vom **Monte Cara,** dessen Kontur ein Männergesicht formt und von den Amerikanern auf den Dampfschiffen recht treffend „Mount Washington's Face" getauft wurde.

Vom **Fortim d'El Rei** (Königsfort) auf dem **Hügel Alto de S. Nicolau** genießt man einen beeindruckenden **Panoramablick** auf die Stadt, die Bucht, den Kanal und die Nachbarinsel Santo Antão. Das Fortim ersetzte zur Zeit der Stadtgründung eine ältere Befestigungsanlage in Monte, die den Hafen vor Freibeutern schützen sollte. Heute verfällt der Bau und soll für groß angelegte Investitions- und Tourismusprojekte ausgebaut werden. Es ist nicht anzuraten, sich alleine oder in der Dunkelheit am Fortim aufzuhalten.

Die breite **Uferstraße Avenida Marginal** rund um die Hafenbucht lädt zu einem Spaziergang ein. Vom Ilhéu dos Passaros grüßt der Leuchtturm die ein- und ausfahrenden Schiffe. Die ruhige **Bucht** ist ein beliebter **Treffpunkt von Segelyachten** aus aller Welt, die hier vor Anker gehen, sei es als Zwischenstation auf der Atlantiküberquerung oder als Versorgungsstopp auf einer Inselkreuzfahrt.

Stadtrundgang

Im **Fischmarkt (Mercado de Peixe)** herrscht der größte Trubel am Vormittag. Große und kleine Fische gleiten durch Hände, die sie in Sekundenschnelle ausnehmen, schuppen und feinsäuberlich nach Art und Größe auf den Verkaufstischen aufreihen. Haus-

cv122 Foto: pr

frauen suchen nach dem besten Stück zum besten Preis, und das will lautstark verhandelt sein. Ambulante Verkäuferinnen balancieren große Plastikschüsseln auf dem Kopf und machen sich auf den Weg in die Wohnviertel.

Vom Fischmarkt zweigt die Straße ab zur **Praça Estrela** mit vielen kleinen Verkaufsbuden, u.a. von afrikanischen Händlern vom Festland.

Der **Torre de Belém** schließt sich an den Fischmarkt an. Die Ähnlichkeit mit dem Original an der Tejo-Mündung, dem großen Symbol der Expansion des portugiesischen Weltreichs, ist bescheiden. Als 1918 die Bauarbeiten an dem klotzigen Turm begonnen wurden, sollte das von englischer Kolonialarchitektur geprägte Mindelo ein portugiesisches Aussehen annehmen. Als der Turm 1937 als Hafenmeisterei in Betrieb genommen wurde, waren die meisten Engländer bereits weitergezogen. Mehrere Generationen später, 2006 bis 2008, mit Unterstützung Portugals renoviert, erstrahlen die Symbole der manuelinischen Epoche, Wachtürmchen, Ornamente, eine auf die Bucht blickende Loggia und die Wappen des Christusritterordens in frischem Glanz, und die Mindelenses können dem Turm durchaus etwas abgewinnen. Als **Museu do Porto Grande** wird er nicht nur

Ansicht von Mindelo

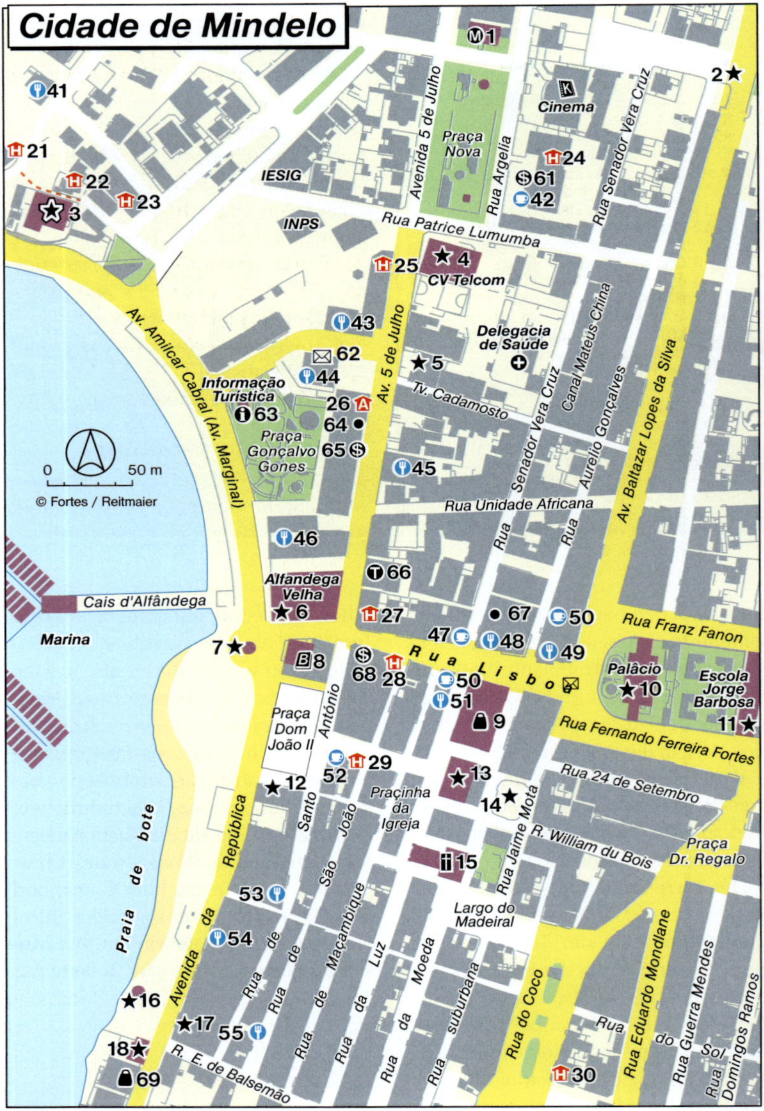
Cidade de Mindelo
M 1
2
Cinema
41
21
22
23
3
IESIG
INPS
Avenida 5 de Julho
Praça Nova
Rua Argelia
24
61
42
Rua Senador Vera Cruz
Rua Patrice Lumumba
25
4
CV Telcom
Av. Amilcar Cabral (Av. Marginal)
43
62
Delegacia de Saúde
5
44
Informação Turística
63
26
64
65
Praça Gonçalvo Gones
Av. 5 de Julho
Tv. Cadamosto
Canal Mateus China
Rua Senador Vera Cruz
Rua Aurelio Gonçalves
Av. Baltazar Lopes da Silva
0
50 m
© Fortes / Reitmaier
45
Rua Unidade Africana
46
66
Alfandega Velha
6
Cais d'Alfândega
Marina
27
67
50
Rua Franz Fanon
47
48
49
7
8
68
28
Rua Lisboa
50
51
9
Palâcio
10
Escola Jorge Barbosa
11
Rua Fernando Ferreira Fortes
Praça Dom João II
António
29
52
12
13
Rua 24 de Setembro
Praçinha da Igreja
14
Santo
João
São
R. William du Bois
Praça Dr. Regalo
Rua Jaime Mota
15
Avenida da República
Praia de bote
53
Largo do Madeiral
54
Rua de
Rua de
Rua de Maçambique
Rua da Luz
Rua da Moeda
Rua suburbana
Rua do Coco
Rua Eduardo Mondlane
Rua do Sol
Rua Guerra Mendes
Rua Domingos Ramos
16
17
55
18
69
R. E. de Balsemão
30

- Ⓜ 1 Museu de Arte Tradicional
- ★ 2 Casas Históricas do Telegrafo
- ★ 3 Antigo Consulado Inglês
- ★ 4 CV Telecom „The New Building“
- ★ 5 Antigo Hospital do Telegrafo
- ★ 6 Alfândega Velha
- ★ 7 Águia
- 8 Biblioteca Municipal
- 9 Mercado Municipal
- ★ 10 Palácio do Mindelo
- ★ 11 Escola Jorge Barbosa
- ★ 12 Agência Nacional de Viagens „Cory Brothers“
- ★ 13 Câmara Municipal
- ★ 14 Águas de Madeiral /Monumento á Baltasar Lopes da Silva
- 15 Igreja Nossa Senhora da Luz
- ★ 16 Monumento a Afonso Diogo
- ★ 17 Casa Figueira - Atelier de Arte
- ★ 18 Torre de Belém

Unterkunft

- 21 Resid. Jenny
- 22 Resid. Arla Hesperides
- 23 Resid. Maravilha
- 24 Hotel Barcelo Oasis Porto Grande
- 25 Mindelhotel
- 26 Aparthotel Avenida
- 27 Pensão Chave de Ouro
- 28 Resid. Mindelo
- 29 Casa Café Mindelo
- 30 Pensão Chez Loutcha

Essen und Trinken

- 41 Rest. Archote
- 42 Café Amarelo
- 43 A Taberna
- 44 Casinha dos Licores
- 45 A Fornalha
- 46 Clube Náutico
- 47 Café Portugal
- 48 Rest. Ka Tem
- 49 Pastelaria Algarve
- 50 Rest. Nella´s &Café Lisboa
- 51 Rest. Gaudi
- 52 Casa Café Mindelo
- 53 Rest. My Coffee
- 54 Rest. Tradissom e Morabeza
- 55 Rest. Pica Pau

Dienste

- 61 Banco BCA
- 62 POST Correio
- 63 Tourist Information
- • 64 Agência STM
- 65 Caixa Económica
- 66 TACV
- • 67 Agência Arca Verde
- 68 Banco BCA
- 69 Mercado de Peixe

eine neue Bestimmung, sondern auch neue Bedeutung gewinnen.

Das **Monumento a Diogo Afonso** zu Ehren des Entdeckers der Insel, der gestiefelten Schritts in Richtung Monte Cara zu schreiten scheint, wurde zu *Salazars* Zeiten aufgestellt.

Die alten englischen Handelshäuser an der Avenida da República (auch Rua da Praia) vermitteln einen authentischen Eindruck des englischen Einflusses. Das **Casa Figueira & CL** wurde von englischen *Ship chandlers* erbaut, die Schiffsausrüstung und Ersatzteile verkauften und gebrauchte Schiffe aufkauften. Die symmetrisch angeordneten Ladentüren im fensterlosen Erdgeschoss, die Wiederholung dieser Anordnung im Obergeschoss mit hohen Balkonflügeltüren und außenliegenden Fensterläden sowie die ehemals gusseisernen Gitter des Balkons sind genauso typisch wie das ehemals schindelgedeckte Walmdach mit seinen schmalen Gauben.

Die **Praça D. Luís** erlaubt einen Rundblick auf die Häuser der Rua de Santo António und im Hintergrund auf die hübsche Front des historischen Rathauses. Bis vor wenigen Jahren standen hier riesige Lagerhallen. Der schönste Platz der Stadt war in einer viel debattierten Entscheidung den Kohlehändlern im Jahr 1899 auf 99 Jahre überlassen worden, um Standortvorteile gegenüber der Konkurrenz anderer Hafenstädte zu gewinnen. Die Hoffnung erfüllte sich nicht, doch der Platz blieb für die Stadt für mehr als ein Jahrhundert verloren. Heute blickt der Besucher wieder auf die breite Front des

cv126 Foto: pr

klassischen kolonialen Verwaltungsbaus der Kohlehandelsgesellschaft Cory Brothers von 1875, der in der Stadt als **Agência National de Viagem** und Supermarkt Seri Lopes bekannt ist.

Im Kreisverkehr, der die Rua Lisboa aufnimmt, umrunden die Fahrzeuge das **Águia-Denkmal** (siehe Exkurs rechts).

Im ehemaligen Zoll (**Alfândega Velha**) ist das **Centro Cultural do Mindelo** mit wechselnden Ausstellungen, Buchhandlung und Cybercafé untergebracht. Das **Cais da Alfândega** reicht hinaus zur **Marina do Mindelo,** wo die Masten der Jachten vor dem Monte Cara schaukeln. Im Innenhof des Segelklubs **Clube Naútico** liegt eine schattige Bar, in der Snacks gereicht werden und die immer gut besucht ist. Wenige Schritte weiter, am Ende der Praça Gonçalves, trifft man auf den Kiosk der **Informação Turística.** Auch wenn die Stadt Mindelo noch an einer neuen architektonischen Lösung arbeitet, erhält der Reisende aus der Hand der Mieterin *Lucete Fortes* bereits Karten, Postkarten, Briefmarken, Telefonkarten, Abfahrtszeiten und Antwort auf Fragen.

Auf dem Weg zum Fährhafen fällt, erhöht gelegen, ein typisch englisches flaches Gebäude auf, das noch auf einen Dornröschenkuss wartet. Es ist eines

Mindelos Hauptplatz Praça Nova

der ältesten Gebäude der Stadt, das **Wohnhaus** (1850) **von John Rendall,** der Leitfigur des Kohlehandels, und wenig später *Consulado Inglês John Rendall* (englisches Konsulat). Die Keramikwerkstatt von *Tito Lívio Rodrigues* hat geöffnet.

Weiter geht es zum modernen **Fährhafen Gare Marítima,** am Handelshafen vorbei, zur **Bucht von Matiota.** Der **Stadtstrand Laginha** ist schon vor Tagesanbruch belebt. Hier kann man in netten einfachen Freiluftrestaurants einkehren.

Flug über den Atlantik

Der **Adler** (portugiesisch: *aguiar,* kreol: **águia**) mit ausgebreiteten Flügeln erinnert an den ersten Flug über den Südatlantik von Portugal nach Brasilien im Jahr 1922, fünf Jahre vor dem Alleinflug *Charles Linberghs* über den Nordatlantik. Das Unternehmen der Kriegsmarine war von großem Medieninteresse und Erfolgsdruck begleitet und sollte im Rahmen der Feierlichkeiten zum 100. Jahrestag der Unabhängigkeit Brasiliens die Entdeckung Brasiliens durch Portugal symbolisch wiederholen. Mehrere Kriegsschiffe sicherten die Logistik.

Gago Coutinho (1869–1959), 53-jähriger Marineoffizier, galt als begnadeter Vermessungsingenieur, Kartograf und Navigator mit langer Praxis in den afrikanischen Kolonien. **Sacadura Cabral** (1881–1924) hatte, ebenfalls als Vermessungs- und Navigationsexperte, mit *Coutinho* in Mosambik gearbeitet und sich dann der Fliegerei gewidmet. Er brachte Erfahrung mit als Ausbilder und Kommandant der Marineflieger Lissabons.

Die **„Lusitânia“,** eine einmotorige Fairey III D mit Schwimmkörpern, hob am **30. März 1922** in Lissabon ab. Nach einem Zwischenaufenthalt in Las Palmas schwebte sie am 5. April in São Vicente ein. Wegen eines undichten Schwimmkörpers zögerte sich der Weiterflug um zehn Tage hinaus. Nach der Zwischenlandung in Praia war der Seegang zu stark, um einen Start mit Maximalgewicht zu erlauben. Der Kreuzer „República“ wurde zu den auf halber Strecke mitten aus dem Atlantik ragenden **Sankt-Peter-und-Pauls-Felsen** dirigiert, und die „Lusitânia“ ging am 18. April mit unvollständig gefüllten Tanks auf die längste Etappe. Bei der Wasserung riss ein Schwimmkörper ab, und die „Lusitânia“ kippte vornüber ins Meer. Die **Bruchwasserung** galt dennoch als großer Erfolg, denn die exakte Navigation *Gago Coutinhos* zu den winzigen Felsnadeln bewies, dass die astronomische Navigation mit dem von ihm verbesserten Sextanten auch in der Fliegerei eingesetzt werden konnte. Der Kreuzer brachte die beiden Piloten nach **Fernando Noronha,** winzige Inseln 350 km vor der brasilianischen Küste.

Das Parlament in Lissabon beschloss, mit dem nächsten Frachter eine **Ersatzmaschine** zu schicken, die am 11. Mai von Fernando Noronha startete, um die Sankt-Peter-und-Pauls-Felsen zu überfliegen und damit die an Bord eines Schiffs zurückgelegte Etappe zu wiederholen. Ein technischer Defekt zwang *Sacadura Cabral* zur Notwasserung. Ein zweites Mal wurden die beiden gerettet, diesmal von einem britischen Frachter, und die Marine schickt die zweite Ersatzmaschine an Bord eines Kreuzers. Am 17. Juni landeten *Gago Coutinho* und *Sacadura Cabral* in Rio de Janeiro.

Biegt man beim Adler ein in die **Rua Lisboa,** dann betritt man das Herz Mindelos. In den kleinen Cafés hört man es angeblich schlagen. Rechts säumt das erste Bürgermeisteramt von 1858, heute **Biblioteca Municipal,** den Weg. An die Bank und einige andere klassische Bauten schließt sich die **Markthalle Mercado Municipal** an. Der Grundstein war anlässlich der Ankunft des ersten Transatlantikkabels 1874 gelegt worden. Der innen lichte, überdachte Bau mit seinen aufgeräumten Ständen für Obst und Gemüse entspricht nicht mehr dem pavillonartigen Original (siehe Mercado Municipla in Praia/Santiago), sondern ist eine spätere Erweiterung zu Zeiten des Estado Novo. Über Treppen erreicht man die **Galerie** im Obergeschoss, wo sich Geschäfte (Handwerk, Kleider), Friseur und ein gutes Musikgeschäft befinden. Von oben hat man einen guten Überblick über die Halle.

Weiter in der Rua Lisboa schaut man auf den **Palácio,** den einstigen **Gouverneurspalast.** Ähnlich wie der Markt hat auch er erst 1934 seine heutige zweistöckige Form gefunden mit Anleihen aus der Architektur indischer Repräsentationsbauten. Zuvor war er seit 1879 ein einstöckiger Hallenbau, den die Engländer als Music Hall schätzten. Dahinter beeindruckt die **Escola Jorge Barbosa.** Nur der ehemalige Exerzierplatz erinnert noch daran, dass das Gebäude ursprünglich als plumpe Kaserne gebaut worden war. Das harmonische Ebenmaß mit Jugendstilfenstern kam erst nach verschiedenen An- und Umbauten zustande. Als **Kunsthochschule** bettet es sich in das entstehende Netzwerk der Universitäten ein.

Südlich der Rua Lisboa stößt man auf den Kirchplatz: **Pracinha d'Igreja** ist der älteste Teil der Stadt mit der hübschen, in einer leidvollen Geschichte von einem halben Jahrhundert langsam gewachsenen und in ihrer jetzigen Gestalt 1863 fertiggestellten **Kirche Nossa Senhora da Luz.**

Das **Rathaus Paços do Concelho** kam 1873 hinzu und basiert auf Planungen aus einer Zeit, als Mindelo Hauptstadt Cabo Verdes werden sollte. In eines der traditionsreichsten Handelshäuser, die **Casa Benfica,** ist ein Chinaladen eingezogen. In den Schaufensterchen der **Casa Gaspar** zur anderen Seite der Kirche unterstreichen die Auslagen mit alten Werkzeugen, Bügeleisen und Petroleumlampen das Prinzip, dass in armen Ländern alles seinen Wert hat.

Hinter dem Rathaus öffnet sich ein kleiner Platz. Die Figur einer alten Dame mit Wassereimer erinnert an die ursprüngliche Bestimmung des blockartigen Gebäudes: Es war das Endreservoir der von *John Miller jr.* gegründeten Wasserversorgungsgesellschaft **Águas do Madeiral,** heute Sitz des Kataster- und Bauamtes.

Praça Nova: Der gepflegte städtische Platz mit einem Standbild von *Luís Camões* (siehe Exkurs bei Praia/Santiago) inmitten der Grünanlage wird von der Front des großen Telecom-Gebäudes beherrscht. Dies ist, etwas überrenoviert, aber im Originalzustand, das 1907/08 gebaute **„New Building"** der britischen Telegrafengesellschaft. Es ergänzte ein aus allen Nähten geplatztes

Museu de Arte Tradicional

Am nördlichen Ende der Praça Nova ist das Museu de Arte Tradicional eingezogen. Die wechselvolle Geschichte des Baus ist in Sektionen der Ausstellung dargestellt.

Als repräsentatives Wohnhaus ließ Bankdirektor *Augusto Vera Cruz* das Gebäude in den Jahren 1890–1895 errichten. Als parlamentarischer Vertreter Cabo Verdes (ab 1912) in der jungen 1. Republik Portugal ging er als **Senator Vera Cruz** in die Geschichte ein.

In dieser Zeit wurde das einzige **Gymnasium** des Barlavento von São Nicolau nach Mindelo verlegt, und der Senator stellte das Gebäude zur Verfügung, bis das Liceu Gil Eanes bezugsfertig war.

Das **Grémio Recreativo do Mindelo,** der exklusive Freizeitklub der Oberschicht Mindelos, übernahm das Gebäude 1938 für Feste, Bridge- und Canastatourniere und Empfänge. Der Zweite Weltkrieg unterbrach den Betrieb; 1939 zog das **Militäroberkommando** ein und blieb bis 1945.

Das *Grémio* kehrte zurück und ging in den 1950ern mit **Radio Barlavento** auf Sendung. Ein kleiner **Medienkrieg** entbrannte zur Zeit der Nelkenrevolution 1974 zwischen Radio Barlavento und **Radio Clube de São Vicente.** Während letztere Station vehement die Unabhängigkeit unterstützte, wurde Radio Barlavento zum Sprachrohr derer, die die Unabhängigkeit weder für wünschenswert noch für möglich hielten. Am 9. Dezember 1974 drangen Mitglieder der PAIGC ein, begleitet von einer Menge jugendlicher Bürger, und Radio Barlavento verstummte. Da die Übernahme gewaltlos erfolgt war, konnte der Betrieb als **Radio Voz de São Vicente** einige Jahre weitergehen.

1983 zog die **Cooperativa Resistência,** eine Kultur-Bürgerinitiative, ein. Als staatliches **Centro Nacional de Artesanato** blieb das Haus als Ausstellungs- und Produktions- sowie Ausbildungsstätte des Kunsthandwerks bis zur Schließung 1997 aktiv.

Die **Umwandlung zum Museum** kostete enorme Anstrengungen, denn das hundert Jahre alte Gebäude war in sehr schlechtem Zustand. Das Konzept des Museums ist das eines lebendigen Museums, in dem Schüler und Interessierte mitarbeiten und lernen können. Die Ausstellungsräume sind im Stil der jeweiligen Epoche renoviert worden und zeigen, nach Themen gruppiert und auf Schautafeln erklärt, Stücke aus der jeweiligen Epoche, Kunsthandwerk, Instrumentenbau etc.

kleineres Gebäude in Matiota als Wohnheim für alleinstehende Angestellte und diente nach der Unabhängigkeit noch lange Zeit als Zentralhospital.

Auf der Praça Nova flaniert allabendlich die Jugend und am Wochenende halb Mindelo, um zu sehen und gesehen zu werden, um die kleinen Neuigkeiten des „Wer-mit-wem" auszutauschen, sich zu amüsieren und zu verabreden.

Zu einem Besuch in Mindelo gehört eine **Noite Caboverdeana.** In einfachen wie in gehobenen Restaurants spielen einheimische Musiker live zum Abendessen. Nachdem die arbeitenden Bürger von Mindelo und europäische Gäste zumeist schon erschöpft waren, bevor die Musiker gegen 23 Uhr eintrafen, hat sich der Zeitplan geändert, und Abendessen und Musik beginnen recht pünktlich zwischen 20 und 21 Uhr. Es ist unmöglich, die ständig wechselnden Restaurants, Musikgruppen und Termine zu überblicken und völlig sinnlos, sie in einen Reiseführer aufzunehmen. Die Restaurants verteilen kleine Mitteilungen, u.a. an Pensionen, Hotels und die Touristeninformation, sodass man am besten dort nachfragt. Wo Musik und Essen gut sind, muss man einen Tisch vorbestellen (lassen).

Ausflüge von Mindelo

Monte Verde (750 m)

An wolkenlosen, klaren Tagen bietet sich ein lohnender Ausflug auf den **höchsten Gipfel der Insel,** den Monte Verde (dt.: Grüner Berg), an. Er imponiert als über der Stadt schwebender massiger Tafelberg, nicht selten von einer Wolkenhaube gekrönt.

Die Fahrt führt von Mindelo aus Richtung Osten und durch die Vororte auf die Straße nach Baía das Gatas, bis nach 4 km rechts der **Abzweig zum Monte Verde** folgt. Von hier aus kann man zu Fuß gehen oder aber auch im Fahrzeug bis zum Gipfel hinauffahren. In zahlreichen Serpentinen windet sich die für PKW geeignete Straße hinauf, und je höher man kommt, um so besser wird der Ausblick. Die Straße endet auf dem Hochplateau an einer Station mit Parabolantennen und Sendemasten für Radio, TV und Telekommunikation. An klaren Tagen hat man von hier aus einen herrlichen Panoramablick auf Mindelo und den Hafen, auf die Buchten

cv125 Foto: pr

von Salamansa und Baía das Gatas, ins Inselinnere über den Steilhang zur Tiefebene und das Massiv von Madeiral sowie die Nachbarinseln Santo Antão und Santa Luzia und São Nicolau.

Baía das Gatas und Salamansa

Auf jeden Fall lohnt sich ein Abstecher nach Baía das Gatas zum **beliebtesten und sichersten Strand** im Nordosten der Insel.

Man verlässt Mindelo mit dem Fahrzeug in südöstlicher Richtung. Vom Vorort Bela-Vista zieht die Straße in den einst von Engländern bewohnten Ortsteil Lameirão über einen kleinen Pass am Fuß des Monte Verde und zur 12 km entfernten **Wochenendsiedlung Baía das Gatas.** Ein herrlicher Strand mit gelbem Sand, der weit die angrenzenden Hügel hinaufgetragen wurde, und das glasklare, flache Wasser laden zum Baden ein. Eine Felsenmole schützt die Lagune vor der offenen Brandung des Atlantiks, sodass **auch Kleinkinder sicher** baden können. Unter der Woche ist es sehr ruhig, am Wochenende kommen die Ausflügler aus Mindelo. Direkt am Strand bietet ein einfaches Restaurant Getränke und Snacks. Im Ort gibt es das größere Grillrestaurant Baía Verde und das Restaurant/Pension Take Away Atlanta. Etwas zurückgesetzt liegt die Bühne des seit 1985 jährlich am ersten Augustwochenende nach Vollmond stattfindenden **Musikfestivals** (s.u.). Am Ende der Bucht liegt eine Pier, die Zugang zum tieferen Wasser bietet.

Salamansa, Fischerort mit Tradition

Vor der letzten langen Geraden in der Ebene zweigt eine Stichstraße ab nach **Salamansa,** einem traditionsreichen Fischerort. Die Fischer haben ihre Boote in der Bucht von Baía das Gatas liegen, um schneller ins fischreiche Flachwasser in Richtung der unbewohnten Inseln zu gelangen. Sie gehören zu den ganz wenigen, die ihre Boote mit Segeln ausrüsten.

Diverse **Wanderungen ab Mindelo** führen **nach Salamansa und Baía** (gesamt 2½ Stunden). In Baía das Gatas gibt es mehrere Restaurants und zwei Pensionen.

Die **Straße von Baía das Gatas nach Calhau (11 km)** verläuft über Norte de Baía nach Praia Grande de Calhau und weiter zum Wochenenddorf Calhau. Die Strände in den Abschnitten zwischen Baía das Gatas und Praia Grande de Calhau eignen sich wegen der starken Strömungen nicht zum Baden – sie sind hochgefährlich!

Calhau

Etwa eine halbe Stunde benötigt man mit dem Fahrzeug von Mindelo bis zum **18 km** entfernten Calhau im Osten. Die Straße führt quer durch die Insel und folgt der Ribeira de Calhau. Links sieht man den Monte Verde und an seinen Hängen das Dorf **Mato Inglês.** Etwas später zweigt rechts eine Straße zum Dorf **Madeiral** ab. Etwas weiter öffnet sich das Tal, und eine Vielzahl von Gar-

cv004 Foto: pr

tenbaubetrieben verdankt dem von Windrädern geförderten Grundwasser ihre Existenz. Calhau hat sich vom winzigen Fischerort zu einem schnell wachsenden Wochenenddorf entwickelt. Eine Emigrantenfamilie betreibt das **Restaurant Hamburgo** rund um die Woche im traditionellen, guten kapverdianischen Stil. **Chez Loutcha** hingegen, eine bekannte Fremdenverkehrspension in Mindelo, öffnet ihre Dependance am Strand von Vila Miséria nur wochenends, dann aber mit Langusten, senegalesischen Spezialitäten, Livemusik und *Vinho verde*.

Schüler am Strand von Palha Carga

Für **Wüstenwanderer** ist Calhau ein lohnendes Ausflugsziel nach einer sechsstündigen Wanderung ab Mindelo über die **Selada de Baleia** und **Feijoal Preto.** Komfortable Übernachtung in Calhau bietet das hotelähnliche **Residencial Goa.**

São Pedro

Der Fischerort São Pedro liegt an einem riesigen weiten Sandstrand. Bei ruhiger See kann man im Westteil sehr schön baden, in der Nähe der **Hotelanlage Foya Branca.** In der Regel herrschen aber starke Brandung und heftiger Wind, sodass das Badevergnügen nicht immer garantiert ist. Dann macht ein Spaziergang am Strand zwischen Krebsen, die vor den weit hinaufschäumenden Wellen flüchten, mit heftigem Wind um die Ohren, noch mehr Spaß! Der Strand ist **nie kindersicher!**

Die Anfahrt führt vorbei am Flughafen. Wenig später ist der Abzweig nach Westen zum Hotel ausgeschildert. Die Straße endet im Ort.

Im Dorf gibt es einen kleinen Laden und eine Bar. Vom westlichen Ende des Strandes aus bietet sich eine hübsche kleine **Wanderung zum Leuchtturm Farol Dona Ana Maria** an (30 Min. einfach). Den Leuchtturm selbst kann man nicht betreten, doch auch so ist ein interessanter Blick nach Santo Antão garantiert, und Abenteuerlustige sehen sich die ehemalige Anlegestelle unterhalb des Turms an.

Strände

São Vicente ist noch nicht dezidiert als Bade- oder Wassersportinsel erschlossen, obwohl alle Vorbedingungen gegeben sind.

Praia de Laginha heißt der Stadtstrand, und für die sportlichen Bürger gibt es nichts Schöneres als frühmorgens nach Laginha zu joggen und im Meer dümpelnd den Sonnenaufgang abzuwarten. Das Residencial Laginha liegt an der Uferstraße. **Baía das Gatas** ist am Wochenende beliebt als Familienstrand, ganzjährig kindersicher und zum Schnorcheln geeignet.

Praia Grande de Calhau wird von den Sportlicheren und Jugendlichen bevorzugt; starke Brandung und Strömung! **Palha Carga** ist ein enormer, wunderschöner Sandstrand der Südküste, nur zu Fuß oder mit dem Mountainbike über lohnende Wege zu erreichen. **São Pedro** beim Hotel Foya Branca ist ein wunderbarer weiter Strand mit heftiger Brandung und Strömung. Für Erwachsene ist im westlichen Abschnitt Baden meist möglich.

Sport und Aktivitäten

São Vicente könnte ein Dorado sein für die Könner im **Windsurfen** und war auch schon Austragungsort für internationale Wettbewerbe im Geschwindigkeits-Surfen und ein Surfcamp mit guter Akzeptanz. Solange es aber keine Surfstation gibt und sich der Transport des Geräts mit den kleinen Maschinen der Inlandsflüge schwierig gestaltet, sieht man nur selten einen Windsurfer. Ein Surfbrett-Verleih im Hotel Foya Branca an der Bucht von São Pedro steht nur den Gästen des Hotels zur Verfügung. Der 25-m-Katamaran „ITHOMA" besucht als schwimmende Tauch- und Windsurfstation regelmäßig São Vicente. Rund um die Insel gibt es gute Plätze zum **Tauchen.**

In São Vicente werden **Segler** fündig, und zwar mit dem einzigen ganzjährig sicheren Hafen des Landes, Charter-Angeboten mit und ohne Skipper und einem erfahrenen Wartungs- und Reparaturservice an der Marina do Mindelo.

Die Angebote zum Hochseeangeln sind gleichermaßen professionell.

Angebote zum Hochseefischen, Tauchen, Surfen und Segeln siehe im Kapitel „Praktische Tipps A–Z/Sport und Freizeit".

Praktische Infos

An- und Weiterreise

Mit dem Flugzeug

- Der **Flughafen** São Vicentes (Tel. 2323718, 2323717) befindet sich im Südwesten der Insel, 1 km von São Pedro, 10 km von Mindelo entfernt. Im Flughafengebäude befindet sich eine Snackbar, jedoch keine Bank.
- **Flugverbindungen** mit Sal und Santiago täglich, mit São Nicolau zwei- bis dreimal wöchentlich.
- Vor dem Flughafen warten **Taxis** auf die ankommenden Gäste. Die Fahrt in die Stadt kostet 800 CVE. Wer in größeren Hotels (Foya Branca, Porto Grande) gebucht hat, wird evtl. vom Hotelbus kostenlos abgeholt.

Hinweis zur Sicherheit

Achten Sie, wie in jeder größeren Stadt der Welt, auf **kleine Gaunereien und Taschendiebe,** und tragen Sie wertvollen Schmuck, Wertsachen und Kameras nicht offen zur Schau. Gerade in einer Stadt wie Mindelo, in der viele Menschen arbeitslos sind und selbst manche Kinder auf der Straße leben, fallen „begüterte" Touristen leicht auf, auch tagsüber. Besondere Achtsamkeit ist bei größeren Festivitäten wie Karneval oder dem Musikfest in Baía das Gatas geboten, auch auf Märkten oder nachts auf dem Praça, wo sich viele Menschen auf einem Platz drängen.

- **Fluggesellschaften:** Stadtbüro **TACV,** Av. 5 de Julho, Tel. 2321524, 2321528, Mo bis Fr 8–12, Sa 9–11.30 Uhr; **Halcyon Air,** in allen Reisebüros.

Fährverbindungen

- **Handels- und Fährhafen** (Gare Marítima) sind getrennt.
- **Nach Santo Antão** verkehren täglich die RoRo-Fähre „Mar d'Canal" der Reederei ARMAS und die viel ältere „Ribeira de Paúl" der Reederei Silva & Silva, beide ehemalige norwegische Inselverbinder. Die Fahrzeit beträgt ca. 1 Stunde, die Kosten 800 bzw. 400 CVE einfach. Tickets am Fährhafen.
- **Zu anderen Inseln** verkehren:
  - die „Tarrafal" der Reederei STM wöchentlich nach São Nicolau und Santiago;

  Details siehe Kapitel „Praktische Tipps A–Z/Reisen im Land/Mit dem Schiff". Aktuelle Fahrpläne im Internet unter www.belavista.net/Faehre.aspx.
- Am Hafen stehen **Taxis** bereit, der Transport ins Stadtzentrum Mindelos kostet etwa 150 CVE. Man kann aber auch gut zu Fuß in die Stadt gehen.

Reisen auf der Insel

- Eine gut ausgebaute **Asphaltstraße** verbindet São Pedro und den Flughafen mit Mindelo. Die **gut ausgebaute Ringstraße** Baía das Gatas – Praia Grande de Calhau – Calhau erlaubt eine Rundfahrt mit Abstecher nach Salamansa.
- In der Stadt herrscht reger **Busverkehr** in alle Stadtviertel (35 CVE). **Taxis** kann man überall anhalten.
- Regelmäßiger **Sammeltaxiverkehr** besteht nach Calhau (ab Praça Estrela) und am Wochenende nach Baía das Gatas (ab Rotunda von Ribeira Bote). Es gibt jedoch nur sehr selten eine Verbindung zu anderen Regionen der Insel, sodass man sich für eine Fahrt nach Baía das Gatas, zum Monte Verde oder nach Calhau ein Taxi oder Aluguer anmieten muss, z.B. Mindelo – Baía das Gatas ca. 1300 CVE. Fragen Sie in Ihrem Quartier oder rufen Sie den deutsch sprechenden Taxifahrer *Paulino da Luz* an (Handy 9915990).

Autoverleih

•Alucar
Dji d'Sal, Tel. 2325194, Fax 2315169, alucarsvrc@cvtelecom.cv.
•Cabauto
Largo Medina Boé,
Tel. 2322800, Fax 2322812.
•In den Reisebüros.

Unterkunft

•Internet (aktualisierte Unterkunftsliste): www.bela-vista.net/Pension-São-Vicente-d.aspx

Mindelo

•Mindel Hotel
C.P. 844, Avenida 5 de Julho
Tel. 2328882, Fax 2328887
Nahe Praça Nova. Neues Geschäfts- und Stadthotel der gehobenen Kategorie, 74 Zimmer mit allem Komfort, Süßwasserpool, gutes Restaurant, Bars. DZ ab ca. 8000 CVE.
•Hotel Barceló Oásis Porto Grande
C.P. 103, Praça Amílcar Cabral
Tel. 2323190, Fax 2323193
Im Herzen der Stadt liegt das renommierteste Hotel Mindelos, das v.a. Geschäftsleuten und anspruchsvolleren Gästen als Unterkunft dient; 52 komfortable Zimmer mit Bad oder Du/WC, Telefon, TV, Klimaanlage, teils Balkon. Restaurant/Bar mit großer Terrasse, von der man den zentralen Praça überblickt, Swimmingpool, Diskothek. Preise saisonabhängig, DZ ab ca. 8000 CVE.
•Aparthotel Avenida
C.P. 120, Av. 5 de Julho
Tel. 2321178, Fax 2322333
Kleines Mittelklasse-Stadthotel im nördlichen Teil der Altstadt an einer der belebtesten Straßen. 20 DZ mit Du/WC, Klimaanlage. Restaurant, Bar. DZ ab ca. 4200 CVE.
•Mindelo Residencial
Rua Lisboa, Tel. 2300863, Fax 2322096
Hübsch dekorierte Pension mit komfortablen Zimmern und Suiten. DZ ab ca. 6400 CVE.
•Casa Café Mindelo
Rua Governador Calheiros 6
Tel. 2300863, Fax 2322096
Großzügige Pension in einem historischen Gebäude mitten im Zentrum, Blick aufs Meer, beliebtes Café im Erdgeschoss. Der Denkmalschutz hat (glücklicherweise) den Umbau der schönen alten Zimmer verhindert und Du/WC über den Flur verordnet. DZ ab ca. 6500 CVE.
•Residencial Jenny
Alto São Nicolau
Tel. 2328969, Fax 2323939
Top ausgestattete Pension mit traumhaftem Blick auf Hafen und Monte Cara, französisches Management. DZ ab ca. 5400 CVE.
•Residencial Beleza
Rua Oficinas Navais, Tel. 2324094
Gut ausgestattete Pension nahe der Innenstadt, in den höheren Stockwerken mit Meerblick, alle Zimmer haben Internetanschluss. DZ ab ca. 4900 CVE.
•Residencial Alto Fortim
Alto São Nicolau
Tel. 2326938, Fax 2326936
Moderne Pension oberhalb des Hafens nahe der Burg Fortim. DZ ab ca. 4800 CVE.
•Residencial Maravilha
Alto São Nicolau
Tel. 2322203, Fax 2322217
Auf der Anhöhe oberhalb des Hafens. Gepflegte hotelähnliche Pension mit sehr geräumigen Zimmern. DZ ab ca. 5000 CVE.
•Residencial Arla Hesperides
Alto São Nicolau
Tel. 2328688, Fax 2327372
Gute Pension über der Hafenbucht mit Aufenthaltsräumen und Zugang zur Küche. Du/WC, TV, Telefon, Ventilator, Klima. DZ ab ca. 4300 CVE inkl. Frühstück.
•Chez Loutcha
C.P. 303, Rua do Côco, Mindelo
Tel. 2321636, Fax 2321635
Im Zentrum von Mindelo gelegene familiäre Hotelpension. 24 Zimmer mit Du/WC, Klimaanlage, TV, Telefon. Gutes Restaurant mit kapverdianischer und senegalesischer Küche, zweimal wöchentlich Livemusik. DZ ab ca. 3700 CVE.
•Residencial Sodade
C.P. 38, Rua Franz Fanon 38
Tel. 2303200, Fax 2314019
Moderne Hotelpension mit Zimmern im Untergeschoss (preiswerter) und Parterre, je-

weils Du/WC. Das Restaurant mit Terrasse ist bekannt für seine gute Küche und seinen unschlagbaren Panoramablick über die Stadt; gutes Preis-Leistungsverhältnis. DZ 2500–6000 CVE.

- **Apartamentos Zeca de Marliso**
Alto de São Nicolau
Tel. 2314740, Fax 2326718
Neue Apartments über dem Hafen, großzügig mit eigener Küche! DZ ab ca. 4400 CVE.
- **Residencial Ché Guevara**
Av. Ché Guevara im gleichnamigen Wohnviertel, Tel. 2322449
Ruhige Pension in der Nähe des Stadtstrands Laginha. Zimmer mit Du/WC. DZ kosten ab 4400 CVE.
- **Residencial Laginha**
Laginha, Tel. 2325468
50 m vom Stadtstrand Laginha. Sehr geräumige Zimmer mit Du/WC, AC, Telefon, TV, Frigobar; französisches Management. DZ ab 4000 CVE.
- **Residencial Casa Comba**
Av. Dr. Rendall Leite 15, Tel. 2311588
Italienische Leitung. DZ ab ca. 3300 CVE.
- **Pensão Dona Valentina Semedo Brito**
Av. Capitão Ambrosio, Tel. 2312674
In der Nähe des Krankenhauses gelegen; sehr familiäre und freundlich geführte kleine Pension, erfahren mit Wanderern; Du/WC am Flur. DZ ab ca. 3000 CVE.
- **Residencial Complexo Fantastique**
Monte Sossego
Tel. 2322573, 2322572
10 Zimmer, alle mit eigenem Bad, Frigobar, TV. Restaurant, Bar, Disco. DZ ca. 1800 CVE. Suite für Dauergäste mit 2 Schlafzimmern, Wohnküche; modern, zu Sonderpreisen.
- **Pensão Chave d'Ouro**
Av. 5 de Julho, C.P. 93, Tel. 2328688
Älteste Pension der Insel in historischem Bau; 21 Zimmer mit Du/WC; Restaurant, Bar. Sehr preiswert, DZ ab ca. 2200 CVE.

Strand von São Pedro

- **Resort Hotel Foya Branca**
Tel. 2307400, Fax 2307444
10 km von Mindelo und 1 km vom Flughafen entfernt. 3 ha große Gartenanlage mit 52 DZ, 16 Juniorsuiten und sechs Villen mit 2–4 Zimmern, alle mit TV, Telefon, Du/WC, Ventilator. Restaurant, Bar, zwei Poollandschaften, Tennis, Fitnessraum, Surfzentrum – alle Einrichtungen nur für Hotelgäste. DZ je nach Saison ab ca. 12.000 CVE, Frühstück 750 CVE. Shuttle-Service ins Stadtzentrum.

Strand von Baía das Gatas

- **Residencial Take Away Atlanta**
Tel. 2327500
10 km von Mindelo, am sichersten Strand der Insel, getrennt vom Restaurant, alle Zimmer mit eigenem Bad, Du/WC, TV.

Strand von Calhau

- **Residencial Goa**
Tel. 2329355
18 km von Mindelo. Alle zehn Zimmer mit Meerblick, neu und komfortabel eingerichtet, mit eigener Du/WC, sehr freundlicher Service durch die französischen Besitzer.

Restaurants, Cafés, Noites Caboverdeanas

Zahlreiche Restaurants aller Kategorien bieten ein **umfassendes Spektrum:** kapverdianische, afrikanische, italienische und französische Küche.

Noites Caboverdeanas: Restaurantbesuch mit traditioneller Musik; werden von den Restaurants veranstaltet.

Noch ist das Musikleben Mindelos nicht wie im Massenstrandtourismus zur touristischen Folklore verkommen mit allabendlichen Aufführungen nach einem Geschmack, der nicht der des Landes ist. Und es geht in der **Musikszene** lebhafter zu als im Rest des Landes. Doch um Enttäuschungen zu vermeiden, sei erwähnt, dass nicht in jeder Kneipe jeden Abend die Instrumente gestimmt wer-

Der Karneval in Mindelo ist der farbenprächtigste auf Cabo Verde

cv128 Foto: pr

den. Man muss nachfragen, in welchem Restaurant wann eine gute Gruppe spielt. Die Rezeptionen der Hotels und Pensionen sowie die Touristeninformation können Auskunft geben und helfen, einen Tisch zu bestellen.

Cafés in der Stadt

- **Café Amarelo**
Café-Bar an der Praça Amílcar Cabral (Praça Nova), DSL-Internet.
- **Casa Café Mindelo**
Portugiesisches Café und Restaurant an der Praça Dom Luís. Guter Service, nettes Ambiente.
- **Café Lisboa**
Szene-Café auf der Rua Lisboa.
- **Pastelaria Algarve**
Lokales Café auf der Rua Lisboa mit einer umgitterten Terrasse.
- **Café Portugal,** Café auf der Rua Lisboa.
- **My Coffee,** nicht weit vom Pica Pau (s.u.).
- **Pastelaria Algarve**
Café mit luftigem Außenbereich auf der Rua Lisboa. Snacks.
- **Casinha dos Licores**
Café mit Blick auf den Monte Cara und einer weltweit einmaligen Auswahl an kapverdianischem Salzgebäck, Kuchen, Süßspeisen, kleinen Gerichten, hausgemachten Likören und Fruchtsäften. Von außen unscheinbar über eine lange Außentreppe zu erreichen, an der Av. Marginal direkt hinter dem Kiosk der Touristeninformation.

Restaurants in der Stadt

- **A Taberna**
Zwischen der Küstenstraße Av. Marginal und der Praça Nova. Restaurant mit angenehmer Atmosphäre und sympathischem Service. Lokale Fisch- und Fleischspezialitäten, am Wochenende Livemusik.
- **Chez Loutcha**
Tel. 2321636, Rua de Côco. Kapverdianische, senegalesische und französische Küche gehobenen Standards, mehrmals wöchentlich Livemusik, Reservierung zu empfehlen.
- **Clube Náutico**
Avenida Marginal. Netter Innenhof im Seglerclub, Snackbar mit vollwertigen Gerichten.
- **Complexo Fantastique**
Tel. 2322573, Monte Sossego. Nacht-Restaurant bei der Disco, geöffnet 20–6 Uhr.
- **Ka tem**
Rua Lisboa. Bar mit kleinem Imbiss, Straßenterrasse.
- **Bar/Restaurant A Catedral**
Av. 5 de Julho, Tel. 2327275. Gemütliche Terrasse über dem Ladenzentrum Furnalha, preiswerte Gerichte, Grill; ein netter Platz, um sich für eine Kaffeepause zurückzuziehen.
- **Restaurante Archote**
Alto São Nicolau, Tel. 2323916. Gemütlicher Aufenthalt auch im Freien, gute Küche, täglich Livemusik.
- **Restaurante Escale**
Tel. 2324434, Stadtmitte, bei der Igreja Nazarena. Reichhaltige Speisekarte.
- **Restaurante Esplanada Caravela**
Laginha. Offenes Restaurant über zwei Ebenen. Grillgerichte, schöner Blick, vom Sundowner bis nach Mitternacht gut besetzt.
- **Restaurante Hotel Porto Grande**
Tel. 2323190, Praça Nova. Hotelrestaurant gehobenen Standards mit großem Außenbereich und Blick auf die Praça Nova.
- **Restaurante Nella's**
Rua Lisboa, im Obergeschoss über dem Café Lisboa, Tel. 2314320. Kapverdianische Küche in guter Qualität in gepflegter Atmosphäre, häufig Livemusik.
- **Restaurante Pica Pau**
Rua St. António, Tel. 2328207. Kleines Restaurant mit guter Küche, Fisch und Meeresfrüchten.
- **Restaurante Sodade**
Rua Franz Fanon, Tel. 2303200. Restaurant gehobener Klasse im obersten Stock der gleichnamigen Pension mit dem besten Blick über Altstadt und Hafenbucht.
- **Restaurante Saturno**
Ortsteil Madeiralzinho (Taxifahrer fragen), Tel. 2326550. Feines Fischrestaurant.
- **Restaurante Tradissom & Morabeza**
Rua da Praia 45, Tel. 2324841. Terrassenrestaurant über den Dächern Mindelos (über

Casa Figueira & CL in der Rua da Praia

der Shell-Tankstelle) mit herrlichem Ausblick auf die Bucht; gute Livemusik und künstlerische Aufführungen; Essen und Trinken in gehobener Atmosphäre zu fairen Preisen.

- **Restaurante Gabylandia**
Einfaches Gartenrestaurant am Stadtstrand Laghina. Einfache Grillgerichte.
- **Restaurante Pizzeria Flostel**
Alto São Nicolau, Tel. 2312686, Handy 9919199, beim Residencial Maravilha. Einfaches Restaurant mit einigen Tischen im Freien, der fehlende Meerblick wird duch unschlagbar günstige Tagesgerichte, eine große Pizzaauswahl und nordafrikanische Gerichte mehr als kompensiert. Auch Lieferung ins Haus auf telefonische Bestellung.

Restaurants außerhalb

- **Restaurante/Churrasqueira Baía Verde**
Handy 9968470, Baía das Gatas, 10 km von der Stadt in der Wochenendsiedlung. Gute kapverdianische Küche und Grillspezialitäten; montags Ruhetag.
- **Restaurante Take Away Atlanta**
Tel. 2327500, Baía das Gatas. Gute kapverdianische Küche.
- **Restaurante Hamburgo**
Calhau, 18 km von der Stadt. Gute kapverdianische Küche, frische Fischgerichte.
- **Restaurante Chez Loutcha Calhau**
Calhau, Ortsteil Vila Miséria. Gute internationale und afrikanische Küche; nur am Wochenende geöffnet.

Nachtleben

Siehe auch einleitende Bemerkung bei „Restaurants, Noites Caboverdeanas".

Es gibt **mehrere Diskotheken** in Mindelo, die sich aber erst ab Mitternacht füllen; Betrieb meist am Wochenende und an Feiertagen, werktags ist wenig los. Wir listen hier nur die größeren:

- **Complexo Fantastique,** Monte Sossego; mit Nachtrestaurant und Residencial.

cv127 Foto: pr

- **Astro,** beim Residencial Amarante/Fußballstadion; auch mittwochs.
- **Cave,** Alto São Nicolau.
- **Disco Galaxia,** nahe der Praça Nova.
- **Disco Hi Step,** Fonte Inês.
- **Syrius Disco Dance,**
beim Hotel Porto Grande.

Reisebüros

Organisation von Rundfahrten, Schiff, Flügen, Mietwagen, Unterkunft etc., auch auf anderen Inseln:

- **Cabetur**
C.P. 421, Rua Senador Vera Cruz 57, Mindelo, Tel. 2323847.
- **Tropictur**
Rua Patrice Lumumba 3, Tel. 2324188.

cv131 Foto: pr

Mindelo: Monumento a Gago Coutinho e Sacadura Cabral (siehe Exkurs „Flug über den Atlantik")

Touristeninformation

- **Informação Turística**
In Mindelo, an der **Avenida Marginal,** in der Hafenbucht, steht der **Kiosk** der Touristeninformation; hier gibt es Auskünfte, Karten, Reiseführer, Postkarten und Briefmarken sowie Telefonkarten und anderen Kleinkram. Die Stadt kann weder Personal- noch Materialkosten tragen und vermietet den Kiosk, was die Möglichkeit, Infomaterial zur Verfügung zu halten, stark einschränkt.

Banken/Geldwechsel

- **Banco Comercial do Atlântico/BCA**
Mehrere Filialen; in der Stadtmitte in der Rua Lisboa und an der Praça Nova, Mo bis Fr 8–15 Uhr.
- **Caixa Económica**
Mehrere Filialen; in der Stadtmitte neben dem Aparthotel Avenida, Rua 5 de Julho, Mo bis Fr 8–15 Uhr.
- Geldwechsel **in den Hotels** möglich, jedoch zu ungünstigeren Kursen.

Post und Telefon

- **Postamt** in der Rua Cristiano de Sena Barcelos, zwischen Informação Turística und Av. 5 de Julho. Am Eingang zum historischen „New Building" befindet sich nur noch ein Briefkasten, Einwurf von Postkarten rechts am Eingang.
- Flächendeckend **Kartentelefone** in der Stadt.
- Auch **von den größeren Hotels** sind Telefonate möglich, aber zu höheren Gebühren.
- Die **Telefonnummern in Mindelo** beginnen mit 23.

Polizei

- Avenida Dr. Alberto Leite, Tel. 2314631.
- **Notruf: Tel. 132**

Zeigen Sie jede Belästigung und jeden Diebstahl an! Nur so kann die Polizei ihre Aufgaben erfüllen.

Krankenhaus/Apotheken

- **Hospital Baptista de Sousa** Zentralhospital des Barlavento, östlich vom Stadtkern, Tel. 2312355.
- **Mehrere Apotheken** in der Stadt.
- **Notruf: Tel. 130**

Einkaufen

Kunsthandwerk

- **Alternativa,** Av. 5 de Julho, Ecke Rua Chr. Sena Barcelos, Tel. 2315165. Waren des Atelier-Mar in künstlerisch bester Qualität.
- **Keramikwerkstatt** von *Tito Lívio Rodrigues.* Ein Besuch ist doppelt interessant, weil er einen Besuch des über dem Porto Grande thronenden, halb verfallenen ehemaligen britischen Konsulats von 1850 einschließt.
- **Atelier Bela Duarte,** Av. Manuel de Matos (Chã Cemiterio), Tel. 2315475.
- **Artesanato Mestre Pulù,** *José Manuel Faria de Andrade,* Rua Mestre Pulù, Tel. 2323249.
- **Andenkenläden** in der Stadt und auf dem Praça Estrela führen vorwiegend vom Kontinent importierte afrikanische Ware.

Typische Andenken sind kleine Terracotta-Häuschen und -Figuren mit Alltagsszenen, Schnitzereien aus Kokosnüssen, Korbwaren, Batiken und kreolische Malereien. Besonders beeindruckend und wegen der aufwendigen handwerklichen Herstellung nicht billig sind aus schmalen Streifen zusammengesetzte Wandteppiche (www.bela-vista.net/da-luz/).

Feste

- Der kulturelle Höhepunkt Mindelos ist der **Karneval** (siehe zum Schluss des Kapitels „Land und Leute/Kunst und Kultur").
- Das **Musikfestival von Baía das Gatas** gehört zu den großen kulturellen Ereignissen Cabo Verdes. Es findet jährlich **am ersten Augustwochenende nach Vollmond** statt. Man spricht von rund 20.000 Beteiligten. Der Strand wird zur Bühne: Auf einem Podest agieren die Bands und Interpreten aus Cabo Verde, Portugal, Westafrika, Brasilien und den USA. Die Besucher lassen sich auf dem Sandstrand für das Wochenende „häuslich" nieder zum Tanzen, Feiern, Essen, Trinken und Schlafen. Auch viele Touristen finden sich zu diesem Spektakel ein.
- Das **Theater-Festival „Mindelact"** findet im März mit Theatergruppen von allen Inseln und aus dem lusophonen Ausland statt.

Religiöse Feste

- **22. Januar:** Fest des Heiligen São Vicente, Stadt- und Inselfest.
- **3. Mai:** Fest zu Ehren Santa Cruz.
- **13. Juni:** Fest Santo António.
- **26. Juni:** Fest São João.
- **29. Juni:** Fest São Pedro.
- **5. Juli:** Tag der Unabhängigkeit, Nationalfeiertag.

Sonstiges

Wanderführer und -karten von São Vicente

- **Kapverden. Die schönsten Küsten- und Bergwanderungen** *Rasso Knoller, Christian Nowak,* Rother Wanderführer, ISBN 978-3-76334-27-53.
- **Wandern auf den Kapverdischen Inseln** *Susanne Lipps, Oliver Breda,* Dumont Aktiv, ISBN 978-3-77015-36-85.
- **São Vicente 1:50.000** *Lucete Fortes, Pitt Reitmaier,* **Freizeit- und Wanderkarte** mit großem Stadtplan von Mindelo auf der Kartenrückseite und 36-seitigem **Stadt- und Wanderführer** in Deutsch und Englisch; Goldstadt Verlag, Pforzheim 2004, ISBN 978-3-89550-469-6 (Verkauf auch in Cabo Verde).
- **Wanderführer Sao Vicente vollständig im Internet:** www.bela-vista.net/Sao-Vicente-Wandern.htm

São Vicente

cv138 Foto: pr

Santo Antão

cv144 Foto: pr

cv140 Foto: pr

Ponta do Sol mit seinem Naturhafen Boca de Pistola

Aufstieg zur Bordeira de Norte

Kuhreiher (Bubulcus ibis)

Einleitung

Den nordwestlichen Abschluss des Inselbogens bildet Santo Antão, **die gebirgigste der Inseln** und eine der landschaftlich schönsten und eindrucksvollsten. Die **„Ilha das Montanhas“,** die Insel der Berge, ist die **mit den üppigsten grünen Tälern,** dem schönsten und größten Bergwald, der schroffesten Steilküste und der größten vulkanischen Bergwüste. Fast gewinnt man den Eindruck, alle Landschaftsformen, die Kap Verde zu bieten hat, hätten sich hier auf einer einzigen Insel vereint: zerklüftete Gipfel, schmale Grate zwischen Schwindel erregend tiefen Schluchten und Tälern, Vulkankegel in allen Schattierungen, wüstenhafte, steinige Mondlandschaften, schwarze und helle Dünen hinter dem Strand, brütende Hitze, kühle Waldregionen und üppigste Tropenvegetation inmitten von steilen Felsenküsten, an denen sich die Wellen des Atlantiks unaufhörlich brechen.

Sanft und freundlich zeigen sich die grünen Täler und Höhen, kleinen Dörfer und Städte, wild und schwer zugänglich der wüstenhafte Westen, an manchen Stellen fast abweisend. An den steilen Küsten bleibt nur wenig Platz für Strände. Santo Antão ist **keine Badeinsel,** auch wenn es einige sehr schöne Strände gibt.

Santo Antão ist die **Insel der Bergwanderer** und -liebhaber. Botaniker und Geologen, Maler und Landschaftsfotografen kommen nur schwer wieder los von der grünen Vielfalt. Haben sie auch den spröden Charme der Gebirgswüste kennen gelernt, gelingt es ihnen – so wie uns – vielleicht nie wieder.

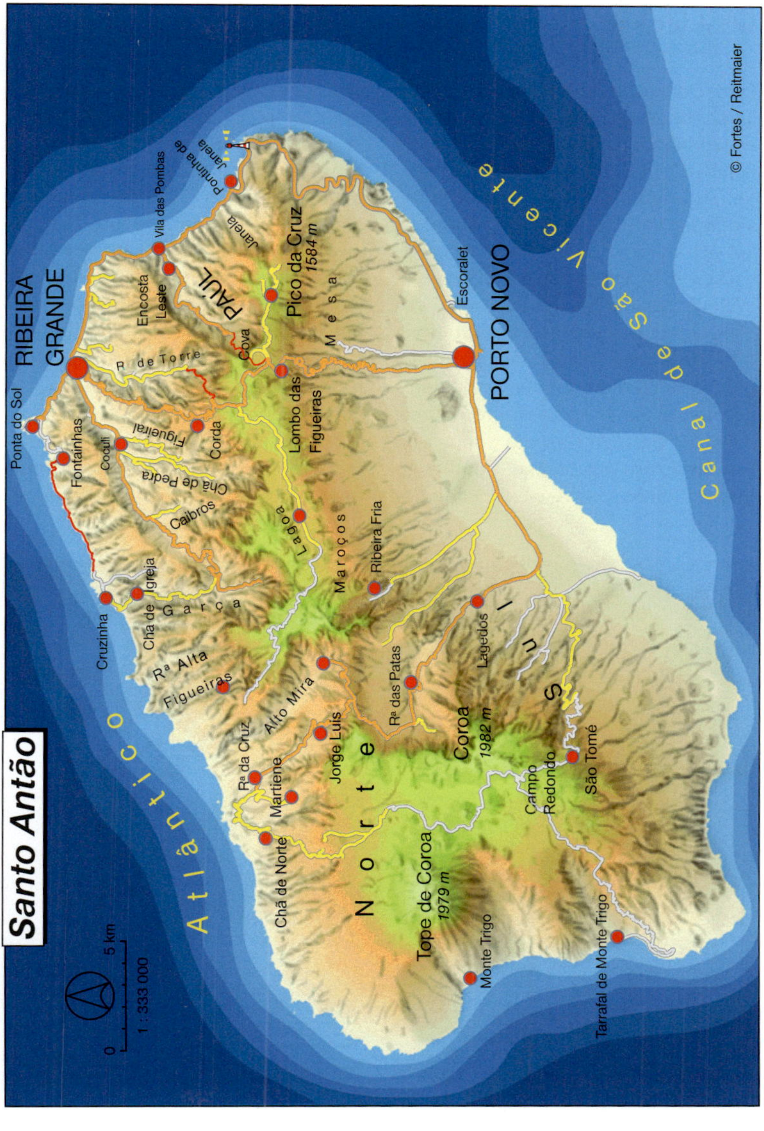
Santo Antão
0
5 km
1 : 333 000
RIBEIRA GRANDE
PORTO NOVO
PAÚL
Ponta do Sol
Fontainhas
Coculi
Figueiral
Corda
Chã de Pedra
Caibros
R de Torre
Encosta Leste
Vila das Pombas
Pontinha de Janela
Janela
Cova
Pico da Cruz
1584 m
Lombo das Figueiras
M e s a
Escoralet
Lagoa
Maroços
Ribeira Fria
Cruzinha
Chã de Igreja
G a r ç a
Rª Alta
Figueiras
Alto Mira
Rª da Cruz
Martiene
Jorge Luis
Chã de Norte
N o r t e
Rª das Patas
Lagedos
S u l
Coroa
1982 m
Tope de Coroa
1979 m
Monte Trigo
Campo Redondo
São Tomé
Tarrafal de Monte Trigo
A t l â n t i c o
C a n a l de São Vicente
© Fortes / Reitmaier

Geschichte

Entdeckt wurde die Insel am 17. Januar **1462** von *Diogo Afonso*. Schon in den ersten Jahren danach kamen ab und an Schiffsmannschaften, um Färberflechten zu ernten, doch die **ständige Besiedlung** ließ bis ins **17. Jahrhundert** auf sich warten. Die Kolonisation verlief vollkommen anders als im Sotavento. Weit abseits der Schifffahrtsrouten des Sklavenhandels gelegen und zum Export landwirtschaftlicher Güter ausersehen, verteilten die Grafen und Lehnsherren von Santo Antão (Familie *Conde da Cruz*) das Land an die Söhne von Landbesitzern aus Santiago und Fogo und an zahlreiche neue Einwanderer aus den portugiesischen Regionen Algarve, Alentejo und Minho. Ein direkter afrikanischer Kultureinfluss über Sklaven der ersten Generation hat nie eine Rolle gespielt. So werden die kreolischen Wurzeln immer wieder durch Einwanderer, Freie, Flüchtlinge und Verbannte, Soldaten, Schiffsbrüchige und hängen gebliebene Seeleute aus Spanien, Italien, Frankreich und Nordamerika ergänzt. Von der einst lebendigen jüdischen Kultur zeugen noch die häufigen jüdischen Familiennamen, jüdische Friedhöfe wie in Ponta do Sol und Penha de França, der Ort Sinagoga und Handelshäuser in Ribeira Grande.

Auf die **Färberflechten** als wichtigstem Exportprodukt folgten die **Purgiernüsse,** aus denen Lampenöl, Kerzen,

cv136 Foto: pr

Seifen und Reinigungsöl für Maschinen hergestellt wurde. Am Zusammenfluss von Ribeira Grande und Ribeira da Torre, zu dieser Zeit noch ein natürlicher Hafen, entstand die Siedlung (altport.: *povação*) **Povação da Cruz,** benannt nach der Grafenfamilie. 1732 erhielt sie Stadtrechte und heißt seither Vila da Ribeira Grande außer im Volksmund, wo sich „Povação" unverändert hält.

Die **Privatisierung der Insel** in die Hände der *Companhia de Comércio do Grão-Pará e Maranhão* im Jahr 1757 hatte schwerwiegende Folgen für Santo Antão. Die Companhia, deren Name in vielen Ortsnamen nachklingt, ließ **Weinmonokulturen** anlegen. Der Wein war für die Sklavenhandelsstationen der Companhia an der afrikanischen Küste und im Nordosten Brasiliens bestimmt. Wo immer möglich, mussten Reben gepflanzt werden, und die Nahrungskulturen wurden vernachlässigt. Nach weniger als 20 Jahren schlug die Natur zurück und die Weinberge traten den Weg in die Täler an. Geröll ließ das Bachbett der Ribeira Grande um zwei Meter ansteigen und verschüttete den einzigen tauglichen Hafen. In den Folgejahren 1773–75 verhungerte die Hälfte der Bevölkerung, und das Abenteuer der Companhia wurde von der Krone rückgängig gemacht, die die Insel an die Grafenfamilie zurückgab.

Als die Insel 1867 in zwei Distrikte geteilt wurde, entstand der **Bezirk Paúl.** 1886 entwickelte sich eine liberal-bürgerliche Bewegung auf der Insel, die 1894 in Paúl niedergeknüppelt wurde. Die Landbesitzer von Ribeira Grande gebärdeten sich als besonders königstreu und pressten den im Gefängnis sitzenden Bürgerlichen ihr Land ab. Die Narben des Konflikts sind bis heute nicht vollständig verheilt.

Porto Novo ging 1962 aus Porto dos Carvoeiros hervor, das trotz einer großen portugiesischen Kaserne ein armseliges Fischerdorf von knapp 500 Einwohnern geblieben war. Erst nach dem Bau der Hafenmole und der Straße übers Gebirge (1961) wurde der Ort umbenannt und zum dritten Bezirk der Insel mit weniger als einem Drittel der Einwohner auf über zwei Dritteln der Fläche. Was in den 1970er Jahren wie ein Flüchtlingslager anmutete, in das sich die Bauern aus dem verdorrten Trockenfeldbau zurückgezogen hatten, mauserte sich zur größten Stadt der Insel mit allen städtischen Attributen und dem größten Hotel.

Informationen zur Insel

Santo Antão ist mit einer **Fläche von 779 km²** die **zweitgrößte Insel Cabo Verdes** (nach Santiago) und liegt im äußersten Nordwesten des Archipels im Barlavento. An ihrer längsten Stelle misst sie 43 km, an ihrer breitesten etwa 24 km. Mit knapp **50.000 Einwohnern** hat sie die drittgrößte Bevölkerung. Die Insel ist in **drei Verwaltungsbezirke** *(concelhos)* gegliedert:

Zu **Porto Novo (18.600 Einwohner),** Hauptort ist Cidade do Porto Novo, gehört das gesamte beeindruckende Panorama, wie man es während der Überfahrt von São Vicente vor Augen hat, die trockenen Hänge im Süden, die Hochebene im Westen um den Tope de Coroa und noch ein großer, nicht sichtbarer Teil der Ausläufer zur Nordküste.

Von **Paúl (8800 Einwohner)** mit dem Hauptort Vila das Pombas spitzt nur der bewaldete Gipfel des Pico da Cruz im Osten hervor.

Ribeira Grande (21.700 Einwohner), Hauptort ist Vila da Rª Grande, breitet sich vom zentralen Hochland nach Norden aus.

Die **Siedlungsstruktur** wandelt sich rasch von einer großen Zahl isolierter Einzelgehöfte und Streusiedlungen zum Überwiegen der Haufen- und Straßendörfer entlang der Straßen. Die mit Zuckerrohr- und Palmstroh gedeckten, aus Bruchsteinen gemauerten Häuschen machen ein- und zweistöckigen Betonbauten Platz. Während die kleinen Dörfer zumeist an steilen Felsrippen, vor Steinschlag und Erdrutschen geschützt, in die Höhe klettern, liegen die Hauptsiedlungen in den verbreiterten, schotterbedeckten Talsohlen und der Lavaebene des Südens.

Die fortgeschrittene Konzentration der Bevölkerung in den Städten und entlang der Straßen erleichtert die Versorgung mit Schulen, Gesundheitseinrichtungen, Energie etc. erheblich.

Die **naturräumliche Gliederung** der Ilha das Montanhas gestaltet sich wie folgt:

Von Nordosten nach Südwesten erstreckt sich ein Höhenzug zwischen dem höchsten Punkt im Nordosten, dem **Pico da Cruz (1584 m),** und dem höchsten Berg der Insel, dem **Tope de Coroa (1982 m),** im Südwesten. Im Zentrum erscheinen die Höhen als hügeliges vulkanisches Hochland, beginnend an der Einsturzcaldeira **Cova de Paúl,** mit der **Chã de Lagoa,** dem flachen **Espadaná-Krater** und den Bergen von **Maroços.** Weiter nach Südwest bildet die **Rª das Patas** einen tiefen Einschnitt als größte und tiefste ehemalige Caldeira der Insel. Die Wände fallen bis zu 800 m steil in die Tiefe. Nach Norden hat die Erosion eine Bresche in das Kraterrandgebirge der Rª das Patas geschlagen und über den Pass der **Selada de Jorge Luís** einen Übergang zu den tiefen Kerbtälern von **Alto Mira** und **Ribeira da Cruz** geschaffen.

Westlich der Rª das Patas, oberhalb der steilen Wände der **Bordeira de Norte,** setzt sich das sanftere Relief wieder fort als vulkanische Hochebene von Norte mit wüstenhaft trockenen Gipfeln.

Nach Norden ziehen Schluchten und Täler vom Rücken der Inseln zur Küste. Meist trennen scharfe, schmale Grate die Täler und bilden eine **gekammerte Landschaft,** in der der Zugang zum Nachbartal über Jahrhunderte nur über hochgebirgige Maultierpfade möglich war.

Im Nordosten macht die **Rª de Penede** den Anfang, gegen den Uhrzeigersinn gefolgt von den **Ribeiras de Janela, de Paùl** und **da Torre,** um nur die Großen zu nennen.

cv141 Foto: pr

Santo Antão

Den folgenden Tälern, die von der Höhe nach Norden ziehen, **Rª de Duque, Rª de Figueiral, Rª da Chã das Pedras** und **Rª de Caibros,** verwehrt ein zweiter, parallel zum Hauptrücken verlaufender Gebirgskamm, **Orgãos,** den direkten Zufluss zum Meer und zwingt sie, in die **Rª Grande** zu münden, was den Zugang wesentlich erleichtert.

Rª da Garça, Rª Alta und **Rª de Figueiras** erreichen wieder die Küste und bilden erneut schwer zugängliche Kammern, von denen die beiden letztgenannten bis heute keine Straßenanbindung erhalten konnten.

Alto Mira und **Rª da Cruz** wurden über den Pass **Selada de Jorge Luís** erschlossen, der sie mit dem Kessel der **Rª das Patas** verbindet. Von den im Westen anschließenden Tälern ist die **Rª da Água Margosa** wegen ihres großen Einzugsgebietes auf der wüstenhaften Hochebene von Norte zu erwähnen.

Die **Rª de Tarrafal de Monte Trigo** verläuft von der Hochebene nach Westen und bildet eine unerwartet grüne Taloase mit großem schwarzem Strand.

Nach Süden fällt das Gelände weniger steil ab und läuft aus in Geröll und Lavaebenen bis zur Küste. Schichten gleißend weißer bis elfenbein-gelblicher Puzzolana bedecken die Hänge und begleiten die Straßentrassen.

Westliche Hochebene:
Blick auf den Monte Aranha Perna
(im Hintergrund der Tope de Coroa)

Das **Klima** Santo Antãos wird in der durchschnittlichen Jahresniederschlagsmenge nur von Fogo übertroffen. Dennoch sind rund zwei Drittel der Fläche wüstenhaft trocken – die Regenmenge allein beschreibt nicht die extremen Klimakontraste auf kleinstem Raum. Nirgends werden diese deutlicher erfahrbar als bei einer Wanderung auf dem Hauptkamm, östlich des Pico da Cruz **(Luv-Lee-Effekt):** Am nördlichen Abhang stehen Nadelbäume, von deren Ästen der Tau tropft und Krautwerk gedeihen lässt. Wenn der Blick nicht auf einer dichten Wolkendecke endet, fällt er auf üppig grüne Täler. Am Südhang dagegen ist bis zur Küste kein Strauch und kein Feld zu erkennen. In felsigen Schluchten schwirrt die Luft, und für Momente ziehen derart heiße Schwaden herauf, dass man befürchtet, sich die Wimpern zu versengen.

Der **Nordostpassat** legt häufig eine **Wolkendecke** über den Nordosten und sorgt für geringere Sonneneinstrahlung und Verdunstung, höhere Luftfeuchte und geringere Temperaturen. Meist ist er stark genug, um die Wolken von der typischen Höhe zwischen 750 und 1100 m vehement über den Kamm zu treiben und für **Steigungsregen** zu sorgen. Selbst wenn es dazu nicht kommt, entziehen halbfeuchte Nebelwälder Wassermengen aus den Wolken, die eines der größten Waldgebiete und – durch konstante Versickerung – tiefer liegende Quellen versorgen. Die Täler des Nordostens werden so zur feuchtesten und grünsten Region Cabo Verdes. Der Süden und Westen der Insel ist, was die Niederschläge betrifft, fast ausschließlich auf die tropischen Gewitter der Regenzeit (August bis Oktober) angewiesen. Wenn sie eintreten, bringen sie **Starkregen,** bei denen nicht selten die Hälfte des Jahresniederschlages an nur einem Tag niedergeht. Tage mit **Suão,** wie ein trocken-heißer Wind an der Südküste genannt wird, lassen Felder in wenigen Tagen verdorren.

Die **Landwirtschaft** ist noch immer die wichtigste Erwerbsquelle; Santo Antão hat nach Santiago die zweitgrößte bewässerte Fläche aller Inseln. In der bewässerten Landwirtschaft wird fast die Hälfte der Fläche zum Anbau von **Zuckerrohr** für die Schnapsproduktion eingesetzt. Dazwischen gedeiht ein breites Spektrum an **tropischem Obst:** Bananen- und Papayaarten, Zitronen, Orangen, Tomaten, Ananas, Esstrauben, Guaven und vieles mehr. Beschattet werden die penibel gepflegten Felder von Brotfrucht- und Mangobäumen, Kokos- und Dattelpalmen und uralten Mandel- und Drachenbäumen. Zwischen Kartoffeln, Süßkartoffeln, Zwiebeln, Kohl, Karotten und Bohnen macht sich, spontan oder gewollt, eine Krautschicht breit, in der man auch die vielen in der kapverdianischen Küche verwendeten Gewürze findet.

Im **Trockenfeldbau** beherrschen Kletterbohnen, Mais und Straucherbsen (sog. Kongo-Bohnen, port. *feijão congo* oder *feijão angola*) das Bild neben Kartoffeln und Süßkartoffeln in besonders geschützten Lagen. Die Hochlagen steiler schattiger Täler sind vom tiefen Grün der Kaffeesträucher überzogen.

Die Nahrungsmittelproduktion Santo Antãos wird schwer beeinträchtigt

cv139 Foto: pr

durch den erstmals in den 1970er Jahren in Kap Verde gefundenen **Tausendfüßler** *Spinotarsus caboverdus (Diplopoda: Odontopygidae),* der die Wurzeln von Kartoffeln, Süßkartoffeln, Tomaten etc. angreift, während er das Zuckerrohr verschmäht, was mit ein Grund ist für die anhaltende Dominanz der Schnapsproduktion.

Die Viehzucht Santo Antãos ist in erster Linie **Ziegenzucht** im extensiven Hochland von Lagoa, Sul und Norte. Die Milch wird in den Bergen und in einer kleinen Molkerei in Porto Novo zu Käse verarbeitet.

Dem vergleichsweise günstigen Klima und der Fruchtbarkeit des Bodens zum Trotz ist Santo Antão dennoch **eine der ärmeren Inseln des Archipels.** Die Bauern arbeiten in der Regel nicht auf eigenem Besitztum, sondern haben die Grundstücke von **Großgrundbesitzern** gepachtet, die teilweise auf anderen Inseln leben. Im Zuckerrohr wird ihre Arbeitskraft nur periodisch genutzt, sodass nur Kleinbauern auf eigener Parzelle aus dem Armutskreis ausbrechen können. Das meiste, was auf Santo Antão wächst und gedeiht, wird nach São Vicente exportiert.

Das **Straßennetz** hat sich in den letzten Jahrzehnten erheblich erweitert. Nur noch 5% der Bevölkerung wohnen weiter als eine Stunde von der nächsten

Sattes Grün: das Bergdorf Fontainhas nach Regenfällen

Fahrstraße entfernt. Während man als Distriktsarzt von Porto Novo in den 1980ern die Hälfte der Außenposten über ein- bis achtstündige Wanderungen erreichte und der Kirchsprengel Freguesia Santo André (Alto Mira, Jorge Luis, Ribeira da Cruz, Norte) keinen Meter Straße hatte, setzt man sich heute ins Auto und ist in längstens einer Stunde dort.

Die **neue Straße von Porto Novo nach Janela, Paúl und Rª Grande** verbessert die Anbindung erheblich und schafft für Besucher die attraktive Möglichkeit einer Rundfahrt (bei Redaktionsschluss im Mai 2009 war die Straße noch nicht für den öffentlichen Verkehr freigegeben).

Das **Netz der Maultierwege und Wanderwege** zieht sich über Hunderte von Kilometern in atemberaubenden Serpentinen durch Felsen und Täler. Wo die teils gepflasterten, von Bruchsteinmauern begleiteten Wege zu schmalen Nebenstraßen erweitert wurden, macht sie dies für Wanderer und Mountainbiker eher noch besser geeignet, denn der Verkehr beschränkt sich auf wenige Fahrzeuge pro Tag, und nach einem heftigen Regen werden sie in absehbarer Zeit repariert. Die häufig begangenen Routen werden zunehmend besser erhalten und repariert, auch wenn die meisten nicht ausgeschildert oder markiert sind. In den steilen Aufstiegen werden sie meist von Trockenmauern gesichert.

Porto Novo

Die größte Stadt ist die einzige Eintrittspforte der Insel. Im nach Süden offenen **Hafen** legen die aus São Vicente einlaufenden Fähren an, vor dem beständigen Nord-Ost-Wind und den Wellen durch eine hohe Mauer geschützt. Auch große Schiffe mit bis zu 7 m Tiefgang finden Platz, doch in seiner Funktion ist es ein kleiner lokaler Hafen im Schatten des gegenüberliegenden Porto Grande von São Vicente. Versorgungsmöglichkeiten für Segler sind sehr eingeschränkt. Für Fahrten ins Inselinnere und zu Wanderungen am Pico da Cruz, in den Tälern in und um Rª das Patas ist Porto Novo der geeignete Standpunkt mit **guter touristischer Infrastruktur,** vom nagelneuen 4-Sternehotel Sant Antão Art Resort bis zu einfachen Pensionen.

Bei Ankunft und Abfahrt der **Fähren** herrscht für wenige Stunden geschäftiges Treiben. Mit lautem Rufen und Winken versuchen die Fahrer der Sammeltaxis Fahrgäste zu gewinnen. „Rª Grande?", „Ponta d'Sol?", „Paúl?" – tatsächlich ist dies der Moment, in dem Fahrten zu nahezu allen Zonen der Insel, auch in die entlegensten Orte, möglich sind. Auf dem Plateau oberhalb des Hafens, am **Kiosk der Informação Turística Lucete Fortes** (Tel. 2222517), können sich Reisende mit Landkarten, Wanderführern, Postkarten und persönlichen Ratschlägen für ihren Aufenthalt auf der Insel versorgen. In den **Bars und Restaurants** (Antilhas, Sereia) machen sich die Angekommenen frisch, während andere sich die Zeit bis zur Abreise mit einem Kaffee auf der Aussichtsterrasse versüßen. Kaum hat die Fähre abgelegt, wird es ruhig am Alto de Peixim.

Die Uferstraße verläuft in die Stadt, vorbei am Monument zu Ehren derer, die zurückbleiben, wenn ihr Partner in die Fremde zieht: **Mamaia,** wie sie in Porto Novo genannt wird, steht neben dem Mörser und winkt den Schiffen nach, begleitet von ihrem kleinen Sohn.

Ein dreieckiger Praça, einige kleine Wohnhäuser und der kleine schwarze Strand **Praia dos Pescadores,** an dem die Fischerboote liegen, kennzeichnen den östlichen Siedlungskern und erinnern an die Zeit, als Porto dos Carvoeiros nur aus einigen strohgedeckten Häuschen bestand.

Vorbei an Läden, der Nazarenerkirche **Igreja do Nazareno** und den Baracken und Ständen eines kleinen Marktes, wo vorwiegend Gebrauchtkleider aus Europa gehandelt werden, folgt die „City" der späten Kolonialzeit, als Porto Novo zur Garnison und langsam zum **Zentrum** wurde. Der große moderne Neubau der Stadtverwaltung Câmara Municipal, die Banken und Chinaläden stehen für das neue Porto Novo. Die Straße zur Cova de Paúl, auf die Höhenzüge und nach Rª Grande nimmt hier ihren Anfang.

50 m nach dem Beginn der Straße nach Rª Grande biegt eine gepflasterte Sackgasse ab und endet an der tiefer gelegenen katholischen **Kirche São João Baptista.** Auf den Karten von *Duplessis* aus dem Jahr 1699 ist bereits die Signatur einer kleinen Kapelle an dieser Stelle zu finden. Der Namenspatron *Johannes der Täufer* kommt nur zu Besuch hierher: Am Tag vor São João holt ihn die Gemeinde in Rª das Patas ab und begleitet ihn in einer munteren Prozession mit Trommelwirbeln zu Fuß nach Porto Novo. Am Ende des Festes wandert er zurück nach Chã do Morto in Rª das Patas.

Über die vom Hafen nach Osten ziehende neue Straße in Richtung Janela – Paúl gelangt man auch zu Fuß in etwa 20 Min. nach **Curraletes,** einer Bucht mit **schwarzem Sandstrand.** Am Wochenende herrscht familiärer Ausflugsbetrieb, und einmal im Jahr findet ein lokales Musikfestival statt – unter normalen Umständen ist der kleinere der Strände kindersicher.

Porto Novo – Cova – Ribeira Grande

Diese ungefähr **einstündige Fahrt** ist ein Erlebnis und führt **über die schönste Bergstraße Cabo Verdes** und durch spektakuläre Landschaften: Von Meereshöhe geht es auf einen 1300 m hohen Kamm und dann wieder hinunter ans Meer. Die Straße passiert dabei alle Klima- und Vegetationszonen der Insel.

Hinter Porto Novo windet sich die **kopfsteingepflasterte Straße** in Serpentinen über einen weiten, völlig trockenen Hang. Unterwegs fallen die unzähligen schmalen **Erosionsschutzstreifen** auf, die die Hänge überziehen. In mühevoller Handarbeit wurden die Hänge mit Gräben und Terrassen überzogen, Aloe und Sträucher gesetzt, um den Boden zu schützen. Nur wer über Jahrzehnte immer wieder diese Strecke fährt, kann beobachten, wie die hoch trockenresistenten Büsche dem lebensfeindlichen Umfeld widerstehen. Über Jahre werden sie vom Wind zerzaust, werden immer dürrer und bleiben doch grün. Gegen die Ziegen wehren sie sich mit Bitterstoffen und warten so auf den ersehnten Regen. Der kommt in Porto Novo nicht viel häufiger als zweimal pro Jahrzehnt. Tage später sprießen seit Jahren im Boden schlummernde Samen und geben den Hängen für einige Wochen den alpinen Charme des Allgäus. Die Büsche wachsen in dieser Zeit auf das Doppelte ihrer Größe, um anschließend erneut zu verharren.

Auf halber Höhe, auf etwa 670 m, erkennt man über der Schlucht in östlicher Richtung die **Ruinen des ehemaligen staatlichen Mustergutes von Mesa.** *Immanuel Friedländer* beschreibt 1912 den Bau einer Wasserleitung aus Gusseisenrohren von der Quelle in Ribeirão Fundo nach Mesa und weiter bis Porto Novo. In den 1980ern noch war Mesa der beliebteste Wochenendausflug der Kinder, denn der große Bewässerungstank war der ideale Pool. Mitte der 1990er versiegte die Quelle, und Porto Novo hatte für ein Jahrzehnt keinen Tropfen Wasser im Netz, der nach internationalen Standards als Trinkwasser geeignet gewesen wäre. Die gusseisernen Rohre mit den trichterförmigen Verbindungsstücken an einem Ende wurden bei Nacht und Nebel ausgegraben, und man sieht sie als Gerüste und in den Verschalungen auf den Baustellen der Insel. Einwandfreies Trinkwasser liefert die Entsalzungsanlage an der Ortsausfahrt Richtung Rª das Patas.

Mit zunehmender Höhe mehren sich Sträucher und Pflanzen, bis plötzlich am Kamm ein **Wald aus Pinien, Kanarenkiefern, Zypressen und Eukalyptus** auftaucht und die Hitze einer angenehmen Kühle weicht. Auf dem Kamm, in etwa 1300 m Höhe, öffnet sich die Straße auf einen Platz, und das Landschaftsbild ändert sich schlagartig: Die Straße wechselt von Lee nach Luv, Grün tritt in den Vordergrund. Bei klarem Wetter kann man São Vicente und bisweilen weitere Inseln am Horizont erblicken.

Rechts führt ein Abzweig nach **Pico da Cruz,** in das kleine Dorf (1450 m) unter dem gleichnamigen Gipfel. Folgt man ihm, genießt man entlang der Straße einen fantastischen Tiefblick in die tropische Ribeira de Paúl. An seinem Ende beginnen bzw. enden mehrere der schönsten Wanderwege der Insel.

Von der Kreuzung aus führt eine Straße schräg hinunter in den **Cova-Krater.** Die kreisrunde, ganz ebenmäßige Caldeira eines erloschenen Vulkans von etwa 800 m Durchmesser liegt auf etwa 1170 m Höhe und erscheint je nach Jahreszeit ausgedörrt braun oder im satten Grün des jungen Mais. Im Kraterkessel, unterhalb der Pedra Ratchada, entspringt die einzige ganzjährig fließende Quelle der Hochebene. Sie versorgt die bis zu einer guten Stunde abgelegenen Häuser der östlichen Hochebene und eine Baumschule, die Geburtsstätte des umgebenden Aufforstungswaldes. Der scharfe Grat des Kraters fällt nach außen hin jäh hinab in die nordwestlichen Täler von Paúl und Ribeira da Torre. Gespenstisch ziehen Nebel- und Wolkenschwaden aus diesen tiefen Tälern herauf und fallen sanft durch die Bresche in die Cova.

Die **Hauptstraße** steigt am südlichen Kraterrand auf bis zur Forstverwaltung von Água das Caldeiras und anschließend in dichtem Wald über den Pass. An der nächsten Kreuzung, in **Espongeiro,** zweigt die **Staubstraße nach Lagoa** ab. Sie durchquert die ganze östliche Hochebene *(planalto leste),* passiert den Ort Lagoa, führt am Krater von Espadaná vorüber und steigt auf nach Maroços, um von dort durch die Hügel von Lombos Anschluss zu gewinnen an den Maultierweg nach Figueiras – ein faszinierendes Tal ohne Straßenanbindung. Für Mountainbiker ist das ein schöner Ausflug und für Wanderer ein Einstieg in Richtung Figueiras – Alto Mira – Ribeira da Cruz.

Weiter auf der Hauptstraße geht es ununterbrochen steil bergab. Als größeren Ort mit weithin sichbarem Schulkomplex durchquert man **Corda.** Die Schwindel erregenden Serpentinen dieser Straße wurden in den 1950er Jahren bis 1961 von Hand in die Felsen geschlagen und erlauben nicht überall das Begegnen von zwei Fahrzeugen. Am **Delgadim** (port. *delgado* = schmal, dünn) ist der Höhepunkt alpiner Straßenbaukunst erreicht. Bitten Sie den Fahrer, für ein paar Minuten aussteigen zu dürfen, um schauen und fotografieren zu können. Vom Grat, nicht breiter als eine Lkw-Achse, blickt man zu beiden Seiten in die Tiefe der Täler, im Osten die größere **Ribeira da Torre** und im Westen die schmale **Ribeira de Duque.** Der Blick fällt in die dahinter liegenden Seitentäler der **Ribeira Grande** und auf die beeindruckende Felswand von **Orgãos.** Es fällt nicht schwer, die Ängste eines Bischofs nachzuvollziehen, der Ribeira Grande Jahrhunderte vor dem Bau dieser Straße besucht hat. Da er weder im Wandern geübt noch schwindelfrei war, kamen seine Begleiter auf die göttliche Idee, ihn auf den Talgrund abzuseilen. Entgegen seiner Erwartungen ist er gesund angekommen.

Vila da Ribeira Grande

Die Mündungsbereiche zweier großer Täler, der Ribeira Grande und der Ribeira da Torre, vereinigen sich hier zu einem schotterbedeckten Küstenstreifen, an dessen Rand sich das Städtchen Vila da Ribeira Grande ausbreitet. An dieser Stelle der Insel begann die Besiedlung Santo Antãos, und noch heute spielt die Stadt eine zentrale Rolle für die Landkreise im Norden. Bananenhaine und Reihen einfacher strohgedeckter Häuser, die noch in den 1990er Jahren das Bild entlang der Einfahrtsstraße prägten, sind großen Schulgebäuden, dem Regionalkrankenhaus und hübschen ziegelgedeckten Neubauten gewichen. Im Ortskern von „Povoaçao" bewahren die kolonialen Handelshäuser, alten Kirchen und verwinkelten Gassen den Flair vergangener Jahrhunderte.

Gut **3000 Menschen** leben in Povação, besuchen Markt, Bank, Post und

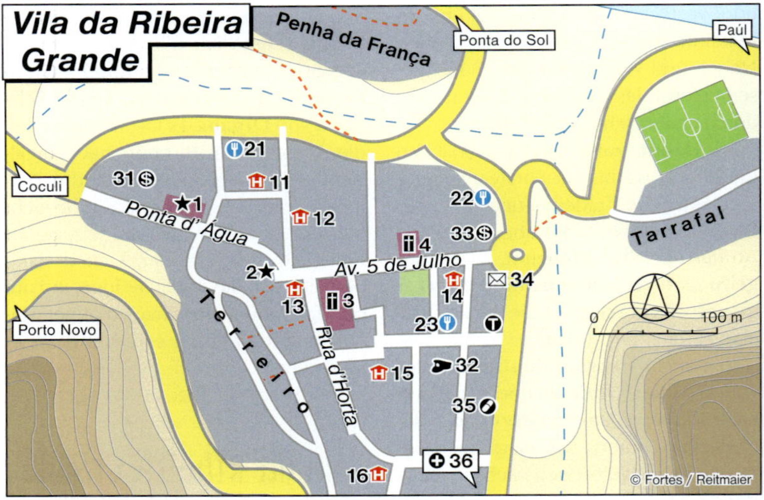

★ 1 Escola histórica
★ 2 Casa Marçal
3 Igreja católica
4 Igreja do Nazareno

Unterkunft
11 Resid. Tropical
12 Resid. Dona Biby
13 Resid. 5 de Julho
14 Resid. Lagoa Verde
15 Resid. Marcos
16 Resid. Top d' Coroa

Restaurantes
21 Churasqueira Ladeira da Santíssima
22 Sete Sois
23 Cantinho d'Amizade

Dienste
31 Caixa Económica
32 Polícia
33 Banco
34 Correios (Post)
35 Farmácia (Apotheke)
36 Krankenhaus

eine Vielzahl von Ämtern und, nicht zu vergessen, die zahlreichen Kneipen. Bei Reisenden ist der Ort wegen der guten Verkehrsanbindung und dem sprudelnden Leben nicht als der komfortabelste, aber sehr **praktischer Stützpunkt** bekannt.

Deutlich erkennt man **drei Ortsteile:** Tarrafal auf der rechten Seite der Ribeira da Torre, den Ortskern Central oder Terreiro und Penha da Franca, das sich am Fels zum Meer hinaufzieht. *Mariana da Penha da França* hat der Kapelle und dem Ortsteil ihren Namen gegeben. Sie wollte, nachdem ihr Mann, der vierte Conde da Cruz, in London ermordet worden war, 1724 die Insel per Hypothek an die Engländer verpfänden, doch Portugal widersetzte sich.

Die wuchtige **katholische Kirche** mit winzigem Turm ist einige Jahrzehnte jünger. Zu Ehren der Schutzpatronin der Kirchengemeinde, *Nossa Senhora do Rosario,* wird einmal im Jahr ein großes Kirchenfest gefeiert. In der Nazarenerkirche spiegelt sich angelsächsisch-protestantische Tradition aus Nordamerika wider.

Die Tankstellen und der kleine Hauptplatz im Zentrum sind Ankunfts- und Abfahrtsort der **Aluguers.**

Enge Seitenstraßen, steile Treppen und kleine Gassen führen vom Hauptplatz durch den verwinkelten Ort. Als Hauptstraße zieht sich die Avenida 5 de Julho in den Ort hinein, beidseits begleitet von pastellfarbenen ein- und zweistöckigen Handelshäusern in der Kolonialarchitektur des 19. und frühen 20. Jahrhunderts. Aus den klassischen Läden mit Wandschränken aus dunklem Tropenholz hinter einer riesigen Theke werden zunehmend Selbstbedienungsläden und chinesische Geschäfte. Vielleicht ist es eine letzte Gelegenheit, eine Kleinigkeit in einem **historischen Handelshaus** wie der Casa Marçal zu kaufen, bevor auch dieses verschwindet oder zum Museum wird.

Von Ribeira Grande führen **Straßen und Pisten in alle Richtungen:** Nach **Paúl** (Vila das Pombas) über die breite Straße, die auf dem Schutzdeich verläuft, der den Fußballplatz von Tarrafal vom Meer trennt, in die **Ribeira da Torre,** im Flussbett der Ribeira Grande bis nach **Garça,** über die Gebirgsstraße nach **Porto Novo** sowie nach Nordwesten über eine an der Steilküste verlaufende Küstenstraße nach **Ponta do Sol.** Nach einem der seltenen, heftigen Regenfälle sind die Pisten für ein bis zwei Tage in alle Richtungen überflutet, und man bleibt am besten, wo man ist. Tritt dieses spektakuläre Naturereignis ein, gehen Sie einfach mit den Leuten „Fluss schauen".

Ponta do Sol

Von Ribeira Grande aus windet sich die gepflasterte Küstenstraße an der steilen Felsenküste in nordwestliche Richtung. Trockenmauern schützen die dem Berg kunstvoll abgerungene Straße vor der Gischt der Brandungswellen. Am Ende der Straße, nach rund 5 km, erreicht man Ponta do Sol.

Die Kleinstadt liegt nicht nur **an der äußersten Nordspitze Santo Antãos,** es ist auch der nördlichste Punkt des Archipels. Nur ein paar hundert Meter ragt die Landzunge über die Steilküste hinaus, ruhig und frei von einengenden Felswänden oder spektakulären Tiefblicken. Nachdem der Hafen von Ribeira Grande verschüttet war, blieb nur dieser denkbar schwierige Naturhafen **Boca de Pistola** (Pistolenmündung), um mit Ruderbooten die auf Reede liegenden Schiffe zu entladen. Bis zur Mitte des 19. Jahrhunderts siedelte sich ein kleines Fischerdorf an. Jüdische Handelshäuser wuchsen am Hafen, und 1887 wurde der **Sitz der Bezirksverwaltung von Ribeira Grande** hierher nach Vila Maria Pia verlegt. Gegen den ambitiösen Plan der portugiesischen Regierung, Mindelo zur Hauptstadt Cabo Verdes zu machen, verlegte der Gouverneur von Praia den obersten

cv137 Foto: pr

Gerichtshof des Barlavento ganz pragmatisch nach Ponta do Sol. Auf einer kleinen Anhöhe am Ortseingang steht inmitten eines riesigen Gartenterrains die **Villa der Familie Rochteau-Sierra,** erbaut um das Jahr 1800. Es entstand eine kleine, blühende Siedlung mit prachtvollen Kolonialhäusern reicher Familien und Verwaltungsgebäuden. Damals lebten 1000 Menschen im Ort.

Nach der Eröffnung der Straße nach Porto Novo ging es mit Ponta do Sol rasant bergab, und der historische Ortskern glich in den späten 1980ern mehr und mehr einer zerfallenden Geisterstadt. Erst als die Grundstückspreise in Ribeira Grande wegen der drängenden Enge stiegen und man den touristischen Wert des offenen Blicks aufs Meer erkannte, wandte sich das Blatt. Aus der Alkoholikertankstelle auf dem vergammelten Praça wurde das Restaurant Esplanada. Wohnhäuser und Pensionen ersetzten zerfallende Ruinen, das klassische Rathaus (1882) wurde renoviert. Luxemburg war so nett, die 1947 gebaute Enfermaria Regional (Pflegestation) mit ihren beiden weit geschwungenen Freitreppen historisch korrekt zu renovieren. Hier hat *Dr. Agostinho Neto,* der spätere Präsident von Angola, für einige Jahre als verbannter Arzt gearbeitet, bis er mit einem winzigen Boot von Ponta do Sol vor dem erneuten Zugriff der politischen Polizei nach Guinea floh. Die einfache katholische Kirche ist ganz im Stil portugiesischer Landkirchen gebaut und fügt sich perfekt ein. Am Abend, wenn die bunten Boote höher an Land gezogen sind, versinkt die Sonne im Meer, an wolkenlosen oder leicht bewölkten Tagen ein stimmungsvoller Anblick. Der Hafen lebt in der Vergangenheit, strahlt Beschaulichkeit und Ruhe aus, und es gibt kaum einen schöneren Ort, um die Wellen zu beobachten und die Stunden verfließen zu lassen.

Der **Flughafen Agostinho Neto** wurde 1983 fertiggestellt. Die 400 m kurze Asphaltpiste erscheint wie das Deck eines Flugzeugträgers. Nachdem die kleinen Twin Otter, mit denen Ponta do Sol im Linienverkehr angeflogen wurde, ökonomisch keinen Sinn mehr machen, wurde der Flughafen stillgelegt.

Das sehr **ruhige, saubere Städtchen** mit Sonne und Blick aufs Meer zieht die Reisenden an und hat sich zum **touristischen Zentrum der Insel** entwickelt. Es gibt hübsche Privatzimmer bei Gastfamilien, einfache und hotelähnliche Pensionen und seit 2003 das Hotel Blue Bell. Dazwischen verstecken sich unscheinbare **Restaurants** und **Kneipen,** in denen sich die Fischer treffen. Sogar eine **Disco** hat Ponta do Sol zu bieten, aber die öffnet nicht jede Woche.

Die Casa Rochteau-Sierra, erbaut um 1800

Ausflug nach Fontainhas

Das unter steilen Felsen, geschützt auf einer Bergrippe klebende Dörfchen Fontainhas (deutsch: kleine Quellen) ist zu Recht **eines der beliebtesten Ausflugsziele der Insel.** In den Wintermonaten, wenn das enge Tal noch grün ist, ist es einer der bezauberndsten Orte Cabo Verdes.

Von Ribeira Grande kommend, lässt man sich bereits an dem kleinen Pass am Ortseingang absetzen und fährt nicht hinunter in die Stadt von Ponta do Sol. Hier zweigt die nur anfangs ganz leicht ansteigende, später am Hang traversierende Fahrstraße ab, sodass man sich nicht mehr verlaufen kann.

Wer in Ponta do Sol wohnt, sollte nicht versuchen, sich nahe am Meer bergauf zu schlängeln. Zum ersten geht der Weg nicht gerade durch, zum anderen kommt man mitten durch die Schweineställe. Sehr viel besser und mit ein bisschen historischem Anschauungsunterricht verbunden, geht es am Postgebäude in die hangaufwärts abzweigende Straße zum **katholischen Friedhof.** Der will meerwärts, an der Friedhofsmauer entlang, umgangen sein, sodass man zum **jüdischen Friedhof** gelangt. Ein felsiger Fußpfad steigt in der Falllinie auf bis zur Fahrstraße nach Fontainhas, der man meerwärts folgt. Sie schmiegt sich eng an die steilen Klippen und bietet einen herrlichen Blick aus beachtlicher Höhe auf den in der Tiefe tobenden Atlantik und zurück nach Ponta do Sol. Zwei- oder dreimal am Tag fährt hier ein Aluguer, doch sieht man vom Auto aus fast nichts von der Landschaft und blickt nur gebannt auf die im Zentimeterabstand vorbeiziehenden Felsvorsprünge und Begrenzungsmäuerchen. Nach etwa 3 km erreicht man den aus mehreren steilen Schluchten zusammenlaufenden Talkessel, in dessen Mitte Fontainhas **wie ein Adlerhorst auf einer Bergrippe** thront. Über dem Dorf zieht sich ein alpinistisch anspruchsvoller Weg hinauf nach Manuel Joelho. Zum Meer hin öffnet sich eine malerische Bucht mit Sandstrand, jedoch ohne Bademöglichkeit. Über eine erste Treppe betritt man den Ort. Wendet man sich nicht zur Felsnase, sondern nach links, gelangt man zu einem leicht erhöht liegenden Laden, in dessen Innenhof man gemütlich, frisch aus dem Eisschrank, etwas zu trinken bekommt.

Von hier führt der Weg weiter bergab in westlicher Richtung, über den man in 4–5 Stunden **Cruzinha** und **Chã d'Igreja** erreicht (siehe unten). Als **erweiterter Spaziergang** lohnt es sich, **bis zum nächsten Sattel** zu gehen und auf das Dörfchen **Corvo** hinunterzuschauen. Die Hobby-Botaniker finden auf diesem Stück Purgiernusssträucher.

Durch die Ribeira Grande nach Garça

Das **breiteste, weiträumigste Tal Santo Antãos** ist das der Ribeira Grande. Mit fünf rechten Seitentälern erfasst es ein großes Einzugsgebiet, das nur noch von der Ribeira da Água Margosa der wüstenhaften westlichen Hochebene übertroffen wird. Nach Norden wird das Tal von den steilen Felsen von Orgãos zum Meer hin abgeschirmt. Auch wenn nicht jedes Jahr genügend Regen fällt, um den Fluss laufen zu lassen, fallen doch ausreichend Niederschläge, um aus den Seitentälern und der Ribeira Grande selbst eine dicht bewohnte, intensiv landwirtschaftlich genutzte Region zu machen. Auch halten die Felsen von Orgãos das Grundwasser zurück, und die Bauern können es mit Windrädern zur Bewässerung nutzen. Hauptsächlich wird **Zuckerrohr** gepflanzt, viele Zuckerpressen weisen auf die rege **Grogue-Produktion** hin. Daneben gedeihen auf den Feldern Bananen, Knollenfrüchte und Obstbäume, dazwischen Palmen, Tamarisken und Bougainvilleas.

Von Vila Ribeira Grande führt eine nagelneue breite Straße ins Tal hinein. Nach 1 km passiert man die **landwirtschaftliche Versuchsstation** von *Alonso Martinho;* sie weist hübsch renovierte koloniale Gebäude über den Gewächshäusern auf.

Nach 2 km, an einem mehrstöckigen Haus mit Laden, ist die Einmündung der kleinen **Ribeira de Duque** erreicht. Sie ist intensiv landwirtschaftlich genutzt und zeigt wie in einem botanischen Garten in einem **sehr lohnenden ein- bis zweistündigen Spaziergang** (hin und zurück auf gleichem Wege) das ganze Spektrum der Nutzpflanzen der Insel. Geht man ab Vila da Ribeira Grande, wird daraus ein Halbtagesprogramm für die Gemütlichen und die Muskelkater-Kranken.

Hoch reichen die Hänge zu beiden Seiten, immer wieder passiert man kleinere **Häusergemeinschaften und Einzelgehöfte.** In der Ribeira Grande herrscht ständig Betrieb. Schulkinder, Esel mit Wasserkanistern und zahlreiche Aluguers kreuzen den Weg in diesem dicht besiedelten Teil der Insel.

Nach ungefähr 4 km erreicht die Straße den hübschen Ort **Coculi.** Nur wenige Häuser gruppieren sich um die in der Ortsmitte thronende weiße Kirche. Bei Coculi fließen die Seitentäler der **Ribeira de Figueiral** und der **Ribeira de Chã de Pedra** in der weiten Kiesebene zusammen.

Weiter talaufwärts wird der Talgrund sehr viel enger. Eine kleine Stichstraße verlässt den Talgrund und windet sich am nördlichen Hang hinauf zu den Häusern von **Boca de Coruja** und dem mit einem traumhaften Bergblick gesegneten **Hotel Pedracin Village.** Wenig später zieht die Hauptstraße unter dem weiten Bogen des Aquädukts **Ponte do Canal** hindurch, bevor sich das Tal etwas weitet und **Boca de Ambras Ribeiras** (Zusammenfluss zweier Täler) erreicht ist.

Das zweite der Täler von Ambas as Ribeiras ist **Caibros,** das oberste der rechten Seitentäler der Ribeira Grande und besonders grün und reizvoll, wenn nach Weihnachten das Zuckerrohr in voller Blüte steht. Das Sträßchen ins Tal hinein hört schnell auf, sodass man einen **mehrstündigen Spaziergang** auch an der Weggabelung beginnen kann. Über den Talgrund und eine anschließende Steigung auf schlechtem Weg taucht man ein in das einsame Hochtal des **Cavoc d'Tarref.**

Die Hauptstraße verlässt den Talgrund, steigt über ein paar Kurven auf die rechte Hangschulter des steileren Oberlaufs der Ribeira Grande und erreicht so den Pass. Fast unmerklich hat man auf den zurückliegenden 9 km von der Stadt aus 700 Höhenmeter erreicht und genießt einen sehr schönen Rundblick auf die wildromantische **Ribeira da Garça.** Über die hier gute Serpentinenstraße durch **Cabeçadas de Garça** gelangt man rasch hinunter nach **Horta da Garça,** wo eine **große Brücke** die Schlucht überspannt. Sie ist in reiner Handarbeit im Rahmen der Ernährungssicherungsprogramme nach der Unabhängigkeit gebaut worden. Jeder Stein ist von Hand gebrochen und von den Frauen auf dem Kopf herbeigeschleppt worden.

Die **Ribeira de Garça** besitzt im oberen und unteren Abschnitt völlig verschiedene Charaktere, sodass es sich lohnt, von der Brücke aus sowohl bergauf als auch bergab weiterzufahren.

Garça de Cima (oberes Garça) ist ein nicht sehr enges Kerbtal, an dessen Hängen sich landwirtschaftliche Siedlungen hinziehen. Von der Unidade Sanitária de Base von Manta Velha aus führt ein **lohnender zweistündiger Spaziergang** (Hin- und Rückweg) zum alten Örtchen **Endriene.** Im 19. Jahrhundert verschlug es den Sohn eines französischen Siedlers, *André Eanes,* hierher. Seinem Bruder *Martin* werden wir im Landkreis Porto Novo, in Martiene, begegnen.

Garça de Baixo (unteres Garça) beginnt mit einem Tal ganz nach dem Geschmack von Geologen und Karl-May-Lesern. Für beide ist es „aufschlussreich", denn das Wasser hat sich einen gewundenen Canyon mit hundert Meter hohen senkrechten Wänden durch mörtelartig verbackene Meeresmolassen gegraben. Wie grober Beton steigen die Wände an, mitunter hängt ein tonnenschwerer Klotz nur noch mit einem Drittel in der Wand, und man läuft unweigerlich etwas schneller. Die alluvialen Schichten sind mehrmals unterbrochen von Schichten vulkanischen Ursprungs, und mit etwas Fantasie kann man sich bildlich vorstellen, dass hier Bewegung war in der Erdgeschichte. Mit Urgewalt eingeschobenes Magma wurde von Aschenregen überdeckt, in denen man im Anschnitt tiefe Trichter sieht, auf deren Grund noch die Bombe liegt, die ihn geschlagen hat. Mit hoher Geschwindigkeit, gegen Ende der Ausbrüche, ist das leichte, dünnflüssige Puzzolana darüber geschossen, bis alles in die Tiefe und Ruhe der See abglitt und erneut mit Schottermassen überdeckt wurde. Auf dem Talgrund ist es still, kaum ein Wind zieht bis hier herab. Nur wenige Häuser sitzen wesentlich höher auf kleinen Vorsprüngen. Wir ziehen es vor, diesen Teil zu Fuß zu gehen und der Fantasie zwischen Geologie und Karl May freien Lauf zu lassen.

Weiter im Unterlauf ist der Talgrund breiter weggegraben, und nur links steht eine breite Hangschulter, die das Sträßchen in steilen Serpentinen erklimmt. Durch die grünen Felder von Chã de Igreja de Cima gelangt man rasch ins Dorf **Chã de Igreja.** Dank Emigration und der ganz einträglichen Landwirtschaft sind die Bewohner vergleichsweise gut versorgt und das kleine Haufendorf macht einen gepflegten Eindruck. Emigrantenfamilien haben die Chance des Wandertourismus ergriffen und bieten gute Zimmer und Verpflegung. Um frühmorgens auf die beliebte **Wanderung über Cruzinha und Fontainhas nach Ponta do Sol** zu gelangen, bietet es sich an, am Vortag durch Garça zu spazieren und hier zu übernachten.

In sanftem Abstieg erreicht die Fahrstraße den Friedhof, windet sich abenteuerlich zum Meer hinab und führt nach etwa 2 km in das kleine Fischerdorf **Cruzinha da Garça.** Über dem Hafen hat *Maria Martins,* die lange in Hamburg gearbeitet hat, eine Pension eröffnet, mit **Restaurant,** in dem alles vom Fisch, **So na Fish,** geboten wird. Als Staubstraße geht die Straße noch etwas weiter ins abgelegene Tal von Mocho, endet aber nach einer halben Stunde Weges in Richtung Ponta do Sol, sodass genüssliches und ungestörtes **Wandern entlang der Küste** angesagt ist.

Ribeira da Torre

Von Vila Ribeira Grande führt eine Schotterstraße in die Ribeira da Torre, die für Spaziergänger wie für Mountainbikefahrer eine sehr **bequeme Tour in der Ebene** bietet.

Nach einer halben Stunde ist die Basis des pyramidenförmigen **Tope de Miranda** erreicht, der, wuchtig wie ein Turm, dem Tal seinen Namen gegeben hat. Vermutlich ist er ein Umlaufberg, geschaffen von den mäandrierenden Sturzwässern, die ihn schon von beiden Seiten umflossen. Hinter diesem Fels bei Marradouro rücken die Wände des Tals näher zusammen und es verjüngt sich zu einem schmalen Bachbett, das ganzjährig Wasser führt und die ehemals üppigen **Feuchtbiotope** der Ribeiras zeigt. Farne wachsen in dicken Büscheln an den Rändern, in den Pfützen tummeln sich Kaulquappen und Wasserkäfer, und von langen, aus den Felsen hängenden Kletterpflanzen tropft das Wasser. An den Taumelkäfern *(Gyrinus natator)*, auch Kreiselkäfer genannt, hat man als Beobachter besonderen Spaß; die Wasserfachleute sehen sie als Indikator für gutes Wasser. Rechts und links der Straße im Bachbett sind dauerhaft überflutete, präzise wie mit dem Lineal gezogene Felder angelegt für Yams-Wurzeln mit ihren großen dunkelgrünen Blättern. Etwa auf halbem Weg bemerkt man links eine orangerote Bodenfärbung und weiße Ablagerungen. Es handelt sich um eine eisenhaltige Thermalquelle, die unter Papyrusbüschen zutage tritt. Über dem **Xôxô** genannten Kessel am Talende ragt der **Pico** hervor, eine ausgeprägte Felsnadel, um deren Basis sich die Häuser von **Lombo de Pico** scharen.

In Xôxô endet der gemütliche Teil der Reise nach rund 2 Stunden zu Fuß ab Ribeira Grande. Wer Hin- und Rückweg scheut, reist mit dem Aluguer an und läuft zurück. Für die Fleißigeren führt ein sehr schöner, aber zwischendurch sehr **steiler Weg hinauf nach Água das Caldeiras.** Weniger Höhenunterschied, aber sehr hohe Steinstufen sind zu überwinden, wenn man über **Lombo de Pico** und **Losná** zur Hauptstraße Porto Novo – Ribeira Grande bei **Chã de Mato** steuert.

cv145 Foto: pr

Die Küste entlang nach Paúl und Janela

Von Vila Ribeira Grande führt eine gepflasterte, gut ausgebaute Küstenstraße Richtung Südosten an der Steilküste entlang nach Vila das Pombas, dem Hauptort von Paúl. Unterwegs passiert man die kleine Siedlung **Sinagoga,** eine jüdische Gründung. Aus dem Namen ist zu schließen, dass hier zumindest acht erwachsene jüdische Männer gewohnt haben müssen, den mit weniger durfte keine Synagoge gegründet werden.

Auf einer felsigen Halbinsel zeugen die wie Ruinen einer Kaserne anmutenden **Gafarias** vom unseligen Versuch Salazar-Portugals, die **Leprakranken** der afrikanischen Kolonien auf Santo Antão zu konzentrieren zu einer Zeit, als taugliche Behandlungsmethoden bekannt waren und im Rest der Welt die Isolierung von Leprakranken aufgehoben wurde.

Vila das Pombas

Etwa 6 km nach Ribeira Grande erreicht die Küstenstraße Vila das Pombas, den Hauptort des Landkreises Paúl. Steile Hänge und Felsflanken überlassen **Paúl de Baixo,** das als Straßendorf zur Mündung der Rª de Paul begleitet, nur eine schmale Küstenebene.

Die Statue des **Santo António das Pombas,** des lokalen Schutzheiligen, wacht über den Ort. Der Aufstieg zur Aussichtsplattform (*Miradouro,* 35 Min.) wird mit einem beeindruckenden Panoramablick belohnt.

Vila das Pombas erscheint als **ländliche Siedlung.** Das historische Rathaus und das hübsch renovierte Gesundheitszentrum säumen den Rathausplatz im unteren Teil. Eine schmale, kopfsteingepflasterte Straße steigt an zum schattigen Kirchplatz. Die Front der 1885 gebauten katholischen Kirche harmoniert mit den niedrigen Häusern. Über Mauern spitzen Zuckerrohrwedel, Bananenblätter und Bougainvilleen unter Brotfrucht- und Mangobäumen. **Gärten und einstöckige Landhäuser** strahlen die Ruhe einer Siedlung der Peripherie aus. So hübsch sie anzusehen sind, stehen sie aber auch für das Überleben der kleinfeudalen Gesellschaftsordung der Zeit. Paúl war und ist ein Landkreis mit **sehr hoher Armutsrate,** trotz der Fruchtbarkeit und der Fülle an Wasser, mit denen die Natur ihn gesegnet hat.

Wer Paúl kennen lernen will, sollte das Tal **am besten zu Fuß** erkunden. Die Wanderwege sind genau kartiert und beschrieben, sodass man eine gute Woche in Paúl wandern kann, ohne sich zu wiederholen. Am bekanntesten und in der Orientierung am einfachsten ist die Wanderung vom Cova-Krater bis zum Meer (Talbeschreibung siehe unter „Wanderungen").

Bei der Kirche in Vila das Pombas beginnt die **gepflasterte Küstenstraße** und führt weiter zum 6 km entfernten Dorf Janela. Schaut man zurück, bietet sich nochmals ein weiter Blick auf Vila das Pombas. An dieser Straße unter weichem Fels hatten sich die Arbeitskolonnen zehn Jahre lang die Zähne ausgebissen, bis endlich mit schwerem Gerät die Unmengen nachbrechenden Materials ins Meer befördert werden konnten. Kurz vor Janela liegen die Häuser von **Praia de Gi.**

Janela

Janela besteht aus drei Siedlungen. **Ribeira de Janela** ist eine Miniatur von Paúl mit Zuckerrohranbau in Pächterwirtschaft. **Fajã de Janela** thront oberhalb des Tals auf einer ansteigenden Hochebene. Große Bewässerungsanlagen zeugen noch von besseren Zeiten, doch heute ist die Landwirtschaft nahezu eingestellt. Wer bei den Grundbesitzern im Tal Arbeit findet, schätzt sich glücklich.

Wo die **Rª de Penede** (dt: Felsbrocken) mündet, beginnt die neue Küstenstraße nach Porto Novo. Der alte Fahrweg führt zur **Pontinha de Janela.**

Pedra da Nossa Senhora

Folgt man der Rª de Penede bergauf, so gelangt man nach 10 Min. zu einem **rötlichen Felsbrocken mit alten Inschriften,** deren Ursprung nicht schlüssig geklärt ist. Vermutlich stammen die Schriftzeichen aus verschiedenen Epochen. Ein Kreuz im mittleren Bereich mit portugiesischer Inschrift kündet vom Tod eines Seemanns. Die anderen Schriftzeichen jedoch enthalten keine lateinischen Buchstaben.

In seinem „Historical Dictionary of the Republic of Cape Verde" vermutet *Richard Lobban,* es seien Zeugnisse der ersten europäischen Besucher aus dem 15. Jahrhundert. Andere meinen, voreuropäische Besucher aus Westafrika darin erkennen zu können. Weltweit bekannt wurde der Stein aber erst durch die skurrilen Theorien des englischen U-Boot-Kapitäns **Gavin Menzies,** der aus dem Stein ein Zeugnis der Ankunft einer Flotte chinesischer Entdecker konstruiert. Er greift die Geschichte des **Generals Zheng He** auf, der mit hundert Schiffen im Jahr 1421 von Calicut aus auf Entdeckungsreise ging und bis nach Borneo vordrang. Auch ist belegt, dass Chinesen in dieser Zeit an der ostafrikanischen Küste Handel trieben. *Menzies* jedoch lässt seinen General, von Indien kommend, das Kap der Guten Hoffnung umschiffen, Santo Antão besuchen sowie Grönland und die Ostküste des amerikanischen Doppelkontinents entlangfahren – mit einem kleinen Abstecher ins Polarmeer –, bevor er durch die Magellanstraße den Pazifischen Ozean erreicht und via Australien wieder nach Hause segelt. Somit sei er 40 Jahre vor *Diogo Afonso* hier gewesen, 70 Jahre vor *Kolumbus* in Amerika und 350 Jahre vor Captain *Cook* in Australien. In der langen Reihe der Indizien, die *Menzies* anführt, sind die Schriftzeichen auf dem Stein in **Malayalam** geschrieben, der bis heute im südindischen Staat Kerala heimischen Sprache. Der einzige kleine Fehler ist, dass Indologen dies nicht nachvollziehen können. Die spannende Story bleibt historische Science-Fiction, weitaus besser zu lesen und genauso unbewiesen wie alle anderen Theorien über die Pedra da Nossa Senhora (*Gavin Menzies,* 1421, als China die Welt entdeckte. Droemer/ Knaur 2004).

Anmerkung für unsere Malayalam sprechenden Leser: Bitte teilen Sie uns mit, was sie erkennen (www.bela-vista.net/pedra-nossa-senhora.htm)!

Grogue aus Santo Antão

Auf Santo Antão wird seit Anfang des 18. Jahrhunderts Rum, auf Crioulo „Grogue", genannt, in handwerklichen Betrieben zwischen den Zuckerrohrpflanzungen gebrannt. In großen offenen Fässern wird der frische Zuckerrohrsaft fermentiert, weshalb das gewonnene Destillat wasserklar ist im Gegensatz zum braunen Rum, für den bereits eingekochte Melasse verwendet wird.

Zu Beginn wurden die Schnapsbrenner unter Strafandrohung von den Behörden verfolgt, ein Amtsbescheid aus dem Jahre 1841 verbot die Herstellung von Schnaps aus Gesundheitsgründen und warb dagegen für den Anbau von Nahrungsmittelpflanzen. Das Verbot blieb damals jedoch ungehört und führte im Gegenteil zu heimlicher Produktion und illegalem Handel mit Schnaps. 1866 wurde eine Schnapssteuer eingeführt. Ein Amtsbescheid aus dem Jahre 1900 ordnete schließlich eine strenge Überwachung der Schnapsbrennereien an, da man die Produktion als solche nicht unterdrücken konnte.

Zur Herstellung eines qualitativ hochwertigen Grogues wie dem aus Santo Antão sind eine Reihe von besonders sorgfältigen Vorgängen nötig, die Arbeit ist hart und Schweiß treibend.

Zunächst wird in mühevoller Handarbeit das Zuckerrohr geerntet. Die Zuckerrohrstängel werden von den Blättern befreit und zum Trapiche gebracht. In unterarmlange Stücke zerteilt, werden sie wieder eingegraben, um eine neue Generation sprießen zu lassen. Die Blätter dienen sowohl zur Dacheindeckung wie zur Befeuerung der Destillen und als Tierfutter.

Die traditionelle **Zuckerrohrpresse (Trapiche)** ist eine Gerät aus drei Stahlrollen, die sich in entgegengesetzte Richtungen drehen und von einem Ochsenpaar oder Mulis angetrieben werden. Die Tiere bewegen mit Hilfe eines massiven Tamarindenastes (o.Ä.) ein Zahnrad, das die Rollen der Presse in Bewegung setzt. Zwei Männer geben die Stängel zwischen die Rollen, wodurch der Saft herausgepresst und in einem Behälter aufgefangen wird. Der Saft wird einerseits zur Herstellung von Schnaps, andererseits von Melasse verwendet.

Ein Mann treibt die beiden Tiere, die sich im Kreis um die Trapiche bewegen, an. Man nennt ihn „Kolador di boi". Manchmal hört man heute noch den typischen melancholischen Gesang der „Kola boi" zu dieser Tätigkeit, und es wird gesagt, man könne dabei Tränen in den Augen der Tiere aufsteigen sehen – ob wegen des traurigen Gesanges oder der mühevollen Arbeit, bleibt offen ... Die Themen dieser Lieder sind sozialer Natur, ihre Inhalte bringen den Alltag und die Existenznöte der Caboverdeaner zur Sprache. Manchmal vergisst der Besitzer des Zuckerrohrs aber auch, die Kehle der Arbeiter zu befeuchten, und der Ochsentreiber gibt ihm mit seinem Lied einen Hinweis darauf, woraufhin die Motivation der Leute durch eine Runde Grogue wieder gehoben wird.

Der ausgepresste **Saft wird in Holz- oder Plastikfässern** gelagert. Die Fermentierung dauert gewöhnlich fünf Tage. Der fermentierte Saft kommt dann in einen Kupferbehälter, der rund 200 Liter fasst. Vorher wird der **Kupferkessel** mit Zitrone und Asche gereinigt, mit heißem Wasser gewaschen und mit trockenen Zuckerrohrblättern und sauberen Tüchern ausgewischt. Wird der Destillationsprozess für mehr als 24 Stunden unterbrochen, muss der Kessel erneut gewaschen werden. Sauberkeit ist oberstes Gebot bei der Destillation. Dann wird der Kessel in einem Steinofen eingegraben, der mit trockenen Zuckerrohrblättern angeheizt wird. Der vergorene Saft wird in den Kessel gefüllt, und der Destillationsprozess kann beginnen. Alle Arbeit liegt nun beim „Heizer", denn für die Qualität ist eine gleich bleibende Temperatur wichtig. Der Saft wird etwa 1 Stunde gekocht und kondensiert dann entlang eines Rohres, an dessen Ende der fertige Grogue mit einem Kupfer- oder Holzkopf aufgefangen wird. Nun kommt der „Experte" und prüft die Qualität, indem er eine geringe Menge in einem Glas kreist und etwas aufschäumt. Die Schäumung gibt Aufschluss über die Reinheit und den Alkoholgehalt. Zu Beginn entsteigen Methanol und andere Nebenprodukte, die verworfen werden. Gegen Ende des Destillationsprozesses lässt der Alkoholgehalt nach, weshalb dieser Grogue der nächsten Charge beigemengt und somit ein zweites Mal gebrannt wird.

Heutzutage werden die traditionellen Pressen weitgehend abgelöst von modernen, motorgetriebenen Pressen, die die Produktion wesentlich vereinfachen und beschleunigen. Der Brennvorgang jedoch blieb bis heute nach alter Tradition bestehen, und zur Zuckerrohrernte steigen aus allen Tälern der Rauch der Destillationsöfen und der Duft frisch gebrannten Grogues auf.

Ein großes und ungelöstes Problem der handwerklichen Rumbrennerei in Cabo Verde ist der Zusatz von importiertem Zucker. Kaum ein Hersteller kann sich dem Druck entziehen, da der Zucker die Produktionskosten erheblich drückt. Einige kommen fast ohne Zuckerrohr aus. In Santiago gibt es Brennereien, die rund ums Jahr arbeiten, bei denen man kein Zuckerrohr, aber jede Menge Altölfässer und Lkw-Reifen als Feuerung sieht. So dient den Kunden die ausschließliche Verbrennung der Zuckerrohrabfälle als Indikator für die Reinheit. Mit dem anfallenden Rohr kann man nicht viel mehr als den natürlichen Saft destillieren. Selbstverständlich haben auch die Schnapsbrenner inzwischen den kleinen Öko-Knigge gelesen und behaupten, sie würden auf andere Energien ausweichen, weil das gepresste Rohr hervorragendes Rinderfutter sei. Allein, es fällt schwer, Rinderherden in passender Größe zu finden ...

Guter und reiner Grogue ist selten geworden; man findet ihn nur bei wenigen Herstellern zu deutlich höheren Preisen.

cv142 Foto: pr

Die Rª de Penede ist Endpunkt einer schönen **Wanderung** vom Pico da Cruz über Estançia de Pedra und Selada Silvão (Weg 106).

Abstecher nach Pontinha de Janela

Im kleinen Dorf auf dem **schmalen Kap** ließ sich der Ausbau der kleinen Zufahrtsstraße vom Bootsanleger durchs Dorf zu einem Teil der Küstenstraße verhindern. So behielt es seine hübsche Lage, den Blick auf den Leuchtturm, das **Ilheu de Boi,** und die Erinnerung an Zeiten, als Pontinha de Janela im Zentrum der isolierten Täler stand.

Felder und Weiden bis vor die Tore des heutigen Porto Novo und hinauf zum Pico da Cruz, bewässerte Landwirtschaft in den Tälern, die Zuckermühlen und Schnapsdestillen hatten die Grundbesitzer von Janela zu wohlhabenden Leuten gemacht. In Pontinha wurden Mais und Maniokmehl, Grogue, Melasse und Trockenfisch verladen.

Unter den Waren für Landwirtschaft, Läden und Haus(halt), die hier entladen wurden, kam im Jahr 1964 auch das **erste Auto** nach Janela, um die Waren und den Stolz seines Besitzers zu befördern – gefangen auf einem Kilometer Pflaster zwischen Ribeira und Pontinha. Als ein Vierteljahrhundert später die Straße nach Paúl eingeweiht wurde, war Pontinha von den Folgen der Dürre gezeichnet. Die wohlhabenden Besitzer waren nach São Vicente gezogen, gekommen waren die Bauern und Hirtenfamilien aus **Aguada da Janela** (s.u.), als ein Überleben dort nicht mehr möglich war.

cv146 Foto: pr

Von Janela nach Porto Novo

22 km moderne Straße, davon 18 km asphaltiert, verbinden Janela und Paúl nicht nur sehr viel rascher und bequemer mit dem Fährhafen von Porto Novo. Auch die Landschaft und die Ausblicke über den Kanal nach São Vicente sind völlig verschieden von der Gebirgsstraße zwischen Porto Novo und Rª Grande. Die Straße erlaubt Reisenden die An- und Abreise in den Nordosten über verschiedene Strecken oder eine hochinteressante Tagestour ab Porto Novo.

Von der Mündung der Rª de Penede schwingt sich die Straße über eine Brücke und umgeht Pontinha de Janela dank des 331 m langen **Tunnels Santa Bárbara.** Der Durchstich des ersten Straßentunnels am 27. Juni 2006 läutete eine neue Phase des Straßenbaus in Kap Verde ein. Bei der Ausfahrt zunächst geblendet, fällt dann der Blick auf den Leuchtturm und eine kleine Felseninsel in Verlängerung der Bergrippe.

Der Hafen von Porto Novo

Abstecher und Aussicht – Leuchtturm Fontes Pereira de Melo

Am Eingang zum zweiten Tunnel führt eine Betontreppe auf den alten Maultierweg, der am Leuchtturm endet. Der Panoramablick erfasst erstmals São Nicolau und São Vicente am Horizont. Nach dem **Ilheu de Boi** in der Tiefe wird der Leuchtturm auf Santo Antão auch **Farol do Boi** genannt.

Der **achteckige, 10,70 m hohe Turm** entsprach, als er am 15. Mai 1886 den Betrieb aufnahm, der Technologie der Zeit für einen Leuchtturm zweiter Klasse, der über 27 Seemeilen zu erkennen war. Im Lampenhaus von 4,50 m Durchmesser drehten sich große Fresnellinsen auf einem Karussell um den Glühstrumpf einer Petroleumlampe, konstant angetrieben durch ein Gewicht in der Mittelsäule mit Hilfe offen liegender Zahnräder ähnlich einer Turmuhr.

Nach dem Durchfahren des zweiten Tunnels am Leuchtturm (228 m Länge) und zwei Kilometern auf gleichbleibender Höhe folgen weitere lohnende Aussichtspunkte im Anstieg nach **Aguada de Janela,** dem mit 330 m höchsten Punkt der Straße. Die Ruinen eines Friedhofs auf dem Curralinho, das aufgegebene Schulgebäude und die Viehtränken am Grund der Ribeira sind die letzten Zeugen einer bis zum Beginn der Saheldürre (1968) durchaus erfolgreichen Viehzüchter- und Bauernsiedlung.

Über wüstenhafte Hänge, nachdem der Grund der **Rª Brava** durchquert ist, steigt die Straße nochmal auf eine Ebene oberhalb des **Morro do Tubarão** und zieht, Porto Novo vor Augen, rasch nach Westen, vorbei am **Abzweig nach Curraletes,** dem kleinen Badestrand, und hinein in die Stadt.

Zentrales Hochland, Lagoa

Wie bei der Beschreibung der Straße Porto Novo – Ribeira Grande geschildert, zweigt in **Espongeiro** die Staubstraße nach Lagoa, Maroços und Figueiras ab. Im Osten der jungen vulkanischen Hochebene wurde sehr erfolgreich wiederaufgeforstet, insbesondere rund um die Siedlungen Espongeiro und Morro de Vento. Der extremen Trockenheit des ersten Halbjahres 2008 fielen mehr als die Hälfte der Bäume zum Opfer, was nur teilweise durch nachfolgende, sehr üppige Niederschläge „repariert" wurde. Kleinere Vulkankegel ragen aus der im Westen immer trockeneren Landschaft, und nach dem Dorf Lagoa tritt man in den weiten, flachen Einbruchkrater von **Espadaná.** Nach einem kurzen, steilen Anstieg ist das Forstwächterhaus von Maroços erreicht, von wo es nur noch eine Stunde weitgehend weglosen Streifens durchs Gelände bedarf, um die **Gipfel von Maroços (1767 m)** zu besteigen. Von ihnen hat man einen enormen Tiefblick in die tiefen Kerbtäler der **Ribeira Fria** und **Ribeira dos Bodes** nach Süden und über die **Ribeira do Alto Mira** und die **Ribeira de Jorge Luis** hinweg bis nach Norte und zum **Tope de Coroa.**

Der westliche Teil der Hochebene und die weichen Gipfel von Maroços sind ökologisch besonders wertvolle Biotope mit reichem Bestand an endemischer Vegetation und werden zu einem **Naturpark** weiterentwickelt. Viele der dort ansässigen Familien leben am Existenzminimum und bestreiten ihr Auskommen mit dem Verkauf von Ziegenkäse an der Straße in Espongeiro.

Der Westen und Süden

Während die nordöstlichen Täler und spektakulären grünen Bergszenerien jeden Besucher Santo Antãos in Bann ziehen, begegnet man im wüstenhaften Westen und Süden der Insel **kaum** einem **Touristen.** Wer länger auf der Insel verweilt, ein Faible für **vulkanische Landschaften** oder die **Wüste** hat, wird auch diese Region erkunden wollen. Sie sind in dieser gewaltigen Ausprägung wie auf dem Campo Redondo, in den Bergen von Lajes und um den Tope de Coroa herum sonst nirgends in Cabo Verde zu finden. Doch sie sind schwieriger zu erschließen.

Wer nur einmal durch die grandiose Landschaft fahren will, dem sei empfohlen, sich für einen langen Tag ein **Aluguer mit Fahrer** zu **mieten.** Wer sich die Landschaften jedoch erwandern will, dem werden eintägige Touren nicht genügen, und er muss sich auf **mehrtägiges Trekking** unter einfachen Bedingungen und lange Strecken mit schwieriger Orientierung und viel Wasser im Gepäck einstellen. Bis nach **Norte** kann man seine Reise noch selbst organisieren. Auf den **Tope de Coroa (1979 m)** oder weiter nach **Monte Trigo** oder **Tarrafal de Monte Trigo** sollte man nicht ohne Bergführer gehen.

Rundfahrt Porto Novo – Rª das Patas – Rª da Cruz – Norte – Sul – Porto Novo

Die breite, gepflasterte Straße verlässt Porto Novo in Richtung Süden fast schnurgerade die Küste entlang. Am Ortsausgang hat sich das 4-Sternehotel **Sant Antão Art Resort** am Rande eines kleinen Palmenhains meerwärts breit gemacht; Elektrizitäts- und Wasserwerk folgen. Hangwärts kündet eine große Halle von den frühen Phasen des Puzzolana-Tagebaus in der späten Kolonialzeit. Wie mit dem Lineal geschnittene Inseln zeigen noch die Dicke der Schicht.

Nach dem Friedhof verschwindet die Vegetation auf der Küstenebene: **Wind, Sand, Steine** und ab und an eine Sandverwehung auf der Straße. Eine weite Fläche brauner und schwarzer Lava. Hier und da ragen kleine Vulkankegel als willkommene Orientierungshilfen hervor, Block- und Fladenlava, Schlacken, Tuffgeröll und Puzzolana überlagern sich und ergeben ein schwarzbraun-ocker-beiges Farbenspiel in flimmernd heißer Luft. Laut Geologen liegen auf dieser Seite der Insel die entstehungsgeschichtlichen Ablagerungen fast schulbuchmäßig an der Oberfläche. Küstenseitig sieht man stellenweise feinsandige schwarze Wanderdünen. Eine Fabrikanlage taucht nahe der Straße auf, die CABOCEM.

Bei der Ruine des Straßenwärterhäuschens *(Casa de meio)* zieht sich eine Siedlung bis nahe der Küste, **Chã de Porto Novo,** möglich geworden durch ein ergiebiges Wasserbohrloch. Der Verkehr ist spärlich, die Urlandschaft, in der nur hin und wieder ein paar Akazien oder Grashalme gedeihen, begleitet die Straße bis zur Brücke über die Ribeira das Patas, Ponte do Sul. Hier zweigt die Straße nach Sul, Tarrafal de Monte Trigo und Norte ab.

Sanft und geradlinig folgt die Straße der ansteigenden Küstenebene nahe dem Canyon zum ersten grünen Fleck, dem Dorf **Lagedos.** Durch dicke Puzzolanaschichten gräbt sich die Straße weiter bergauf, taucht durch ein Nebental und findet sich wieder in **Chã de Norte,** dem Hauptort von **Ribeira das Patas.** Der Blick geht durch das Rund der über den großen, nach Süden ausgebrochenen Einsturzkrater mit verschiedenen Nebentälern. Auf einer langen Geraden durch das Dorf hält man direkt zu auf die gewaltige Felswand oberhalb vom Ortsteil **Sírio.** Schwer ist der Maultierpfad zu erkennen, der in ununterbrochenem Aufstieg über 800 m bis zur **Bordeira de Norte** emporklettert. Hier steigen die Wanderer in die westliche Hochebene ein, gelangen nach 4 Stunden nach **Norte** und von dort auf den **Tope de Coroa** und nach **Monte Trigo.**

In weitem Bogen führt die Pflasterstraße durch den Talkessel und steigt hoch bis zu einem schmalen Grat, dessen U-förmiges Felsentor gerade einmal ein Auto passieren lässt. Der Blick zurück auf das weite Halbrund der Ribeira das Patas ist faszinierend, der Blick auf der anderen Seite steil hinab in das Tal von Alto Mira noch schroffer und überwältigend. Der Besucher steht auf der **Selada de Jorge Luis,** wo sich die imaginären Trennlinien zwischen dem Süden und dem Norden, aber auch dem Westen und Osten schneiden.

Die weißen Häuser der über das Tal verteilten drei Dörfer von **Alto Mira** leuchten herauf, die am Fuße der fast 800 m hohen Steilwand Salto Preto liegen. Eine Pflasterstraße führt hinunter nach **Chã d'Orgeiro,** dem obersten der Orte. Weiter führen Maultierwege. Der kaum zu erkennende schmale Fußpfad zum **Salto Preto** (deutsch: Schwarzer Sprung) durch die Felswand ist eher etwas für hartgesottene, schwindelfreie Bergwanderer, denn 8–10 Stunden bis zur nächsten Übernachtung in Caibros zehren an den Kräften. Alto Mira ist eines der Täler, in denen die Kleinbauern das Sagen haben und produziert deutlich mehr Gemüse als die hierfür geeigneteren Täler von Paúl oder Janela.

Von der **Selada de Jorge Luis** führt die Straße über den Ort **Jorge Luis** weiter in die **Ribeira da Cruz,** einer der Zwischenstationen der wenigen Wanderer auf der Rundwanderung um die Insel. Die Aluguers fahren noch weiter in die Dörfer **Martiene** und über **Chã**

Puzzolana

Schon vor der Unabhängigkeit wurde entlang der Ausfallstraße von Porto Novo nach Rª das Patas **Trass** abgebaut. Die **in Handarbeit** mit Hacken und Schaufeln abgetragenen Brocken brachten die Arbeiter auf Loren in die Fabrikhalle und kippten sie in die Kugelmühle, wie der rotierende Stahlzylinder genannt wird. Stahlkugeln, so groß wie beim Kugelstoßen im Sport verwendet, zerschlagen und zermahlen den Trass zu feinem Staub. 1970 stellte die portugiesische Firma den Betrieb ein.

In den 1980ern wiederholte sich die Erfahrung. Wieder ließ eine portugiesische Firma die als erstklassig geltende Puzzolana in Säcke füllen, um sie als Zusatz zum Zement zu verkaufen – und scheiterte erneut.

Die Firma CABOCEM der italienischen Stefania-Gruppe versuchte es mit einem anderen Konzept und musste die Produktion nach drei Jahren ebenso einstellen. Für einen der ersten Großinvestoren im Tourismus und Großverbraucher auf eigenen Baustellen in Kap Verde schien der boomende interne Markt genügend Nachfrage zu bieten, um sich hierauf konzentrieren zu können. Schwere Lkws brachten Zement vom Hafen zur CABOCEM und mit Puzzolana angereichert wieder zurück. Ob die harten Spielregeln am Zementmarkt es irgendwann einmal zulassen, dass der Puzzolanaabbau dauerhaft zur Bekämpfung der Armut in Porto Novo beiträgt, bleibt einmal mehr offen.

Das Thema Puzzolana ist auch in anderer Form stark **mit der Armut verknüpft.** Viele Familien, die vor der Dürre aus dem Inselinneren nach Porto Novo geflohen waren, wohnten in Höhlen *(buracos)* im weichen Tuff. Zwei Tage genügten, um mit der Hacke Iglu-artige Hohlräume zu schlagen, in denen sie die Zeit bis zur nächsten Regenzeit überbrücken wollten – und wo sie über ein Jahrzehnt bleiben mussten. Als Distriktsarzt hatte ich 1981 noch über 70 Familien in absoluter Armut in den Höhlen zu betreuen. Dank einer Initiative des ersten Präsidenten *Aristides Pereira* konnten sie 1982 in Sozialbauten mit dem bezeichnenden Namen Bairro da Puzzolana einziehen.

cv147 Foto: pr

de Norte nach **Norte.** So kann man vergleichsweise bequem zum Einstieg zum **Tope de Coroa** gelangen. Schöner ist es aber sicher, zu Fuß von Ribeira das Patas über die Bordeira de Norte aufzusteigen. Die Fahrt von Norte nach Sul bietet sehr interessante vulkanische Wüstenlandschaften, die weiten Weidegründe der Ziegen von **Lagoinhas,** den farbenfrohen jungen Vulkan **Monte Arranha Pernas** und das weite Rund der von Puzzolana überschütteten flachen Caldeira des **Campo Redondo.** Der Blick zurück gleitet über vulkanisches Hügelland bis hin zum Tope de Coroa. Der Fußmarsch von Norte nach Sul über **Lajes** ist einer der deftigen und nur Leuten zu empfehlen, die mit der Orientierung im Gebirge Erfahrung haben und über entsprechende Ausrüstung verfügen.

Porto Novo – Tarrafal de Monte Trigo

Wer auf der oben beschriebenen Küstenstraße nach ca. 5 km links abzweigt (Hinweisschild), gelangt auf die Piste nach Süden zur Ortschaft Tarrafal de Monte Trigo. Diese Piste verdient auf weiten Strecken den Namen Fahrstraße nicht. Nach einem kurzen Stück Pflasterstraße verengt sich der Weg zu einer Piste, staubig, steinig, voller Löcher und

Blick hinunter in die Bucht von Tarrafal de Monte Trigo

tiefer Fahrrinnen, teils steil und unbefestigt. Über Serpentinen, von einem zum nächsten Bergrücken springend, führt die Straße durch die verlassenen Dörfer von **Sul.** Hoch über den Wolken, auf 1400 m, durchfährt man die einzige aktive Siedlung, **São Tomé,** deren Bewohner dank der Ziegenzucht auf dem wenig später folgenden **Campo Redondo** noch in Sul überleben können.

Am höchsten Punkt des weiten Kraterrunds teilt sich die Straße. Die Straße nach Norte bleibt auf der Höhe, während die nach Tarrafal de Monte Trigo hangabwärts zieht und über Serpentinen und Staublöcher ihren Weg bis zum Meer findet. Die Strapaze für Fahrzeug und Insassen zieht sich ab Porto Novo für etwa 2½ Stunden hin. Ab dem **Campo Redondo** kann man sich nicht mehr verirren, und wir ziehen es vor, in 2½ Stunden zu Fuß nach Tarrafal de Monte Trigo abzusteigen. Spätestens an dem einzeln stehenden Haus mit Garage *(Garagem),* wo ein Fußweg nach **Covão,** dem höchsten Ortsteil von Tarrafal de Monte Trigo, ans Meer führt, steigen weitere Passagiere aus, schicken das Gepäck voraus und steigen in einer Stunde zum Meer ab.

Rückfahrten müssen mit den Fahrern am Vortag vereinbart sein. Die Fahrzeuge nehmen unterwegs niemanden mehr auf! Wir handhaben das meist zu lässig und sind dann jedes Mal 9 Stunden bis Ponte Sul gelaufen ...

Tarrafal de Monte Trigo

Der besondere Reiz der **Ribeira do Tarrafal** liegt sicher darin, dass man hinter der lebensfeindlichsten Landschaft der Insel am Campo Redondo alles andere erwartet als eine grüne Oase der Ruhe und Entspannung mit kräftigen Kokospalmen, Spaziergängen durch bewässerte Landwirtschaft, Pausen unter Brotfrucht- und Mandelbäumen. Mangos und Papayas kauft man am Wegesrand und verspeist sie am weiten schwarzen Sand- und Kiesstrand.

Rund um die niedrigen Steinhäuser der etwa 600 Bewohner weiden Ziegen. Eine **Quelle** im Inneren des Tales auf etwa 600 m Höhe liefert das lebenswichtige Wasser und sorgt für dieses Wunder an Fruchtbarkeit in einer Region, in der kaum je ein Regentropfen fällt. Früher floss es so reichlich, dass bis zum Bau der Entsalzungsanlage Mindelo von hieraus mit Tankschiffen versorgt wurde. Fette Rohre und Gummischläuche zeugen von der ehemaligen Kraft der Quelle, die heute kaum mehr für ein Drittel der ehemaligen bewässerten Landwirtschaft reicht.

Wer mit dem Auto anreist, begegnet einer Entwicklungsruine am südlichen Ende der weiten Bucht. Hier sollte mit ausländischer Unterstützung eine Thunfischfabrik entstehen, was aber mangels Strom und Wasser nie realisiert wurde. Die Fischer und anderen Bewohner von Tarrafal verstehen sich seit jeher als Vorort von Mindelo und haben mit Porto Novo wenig zu tun, solange es nicht Amtsgänge sind. Wann immer genügend Fisch auftaucht, wird er in Mindelo vermarktet, und fast täglich gehen kleine Boote in beiden Richtungen.

Für den Tourismus war Tarrafal absolutes „Far End" – bis *Susi* und *Frank* ihr Segelboot in die Bucht lenkten. Das amerikanisch-deutsche Paar beendete den Segeltörn, erklärte Tarrafal zu seinem neuen Wohnort und ließ von lokalen Handwerkern in der ihnen gewohnten Technik eine Reihe blitzsauberer traditioneller Steinhäuschen direkt am Strand von Praia bauen – das **Mar Tranquilidade** ist eine der angenehmsten Pensionen in Cabo Verde geworden, für Gäste, die das Einfach-Authentische bevorzugen. Da die beiden auch noch hervorragende Köche sind, brauchen sie sich um die Belegung nicht zu sorgen. Anmelden ist sehr sinnvoll!

Nur mit dem Fischerboot oder stundenlang zu Fuß erreicht man die nächste Bucht und den Fischerort Monte Trigo. Der **Fußpfad,** teils gepflastert und mit Mäuerchen begrenzt, teils verwittert und mit Geröll zugeschüttet, führt bergan und bergab. Zum Meer hin wird er von Steilküste und Meeresbrandung gesäumt, zum Berg von den kahlen, steil geböschten Westhängen des Vulkankegels Tope de Coroa. Der Weg ist gut zu gehen (4–5 Stunden), doch empfiehlt sich diese Unternehmung nur in den frühen Morgenstunden, denn um die Mittagszeit glüht die schwarze Lavaerde in der Hitze.

Liegt Tarrafal schon abgelegen, so scheint **Monte Trigo,** wie es in der Sonne döst, das Ende der Insel. Männer spielen im Schatten Oril, wenn der Fang des Tages versorgt ist und gesalzen in der Sonne ausgebreitet liegt, um als Trockenfisch seinen Weg nach São Vicente anzutreten. Monte Trigo war bis zum Beginn der Saheldürre weitaus kleiner. So sind viele der heutigen Fischerfamilien „Flüchtlinge“ aus dem Trockenfeldbau. Das hat anfangs zu erheblichen Reibereien geführt, weil die Neuankömmlinge traditionelle Regeln weder kannten noch bereit waren einzuhalten, etwa die Schonung der Kinderstuben junger Fische, Schonzeiten, Fangbegrenzungen, um die Preise nicht verfallen zu lassen und die Bestände zu sichern. Viele dieser Regeln sind nicht rational oder ökologisch vermittelt, sondern werden als Brauchtum weitergegeben. In den Jahren als Distriktsarzt von Porto Novo haben wir den Ort immer wieder genau beforscht, nicht nur weil er den höchsten Anteil mangelernährter Kinder aufwies, sondern weil die inzwischen reicheren „Neufischer“ weitaus schlechter ernährte Kinder hatten als ihre traditionellen Kollegen. Es hatten sich auch fast alle Leprakranken der Hochebene hier versammelt, sodass die konzentrierte Dorfstruktur ein wichtiger Vorteil war und man an einem Tag alle Kranken sehen konnte. Inzwischen gibt es keinen einzigen aktiven Fall mehr, aber doch den einen oder anderen älteren Behinderten aus dieser Zeit. Lehrer oder Dorfchef vermitteln gegebenenfalls ein Bett für Wanderer.

Von Monte Trigo führt eine weite Wanderung nach Norte, die gut vorbereitet sein will und nur mit Führer zum Erfolg führt.

Tope de Coroa (1979 m)

Der **höchste Berg Santo Antãos,** neben dem Pico de Fogo der zweithöchste der Inseln, erhebt sich im äußersten Südwesten der Insel. Er sitzt als kleiner junger Vulkankegel im Krater des weitaus größeren **Coroa,** der nach den Vermessungen von 1971 einen Hauch höher (1982 m) ist, was dem Ruf des Tope de Coroa als höchstem Berg des Barlavento aber bisher nicht geschadet hat. Der **Aufstieg beginnt in Norte** und ist eine weder übermäßig anstrengende noch besonders schwierige Tageswanderung von 6 Stunden – solange man nicht in weichen Aschenhängen aufsteigt, sondern gezielt felsiges Gelände wählt. Da die Orientierung nicht einfach und ein Verlaufen ungemein anstrengend und gefährlich wird, muss man einen **lokalen Führer** nehmen.

Wanderungen

Erst wer zu Fuß auf alten Wegen wandert, die Steine unter seinen Füßen spürt, die herzlichen Menschen grüßt, sich den heißen Küstenwind und die kühle Höhenluft um die Nase wehen lässt, der wird die Kontraste und Naturschönheiten der Insel wirklich kennen und lieben lernen. **Santo Antão ist die beste Wanderinsel Cabo Verdes,** die Vielfalt an Touren ist einzigartig: Wüste, Hochland, dichter Wald, Krater oder Tropentäler. Wer will, kann jeden Tag in eine völlig andere Welt eintauchen, ob als Tagestour oder im Zuge eines mehrtägigen Trekkings.

cv135 Foto: pr

Die gesamte Insel ist von einem **Netz unzähliger traditioneller alter Wege** überzogen, die noch die entlegensten Regionen über steile Grate in atemberaubenden Serpentinen und Steigungen miteinander verbinden: Ziegen- und Eselswege, gepflasterte, mit Mäuerchen gesicherte Wege und winzige Trampfelpfade, die plötzlich enden. Markierungen gibt es nur wenige, und vor Steinschlag und Sturz muss man sich in Acht nehmen. In neueren Wanderführern und -karten sind die Wege auch für selbstständige Wanderer aufbereitet; GPS-Daten geben eventuell zusätzliche Hilfe. Trotzdem ist die Orientierung an vielen Orten schwierig, und auf der westlichen Hochebene ist der lokale Wanderführer unersetzlich. Die Begleitung durch einen erfahrenen **Bergführer** oder das Wandern in geführter Gruppe kann bequemer sein, weil man mehr erfährt und nach der Ankunft alles schnell geregelt ist. Wir raten auch dringend davon ab, außerhalb dicht besiedelter Gebiete alleine zu wandern!

Die **Ausrüstung** ist im entsprechenden Kapitel erläutert.

Ein genereller Reiseführer wie dieser kann nur einige einfache Wanderungen darstellen und die präzise Vorbereitung anspruchsvollerer Wanderungen mit Karte und Führer keineswegs ersetzen.

Auf dem Weg vom Cova-Krater nach Vila das Pombas

Weg 101: Cova-Krater – Rª do Paúl – Vila das Pombas

- Die sehr **schöne, steile, aber bzgl. der Orientierung simple Wandertour** (Gehzeit **3–4 Stunden**) verläuft anfangs sehr steil bergab. Wer Probleme mit den Knien hat oder nicht durchtrainiert ist, sollte von dieser Tour absehen oder sie als Aufstieg gehen!

Den Ausgangspunkt an der Kreuzung am Cova-Krater erreicht man von Vila da Ribeira Grande oder Porto Novo im Aluguer. Statt der leicht erkennbaren Fahrstraße zum Grund des Kraters wählt man den ab der Westseite des Kraters absteigenden Fußweg im Wald. Er beginnt noch im Kreuzungsbereich hinter der Begrenzungsmauer der Straße in Richtung Ribeira Grande. Am freien Platz vor der Baumschule, nahe einer burgähnlichen **Hausruine,** steigt der Weg hinauf nach Nordosten zum Kraterrand (Anstieg ca. 15 Min.). Oben am kleinen Pass bietet sich an wolkenlosen Tagen ein unvergleichlicher Blick über den fruchtbaren Kraterboden und das Vale do Paúl, das man komplett bis zum Meer überblickt. Aber auch wenn Nebelschwaden heraufziehen oder man über der Wolkendecke steht, ist die Stimmung fantastisch. Mehr als 1000 Höhenmeter gilt es in Serpentinen abzusteigen. Nach dieser Steilkante erreicht man den Talschluss mit seinem weiten Halbrund. Das Tal führt **ganzjährig Wasser.** Bei den ersten Steinhäuschen auf 600–700 m kommt man an einer Kaffeeplantage vorüber. Wenig später erreicht man das Ende der Fahrstraße in **Cabo de Ribeira,** wo Läden mit kühlen Getränken einladen.

Etwa auf halbem Weg talwärts liegt rechts unten **Passagem,** ein kleines **Erholungsgebiet** mit Bougainvilleas, Jacaranda-Bäumen, Canna-Blüten und anderen Zierpflanzen. Seit dem Verkauf an einen europäischen Hotelier liegt das Anwesen brach.

Etwas weiter unten im Tal steht ein hübscher Drachenbaum direkt an der Straße. Man erreicht **Eito,** einen Ortsteil von Vila das Pombas, und wird schließlich nach 3–4 Stunden Wanderung (je nach Verweilen und Schauen) an der Mündung des Tales vom Rauschen des Meeres empfangen. In Vila das Pombas kann man in der kleinen Dorfkneipe bei einem kühlen Getränk ausruhen. Hier kann man ein Aluguer abwarten, das einen zurück zum Ausgangspunkt bringt.

Wer das Tal auf gemütlichere Art (ohne steilen Abstieg) erkunden will, kann sich von einem Aluguer von Vila das Pombas bis zum Talschluss bringen lassen, um so sanft aus dem Tal herabzusteigen.

Weg 212: Cruzinha – Fontainhas – Ponta do Sol

● Nachdem in Chã de Igreja und in Cruzinha gute Übernachtungsmöglichkeiten bestehen, kann man die **fünfstündige Wanderung entlang der Steilküste** in beliebiger Richtung organisieren. Auf jeden Fall sollte man nicht die spät vom Fährschiff kommenden Aluguers abwarten, sondern in der Nacht vor der Wanderung in Ponta do Sol oder in Garça übernachten. Nur so kann man die faszinierenden Lichtverhältnisse am frühen Morgen über von der Gischt glitzernden Felsen genießen.

Von Vila Ribeira Grande aus nehmen Sie ein **Aluguer durch das Tal Ribeira Grande** bis nach Chã d'Igreja, evtl. weiter bis Cruzinha (1½ Stunden).

Ausgangspunkt ist das Restaurant So Na Fish in Cruzinha da Garça. Die Fahrstraße, auf der man gekommen ist, zieht in einer weiten Kurve aus dem Dorf. Nach dem Fußballplatz geht es ein Stück bergab, man lässt den Abzweig nach Mocho bergwärts liegen. Die Straße wird zu einem kopfsteingepflasterten Maultierpfad, der sich in geringer Höhe von einem Tal zum nächsten schlängelt. Sandbuchten, steile Felsen, enge Schluchten und der Blick aufs Meer halten das Auge ständig beschäftigt. Vom Baden an den schönen Sandstränden ist wegen der Strömungen abzuraten. In **Aranhas** trifft man auf einige verschlossene, teils verfallene Häuser. Der Abstecher ins Tal hinein führt zu einem aufgelassenen Dorf und wird dann steil und sehr kratzig.

So bleibt der Wanderer besser auf dem Küstenweg und erreicht erst **Forminguinhas** und danach **Corvo,** das sich an den Felsen links von der gleichnamigen grünen Ribeira schmiegt. Nach steilem Aufstieg am Gegenhang erreicht man die Selada. Im weiten Tal kauert das malerische Fontainhas auf einem Felsvorsprung, umrahmt vom tiefen Taleinschnitt mit Terrassenkulturen. In der Ferne erkennt man die ins Meer hinausragende Halbinsel von Ponta do Sol. Nach einem Abstieg und kurzem Anstieg ist **Fontainhas** erreicht. In einer kleinen Mercearia am Ortseingang, etwas erhöht vom Weg gelegen, gibt es kühle Getränke und eine Terrasse zum Ausruhen.

Von Fontainhas wandert man auf der schmalen Fahrstraße in ca. 45 Minuten nach Ponta do Sol.

Strände und Wasserverhältnisse

Santo Antão ist keine Badeinsel. Wer auf der Insel verweilt, um zu wandern, die Naturschönheiten zu bewundern und sich in den kleinen Orten treiben zu lassen, der kann mitunter an dieser oder jener Stelle ein kurzes Bad im Meer nehmen. An der Küste Santo Antãos sind **Wind und Brandung heftig,** besonders in den Wintermonaten. Vor den Küsten kann es **unberechenbare Strömungen** geben.

Der einzige ganzjährig zum Baden geeignete und normalerweise kindersichere Strand ist der schwarzsandige **Curraletes** bei Porto Novo (siehe dort). Die großen weiten Strände weiter westlich am Kanal sind nur über Tageswanderungen entlang der Küste zu erreichen und sollten zum Schutz der Natur möglichst nicht betreten werden.

Bei **Sinagoga** liegt eine geschützte **Bucht** (erfragen Sie dort den Pfad zum Strand, vorbei an der ehemaligen Leprastation *Gafarias*).

Von **Ponta do Sol** aus kann man sich von einem Fischer zur nahe gelegenen **Praia de Lisboa** bringen und zu vereinbarter Zeit wieder abholen lassen.

Damit ist der beste Badeplatz auf der Insel die **Bucht von Tarrafal de Monte Trigo.** Dank der neuen Pension Mar Tranquilidade ist dort auch eine sehr angenehme touristische Infrastruktur vorhanden.

Praktische Infos

An- und Weiterreise

Der Flughafen in Ponta do Sol wurde stillgelegt.

Fährverbindungen

- **Nach São Vicente** verkehren täglich die RoRo-Fähre „Mar d'Canal" der Reederei ARMAS und die viel ältere „Ribeira de Paúl" der Reederei Silva & Silva, beide ehemalige norwegische Inselverbinder. Die Fahrzeit beträgt ca. 1 Stunde, die Kosten 800 bzw. 400 CVE einfach. Tickets am Fährhafen.

  Details im Kapitel „Praktische Tipps A–Z – Reisen im Land/Mit dem Schiff". Aktuelle Fahrpläne im Internet unter www.bela-vista.net/Faehre.aspx.
- Am Hafen stehen **Taxis und Sammeltaxis** bereit zur Weiterfahrt in alle Siedlungen der Insel. Sammeltaxis nach Norte und Tarrafal de Monte Trigo verkehren nicht jeden Tag.

Segelboote

- Segelboote können in **Porto Novo** vor Anker gehen, allerdings muss das Boot im offenen Hafenbereich gut befestigt werden (kein Anlandungssteg). In den Sommermonaten August/September kann bis zu 2 m hoher Schwell aus dem Süden einlaufen, sodass Boote nicht ohne Skipper bleiben sollten.
- Eine schöne und ruhigere Bucht zum Ankern liegt vor **Tarrafal de Monte Trigo** im Südwesten (schöner Strand, Restaurant und Residencial Mar Tranquilidade).
- Ponta do Sol und Paúl sind für Segelboote denkbar ungeeignet.

Reisen auf der Insel

Straßen

- **Hauptverbindungen zwischen Porto Novo und Rª Grande sind:** 1. die Passstraße über Lombo de Figueira, Cova de Paúl, Corda, durchgängig gepflastert; 2. die Küstenstraße über Janela – Paúl, zwischen Curraletes und Janela asphaltiert, sonst gute Pflasterstraße mit einer engen Ortsdurchfahrt in Vila das Pombas.

- **Nebenstraßen** in die Täler des Nordens, nach Pico da Cruz und Pero Dias, nach Ponta do Sol sowie in die Seitentäler sind meist gepflastert und mit Pkw befahrbar.
- Die **Straße über den Höhenzug** von Lagoa über Maroços bis Lombos (nahe Figueiras) ist ungepflastert und für Pkw nur schwer befahrbar.
- **Verbindungen in den Westen** der Insel bestehen nur von Porto Novo aus.
- Die **Straße über Rª das Patas** nach Alto Mira und Ribeira da Cruz ist gepflastert und für Pkw gut befahrbar.
- Die **Straße durch Sul Tarrafal de Monte Trigo** ist genauso wie die vom Campo Redondo über Norte – Chã de Norte bis Rª da Cruz sehr schlecht und nur mit Allradfahrzeugen zu befahren.

Aluguers

- **Sammeltaxis, Pick-up-Trucks oder Kleinbusse** verkehren zwischen allen größeren Orten. Die Aluguer-Verbindungen sind hauptsächlich auf Ankunft und Abfahrt der Fähren abgestimmt und verkehren sonst nur unregelmäßig.
- Ab Porto Novo gibt es Aluguers **nach Ribeira Grande** (ca. 400 CVE) oder **Ponta do Sol** (ca. 450 CVE). Ab Ribeira Grande fahren diese mehrmals täglich nach Garça, Ponta do Sol oder Vila das Pombas. Sie können entweder am Hafen direkt in das Fahrzeug mit geplantem Endziel einsteigen oder in Ribeira Grande umsteigen.
- Ab Porto Novo verkehren Aluguers **in den Westen und Süden** (Ribeira das Patas, Alto Mira, Norte und Tarrafal) ausschließlich nach Ankunft der Morgenfähren. Wenn Sie nach Norte oder Tarrafal möchten, melden Sie sich bei der dortigen Unterkunft an. Ihre Gastgeber sprechen dann auch die Frage des Transports mit dem Besitzer des Aluguers ab.
- Es gibt **Fixpreise** für die jeweiligen Routen (die Fahrer haben Listen). In der Regel versuchen die Fahrer nicht, Touristen zu übervorteilen. Selbstverständlich bieten sie Ihnen an, nicht warten zu müssen und statt des Sammelverkehrs *(Passagem)* das ganze Fahrzeug anzumieten zum Preis von etwa dem Zehnfachen einer Einzelfahrt *(Frête)*. Unterwegs gibt es keine festen Haltestellen, man kann überall und jederzeit ein- bzw. aussteigen.
- **Aluguer-Haltestellen** in Porto Novo (am Hafen bei Ankunft der Fähre oder an der Bank in der Stadt) und in Ribeira Grande (am Hauptplatz bzw. an der Tankstelle für Fahrten zur jeweiligen Abfahrt der Fähre).
- **Sonntags** herrscht grundsätzlich **eingeschränkter Aluguer-Verkehr.**

Autoverleih

- **Porto Novo Car,** Porto Novo, Armazem, Tel. 2221490; Rª Grande, Ponta Lavada, Tel. 2212626.
- **SRC Spencer Rent a Car,** Porto Novo, Alto do Peixinho, Tel. 222737; Rª Grande, Ponta Lavada, Tel. 2212626.
- **Aluguers mit Fahrer** können für einen halben oder ganzen Tag angemietet werden.

Unterkunft

Santo Antão bietet ein **breites Spektrum** hübscher kleiner Hotels, Pensionen und privater Unterkünfte, vorwiegend in den kleinen Städten. Doch auch außerhalb, am Strand und im Gebirge, schließen ländliche Hotels und Pensionen zum europäischen Standard auf. In wenigen Jahren wird das Netz der Unterkünfte so dicht sein, dass man den Spaß mehrtägigen Trekkings genießen kann, ohne in primitiven Unterkünften nächtigen zu müssen. An der Küste bei Porto Novo steht das erste 4-Sternehotel nach europäischen Maßstäben und führt Aktivurlaub in den Bergen, kulturelles Angebot und einen gewissen Luxus zusammen.

Da die Gastronomie raschem Wandel unterliegt, bemühen wir uns, die Liste der Unterkünfte und Restaurants im **Internet** aktuell zu halten: www.bela-vista.net/hotel-kapverde.aspx.

Vila da Ribeira Grande

cv143 Foto: pr

Porto Novo

• Hotel Sant Antao Art Resort
Tel. 2222675, Fax 2222678
www.santantao-art-resort.com
Das modernste und zurzeit beste Haus der Insel, 100 m von der Küste am westlichen Ortsende der Stadt mit 73 Zimmern und Suiten, alle mit Meerblick. Süßwasserpool und Tennisplatz. Ausgezeichnetes Restaurant, reichliches Frühstücksbüfett. Häufig Ausstellungen, Musik- und Themenabende kapverdianischer Künstler, professionelles Management. Ein Fahrer wartet täglich am Fährhafen auf Gäste. Der im Hotel tätige Bergführer berät kompetent und veranstaltet nach Vereinbarung Wander-, Kletter-, Mountainbike- und Canyoningtouren. Auto- und Mountainbikeverleih im Haus. DZ ab 6000 CVE

• Residencial Antilhas
Tel. 2221193, 2221203
Pension in der Nähe des Hafens. Von einigen Zimmern Blick aufs Meer und São Vicente. DZ ab 2600 CVE.

• Restaurant and Residencial Pôr do Sol
Tel. 2222179, Fax 2221166
Hotelartige Pension im Ortsteil Fundo do Lombo Branco. 16 geräumige Komfortzimmer, alle mit Klimaanlage und großem, innen liegendem Bad, Warm- und Kaltwasser, Telefon. Geräumiges Restaurant im Obergeschoss mit Terrasse. DZ ab 2800 CVE.

• Residencial e Restaurante Girasol
Tel. 2221383, Fax 2221891
Residencial im Ortsteil Alto Peixinho. 16 Zimmer, 14 mit eigenem Bad. Restaurant, Bar. DZ ab 2500 CVE.

Tarrafal de Monte Trigo

• Mar Tranquilidade
Tel. 2276012
www.martranquilidade.com
Natursteinhäuser in Tarrafal, Du/WC, Ventilator, freundlich geleitet von einem deutsch-amerikanischen Paar, direkt am schwarzen Strand; hier sind große Spaziergänge, Wan-

dern, Schnorcheln und genüssliches Faulenzen angesagt! Anfahrt ab Porto Novo über schlechte Staubstraße in 2–3 Stunden mit Allradfahrzeugen.

Ribeira Grande

• Pedracin Village in Boca de Coruja
Tel. 2242020, Fax 2242022
Ländliches Bungalowhotel mit modernen Zimmern in Natursteinhäusern inmitten von Felsen über der Ribeira Grande, etwa 7 km taleinwärts; Süßwasser-Pool, Restaurant mit grandiosem Bergblick, fachmännisches Management und hervorragende Küche mit Frischwaren aus eigener Landwirtschaft; Transport nach Ribeira Grande und Porto Novo; Wandern, Reiten etc.; alle Zimmer mit Du/WC, Telefon, TV, Klima, Frigobar; z.Z. erstes Haus auf der Insel; DZ ab ca. 6000 CVE inkl. Frühstück.

• Residencial Lagoa Verde
Tel. 2211246
Pension ohne Restaurant, ehemals Aliânça, zweckmäßig ausgestattet, Du/WC. DZ kosten ca. 3000 CVE.

• Residencial 5 de Julho
Tel. 2211345
15 einfache Zimmer, Du/WC, nur teilweise mit eigenem Bad; am angenehmsten sind die Zimmer 16 und 17 im obersten Stockwerk; beliebtes Wandererquartier. DZ kosten ca. 3000 CVE.

• Residencial Tropical
Tel. 2211129
Moderne, hotelähnliche Pension. Du/WC, Telefon, TV, Klima, Frigobar. Restaurant (s.u.), Internet-Café. DZ ca. 3500 CVE.

• Pensão Dona Biby
Tel. 2211149
Beim gleichnamigen Laden. Top saubere Privatzimmer mit eigenem Bad. DZ ca. 2500 CVE, auf Wunsch Frühstück im Innenhof.

• Residencial Marcos
Tel. 2211216
Hinter der Tankstelle die kleine Straße rechts; das Haus ist unbeschildert, den Besitzer, *Sr. Marcos,* trifft man in der Eisenwarenhandlung *(Drogaria)* in der Rua d'Água hinter dem Krankenhaus. 6 einfache, saubere Privatzimmer. DZ ca. 2000 CVE, kein Frühstück.

Paúl

Die Unterkünfte in Paúl können bei Voranmeldung dafür sorgen, dass Gäste am Hafen in Porto Novo von Sammeltaxifahrern in Empfang genommen werden und bereits am Tag der Ankunft von Cova de Paúl (Weg 101) zur Unterkunft wandern können. Das Gepäck bringt der Fahrer dorthin.

• Residencial Vale do Paúl
Vila das Pombas, Tel. 2231319
4 einfache Zimmer, Du/WC auf dem Flur. Restaurant. DZ ca. 2200 CVE.

• Pensão B&B Aldeia Jerome
Vila das Pombas, Tel. 2232016
Neues italienisches Landhaus mitten im Grünen, 100 m zum Ortskern. Zimmer mit eigener Du/WC. Traditionelles Restaurant in unmittelbarer Nähe. DZ ab 2500 CVE, Suite für 4 Pers. ab 4000 CVE, Frühstück inkl.

• Sabine Jähnel (Privatzimmer)
Ortsteil Eito, Tel. 2231544
Einfache Zimmer mit nettem Vorplatz in ländlichem Umfeld, Top-Frühstück, Abendessen auf Bestellung. *Sabine* ist Deutsche und lebt seit gut 20 Jahren auf Santo Antão. DZ ab 1500 CVE (Frühstück extra).

• Pension Casa das Ilhas
Ortsteil Lombo Comprido, Tel. 2231832
Schönes Landhaus direkt am Wanderweg 101 inmitten der grünen Terrassen, abseits von Dorf und Fahrstraße, Gepäck wird transportiert. Zimmer mit Du/WC. DZ ab 5000 CVE inkl. Frühstück und Abendessen.

• Aldeia Manga
Ortsteil Lombo Comprido, Tel. 2231880
Im traditionellen Stil kleiner Steinhäuser gebaute Pension direkt am Wanderweg 101 mit Panoramablick, 200 m abseits der nächsten Fahrstraße, das Gepäck wird transportiert. Swimmingpool. 2 Pers. ab 3800 CVE inkl. Frühstück.

• Residencial Cavoquinho
Ortsteil Chã de Manuel Santos
(Cabo da Ribeira), Tel. 2232065
Einfache Pension in hübscher Lage in dem am höchsten gelegenen Dorf am Wanderweg 101. Renoviert, schattige Dachterrasse mit Talblick. DZ ab 2500 CVE, Frühstück inkl., Abendessen auf Bestellung.

Ponta do Sol

- **Hotel Blue Bell**

Tel. 2251215, Fax 2251308
Alle Zimmer mit eigenem modernem Bad, 2 Suiten, TV und Kühlschrank, angemessene Preise. Man spricht Französisch und Englisch. DZ ab 5000 CVE.

- **Residencial Dedei**

In der Ortsmitte, Tel. 2251037
Geräumige Mittelklassezimmer mit Innenhof, gepflegt, der Hausherr spricht Deutsch. Preisgünstig, DZ kosten ab 2000 CVE.

- **Residencial A Beira Mar (Chez Fátima)**

Tel. 2251008
Hotelähnliche Pension direkt am Hafen mit preiswerten Komfortzimmern. *D. Fátima* spricht fließend Französisch und kocht ausgezeichnet. DZ ab 2800 CVE.

- **Dona Luisette**

Tel. 2211586
Hotelähnliche Pension mit französischem Flair am Ortseingang. *D. Luisette* spricht besser Französisch als Kreol und kocht auch so – leider nur auf Bestellung. DZ ab 3500 CVE.

- **Residencial-Restaurante Lela Leite**

Am Hauptplatz, Tel. 2211577
Einfache DZ ab 2500 CVE.

- **Residencial Ponta do Sol**

Am Ortseingang
Tel. 2251238, Fax 2251249
Moderne Mittelklassezimmer europäischen Standards; französisch-, deutsch- und englischsprachig. DZ ab 3800 CVE.

Aktualisierte Unterkunftsliste im Internet:
www.bela-vista.net/
Pension-Santo-Antao-d.aspx

Strom und Wasser: Stromversorgung durch Dieselgeneratoren, Wasser über öffentliches Netz und Tanks – Strom und Wasser können auf Santo Antão des Öfteren ausfallen. Taschenlampe oder Teelichter besorgen!

Restaurants

Erkundigen Sie sich nach den **Tagesgerichten;** spezielle Mahlzeiten auf Vorbestellung. Nur wenige Lokale verfügen über eine Speisekarte.

Porto Novo

- **Restaurante Antilhas**

Tel. 2221193 (s.a. Pension). Luftiges Terrassenrestaurant in Hafennähe. Gepflegte internationale und kapverdianische Küche, freundliches Personal, tagsüber kleine Erfrischungen und Snacks für die Fährgäste.

- **Restaurante Felicidade**

Tel. 2221167. Restaurant im aktuellen portugiesischen Stil neben der protestantischen Kirche. Gute Küche.

- **Bar Restaurante Sereia**

Oberhalb des Hafens. Hier machen sich die meisten Gäste nach Ankunft der Fähre landfein, bevor es weiter über die Insel geht.

- **Bar Restaurante Paraíso**

Neben dem (alten) Rathaus Paços do Concelho, einfach, freundlich, sauber.

- **Weitere kleine Bars und Imbisslokale** im Ort, z.B. Paraíso, Gira Sol, Casa Delgado, Flor do Dia.

Ribeira Grande

- **Pedracin Village in Boca de Coruja**

Tel. 2242020. Gutes Restaurant des gleichnamigen Berghotels.

- **Snack Sete Sois**

Schnelle kleine Gerichte an der Container-Snackbar; einfach, aber mit Meerblick.

- **Grillrestaurant Ladeira da Santíssima**

Gute Hähnchen und andere Grillgerichte.

- **Bar Restaurante Tropical**

Tel. 2211129. Große Speisekarte, gepflegt und gut und somit weder schnell noch besonders billig. Internetcafé.

- **Restaurant 5 de Julho**

(S.a. Unterkunft) Überdachte Terrasse, gute und üppige Hausmannskost.

- **Cantinho de Amizade**

Sehr nette Atmosphäre in kleinem Innenhof. Bar mit kleinen und guten „Bafas“ (Snacks) zum Bier, abends Treffpunkt der Leute im Ort.

Vila das Pombas

- **Restaurante Morabeza**

Neben dem Gesundheitszentrum. Gastgarten; internationale Küche und frischer Fisch.

- **Restaurante Vale do Paúl**

Traditionelles, gutes Essen auf Vorbestellung.

Ponta do Sol

- **Hotel Blue Bell**
Tel. 2251215. Modernes Hotelrestaurant mit internationaler Karte.
- **Restaurante Esplanada**
Am Hauptplatz neben der Kirche. Hübscher Speiseraum und Bar, große Speisekarte.
- **Residencial A Beira Mar**
Gute kapverdianische und internationale Küche auf Bestellung.
- **Restaurante Lela Leite**
Kleineres Restaurant mit Straßencafé und Dachterrasse am Hauptplatz.
- **Restaurante Pôr do Sol**
In der Nähe des Hafens. Senegalesische und kapverdianische Küche, Livemusik.
- **Pizzeria-Spaguettaria**
In der Straße entlang dem Flughafen. Preiswerte italienische Küche.
- **Tereza und Hans Roskamp**
Imbiss und Bar im Innenhof des Hauses des Bergführers aus der Schweiz (s.u.).
- **Esplanada Veleiro**
Getränke und kleine Speisen über dem Hafen mit vollem Überblick über das Treiben am Hafen.

Nachtleben

- Es gibt **zwei kleine Nachtbars: S'Rrenegra Disco** in Ribeira Grande und die **Disco in Ponta do Sol.** Meist nur am Wochenende.

Bergführer

Einheimische und europäische Bergführer arbeiten mit Reisegruppen und Einzelwanderern. Die Preise liegen bei 4500 CVE pro Tag plus Übernachtungs- und Verpflegungskosten bei mehrtägigen Touren. Übrigens: Ein Führer ist kein Gepäckträger!

Östliche Halbinsel, Ribeira Grande, Paúl:
- **Silvero Delgado,** Coculi, Santo Antão, Mobil 9941205.
- **Eduardo Gomez – CaboverdeNoLimits**
Ponta do Sol, Santo Antão, Tel. 2251031, Handy 9979039, www.CaboverdeNoLimits.com. Spanischer Bergführer für Canyoning und Klettern.
- **Jorge Pires,** Cruzinha, c/o Pension So Na Fish, Tel. 2261027.
- **Hans Roskamp,** Ponta do Sol, gegenüber Cabo Verde Bikes, Tel. 2251213. Schweizerischer Bergführer.
- **Blaise Menuet,** Ponta do Sol, im Residencial Pôr do Sol, Tel. 2251121. Französischer Bergführer.
- **Osvaldo Santos Sousa (White),** Rª Grande (Ortsteil Tarrafal), Handy 9931809.

Westliche Halbinsel, Tope de Coroa:
- **Familia Neves,** Norte, Tel. 2223118. *Benvindo* betreibt das Sammeltaxi nach Norte und organisiert einfache Unterkunft. Sein Bruder *Fidel* ist der Führer mit der besten Ortskenntnis auf dem Planalto Oueste, zum Tope de Coroa und nach Monte Trigo.

Porto Novo:
- Das **Hotel Sant Antao Art Resort** bietet in Zusammenarbeit mit den lokalen Agenturen Wandertouren für Gruppen und Einzelwanderer an.

Banken

Öffnungszeiten: Mo bis Fr 8–15 Uhr.

- **Banco Comercial do Atlântico (BCA),** Porto Novo, Lombo Meio, Tel. 2221349; Ribeira Grande, Povação, Tel. 2211110.
- **Banco Comercial de Negôcios (BCN),** Porto Novo, Praça dos Pescadores, Tel. 2222420.
- **Caixa Económica,** Ribeira Grande, Ponta da Levada, Tel. 2211050.

Post und Telefon

- Postamt und öffentliches Telefon **in Ribeira Grande, Porto Novo und Ponta do Sol;** Mo bis Fr 8–12 und 14–17.30 Uhr.
- **Kartentelefone** in allen größeren und einigen kleineren Orten.
- **Informação Turística Lucete Fortes,** am Hafen von Porto Novo; Briefmarken, Telefonkarten und SIM-Karten, öffentliches Telefon, auch am Wochenende zur Ankunft und Abfahrt der Fähren.

Notfall

- **Ribeira Grande,** Regionalkrankenhaus an der Hauptstraße Richtung Porto Novo; Tel. 2211130.
- **Porto Novo,** Gesundheitszentrum, ausgeschildert von der Hauptstraße in Richtung Ribeira Grande; Tel. 2223360.
- **Vila das Pombas,** Gesundheitszentrum in der Ortsmitte; Tel. 2231130.
- **Notruf: Tel. 130.**
- **Apotheken** in Ribeira Grande, Ponta do Sol und Porto Novo.

Polizei

- **Porto Novo,** Tel. 2221132.
- **Ribeira Grande,** Tel. 2211132.
- **Vila das Pombas,** Tel. 2221292.
- **Notruf: Tel. 132.**

Einkaufen

- Es gibt **supermarktähnliche Gemischtwarenläden** in Porto Novo, Ribeira Grande und Ponta do Sol.
- **Obst- und Gemüsemarkt** in Porto Novo und Vila Ribeira Grande; hier gibt es auch ein **Musikgeschäft.**

Feste

- **17. Januar:** Bezirksfest in Ribeira Grande, Trommelfest.
- **3. Mai:** Fest Sta. Cruz in Coculi und Chã de Pedras.
- **13. Mai:** Fest in Paúl.
- **13. Juni:** Bezirksfest in Vila das Pombas, Santo António das Pombas, mit Umzug, Marktbuden, Pferde- und Eselrennen.
- **24. Juni:** Gemeindefest São João in Porto Novo mit Pferderennen.
- **29./30. Juni:** Fest S. Pedro und S. Paulo in Garça.
- **24. September:** Fest in Ponta do Sol.
- **15. Oktober:** Fest in Janela.

Sonstiges

Wanderführer und -karten von Santo Antão

- **Santo Antão 1:50.000**
Lucete Fortes, Pitt Reitmaier; Wanderkarte mit 52 Wanderwegen; Neuauflage durch die Autoren: siehe www.bela-vista.net/Santo-Antao-Karte.aspx.
- **Wanderführer Santo Antão**
Lucete Fortes, Pitt Reitmaier; 38 Bergwanderungen durch subtropische Täler, entlang wilder Küsten und durch vulkanische Landschaften: 224 Seiten, 169 Farbbilder, 39 Kartenausschnitte. Neuauflage durch die Autoren: siehe www.bela-vista.net/Santo-Antao-Karte.aspx.

cv159 Foto: pr

São Nicolau

cv161 Foto: pr

cv162 Foto: pr

Ribeira Funda

Felslandschaft bei Hortelã

Carriçal

Einleitung

São Nicolau war lange Zeit geistiges und kulturelles Zentrum des Archipels. Hier entstand eine der bedeutenden geistlichen und weltlichen Schulen Cabo Verdes. Die Insel hat mehr als andere unter den Hungerskatastrophen und der Dürre des letzten Jahrhunderts gelitten und hat heute weniger Einwohner als vor 70 Jahren. Die sympathische kleine **Inselhauptstadt Vila Ribeira Brava** und einige fruchtbare Täler, beschützt von hoch aufragenden Bergen, lassen sie als kleine Schwester Santo Antãos erscheinen. Die **Berge und Täler** sind nicht ganz so hoch, die Täler nicht ganz so tief und damit die Wege nicht so anstrengend. Wer die Insel zu Fuß oder im Aluguer erkundet, wird nur selten auf andere Touristen treffen, dafür aber die freundlichen Bewohner und die ganz besondere Atmosphäre und Ruhe schätzen lernen.

Für Strandurlauber, Wassersportler, Hochseeangler und Mountainbiker ist São Nicolau attraktiver als die anderen gebirgigen Inseln, aber wenig erschlossen, weil die Verkehrsanbindung noch schwach ist.

Geschichte

Erstmals betrat der portugiesische Seefahrer *Diogo Afonso* am Sankt-Nikolaustag im Jahre **1461** die Insel. Zunächst diente sie als Weideland und galt als „unbewohnt", bis die dauerhafte **Besiedlung Mitte des 17. Jahrhunderts** in Porto da Lapa einsetzte. Geht man jedoch die Beschreibungen des 16. und 17. Jahrhunderts durch, dann

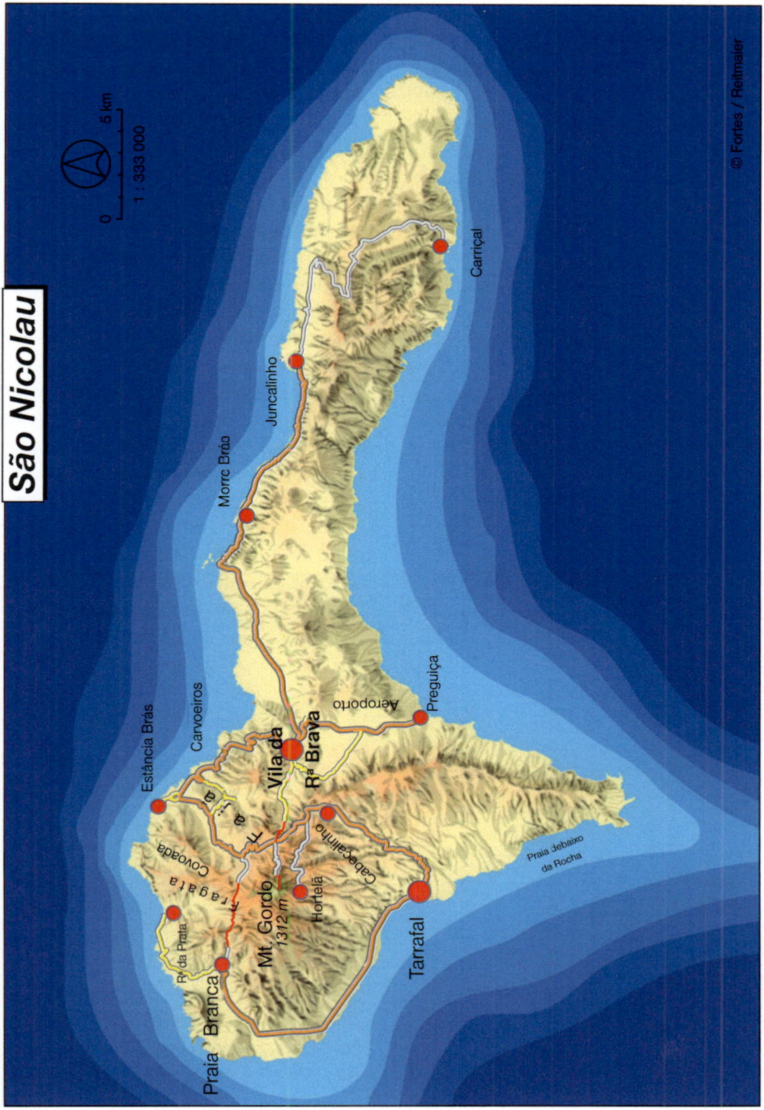
São Nicolau
0
5 km
1 : 333 000
© Fortes / Reitmaier
Carriçal
Juncalinho
Morro Brás
Preguiça
Aeroporto
Carvoeiros
Estância Brás
Vila da Rª Brava
Fragata
Covoada
Cabeçalinho
Hortelã
Mt. Gordo
1312 m
Rª da Prata
Praia Branca
Tarrafal

finden sich Orangen- und Zitronenhaine und Schlachttage in so großer Stückzahl, dass anzunehmen ist, dass auch hier Hirtensklaven lange vor der offiziellen „Besiedlung" gewohnt haben. Erste weiße Siedlerfamilien kamen von den südlichen Inseln und aus Madeira. Mehrfach war die Insel das Ziel von holländischen, englischen und französischen **Piraten,** sodass die Siedler sich ins Inselinnere zurückzogen und 1693 das heutige Vila da Ribeira Brava (dt.: wilder Fluss) gründeten, wo auch die Wasserversorgung einfacher und konstanter war als in Porto da Lapa. Der englische Segler „Dampier" berichtet im Jahre 1683 von rund 100 Familien, die auf der Insel beheimatet waren.

Der Wunsch des portugiesischen Königshauses, die Kreolisierung der Gesellschaft in der Besiedlung des Barlavento zu verhindern und eine rein weiße Bevölkerung zu schaffen, ging nicht in Erfüllung. **José da Costa Ribeiro** wurde als königlicher Gesandter 1731 beauftragt, die Situation im Barlavento zu überprüfen und zu entscheiden, ob es schon möglich sei, Landkreise und Rathäuser zu installieren. Er berichtet von São Nicolau, dass „... man noch immer sagen muss, dass es hier keine weißen Männer aus dem Königreich gibt, aber sehr wohl „brancos da terra" (deutsch: weiße Kapverdianer), die in Wirklichkeit Mulatten oder tiefschwarz sind." Trotzdem gibt er dem König den

cv160 Foto: pr

Ratschlag, mit ihnen die Zivilverwaltung in Santo Antão und São Nicolau aufzubauen.

Als kleiner **Handelshafen** erhielt **Preguiça** 1818 eine Bastion mit einigen Kanonen zum Schutz vor Piratenüberfällen. Im 19. Jahrhundert nahm die **wirtschaftliche Bedeutung** dank der Vielfalt der Ressourcen rasch zu. Im weiten Hügelland unter dem Monte Gordo und auf der östlichen Halbinsel wurden Maniok und Mais in großen Mengen geerntet. In Carriçal, das damals noch Canniçal hieß, entstand eine Trankocherei, und in jedem Frühjahr wurden Dutzende von Walen mit handwerklichen Mitteln erlegt, verarbeitet und vorwiegend nach Brasilien exportiert. Hunderte, vorwiegend amerikanische **Walfangschiffe** operierten gleichzeitig in der Region, wo sie selbst in den Häfen die neugierigen Tiere harpunierten. Mit der Dampfschifffahrt und dem Boom der Kohlestationen in São Vicente überflügelten Walprodukte die in der Zeit der Segler als Proviant und traditionelles Heilmittel massenhaft exportierten Schildkröten. Färberflechten, Furgieröl, Schnaps, Wein und später auch Kaffee ergänzten die Palette der Exportgüter. Aus den Trankochereien wurden Thunfischfabriken in Tarrafal und Carriçal. Erstere arbeitet noch heute.

Kulturhistorische Bedeutung erhielt São Nicolau vor allem durch das Priesterseminar, das am 5. September 1866 in **Calejão** gegründet wurde. Der Ort, gleichzeitig Bischofssitz, war das **älteste Priesterseminar Westafrikas** und ab 1880 auch eine weltliche Schule, die schon im frühen 20. Jahrhundert auch Mädchen zum Unterricht zuließ. Dies gab begüterten Familien der Inseln die Möglichkeit, ihren Kindern eine angesehene Ausbildung zukommen zu lassen. In Einzelfällen hatten die Padres auch die Möglichkeit, hochbegabte Kinder aus armen Familien zu fördern, was der Seriosität und dem sozialen Engagement der Einrichtung sehr zuträglich war. São Nicolau wurde zum geistigen und geistlichen Zentrum nicht nur des Archipels, sondern Westafrikas. Die Schule hat die Kultur Cabo Verdes nachhaltig geprägt, indem sie Menschen kreolischer Abstammung auf das Bildungsniveau des damaligen Europa hob und ihnen den Zugang zu Universitäten und leitenden Funktionen in Staat und Gesellschaft verschaffte. Bekannte Dichter und Intellektuelle haben ihre Karriere hier begonnen. In Einzelfällen lässt sich die Ideengeschichte der Caboverdianidade in ihrer Entstehung aus der modernen weltlichen und sozialen Erziehung in dieser Schule an Familiengeschichten nachvollziehen. Der Vater *Amílcar Cabrals, Juvenal Cabral,* hat im Seminar auf São Nicolau seine Lehrerausbildung erhalten, bevor er als Lehrer nach Guinea-Bissau versetzt wurde. 1917, nach der Trennung von Kirche und Staat in der portugiesischen Republik, schloss das Seminar und die Sekundarschule wurde nach Mindelo verlegt. Zwischen 1923 und 1931 lebte die Schule nochmals kurz auf, um dann für immer ihre Tore zu schließen. Ihre

Blick nach Westen vom Monte Gordo

Gebäude wurden von *Salazar* genutzt, um 200 politische Deportierte aus Portugal unterzubringen. Der Bischof siedelte um nach São Vicente.

Dürreperioden setzten São Nicolau seit Anfang des 20. Jahrhunderts noch schlimmer zu als den anderen Inseln. Die Insel hing fast völlig vom Trockenfeldbau ab und war andererseits sehr dicht besiedelt. Die Hungerkatastrophen der 1940er Jahre brachten Tausenden den Tod und versetzten die Insel in eine bis heute anhaltende **Stagnation.** Heute wandert man auf breiten gepflasterten Wegen stundenlang durch völlig vegetationslose Wüste, wo vor 100 Jahren noch Tausende von Bauern ein Auskommen fanden.

Es folgte eine Welle der **Emigration:** die Bevölkerungszahl sank von rund 16.300 (1970) auf 13.800 (1980). Zurück blieben alte oder sehr junge Menschen. Bis heute ist die Einwohnerzahl von 1980 in etwa konstant geblieben. Nach der Unabhängigkeit wurden mit französischer Unterstützung erfolgreiche **Wasserprojekte** gestartet. In Fajã wurden Stollen in den Berg getrieben, die das vom Monte Gordo einsickernde Wasser fassen und so wieder bewässerten Landbau möglich machen. Leider geht in den letzten 15 Jahren die Menge des geförderten Wassers immer weiter zurück.

Ribeira dos Calhaus:
Blick auf den Monte Gordo

Informationen zur Insel

São Nicolau gehört zur nördlichen Barlavento-Gruppe und ist mit einer **Fläche von 346 km²** die fünftgrößte Insel des Archipels, also größer als São Vicente. Der Westen der Insel gleicht in etwa der Form des afrikanischen Kontinents, während sich nach Osten hin eine lange, schmale Landzunge fortsetzt. Von West nach Ost erstreckt sich die Insel über rund 50 km, von Nord nach Süd misst sie auf dem lang gestreckten Finger im Osten nur rund 6 km, an der breitesten Stelle im Westen ca. 25 km. Die Insel ist **klimatisch** stark **zweigeteilt** in die feuchtere, relativ fruchtbare Luv-Seite des 1312 m hohen Monte-Gordo-Massivs und den trockenen, fast vegetationslosen Rest.

Vom Nord-Ost-Hang des **Monte Gordo** zieht sich die Hochebene der breiten **Fajã de São Nicolau** bis zum Meer. In diesem grünen, rund 6 km langen Tal liegen die Ortschaften Fajã de Cima und Fajã de Baixo. Weiter nach Nordosten führt die tief eingeschnittene **Ribeira Brava** zur Küste. In diesem Tal liegt der gleichnamige, 1693 gegründete Hauptort der Insel. Die **Bergwelt** mit teils scharf gezackten Felsen wirkt in den trockenen Anteilen wild und unberührt, während in den grünen Zonen kein Meter ungenutzt bleibt. Die Straße, die sich von Vila da Ribeira Brava nach Tarrafal kurvenreich den Weg über den Pass von Cachaço sucht, ist eine der landschaftlich schönsten des Archipels. Der Osten der Insel ist heute nur noch spärlich bewohnt. Kaffeeplan-

cv157 Foto: pr

tagen produzieren noch für den Eigenbedarf, aber der Trockenfeldbau in Hochlagen produziert wenig mehr als Kongo-Bohnen.

Während sich in der wild wachsenden **Vegetation** vorwiegend Sträucher, Akazien und Sisalpflanzen die Täler entlangziehen, gedeiht rund um den Monte Gordo auch die endemische Wolfsmilch *(Euphorbia tuckeyana)* oberhalb der Reste der Federbuschvegetation. Auf São Nicolau sieht man mehr **Drachenbäume** *(Draceana draco)* als auf anderen Inseln, insbesondere in Fajã. Hänge wurden mit Akazien, Grevileen und Kiefern begrünt.

Nur der nördliche Teil der **Westinsel** trägt konstant frische Vegetation, ist weiterhin bewohnt und, obwohl in abgeschlossene Täler ohne Straßenanbindung gekammert, durch Maultierwege recht gut erschlossen und bei Wanderern entsprechend beliebt. Der Süden und der Osten sind zur Gebirgswüste geworden, zerfurcht von tiefen Erosionsrinnen. Das **zentrale Bergmassiv** zieht als Hügelland wüstenhaft gegen Süden über Portela und Fontainhas bis zur Ponta Grande. Die Wege sind hier weitgehend verfallen. Nach Südwesten senkt sich der Gebirgskamm zur weiten, flachen Ebene und Bucht von Tarrafal mit breiten Lava-, Geröll- und Sandstränden. Nach Osten fällt das Gebiet steil ab zum Campo de Preguiça.

Den **Osten** São Nicolaus bildet ein schmaler, 28 km langer arider Landstreifen. Die Hänge laufen im äußersten Osten zu flachen Trockentälern aus.

14.000 Menschen leben auf der Insel, unterstützt von ihren Verwandten in der Emigration. Daneben sichern die Thunfischfabrik und in winzigem Umfang der Tourismus die Existenz.

Vila da Ribeira Brava

Der **Hauptort und Verwaltungssitz der Insel** (ca. 3500 Einwohner) liegt auf etwa 200 m Höhe im tief eingeschnittenen Tal gleichen Namens, an dessen

steilen Hängen sich selbst in der Trockenzeit eine grüne Vegetation hinaufzieht. Ihren Namen „Wilder Fluss“ erhielten Ort und Tal, da sich hier während heftiger Regenfälle große Wassermassen durch die Stadt wälzen.

Die in allen Pastelltönen getünchten Häuser, kleine Gassen, begrünte Plätze und Gärten und die hübsche Lage verleihen dem kleinen Städtchen, allgemein auch als „Estânça“ bekannt, seinen Charme. Die Architektur manch alten Gebäudes verrät noch portugiesischen Einfluss, so auch die imposante **Kirche** aus dem 18. Jahrhundert, die **Igreja Matriz de N. Senhora do Rosário.** Sie war der Bischofssitz zwischen 1866 und 1940 und einst die größte Kirche Westafrikas. Sie überragt den zentralen **Hauptplatz** des Ortes, an dem sich öffentliche Gebäude aus der Kolonialzeit befinden, darunter das Geburts-

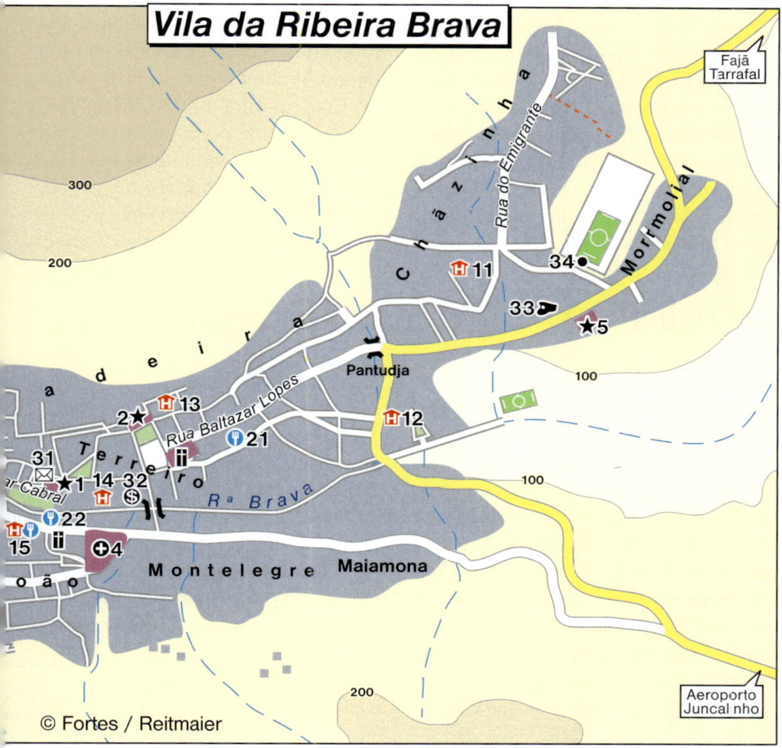

São Nicolau

haus des Dichters *José Lopes de Silva,* in dem heute eine Bibliothek untergebracht ist. Davor steht eine Statue des Arztes **Dr. Júlio José Dias,** der dem Leser auch im Kapitel zu Santa Luzia begegnen wird.

Geschäfte, Bank und das TACV-Büro ergänzen den Reigen kleinstädtischer Einrichtungen. Über eine Seitenstraße zum Fluss gelangt man zu dem kleinen überdachten **Markt,** auf dem Fisch, Fleisch, Obst und Gemüse angeboten werden. An der Bank vorbei führt eine Gasse zum Rathaus und der parkähnlich gepflegten Praça Amílcar Cabral. Etwa 200 m flussaufwärts im Stadtteil São João strahlt das ehemalige Priesterseminar in neuem Glanz. Zwischen alten Villen und portugiesischen Stadthäusern wird rege gebaut. Ribeira Brava hat mit einigen Pensionen, Restaurants und Geschäften eine **gute touristische Infrastruktur.**

Der Osten

Der schmale, lang gestreckte Ostteil der Insel São Nicolau ist **trockenes Land,** hier findet sich kaum Vegetation. An der nördlichen Küste dieser östlichen Landzunge führt die Straße unterhalb einer rund 600 m hohen Hügelkette entlang. Breite Maultierstraßen zogen einst über die Hochflächen. Sie sind heute in den Aufstiegen weitgehend verfallen. Dennoch locken überzeugende Fernsichten den einen oder anderen Wüstenwanderer auf die windigen Gipfel des Tope de Chuva, Tope Simão oder Cruz de Pedra.

Die **Pflasterstraße entlang der Küste** führt in etwa 30 Minuten zum Ort **Juncalinho** mit seinen 500 Einwohnern. Wanderer, die über den Caminho de Cinta, vorbei am Tope Simão und Tope de Chuva, durch das **Tal von Urzeleiros** nach Carriçal wandern, müssen sich darauf einstellen, auf der Staubstraße zurückzuwandern oder mit einem Boot nach Preguiça mitzufahren. Die Staubstraße nach Carriçal ist als Wanderweg nicht weniger reizvoll, da sie auch den Kamm überschreitet und durch das aufgelassene Dorf Jalunga führt.

Wie Phantome erscheinen die beiden winzigen Bergoasen **Carriçal** und **Castilhano.** Während sich die Bevölkerung von Carriçal rund um die stillstehende Thunfischfabrik noch vom Fischfang und ihren Oasengärten ernähren kann, wohnt in Castilhano nur noch ein alter rüstiger Herr, der es sich nicht nehmen lässt, seinen Schnaps selbst zu brennen.

Vila da Ribeira Brava – Preguiça

Die **Pflasterstraße** führt von Vila Ribeira Brava vorbei am Flughafen zum **8 km** entfernten **Hafenort Preguiça.** Die Strecke wird von Sammeltaxis befahren (ca. 250 CVE). Im Dorf windet sich die Pflasterstraße vorbei an der alten Kirche hinunter zur winzigen Pier. Kleine Fischerboote finden sich am Strand ein. Hier soll *Pedro Alvares Cabral* im Jahre 1500 das letzte Mal Wasser für sein Schiff gebunkert haben, bevor er Brasilien entdeckte. Den Süßwasserbrunnen

cv158 Foto: pr

Arbeitspause am Hafen von Tarrafal

gibt es bis heute. Auf der anderen Seite des Ortes erinnert ein unscheinbares, mit rostigen Kanonen bestücktes **Fort** an die Abwehr von Piratenüberfällen. Außer ein paar kleinen Läden gibt es keine touristische Infrastruktur.

Der Westen

Vila da Ribeira Brava – Tarrafal

- Regelmäßig Aluguer-Verbindungen, **26 km,** rund 1 Stunde Fahrzeit.

Die Fahrt nach Tarrafal gilt als die **schönste Strecke der Insel** und ist unbedingt zu empfehlen. Die Pflasterstraße schlängelt sich in nördlicher Richtung von Vila da Ribeira Brava zur Küste. In vielen Windungen, vorbei an tief eingeschnittenen Talmündungen, verläuft der Weg entlang der 20 m hohen Steilküste und hinter der Siedlung **Carvoeiros** landeinwärts in das grüne, weite Tal von **Fajã.** Die kleinen **Ortschaften Fajã de Baixo** (unteres Fajã) und **Fajã de Cima** (oberes Fajã) legen sich in den breiten, sanft aufsteigenden Hang. Das fruchtbare Land dieses Tals, das mittels eines 2000 m langen Galeriestollens bewässert wird, lässt eine intensive Bewirtschaftung mit Zuckerrohr, Gemüse und Obstbäumen zu. In feuchten Jahren ist auch der obere Teil von Fajã intensiv im Trockenfeldbau mit Mais, Kongo-Bohnen und Kartoffeln bestellt. Nirgends auf Cabo Verde gibt es mehr Drachenbäume als hier; die Bauern mögen und schützen sie (siehe auch Kapitel „Flora").

Die ansteigende Ebene ist von alten Wegen durchzogen, die immer wieder an die Straße führen. In der Wanderkarte zur Insel finden sich mehrere Wanderwege, die sich zu sehr lohnenden Rundwegen durch den „Küchengarten" der Insel kombinieren lassen.

In der Nähe der Passhöhe grüßt die **Kapelle Nossa Senhora do Monte** vom Hang, bei der alljährlich im Mai ein Pilgerfest abgehalten wird. Der Blick reicht zum meist wolkenumhüllten Gipfel des Monte Gordo und auf der anderen Seite in das Tal Ribeira Brava. Einen besonders schönen Blick ins Tal hat man vom Aussichtspunkt mit Kreuz *(Miradouro)* kurz hinter der Passhöhe. Hinter Cabeçalinho führt die Strecke an den auf der Südseite wesentlich trockeneren und braunen Berghängen in weiten Kehren zur Hafenstadt Tarrafal.

Tarrafal de São Nicolau

Tarrafal im Süden der Insel hat in der Einwohnerzahl Vila da Ribeira Brava überflügelt und ist somit die **größte Ortschaft der Insel** und Hauptstadt eines eigenen Landkreises. Am dunklen Kies- und Sandstrand landen die handwerklichen Fischer ihre Beute an, während die größeren Fischerkähne zu den Kühlhäusern des Hafens streben. Noch wirkt Tarrafal unfertig durch unverputzte Wohnhäuser, Geschäfte und Werkstätten. Doch die proppere moderne Kleinstadt der Zukunft ist bereits zu erkennen. Die **Thunfischfabrik** am Hafen dampft mit 150 Mitarbeitern vor sich hin und verschickt ihre Konserven auf alle Inseln und nach Europa.

Dank der **guten Bedingungen für Hochseeangler, Wassersportler und Wanderer** sind Hotelneubauten im Wachsen, die dem Ort in Bälde ein touristisches Gepräge geben werden. Tarrafal scheint bestens vorbereitet.

Tarrafal – Ribeira da Prata

Nach Westen schließt sich die schwarzsandige **Praia da Luz** an den Ort an. Im Sommer kann es hier richtig heiß werden, und wer Schatten sucht, muss ihn selbst mitbringen. Etwa 4 km weiter ragt der winzige **Solar-Leuchtturm von Barril** aus der unwirtlichen Gegend.

Der schwarze Lavasand ist reich an **Jod und Titan** und soll bei rheumatischen Erkrankungen Linderung verschaffen. Die Kranken schützen die Haut der betroffenen Körperpartien mit einem Tuch und legen darüber den heißen Sand.

Hinter Barril führt die Piste um die Westspitze der Insel nach **Praia Branca** am Fuße von 1000 m hoch aufragenden Bergen, eines unserer Lieblings-Wanderreviere im Dreieck zwischen Tope Moca, Tope Matin und Topona.

An guten Tagen reicht der Blick bis zu den beiden unbewohnten Inseln Branco und Razo. Von hier aus führt ein Fußweg nach Fajã de Baixo.

Die Fahrstraße in nördlicher Richtung endet kurz vor dem kleinen Dorf **Ribeira da Prata.** Bis zu diesem Punkt verkehren ab und an Aluguers aus Tarrafal. Ein kleines Geschäft offeriert frische Getränke. Am Wanderweg bergauf erreicht man die legendäre **Rocha Scribida** (deutsch: Beschriebener Fels), deren Windverwitterungen von manchen als Inschrift aus vorkolonialen Zeiten gedeutet werden.

Wanderungen

Vila – Calejão – Cabeçalinho – Vila

• **Rundwanderung,** 11 km oder rund **3 Stunden** mit erheblichen Höhenunterschieden; überzeugende Tiefblicke. Stabiles Schuhwerk, 2 l Wasserreserve pro Person.

Man verlässt Vila Ribeira Brava auf der aus dem Ortsteil São João aufsteigenden kleinen Serpentinenstraße und gelangt so auf die Hochfläche, auf der sich auch der Flughafen befindet. Das eindrucksvolle, hellgelb renovierte Seminargebäude erinnert an die einstige Bedeutung von Calejão als Bischofssitz und Schule. Es liegt an einem steilen Tal, auf dessen Südseite der weithin sichtbare Weg aufsteigt nach Cabeçalinho. Dort angekommen geht man eine lange Gerade der Fahrstraße bergauf und findet an der ersten Linkskurve den Abzweig des Maultierpfades, der sich in Serpentinen wieder hinunter windet ins Tal der Ribeira Brava und über Palso beim alten Seminar die Stadt erreicht.

Jeder der erwähnten Orte kann auch mit dem Fahrzeug erreicht werden.

Vila – Cachaço – Cabeçalhinho (– Calejão) – Vila

• **Rundwanderung,** 12 km, **3–4 Stunden** mit steilem Auf- und Abstieg auf relativ leichten Wegen, gute Tiefblicke. Stabiles Schuhwerk, 2 l Wasserreserve pro Person.

Der Weg folgt dem Pflastersträßchen aufwärts im Tal der Ribeira Brava über Campinho bis Água das Patas, wo Bananen, Orangen, Papayas und Kokospalmen gedeihen. Ab hier wird die Straße zu einem steilen Maultierweg bis zur **Anhöhe von Cachaço (710 m;** kleine Läden). Sehr lohnend ist der Abstecher zu der Kapelle Nossa Senhora do Monte am Hang. Wer will, kann ein Aluguer zurück in die Stadt nehmen oder durch Fajã bergab wandern.

Die Rundwanderung folgt für eine halbe Stunde der Hauptstraße in Richtung Tarrafal mit beständigem Tiefblick und erreicht so **Cabeçalinho.** Von hier folgt der Weg dem zuvor beschriebenen über einen von einer scharfen Kurve aus aufsteigenden kleinen Fahrweg über Palso zurück zur Stadt. Wer noch Laune für eine größere Runde hat, folgt der Straße bergab über eine lange Gerade bis zum Wasserausgabehäuschen und danach dem nach links abzweigenden, leicht ansteigenden Weg, der nach Calejão führt.

Monte Gordo (1312 m)

• **Stichwanderung,** 2½ Stunden im Aufstieg, 600 m Höhendifferenz; bei Weitsicht grandioses Panorama. Dieser **steile Aufstieg** auf den höchsten Gipfel der Insel empfiehlt sich nur für Wanderer mit guter Kondition und Trittsicherheit; Wanderstiefel, 3 l Wasserreserve pro Person.

Ausgangspunkt ist Cachaço (710 m) an der Hauptstraße zwischen Vila da Ribeira Brava und Tarrafal (Aluguers ab der Stadt, 30 Minuten, ca. 250 CVE). Der Weg folgt der mit Perímetro Florestal ausgeschilderten Forststraße. Diese führt am Hang vorbei an Drachenbäumen und danach steil bergauf durch immer dichter werdenden Wald.

Kurz hinter einem kleinen Kraterboden, exakt am höchsten Punkt der Straße, zweigt ein winziger Pfad ab zum Berg und steigt sofort steil an über Erdtreppen zum **Gipfel.** Nach gut 1 Stunde Gehzeit ist die flache Kuppe des Gipfels erreicht, auf der sich die Antennen der Radio- und Fernsehstationen befinden. Der Monte Gordo ist der einzige Punkt des Archipels, von dem aus man bei exzellenter Fernsicht alle Inseln erkennen kann. Man geht auf dem gleichen Weg zurück.

Canto de Fajã – Fragata – Praia Branca

• **Streckenwanderung** auf der Höhe (etwa **3 Stunden)** mit einigen steilen Anstiegen; Wanderstiefel, 3 l Wasserreserve pro Person.

Ausgangspunkt ist der obere Teil von Fajã an einer Kreuzung mit dem Schild „Pico Agudo". Von hier erkennt man bereits den Pass von **Assomada Mançebo,** den man über eine Fahrstraße, die später zum Fußweg wird, erreicht. Von hier windet sich der Weg in Serpentinen hinab in das grüne Tal von Fragata, steigt am Gegenhang erneut auf und erreicht durch das Tal von Odjo d'Água den Emigrantenort **Praia Branca.** Man kann ebenso das Tal von Fragata bis zum Ende in Ribeira Prata gehen, doch ist von dort kaum ein Rücktransport zu finden.

Strände

Der Reiz São Nicolaus liegt darin, von allem etwas anzubieten, nicht nur schöne Wanderungen und für Mountainbiker ideale Sträßchen, sondern auch **schöne Strände.** Diese sind noch wenig erschlossen und schwer zu erreichen. Bei Tarrafal erstrecken sich dunkle vulkanische Kies- und Sandstrände An der **Praia Francês** nördlich der Stadt gibt es einen Abschnitt mit hellem Sand. Ca. 1½ Stunden zu Fuß südlich von Tarrafal liegt die **Praia debaixo da Rocha** mit einer Höhle, der Standard-Wochenendausflug der Leute von Tarrafal. Fischerboote bringen die Gäste hin und zurück. Der schönste ist der dunkle Strand unter Kokospalmen von **Carriçal,** doch dahin wird es nur begeisterte Wanderer mit entsprechender Ausdauer verschlagen.

Praktische Infos

An- und Weiterreise

Mit dem Flugzeug

- Der **Flughafen** liegt **auf der Hochebene Campo da Preguiça,** 5 km vom Hauptort Vila da Ribeira Brava entfernt.
- **Verbindungen nach Sal und São Vicente** etwa dreimal pro Woche.
- **Zur Ankunft** stehen **Taxis** (ca. 750 CVE) für die Fahrt nach Vila Ribeira Brava bereit.
- **Fluggesellschaft TACV:** Ribeira Brava, Büro am Hauptplatz, Tel. 2351161, 2351675; am Flughafen, Tel. 2351500, 2351313.

Fährverbindungen

- Der **Hafen** liegt **in Tarrafal** an der Westküste, Tel. 2361144, 2361326.
- **Fähren:** Wöchentlich eine Verbindung nach São Vicente und Praia. Detaillierte Informationen siehe Kapitel „Praktische Tipps A–Z/ Reisen im Land/Mit dem Schiff". Aktuelle Fahrpläne: www.bela-vista.net/Faehre.aspx.

Segelboote

- Segelboote können in der geschützten **Bucht von Tarrafal** vor Anker gehen, wenn sie zuvor einen der internationalen Häfen angelaufen haben. Es bestehen eingeschränkte Versorgungsmöglichkeiten.

Reisen auf der Insel

Straßen

Die **wichtigste Straßenverbindung** führt **von Vila Ribeira Brava zum Hafenort Tarrafal** (26 km) und von Vila Ribeira Brava **zum Flugplatz** (5 km). Eine andere relativ gute Straße geht in den Osten bis zum Dorf Juncalinho. Die übrigen Ortschaften sind durch Pisten angeschlossen. Im Westteil der Insel windet sich die Straße (bzw. Piste) wie ein Hufeisen um die zentralen Berge. Es geht jeweils auf der gleichen Straße zum Ausgangsort zurück.

Aluguers

- **Verbindungen:** Aluguers verkehren zwischen Vila da Ribeira Brava und Tarrafal (ca. 1 Stunde) und bis Juncalinho. In Vila Ribeira Brava warten die Fahrzeuge vor der Kirche oder am Markt. Von Tarrafal aus gibt es unregelmäßigen Sammelverkehr entlang der Küste nach Praia Branca und Ribeira Prata.
- Aluguer-Fahrer leisten auch **Taxidienste** (jeweils zehnfacher Preis des Sammeldienstes, z.B. Vila Ribeira Brava – Tarrafal 2000 CVE) oder können **für Inselrundfahrten angemietet** werden. Für Inseltouren sollte man mindestens zwei Tage einplanen.

Autoverleih

- **Monte Gordo – Rent a Car**
In Vila da Ribeira Brava.

Unterkunft

Vila Ribeira Brava

- **Pensão Santo António**
Tel. 2352200, Fax 2352199
Hotelähnliche Pension am Hauptplatz, alle Zimmer mit eigenem Bad, TV, AC, Frigobar. Restaurant in unmittelbarer Nähe mit Tanzkeller. DZ ab ca. 4200 CVE.
- **Pensão Residencial Jardim**
C.P. 59, Tel. 2351117
Hübsche, saubere und freundliche Pension am Hang von Chãzinha. Zimmer mit eigenem Bad, angenehmer Aufenthalt im Freien. Erfahren mit Wanderern. DZ kosten ab ca. 3000 CVE.
- **Pousada Mana Guimara Santos & Santos**
Tel. 2351830
Moderne Pension am Platz im unteren Ortsteil (Shell-Tankstelle), Zimmer mit eigener Du/WC. Dienstleistungen u.a.: Reisebüro, Taxi und Kleinbus, Vermittlung von Bergführern, Internet. Restaurant Bela Sombra Dalila ganz in der Nähe. DZ ab ca. 3000 CVE.
- **Pensão Bar Restaurante Jumbo**
Tel. 2351315
Die Pension liegt auf der Südseite der Ribeira gegenüber der Praça Amílcar Cabral. Sehr einfache Zimmer mit Bad. Restaurant. DZ ca. 1900 CVE.

- **Pensão da Cruz**

Tel. 2351282
In der Nähe des alten Rathauses, von außen nicht gekennzeichnet. Sehr einfach; Du/WC auf dem Flur. DZ ab ca. 1800 CVE.

Tarrafal de São Nicolau

- **Pensão Alice**

Tel. 2361187, Fax 2361693
An der Uferstraße. Familiär und freundlich, traditionell kapverdianisch; die mit Wanderern erfahrenste Pension. Zimmer teilweise mit eigenem Bad und AC. Traditionelles Restaurant mit ausgezeichneter kapverdianischer Küche. DZ ab 2000 CVE.

- **Casa Aquário**

Tel. 2361099
Familiäre kleine Pension am Stand von Alto Calheta. DZ mit HP für 2 Pers. ca. 4900 CVE.

- **Residencial Natur**

Tel. 2361178
Moderne Pension. DZ ca. 2000 CVE.

- **Pensão Tonecas**

Tel. 2361220, Fax 2361313
Am Eingang zum Hafen. Sehr komfortable Unterkunft, hübsche, luftige Zimmer. Bootsausflüge, Big Game Fishing. Preis je nach Saison, DZ ab ca. 2700 CVE.

Preguiça

- **Casa Ramos**

Tel. 2351591
2 Zimmer, Küche, Bad, einfach, sauber. DZ ab 2500 CVE. Terrasse mit Schattendach, Meerblick.

- **Casa Cruz**

Tel. 2351592
Gemeinschaftsbad, einfach, sauber. DZ ab 1500 CVE, Frühstück extra.

- **Casa Maria Do Ceu**

Tel. 2351582
2 Gästezimmer mit eigener Du/WC. DZ ab 2500 CVE. Terrasse mit Schattendach. Hier essen die Gäste aller drei Pensionen; gut und reichlich, familiäres Umfeld.

Juncalinho

- **Dependance Residencial Jardim**

Häuschen mit vier Zimmern, Auskunft in der Pensão Residencial Jardim (s.o.).

Restaurants, Bars

In den kleinen Restaurants der Insel werden **Tagesgerichte** angeboten, die sich nach den Frischwaren auf dem Markt richten. Wenn Sie etwas anderes wünschen, müssen Sie es vorbestellen.

Vila Ribeira Brava

- **Pensão Santo António**

Tel. 2352200, Fax 2352199, oberhalb des Kirchplatzes (siehe gleichnamige Pension).

- **Pensão Residencial Jardim**

Tel. 2351117. Gute traditionelle Küche, Sitzplätze auch auf der Dachterrasse mit schönem Blick ins Tal.

- **Restaurante Bela Sombra Dalila**

Tel./Fax 2351830, 2251831, zwischen Kirche und Shell-Tankstelle. Gute Küche.

- **Restaurante Sila**

Restaurant zur Pension, italienisch orientierte Küche, gehobene Einrichtung.

- **Bar Tropica**

Bar in der Nähe der Bücherei.

- **Pensão Bar Restaurante Jumbo**

Restaurant zur Pension, Essen nur für Gäste des Hauses, ansonsten höchstens auf Vorbestellung.

- **Esplanada Alternativa**

Praça Amílcar Cabral. Café und Snackbar, schattige Sitzplätze im Freien beim Cybercafé Hebráico.

Tarrafal de São Nicolau

- **Restaurante Buena Vida**

Tel. 236149
Italienisch-spanisches Restaurant und Pizzeria, gut und preiswert.

- **Casa de Pasto Alice**

Tel. 2361187
Restaurant der Pensão Alice (s.o.). Man isst im Wohnzimmer der Familie; hervorragende kapverdianische Küche. Schöner Blick auf Hafen und Meer.

- **Restaurante Casa Aquário**

Tel. 2361099
Henny Kusters zeigt als Profi der Haute cuisine voller Stolz, wie man Feinschmecker in Kap Verde glücklich macht.

- **Bar-Restaurante Felicidade**
Gute einheimische Küche, Spezialität ist Tintenfisch.
- **Bar-Restaurante Golfinho**
Am Hafen. Snacks („Bafas").
- **Bar-Restaurante Patchê**
Einfach, Snacks.
- **Toceli**
Tel. 2361220
Restaurant der Pensão Tonceli. Gute Küche.
- Außer den hier genannten gibt es noch weitere kleine **Kneipen und Snack-Bars** in Vila Ribeira Brava und Tarrafal. In Vila da Ribeira Brava öffnet außerdem eine **Disco** spät abends am Wochenende ihre Pforten, ebenso in Tarrafal (Esplanada Sandy).

Reisebüro

- **Santos & Santos**
Estância Baixo, Vila da Ribeira Brava,
Tel. 2351830.

Bank

- **Banco Comercial do Atlântico**
Filialen gibt es in Vila Ribeira Brava und Tarrafal, jeweils auf dem Hauptplatz; geöffnet von 8–14 Uhr.

Post

- **Vila Ribeira Brava,** hinter dem alten Rathaus.
- **Tarrafal,** in der Nähe des Hauptplatzes.

Notfall

- **Gesundheitszentrum:** Vila da Ribeira Brava, Tel. 2351130; Tarrafal, Tel. 2361404.
- **Apotheken** gibt es in Vila Ribeira Brava und Tarrafal.

Polizei

- **Vila Ribeira Brava,** an der Straße zum Flughafen, Tel. 2351153.
- **Tarrafal,** neben dem Postamt, Tel. 2361132.

Hochseefischen

Das Meer zwischen São Nicolau und den unbewohnten Inseln ist reichhaltig an Fischen und das beste Revier für Hochseefischer (Blue Marlin, Schwertfische u.a.).

Für andere Wassersportarten existiert (bisher) keine touristische Infrastruktur.

- **Tonecas,** siehe gleichnamige Pension.

Feste

Auf São Nicolau wird gerne musiziert, getanzt und gefeiert. Zahlreiche Feste geben dazu Anlass, darunter sind die folgenden:

- Zum **Osterfest** gibt es im kleinen Ort **Faja** nach der Messe eine schöne Prozession. Auf dem sich anschließenden Fest wird traditionell ein Pferderennen abgehalten.
- **Im Februar** trifft sich die ganze Insel in **Vila da Ribeira Brava** zum **Karneval.** Man sagt, der Karneval von São Nicolau käme an Farbenpracht und Feststimmung gleich nach dem von Mindelo. In einer Art Wettbewerb übertreffen sich die Karnevalsgruppen bei den Umzügen und Festivitäten, die drei Tage lang andauern.
- Das **Inselfest** von São Nicolau findet am **6. Dezember** statt.

Sonstiges

Wanderführer und -karten von São Nicolau

- **São Nicolau 1:50.000**
Lucete Fortes, Pitt Reitmaier; Wanderkarte mit dreisprachigem Wanderführer auf der Kartenrückseite; Goldstadt Verlag, Pforzheim 2001, ISBN 978-3-89550-468-8; Verkauf auch in Cabo Verde.

Ilhas Desertas

Die Inseln **Santa Luzia, Branco und Razo,** auch Ilhas Desertas genannt, liegen zwischen São Vicente und São Nicolau jeweils 8–10 km voneinander getrennt und gründen auf einem gemeinsamen flachen Meeressockel. Alle drei Inseln sind **unbewohnt,** und es bestehen **keine regulären Schiffsverbindungen** dorthin. Zwar verkehren von São Vicente oder São Nicolau ab und zu Fischerboote zu den Eilanden, doch ist das Anlanden aufgrund der rauen See und teils schwer zugänglicher Felsküsten schwierig. Segelboote, die sich zu den Stränden von Santa Luzia begeben, müssen wegen der Brandung ausbooten.

Santa Luzia

Die Insel hat eine Oberfläche von rund **35 km²** und misst an ihrer längsten Stelle 12 km, an ihrer breitesten ca. 5,3 km. Im Nordosten haben sich hellgelbe Sanddünen aufgeschichtet, im Osten und Nordwesten dominieren Felsen das Landschaftsbild. Im Süden verflacht sich die Insel, hier gibt es große Sandstrände. Mehrere vulkanische Basaltkegel steigen im Inselinneren bis zu 300 m auf, darunter die höchste Erhebung, der **395 m hohe Monte Grande.** Dazwischen schneiden sich mit Stein und Geröll überzogene Erosionstäler in den Grund. Bis auf ein paar Gräser und Sträucher gibt es fast keine Vegetation mehr auf Santa Luzia.

Dem war nicht immer so und aus der Tatsache, dass die Insel heute nicht bewohnt ist, ist nicht zu schließen, sie habe keine **Geschichte.** Der große **Dr. Júlio José Dias,** erster moderner Arzt Cabo Verdes und traditioneller Heiler mit übernatürlichen Kräften, war der Pächter von Santa Luzia. Und er verkaufte Maultiere von dort bis auf die Niederländischen Antillen. Wenn es regnete, so berichten die Märchen, brachten die Ziegen alle vier Monate drei bis vier Lämmer zur Welt, und die Schafe waren groß und schwer wie Kühe. Die Kinder spielten mit hart gewordenem Ziegenkäse Fußball, weil es jeden Tag frischen im Überfluss gab. Doch wenn es nicht regnete, dann hatten die magischen Fantasien ein Ende, und die Herden starben bis zum letzten Tier. So wurde Santa Luzia mehrmals verlassen, und mehrmals siedelte *Dr. Júlio* wieder Hirten an.

150 Jahre nach den berühmt gewordenen Maultieren kam Santa Luzia ein zweites Mal zu Ruhm, als ein Industriekonsortium die Insel auserkoren hatte, Standort einer **Chemie-Mülldeponie** zu werden. Cabo Verde lehnte letztlich ab und übergab die nicht astreinen Dokumente den zuständigen Behörden im Ausland und den Vereinten Nationen. Danach fiel Santa Luzia in die Vergessenheit zurück.

Nur ab und an fällt noch ein Strahl mystischen Interesses auf die magische Einsame, wenn an den Stammtischen Mindelos Geschichten über tonnenschwere, im Strand vergrabene Rauschgiftlager die Runde machen. Nachdem dort ein großes Zwischenlager aufgefunden wurde und ein einsamer Hirte unter ungeklärten Umständen zu Tode kam, wird die Insel genau überwacht.

Santa Luzia hat ihre Bedeutung als Brutkolonie für Seevögel leider völlig eingebüßt dank einer Herde verwilderter Hauskatzen.

Ilhéu Branco

Südöstlich von Santa Luzia gelegen, ragt ein lang gestreckter Fels abrupt aus dem Atlantik. Branco ist mit einer Länge von 4 km und einer Breite von 1,2 km das kleinste Eiland dieser Gruppe. Auf knapp **3 km²** erheben sich kleine Berge zu einem schmalen Grat, der höchste darunter der **Tope da Berça** mit **327 m.** Ihren Namen verdankt die Insel Branco (dt.: weiß) dem weißen Dünensand, der sich im Südwesten zwischen Pta. da Parede und Pta. Delgado weit am Hang hochzieht. Auf dem knochentrockenen Lavagestein findet sich außer einigen Flechtengewächsen im Norden so gut wie keine Vegetation. Auch für eine menschliche Ansiedlung bietet Branco keinen Lebensraum. Nur im Jahre 1833 sollen 30 „Verbrecher" auf der Insel Zuflucht genommen haben. Dank der Abgeschiedenheit gilt Branco als **eine der wichtigsten Brutstätten für Vögel in Cabo Verde;** die Felsen im Norden sind übersät mit Guano. Bis 1940 war die Insel Heimat des legendären kapverdianischen Riesen-Skink, des zweitgrößten Skinks weltweit. Bedingt durch die Ankunft der Gefangenen, durch Fallensteller und die zunehmende Trockenheit starb die Art aus. Bis heute lebt der Riesen-Gecko *(Tarentola gigas)* in kleinen Höhlen der Insel.

Ilhéu Razo

Razo (= flach, glatt gezogen) ist rund **7 km²** groß, annähernd rund, besteht aus Basaltlava und Tuffen und wird von einer steilen Felsküste umgeben. Von Süden aus steigt sie sanft nach Norden hin an zu einer ca. 80 m hohen Ebene, aus der sich kleine Schlacken- und Aschekegel erheben, die im Nordosten in 164 m Höhe „gipfeln". Dazwischen haben sich kleine Erosionstäler eingeschnitten. Im Westen und Süden liegen die ausgedehnten Ebenen Cha de Branca und Cha de Castelo kaum 10 m über dem Meeresspiegel. Dünen und Strände konnten sich auf Razo nicht bilden. Die Vegetation ist sehr spärlich. Auch Razo wird, wie die beiden anderen Ilhas Desertas, von zahlreichen **Seevögeln** besucht. Die bekannteste Vogelart auf der Insel ist die endemische Razo-Lerche, daneben Sturmtaucher, Brauntölpel, einige Fischadler u.a. Des weiteren leben auch einige Geckoarten auf der Insel (s.a. Kapitel „Fauna").

Die Inseln Razo und Branco stellen wertvolle Vogelbiotope dar und sind unter Schutz gestellt. Die teilweise vom Aussterben bedrohten Arten, die auf den Inseln Zuflucht suchen, müssen völlig ungestört bleiben. Nur Ornithologen können um eine Genehmigung anfragen. Für andere Reisende ist das **Betreten strikt verboten; es gibt auch nichts Sehens- oder Erlebenswertes.**

cv153 Foto: pr

Anhang

cv154 Foto: pr

cv155 Foto: pr

Der Hafen von São Vicente

Staudamm in der Rª Seca/Santiago

Effektive Tröpfchenbewässerung

Reise-Gesundheitsinformationen zu Cabo Verde

Stand: Mai 2009

Die nachstehenden Angaben dienen der Orientierung, was für eine geplante Reise in das Land an Gesundheitsvorsorgemaßnahmen zu berücksichtigen ist. Die Informationen wurden uns freundlicherweise vom Centrum für Reisemedizin zur Verfügung gestellt. Auf der Homepage **www.travelmed.de** werden diese Informationen stetig aktualisiert. Es lohnt sich, dort noch einmal nachzuschauen.

Klima

- Trockenes Tropenklima (Nordostpassat); geringe Niederschläge zwischen August und Oktober (Südwestmonsun); Monatsmittel der Temperaturen zwischen 22°C (Februar) und 27°C (September).

Einreise-Impfvorschriften

- **Bei einem Direktflug aus Europa sind keine Impfungen vorgeschrieben.**
- Bei einem vorherigen Zwischenaufenthalt (innerhalb der letzten 6 Tage vor Einreise) in einem der aufgeführten Länder (Gelbfieber-Endemiegebiete) wird bei Einreise eine gültige Gelbfieber-Impfbescheinigung verlangt (ausgenommen Kinder unter 1 Jahr).

Gelbfieber-Impfbescheinigung erforderlich bei Einreise aus: Angola, Äquatorialguinea, Äthiopien, Benin, Bolivien, Brasilien, Burkina Faso, Burundi, Ecuador, Elfenbeinküste, Franz. Guayana, Gabun, Gambia, Ghana, Guinea, Guinea-Bissau, Guyana, Kamerun, Kenia, Kolumbien, Kongo (Rep.), Kongo (Dem. Rep.), Liberia, Mali, Niger, Nigeria, Panama, Peru, Ruanda, Sao Tomé & Principe, Senegal, Sierra Leone, Somalia, Sudan, Surinam, Tansania, Togo, Tschad, Uganda, Venezuela, Zentralafrikanische Republik.

Empfohlener Impfschutz

- **Generell: Standardimpfungen nach dem deutschen Impfkalender, speziell Tetanus, Diphtherie und Hepatitis A.**
- Bei Reisen durch das Landesinnere unter einfachen Bedingungen (Rucksack- oder Trekking- oder Individualreise) mit einfachen Quartieren/Hotels, bei Camping-Reisen und Langzeitaufenthalten, bei einer praktischen Tätigkeit im Gesundheits- oder Sozialwesen und/oder im Falle eines engen Kontaktes zur einheimischen Bevölkerung ist außerdem ein Impfschutz gegen **Typhus** und **Hepatitis B** (bei Langzeitaufenthalten und engerem Kontakt mit der einheimischen Bevölkerung) zu erwägen.

Wichtiger Hinweis: Welche Impfungen letztendlich vorzunehmen sind, ist abhängig vom aktuellen Infektionsrisiko vor Ort, von der Art und Dauer der geplanten Reise, vom Gesundheitszustand sowie dem eventuell noch vorhandenen Impfschutz des Reisenden.

Da im Einzelfall unterschiedlichste Aspekte zu berücksichtigen sind, empfiehlt es sich immer, rechtzeitig (etwa 4–6 Wochen) vor der Reise eine persönliche Reisegesundheits-Beratung bei einem reisemedizinisch erfahrenen Arzt oder Apotheker in Anspruch zu nehmen.

Malaria
- Risiko von August bis November; geringes Risiko auf Santiago, die übrigen Inseln sind malariafrei.

Vorbeugung: Ein konsequenter Mückenschutz in den Abend- und Nachtstunden verringert das Malariarisiko erheblich (Expositionsprophylaxe).

Die wichtigsten Maßnahmen sind:
- In der Dämmerung und nachts Aufenthalt in mückengeschützten Räumen (Räume mit Aircondition, Mücken fliegen nicht vom Warmen ins Kalte).
- Beim Aufenthalt im Freien in Malariagebieten abends und nachts weitgehend den Körper bedeckende Kleidung tragen (lange Ärmel, lange Hosen).
- Anwendung von Insekten abwehrenden Mitteln an unbedeckten Hautstellen (Wade, Handgelenke, Nacken). Wirkungsdauer ca. 2–4 Std.
- Im Wohnbereich Anwendung von Insekten abtötenden Mitteln in Form von Aerosolen, Verdampfern, Kerzen, Räucherspiralen.
- Schlafen unter dem Moskitonetz (vor allem in Hochrisikogebieten).
- Ergänzend ist die Einnahme von Anti-Malaria-Medikamenten (Chemoprophylaxe) dringend zu empfehlen. Zu Art und Dauer der Chemoprophylaxe fragen Sie Ihren Arzt oder Apotheker, bzw. informieren Sie sich in einer qualifizierten reisemedizinischen Beratungsstelle. Malariamittel sind verschreibungspflichtig.

Ratschläge zur Reiseapotheke
- Vergessen Sie nicht, eine kleinere oder größere Reiseapotheke mitzunehmen (wenigstens Medikamente gegen Durchfall, Fieber und Schmerzen sowie Verbandstoff, Pflaster und Wunddesinfektion), damit Sie für kleinere Notfälle gerüstet sind. Nicht vergessen: Medikamente, die der Reisende ständig einnehmen muss! Wenn Sie spezielle Fragen zur Reiseapotheke haben, wenden Sie sich am besten an eine Apotheke mit reisemedizinisch qualifizierten Mitarbeitern.

Aktuelle Meldungen: keine

Die Angaben wurden nach bestem Wissen und sorgfältiger Recherche zusammengestellt. Eine Gewähr oder Haftung kann nicht übernommen werden.

Sprache

Cabo Verde ist ein **zweisprachiges Land: Portugiesisch** und seit kurzem auch **Crioulo** (dt.: Kreol, Kreolisch) sind offizielle Landessprachen.

Das **Crioulo** Cabo Verdes ist die älteste afrikanisch-europäische Kreolsprache. Weitere werden in Haiti, Mauritius, auf den Seychellen und Réunion, in Guinea-Bissau, São Tomé e Príncipe, auf Aruba, Bonaire und Curaçao (Niederländische Antillen), in Surinam und Sierra Leone gesprochen. Sie alle sind aus Notsprachen (Pidgin) der frühen Kolonialgeschichte hervorgegangen, in der Sklaven mit völlig verschiedenen Muttersprachen gezwungen waren, Worte der Kolonialsprache(n) aufzunehmen, um sich untereinander und mit ihren Herren verständigen zu können. Da der Spracherwerb der kreolischen Kinder vorwiegend von der afrikanischen Mutter begleitet wurde, so meinen Linguisten, werden vorwiegend weibliche Pronomen und Adjektive verwendet. Noch heute sprechen die Kinder von „nha mãe ma nha pai", meine Mutter und meine Vater.

Als „portugiesisch basierte" Kreolsprache verwendet das kapverdianische Crioulo zu rund 90% einen **altportugiesischen Wurzelwortschatz.** Die restlichen 10% stammen aus westafrikanischen und anderen europäischen Sprachen. Rhythmus, Metaphern und der spielerische Anklang an eine allgemein bekannte Mythologie kommen vorwiegend aus Afrika. Die Sprache Cabo Verdes hat große Übereinstimmungen mit dem Kreol von Guinea-Bissau und dem Papiamento von Curaçao. Auf Reisen in Kontinentalafrika waren wir erstaunt, in Händlersprachen wie Dioula in Westafrika und Kisuaheli in Ostafrika kreolisch klingende altportugiesische Worte in größerer Zahl zu hören. Selbst mit Studenten aus Haiti und von den Seychellen war eine Kommunikation über das kapverdianische Kreol möglich. Hier ist noch viel zu erforschen.

Crioulo ist heute die ausschließliche **Sprache der Musik** der Inseln und eines Großteils **der Lyrik.** Prosa, Sachbücher, Romane und Novellen erscheinen meist in Portugiesisch. Eine Ausnahme bildet der Roman „Oju d'Agua" von *Manuel Veiga* aus dem Jahr 1987.

Aufgrund jahrhundertelanger Isolation hat **jede Insel** ihren **eigenen Dialekt.** Aus der Geschichte verständlich, ist das Kreol des Barlavento dem Portugiesischen näher. In São Vicente haben sich viele englische Worte gehalten. Santo Antão hat einige Anklänge mehr ans Französische bewahrt. Die Unterschiede zwischen den Dialekten sind ähnlich groß wie im deutschen Sprachraum. Um sich zwischen den Extremen verständigen zu können, weicht man aus auf eine Art inoffizielles **Amtscrioulo de São Vicente,** das überall dort gesprochen wird, wo Kapverdianer aller Inseln zusammenarbeiten. Beispielsweise wissen die Leute aus Santo Antão, dass die dort übliche Form der Verneinung durch ein vorangestelltes „n" auf den anderen Inseln unverstanden bleibt *(Min n'sabe* = ich weiß nicht). Sie setzen das sonst übliche „ka" ein und werden mit „Um ka ta sabé" wunderbar verstanden.

Es gibt eine Hand voll **Grammatiken und Wörterbücher** zum kapverdianischen Kreol. Da es nie zur Schriftsprache erhoben wurde, muss man sich diese genau ansehen, da es wenig Sinn gibt, den Dialekt einer Insel zu erlernen, auf der man sich nicht aufhalten wird. Gut bedient ist man mit Ausgaben, die sowohl das Kreol von Praia als auch von São Vicente beinhalten.

Im ideologischen Rückzugskampf verabschiedete die Kolonialregierung **1971** noch schnell ein halbherziges Gesetz zur **Zweisprachigkeit,** in dem erstmals Kreol als „Sprache" erscheint und nicht nur als „Dialekt" von Menschen, denen man unterstellte, zu dumm zu sein, um Portugiesisch zu lernen. Damit durfte in den Grundschulen Kreol gesprochen werden.

Auch nach der Unabhängigkeit muss **Portugiesisch** eine offizielle Landessprache bleiben, die Sprache von Verwaltung, Recht, Finanzwesen, der Kirche, Schulen und Medien. Dies ist aus klug und unausweichlich, wenn man sich nicht in die Isolation begeben will. So ist zum Beispiel die portugiesische Rechtssprache eine alte Hochsprache, die sich in den letzten 400 Jahren nur wenig verändert hat. Es wäre unbezahlbar, diese Texte in modernes Kreol überführen zu wollen und für einen Kleinstaat eine eigene Rechtssprache zu begründen. Nur mit einer international weit verbreiteten Sprache kann der Anschluss an moderne Kommunikation und Wissenschaft erreicht werden. Auch wenn wissenschaftliche Bücher aus Portugal zumeist Übersetzungen veralteter französischer Ausgaben sind, so finden sich doch auf dem brasilianischen Markt aktuelle Ausgaben in guter Auswahl. Das letzte Argument, das wir hier anschließen wollen, ist vermutlich das wichtigste: Mit Portugiesisch erlernt jeder künftige Emigrant zumindest eine internationale Sprache, die ihm den Einstieg in weitere Fremdsprachen erleichtern wird.

Die technischen Voraussetzungen für die **Verschriftlichung des Kreol** sind in einem Regelwerk zur Rechtschreibung namens **ALUPEC** *(The Unified Alphabet for the Writing of Capeverdean Creole)* geschaffen worden. Danach werden zwei Varianten in den Schulen offiziell gelehrt, ein Kreol von Praia und eines von São Vicente.

Für Besucher und Reisende auf den Inseln ist es von Vorteil, einige Ausdrücke in portugiesischer Sprache zu erlernen. Wenn man sich dann unterwegs noch einige Sätzchen in Crioulo merkt, z.B. einen Gruß oder Dank, wird man große Anerkennung ernten. Oft kann man sich auch mit **Französisch** behelfen, es ist die erste Fremdsprache an den Schulen. **Englisch** als zweite Fremdsprache können weniger Leute, vor allem Schüler und Remigranten. Die Zahl der Deutsch Sprechenden ist klein, doch wenn es gesprochen wird, dann zumeist sehr gut von Leuten, die in Deutschland studiert haben, zum Polizeioffizier ausgebildet wurden oder als Seeleute und Emigranten in Deutschland oder Basel gelebt haben.

Kleine Sprachhilfe Crioulo de Santiago

Crioulo ist eine selbstständige Sprache. Sie verwendet vorwiegend **altportuguiesische Wortstämme.** Im Barlavento mehr als im Sotavento werden Endsilben verschluckt und Worte zusammengezogen. Die Ähnlichkeiten mit anderen romanischen Sprachen sind groß, doch nicht ausreichend, um beispielsweise Portugiesen ein sofortiges Verständnis zu erlauben. Mit Vorkenntnissen in romanischen Sprachen ist ein Niveau einfacher Verständigung schnell zu erlernen. Perfekt Crioulo zu sprechen, nimmt hingegen lange Jahre in Anspruch.

Herr (Anrede) – Senhor / Nho
Frau (Anrede) – Senhora / Nha
Guten Morgen, Guten Tag – Bom dia
Guten Nachmittag (ab mittag) – Boa tarde
Guten Abend (ab der Dunkelheit) – Boa noti
Hallo – Olá
Bis später – Até logo, até manha
Auf Wiedersehen – Adeus
Wie geht es der Frau / dem Herrn / Ihnen? – Coma nha / nho / bo 'sta?
Mein Name ist ... – Nha nomi ê ...
Wie ist Ihr Name? – Cuze nomi di bo?
Es freut mich, Sie kennen zu lernen – Prazer pa contra cu nha
Nehmen Sie Platz – Sinta, di favor
Grüßen Sie Ihren Vater / Ihre Mutter – Da nha lembrança pa bu pai / mai
Ja / nein – sim / não
Keine Ursache – de nada
vielleicht – talves
bitte – por favor
(vielen) Dank – (muito) obrigadu
Gestatten Sie – co'licença
Verzeihung – d'sculpa-m
Sprechen Sie Englisch / Französisch / Deutsch? – bu ta falá Inglês / Francès / Alemão?
Ich verstehe nicht – N ka ta konprende
Wieviel kostet das? – Kanté?
Warten Sie bitte – Spera un momentu
Warum? Wann? – Pamódi? Kuandu?
Wie? Wie lange? – Kumó? Kantu tempu?
Wer? Was? – Ken? Kuzé?
Ich spreche nur Englisch – N ta papia somenti Inglês
Kapverdianisch, Portugiesisch – Kabuverdianu, Portugês
Meine Adresse ist ... – Nha morada é ...
Sie ist von ... / aus ... – El é di ...
Bitte sprechen Sie langsam – Pur favor, papia dibagar
Wiederholen Sie bitte – Torna fla, pur favor
Noch einmal, wieder – novamenti
Schreiben Sie es auf, bitte – Skrebe-l, pur favor
Was wünschen Sie? – Kuzé ki bu kre?
Kommen Sie herein – Entra, ben li
Wo sind Sie? Wo ist er? – Ondé-bu? Ondé-l?
Toilette – Kuartu Banhu
Hier, dort – li, la
Geht (nicht) in Ordnung – Sta dretu (Ka sta dretu)
leer, voll – vaziu, xeiu
davor, dahinter – na frenti di, tras di
neben, innen, außen – na ladu di, dentu di, fóra di
viel, wenig – txeu, poku
gut / schlecht – bom, mau
mehr, weniger – mas, menus
heiß / kalt – quent / friu
ein bisschen – un poku
genug, zu viel – dja txiga, dimas
etwas, nichts – algun kuza / nada
gut, besser – bon, midjor
schlecht, schlechter – mau, pior
jetzt gleich – gosi li, gosin li, gurinha sin
bald, später – sedu, mas tardi
Es ist (zu) spät – dja sta tardi
Es ist (noch) früh – sta sedu
langsam, langsamer – dibagar, mas dibagar
schnell, schneller – dipresa, mas dipresa
Ich habe es nicht eilig – N ka sta ku presa
groß / klein – grand / piknin
viel / sehr – muito
Wo ist der Weg nach ...? – Calê camin pa ...?
Es ist mir warm (kalt) – N sta ku kalor (friu)
Ich bin hungrig (durstig, müde) – N sta ku fomi (sedi, sonu)

Ich bin beschäftigt (müde, krank) – N sta okupadu (kansadu, duenti)
Was ist los? – Kuzé ki sta fladu
Vorsicht – kudadu
Nimm's leicht – kudadu!
Hör zu, schau her – Obi, Djobe li
Können Sie mir helfen? – Bu pode djuda-m
Ich suche ... – N sta djobe ...
Ich möchte gerne ... – N ta gostaba ...
Können Sie mir ... empfehlen? – Bu pode rakumenda un ...?
Möchten Sie...? – Bu kre ...
Es freut mich – Nsta kontenti
Tut mir leid – Diskulpa -m
Ich weiß nicht – N ka sabe
Ich denke ja (nein) – N ta pensa ki sin / nau
Wofür ist das? – E' pa kuzé?
Wie heißt das auf Kreolisch? – Kumó ki bu ta txoma-l na Crioulo?
Wie sagt man ...? – Kumó ki bu ta fla / modi ki bu ta fla ...?
Wie schreibt man ...? – Kumó ki bu ta skrebe ...?
Ich habe meinen Freund verloren – Dja N perde nhas amiga
Ich habe mein Geld (Schlüssel) vergessen – N diskise di nha dinheru / txabi
Ich habe meinen Flug verpasst – Dja N perde avion

Hilfreiche Begriffe und Redewendungen in Portugiesisch

Aussprache

Portugiesisch hat eine weiche Aussprache mit vielen Nasal- und Zischlauten. Einige kleine Regeln:
rr = gerollt
r = nur am Wortanfang gerollt
lh = „lj"
ch = „sch"
qu = „kw" vor a, o; „k" vor e und i
nh = „nj"
c = „k" vor a, o, u; stimmloses „s" vor e und i
ç = stimmloses „s" vor a, o, u
g = normales „g" vor a, o, u; „sch" vor e und i
gu = wie „g" vor e und i
h = wird nicht gesprochen
j = stimmhaftes „sch"
s = am Wort- und Silbenende wie „sch"; in der Wortmitte wie „z"
v = wie „w"
z = am Wortanfang stimmhaftes „s", am Wortende wie „sch"
x = „s" oder „sch"

Silben mit Akzent (´, ^) werden stets betont; Vokale mit Tilde (˜) und Vokale, auf die ein „m" folgt, werden nasal ausgesprochen; viele Vokale werden verschluckt oder nur leicht angedeutet, z.B. e, a und o am Ende des Wortes oder e am Anfang des Wortes; männliche Endungen: -o, weibliche Endungen: -a.

Grammatik

Am einfachsten wird der Plural ausgedrückt, indem man ein -s oder -es an das Wort hängt.

Beispiel eines regelmäßigen Verbs
eu compro = ich kaufe
tu compras = du kaufst
ele /ela compra = er/sie/es kauft
nos compramos = wir kaufen
vocês compram = ihr kauft
eles compram = sie kaufen

Häufige Verben

ser = sein (sou = ich bin, é = er, sie ist, somos = wir sind, são = sie sind)
dar = geben (dou = ich gebe, dá = er, sie gibt, dão = sie geben)
ir = gehen (vou = ich gehe, vai = er, sie geht, vamos = wir gehen, gehen wir!)
ter = haben (tenho = ich habe, tem = er, sie hat, temos = wir haben, têm = sie haben)

Meist wird im Portugieschen nur in der 3. Person gesprochen. Pronomen entfallen, außer wenn sie betont werden (z.B. „Ich gehe einkaufen, nicht du.").

Grüße

Guten Morgen – Bom dia
Guten Nachmittag (nach 12 Uhr mittags) – Boa Tarde
Guten Abend, gute Nacht (ab dem Dunkelwerden) – Boa Noite

Willkommen – Bemvindo
Auf Wiedersehen (bis später) – Até logo
Wie geht es Dir / Ihnen ? – Como esta?
Es geht mir gut – Estou bem

Nützliches

ja / nein – sim, não
bitte – por favor, faz favor
(vielen) Dank – (muito) obrigado
keine Ursache – de nada
Gestatten Sie? – com licença
Verzeihung – desculpe
Wie heißen Sie? – Como se chama?
Sprechen Sie Englisch / Französisch / Deutsch ? – Fala Inglês / Francês / Alemão?
Ich komme aus Deutschland / Österreich/ Schweiz – Sou de Alemanha / Austria / Suiça
Mein Name ist ... – Chamo-me ...
Ist es möglich, dass ...? – É possível ...?
Wie nennt man das? – Como se chama isso?
Das gibt es nicht, das haben wir nicht – Não hà
Zu viel – demais
So viel ist genug – Esta bom
Können Sie mir helfen, bitte? – Pode me ajudar, por favor?
Wie bitte? – Como?
Ich weiß nicht – Não sei
Ich verstehe nicht – Não compreendo
Wo? Wann? Wie? – Onde? Quando? Como?
Warum? Was? – Porque? Que?
Wo ist ...? – Onde fica ...?
groß / klein – grande / pequeno
viel, sehr – muito
mehr / weniger – mais / menos
Nicht zuviel, nicht zuwenig – mais ou menos
gut / schlecht – bom, boa / mau
heiß / kalt – quente / frio

Unterwegs

Abfahrt, Abflug – partida
Ankunft – chegada
Auto – carro
Dorf – aldeia
Ein- / Ausreise – entrada / saída
Eine Fahrkarte/Flugticket nach ... – um bilhete para ...
Flug – vol
Flughafen – aeroporto
Flugzeug – avião
Gepäck – bagagem
Geradeaus – em frente
Nach links – à esquerda
Nach rechts – à direita
nichts zu verzollen – nada a declarar
Norden – norte
Osten – leste
reisen – viajar
Reisepass – passaporte
Sammeltaxi – Aluguer
Stadt – cidade, vila
Straße / Pfad – rua / caminho
Süden – sul
Westen – oeste
Wo ist der Weg nach ...? – Qual é o caminho para ...?
Visum – visto
Zollbehörde – alfândega
zurück – atrás

Unterkunft

abreisen – partir
Bett – cama
Einzel- / Doppelzimmer – um quarto individual / duplo
mit / ohne Bad – com / sem banho
für ... Nächte – para ... noites
Gästehaus, Pension – pensão
Haben Sie ein Zimmer frei? – Tem um quarto livre?
Hotel – Hotel
Kissen – almofada
Schlüssel – chave
Toilette – sanitário
Toilettenpapier – papel higiêne

Nationalitäten

Deutschland / Österreich / Schweiz – Alemanha / Austria / Suiça
der / die Deutsche – o alemão / a alemá
Österreicher(in) – o austríaco / a austríaca
Schweizer(in) – o suiço / a suiça

Essen und Trinken

Abendessen – jantar
Apfel – maca
Bier – cerveja
Bohnen – feijão

Bohneneintopf – feijoada
Brot – pão
Butter – manteiga
Dessert – sobremesa
die Rechnung, bitte – a conta, por favor
Eier – ovos
essen – comer
Essig – vinagre
Flasche – garrafa
Fleisch – carne
Frühstück – pequeno almoço
Frühstücken – tomar o café
Gabel – garfo
Gemüse – legumes
Getränk – bebida
Glas – copo
Honig, Melasse – mel
Hühnchen – frango
Kaffee – café
Kaffee trinken – tomar café
Kartoffeln – batata
Käse – queijo
Knoblauch – alho
Kuchen – bolo
Languste – lagosta
Mais – milho
Makrele – bacalhau
Maniok – mandioca
Melone – melão
Messer – faca
Milch – leite
Mittagessen – almoço
Moräne – moreia
Nudeln – massa
Olivenöl – azeite
Orange – laranja
Paprika – pimento
Pfeffer, Chilipfeffer – pimenta, piri-piri
Pudding mit Milch (Kokos, Käse) –
pudim de leite (coco, queijo)
Reis – arroz
Reis mit Meeresfrüchten – arroz de marisco
Restaurant – restaurante
Rindfleisch – carne de vaca
Rum aus Cabo Verde – Grogue
Salz – sal
Schnitzel – escalope
Schweinefleisch – porco
Speisekarte – lista
Steak – bife
Süßkartoffeln – batata doce
Tee – chá
Teller – prato
Thunfisch – atum
Tintenfisch – polvo
Tischwein (trocken, süß) –
vinho de mesa (seco, doce)
Tomate – tomate
trinken – beber
Wasser – água
Wein (weiß, rot, grün) –
vinho (branco, tinto, verde)
Zucker – açúcar
Zwiebel – cebola

Tage/Monate/Zeiten

Sonntag – domingo
Montag – segunda-feira
Dienstag – terça-feira
Mittwoch – quarta-feira
Donnerstag – quinta-feira
Freitag – sexta-feira
Samstag – sábado

Januar – janeiro
Februar – fevreiro
März – março
April – abril
Mai – maio
Juni – junho
Juli – julho
August – agosto
September – setembro
Oktober – outubru
November – novembro
Dezember – dezembro

Datum / Tag – data / dia
Monat / Jahr – mes / ano
Vormittag – manhã
Nachmittag – tarde
Abend, Nacht – noite
heute – hoje
morgen – amanhã
gestern – ontem
früh / spät – cedo / tarde
Wie spät ist es? – que horas são?

Post/Telefon/Bank

Bank – banco
Brief / Postkarte – carta / postal

Briefmarken – selos
Geld wechseln – trocar dinheiro
Postamt – correio
Reiseschecks – cheques de viagem
schicken, senden – enviar
Telefon – telefone público
Telefonbuch – lista telefónica
Vorwahl – indicativo

Arzt/Apotheke/Notfall

Apotheke – farmácia
Arzt / Ärztin – médico / médica
Durchfall – diarréia
Fieber – febre
Husten – tosse
Kondom – preservativo, kreol: camisinha
krank – doente
Krankenhaus – hospital
Polizei – polícia
Schmerz – dor
Unfall – acidente (im Verkehr: desastre)
Unfallambulanz – banco de Urgência

Einkauf

Bäckerei – padaria
billig / (sehr) teuer – barato / (muito) caro
Geld – dinheiro
geöffnet – aberto
geschlossen – fechado
Ich möchte ... – Queria ...
kaufen – comprar
Laden, Geschäft – loja
Markt – mercado
Preis – preço
Supermarkt – supermercado
verkaufen – vender
Wieviel kostet das? – Quanto costa?

Häufige Wörter

alt – velho
arbeiten – trabalhar
auch – também
ausruhen – descansar
Batterie – pilha
Berg – montanha
Bruder – irmão
Buch – livro
Ehemann – marido
Film (für die Kamera) – película
Frau – mulher
früh – cedo
genug – bastante
groß – grande
Haus – casa
heiß – quente
hoch – alto/a
Hügel – colina
Huhn – galinha
Hund – cão
ich – eu
in – a, em
jetzt – agora
Junge – rabaz
Katze – gato
Kerze – vela
Kirche – igreja
klein – pequeno
Licht – luz
Mädchen – rapariga
Mann – homem
Meer – mar
Mutter – mãe
Nachtclub – boite
nichts – nada
niedrig – baixo/a
niemals – nunca
Platz (in der Stadt) – praça
Rathaus – câmara
Regen – chuva
schön – lindo
Schule – escola
schwer – pousado/a
Schwester – irmã
schwierig – difícil
schwimmen – nadar
Sonne – sol
später – depois de
sprechen – falar
Stift, Kugelschreiber – caneta
Strand – praia
und – e
Vater – pai
vielleicht – talvez
vorher – antes de
wenig – pouco
Wind – vento
Zeitschrift – revista
Zeitung – jornal
Ziege – cabra
Zündhölzer – fósforos

Zahlen

1 - um, uma
2 - dois, duas
3 - três
4 - quatro
5 - cinco
6 - seis
7 - sete
8 - oito
9 - nove
10 - dez
11 - onze
12 - doze
13 - treze
14 - catorze
15 - quinze
16 - dezasseis
17 - dezassete
18 - dezoito
19 - dezanovo
20 - vinte
30 - trinta
40 - quarenta
50 - cinquenta
60 - sessenta
70 - setenta
80 - oitenta
90 - noventa
100 - cem
200 - duzentos
300 - trezentos
400 - quatrocentos
500 - quinhentos
600 - seiscentos
700 - setecentos
800 - oitocentos
900 - novecentos
1000 - mil
1 Million - um milhão
21, 22 - vinte e um, vinte e dois (usw.)
134 - cento e trinta e quatro

Buchempfehlungen

- **Dicionário do Crioulo da Ilha de Santiago (Cabo Verde)**
Wörterbuch des Kreols von Santiago (Cabo Verde) in portugiesischer Sprache mit deutschen und portugiesischen Übersetzungsäquivalenten.
- **Portugiesisch – Wort für Wort**
- **Kapverdisch – Wort für Wort**
Zwei Sprechführer aus der Kauderwelsch-Reihe des Reise Know-How Verlags, die sich am typischen Reisealltag orientieren.
- Grammatiken und Wörterbücher im Internet: **www.bela-vista.net/kreol.htm.**

Literatur

- **Almeida, Germano**
Cabo Verde – viagem pela história das ilhas. Fotografias de José A. Salvador Ilheu Ediroa. Cabo Verde 2003
- **Almeida, Germano**
Das Testament des Herrn Napumoceno. Erzählung aus Cabo Verde. Fischer-TB-Verlag, Frankfurt 1997
- **Almeida, Germano**
O dia das calças roladas. São Vicente 1992
- **Bannermann, David and Mary**
History of the birds of the Cape Verde Islands. Oliver and Boyd, Edinburgh 1968
- **Borowczak, Winfried**
Agrarreform als sozialer Prozeß: Studien zum Agrarreformverhalten landwirtschaftlicher Produzenten in Portugal und Kap Verde. Verlag für Entwicklungspolitik Saarbrücken GmbH, 1987
- **Cabral, Amílcar**
Politisches Handbuch der PAIGC (Partido Africano da Independência da Guiné e Cabo Verde). Hrsg. d. dt. Ausg.: Komitee Südliches Afrika, Heidelberg. Heidelberg, Sendler, 1974
- **Cabral, Amílcar**
Die Revolution der Verdammten. Berlin 1974
- **Cabral, Amílcar**
Die Theorie als Waffe. Bremen 1983
- **Carreira, António**
Cabo Verde, Classes Sociais, Estrutura Familiar, Migrações. Lisboa 1977
- **Carreira, António**
The People of the Cape Verde Islands: Exploitation and Emigration. Hurst 1982
- **Carreira, António**
Demografia Caboverdeana (1807–1983). Mem Martins, 1985
- **Carreira, António**
Notícia corográfica e cronológica do Bispado de Cabo Verde. Lisboa 1985
- **Carreira, António**
Cabo Verde, Formação e Extinção de uma Sociedade Escravocrata (1560–1878). Mem Martins, 1983
- **Castanheira, José Pedro**
Quem mandou matar Amílcar Cabral? Relógio D'Àgua Editores, 3. Auflage, Portugal 1999

- **Chantre, Maria de Lourdes**
Cozinha de Cabo Verde. Ed-Presença, Lisboa
- **Correia e Silva, António Leão**
Nos Tempos do Porto Grande do Mindelo, Praia 2005
- **Correia, Cláudia**
Presença de Judeus em Cabo Verde, Inventariação na documentação do arquivo histórico nacional (1840–1927), Praia 1997
- **Cousteau, Jacques-Yves/Dumas, F.**
Die schweigende Welt. Köln 1980
- **Davidson B.**
Vom Sklavenhandel zur Kolonialisierung. Afrikanisch-europäische Beziehungen zwischen 1500 und 1900. Hamburg 1966
- **Davidson B.**
The Fortunate Isles: A Study in African Transformation. Africa World Press, 1990
- **Darwin, Charles u.a.**
The Voyage of the Beagle: Charles Darwin's Journal of Researches. Penguin Books, 2003
- **Duncan, Bentley**
Atlantic Islands: Madeira, the Azores and the Cape Verdes in 17th Century Commerce and Navigation. University of Chicago Press, London 1972. Infos u.a. zum Sklavenhandel.
- **Duplessis**
Relation Journalière d'un voyage fait en 1699 aux Isles du Cap Vert. François et Jean-Michel Massa (Hrsg.), Patrimoine Lusographe Africain, Rennes 2004
- **Ferreira, José Manuel Silva Pires**
Ensaio da História do Paúl de Santo Antão. Edições Calabedotche, São Vicente 1999
- **Friedländer, Immanuel**
Beiträge zur Kenntnis der Kapverdischen Inseln: Die Ergebnisse einer Studienreise im Sommer 1912. Berlin, D. Reimer, 1913
- **Ganser, Daniele**
NATO's Secret Armies. Frank Cass Publishers, 2005
- **Hazevoet's, Cornelis J.,**
Aves de Cabo Verde
- **Hazevoet's, Cornelis J.**
Birds of Cape Verde Islands; British Ornithologist's Union 1995; erhältlich über Natural History Book Service
- **Instituto de Investigação Científica Tropical, Lisboa – Direcção Geral do Patrimônio Cultural de Cabo Verde**
História Geral de Cabo Verde, Lisboa 1988
- **Lobban, Dr. Richard A.**
Cape Verde: Crioulo Colony to Independant Nation. Westview Press, London 1995
- **Lobban, Dr. Richard A./ Lopes, Marlene**
Historical Dictionary of the Republic of Cape Verde. Scarecrow Press, 1996
- **Lobin, Wolfram (Hrsg.)**
Beitrag zur Fauna und Flora der Kapverdischen Inseln. Senckenbergische Naturforschende Gesellschaft Frankfurt, 1982
- **Lopes, José Vicente**
Cabo Verde as causas da independência. Spleen-Edições, Praia 2003
- **Lopes, José Vicente**
Cabo Verde os Bastidores da Independência. Spleen-Edições, Praia 2002
- **Lopes Filho, João**
Cabo Verde, Subsídios para um Levantamento Cultural. Lisboa 1981
- **Lopes Filho, João**
Defesa do Património Sócio-Cultural de Cabo Verde. Lisboa 1985
- **Lopes Filho, João**
Ilha de São Nicolau, Cabo Verde, Formação da Sociedade e Mucança Cultural Ministério da Educação. Praia 1996
- **Lopes Filho, João**
A capela do Pico Vermelho em Santiago, Centro Cultural Português. Praia 2005
- **Loth, Heinrich**
Das portugiesische Kolonialreich. Deutscher Verlag der Wissenschaften, Berlin 1982
- **Martins, Vasco**
A Música Tradicional Cabo-Verdiana I (A Morna). Instituto Nacional do Livro, Praia 1989
- **Martins, Pedro**
Testemunho de um Combatente. Praia 1995
- **Meyns, Peter**
Blockfreie Außenpolitik eines afrikanischen Kleinstaates: Das Beispiel Kap Verde. Institut für Afrika-Kunde, 1990
- **Mies, Bruno/Follmann, Gerhard**
Urzella – Flechten von den Kapverden zur Textilfärbung. Kiel, Zoolog. Museum, 1987
- **Monteiro, César Augusto**
Recomposição do espaço social cabo-verdiano. Im Selbstverlag, Mindelo 2001
- **Monteiro, César Augusto**
Manel d'Nova, Música, Vida, Caboverdianidade. Im Selbstverlag, Mindelo 2004

- **Oliveira, Emanuel Charles de**
Cabo Verde na rota dos naufrágios. Reich bebilderte Monografie zur Unterwasser-Archäologie und den Schiffswracks in und nahe der kapverdischen Hoheitszone. Mit DVD. 2005
- **Pereira, Daniel A.**
A Situação da Ilha de Santiago no Primeiro Quartel do Século XVIII. São Vicente 1984
- **Pereira, Aristides**
O meu testemunho; uma luta, um partido, dois países. Notícias editorial, Lisboa 2003
- **Plantas Endemicas de Cabo Verde**
Führer über endemische Pflanzen der Inseln, schöne Graphiken, portug. Text; erhältlich bei Promex-Verkäufen in Cabo Verde
- **Rawley, J.,** Transatlantic Slave Trade. 1981
- **Reitmaier P., Fortes L.**
Santo Antão. Goldstadt Wanderführer, 38 Wanderwege. Pforzheim, 2000
- **Rodrigues, Moacyr**
Cabo Verde – Festas de Romaria – Festas Juninas. Mindelo 1997
- **Rothe, P.**
Zur Geologie der Kapverdischen Inseln. In: Courier Forschungsinstitut, Senckenberg (CFS) 52, S. 1–9. Frankfurt/Main 1982
- **Schleich, Hans Hermann & Karin**
Cabo Verde – Kapverdische Inseln. Naglschmid, Stuttgart 1998
- **Sepher-Hermon Pr**
Jews of Cape Verde: A Brief History. 1997
- **Siedler, G./Schmickler, H. (Hrsg.)**
Kapverden-Expedition, Forschungsschiff „Meteor", Reise Nr. 4: Okt. – Dez. 1986. Christian-Albrechts-Universität, Kiel/Abteilung Meeresphysik, Institut für Meereskunde, Kiel 1987
- **Silveira, Onésimo**
A Tortura em Nome do Partido Único, O PAICV e a sua polícia política (depoimentos). São Vicente, 1991
- **Trigueiros, Luís Forjaz**
O Ultramar Português, Cabo Verde, Guiné, S. Tomé e Príncipe, Macau e Timor. Livraria Bertrand, Antologia da Terra Portuguesa, Lisboa 1963

Wanderführer und Karten

Wanderführer

- **Susanne Lipps, Oliver Breda**
Wandern auf den Kapverdischen Inseln. 35 Touren, exakte Karten, Höhenprofile, 168 Seiten. Dumont Aktiv, ISBN 978-3-7701-5368-5; z.Z. einziger Wanderführer zu ganz Cabo Verde mit Spaziergängen und Eintageswanderungen; keine Mehrtagestouren.
- **Wanderführer Santo Antão**
224 Seiten, 169 Farbbilder, 39 Kartenausschnitte. Goldstadt Verlag, Pforzheim 2001, ISBN 978-3-89550-466-1; 38 Bergwanderungen durch subtropische Täler, entlang wilder Küsten und durch vulkanische Landschaften.
- **Kapverden. Die schönsten Küsten- und Bergwanderungen**
Rasso Knoller, Christian Nowak, Rother Wanderführer, ISBN 978-3-76334-27-53.

Wanderführertexte zu São Vicente, São Nicolau, Boa Vista und Maio stehen vollständig im Internet:
- www.bela-vista.net/Sao-Nicolau-Wandern.htm
- www.bela-vista.net/Sao-Vicente-Wandern.htm
- www.bela-vista.net/Boa-Vista-Wandern.htm

Übersichtskarten Cabo Verde

- AB Kartenverlag, **Cabo Verde 1:200.000,** *Attila Bertalan,* Touristikkarte, jährlich neue Auflagen; nur im Internet und in Cabo Verde

Buchtipp – Praxis-Ratgeber:
- Wolfram Schwieder
Richtig Kartenlesen
(REISE KNOW-HOW)

- Freytag & Bernd, **Kapverdische Inseln Autokarte 1:80.000** (teilweise), 2003
- Reise Know-How, world mapping project, **Cabo Verde 1:135.000,** 2007. Reißfest, beschreibbar wie Papier, moderne Kartengrafik, ausführlicher Ortsindex usw.

Wander- und Wassersportkarten der einzelnen Inseln

- **Santo Antão 1:50.000**
Pitt Reitmaier, Lucete Fortes, mit 52 Wanderwegen; Goldstadt Verlag, Pforzheim, jährlich aktualisierte Auflage. Lokal erhältlich an der Informação Turística von Santo Antão und São Vicente.
- **São Nicolau 1:50.000**
Pitt Reitmaier, Lucete Fortes, mit dreisprachigem Wanderführer auf der Kartenrückseite; Goldstadt Verlag, Pforzheim. Lokal erhältlich in der Pension Alice (Tarrafal) und bei Cyber Hebráico (Vila Rª Brava).
- **Sal, Boa Vista, Maio 1:50.000**
Pitt Reitmaier, Lucete Fortes, Goldstadt Verlag, Pforzheim. Lokal erhältlich bei *Morena Lda* in Sal Rei.
- **Santiago 1:60.000**
Pitt Reitmaier, Lucete Fortes, mit 33 klassifizierten Wegen, Stränden und Tauchplätzen sowie Hinweisen für Moutainbiker, Goldstadt Verlag Pforzheim. Lokal erhältlich im Centro Cultural Françês, Rua Andrade Corvo (Plateau).
- **Fogo, Brava 1:50.000**
Attila Bertalan, Lucete Fortes, Pitt Reitmaier, Goldstadt Verlag, Pforzheim. Lokal erhältlich im Le Bistró in São Filipe.

- **Internet-bookshop der Autoren:**
www.bela-vista.net/buch-order-d.aspx

GPS-Daten auf CD-ROM

- **GPS-Routen und -Wegepunkte** zu allen Karten von *Reitmaier/Fortes* mit einem exzellenten GPS-Programm: Eigenverlag Lucete Fortes, Pitt Reitmaier, jährliche Neuauflage, siehe www.bela-vista.net/gps.htm.

Videos

- **Kapverdische Inseln**
Ontour Video, Dumont Funk und Fernsehen, Köln 1997
- **Video-Reisedokumentation Kapverdische Inseln**
30 Min.; zu beziehen über: jpc Schallplaten Versandhandelsgesellschaft mbH, Lübecker Straße 9, D-49124 Georgsmarienhütte, Tel. 0180/5251717, Fax 05401/851233, Internet: www.jpc-film.de
- **Black Dju**
Der junge *Dju* aus São Vicente sucht seinen in Luxemburg verschollenen Vater. Er trifft dort auf den in der Ausländerpolizei desillusionierten Inspektor *Plettschette.* Das transkulturelle Abenteuer der beiden im Spannungsfeld zwischen dem alltäglichen Rassismus in Europa und der warmherzigen Ruhe Cabo Verdes ist filmisch perfekt aufgearbeitet und mit Liedern des angolanischen Sängers *di Bonga* unterlegt. Unser Lieblingsvideo! Farbe, ca. 80 Min, auf Video von: absolut MEDIEN GmbH, Rosenthaler Str. 38, D-10178 Berlin, Tel. 030/28539870, Fax 030/285398726, www.absolutMEDIEN.de

Internet-Adressen

Globales Dorf, Ortsteil Cabo Verde: Auch Cabo Verde hat verlässlichen Anschluss ans Internet gefunden dank der Glasfaserkabel rund um Afrika. Für **transnationale Familien** und Freundeskreise hat dies einen ungeahnten Zuwachs an Lebensqualität gebracht. Musste man zuvor drei Wochen auf einen Brief warten und gehetzt am teuren und fast unverständlichen Telefon knappe Nachrichten übermitteln, kann man heute per Mail Briefe, Bilder, Musik und Filmchen tauschen. Das Gefühl des Getrenntseins lässt nach, wenn man binnen Minuten erfahren kann, wie es den Kindern geht, wer den versehentlich eingesteckten Schlüssel wieder zurückbringt und wenn in Cabo Verde gestellte Hausaufgaben in Luxemburg gegengelesen werden. Das virtuelle Familienleben geht ungeachtet der Entfernung ganz real weiter.

Für die Reisevorbereitung bietet das Internet eine Fülle von Möglichkeiten. Dennoch haben wir die Zahl der in diesem Buch empfohlenen Internetadressen seit der 1. Auflage drastisch gekürzt. Zwischen der Abgabe des Manuskripts und dem Erscheinen eines Buchs verschwinden bereit 50% der angegebenen Adressen. Bis zum Erscheinen der nächsten Auflage sind es 90%. Bücher sind als Linklisten nicht geeignet.

Wir möchten dem Leser den Frust einer Liste toter Links ersparen und haben deshalb eine kommentierte Linkliste im Internet stehen, die wir versuchen, aktuell zu halten: **www.bela-vista.net/links.htm.**

Suchmaschinen können nicht besser sein als die Information – und die Schreibfehler –, mit denen sie gefüttert werden. Im Falle Cabo Verdes findet man ähnlich viele falsche wie richtige Schreibweisen, die alle eine Suche lohnen: geographisch – Kapverdische Inseln, Kapverden, Arquipélago de Cabo Verde, Cape Verde Islands, Îles de Cap Vert, Capo Verde; politisch – Kap Verde, República de Cabo Verde, Cape Verde, Cap Vert; Fantasie und Wellenschlag – Caboverde, Kapverde, Capverde, Capoverde, Capverden, Capeverdische Inseln, Kabverde, Kaboverde usw.

ONE WORLD
Reisen mit Sinnen
Kapverdische Inseln
– individuell oder in kleinen Gruppen mit dem Spezialisten entdecken
Jede der Inseln ist eine Welt für sich. Erwandern Sie auf alten Eselspfaden faszinierende Landschaften. Genießen Sie die schönen Strände, erleben Sie die natürliche Freundlichkeit der Menschen und lauschen Sie der kreolischen Musik à la Cesária Évora.
ONE WORLD – der Spezialist für besondere Erlebnisreisen
www.reisenmitsinnen.de · www.kapverdischeinseln.de
T 0231/589 79 20 · oneworld@reisenmitsinnen.de
Partner von
DIE ZEIT REISEN
Mit eigener Agentur auf den Kapverden:
www.vista-verde.com

sound)))trip®
Musik bei
REISE KNOW-HOW
REISE KNOW-HOW
ISBN 978-3-8317-5101-3
Australia
ISBN 978-3-8317-5106-8
Argentina
ISBN 978-3-8317-5109-9
China
ISBN 978-3-8317-5102-0
Finland
ISBN 978-3-8317-5108-2
Japan
ISBN 978-3-8317-5105-1
Cuba
ISBN 978-3-8317-5104-4
Switzerland
ISBN 978-3-8317-5103-7
The Balkans
ISBN 978-3-8317-5107-5
Northeast Brazil
ISBN 978-3-8317-5110-5
Northern Africa
ISBN 978-3-8317-5111-2
The Andes
ISBN 978-3-8317-5114-3
Iceland
ISBN 978-3-8317-5117-4
Ireland
ISBN 978-3-8317-5118-1
Scotland
ISBN 978-3-8317-5119-8
South Africa
ISBN 978-3-8317-5120-4
Turkey
Die Compilations der CD-Reihe sound)))trip stellen die aktuelle, typische Musik eines Landes oder einer Region vor. Im Buchhandel erhältlich, jede CD 50–60 Min., 22-seitiges Booklet.
Unverbindl. Preisempf.: 15,90 € [D]
Kostenlose Hörprobe im Internet unter:
in cooperation with
(((piranha)))
www.reise-know-how.de

Register

Die **Buchstaben nach den Stichworten** stehen für: BR = Brava, BV = Boa Vista, FG = Fogo, MA = Maio, SA = Santo Antão, SL = Sal, SN = São Nicolau, ST = Santiago, SV = São Vicente.

Die Autoren

Lucete Fortes führt den Kiosk der Touristeninformation an der Avenida Marginal in Mindelo auf São Vicente und den oberhalb des Hafens von Porto Novo. Sie hat damit die Hand beständig am Puls der Reisenden, kennt ihre Fragen und die Antworten. Sie ist auf Santo Antão geboren und in Tabulerin im Süden der Insel aufgewachsen, aus dem die Familie wegen der Dürre nach Porto Novo fliehen musste.

Dr. Pitt Reitmaier ist Tropenarzt an der Universität Heidelberg. In den 1980er Jahren arbeitete er als Distriktsarzt auf Santo Antão; in dieser Zeit und später als Berater des Gesundheitsministeriums hat er wesentlich beigetragen zum Aufbau des Vorsorgesystems für Mutter und Kind. Zurzeit liegt sein Hauptaugenmerk auf der Verbesserung der Schwangerenvorsorge und der Geburtshilfedienste in Cabo Verde, Tansania und Südafrika.

Lucete Fortes und *Pitt Reitmaier* sind Bergenthusiasten mit langer Wandererfahrung in Kap Verde, in Ost- und Südafrika, den Pyrenäen und den Alpen. Da es von Cabo Verde keine wandertauglichen Karten gab, begannen sie, eigene Aufzeichnungen zu machen. Hieraus ist ein faszinierendes Hobby geworden, das hilft, auch die verschwiegensten Winkel der Inseln exakt zu erkunden. Als Ergebnis sind präzise Wanderkarten erschienen sowie Wanderführer als Buch, Kartenbeilage und im Internet. Seit 2007 ist der Satz der Präzisionskarten aller Inseln komplett.

- Internet-Homepage: **www.bela-vista.net**
- E-Mail-Adresse: **rkh@bela-vista.net**

Danksagung

Für Zusammenarbeit und Informationen zur 5. Auflage danken wir *Atila Amaro, Attila Bertalan, Stefan Birenheide, Florian Dürmer, Mustafa Eren, Ibrahim Güngör, Sabine Hille, Elisabeth Herdtweck, Stefan Klapheck, Henry Kusters, Lutz Meyer-Scheel, Hans-Ulrich Mühlschlegel, Emanuel Charles d'Oliveira (Monaya), Kai Pardon, Bernard Peteranger, Rolf Rampf, Sibylle Schellmann, Gerd Schukraft, Berthold Seibert, Marco Villa, Romina Carneiro, Michael Luck* und vielen anderen.

cv164 Foto: pr